2019

山西统计年鉴

Shanxi Statistical Yearbook

山 西 省 统 计 局
编
国家统计局山西调查总队

Compiled by
Shanxi Provincial Bureau of Statistics &
Survey Office of the National Bureau of
Statistics in Shanxi

总第37期

中国统计出版社
China Statistics Press

图书在版编目（CIP）数据

山西统计年鉴. 2019 : 汉英对照 / 山西省统计局, 国家统计局山西调查总队编. -- 北京 : 中国统计出版社, 2019.10
ISBN 978-7-5037-8871-0

Ⅰ. ①山… Ⅱ. ①山… ②国… Ⅲ. ①统计资料－山西－2019－年鉴－汉、英 Ⅳ. ①C832.25-54

中国版本图书馆 CIP 数据核字(2019)第 153340 号

山西统计年鉴—2019

作　　者/山西省统计局　国家统计局山西调查总队
责任编辑/佘竞雄
责任校对/董晓玲　樊梅洁　李　静　田　甜　张奇科
装帧设计/黄　晨　王　芳
出版发行/中国统计出版社有限公司
通信地址/北京市丰台区西三环南路甲 6 号　邮政编码/100073
电　　话/邮购（010）63376909　书店（010）68783171
网　　址/ http://www.zgtjcbs.com
印　　刷/河北鑫兆源印刷有限公司
经　　销/新华书店
开　　本/890mm×1240mm　1/16
字　　数/1394 千字
印　　张/45.5
版　　别/2019 年 10 月第 1 版
版　　次/2019 年 10 月第 1 次印刷
定　　价/390.00 元

本书附同版本 CD-ROM 一张，光盘内容以书面文字为准。
如有印装差错，由本社发行部调换。

编者说明

一、《山西统计年鉴－2019》收录了全省和各地市、县（市、区）、有关部门2018年经济、社会、科技等方面的统计数据，以及多个重要历史年份主要统计数据，是一部全面反映山西省国民经济和社会发展情况的资料性年刊。为便于国际交流，内文全部采用中英文对照。

二、全书共分20个篇章，1. 综合；2. 人口、劳动工资和社会保障；3. 物价；4. 人民生活；5. 财政、金融和保险；6. 能源；7. 固定资产投资；8. 对外经济贸易；9. 农业；10. 工业；11. 建筑业；12. 房地产；13. 批发和零售业；14. 住宿、餐饮业和旅游；15. 交通运输、邮电通信业；16. 教育、科技；17. 文化、体育、卫生、环保；18. 城市概况；19. 地市篇；20. 县（市、区）篇。为方便读者使用，各篇章前绘制了反映总体趋势的统计图，篇末附有《主要统计指标解释》，对主要统计指标的涵义、统计范围和统计方法以及历史沿革予以简要说明。

三、与《山西统计年鉴－2018》相比，本年鉴内容主要做了如下修订："人民生活"篇，根据城乡住户一体化调查新口径统计方法，调整了历史数据，增加了全省1978年以来城乡居民收支表；"固定资产投资"篇，固定资产投资增速按可比口径计算；"农业"篇，根据第三次农业普查结果，对2007-2017年的农业核算、农作物及水果面积和产量、主要畜禽等主要年报数据进行了修订；因第四次经济普查数据尚未公开，2018年地区生产总值、工业、投资等指标采用快报数，部分指标数据暂缺。

2018年大同市、长治市所辖县（市、区）部分指标尚处于调整和衔接阶段，新旧行政区划并行。

四、本年鉴统计指标口径范围及解释以国家现行统计报表制度为准。资料主要来源于统计年报，部分资料来自于抽样调查和有关部门。

五、为方便读者使用，对个别有变动的指标在表下作了简要注释。本年鉴中涉及到的历史数据，均以最新出版的本年鉴数据为准。

六、本年鉴所使用的度量衡单位，均采用国际统一标准计量单位。部分数据合计数或相对数由于单位取舍不同而产生的计算误差，均未作机械调整。

七、年鉴符号使用说明："空格"表示该项统计指标数据不足本表最小单位数、数据不详或无数据；"#"表示该指标其中的主要项。

COMPILER'S NOTES

Ⅰ. *Shanxi Statistical Yearbook 2019* is an annual statistics publication, which reflects comprehensively the national economic and social development of Shanxi province. It covers data for 2018 and key statistical data in some historically important years at the provincial level and the local levels of prefecture and county. To meet the need of international exchange, this yearbook is made in both Chinese and English.

Ⅱ. The yearbook contains the following twenty parts: 1. General Survey; 2. Population, Labor Wages and Social Security; 3. Price; 4. People's Living Conditions; 5. Public Finance, Banking and Insurance; 6. Energy; 7. Investment in Fixed Assets; 8. Foreign Trade and Economic Cooperation; 9. Agriculture; 10. Industry; 11. Construction; 12. Real Estate; 13. Wholesale and Retail Trade; 14. Hotels, Catering Services and Tourism; 15. Transportation, Post and Telecommunication Services; 16. Education, Science and Technology; 17. Culture, Sports, Public Health and Environmental Protection; 18. General Survey of Cities; 19. Cities at Prefecture Level; 20. Counties, Cities and Districts at County Level. To facility readers, Statistical Charts reflecting total trend are attached at the beginning of each chapter, and Explanatory Notes on Main Statistical Indicators, a brief introduction about the meaning, statistical coverage, statistical methods and historical changes of main statistical indicators, are provided at the end of each chapter.

Ⅲ. Comparing with *Shanxi Statistical Yearbook 2018*, following revision has been made in this new version: In the chapter of People's Living Conditions, new tables of income and expenditure of urban and rural households of the province from 1978 are added and the historical data are adjusted, according to the new statistical methods of urban-rural integration survey; In the chapter of Investment in Fixed Assets, the growth rate is calculated according to comparable data; In the chapter of Agriculture, the data of agricultural accounting, sown area and output of farm corps and fruits, and livestock from 2007 to 2017 are revised according to the result of the Third National Agricultural Census; Some data in 2018 are still unavailable because of the data of the Fourth China Economic Census are not released now, and related data of GDP, industry and investment are from monthly or quarterly report.

There are two administrative division in use in Datong and Changzhi because of the cities, districts and counties of the two cities are still under adjustment in 2018.

Ⅳ. The statistical coverage and explanation of indicators in this yearbook are the same as the current national statistical report system. The data in this yearbook are mainly obtained from annual statistical reports, and some are from sample surveys and related departments.

Ⅴ. For the convenience of the readers, brief notes concerning some indicators about their changes in meaning or coverage are given at the lower part of relevant tables. In case of some statistical data issued before being inconsistent with this publication, take the data in this publication as correction.

Ⅵ. The units of measurement used in this yearbook are international standard measurement units. Statistical discrepancies due to rounding are not adjusted in this yearbook.

Ⅶ. Notations used in this book: " (blank) " indicates that the figure is not large enough to be measured with the smallest unit in the table or is not available; " # "indicates the major items of the total.

目　　录

CONTENTS

一、综　合

GENERAL SURVEY

二、人口、劳动工资和社会保障

POPULATION, LABOR WAGES AND SOCIAL SECURITY

三、物　价

PRICE

四、人民生活

PEOPLE'S LIVING CONDITIONS

五、财政、金融和保险

PUBLIC FINANCE, BANKING AND INSURANCE

六、能 源

ENERGY

七、固定资产投资

INVESTMENT IN FIXED ASSETS

八、对外经济贸易

FOREIGN TRADE AND ECONOMIC COOPERATION

十、工 业

INDUSTRY

十一、建筑业

CONSTRUCTION

十二、房地产

REAL ESTATE

十三、批发和零售业

WHOLESALE AND RETAIL TRADE

十七、文化、体育、卫生、环保

CULTURE, SPORTS, PUBLIC HEALTH AND ENVIRONMENTAL PROTECTION

十八、城市概况

GENERAL SURVEY OF CITIES

十九、地市篇

CITIES AT PREFECTURE LEVEL

二十、县(市、区)篇

COUNTIES, CITIES AND DISTRICTS AT COUNTY LEVEL

1

综　合

GENERAL SURVEY

资料整理人员

樊梅洁　李　静　田　甜　高春堂　黄翰林　辛忠霞　张淑虹

综 合
GENERAL SURVEY

地区生产总值	Gross Domestic Product	16818.1	亿元	(100 million yuan)
第一产业	Primary Industry	740.6	亿元	(100 million yuan)
第二产业	Secondary Industry	7089.2	亿元	(100 million yuan)
第三产业	Tertiary Industry	8988.3	亿元	(100 million yuan)

地区生产总值构成（%）
Composition of Gross Domestic Product (%)

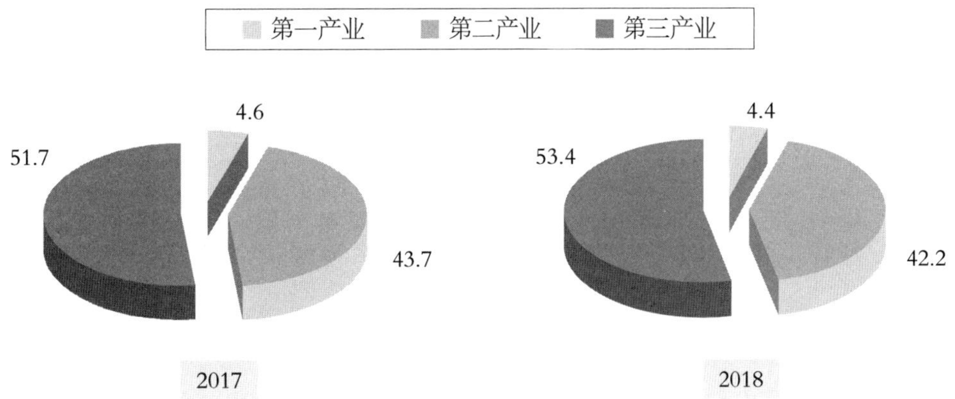

地区生产总值（亿元）
Gross Domestic Product (100 million yuan)

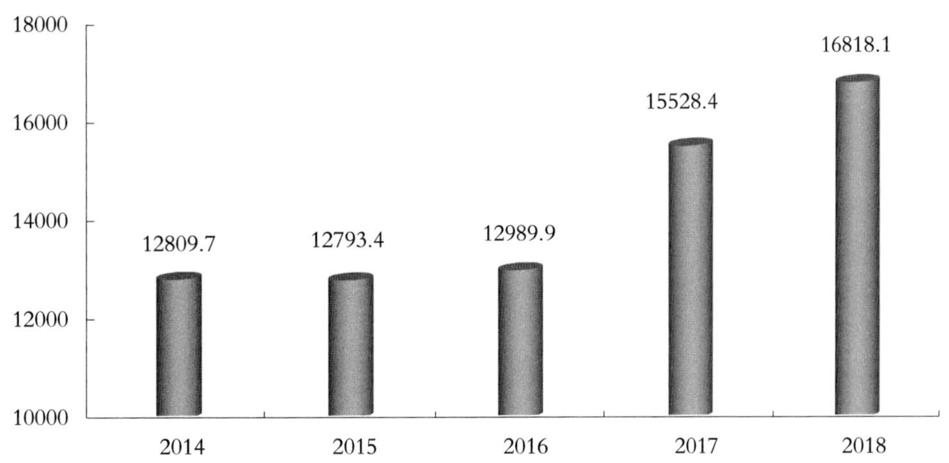

综　合
GENERAL SURVEY

人均地区生产总值	Per Capita Gross Domestic Product	45328	元	(yuan)
支出法地区生产总值（2017 年）	Gross Domestic Product by Expenditure Approach(2017)	15528.4	亿元	(100 million yuan)
最终消费	Final Consumption Expenditure	8756.4	亿元	(100 million yuan)
资本形成总额	Gross Capital Formation	7154.7	亿元	(100 million yuan)
货物和服务净出口	Net Export of Goods and Services	-382.7	亿元	(100 million yuan)

支出法地区生产总值构成(%)
Composition of Gross Domestic Product by Expenditure Approach (%)

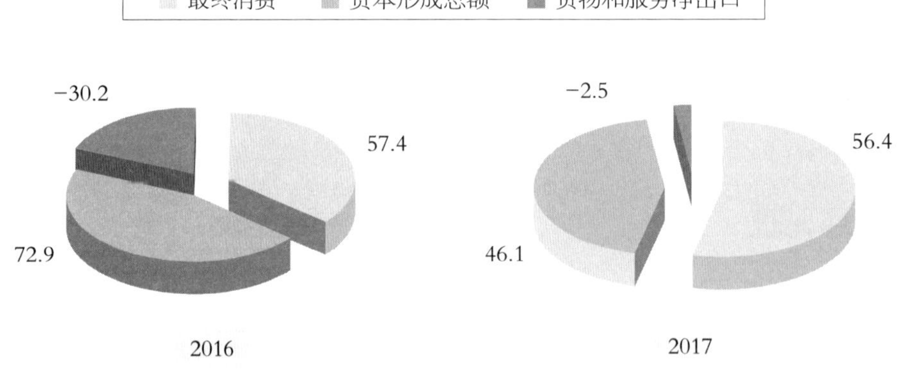

人均地区生产总值(元)
Per Capita Gross Domestic Product (yuan)

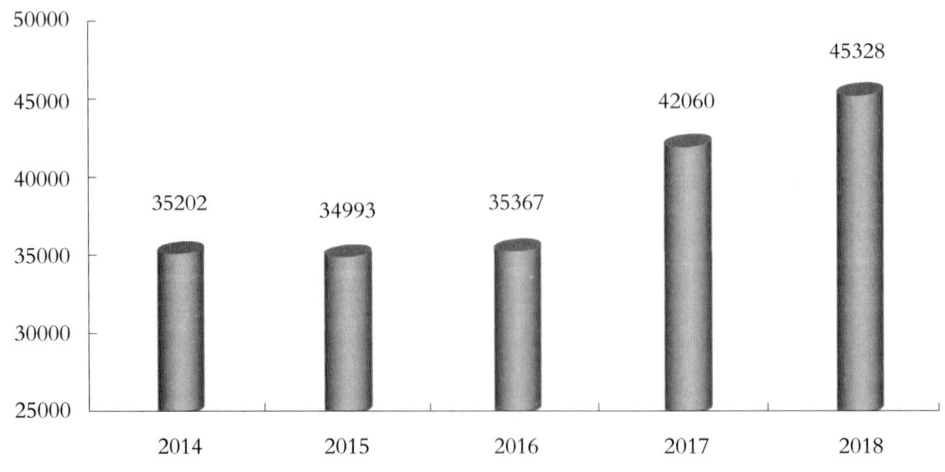

1-1 行政区划(2018年)

ADMINISTRATIVE DIVISION(2018)

市 名 City	城 市 City			市辖区 District under Jurisdiction of Cities	县 County	镇 Town	乡 Township
	合 计 Total	地级市 City at Prefecture Level	县级市 City at County Level				
	22	11	11	25	81	564	632

市 名 City									
太原市 Taiyuan	小店区 Xiaodian	迎泽区 Yingze	杏花岭区 Xinghualing	尖草坪区 Jiancaoping	万柏林区 Wanbailin	晋源区 Jinyuan	清徐县 Qingxu	阳曲县 Yangqu	
	娄烦县 Loufan	古交市 Gujiao							
大同市 Datong	新荣区 Xinrong	平城区 Pingcheng	云冈区 Yungang	云州区 Yunzhou	阳高县 Yanggao	天镇县 Tianzhen	广灵县 Guangling	灵丘县 Lingqiu	
	浑源县 Hunyuan	左云县 Zuoyun							
阳泉市 Yangquan	城 区 Chengqu	矿 区 Kuangqu	郊 区 Jiaoqu	平定县 Pingding	盂 县 Yuxian				
长治市 Changzhi	潞州区 Luzhou	上党区 Shangdang	屯留区 Tunliu	潞城区 Lucheng	襄垣县 Xiangyuan	平顺县 Pingshun	黎城县 Licheng	壶关县 Huguan	
	长子县 Zhangzi	武乡县 Wuxiang	沁 县 Qinxian	沁源县 Qinyuan					
晋城市 Jincheng	城 区 Chengqu	沁水县 Qinshui	阳城县 Yangcheng	陵川县 Lingchuan	泽州县 Zezhou	高平市 Gaoping			
朔州市 Shuozhou	朔城区 Shuocheng	平鲁区 Pinglu	山阴县 Shanyin	应 县 Yingxian	右玉县 Youyu	怀仁市 Huairen			
晋中市 Jinzhong	榆次区 Yuci	榆社县 Yushe	左权县 Zuoquan	和顺县 Heshun	昔阳县 Xiyang	寿阳县 Shouyang	太谷县 Taigu		
	祁 县 Qixian	平遥县 Pingyao	灵石县 Lingshi	介休市 Jiexiu					
运城市 Yuncheng	盐湖区 Yanhu	临猗县 Linyi	万荣县 Wanrong	闻喜县 Wenxi	稷山县 Jishan	新绛县 Xinjiang	绛 县 Jiangxian	垣曲县 Yuanqu	
	夏 县 Xiaxian	平陆县 Pinglu	芮城县 Ruicheng	永济市 Yongji	河津市 Hejin				
忻州市 Xinzhou	忻府区 Xinfu	定襄县 Dingxiang	五台县 Wutai	代 县 Daixian	繁峙县 Fanshi	宁武县 Ningwu	静乐县 Jingle	神池县 Shenchi	
	五寨县 Wuzhai	岢岚县 Kelan	河曲县 Hequ	保德县 Baode	偏关县 Pianguan	原平市 Yuanping			
临汾市 Linfen	尧都区 Yaodu	曲沃县 Quwo	翼城县 Yicheng	襄汾县 Xiangfen	洪洞县 Hongtong	古 县 Guxian	安泽县 Anze	浮山县 Fushan	吉 县 Jixian
	乡宁县 Xiangning	大宁县 Daning	隰 县 Xixian	永和县 Yonghe	蒲 县 Puxian	汾西县 Fenxi	侯马市 Houma	霍州市 Huozhou	
吕梁市 Lvliang	离石区 Lishi	文水县 Wenshui	交城县 Jiaocheng	兴 县 Xingxian	临 县 Linxian	柳林县 Liulin	石楼县 Shilou	岚 县 Lanxian	方山县 Fangshan
	中阳县 Zhongyang	交口县 Jiaokou	孝义市 Xiaoyi	汾阳市 Fenyang					

1-2 国民经济和社会发展总量与速度指标

指 标	Item	总量指标 1990	总量指标 2000
一、人口与就业（万人）	**Population and Employment (10 000 persons)**		
年末常住人口	Resident Population at Year-end	2899.0	3247.8
就业人员	Total Employees	1304.0	1392.4
二、国民经济核算（亿元）	**National Economic Accounting (100 million yuan)**		
地区生产总值	Gross Domestic Product	429.3	1845.7
第一产业	Primary Industry	80.8	179.9
第二产业	Secondary Industry	210.1	858.4
第三产业	Tertiary Industry	138.4	807.5
三、物价指数（上年=100）	**Price Indices (last year=100)**		
居民消费价格指数	Consumer Price Index	102.2	103.9
商品零售价格指数	Retail Price Index	102.1	97.1
四、财 政（亿元）	**Public Finance (100 million yuan)**		
一般公共预算收入	General Public Budget Revenue	51.7	114.5
一般公共预算支出	General Public Budget Expenditure	54.9	225.1
五、固定资产投资（亿元）	**Investment in Fixed Assets (100 million yuan)**		
全社会固定资产投资	Total Investment in Fixed Assets	123.4	625.2
#住 宅	Residential Buildings	22.0	111.3
第一产业	Primary Industry	5.2	12.0
第二产业	Secondary Industry	75.6	289.6
第三产业	Tertiary Industry	42.6	323.6
六、对外贸易（亿美元）	**Foreign Trade (USD 100 million)**		
进出口总额	Total Value of Exports and Imports	3.5	17.6
出 口	Total Value of Exports	2.6	12.4
进 口	Total Value of Imports	0.9	5.3
七、农 业	**Agriculture**		
主要农产品产量（万吨）	Output of Major Farm Products (10 000 tons)		
粮 食	Grain	969.0	853.4
蔬 菜	Vegetables	347.4	920.3
油 料	Oil-bearing Crops	39.4	44.8
猪牛羊肉 (万吨)	Output of Pork, Beef and Mutton (10 000 tons)	29.3	59.2
猪年末存栏 (万头)	Hogs at Year-end (10 000 heads)	363.1	519.5
羊年末存栏 (万只)	Sheep and Goats at Year-end (10 000 heads)	709.6	1058.4
八、房地产开发投资（亿元）	**Investment in Real Estate Development (100 million yuan)**		
本年完成投资	Investment Completed This Year	2.8	39.5
#住 宅	Residential Buildings	2.5	27.2

PRINCIPAL AGGREGATE INDICATORS ON NATIONAL ECONOMIC AND SOCIAL DEVELOPMENT AND GROWTH RATES

Aggregate Data			速 度 指 标 Indices and Growth Rates						
2010	2015	2018	指数(2018为以下各年%) Index (2018 as percentage of the following years)				平均增长速度 (%) Average Annual Growth Rate (%)		
			1990	2000	2010	2015	1991-2018	2001-2018	2011-2018
3574.1	3664.1	3718.3	128.3	114.5	104.0	101.5	0.9	0.8	0.5
1685.9	1872.8	1910.9	146.5	137.2	113.3	102.0	1.4	1.8	1.6
9240.8	12793.4	16818.1	1469.6	559.3	175.1	119.4	10.1	10.0	7.3
536.7	726.2	740.6	244.9	193.8	135.4	108.2	3.3	3.7	3.9
5281.6	5259.7	7089.2	1580.7	581.1	164.0	113.2	10.4	10.3	6.4
3422.5	6807.6	8988.3	1882.6	627.2	189.9	125.4	11.1	10.7	8.3
103.0	100.6	101.8	317.9	147.8	118.3	104.1	4.2	2.2	2.1
102.3	99.3	101.7	224.6	130.5	112.4	103.5	2.9	1.5	1.5
969.7	1642.4	2292.7	4430.4	2002.8	236.4	139.6	14.5	18.1	11.4
1931.4	3423.0	4283.9	7803.7	1903.5	221.8	125.2	16.8	17.8	10.5
6352.6	14137.2								
900.3	2106.8								
281.3	1563.7								
2628.1	5206.0								
3443.2	7367.5								
125.8	147.2	207.7	5935.6	1177.5	165.2	141.2	15.7	14.7	6.5
47.1	84.2	122.7	4665.3	992.0	260.5	145.7	14.7	13.6	12.7
78.7	62.9	85.0	9775.8	1612.3	108.1	135.1	17.8	16.7	1.0
1107.5	1314.0	1380.4	142.5	161.8	124.6	105.1	1.3	2.7	2.8
694.1	837.4	821.9	236.6	89.3	118.4	98.1	3.1	-0.6	2.1
16.6	12.2	15.5	39.3	34.5	93.2	126.8	-3.3	-5.7	-0.9
67.6	83.9	77.1	263.4	130.1	114.0	91.9	3.5	1.5	1.6
528.8	619.2	549.5	151.3	105.8	103.9	88.7	1.5	0.3	0.5
769.7	1112.1	875.6	123.4	82.7	113.8	78.7	0.8	-1.0	1.6
592.2	1494.9	1376.6	48324.8	3488.9	232.4	92.1	24.7	21.8	11.1
457.4	1098.3	1033.8	41962.9	3796.7	226.0	94.1	24.1	22.4	10.7

1-2 续表

指　　标	Item	总量指标	
		1990	2000
九、工　业	**Industry**		
主要工业产品产量(全社会)	Output of Major Industrial Products (Total Society)		
原　煤　(万吨)	Coal (10 000 tons)	28597	25152
发电量　(亿千瓦小时)	Electricity (100 million kwh)	314.2	624.7
粗　钢　(万吨)	Crude Steel (10 000 tons)	238.6	472.7
钢　材　(万吨)	Steel Products (10 000 tons)	128.8	392.6
水　泥　(万吨)	Cement (10 000 tons)	612.5	1434.0
十、国内贸易 (亿元)	**Domestic Trade (100 million yuan)**		
社会消费品零售总额	Total Retail Sales of Consumer Goods	158.0	722.7
十一、交通运输、邮电	**Transportation, Post and Telecommunication Services**		
货物运输量　(万吨)	Freight Traffic (10 000 tons)	50111	86624
#铁　路	Railways	23332	28779
旅客客运量　(万人)	Passenger Traffic (10 000 persons)	15960	31818
#铁　路	Railways	3226	2953
邮政行业业务总量 (亿元)	Business Volume of Post Services (100 million yuan)		
电信业务总量 (亿元)	Business Volume of Telecommunication Services (10 000 million yuan)		
移动电话用户 (万户)	Number of Mobile Telephone Subscribers (10 000 subscribers)		126
十二、教育、科技、文化、卫生	**Education, Science and Technology, Culture and Public Health**		
教　育	**Education**		
普通高等学校数(所)	Regular Institutions of Higher Education (unit)	26	24
普通高等学校在校学生数 (万人)	Student Enrollment of Regular Higher Education Institutions (10 000 persons)	5.1	12.6
普通中学在校学生数 (万人)	Student Enrollment of Regular Secondary Schools (10 000 persons)	145.1	199.8
普通小学在校学生数 (万人)	Student Enrollment of Regular Primary Schools (10 000 persons)	297.4	343.6
科　技	**Science and Technology**		
全社会R&D经费内部支出 (亿元)	Total Internal Expenditure on R&D (10 000 million yuan)		9.9
文　化	**Culture**		
图书总印数　(万册)	Total Printed Copies of Books (10 000 copies)	12166	10105
期刊总印数　(万份)	Total Printed Copies of Magazines (10 000 copies)	2815	2659
报纸总印数　(万份)	Total Printed Copies of Newspapers (10 000 copies)	54361	62815
卫　生	**Public Health**		
医　院　(个)	Number of Hospitals (unit)		716
执业(助理)医师　(人)	Number of Licensed (Assitant) Docotors (person)	60185	64900

continued

Aggregate Data			速 度 指 标 Indices and Growth Rates						
2010	2015	2018	指数(2018为以下各年%) Index (2018 as percentage of the following years)				平均增长速度 (%) Average Annual Growth Rate (%)		
			1990	2000	2010	2015	1991-2018	2001-2018	2011-2018
74096	96680	92634	323.9	368.3	125.0	95.8	4.3	7.5	2.8
2150.6	2457.5	3087.6	982.8	494.3	143.6	125.6	8.5	9.3	4.6
3048.8	3847.0	5386.2	2257.6	1139.4	176.7	140.0	11.8	14.5	7.4
2866.4	4267.3	4903.3	3807.5	1248.9	171.1	114.9	13.9	15.1	6.9
3670.3	3786.1	4376.8	714.6	305.2	119.2	115.6	7.3	6.4	2.2
3318.2	6033.7	7338.5	4643.4	1015.5	221.2	121.6	14.7	13.7	10.4
124677	161772	211503	422.1	244.2	169.6	130.7	5.3	5.1	6.8
63836	70509	85260	365.4	296.3	133.6	120.9	4.7	6.2	3.7
39059	30676	25679	160.9	80.7	65.7	83.7	1.7	-1.2	-5.1
5746	7393	7958	246.7	269.5	138.5	107.6	3.3	5.7	4.2
	43.1	94.1							
	468.2	1370.1							
2225	3337	3962		3138.8	178.0	118.7		21.1	7.5
65	79	83	319.2	345.8	127.7	105.1	4.2	7.1	3.1
56.3	74.0	76.6	1492.1	609.2	136.0	103.4	10.1	10.6	3.9
253.7	192.1	181.7	125.2	91.0	71.6	94.6	0.8	-0.5	-4.1
291.1	227.0	228.5	76.8	66.5	78.5	100.7	-0.9	-2.2	-3.0
89.9	132.5	175.8		1776.6	195.6	132.6		17.3	8.7
13183	12439	10174	83.6	100.7	77.2	81.8	-0.6	0.04	-3.2
4000	2573	2259	80.2	85.0	56.5	87.8	-0.8	-0.9	-6.9
206698	203549	198105	364.4	315.4	95.8	97.3	4.7	6.6	-0.5
1201	1274	1368		191.1	113.9	107.4		3.7	1.6
85376	90216	94314	156.7	145.3	110.5	104.5	1.6	2.1	1.3

1-3 山西省水资源总量(2017年)
TOTAL VOLUME OF WATER RESOURCES(2017)

单位：亿立方米 (100 million cu.m)

市名 City		水资源总量 Water Resources	地表水资源量 Surface Water Resources	地下水资源量 Ground Water Resources	重复计算量 Repetition Statistical Amount	年降水量 Annual Precipitation
全省	**Total**	**130.24**	**87.85**	**104.14**	**61.75**	**905.67**
太原市	Taiyuan	5.42	2.77	4.35	1.70	40.84
大同市	Datong	7.79	4.46	7.08	3.75	62.03
阳泉市	Yangquan	3.87	4.56	3.51	4.20	25.73
长治市	Changzhi	13.27	10.00	10.11	6.83	85.66
晋城市	Jincheng	13.10	10.63	9.85	7.39	51.06
朔州市	Shuozhou	6.13	2.16	5.86	1.89	53.12
晋中市	Jinzhong	16.96	12.31	11.27	6.63	105.11
运城市	Yuncheng	14.19	6.13	11.69	3.64	80.72
忻州市	Xinzhou	18.26	10.74	17.09	9.58	141.12
临汾市	Linfen	11.16	7.99	9.82	6.65	121.20
吕梁市	Lvliang	20.10	16.10	13.51	9.50	139.08

1-4 山西省实际用水量(2017年)
ACTUAL CONSUMPTION OF WATER(2017)

单位：亿立方米 (100 million cu.m)

市名 City		总计 Total	农田灌溉 Farmland Irrigation	工业 Industry	城镇生活 Urban Living	农村生活 Rural Living	林牧渔畜 Forestry, Animal Husbandry, Fishery and Livestock	生态 Ecological Utilization
全省	**Total**	**74.90**	**42.97**	**13.49**	**9.46**	**3.38**	**2.57**	**3.01**
太原市	Taiyuan	7.77	1.81	2.75	2.43	0.28	0.11	0.39
大同市	Datong	6.15	3.58	1.11	0.79	0.29	0.06	0.32
阳泉市	Yangquan	1.86	0.24	0.86	0.48	0.14	0.08	0.06
长治市	Changzhi	5.36	2.36	1.45	0.79	0.35	0.16	0.25
晋城市	Jincheng	4.30	1.33	1.70	0.72	0.21	0.25	0.09
朔州市	Shuozhou	5.06	3.42	0.66	0.40	0.16	0.32	0.10
晋中市	Jinzhong	7.60	4.64	1.21	0.71	0.38	0.27	0.39
运城市	Yuncheng	16.34	12.92	1.10	1.20	0.52	0.47	0.13
忻州市	Xinzhou	6.65	4.27	0.84	0.42	0.26	0.31	0.55
临汾市	Linfen	7.76	5.07	0.83	0.82	0.41	0.33	0.30
吕梁市	LvLiang	6.04	3.33	1.00	0.69	0.37	0.20	0.45

1-5 平均每天主要社会经济活动

MAJOR INDICATORS OF AVERAGE DAILY SOCIAL AND ECONOMIC ACTIVITIES

指 标	Item	2010	2015	2018
地区生产总值(万元)	Gross Domestic Product (10 000 yuan)	253173	350505	460770
全社会固定资产投资额(万元)	Total Investment in Fixed Assets (10 000 yuan)	174044	387319	
社会消费品零售总额(万元)	Total Retail Sales of Consumer Goods (10 000 yuan)	90908	165306	201056
进出口总额(万美元)	Total Value of Exports and Imports of Customs (USD 10 000)	3446	4032	5692
一般公共预算收入(万元)	General Public Budget Revenue (10 000 yuan)	26566	44996	62814
一般公共预算支出(万元)	General Public Budget Expenditure (10 000 yuan)	52914	93780	117367
主要农产品产量(吨)	Output of Major Farm Products (ton)			
粮 食	Grain	30344	36001	37819
油 料	Oil-bearing Crops	455	334	424
蔬 菜	Vegetables	19015	22943	22517
主要工业产品产量(全社会)	Output of Major Industrial Products (Total Society)			
原 煤 (万吨)	Coal (10 000 tons)	203	265	254
发电量 (万千瓦小时)	Electricity (10 000 kwh)	58919	67327	84593
钢 材 (吨)	Steel Products (ton)	78530	116911	134337
焦 炭 (万吨)	Coke (10 000 tons)	23	22	25
水 泥 (吨)	Cement (ton)	100556	103728	119912
货运量(万吨)	Freight Traffic (10 000 tons)	342	443	579
客运量(万人)	Passenger Traffic (10 000 persons)	107	84	70
图书出版 (万册)	Books Published (10 000 copies)	36.12	34.08	27.87
期刊出版 (万份)	Magazines Issued (10 000 copies)	10.96	7.05	6.19
报纸出版 (万份)	Newspapers Issued (10 000 copies)	566.30	557.67	542.75
出 生 (人)	Births (person)	1043	1000	979
死 亡 (人)	Deaths (person)	525	557	541
结 婚 (对)	Marriages (couple)	988	950	762
离 婚 (对)	Divorces (couple)	73	148	194

1-6 社会经济主要指标人均水平
MAJOR PER CAPITA INDICATORS OF SOCIETY AND ECONOMY

指　标	Item	2010	2015	2018
一、地区生产总值 (元)	**Gross Domestic Product (yuan)**	**26397**	**34993**	**45328**
二、主要农产品产量 (公斤)	**Output of Major Farm Products (kg)**			
粮　食	Grain	316	359	372
油　料	Cotton	4.7	3.3	4.2
甜　菜	Beetroots	7.2	1.5	0.03
蔬　菜	Vegetables	198.3	229.1	221.5
猪牛羊肉	Pork, Beef and Mutton	19.3	22.9	20.8
三、主要工业产品产量 (全社会)	**Output of Major Industrial Products (Total Society)**			
原　煤　(吨)	Coal (ton)	21.17	26.44	24.97
发电量　(千瓦小时)	Electricity (kwh)	6143.2	6721.6	8321.7
粗　钢　(公斤)	Crude Steel (kg)	870.9	1052.2	1451.7
钢　材　(公斤)	Steel Products (kg)	818.8	1167.2	1321.5
焦　炭　(吨)	Coke (ton)	2.43	2.20	2.49
水　泥　(公斤)	Cement (kg)	1048.4	1035.6	1179.6
布　(米)	Cloth (m)	2.1	2.1	0.6
四、社会消费品零售额 (元)	**Total Retail Sales of Consumer Goods (yuan)**	**9478**	**16503**	**19779**
五、人民生活 (元)	**People's Livelihood (yuan)**			
城镇非私营单位在岗职工平均工资	Average Wage of Fully Employed Staff and Workers in Urban Non-private Units	33544	52960	67669
国　有	State-owned Units	33119	54953	68127
集　体	Collective-owned Units	21993	44114	53787
城镇居民可支配收入	Disposable Income of Urban Households	15510	25828	31035
城镇居民消费支出	Living Expenditure of Urban Households	10236	15819	19790
农村居民可支配收入	Disposible Income of Rural Households	5263	9454	11750
农村居民消费支出	Living Expenditure of Rural Households	4070	7421	9172
住户存款	Households Deposits	26346	42877	54834

1-7 国民经济与社会发展结构指标
MAJOR COMPOSITION INDICATORS ON NATIONAL ECONOMIC AND SOCIAL DEVELOPMENT

单位：% (%)

指 标	Item	2010	2015	2018
男女人口比例	**Sex Ratio**			
男 性	Male	51.4	51.3	51.0
女 性	Female	48.6	48.7	49.0
人口抚养比	**Dependency Ratio of Population**			
总抚养比	Gross Dependency Ratio	32.8	32.6	35.5
少儿抚养比	Children Dependency Ratio	22.7	20.6	21.4
老年抚养比	Old People Dependency Ratio	10.1	12.1	14.1
地区生产总值构成(生产法)	**Composition of GDP**			
第一产业	Primary Industry	5.8	5.7	4.4
第二产业	Secondary Industry	57.2	41.1	42.2
第三产业	Tertiary Industry	37.0	53.2	53.4
地区生产总值构成(支出法)	**Compositon of GDP**			
最终消费	Final Consumption	44.7	55.7	
资本形成总额	Cross Capital Formation	68.2	73.2	
货物和服务净出口	Net Export of Goods and Services	-12.9	-28.9	
一般公共预算支出构成	**Compositon of General Public Budget Expenditure**			
#教 育	Education	17.0	17.6	15.6
社会保障和就业	Social Security and Employment	14.2	15.6	15.7
医疗卫生与计划生育	Expenditure for Medical and Health Care and Family Planning	5.9	8.5	8.4
能源使用比例	**Structure of Energy Consumption**			
第一产业	Primary Industry	2.4	2.0	1.6
第二产业	Secondary Industry	75.9	76.1	76.8
第三产业	Tertiary Industry	12.0	12.2	12.5
人民生活	People's Livelihood	9.6	9.7	9.1
全社会固定资产投资构成	**Composition of Total Investment in Fixed Assets**			
第一产业	Primary Industry	4.4	11.1	4.7
第二产业	Secondary Industry	41.4	36.8	35.1
第三产业	Tertiary Industry	54.2	52.1	60.2
城乡居民人均收入比(农民=1)	**Ratio of Per Capita Income of Urban and Rural Households(rural income=1)**	**2.95**	**2.73**	**2.64**

1-8 人民物质文化生活情况
CONDITIONS OF PEOPLE'S MATERIAL AND CULTURAL LIFE

指 标	Item	2010	2015	2018
一、城乡居民收入 (元)	**Income of Urban and Rural Households (yuan)**			
城镇居民人均可支配收入	Per Capita Disposable Income of Urban Households	15510	25828	31035
农村居民人均可支配收入	Per Capita Disposable Income of Rural Households	5263	9454	11750
城镇非私营单位在岗职工平均工资	Average Wage of Fully Employed Staff and Workers in Urban Non-private Units	33544	52960	67669
二、平均每人住房面积 (平方米)	**Per Capita Floor Space of Residential Buildings (sq.m)**			
城镇居民住房面积	Urban Households	28.0	32.0	34.0
农村居民住房面积	Rural Households	28.7	33.5	38.1
三、生活、文化、教育、卫生	**Livelihood, Culture, Education and Public Health**			
每百户拥有 (抽 样)	Number of Durable Consumer Goods Owned Per 100 Households by Sample			
彩色电视机 (台)	Color Television Sets (unit)			
城镇居民	Urban Households	111.8	107.2	101.8
农村居民	Rural Households	109.0	104.6	103.2
洗衣机(台)	Washing Machines (unit)			
城镇居民	Urban Households	100.7	98.9	99.0
农村居民	Rural Households	81.0	83.2	86.5
移动电话 (部)	Mobile Telephones (unit)			
城镇居民	Urban Households	146.6	220.6	239.9
农村居民	Rural Households	107.7	201.2	219.5
每人每年拥有期刊 (份)	Number of Magazines per Person per Year (copy)	1.1	0.7	0.6
每百人每天拥有报纸 (份)	Newspapers per 100 Persons per Day (copy)	16.2	15.3	14.6
每万人拥有在校大学生 (人)	Number of Enrollment Students of Regular Institutions of Higher Education per 10 000 Persons (person)	160.8	202.5	206.3
每千人拥有医院床位数 (张)	Number of Hospital Beds per 1 000 persons (unit)	3.1	3.8	4.4
每千人拥有卫生技术人员数 (人)	Number of Medical Technical Personnels Per 1 000 Persons (person)	5.5	5.8	6.5

1-9 主要年份地区生产总值

GROSS DOMESTIC PRODUCT IN MAJOR YEARS

按当年价格计算 (at current prices)

年 份 Year	地区生产总值 (万元) Gross Domestic Product (10 000 yuan)	第一产业 Primary Industry	第二产业 Secondary Industry	工 业 Industry	建筑业 Construction	第三产业 Tertiary Industry	人均地区生产总值 (元) Per Capita GDP (yuan)
1952	159978	93831	27484	23447	4037	38663	116
1957	291594	115415	93994	71745	22249	82185	186
1962	324083	110666	121848	109126	12722	91569	188
1965	439158	127041	205199	185889	19310	106918	238
1970	576900	151931	302600	279549	23051	122369	277
1975	698101	208009	346700	321978	24722	143392	301
1978	879946	182040	514685	481225	33460	183221	365
1980	1087619	206348	635098	582107	52991	246173	442
1985	2189896	422629	1200573	1021192	179381	566694	838
1990	4292736	808080	2100746	1866110	234636	1383910	1528
1991	4685100	687700	2362800	2108100	254700	1634600	1592
1992	5511200	829400	2702800	2404400	298400	1979000	1862
1993	6804100	972700	3350300	2960100	390200	2481100	2271
1994	8266600	1238400	3965700	3471800	493900	3062500	2729
1995	10760300	1686900	4944500	4385000	559500	4128900	3515
1996	12921100	1982800	6002100	5327300	674800	4936200	4178
1997	14760000	1918400	7075800	6263600	812200	5765800	4724
1998	16110800	2072500	7612500	6585500	1027000	6425800	5104
1999	16671000	1599600	7854700	6845500	1009200	7216700	5230
2000	18457200	1798600	8583700	7486500	1097200	8074900	5722
2001	20295300	1710900	9560100	8324500	1235600	9024300	6226
2002	23248000	1978000	11343100	9914400	1428700	9926900	7082
2003	28552200	2151900	14633800	12919400	1714400	11766500	8641
2004	35713700	2763000	19194000	17113000	2081000	13756700	10741
2005	42469100	2624200	23692700	21295400	2397300	16152200	12696
2006	49012000	2767700	27727600	25016500	2711100	18516700	14566
2007	60624000	3172400	34809500	31678100	3131400	22642100	17917
2008	74362500	3934900	42749900	39006400	3743500	27677700	21861
2009	73977400	4664600	40340100	35566400	4773700	28972700	21637
2010	92408000	5367000	52816200	47033400	5782800	34224800	26397
2011	112846300	6161700	66945800	60171100	6774700	39738800	31489
2012	121758300	6747000	68037900	60935500	7102400	46973400	33803
2013	127204000	6975700	66939100	59208700	7766700	53289200	35136
2014	128096600	7366200	63784100	55533200	8292000	56946300	35202
2015	127934400	7262100	52596500	44251700	8472200	68075800	34993
2016	129899100	7242800	50289900	41489100	8956300	72366400	35367
2017	155284200	7191600	67788900	57712200	10198400	80303700	42060
2018	168181100	7406400	70891900	59525800	11528100	89882800	45328

注：2013年起采用新的三次产业划分标准。
Notes：New division of three industry has been used since 2013.

1-10 主要年份地区生产总值构成
COMPOSITION OF GROSS DOMESTIC PRODUCT IN MAJOR YEARS

单位：% (%)

年 份 Year	地区生产总值 Gross Domestic Product	第一产业 Primary Industry	第二产业 Secondary Industry			第三产业 Tertiary Industry
				工 业 Industry	建筑业 Construction	
1952	100.0	58.6	17.2	14.6	2.5	24.2
1957	100.0	39.6	32.2	24.6	7.6	28.2
1962	100.0	34.2	37.6	33.7	3.9	28.3
1965	100.0	28.9	46.7	42.3	4.4	24.3
1970	100.0	26.3	52.5	48.4	4.0	21.2
1975	100.0	29.8	49.7	46.1	3.5	20.5
1978	100.0	20.7	58.5	54.7	3.8	20.8
1980	100.0	19.0	58.4	53.5	4.9	22.6
1985	100.0	19.3	54.8	46.6	8.2	25.9
1990	100.0	18.8	48.9	43.5	5.5	32.3
1991	100.0	14.7	50.4	45.0	5.4	34.9
1992	100.0	15.0	49.0	43.6	5.4	35.9
1993	100.0	14.3	49.2	43.5	5.7	36.5
1994	100.0	15.0	48.0	42.0	6.0	37.0
1995	100.0	15.7	46.0	40.8	5.2	38.4
1996	100.0	15.3	46.5	41.2	5.2	38.2
1997	100.0	13.0	47.9	42.4	5.5	39.1
1998	100.0	12.9	47.3	40.9	6.4	39.9
1999	100.0	9.6	47.1	41.1	6.1	43.3
2000	100.0	9.7	46.5	40.6	5.9	43.7
2001	100.0	8.4	47.1	41.0	6.1	44.5
2002	100.0	8.5	48.8	42.6	6.1	42.7
2003	100.0	7.5	51.3	45.2	6.0	41.2
2004	100.0	7.7	53.7	47.9	5.8	38.5
2005	100.0	6.2	55.8	50.1	5.6	38.0
2006	100.0	5.6	56.6	51.0	5.5	37.8
2007	100.0	5.2	57.4	52.3	5.2	37.3
2008	100.0	5.3	57.5	52.5	5.0	37.2
2009	100.0	6.3	54.5	48.1	6.5	39.2
2010	100.0	5.8	57.2	50.9	6.3	37.0
2011	100.0	5.5	59.3	53.3	6.0	35.2
2012	100.0	5.5	55.9	50.0	5.8	38.6
2013	100.0	5.5	52.6	46.5	6.1	41.9
2014	100.0	5.8	49.8	43.4	6.5	44.5
2015	100.0	5.7	41.1	34.6	6.6	53.2
2016	100.0	5.6	38.7	31.9	6.9	55.7
2017	100.0	4.6	43.7	37.2	6.6	51.7
2018	100.0	4.4	42.2	35.4	6.9	53.4

1-11 主要年份地区生产总值指数

INDICES OF GROSS DOMESTIC PRODUCT IN MAJOR YEARS

1952年=100 (year of 1952=100)

年份 Year	地区生产总值 Gross Domestic Product	第一产业 Primary Industry	第二产业 Secondary Industry	工业 Industry	建筑业 Construction	第三产业 Tertiary Industry
1952	100.0	100.0	100.0	100.0	100.0	100.0
1957	174.0	106.1	371.3	326.7	629.9	198.2
1962	169.2	92.7	404.4	411.5	335.5	194.3
1965	248.5	123.3	705.2	725.5	538.1	251.0
1970	304.2	129.3	982.4	1026.3	648.5	291.6
1975	378.4	160.0	1264.7	1348.3	636.2	334.6
1978	485.1	131.7	1893.0	2034.9	821.4	434.3
1980	543.3	124.4	2117.4	2241.3	1169.7	555.9
1985	939.1	188.3	3565.9	3519.2	3454.5	1119.2
1990	1252.9	220.3	4689.7	4850.7	3266.6	1651.7
1991	1305.5	192.6	4985.2	5185.4	3309.1	1831.7
1992	1468.7	217.4	5453.8	5698.8	3355.4	2090.0
1993	1660.5	237.2	6149.5	6463.6	3605.5	2371.3
1994	1831.2	247.9	6857.3	7220.4	4006.0	2612.8
1995	2051.6	257.3	7776.8	8225.8	4257.2	2939.8
1996	2292.8	287.7	8659.5	9106.0	5087.5	3289.7
1997	2552.8	273.3	9813.2	10282.3	5999.4	3732.8
1998	2805.9	302.0	10714.2	11071.8	7664.6	4112.8
1999	3009.6	251.5	11771.9	12115.6	8691.0	4508.7
2000	3292.0	278.4	12757.1	13197.9	9084.2	4957.9
2001	3624.7	268.4	14133.6	14631.4	10045.3	5580.6
2002	4091.7	304.9	16248.1	16836.0	11437.4	6206.4
2003	4701.4	326.0	18961.5	19647.6	13175.9	7168.3
2004	5416.0	340.6	22279.8	23164.5	15020.5	8308.1
2005	6147.1	322.2	25933.7	27079.3	16807.9	9413.1
2006	6940.1	338.7	30005.3	31439.1	18858.5	10354.4
2007	8071.3	353.9	35226.2	37223.9	20480.3	12042.2
2008	8749.3	358.9	37480.7	39792.3	20623.7	13559.5
2009	9230.6	373.2	38305.3	39593.4	26975.8	14996.8
2010	10513.6	398.6	45200.2	47116.1	29511.5	16376.5
2011	11880.4	423.3	52658.2	55361.4	32020.0	17801.3
2012	13092.2	450.0	58398.0	61894.1	32820.5	19510.2
2013	14270.5	471.1	64121.0	68207.3	34921.0	21071.0
2014	14969.7	493.8	66429.4	70389.9	37400.4	22546.0
2015	15418.8	498.7	65499.3	69052.5	39233.0	24800.6
2016	16112.7	512.7	66481.8	69743.0	40880.8	26511.8
2017	17256.7	528.5	70936.1	74694.8	42556.9	28579.7
2018	18412.8	539.6	74128.2	77832.0	45152.9	31094.7

1-12 主要年份地区生产总值指数
INDICES OF GROSS DOMESTIC PRODUCT IN MAJOR YEARS

上年=100 (last year=100)

年 份 Year	地区生产总值 Gross Domestic Product	第一产业 Primary Industry	第二产业 Secondary Industry	工 业 Industry	建 筑 业 Construction	第三产业 Tertiary Industry
1953	116.7	105.6	125.7	124.6	132.0	137.2
1957	107.6	89.6	133.0	122.2	181.5	108.4
1962	91.3	105.7	85.2	84.2	93.9	84.7
1965	118.8	103.1	135.2	136.6	124.5	117.4
1970	124.4	99.2	147.0	150.5	120.0	121.7
1975	107.9	108.1	112.0	113.4	93.0	97.9
1978	117.6	89.8	131.2	130.7	140.9	109.9
1980	102.0	87.6	102.9	104.6	82.6	111.1
1985	107.1	82.2	113.1	110.2	133.3	115.8
1990	105.0	112.6	101.4	100.4	110.7	108.6
1991	104.2	87.4	106.3	106.9	101.3	110.9
1992	112.5	112.9	109.4	109.9	101.4	114.1
1993	113.1	109.1	112.8	113.4	107.5	113.5
1994	110.3	104.5	111.5	111.7	111.1	110.2
1995	112.0	103.8	113.4	113.9	106.3	112.5
1996	111.8	111.8	111.4	110.7	119.5	111.9
1997	111.3	95.0	113.3	112.9	117.9	113.5
1998	109.9	110.5	109.2	107.7	127.8	110.2
1999	107.3	83.3	109.9	109.4	113.4	109.6
2000	109.4	110.7	108.4	108.9	104.5	110.0
2001	110.1	96.4	110.8	110.9	110.6	112.6
2002	112.9	113.6	115.0	115.1	113.9	111.2
2003	114.9	106.9	116.7	116.7	115.2	115.5
2004	115.2	104.5	117.5	117.9	114.0	115.9
2005	113.5	94.6	116.4	116.9	111.9	113.3
2006	112.9	105.1	115.7	116.1	112.2	110.0
2007	116.3	104.5	117.4	118.4	108.6	116.3
2008	108.4	101.4	106.4	106.9	100.7	112.6
2009	105.5	104.0	102.2	99.5	130.8	110.6
2010	113.9	106.8	118.0	119.0	109.4	109.2
2011	113.0	106.2	116.5	117.5	108.5	108.7
2012	110.2	106.3	110.9	111.8	102.5	109.6
2013	109.0	104.7	109.8	110.2	106.4	108.0
2014	104.9	104.8	103.6	103.2	107.1	107.0
2015	103.0	101.0	98.6	98.1	104.9	110.0
2016	104.5	102.8	101.5	101.0	104.2	106.9
2017	107.1	103.1	106.7	107.1	104.1	107.8
2018	106.7	102.1	104.5	104.2	106.1	108.8

1-13 支出法地区生产总值
GROSS DOMESTIC PRODUCT BY EXPENDITURE APPROACH

单位：万元 (10 000 yuan)

指 标	Item	按当年价格计算 at Current Prices		2017年为2016年% 2017 as Percentage of 2016
		2016	2017	
总 计	**Total**	**129899100**	**155284200**	**107.1**
一、最终消费	Final Consumption Expenditure	74514600	87563700	116.0
居民消费	Residents Consumption Expenditure	55332500	66943700	119.4
城镇居民	Urban Residents	40295300	48937000	119.6
农村居民	Rural Residents	15037200	18006700	118.9
政府消费	Government Consumption Expenditure	19182100	20620000	105.7
二、资本形成总额	Gross Capital Formation	94643300	71547000	71.5
固定资本形成总额	Gross Fixed Capital Formation	83693600	67000900	76.3
存货增加	Changes in Inventories	10949700	4546100	36.4
三、货物和服务净出口	Net Export of Goods and Services	-39258800	-3826500	

1-14 支出法地区生产总值构成
COMPOSITION OF GROSS DOMESTIC PRODUCT BY EXPENDITURE APPROACH

单位：% (%)

指 标	Item	按当年价格计算 at Current Prices	
		2016	2017
总 计	**Total**	**100.0**	**100.0**
一、最终消费	Final Consumption Expenditure	57.4	56.4
居民消费	Residents Consumption Expenditure	42.6	43.1
城镇居民	Urban Residents	31.0	31.5
农村居民	Rural Residents	11.6	11.6
政府消费	Government Consumption Expenditure	14.8	13.3
二、资本形成总额	Gross Capital Formation	72.9	46.1
固定资本形成总额	Gross Fixed Capital Formation	64.4	43.1
存货增加	Changes in Inventories	8.4	2.9
三、货物和服务净出口	Net Export of Goods and Services	-30.2	-2.5

1-15 总产出
TOTAL OUTPUT

单位：万元 (10 000 yuan)

指　　标	Item	按当年价格计算 at Current Prices	
		2016	2017
总　计	**Total**	**328861300**	**377005900**
按国民经济行业分	**Grouped By Sector**		
农、林、牧、渔业	Farming, Forestry, Animal Husbandry and Fishery	14299100	14187300
工　业	Industry	142654800	171060000
建筑业	Construction	45695200	52299400
交通运输、仓储和邮政业	Transportation, Storage and Post	21518100	24310900
批发和零售业	Wholesale and Retail Trade	14577300	14844400
其　他	Others	90116800	100303900
按三次产业分	**By Type of Industry**		
第一产业	Primary Industry	13403900	13260800
第二产业	Secondary Industry	187951800	223015300
第三产业	Tertiary Industry	127505600	140729800

1-16 资本形成总额
GROSS CAPITAL FORMATION

单位：万元 (10 000 yuan)

指　　标	Item	2016	2017
总　计	**Total**	**94643300**	**71547000**
固定资本形成总额	Gross Fixed Capital Formation	83693600	67000900
住　宅	Residential Buildings	12001400	12119700
非住宅建筑物	Nonresidential Buildings	38664000	37456000
机器和设备	Machinery and Equipment	22008000	12116300
其　他	Others	11020200	5308900
存货增加	Changes in Inventories	10949700	4546100
第一产业	Primary Industry	287000	260000
第二产业	Secondary Industry	2991100	-2750900
第三产业	Tertiary Industry	7671600	7037000

1-17 地区生产总值构成项目(2017年)
COMPONENTS OF GROSS DOMESTIC PRODUCT(2017)

单位：万元 (10 000 yuan)

指 标	Item	总 计 Total	劳动者报酬 Compensation of Employees	生产税净额 Net Taxes on Production	固定资产折旧 Depreciation of Fixed Assets	营业盈余 Operating Surplus
地区生产总值	**Gross Domestic Product**	**155284200**	**74156600**	**25972900**	**26630700**	**28524000**
按国民经济行业分	**Grouped By Sector**					
农、林、牧、渔业	Farming, Forestry, Animal Husbandry and Fishery	7640600	5942800	−509300	712800	1494300
#农、林、牧、渔服务业	Farming, Forestry, Animal Husbandry and Fishery Service	449000	342200	−900	50200	57500
工 业	Industry	57712200	24281500	14984900	11288600	7157200
#金属制品、机械和设备修理业	Metal Products, Machinery and Equipment Repair	121700	84500	31300	4300	1600
建筑业	Construction	10198400	5386100	2195500	652300	1964500
批发和零售业	Wholesale and Retail Trade	10785400	3008400	3279700	1096900	3400400
交通运输、仓储和邮政业	Transport, Storage and Post	10521400	4993300	703000	1768300	3056800
住宿和餐饮业	Hotels and Catering Services	4017700	1418400	441300	410100	1747900
信息传输、软件和信息技术服务业	Information Transmission, Software and Information Technology Services	6230100	2591200	457700	1716800	1464400
金融业	Financial Industry	13200500	5673100	1820400	795500	4911500
房地产业	Real Estate	7987300	1157000	1714100	5022000	94200
租赁和商务服务业	Lease and Business Affairs Services	2967300	1196200	271700	653800	845600
科学研究和技术服务业	Scientific Research and Technical Services	1480200	904200	128100	226600	221300
水利、环境和公共设施管理业	Water, Environmental Protection and Public Facility Management	711800	525800	26700	181000	−21700
居民服务、修理和其他服务业	Resident Services, Repair and Other Services	3916500	1960300	182100	206200	1567900
教 育	Education	5529900	4719400	85400	706800	18300
卫生和社会工作	Health Care and Social Work	2411900	1702100	53300	256600	399900
文化、体育和娱乐业	Culture, Sports and Recreation	1789800	1162000	119000	256300	252500
公共管理、社会保障和社会组织	Public Management, Social Security and Social Organization	8183200	7534800	19300	680100	−51000
按三次产业分	**By Type of Industry**					
第一产业	Primary Industry	7191600	5600600	−508400	662600	1436800
第二产业	Secondary Industry	67788900	29583100	17149100	11936600	9120100
第三产业	Tertiary Industry	80303700	38972900	9332200	14031500	17967100

1-18 按三次产业、行业(门类)划分的法人单位数、产业活动单位数及从业人数(2017年)

项　目	Item	单位数(个) Number of Units (unit)
总　计	**Total**	**600802**
按三次产业分	**By Industry**	
第一产业	Primary Industry	99121
第二产业	Secondary Industry	77335
第三产业	Tertiary Industry	424346
按行业(门类)分	**By Sector**	
农、林、牧、渔业	Farming , Forestry , Animal Husbandry and Fishery	106983
采矿业	Ming	7499
制造业	Manufacturing	37197
电力、热力、燃气及水生产和供应业	Production and Supply of Electricity, Heat, Gas and Water	4955
建筑业	Construction	28426
批发和零售业	Wholesale and Retail Trade	178727
交通运输、仓储和邮政业	Transport, Storage and Post	14827
住宿和餐饮业	Hotels and Catering Services	9121
信息传输、软件和信息技术服务业	Information Transmission, Software and Information Technology Services	18806
金融业	Financial Industry	3221
房地产业	Real Estate	15980
租赁和商务服务业	Lease and Business Affairs Services	49596
科学研究和技术服务业	Scientific Reseach and Technical Services	18000
水利、环境和公共设施管理业	Management of Water Conservancy, Environment and Public Facilities	5238
居民服务、修理和其他服务业	Resident Services, Repair and Other Services	11101
教　育	Education	12875
卫生和社会工作	Health Care and Social Work	7050
文化、体育和娱乐业	Culture, Sports and Recreation	12183
公共管理、社会保障和社会组织	Public Management, Social Security and Social Organization	59017

NUMBER OF CORPORATION UNITS, ACTIVE UNITS AND EMPLOYEES BY TYPE OF INDUSTRY AND SECTOR(2017)

法人单位 Corporation Units			产业活动单位 Active Units		
单产业法人 Single Industry	多产业法人 Multi-industry	从业人数 (人) Employees (person)	单位数 (个) Number of Units (unit)	#多产业法人所属的产业活动单位 Units Belong to Multi-industry Corporation	从业人数 (人) Employees (person)
571983	**28819**	**10137211**	**713486**	**141503**	**11415677**
98910	211	986728	99478	568	991881
74955	2380	3918141	84090	9135	4307293
398118	26228	5232342	529918	131800	6116503
106745	238	1058778	107544	799	1065200
7265	234	1221608	8031	766	1317178
36144	1053	1792248	38934	2790	1938853
4758	197	176572	6190	1432	252259
27512	914	750404	31811	4299	837068
174204	4523	1405665	200972	26768	1560120
14244	583	386096	20679	6435	577028
8725	396	189574	10384	1659	223984
18470	336	156871	22683	4213	191750
2619	602	136786	13374	10755	258332
15089	891	220559	17669	2580	248161
48517	1079	413460	56145	7628	496646
17444	556	194286	21000	3556	223604
5112	126	110679	6120	1008	121069
10910	191	99226	11867	957	114635
11711	1164	588639	22754	11043	658987
6292	758	204122	30424	24132	275927
12025	158	120432	12928	903	127038
44197	14820	911206	73977	29780	927838

1-19 按登记注册类型划分的法人单位数、产业活动单位数及从业人数(2017年)

项 目	Item	单位数 (个) Number of Units (unit)
总 计	**Total**	**600802**
一、内 资	**Civil Funded Enterprises**	**600036**
国 有	State-owned Enterprises	45963
集 体	Collective-owned Enterprises	5472
股份合作	Share Cooperative Enterprises	267
国有联营	State-owned Joint Owned Enterprises	44
集体联营	Collective-owned Joint Owned Enterprises	58
国有与集体联营	State-owned and Collective-owned Joint Owned Enterprises	23
其他联营	Other Joint Owned Enterprises	30
国有独资公司	Company Exclusively with Investment from State	1507
其他有限责任公司	Other Limited Responsibility Company	20368
股份有限公司	Share Holding Limited Company	1591
私营独资	Enterprise Exclusively with Investment from Private	35013
私营合伙	Private Partner Enterprises	2796
私营有限责任公司	Privately Owned Limited Responsibility Company	353044
私营股份有限公司	Privately Owned Share Holding Limited Company	2236
其 他	Others	131624
二、港澳台商投资	**Enterprises Funded by Hong Kong, Macao and Taiwan**	**289**
与港澳台商合资经营	Joint Venture	136
与港澳台商合作经营	Cooperative Enterprise	12
港澳台商独资	Ventures Exclusively with Hong Kong, Macao and Taiwan Investment	125
港澳台商投资股份有限公司	Share Holding Limited Company	11
其他港澳台商投资	Others	5
三、外商投资	**Foreign Funded Enterprises**	**477**
中外合资经营	Joint Venture	206
中外合作经营	Cooperative Enterprises	30
外资企业	Enterprises Funded by Foreign Investment	204
外商投资股份有限公司	Limited Company Funded by Foreign Investment	26
其他外商投资	Others	11

NUMBER OF CORPORATION UNITS, ACTIVE UNITS AND EMPLOYEES BY REGISTRATION STATUS(2017)

法人单位 Corporation Units			产业活动单位 Active Units		
单产业法人 Single Industry	多产业法人 Multi-industry	从业人数（人） Employees (person)	单位数（个） Number of Units (unit)	#多产业法人所属的产业活动单位 Units Belong to Multi-industry Corporation	从业人数（人） Employees (person)
571983	**28819**	**10137211**	**713486**	**141503**	**11415677**
571323	**28713**	**9918887**	**710491**	**139168**	**11156816**
39061	6902	1965059	85192	46131	2579035
4682	790	188872	15597	10915	234204
244	23	9899	643	399	14575
42	2	3785	122	80	5996
56	2	1485	94	38	2039
21	2	829	34	13	3350
30		659	49	19	822
1303	204	306378	2112	809	245340
18709	1659	1788188	28786	10077	1817130
1150	441	304457	8147	6997	596395
34630	383	310252	36716	2086	326068
2773	23	32007	3007	234	34119
345741	7303	3593981	378655	32914	3837678
2109	127	91604	3749	1640	108239
120772	10852	1321432	147588	26816	1351826
250	**39**	**127020**	**1358**	**1108**	**138562**
120	16	68293	177	57	69239
8	4	4237	20	12	3127
108	17	50751	1124	1016	61128
10	1	3508	29	19	4117
4	1	231	8	4	951
410	**67**	**91304**	**1637**	**1227**	**120299**
182	24	44058	260	78	48187
28	2	10190	33	5	10714
168	36	31050	1155	987	54210
22	4	4628	169	147	3005
10	1	1378	20	10	4183

1-20 按登记注册类型、从业人数组距划分的法人单位数(2017年)

单位：个

项　目	Item	9人以下 9 Persons Below
总　计	**Total**	**441509**
一、内　资	**Civil Funded Enterprises**	**441265**
国　有	State-owned Enterprises	18366
集　体	Collective-owned Enterprises	2732
股份合作	Share Cooperative Enterprises	126
国有联营	State-owned Joint Owned Enterprises	19
集体联营	Collective-owned Joint Owned Enterprises	37
国有与集体联营	State-owned and Collective-owned Joint Owned Enterprises	12
其他联营	Other Joint Owned Enterprises	12
国有独资公司	Company Exclusively with Investment from State	696
其他有限责任公司	Other Limited Responsibility Company	11160
股份有限公司	Share Holding Limited Company	561
私营独资	Enterprise Exclusively with Investment from Private	27321
私营合伙	Private Partner Enterprises	1951
私营有限责任公司	Privately Owned Limited Responsibility Company	277051
私营股份有限公司	Privately Owned Share Holding Limited Company	1370
其　他	Others	99851
二、港澳台商投资	**Enterprises Funded by Hong Kong, Macao and Taiwan**	**87**
与港澳台商合资经营	Joint Venture	40
与港澳台商合作经营	Cooperative Enterprise	3
港澳台商独资	Ventures Exclusively with Hong Kong,Macao and Taiwan Investment	39
港澳台商投资股份有限公司	Share Holding Limited Company	3
其他港澳台商投资	Others	2
三、外商投资	**Foreign Funded Enterprises**	**157**
中外合资经营	Joint Venture	50
中外合作经营	Cooperative Enterprises	11
外资企业	Enterprises Funded by Foreign Investment	78
外商投资股份有限公司	Limited Company Funded by Foreign Investment	13
其他外商投资	Others	5

NUMBER OF CORPORATION UNITS BY REGISTRATION STATUS AND QUANTITY OF EMPLOYEES(2017)

(unit)

10–49人 10–49 Persons	50–99人 50–99 Persons	100–299人 100–299 Persons	300–499人 300–499 Persons	500–999人 500–999 Persons	1000–4999人 1000–4999 Persons	5000人以上 5000 Persons Above
131242	**15773**	**9007**	**1501**	**1064**	**640**	**66**
131000	**15701**	**8895**	**1472**	**1035**	**606**	**62**
18685	5127	3095	390	200	92	8
2023	381	248	54	19	14	1
95	26	14	3	3		
15	4	3	1		2	
13	3	4	1			
8	1	1	1			
12	5	1				
448	129	109	37	41	38	9
5694	1248	1198	358	432	255	23
516	150	174	60	66	53	11
6909	548	214	12	8	1	
774	45	23		3		
67110	5434	2635	456	220	130	8
594	134	101	18	11	6	2
28104	2466	1075	81	32	15	
94	**26**	**40**	**14**	**10**	**15**	**3**
38	12	26	10	7	2	1
2	2	2			3	
49	10	11	3	2	9	2
4	1		1	1	1	
1	1	1				
148	**46**	**72**	**15**	**19**	**19**	**1**
62	27	35	11	11	10	
7	5	3		1	3	
69	13	33	3	4	3	1
7			1	3	2	
3	1	1			1	

主要统计指标解释

地区生产总值 是按市场价格计算的一个地区所有常住单位在一定时期内生产活动的最终成果。地区生产总值有三种表现形态，即价值形态、收入形态和产品形态。从价值形态看，它是所有常住单位在一定时期内所生产的全部货物和服务价值与同期投入的全部非固定资产货物和服务价值的差额，即所有常住单位的增加值之和；从收入形态看，它是所有常住单位在一定时期内所创造并分配给常住单位和非常住单位的初次分配收入之和；从产品形态看，它是最终使用的货物和服务价值与货物和服务价值净出口之和。在核算中，地区生产总值的三种表现形态表现为三种计算方法，即生产法、收入法和支出法。三种方法分别从不同的方面反映地区生产总值及其构成。

三次产业 我国的三次产业划分是：

第一产业是指农、林、牧、渔业（不含农、林、牧、渔服务业）。

第二产业是指采矿业（不含开采辅助活动），制造业（不含金属制品、机械和设备修理业），电力、热力、燃气及水生产和供应业，建筑业。

第三产业即服务业，是指除第一产业、第二产业以外的其他行业。第三产业包括：批发和零售业，交通运输、仓储和邮政业，住宿和餐饮业，信息传输、软件和信息技术服务业，金融业，房地产业，租赁和商务服务业，科学研究和技术服务业，水利、环境和公共设施管理业，居民服务、修理和其他服务业，教育，卫生和社会工作，文化、体育和娱乐业，公共管理、社会保障和社会组织，国际组织，以及农、林、牧、渔业中的农、林、牧、渔服务业，采矿业中的开采辅助活动，制造业中的金属制品、机械和设备修理业。

总产出 指一定时期内一个地区常住单位生产的所有货物和服务的价值，既包括新增价值，也包括被消耗的货物和服务价值以及固定资产的转移价值。总产出按生产者价格计算，它反映常住单位生产活动的总规模。

增加值 指常住单位生产过程创造的新增价值和固定资产的转移价值。它可以按生产法计算，也可以按收入法计算，按生产法计算，它等于总产出减去中间投入；按收入法计算，它等于劳动者报酬、生产税净额、固定资产折旧和营业盈余之和。

劳动者报酬 指劳动者因从事生产活动所获得的全部报酬。包括劳动者获得的各种形式的工资、奖金和津贴，既有货币形式的，也有实物形式的，还包括劳动者所享受的公费医疗和医药卫生费、上下班交通补贴、单位支付的社会保险费、住房公积金等。对于个体经济来说，其所有者所获得的劳动报酬和经营利润不易区分，这两部分统一作为劳动者报酬处理。

生产税净额 指生产税减生产补贴后的差额。生产税指政府对生产单位从事生产、销售和经营活动以及因从事生产活动使用某些生产要素（如固定资产、土地、劳动力）所征收的各种税、附加费和规费。生产补贴与生产税相反，指政府对生产单位的单方面转移支付，因此视为负生产税，包括政策性亏损补贴、价格补贴等。

固定资产折旧 指一定时期内为弥补固定资产损耗按照规定的固定资产折旧率提取的固定资产折旧，或按国民经济核算统一规定的折旧率虚拟计算的固定资产折旧。它反映了固定资产在当期生产中的转移价值。各类企业和企业化管理的事业单位的固定资产折旧是指实际计提的折旧费；不计提折旧的政府机关、非企业化管理的事业单位和居民住房的固定资产折旧是按照统一规定的折旧率和固定资产原值计算的虚拟折旧。原则上，固定资产折旧应按固定资产的重置价值计算，但是目前我国尚不具备对全社会固定资产进行重估价的基础，所以暂时还不能采用这种办法。

营业盈余 指常住单位创造的增加值扣除劳动者报酬、生产税净额和固定资产折旧后的余额。它相当于企业的营业利润加上生产补贴，但要扣除从利润中开支的工资和福利等。

支出法地区生产总值 指一个地区所有常住单位在一定时期内用于最终消费、资本形成总额，以及货物和服务净出口的总额，它反映本期生产的地区生产总值的使用情况。

最终消费 指常住单位在一定时期内对于货物和服务的全部最终消费支出，也就是说常住单位为满足物质、文化和精神生活的需要，从本地区经济领土和地区外购买的货物和服务的支出，不包括非常住单位在本地区经济领土内的消费支出。最终消费分为居民消费和政府消费。

居民消费 指常住住户在一定时期内对货物和服务的全部最终消费支出。它除了常住住户直接以货币形式购买货物和服务的消费之外，还包括以其他方式获得的货物和服务的消费，即单位以实物报酬及实物转移的形式提供给劳动者的货物和服务；住户生产并由住户自己消费的货物和服务，其中的服务仅指住户的自有住房服务和付酬的家庭服务；金融机构提供的金融媒介服务；保险公司提供的保险服务。

政府消费 指政府部门为全社会提供公共服务的消费支出和免费或以较低价格向住户提供的货物和服务的净支出。前者等于政府服务的产出价值减去政府单位所获得的经营收入后的价值，政府服务的产出价值等于它的经常性业务支出加上固定资产折旧；后者等于政府部门免费或以较低价格向住户提供的货物和服务的市场价值减去向住户收取的价值。

资本形成总额 指常住单位在一定时期内获得的减去处置的固定资产加存货的净变动额，包括固定资本形成总额和存货增加。

固定资本形成总额 指生产者在一定的时期内获得的固定资产减处置的固定资产的价值总额。固定资产是通过生产活动生产出来的，其使用年限在一年以上，单位价值在规定标准以上的资产，不包括自然资产。固定资本形成总额分有形固定资本形成总额和无形固定资本形成总额。有形固定资本形成总额包括一定时期内完成的建筑工程、安装工程、设备工器具购置（减处置）价值以及土地改良、新增役、种、奶、毛、娱乐用牲畜和新增经济林木价值。无形固定资本形成总额包括矿藏的勘探、计算机软件等获得减处置。

存货增加 指常住单位存货实物量变动的市场价值，即期末价值减期初价值的差额，再扣除当期由于价格变动而产生的持有收益。存货增加可以是正值，也可以是负值；正值表示存货增加，负值表示存货减少。它包括生产单位购进的原材料、燃料和储备物资等存货，以及生产单位生产的产成品、在制品存货等。

货物和服务净出口 指货物和服务出口减货物和服务进口的差额。出口包括常住单位向非常住单位出售或无偿转让的各种货物和服务的价值；进口包括常住单位从非常住单位购买或无偿得到的各种货物和服务的价值。由于服务活动的提供与使用同时发生，因此服务的进出口业务并不发生出入境现象，一般把常住单位从国外得到的服务作为进口，常住单位向国外提供的服务作为出口。

法人单位 指有权拥有资产、承担负债，并独立从事社会经济活动（或与其他单位进行交易）的组织。

产业活动单位 指位于一个地点，从事一种或主要从事一种社会经济活动的组织或组织的一部分。

Explanatory Notes on Main Statistical Indicators

Gross Domestic Product refers to the final products of all resident units calculated at market prices, in a region during a certain period of time. Gross domestic product is expressed in three different forms i.e. value, income and products respectively. The form of value refers to the total value of all products and services produced by all resident units during a certain period of time minus total value of intermediate input of materials and services of the nature of non-fixed assets or the summation of the value-added of all resident units; the form of income includes all the income created by all resident units and distributed primarily to all resident and non-resident units; the form of products refers to the value of all final goods and services for final use by all resident units plus the value of net exports of goods and services during given period of time. In the practice of national accounting, gross domestic product is calculated with three approaches, i.e. production approach, income approach, and expenditure approach, which reflect gross domestic product and its composition from different aspects.

Three Industries Industry in China comprises:

Primary industry refers to farming, forestry, animal husbandry and fishery, excluding services supported these industries.

Secondary industry refers to mining (excluding auxiliary activities), manufacturing (excluding repair of metal products, machinery and equipment), production and supply of electricity, heat, gas and water, construction.

Tertiary industry refers to all other industries not included in primary or secondary industry. It includes wholesale and retail trade, transport, storage and post, hotels and catering services, information transmission, software and information technology services, financial industry, real estate, lease and business affairs services, scientific research and technical services, management of water conservancy, environment and public facilities, residents services, repair and other services, education, health care and social work, culture, sports and recreation, public management, social security and social organization, international organization, services of farming, forestry, animal husbandry and fishery, auxiliary activities of mining, repair of metal products, machinery and equipment of manufacturing.

Total Output refers to value of all goods and services produced by resident units in a certain period of time, including new increasing value, also including value of goods and services consumed and transfer value of fixed assets. It is calculated at producer price, reflecting total production scale of resident units.

Intermediate Input refers to total non-fixed assets goods and services consumed and used by resident units during producing or supplying goods and services. Intermediate input is also called intermediate consumption, calculated at price of buyer.

Value Added refers to new increasing value and transfer value of fixed assets created by resident units during production. It is calculated in production way, also in income way. It equals total output minus intermediate consume when in production way. It equals compensation of laborers plus net tax on production, depreciation of fixed assets and operating surplus when in income way.

Laborers' Remuneration refers to the whole payment of various forms earned by the laborers from the productive activities they are engaged in. It includes wages, bonuses and allowances the laborers earned in monetary form and in kind. It also includes the free medical services provided to the laborers and the medicine expenses, traffic subsidies and social insurance fee paid by the laborers working units for them. As the individual economy is concerned, since the laborers remuneration is not easily distinguished from the operating profit, both are treated as laborers remuneration.

Net Taxes on Production refers to the residual of the taxes on production minus the subsidies on production. The taxes on production refers to the various taxes, extra charges and fees levied on the production units on their production, sale and business activities as well as on some factors pf production, such as fixed assets, land and labor force, used in the production activities they are engaged in. In contrast to the taxes on production, the subsidies on production refer to the unilateral transfer of part of the government's revenue to the production units and is therefore regarded as negative taxes on production. They include subsidies on the loss due to implementation of government policies and price subsidies etc.

Depreciation of Fixed Assets refers to the depreciation of fixed assets of a given period, drawn in accordance with the stipulated depreciation rate for the purpose of compensating the wear loss of the fixed assets of the depreciation of fixed assets calculated in a fictitious way in accordance with the stipulated unified depreciation rate in the national economic accounting It reflects the value of transfer of the fixed assets in the production of the current period. The depreciation of fixed assets in various enterprises and institutions managed as enterprises which do not drawn and calculated as part of the cost. In government agencies and institution not managed as enterprises which do not draw the depreciation expenses, as well as for the houses of residents, the depreciation of fixed assets is the imputed depreciation, which is calculated in accordance with the stipulated unified depreciation rate. In principle, the depreciation of fixed assets should be calculated on the basis of the repurchased value of the fixed assets. However, there is no actual condition to reevaluate all the fixed assets in China. Therefore, the method can't be adopted temporarily at present.

Operating Surplus refers to the balance of the value added created by the resident units deducting the laborers remuneration, net taxes on production and the depreciation of fixed assets. It is equivalent to the business profit of the enterprises plus subsidies on production, but the wages and welfare expenses paid from the profits should be deducted.

GDP Calculated by Expenditure Approach refers to total expenditure on final consumption, total capital formation and net export of goods and services by resident units of a region in a certain period of time. It reflects the composition of GDP by its use.

Final Consumption refers to the total expenditure of resident units on final consumption of goods and services in a certain period, namely the expenditure of the resident units for purchases of goods and services from domestic economic territory and other regions to meet the requirements of material, cultural and spiritual life. It excludes the expenditure of non-resident units on consumption in the economic territory. The final consumption is classified into household consumption and government consumption.

Households Consumption refers to the total expenditure of resident households on the final consumption of goods and services during a certain period of time. In addition to the consumption of goods and services bought by the households directly with money, the expenditure on goods and services obtained by the households in other ways, i.e. the so-called imputed expenditure on consumption, is also include in the households consumption. The imputation expenditure of the households on consumption includes the following types: (a) the goods and services provided to the households themselves, in the form of payment in kind and transfer in kind; (b) the goods and services produced and consumed by the households themselves, in which the services refer only to the services provided by the residential buildings owned by the households; (c) the services of financial intermediary provided by the financial institutions; (d) the insurance services provided by the insurance companies.

Government Consumption refers to the expenditure on the consumption of the public services provided by the government to the whole society and the net expenditure on the goods and services provided by the government to the households at free charge or lower prices. The former equals to the output value of the government services minus the value of operating income obtained by the government departments.(The output value of the government services equals to its current operating expenditure plus depreciation of fixed assets). The latter equals to the market value of the goods and services provided by the government free of charge or at low prices to the households minus the value received by the government from the households.

Total Capital Formation refers to the fixed assets acquired minus those disposed and the change in inventory, including the total fixed assets formation and the increase in inventory.

Total Fixed Capital Formation refers to the value of fixed assets purchased, transferred in by the resident units and those produced and used by themselves deducting the value of fixed assets sold and transferred out. It can be classified into total tangible assets formation and total intangible assets formation. The total tangible assets formation include the value of the construction projects, installation projects completed and the equipment, apparatus and instruments purchased as well as the value of land improved, the value of draught animals, breeding stock, milk, wool and recreational animals and the newly increased economic forest in a certain period. The total intangible assets formation includes the prospecting of minerals, the acquisition of computer software, the originals of recreational works and works of literature and arts minus the disposal of them.

Increase in Inventory refers to the market value of the charge in inventory, i.e. the difference of value between the beginning and the end of the period. The increase in inventory can be positive or negative. A positive value indicates the increase in inventory while negative value indicates the decrease in stock. The inventory includes the raw materials, fuels, reserve materials purchased by the production units as well as the inventory of finished products, semi-finished products, work-in-progress, etc.

Net Export of Goods and Services refers to the difference of the exports of goods and services minus the imports of goods and services. The exports include the value of various goods and services sold or gratuitously transferred by the resident units to the non-resident units. The imports include the value of various goods and services purchased or gratuitously acquisition by the resident units from the non-resident units. Because the provision of services and the use of them happen simultaneously, the import and export of services do not appear to have the phenomena of crossing the border of country. The acquisition of services by the resident units from abroad is usually treated as import while the acquisition of services by non-resident units in this country is usually treated as export.

Corporation Units refer to organizations which are entitled to possess assets, assume liabilities and carry out social economic activities (or can trade with other units) independently.

Active Units refer to organizations or a part of it which carry out one or mainly one social economic activities in certain places.

2

人口、劳动工资和社会保障

POPULATION, LABOR WAGES AND SOCIAL SECURITY

资料整理人员

王英娟　周俊英　李渔翔

人 口
POPULATION

总户数	Number of Households	1304.87	万户	(10 000 households)
常住人口	Resident Population	3718.34	万人	(10 000 persons)
男 性	Male	1896.67	万人	(10 000 persons)
女 性	Female	1821.67	万人	(10 000 persons)
出生人口	Birth Population	35.73	万人	(10 000 persons)
死亡人口	Death Population	19.74	万人	(10 000 persons)

城乡人口构成 (%)

Composition of Urban and Rural Population (%)

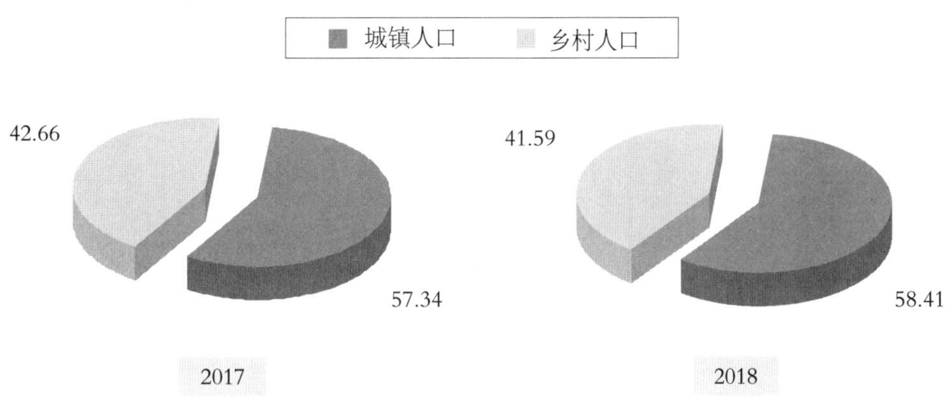

人口出生率、死亡率、自然增长率 (‰)

Birth Rate, Death Rate and Natural Growth Rate of Population (‰)

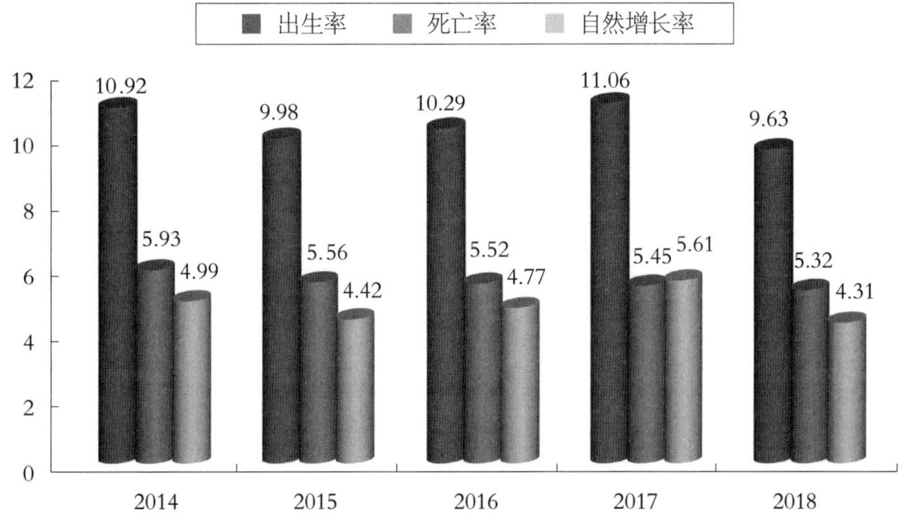

就业人员和平均工资
EMPLOYEES AND AVERAGE WAGE

全社会就业人员	Total Employees	1910.9	万人	(10 000 persons)
第一产业	Primary Industry	643.8	万人	(10 000 persons)
第二产业	Secondary Industry	424.4	万人	(10 000 persons)
第三产业	Tertiary Industry	824.7	万人	(10 000 persons)

全社会就业人员和非私营单位就业人员数（万人）
Number of Employed Persons in Total Society and Non-Private Units (10 000 persons)

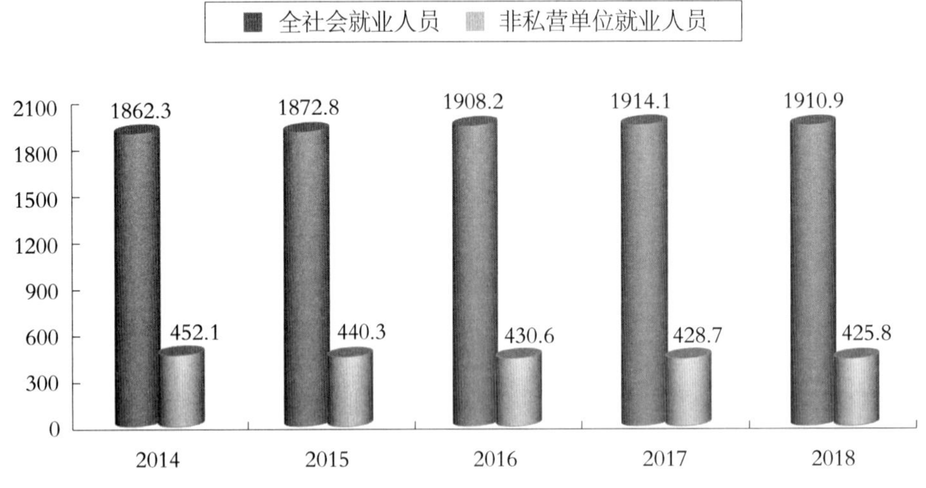

非私营单位就业人员平均工资（元）
Average Wage of Employed Persons in Non-private Units (yuan)

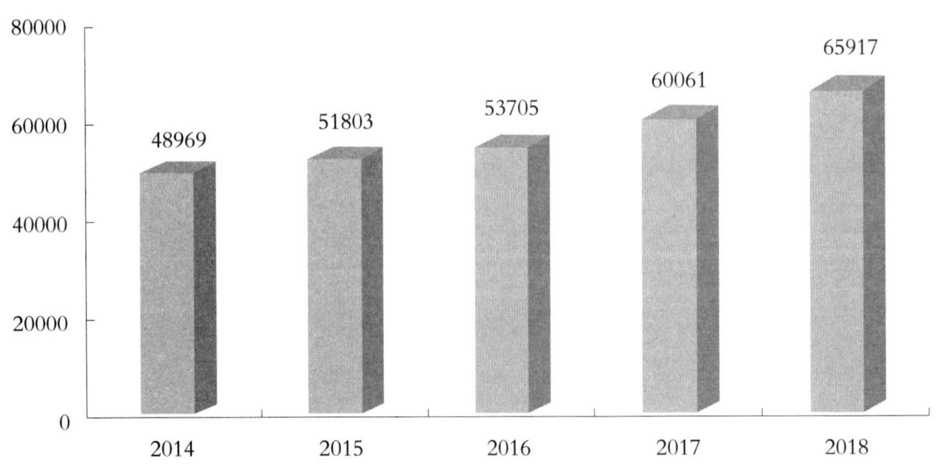

2-1 主要年份总户数、常住人口数

TOTAL HOUSEHOLD AND RESIDENT POPULATION IN MAJOR YEARS

单位：万人　　(10 000 persons)

年份 Year	总户数(万户) Number of Households (10 000 Households)	常住人口 Resident Population	按性别分 By Sex		按农业非农业分 By Registered Residence	
			男性 Male	女性 Famle	非农业人口 Non-agriculture	农业人口 Agriculture
1978	558.01	2423.60	1273.07	1150.53	393.79	2029.81
1980	579.71	2476.46	1299.32	1177.14	439.81	2036.65
1985	631.69	2673.51	1403.33	1270.18	536.84	2136.67
1990	740.63	2898.96	1508.62	1390.34	639.22	2259.74
1995	815.23	3077.28	1606.34	1470.94	748.39	2328.89
2000	885.55	3247.80	1680.91	1566.89	861.84	2334.34
2005	1008.04	3355.21	1719.33	1635.88	1010.46	2283.97
2010	1188.84	3574.11	1835.37	1738.75	1144.45	2329.18
2011	1233.13	3593.28	1843.75	1749.52	1162.44	2334.79
2012	1282.40	3610.83	1850.96	1759.87	1171.99	2326.73
2013	1313.25	3629.80	1865.40	1764.40	1189.51	2333.93
2014	1313.35	3647.96	1872.97	1774.99	1192.72	2329.46
2015	1297.74	3664.12	1879.09	1785.03		
2016	1304.35	3681.64	1885.96	1795.68		
2017	1301.73	3702.35	1895.11	1807.24		
2018	1304.87	3718.34	1896.67	1821.67		

注：本表2000年及以后年份农业、非农业人口和2005年及以后年份总户数为公安年报数；2015年起，取消农业户口和非农业户口。

Note: Data of agriculture and non-agriculture population since 2000 and number of households since 2005 are all from public security department. The indicators of agriculture and non-agreculture have been cancelled since 2015.

2-2 主要年份人口自然变动

NATURAL CHANGE OF POPULATION IN MAJOR YEARS

单位：万人　　(10 000 persons)

年份 Year	出生 Birth		死亡 Death		自然增长 Natural Growth	
	人数 Population	出生率(‰) Birth Rate	人数 Population	死亡率(‰) Death Rate	人数 Population	增长率(‰) Natural Growth Rate
1978	37.76	15.66	15.80	6.55	21.96	9.11
1980	41.74	16.95	15.98	6.49	25.76	10.46
1985	56.65	21.36	16.87	6.36	39.78	15.00
1990	64.82	22.54	18.87	6.56	45.95	15.98
1995	50.82	16.60	18.73	6.12	32.09	10.48
2000	42.72	13.25	18.59	5.77	24.13	7.48
2005	40.21	12.02	20.07	6.00	20.14	6.02
2010	38.06	10.68	19.18	5.38	18.88	5.30
2011	37.50	10.47	20.10	5.61	17.41	4.86
2012	38.53	10.70	20.99	5.83	17.55	4.87
2013	39.15	10.81	20.17	5.57	18.98	5.24
2014	39.74	10.92	21.58	5.93	18.16	4.99
2015	36.49	9.98	20.33	5.56	16.16	4.42
2016	37.79	10.29	20.27	5.52	17.52	4.77
2017	40.83	11.06	20.12	5.45	20.71	5.61
2018	35.73	9.63	19.74	5.32	15.99	4.31

2-3 城乡人口情况

URBAN AND RURAL POPULATION

单位：万人 (10 000 persons)

年 份 Year	城 镇 Urban Area		乡 村 Rural Area	
	人口数 Population	比 重(%) Proportion	人口数 Population	比 重(%) Proportion
1978	464.85	19.18	1958.75	80.82
1979	484.79	19.81	1962.41	80.19
1980	502.72	20.30	1973.74	79.70
1981	517.06	20.61	1991.71	79.39
1982	546.63	21.47	1999.37	78.53
1983	577.73	22.32	2010.67	77.68
1984	610.77	23.21	2020.71	76.79
1985	645.65	24.15	2027.86	75.85
1986	682.72	25.16	2030.81	74.84
1987	721.80	26.17	2036.31	73.83
1988	763.01	27.18	2044.23	72.82
1989	806.54	28.27	2046.44	71.73
1990	837.80	28.90	2061.16	71.10
1991	854.90	29.06	2086.96	70.94
1992	872.04	29.27	2107.27	70.73
1993	889.93	29.54	2122.69	70.46
1994	908.08	29.82	2137.13	70.18
1995	926.57	30.11	2150.71	69.89
1996	945.53	30.41	2163.73	69.59
1997	964.57	30.71	2176.32	69.29
1998	984.33	31.03	2187.87	68.97
1999	1004.34	31.35	2199.29	68.65
2000	1165.31	35.88	2082.49	64.12
2001	1147.92	35.09	2123.71	64.91
2002	1254.56	38.09	2039.15	61.91
2003	1286.28	38.81	2028.01	61.19
2004	1321.65	39.63	2013.42	60.37
2005	1412.81	42.11	1942.40	57.89
2006	1451.39	43.01	1923.16	56.99
2007	1493.75	44.03	1898.83	55.97
2008	1538.58	45.11	1872.06	54.89
2009	1576.09	45.99	1851.27	54.01
2010	1717.43	48.05	1856.68	51.95
2011	1785.31	49.68	1807.97	50.32
2012	1851.08	51.26	1759.75	48.74
2013	1907.92	52.56	1721.88	47.44
2014	1962.32	53.79	1685.64	46.21
2015	2016.37	55.03	1647.75	44.97
2016	2069.63	56.21	1612.01	43.79
2017	2122.92	57.34	1579.43	42.66
2018	2171.88	58.41	1546.46	41.59

2-4 主要年份人口年龄构成和抚养比
AGE COMPOSITION AND DEPENDENCY RATIO OF POPULATION IN MAJOR YEARS

单位：% (%)

年 份 Year	年龄构成 Age Composition			抚养比 Dependency Ratio		
	0—14岁 Age 0-14	15—64岁 Age 15-64	65岁及以上 Age 65 and Over	总抚养比 Gross Dependency Ratio	少儿抚养比 Children Dependency Ratio	老年抚养比 Old People Dependency Ratio
1953	33.89	61.37	4.74	62.95	55.22	7.72
1964	40.43	55.22	4.35	81.09	73.22	7.88
1982	33.36	61.65	4.99	62.21	54.11	8.09
1990	28.15	66.46	5.39	50.47	42.36	8.11
2000	25.73	67.94	6.33	47.19	37.87	9.32
2005	21.30	71.55	7.15	39.76	29.77	9.99
2010	17.10	75.33	7.58	32.75	22.70	10.06
2011	16.47	75.62	7.91	32.24	21.78	10.46
2012	16.44	75.59	7.97	32.29	21.75	10.54
2013	15.83	75.80	8.37	31.93	20.88	11.04
2014	15.67	75.65	8.68	32.19	20.71	11.47
2015	15.50	75.40	9.10	32.63	20.56	12.07
2016	15.45	75.06	9.49	33.23	20.58	12.64
2017	15.59	74.46	9.95	34.30	20.94	13.36
2018	15.81	73.79	10.40	35.52	21.43	14.09

注：1953、1964、1982、1990、2000、2010年为六次人口普查数据，其余年份为人口抽样调查推算数。
Note：Data of 1953,1964,1982,1990,2000 and 2010 in this table are obtained from six National Population Census，and the rest are caculated from the Sample Survey of Population .

2-5 按三次产业分就业人员数
NUMBER OF EMPLOYEES BY THREE STRATA OF INDUSTRY

单位：万人 (10 000 persons)

年 份 Year	就业人员 Total Employed Persons	第一产业 Primary Industry	第二产业 Secondary Industry	第三产业 Tertiary Industry	构成(%) Composition		
					第一产业 Primary Industry	第二产业 Secondary Industry	第三产业 Tertiary Industry
1952	650.6	561.6	42.7	45.8	86.3	6.6	7.0
1978	965.2	628.1	188.9	148.2	65.1	19.6	15.4
1980	1002.6	611.8	249.2	141.7	61.0	24.9	14.1
1985	1154.1	576.0	337.8	240.3	49.9	29.3	20.8
1990	1304.0	632.8	382.6	288.6	48.5	29.3	22.1
1995	1424.5	636.1	435.9	352.5	44.7	30.6	24.7
2000	1392.4	662.7	353.4	376.3	47.6	25.4	27.0
2005	1500.2	641.8	385.7	472.6	42.8	25.7	31.5
2010	1685.9	638.2	442.9	604.8	37.9	26.3	35.9
2011	1738.9	649.4	468.0	621.5	37.3	26.9	35.7
2012	1790.2	647.1	489.9	653.1	36.1	27.4	36.5
2013	1844.2	650.6	519.1	674.5	35.3	28.1	36.6
2014	1862.3	662.1	505.3	694.9	35.6	27.1	37.3
2015	1872.8	666.6	491.7	714.4	35.6	26.3	38.1
2016	1908.2	670.5	481.1	756.6	35.1	25.2	39.6
2017	1914.1	670.7	483.8	759.7	35.0	25.3	39.7
2018	1910.9	643.8	442.4	824.7	33.7	23.1	43.2

2-6 就业基本情况
EMPLOYMENT

单位：万人 (10 000 persons)

项　目	Item	2016	2017	2018
16岁及以上人口	**Population aged 16 and over**	**3072**	**3088**	**3097**
就业人员合计	**Total Number of Employed Persons**	**1908.2**	**1914.1**	**1910.9**
第一产业	Primary Industry	670.5	670.7	643.8
第二产业	Secondary Industry	481.1	483.8	442.4
第三产业	Tertiary Industry	756.6	759.6	824.7
按城乡分就业人员	**Number of Employed Persons by Urban and Rural Areas**			
城　镇	Urban Employed Persons	1007.4	1008.1	1017.8
乡　村	Rural Employed Persons	900.8	906.0	893.0
按登记注册类型分城镇非私营单位就业人员	**Number of Employed Person in Urban Non-private Units by Status of Registration**			
国有单位	State-owned Units	199.9	196.3	176.6
城镇集体单位	Urban Collective-owned Units	16.8	15.3	13.2
股份合作单位	Cooperative Units	0.7	0.6	0.3
联营单位	Joint Ownership Units	0.4	0.2	0.1
有限责任公司	Limited Liability Corporations	164.6	168.8	185.4
股份有限公司	Share-holding Corporations Ltd.	25.5	26.0	31.2
港澳台商投资单位	Units with Funds from Hong Kong, Macao & Taiwan	12.3	11.8	9.1
外商投资单位	Foreign Funded Units	7.7	7.4	7.4
工商登记注册的私营个体就业人员	**Number of Employed Person in Private Enterprises and Self-employed Individuals by Status of Industrial and Commercial Registration**			
城镇私营企业	Private Enterprises in Urban Areas	136.4	134.5	132.4
城镇个体	Self-employed Individuals in Urban Areas	186.7	222.2	261.2
乡村私营企业	Private Enterprises in Rural Areas	111.0	128.3	142.5
乡村个体	Self-employed Individuals in Rural Areas	119.3	107.0	106.8
城镇登记失业人数	**Number of Registered Unemployed Persons in Urban Areas**	**26.1**	**26.5**	**24.6**
城镇登记失业率　(%)	**Registered Unemployment Rate in Urban Areas (%)**	**3.5**	**3.4**	**3.3**

2-7 城镇非私营单位就业人员和工资(2018年)

NUMBER AND WAGE OF EMPLOYEES IN URBAN NON-PRIVATE UNITS(2018)

项 目	Item	就业人员(人) Number of Employees (person)	工资总额(万元) Total Wage (10 000 yuan)	平均工资(元) Average Wage (yuan)	#在岗职工 Fully Employed
总 计	**Total**	**4258247**	**28034091**	**65917**	**67669**
一、按执行会计标准类别分	**Grouped by Categories of Implementing Accounting Standards**				
1.企 业	Enterprises	2734032	18120078	66388	67971
2.事 业	Institutions	1039799	6738567	64787	67072
3.机 关	Government Agencies	471324	3120688	66343	67929
4.民间非营利组织	Private Non-Profit Organizations	6391	23931	37841	38185
5.其 他	Others	6701	30827	46155	47230
二、按国民经济行业分	**Grouped by Sector**				
1.农、林、牧、渔业	Farming, Forestry, Animal Husbandry and Fishery	13567	71333	52156	52963
2.采矿业	Mining	883731	6496226	73380	73871
3.制造业	Manufacturing	603351	3229663	53209	53545
4.电力、热力、燃气及水生产和供应业	Production and Supply of Electricity, Heat, Gas and Water	130217	1044470	81956	83134
5.建筑业	Construction	297125	1593585	54673	55878
6.批发和零售业	Wholesale and Retail Trade	157164	795224	50456	51101
7.交通运输、仓储和邮政业	Transport, Storage and Post	214169	1914775	87933	89123
8.住宿和餐饮业	Hotels and Catering Services	34849	117332	33394	35543
9.信息传输、软件和信息技术服务业	Information Transmission, Software and Information Technology Services	48734	404741	83095	83987
10.金融业	Financial Industry	208065	1731553	84811	106898
11.房地产业	Real Estate	36494	198605	53859	56005
12.租赁和商务服务业	Lease and Business Services	86282	393858	46401	46928
13.科学研究和技术服务业	Scientific Reseach and Technial Services	73276	565663	78056	79430
14.水利、环境和公共设施管理业	Water, Environmental Protection and Public Facility Management	90300	306499	33560	36632
15.居民服务、修理和其它服务业	Resident Services, Repair and Other Services	8653	38026	45259	46693
16.教 育	Education	500438	3651380	72783	74417
17.卫生和社会工作	Health Care and Social Work	217123	1385707	64300	66134
18.文化、体育和娱乐业	Culture, Sports and Recreation	46620	266594	57050	59356
19.公共管理、社会保障和社会组织	Public Management, Social Security and Social Organization	608089	3828857	63096	64910

注：在岗职工包含劳务派遣工，后同。

Note: Dispatching workers are included in fully employed workers. The same applies to the tables following.

2-8 城镇非私营国有单位就业人员和工资(2018年)

NUMBER AND WAGE OF EMPLOYEES IN STATE-OWNED UNITS(2018)

项 目	Item	就业人员(人) Number of Employees (person)	工资总额(万元) Total Wage (10 000 yuan)	平均工资(元) Average Wage (yuan)	
					#在岗职工 Fully Employed
总 计	**Total**	**1765594**	**11710484**	**66146**	**68127**
一、按执行会计标准类别分	**Grouped by Categories of Implementing Accounting Standards**				
1.企 业	Enterprises	278061	1954742	68986	70678
2.事 业	Institutions	1014307	6623905	65275	67520
3.机 关	Government Agencies	470762	3118758	66385	67973
4.民间非营利组织	Private Non-Profit Organizations	883	4812	54809	55278
5.其 他	Others	1581	8268	52260	52726
二、按国民经济行业分	**Grouped by Sector**				
1.农、林、牧、渔业	Farming, Forestry, Animal Husbandry and Fishery	11604	61347	52434	53353
2.采矿业	Mining	18940	141593	73009	74591
3.制造业	Manufacturing	29182	150224	47761	48433
4.电力、热力、燃气及水生产和供应业	Production and Supply of Electricity, Heat, Gas and Water	47091	440989	93789	95205
5.建筑业	Construction	24459	106139	44479	45247
6.批发和零售业	Wholesale and Retail Trade	28903	168762	57958	59216
7.交通运输、仓储和邮政业	Transport, Storage and Post	53446	320322	57302	57713
8.住宿和餐饮业	Hotels and Catering Services	11029	40092	35954	36238
9.信息传输、软件和信息技术服务业	Information Transmission, Software and Information Technology Services	6878	56179	81679	83396
10.金融业	Financial Industry	42648	433657	100572	106802
11.房地产业	Real Estate	5124	22691	43958	44639
12.租赁和商务服务业	Lease and Business Services	28021	132846	47711	48664
13.科学研究和技术服务业	Scientific Reseach and Technial Services	55836	445556	79979	81481
14.水利、环境和公共设施管理业	Water, Environmental Protection and Public Facility Management	76844	268435	34517	37685
15.居民服务、修理和其它服务业	Resident Services, Repair and Other Services	3857	21748	56009	56377
16.教 育	Education	480845	3566614	73961	75670
17.卫生和社会工作	Health Care and Social Work	193943	1272542	66119	68011
18.文化、体育和娱乐业	Culture, Sports and Recreation	39219	234146	59628	62369
19.公共管理、社会保障和社会组织	Public Management, Social Security and Social Organization	607725	3826602	63097	64910

2-9 城镇非私营集体单位就业人员和工资(2018年)

NUMBER AND WAGE OF EMPLOYEES IN COLLECTIVE-OWNED UNITS(2018)

项 目	Item	就业人员(人) Number of Employees (person)	工资总额(万元) Total Wage (10 000 yuan)	平均工资(元) Average Wage (yuan)	#在岗职工 Fully Employed
总 计	**Total**	**132194**	**677157**	**51594**	**53787**
一、按执行会计标准类别分	**Grouped by Categories of Implementing Accounting Standards**				
1.企 业	Enterprises	111212	587572	53238	55113
2.事 业	Institutions	20287	86529	42925	46381
3.机 关	Government Agencies	333	922	25608	25971
4.民间非营利组织	Private Non-Profit Organizations	51	73	14333	19429
5.其 他	Others	311	2061	66273	67275
二、按国民经济行业分	**Grouped by Sector**				
1.农、林、牧、渔业	Farming, Forestry, Animal Husbandry and Fishery	483	2908	59844	59844
2.采矿业	Mining	5213	48704	88121	94788
3.制造业	Manufacturing	25906	95960	36665	37135
4.电力、热力、燃气及水生产和供应业	Production and Supply of Electricity, Heat, Gas and Water	812	1351	20560	22757
5.建筑业	Construction	15804	48258	32918	33851
6.批发和零售业	Wholesale and Retail Trade	18568	44951	24173	24790
7.交通运输、仓储和邮政业	Transport, Storage and Post	2382	13108	55660	56070
8.住宿和餐饮业	Hotels and Catering Services	1002	2959	27808	28127
9.信息传输、软件和信息技术服务业	Information Transmission, Software and Information Technology Services	63	300	47540	48196
10.金融业	Financial Industry	30074	291176	97383	99105
11.房地产业	Real Estate	1053	1876	17887	17741
12.租赁和商务服务业	Lease and Business Services	5208	20062	38827	40170
13.科学研究和技术服务业	Scientific Reseach and Technial Services	593	2140	36032	37176
14.水利、环境和公共设施管理业	Water, Environmental Protection and Public Facility Management	6203	14629	23740	26585
15.居民服务、修理和其它服务业	Resident Services, Repair and Other Services	987	3452	35152	38861
16.教 育	Education	1805	9235	50993	52423
17.卫生和社会工作	Health Care and Social Work	14784	72845	49356	50948
18.文化、体育和娱乐业	Culture, Sports and Recreation	1216	3036	25155	25221
19.公共管理、社会保障和社会组织	Public Management, Social Security and Social Organization	38	207	54526	54526

2-12 城镇私营单位就业人员和工资(2018年)
NUMBER AND WAGE OF EMPLOYEES IN URBAN PRIVATE UNITS(2018)

项 目	Item	就业人员(人) Number of Employees (person)	工资总额(万元) Total Wage (10 000 yuan)	平均工资(元) Average Wage (yuan)
总 计	**Total**	**2344068**	**8076093**	**34535**
按国民经济行业分	**Grouped by Sector**			
1.农、林、牧、渔业	Farming, Forestry, Animal Husbandry and Fishery	82296	209625	25468
2.采矿业	Mining	139694	627493	45346
3.制造业	Manufacturing	566883	2052880	36347
4.电力、热力、燃气及水生产和供应业	Production and Supply of Electricity, Heat, Gas and Water	27923	86695	34889
5.建筑业	Construction	328734	1221729	36653
6.批发和零售业	Wholesale and Retail Trade	489178	1447211	29701
7.交通运输、仓储和邮政业	Transport, Storage and Post	114289	450799	39171
8.住宿和餐饮业	Hotels and Catering Services	75765	222956	29778
9.信息传输、软件和信息技术服务业	Information Transmission, Software and Information Technology Services	38607	140302	36473
10.金融业	Financial Industry	31108	127659	47131
11.房地产业	Real Estate	132403	458062	34381
12.租赁和商务服务业	Lease and Business Services	110871	370204	33272
13.科学研究和技术服务业	Scientific Reseach and Technical Services	49876	194954	38601
14.水利、环境和公共设施管理业	Water, Environmental Protection and Public Facility Management	26871	82741	28537
15.居民服务、修理和其他服务业	Resident Services, Repair and Other Services	43904	114443	26707
16.教 育	Education	29072	87084	30342
17.卫生和社会工作	Health Care and Social Work	28125	103052	36832
18.文化、体育和娱乐业	Culture, Sports and Recreation	28469	78204	27389

2-13 主要年份城镇非私营单位就业人员平均工资和指数

AVERAGE WAGE AND RELATED INDICES OF EMPLOYEES IN URBAN NON-PRIVATE UNITS IN MAJOR YEARS

单位：元 (yuan)

年 份 Year	就业人员 平均工资 Average Wage of Employees	在岗职工 平均工资 Average Wage of Fully Employed	在岗职工平均工资指数 (1952年＝100) Average Wage Indices of Fully Employed (year of 1952=100)	
			货币工资 Money Wage	实际工资 Real Wage
1952		375	100.0	100.0
1955		501	133.6	122.1
1960		528	140.8	125.3
1965		638	170.1	141.1
1970		588	156.8	135.8
1975		614	163.7	141.6
1978		632	168.5	145.8
1980		754	201.1	163.2
1982		785	209.3	161.6
1985		1122	299.2	201.9
1990		2111	562.9	228.3
1995		4721	1258.9	258.2
1998		5641	1504.3	279.9
1999		6065	1617.3	299.8
2000		6918	1844.8	323.5
2001	8039	8122	2165.9	381.7
2002	9267	9357	2495.2	449.7
2003	10620	10729	2861.1	507.4
2004	12794	12943	3451.5	590.9
2005	15473	15645	4172.0	702.3
2006	18106	18300	4880.0	807.0
2007	21315	21525	5740.0	911.0
2008	25489	25828	6887.5	1021.6
2009	28066	28469	7591.7	1130.5
2010	33057	33544	8945.1	1301.2
2011	39230	39903	10640.8	1470.0
2012	44236	44943	11984.8	1616.7
2013	46407	47417	12644.5	1655.3
2014	48969	49984	13329.1	1717.4
2015	51803	52960	14122.7	1807.1
2016	53705	54975	14660.0	1856.7
2017	60061	61547	16412.5	2054.7
2018	65917	67669	18045.1	2219.3

2-14 城镇职工社会保障基本情况
BASIC SOCIAL SECURITY OF STAFF AND WORKERS IN URBAN UNITS

年 份 Year	参加保险人数(万人) Active Contributors (10 000 persons)				基金收入(亿元) Fund Revenue(100 million yuan)		
	城镇职工养老保险 Basic Pension Insurance of Employees		失业保险 Unempl-oyment Insurance	医疗保险 Basic Medical Insurance	城镇职工养老保险 Basic Pension Insurance of Employees		失业保险 Unemployment Insurance
	企 业 Enterprises	机关事业 Government Agencies and Institutions			企 业 Enterprises	机关事业 Government Agencies and Institutions	
2000	358.81		254.80		53.87		2.43
2001	365.57		286.10	156.00	58.05		2.94
2002	361.24		278.90	217.00	75.91		3.42
2003	364.42	67.13	284.10	272.00	86.27	7.09	3.80
2004	376.08	68.71	286.50	295.00	109.30	9.04	4.22
2005	383.43	80.08	288.50	325.00	118.90	11.96	5.53
2010	494.92	96.11	305.05	935.00	357.13	48.24	13.52
2011	523.93	99.84	309.35	1005.06	516.78	56.93	18.62
2012	548.67	100.02	380.88	1055.90	602.26	64.68	25.05
2013	570.21	102.22	400.98	1086.30	563.51	75.53	34.13
2014	588.73	103.30	407.68	1100.70	580.56	83.35	36.07
2015	604.23	110.00	411.29	1113.81	586.07	102.52	30.61
2016	620.57	139.64	415.15	1121.16	652.11	135.92	27.51
2017	636.70	162.01	420.56	3215.40	790.94	628.46	25.18
2018	659.84	177.81	431.13	3240.46	909.88	407.81	26.02

年 份 Year		基金支出(亿元) Fund Expenditure(100 million yuan)				城镇低保人数(万人) Persons Receiving Lowest Cost of Living (10 000 persons)
	医疗保险 Basic Medical Insurance	城镇职工养老保险 Basic Pension Insurance of Employees		失业保险 Unemployment Insurance	医疗保险 Basic Medical Insurance	
		企 业 Enterprises	机关事业 Government Agencies and Institutions			
2000		50.62		1.34		3.06
2001	1.32	51.22		1.49	0.68	28.53
2002	4.13	60.32		2.12	1.53	62.21
2003	10.19	65.18	8.19	3.17	4.80	84.21
2004	17.88	76.30	12.40	2.58	10.98	84.86
2005	25.60	78.37	14.75	2.78	15.75	84.97
2010	86.74	226.81	43.61	6.56	69.65	91.51
2011	106.32	367.39	51.79	5.64	84.07	91.69
2012	141.04	437.23	58.24	4.96	104.24	89.04
2013	160.93	411.31	66.49	5.22	128.25	85.03
2014	163.22	480.56	75.36	13.44	146.54	72.60
2015	178.60	554.76	102.20	13.79	154.17	59.90
2016	187.17	614.57	132.31	11.87	170.25	53.10
2017	371.88	712.48	565.19	12.31	323.09	45.98
2018	428.36	764.64	378.19	11.68	393.61	35.80

注：(1)2017年起，医疗保险包含城镇职工和城乡居民基本医疗保险数据；

(2)2017年机关事业养老保险基金收入为2014年10月至2017年12月期间数据。

Notes：(1)Data of medical insurance has included basic medical insurance of employees and that for urban and rural residents since 2017.

(2)Fund revenue of government agencies and institution of 2017 is a period data which is calculated from October 2014 to December 2017.

主要统计指标解释

人口数 指一定时点、一定地区范围内有生命的个人总和。

年度统计的年末人口数指每年12月31日24时的常住人口数。

常住人口 包括：1、住本乡（镇）街道，户口登记地在本乡（镇）街道；2、住本乡（镇）街道半年以上，户口登记地在其他乡（镇）街道；3、住本乡（镇）街道不满半年，但是已离开户口登记地半年以上；4、户口登记地在本乡（镇）街道，离开不满半年；5、住本乡（镇）街道，户口待定。6、户口登记地在本乡（镇）街道，现居住国外。

城镇人口和乡村人口 城镇人口是指居住在城镇范围内的全部常住人口；乡村人口是除上述人口以外的全部人口。

城镇包括城区和镇区。城区是指在市辖区和不设区的市中，街道办事处所辖的居民委员会地域；城市公共设施、居住设施等连接到的其他居民委员会地域和村民委员会地域。

镇区是指在城区以外的镇和其他区域，其包括镇所辖的居民委员会地域；镇的公共设施、居住设施等连接到的村民委员会地域。

出生率（又称粗出生率） 指在一定时期内（通常为一年）一定地区的出生人数与同期内平均人数（或期中人数）之比，用千分率表示。本资料中的出生率指年出生率，其计算公式为：

出生率=年出生人数/年平均人数×1000‰

式中：出生人数指活产婴儿，即胎儿脱离母体时（不管怀孕月数），有过呼吸或其他生命现象。年平均人数指年初、年底人口数的平均数，也可用年中人口数代替。

死亡率（又称粗死亡率） 指在一定时期内（通常为一年）一定地区的死亡人数与同期内平均人数（或期中人数）之比，用千分率表示。本资料中的死亡率指年死亡率，其计算公式为：

死亡率=年死亡人数/年平均人数×1000‰

人口自然增长率 指在一定时期内（通常为一年）人口自然增加数（出生人数减死亡人数）与该时期内平均人数（或期中人数）之比，用千分率表示。计算公式为：

人口自然增长率=（本年出生人数-本年死亡人数）/年平均人数×1000‰=人口出生率-人口死亡率

总抚养比 也称总负担系数。指人口总体中非劳动年龄人口数与劳动年龄人口数之比。通常用百分比表示。用以表明每100名劳动年龄人口大致要负担多少名非劳动年龄人口。用于从人口角度反映人口与经济发展的基本关系。计算公式为：

$GDR=(P_{0\text{-}14}+P_{65}^{+})/P_{15\text{-}64}\times100\%$

其中：GDR为总抚养比；

$P_{0\text{-}14}$ 为0-14岁少年儿童人口数；

$P_{15\text{-}64}$ 为15-64岁的劳动年龄人口数；

P_{65}^{+} 为65岁及65岁以上的老年人口数。

老年人口抚养比 也称老年人口抚养系数。指某一人口中老年人口数与劳动年龄人口数之比。通常用百分比表示。用以表明每100名劳动年龄人口要负担多少名老年人。老年人口抚养比是从经济角度反映人口老龄化社会后果的指标之一。计算公式为：

$ODR=P_{65}^{+}/P_{15\text{-}64}\times100\%$

其中：ODR为老年人口抚养比；

$P_{15\text{-}64}$ 为15-64岁的劳动年龄人口数；

P_{65}^{+} 为65岁及65岁以上的老年人口数。

少年儿童抚养比 也称少年儿童抚养系数。指某一人口中少年儿童人口数与劳动年龄人口数之比。通常用百分比表示。

以反映每 100 名劳动年龄人口要负担多少名少年儿童。计算公式为：

$$CDR = P_{0\text{-}14} / P_{15\text{-}64} \times 100\%$$

其中：CDR 为少年儿童抚养比；

$P_{0\text{-}14}$ 为 0-14 岁少年儿童人口数；

$P_{15\text{-}64}$ 为 15-64 岁的劳动年龄人口数。

就业人员期末人数 指报告期末最后一日 24 时在本单位工作，并取得工资或其他形式劳动报酬的人员数。该指标为时点指标，不包括最后一日当天及以前已经与单位解除劳动合同关系的人员，是在岗职工、劳务派遣人员及其他从业人员之和。从业人员不包括：

(1)离开本单位仍保留劳动关系，并定期领取生活费的人员；

(2)利用课余时间打工的学生及在本单位实习的各类在校学生；

(3)本单位因劳务外包而使用的人员，如：建筑业整建制使用的人员。

私营企业和个体就业人员 指在私营企业或个体经营者所经营的机构中劳动，并领取劳动报酬的人员，包括在私营或个体经营机构中劳动的帮工、学徒、雇用人员。

在岗职工 指在本单位工作且与本单位签订劳动合同，并由单位支付各项工资和社会保险、住房公积金的人员，以及上述人员中由于学习、病伤、产假等原因暂未工作仍由单位支付工资的人员。在岗职工还包括：

(1)应订立劳动合同而未订立劳动合同人员（如使用的农村户籍人员）；

(2)处于试用期人员；

(3)编制外招用的人员，如临时人员；

(4)派往外单位工作，但工资仍由本单位发放的人员（如挂职锻炼、外派工作等情况）。

在岗职工不包括：

(1)本单位使用的且由本单位直接支付工资的劳务派遣人员，应统计在本单位“劳务派遣人员”指标中；

(2)本单位因劳务外包而使用的人员，由承包劳务的单位统计为在岗职工。

就业人员工资总额 指根据《关于工资总额组成的规定》（1990 年 1 月 1 日国家统计局发布的一号令）进行修订，本单位在报告期内直接支付给本单位全部从业人员的劳动报酬总额。包括计时工资、计件工资、奖金、津贴和补贴、加班加点工资、特殊情况下支付的工资，是在岗职工工资总额、劳务派遣人员工资总额和其他从业人员工资总额之和。

工资总额是税前工资，包括单位从个人工资中直接为其代扣或代缴的房费、水费、电费、住房公积金和社会保险基金个人缴纳部分等。

工资总额不论是计入成本的还是不计入成本的，不论是以货币形式支付的还是以实物形式支付的，均应列入工资总额的计算范围。

就业人员平均工资 指本单位就业人员在报告期内平均每人所得的工资额。计算公式为：

$$\text{就业人员平均工资} = \frac{\text{就业人员工资总额}}{\text{就业人员平均人数}}$$

在岗职工平均工资 指本单位在岗职工在报告期内平均每人所得的工资额。计算公式为：

$$\text{在岗职工平均工资} = \frac{\text{在岗职工工资总额}}{\text{在岗职工平均人数}}$$

在岗职工平均实际工资 指扣除物价变动因素后的在岗职工平均工资。计算公式为：

$$\text{在岗职工平均实际工资} = \frac{\text{报告期在岗职工平均工资}}{\text{报告期职工生活费价格指数}} \times 100\%$$

在岗职工平均工资指数 指报告期平均工资与基础平均工资的比率，是反映不同时期职工货币工资水平变动情况的相对数。它表明报告期平均工资比基期平均工资提高或降低的程度。计算公式为：

$$在岗职工平均工资指数=\frac{报告期在岗职工平均工资}{基期在岗职工平均工资}\times100\%$$

城镇登记失业人员 指有非农业户口，在劳动年龄内（16周岁至退休年龄），有劳动能力，无业而要求就业，并在当地劳动保障部门进行失业登记的人员。

城镇登记失业率 指城镇期末实有登记失业人数与城镇期末就业人员总数加城镇期末实有登记失业人数之比。计算公式为：

$$城镇登记失业率=\frac{城镇期末实有登记失业人数}{城镇期末就业人员总数+城镇期末实有登记失业人数}\times100\%$$

Explanatory Notes on Main Statistical Indicators

Total Population refers to the total number of people alive at a certain point of time within a given area.

The annual statistics on total population is taken at midnight, the 31st of December.

Resident Population includes (1) population residing in the township or sub-district office area with residence registered here, (2) population residing in the township or sub-district office area more than half a year with residence registered in other places, (3) population residing in the township or sub-district office area less than half a year, but having left place of residence registration more than half a year, (4) population having left the place for less than half a year with residence registered in the township or sub-district office, (5) population residing in the township or sub-district office area with pending residence registration, (6) population now residing in foreign countries with residence registered in the township or sub-district office.

Urban Population and Rural Population Urban population refer to all people residing in cities and towns, while rural population refer to population other than urban population.

City and town include city area and town area. City area refers to the area of residence committees ruled by sub-district office in municipal district or cities with no district, and area of other residence committees which joined by urban public establishment and residence establishment.

Town area refers to the area of township and other areas besides the city zone, including the area of residence committees ruled by town government, and the area of villager's committees which joined by township public establishment and residence establishment.

Birth Rate (Crude Birth Rate) refers to the ratio of the number of birth to the average population (or mid-period population) during a certain period of time (usually a year), expressed in ‰. Birth rate in the chapter refers to annual birth rate. The following formula is used:

Birth Rate=(Number of Births/Average Number of Population)*1000‰

Number of births in the formula refers to live births, i.e. when a baby has breathed or shown any vital phenomena regardless of the length of pregnancy. Annual average number of population is the average of the beginning of the year and that at the end of the year. Sometimes it is substituted by the mid-year population.

Death Rate (Crude Death Rate) refers to the ratio of the number of deaths to the average population (or mid-period population) during a certain period of time (usually a year), expressed in ‰. Death rate in the chapter refers to annual death rate. The following formula is used:

Death Rate=(Number of Deaths/Annual Average Number of Population)*1000‰.

Natural Growth Rate of Population refers to the ratio of natural increase in population (number of births minus number of deaths) in a certain period of time (usually a year) to the average population (or mid-period population) of the same period, expressed in ‰. The following formula is applied:

Natural Growth Rate of Population=[(Number of Birth-Number of Death)/Average Number of Population]*1000‰=Birth Rate-Death Rate

Gross Dependency Ratio also called gross dependency coefficient, refers to the ratio of non-working-age population to the working-age population, express in ‰. Describing in general the number of non-working-age population that every 100 people at working ages will take care of, this indicator reflects the basic relation between population and economic development from the demographic perspective. The gross dependency ratio is calculated with the following formula:

$GDR=P_{0\text{-}14}+P_{65}^{+}/P_{15\text{-}64}\times 100\%$

Where: GDR is the gross dependency ratio;

$P_{0\text{-}14}$ is the population of children aged 0-14;

$P_{15\text{-}64}$ is the working-age population aged 15-64;

P_{65}^{+} is the elderly population aged 65 and over.

Old Dependency Ratio also called old dependency coefficient, refers to the ratio of the elderly population to the working-age population, express in ‰. It describes the number of the elderly population that every 100 people at working ages will take care of. Old dependency ratio is one of the indicators reflecting the social implication of population aging from the economic perspective. The old dependency ratio is calculated with the following formula:

$ODR=P_{65}^{+}/P_{15\text{-}64}\times 100\%$

Where: ODR is the old dependency ratio;

P_{15-64} is the working-age population aged 15-64;

P_{65}^{+} is the elderly population aged 65 and over.

Children Dependency Ratio also called children dependency coefficient, refers to the ratio of the children population to the working-age population, express in ‰. It describes the number of children population that every 100 people at working ages will take care of. The children dependency ratio is calculated with the following formula:

$CDR=P_{0-14}/P_{15-64}\times 100\%$

Where: CDR is the children dependency ratio;

P_{0-14} is the children population aged 0-14;

P_{15-64} is the working-age population aged 15-64.

Employed Persons at the End of Period refer to the number of employees working and receiving wages or other form of payments in the units. It is a point data, which doesn't include the number of employees who dissolve labor contract relationship in the last day and before. It equals to the sum of the number of employed staff and workers, labor dispatch persons and other employed persons.

The following persons cannot be included:

(1)Staff and workers who get living expenses regularly from the units, while left the unit and retain labor relation;

(2)Students and undergraduate trainees who work in the units in their spare time;

(3) Labor outsourcing persons working in the units.

Private Enterprises and Self-employed Individuals refer to the persons work in and receive payment from the private enterprises and individual agencies including self-employed persons as well as helper and hired laborers.

Fully Employed Staff and Workers refer to persons who work in, and receive wages, social insurance and housing funds from their working units, as well as persons who have their work posts, but are temporarily absent from work for reasons of study or on sick, injury or maternal leave and still receive wages from their working units. Fully Employed Staff and Workers also include:

(1)Persons who should have signed the labor contracts but not, such as persons with rural household registration;

(2)Employees on probation;

(3)Employees beyond the staffing quota;

(4)Employees who are sent to other working units but still receive wages from the original units (situations like on-the-job placement, expatriated assignment, etc.).

Fully Employed Staff and Workers do not include:

(1) Dispatched persons who work and are paid directly by the working units should be counted into "labor dispatch persons" of the units;

(2)Persons through labor outsourcing who should be counted into fully employed staff and workers by the contracted units.

Total Wage of Employed Persons refers to the total remuneration payment to all employed persons in various units during the reporting period, which is revised according to the "Provision of Composition of Total Wages" (Order No.1 by National Bureau of Statistics on January 1st, 1990). It includes hourly-paid wages, piece-rate wages, bonuses, allowance and subsidies, overtime wages and wages paid under special circumstances. It equals to the sum of total wages of employed staff and workers, dispatch labors and other employed persons.

Total wage is pre-tax wage, including the room charges, utility bills, housing funds and social insurance paid or withheld by employee's units.

Total wage, whether or not included in cost, whether or not paid in money or in kind, shall be included in the calculation.

Average Wage of Employed Persons refers to the average per capita wage during a certain period of time for employed persons. It is calculated as follows:

$$\text{Average Wage of Employed Persons} = \frac{\text{Total Wage of Employed Persons}}{\text{Average Number of Fully Employed Persons}}$$

Average Real Wage of Fully Employed Staff and Workers refers to average wage of staff and workers after removing the effects of price changes, which is calculated as follows:

Average Real Wage of Fully Employed Staff and Workers

$$= \frac{\text{Average Wage of Fully Employed Staff and Workers in Reference Period}}{\text{Consumer Price Index of Urban Residents in Reference Period}} \times 100\%$$

Average Wage Indices of Fully Employed Staff and Workers refers to the ratio of average wage of stuff and workers at reference period to that at base period, which reflects the change of wage of staff and workers at different period and shows the increasing or decreasing level of average wage. It is calculated as follows:

Average Wage Indices of Fully Employed Staff and Workers

$$=\frac{\text{Average Wage of Fully Employed Staff and Workers in Reference Period}}{\text{Average Wage of Fully Employed Staff and Workers in Base Period}}\times 100\%$$

Registered Unemployed Persons in Urban Areas refer to the persons with non-agricultural household registration at certain working ages (16 years old to retirement age), who are capable of working, unemployed and willing to work, and have been registered at the local employment service agencies to apply for a job.

Registered Unemployment Rate in Urban Areas refers to the ratio of the number of the registered unemployed persons to the sum of the number of the registered unemployed persons and the number of registered employed persons in urban areas.

The formula is as follows:

Registered Unemployment Rate in Urban Areas

$$=\frac{\text{Number of Registered Urban Unemployed Persons}}{\text{Number of Registered Urban Employed Persons} + \text{Number of Registered Urban Unemployed Persons}}\times 100\%$$

3

物 价

PRICE

资料整理人员

陈　中　聂　晶　朱　军　刘师吟

物　价
PRICE

居民消费价格指数	Consumer Price Index	101.8
城　市	Urban Residents Consumer Price Index	101.8
农　村	Rural Residents Consumer Price Index	101.8
商品零售价格指数	Retail Price Index	101.7
工业生产者出厂价格指数	Ex-factory Price Index of Industrial Producer	106.7
工业生产者购进价格指数	Purchasing Price Index of Industrial Producer	105.5

物价指数（上年=100）
Price Index (last year=100)

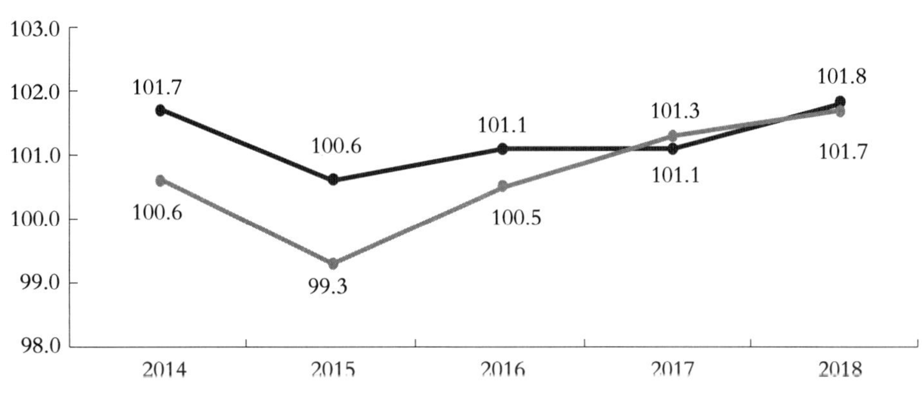

工业生产者价格指数（上年=100）
Price Index of Industrial Producer (last year=100)

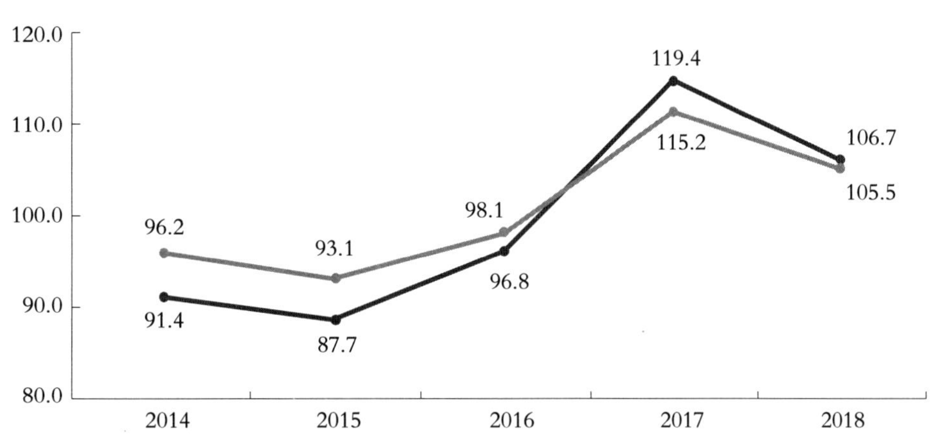

3-1 主要年份各类物价指数
GENERAL PRICE INDICES IN MAJOR YEARS

上年=100 (last year=100)

年 份 Year	全省居民消费价格指数 Residents Consumer Price Index	城市居民消费价格指数 Urban Residents Consumer Price Index	农村居民消费价格指数 Rural Residents Consumer Price Index	全省商品零售价格指数 Retail Price Index
1978		100.0		100.0
1980	103.4	105.5	101.3	103.5
1985	108.5	109.1	107.8	107.6
1990	102.2	101.5	103.0	102.1
1995	116.9	116.7	117.2	115.6
2000	103.9	104.7	103.0	97.1
2005	102.3	101.7	103.7	100.3
2010	103.0	103.1	102.8	102.3
2011	105.2	105.1	105.4	104.9
2012	102.5	102.4	102.6	101.8
2013	103.1	103.0	103.2	101.8
2014	101.7	101.8	101.4	100.6
2015	100.6	100.6	100.7	99.3
2016	101.1	101.1	101.1	100.5
2017	101.1	101.4	100.5	101.3
2018	101.8	101.8	101.8	101.7

3-1 续表 continued

1978年=100 (year of 1978=100)

年 份 Year	全省居民消费价格指数 Residents Consumer Price Index	城市居民消费价格指数 Urban Residents Consumer Price Index	农村居民消费价格指数 Rural Residents Consumer Price Index	全省商品零售价格指数 Retail Price Index
1978	100.0	100.0	100.0	100.0
1980	104.0	106.6	101.5	104.0
1985	123.4	128.2	118.4	122.0
1990	206.6	213.4	200.5	203.2
1995	391.3	421.6	354.6	356.7
2000	444.2	488.5	391.6	349.9
2005	472.9	508.9	437.4	354.3
2010	554.9	589.6	529.4	406.1
2011	583.8	619.7	558.0	426.0
2012	598.4	634.8	572.6	433.7
2013	617.0	653.8	590.9	441.5
2014	627.5	665.6	599.2	444.1
2015	631.3	669.6	603.4	441.0
2016	638.2	677.0	610.0	443.2
2017	645.2	686.4	613.1	449.0
2018	656.8	698.8	623.9	456.6

3-2 主要年份城市居民消费价格指数
URBAN RESIDENTS CONSUMER PRICE INDICES IN MAJOR YEARS

年 份 Year	1950年价格=100 Year of 1950=100	1957年价格=100 Year of 1957=100	1965年价格=100 Year of 1965=100	1970年价格=100 Year of 1970=100	1978年价格=100 Year of 1978=100	1980年价格=100 Year of 1980=100	1985年价格=100 Year of 1985=100	1990年价格=100 Year of 1990=100	上年=100 Last Year=100
1978	141.3	104.1	98.6	100.0	100.0				100.0
1980	150.6	110.9	102.1	106.5	106.6	100.0			105.5
1985	181.1	133.5	123.0	128.2	128.2	120.3	100.0		109.1
1990	301.4	222.2	204.7	213.4	213.4	200.2	166.4	100.0	101.5
1995	595.6	439.3	404.6	421.6	421.6	395.8	328.9	197.6	116.7
2000	690.0	508.8	468.7	488.5	488.5	458.6	380.9	229.0	104.7
2005	718.8	530.1	488.3	508.9	508.9	477.7	396.8	238.7	101.7
2010	832.6	614.2	565.8	589.6	589.6	553.4	459.7	276.5	103.1
2011	875.1	645.5	594.7	619.7	619.7	581.6	483.1	290.6	105.1
2012	896.5	661.3	609.2	634.8	634.8	595.8	494.9	297.7	102.4
2013	923.4	681.1	627.5	653.9	653.8	613.7	509.7	306.6	103.0
2014	940.0	693.4	638.8	665.7	665.6	624.7	518.9	312.1	101.8
2015	945.6	697.6	642.6	669.7	669.6	628.4	522.0	314.0	100.6
2016	956.0	705.3	649.7	677.1	677.0	635.3	527.7	317.5	101.1
2017	969.4	715.1	658.8	686.5	686.4	644.2	535.1	321.9	101.4
2018	986.8	728.0	670.7	698.9	698.8	655.8	544.7	327.7	101.8

3-3 主要年份商品零售价格指数
RETAIL PRICE INDICES IN MAJOR YEARS

年 份 Year	1950年价格=100 Year of 1950=100	1957年价格=100 Year of 1957=100	1965年价格=100 Year of 1965=100	1970年价格=100 Year of 1970=100	1978年价格=100 Year of 1978=100	1980年价格=100 Year of 1980=100	1985年价格=100 Year of 1985=100	1990年价格=100 Year of 1990=100	上年=100 Last Year=100
1978	143.1	104.2	95.4	99.6	100.0				100.0
1980	148.8	108.4	99.3	103.6	104.0	100.0			103.5
1985	174.5	127.0	116.3	121.5	122.0	117.3	100.0		107.6
1990	290.6	211.5	193.8	202.4	203.2	195.4	166.6	100.0	102.1
1995	510.1	371.3	340.3	355.5	356.7	343.1	292.5	175.6	115.6
2000	500.5	364.1	333.7	348.6	349.9	336.5	286.8	172.2	97.1
2005	506.8	368.8	337.9	353.0	354.3	340.6	290.3	174.3	100.3
2010	580.8	422.6	387.4	404.5	406.1	390.4	332.6	199.7	102.3
2011	609.3	443.3	406.4	424.3	426.0	409.5	348.9	209.5	104.9
2012	620.3	451.3	413.7	431.9	433.7	416.9	355.2	213.3	101.8
2013	631.5	459.4	421.1	439.7	441.5	424.4	361.6	217.1	101.8
2014	635.3	462.2	423.6	442.3	444.1	426.9	363.8	218.4	100.6
2015	630.9	459.0	420.6	439.2	441.0	423.9	361.3	216.9	99.3
2016	634.1	461.3	422.7	441.4	443.2	426.0	363.1	218.0	100.5
2017	642.3	467.3	428.2	447.1	449.0	431.6	367.8	220.8	101.3
2018	653.2	475.2	435.5	454.7	456.6	438.9	374.1	224.6	101.7

3-4 居民消费价格分类指数(2018年)

RESIDENTS CONSUMER PRICE INDICES BY CATEGORY OF COMMODITIES(2018)

上年=100 (last year=100)

指 标	Item	全 省 Total Province Indices	城 市 Urban Indices	农 村 Rural Indices
居民消费价格指数	**Consumer Price Index**	**101.8**	**101.8**	**101.8**
一、食品烟酒	Food, Tobacco and Liquor	101.7	101.9	101.1
1.食 品	Food	102.0	102.2	101.4
粮 食	Grain	100.2	100.4	99.9
薯 类	Tubers	106.3	108.0	102.4
豆 类	Beans	100.6	99.9	102.0
食用油	Oil	99.9	100.4	99.3
菜	Vegetables	107.0	107.3	106.3
鲜 菜	Fresh Vegetables	107.5	107.8	106.7
干菜及菜制品	Dried Vegetables and Processed Products	101.9	102.1	101.3
畜肉类	Meat	95.4	96.9	92.1
猪 肉	Pork	88.2	90.0	85.0
禽肉类	Poultry	103.6	104.0	102.5
水产品	Aquatic Products	100.8	100.6	101.2
蛋 类	Poultry Eggs	119.9	118.9	121.7
鸡 蛋	Eggs	121.0	120.0	122.5
奶 类	Milk	99.6	99.8	99.0
干鲜瓜果类	Dried and Fresh Melons and Fruits	107.1	105.2	112.6
鲜瓜果	Fresh Melons and Fruits	110.2	107.8	116.6
坚 果	Dried Fruits	99.1	99.0	99.6
糖果糕点类	Candy and Cake	101.2	101.3	100.8
调味品	Flavouring	101.0	101.0	100.9
其他食品类	Other Foods	100.9	101.1	100.3
2.茶及饮料	Tea and Beverages	101.4	101.8	100.5
茶 叶	Tea	100.7	100.8	100.5
固体咖啡	Solid Coffee	103.3	103.9	100.9
其他固体饮料	Other Solid Drinks	99.6	99.1	100.2
饮用水	Potable Water	98.0	96.7	100.4
果汁饮料	Fruit Juice	103.4	104.6	100.5
3.烟 酒	Tobacco and Liquor	101.1	101.9	100.1
烟 草	Tobacco	100.1	100.2	100.0
酒 类	Liquor	102.9	104.6	100.4
4.在外餐饮	Dining Out	100.9	101.0	100.2
正 餐	Dinner	100.6	100.6	100.4
快 餐	Snack	100.6	100.7	100.1
地方小吃	Local Snack	102.9	103.7	99.4

3-4 续表1 continued

上年=100 (last year=100)

指 标	Item	全 省 Total Province Indices	城 市 Urban Indices	农 村 Rural Indices
二、衣 着	Clothing	100.5	100.2	101.6
1.服 装	Garments	100.8	100.5	101.6
男式服装	Man's Garments	101.4	100.8	103.5
女式服装	Woman's Garments	100.5	100.4	101.0
儿童服装	Children's Garments	100.0	100.3	99.2
2.服装材料	Garment Material	100.9	101.1	100.5
3.其他衣着及配件	Other Clothing and Accessories	101.0	101.1	100.7
4.衣着加工服务费	Fees for Clothing Manufacturing Services	100.8	100.8	101.2
5.鞋 类	Footwear	99.5	98.7	102.0
鞋	Shoes	99.5	98.7	102.0
鞋类加工服务	Shoes Manufacturing Services	101.9	103.0	100.1
三、居 住	Residence	102.4	102.2	102.9
1.租赁房房租	Rent	106.0	106.3	104.3
2.住房保养维修及管理	Household Maintenance, Renovation and Management	101.5	101.1	102.1
3.水电燃料	Water, Electricity and Fuels	102.0	101.0	104.1
4.自有住房	Private Housing	102.5	102.6	102.3
四、生活用品及服务	Articles for Daily Use and Services	100.6	100.7	100.3
1.家具及室内装饰品	Furniture and Interior Decorations	101.2	101.3	100.8
家 具	Furniture	101.3	101.4	100.8
室内装饰品	Interior Decorations	100.2	100.1	100.8
2.家用器具	Household Appliances	99.2	99.0	99.7
3.家用纺织品	Household Textiles	100.5	100.3	101.1
4.家庭日用杂品	Daily Use Household Articles	101.1	101.6	100.0
5.个人护理用品	Personal Care Articles	100.2	100.3	99.9
6.家庭服务	Household Services	104.3	104.5	103.6
五、交通和通信	Transportation and Communication	101.2	101.2	101.3
1.交 通	Transportation	102.9	102.7	103.3
交通工具	Transportation Facility	98.2	98.1	98.7
交通工具用燃料	Fuels of Transportation Facility	112.6	112.5	112.8
交通工具使用和维修	Use and Repairment of Transportation Facility	101.1	101.1	101.2
交通费	Traffic Fare	100.1	100.0	100.5
市内公共交通	Incity Public Transportation	100.0	100.0	100.0
出租汽车	Taxi	100.7	100.9	100.0
飞 机 票	Plane Ticket	102.0	102.0	102.0
火 车 票	Train Ticket	100.0	100.0	100.0
长途汽车	Coach	100.4	99.5	101.5

3-4 续表2 continued

上年=100 (last year=100)

指　标	Item	全　省 Total Province Indices	城　市 Urban Indices	农　村 Rural Indices
2.通　信	Communication	98.2	98.4	97.7
通信工具	Communication Facility	93.4	93.3	93.7
通信服务	Communication Service	99.7	100.1	98.8
邮递服务	Postal Service	102.4	102.7	101.1
六、教育文化和娱乐	Education, Culture and Recreation	101.9	102.0	101.6
1.教　育	Education	102.7	103.1	101.9
教育用品	Education Articles	103.8	105.1	101.4
教育服务	Education Services	102.6	102.9	102.0
2.文化娱乐	Culture and Recreation	100.5	100.5	100.5
文娱耐用消费品	Durable Consumer Goods for Cultural and Recreational Use	98.1	97.4	100.0
其他文娱用品	Other Cultural and Recreational Articles	101.9	102.0	101.5
文化娱乐服务	Cultural and Recreational Services	100.4	100.6	99.9
旅　游	Touring	101.3	101.3	100.1
七、医疗保健	Health Care	103.6	104.1	102.4
1.药品及医疗器具	Medicine and Medical Appliances	104.0	104.0	103.9
中　药	Traditional Chinese Medicine	105.7	105.7	105.7
西　药	Western Medicine	104.8	105.0	104.3
滋补保健品	Health Care Products	101.2	101.1	102.0
医疗卫生器具	Medical Appliances	100.9	101.4	99.4
保健器具	Health Care Appliances	99.9	100.0	99.7
2.医疗服务	Medical Services	103.3	104.2	101.6
综合医疗类	General Practice	107.1	108.4	103.8
诊断类	Diagnosis	99.7	99.8	99.4
治疗类	Treatment	102.7	103.2	101.9
康复类	Rehabilitation	100.5	100.9	99.7
中医医疗服务类	Traditional Chinese Medical Services	102.7	103.4	101.6
其他医疗服务	Other Medical Services	109.7	112.7	104.2
八、其他用品和服务	Other Articles and Services	101.3	100.6	103.4
1.其他用品类	Other Articles	100.1	99.8	100.8
首饰手表	Jewelry and Watch	100.0	99.9	100.4
其他杂项用品	Other Miscellaneous Articles	100.2	99.8	101.1
2.其他服务类	Other Services	102.3	101.2	105.7
旅馆住宿	Touring Accomodation	101.8	102.1	100.7
美容美发洗浴	Hairdressing, Beauty and Bath	103.7	103.8	103.3
养老服务	Pension Services	100.4	100.1	101.2
金融保险	Financial Insurance	102.1	100.1	109.3
其他服务类	Other Services	101.7	101.9	101.0

3-5 商品零售价格分类指数(2018年)
RETAIL PRICE INDICES BY CATEGORY OF COMMODITIES(2018)

上年=100 (last year=100)

指 标	Item	全 省 Total Province Indices	城 市 Urban Indices	农 村 Rural Indices
商品零售价格指数	**Retail Price Indices**	**101.7**	**101.7**	**101.6**
一、食 品	Food	101.7	101.9	101.1
1.粮 食	Grain	100.2	100.4	99.8
2.薯 类	Starches and Its Products	106.6	107.7	102.8
3.豆 类	Bean and Its Prodrcts	100.2	99.8	101.5
4.食用油	Oil or Fat	100.1	100.3	99.5
5.菜	Meat, Poultry and their Products	106.9	107.1	106.3
6.畜肉类	Eggs	95.8	96.8	91.9
7.禽肉类	Aquatic Products	103.4	103.6	102.5
8.水产品	Vegetables	100.7	100.6	100.9
9.蛋 类	Condiments	119.6	119.0	121.3
10.奶 类	Sugar	99.6	99.7	99.0
11.干鲜瓜果类	Fresh and Dried Fruits	106.4	105.3	111.8
12.糖果糕点类	Cake, Biscuit and Bread	101.3	101.4	100.8
13.调味品	Milk and Its Products	101.1	101.2	100.8
14.其他食品类	Food Eating out	100.9	101.1	100.3
15.在外餐饮	Others	101.0	101.1	100.1
二、饮料、烟酒	Drinking, Tobacco and Liquor	101.4	101.7	100.2
1.茶及饮料	Tea and Drinking	101.5	101.6	100.5
2.烟 草	Tobacco	100.1	100.2	100.0
3.酒 类	Liquor	103.6	104.4	100.5
三、服装、鞋帽	Garments, Shoes and Hats	100.5	100.1	102.0
1.服 装	Garments	100.8	100.6	102.1
2.鞋帽袜	Shoes, Socks and Stockings, Hats	99.4	99.0	101.8
3.其他衣着配件	Others	101.4	101.4	101.6
四、纺织品	Textiles	100.5	100.4	100.9
1.服装材料	Clothing Material	100.8	100.8	100.9
2.床上用品	Bed Articles	100.4	100.3	100.9
五、家用电器及音像器材	Household Appliances and Audiovisual Equipment	98.5	98.3	99.6
1.家庭设备	Household Facilities	99.2	99.0	99.8
2.文娱用耐用消费品	Durable Consumer Goods for Cultural and Recreational Use	96.9	96.1	99.4
3.专业音像器材	Professional Audiovisual Equipment	98.5	98.7	97.4

3-5 续表 continued

上年=100 (last year=100)

指　标	Item	全 省 Total Province Indices	城 市 Urban Indices	农 村 Rural Indices
六、文化办公用品	Culture and Office Articles	99.9	99.7	100.9
七、日用品	Daily Use Articles	101.2	101.4	100.6
1.日用百货	Daily Use Articles	101.3	101.5	100.5
2.厨具餐具茶具	Daily Use Sundry Goods	100.2	100.1	100.6
3.清洗用品	Washing Goods	103.6	104.5	99.8
4.其他日用品	Others	100.0	99.8	101.1
八、体育娱乐用品	Sports and Recreational Articles	100.7	100.7	100.6
1.体育户外用品	Sports Articles	100.3	99.2	102.9
2.娱乐用品	Recreational Articles	100.8	101.0	100.0
九、交通、通信用品	Transportation and Communication Appliances	97.9	97.9	97.9
1.交通运输机械	Transportation Machinery	98.5	98.4	98.8
2.通信器材	Communication Equipment	95.5	95.6	95.0
十、家　具	Furniture	101.3	101.5	100.6
十一、化妆品	Cosmetics	100.3	100.3	99.9
十二、金银饰品	Gold, Silver and Jewelry	99.0	99.0	99.2
十三、中西药品及医疗保健用品	Traditional, Western Medicines and Health Care Products	104.3	104.4	104.1
1.医疗卫生器具	Medical Appliances and Articles	101.0	101.3	99.4
2.中　药	Traditional Chinese Medicine	106.0	106.0	105.9
3.西　药	Western Medicine	105.3	105.5	104.6
4.保健器具及用品	Health Care Equipment and Articles	101.0	100.9	101.5
十四、书报杂志及电子出版物	Newspapers, Magazines and Electronic Publication	104.7	105.1	102.8
1.教材及参考书	Teaching Materials and Reference Books	104.8	105.5	102.1
2.书报杂志	Newspapers and Magazines	106.0	106.3	104.5
3.计算机办公软件	Computer Office Software	99.6	99.6	100.0
十五、燃　料	Fuels	110.2	110.3	109.8
1.煤炭及制品	Coal and Coal Products	110.9	111.5	108.8
2.石油及制品	Petroleum and its Products	109.9	109.8	110.6
十六、建筑材料及五金电料	Building Materials, Hardware and Electrical Materials	101.7	101.4	102.6
1.建筑装璜材料	Decoration Materials	101.8	101.5	102.9
2.五金水暖	Hardware and Electrical Materials	101.3	101.2	101.8

3-6 调查市县居民消费价格指数(2018年)

RESIDENTS CONSUMER PRICE INDICES IN CITIES AND COUNTIES SURVEYED(2018)

上年=100 (last year=100)

市 县	Region	居民消费价格指数 Residents Consumer Price Index	食品烟酒 Food,Tobacco and Liquor	衣 着 Clothing	居 住 Residence	生活用品及服务 Articles for Daily Use and Services
全 省	**Total**	**101.8**	**101.7**	**100.5**	**102.4**	**100.6**
太原市	Taiyuan	101.8	102.0	100.3	102.8	100.7
大同市	Datong	101.7	101.7	99.7	100.6	99.1
阳泉市	Yangquan	101.8	102.4	100.3	100.4	101.7
长治市	Changzhi	102.2	101.5	99.9	103.0	100.4
晋城市	Jincheng	102.2	101.9	101.5	101.9	102.8
朔州市	Shuozhou	101.4	101.7	103.5	100.8	100.6
晋中市	Jinzhong	101.4	101.7	93.5	105.0	101.5
运城市	Yuncheng	101.0	101.3	101.4	101.0	100.8
忻州市	Xinzhou	102.1	103.0	101.1	101.5	99.8
临汾市	Linfen	102.0	101.8	100.5	102.6	100.7
吕梁市	Lvliang	101.9	102.4	101.3	100.6	100.8
浑源县	Hunyuan	101.4	101.5	102.3	101.0	98.8
平遥县	Pingyao	102.2	100.9	104.9	103.3	100.0
永济市	Yongji	101.2	100.3	102.0	101.6	101.6
洪洞县	Hongtong	101.8	102.0	99.7	103.7	100.2
兴 县	Xingxian	101.3	100.9	99.2	102.7	101.1
汾阳市	Fenyang	102.0	100.4	101.4	103.3	100.3

市 县	Region	交通和通信 Transportation and Communication	教育文化和娱乐 Education, Culture and Recreation	医疗保健 Health Care	其他用品和服务 Other Articles and Services
全 省	**Total**	**101.2**	**101.9**	**103.6**	**101.3**
太原市	Taiyuan	101.5	102.2	101.6	100.4
大同市	Datong	100.4	101.5	110.6	101.2
阳泉市	Yangquan	102.2	102.6	103.4	101.9
长治市	Changzhi	100.9	104.0	106.6	99.2
晋城市	Jincheng	100.0	102.2	107.2	101.9
朔州市	Shuozhou	100.3	101.1	102.8	99.2
晋中市	Jinzhong	100.1	100.8	103.3	101.4
运城市	Yuncheng	101.8	99.6	101.1	100.0
忻州市	Xinzhou	101.1	100.7	107.1	99.6
临汾市	Linfen	101.6	102.2	104.9	101.3
吕梁市	Lvliang	101.9	101.7	104.9	100.8
浑源县	Hunyuan	102.4	101.4	101.7	101.4
平遥县	Pingyao	101.1	101.4	102.2	111.3
永济市	Yongji	102.2	100.4	101.7	101.0
洪洞县	Hongtong	100.5	102.8	100.3	101.2
兴 县	Xingxian	101.2	101.2	101.1	100.4
汾阳市	Fenyang	101.7	101.2	106.6	99.6

3-7 调查市县商品零售价格指数(2018年)

RETAIL PRICE INDICES IN CITIES AND COUNTIES SURVEYED(2018)

上年=100 (last year=100)

市县 Region		商品零售价格指数 Retail Price Index	食品 Food	服装鞋帽 Garments,Shoes and Hats	纺织品 Textiles	家用电器及音像器材 Household Appliances and Audiovisual Equipment
全省	**Total**	**101.7**	**101.7**	**100.5**	**100.5**	**98.5**
太原市	Taiyuan	101.7	101.9	100.3	100.0	96.7
大同市	Datong	102.1	101.6	99.7	101.5	97.7
阳泉市	Yangquan	102.2	102.5	100.2	101.5	98.7
长治市	Changzhi	101.4	101.6	99.9	99.1	100.0
晋城市	Jincheng	102.9	101.9	101.5	98.1	100.5
朔州市	Shuozhou	101.6	101.9	103.7	99.4	99.3
晋中市	Jinzhong	101.0	101.8	93.1	100.0	102.4
运城市	Yuncheng	101.6	101.4	101.4	103.9	97.9
忻州市	Xinzhou	101.3	103.3	101.2	101.8	96.0
临汾市	Linfen	101.7	101.9	100.5	100.0	100.0
吕梁市	Lvliang	100.8	102.8	101.3	100.0	100.9
浑源县	Hunyuan	101.4	101.8	102.3	99.9	99.9
平遥县	Pingyao	102.7	101.1	104.9	101.1	99.9
永济市	Yongji	101.3	100.4	101.9	102.4	100.2
洪洞县	Hongtong	100.7	102.3	99.8	99.8	98.0
兴县	Xingxian	101.6	101.0	99.2	101.9	100.0
汾阳市	Fenyang	101.7	100.3	101.5	100.0	99.9

市县 Region		日用品 Daily Use Articles	中西药品及医疗保健用品类 Traditional,Western Medecines and Health Care Products	燃料 Fuels	建筑材料及五金电料 Building Materials, Hardware and Electrical Materials
全省	**Total**	**101.2**	**104.3**	**110.2**	**101.7**
太原市	Taiyuan	103.0	100.4	110.2	100.5
大同市	Datong	99.7	108.1	112.1	102.5
阳泉市	Yangquan	101.3	105.8	112.6	100.5
长治市	Changzhi	99.4	111.9	107.8	102.4
晋城市	Jincheng	102.1	109.0	114.2	100.6
朔州市	Shuozhou	99.4	104.8	110.3	101.4
晋中市	Jinzhong	101.7	104.7	109.0	101.6
运城市	Yuncheng	100.2	102.4	110.3	101.9
忻州市	Xinzhou	98.6	104.0	107.4	102.6
临汾市	Linfen	100.1	105.0	107.0	103.8
吕梁市	Lvliang	100.0	97.0	110.4	101.0
浑源县	Hunyuan	99.2	105.4	108.0	101.5
平遥县	Pingyao	100.9	105.9	114.3	105.2
永济市	Yongji	100.3	102.7	107.5	102.1
洪洞县	Hongtong	101.0	101.2	106.2	102.1
兴县	Xingxian	100.3	102.8	110.3	104.0
汾阳市	Fenyang	100.8	106.4	111.4	101.6

3-8 农业生产资料价格分类指数
INDICES OF AGRICULTURAL PRODUCTIVE MATERIALS BY CATEGORY OF COMMODITIES

上年=100 (last year=100)

类 别	Category	2010	2015	2018
农业生产资料价格指数	**Price Indices of Agricultural Pruductive Materials**	**102.0**	**99.6**	**102.5**
一、农用手工工具	Manipulative Tools for Agruiculture	103.3	100.6	106.2
二、饲 料	Forage	109.7	98.7	103.6
三、仔畜幼禽及产品畜	Commodity Animals	96.1	105.9	89.5
四、半机械化农具	Semi-mechanized Farm Implements	100.0	99.7	100.3
五、机械化农具	Mechanized Farm Implements	99.6	98.7	100.3
六、化学肥料	Chemical Fertilizer	94.7	99.5	105.4
七、农药及农药械	Pesticide and Its Appliances	101.3	99.9	102.1
化学农药	Chemical Pesticide	101.1	99.9	102.4
农药器械	Chemical Pesticide Appliances	102.2	100.0	100.3
八、农用机油	Oil for Farm Machinery	109.8	88.9	113.3
九、其他农业生产资料	Other Agricultural Pruductive Material	105.7	100.1	100.6
十、农业生产服务	Agricultural Pruductive Service	107.2	101.1	101.6

3-9 工业生产者购进价格指数
PURCHASING PRICE INDICES OF INDUSTRIAL PRODUCER

上年=100 (last year=100)

名 称	Item	2010	2015	2018
总 指 数	**Total Price Index**	**109.0**	**93.1**	**105.5**
一、燃料动力类	Fuels	104.9	93.2	104.6
二、黑色金属材料类	Ferrous Metal Materials	110.1	90.6	108.5
钢 材	Steel	103.6	94.0	108.3
其 他	Others	115.7	88.3	108.6
三、有色金属材料和电线类	Non-ferrous Metals	119.9	93.0	105.8
四、化工原料类	Chemical Raw Materials	112.2	90.0	104.6
五、木材及纸浆类	Timber and Paper Pulp	103.5	99.3	105.1
六、建筑材料及非金属矿类	Building Materials and Non-metal Mineral	98.2	94.7	111.1
七、其他工业原材料及半成品类	Other Industrial Raw Materials and Half-products	102.5	99.6	102.6
八、农副产品类	Farm Products	118.8	98.8	101.0
九、纺织原料类	Textile Raw Materials	111.4	93.4	100.2

3-10 工业生产者出厂价格指数
EX-FACTORY PRICE INDICES OF INDUSTRIAL PRODUCER

上年=100　　(last year=100)

指　标	Item	2010	2015	2018
全部工业品	**Total Industrial Products**	**109.5**	**87.7**	**106.7**
1.轻工业	Light Industry	101.8	98.1	101.1
以农产品为原料	Using Farm Products as Raw Materials	106.7	98.1	100.9
以非农产品为原料	Using Non-farm Products as Raw Materials	98.4	98.0	102.0
重工业	Heavy Industry	110.2	87.2	107.0
采掘工业	Ming and Quarrying	112.1	82.2	103.4
原料工业	Raw Material Industry	109.8	86.4	109.3
加工工业	Manufacturing Industry	109.6	90.8	106.2
2.生产资料	Productive Materials	109.7	87.2	107.2
采掘工业	Ming and Quarrying	110.7	82.2	103.4
原料工业	Raw Material Industry	110.1	86.3	109.3
加工工业	Manufacturing Industry	107.9	90.9	107.0
生活资料	Living Materials	104.9	99.3	99.8
食　品	Food	105.0	98.6	100.4
衣　着	Clothing	104.9	99.8	100.8
一般日用品	Daily Articles	105.2	101.1	110.8
耐用消费品	Durable Consumer Goods	101.7	99.7	94.2
按工业部门分	**By Department of Industry**			
1.冶金工业	Metallurgical Industry	114.3	85.9	109.1
2.电力工业	Power Industry	105.7	101.0	100.6
3.煤炭及炼焦工业	Coal and Coking Industry	110.5	81.6	109.1
4.石油工业	Petroleum Industry	101.2	96.4	105.9
5.化学工业	Chemical Industry	102.8	98.3	105.6
6.机械工业	Machine Industry	98.9	98.2	100.9
7.建筑材料工业	Building Materials Industry	98.5	97.5	108.1
8.森林工业	Forestry Industry	104.8	100.1	102.8
9.食品工业	Food Industry	105.4	98.3	100.9
10.纺织工业	Textile Industry	116.9	94.7	100.5
11.缝纫工业	Tailoring Industry	104.9	99.8	100.8
12.皮革工业	Leather Industry	104.2	103.5	87.4
13.造纸工业	Paper Making Industry	105.5	98.1	110.9
14.文教艺术用品工业	Cultural, Education & Handicrafts Article	101.8	100.0	99.8
15.其他工业	Other Industry	102.5	98.9	108.8

3-11 工业生产者分行业出厂价格指数
EX-FACTORY PRICE INDICES OF INDUSTRIAL PRODUCER BY SECTOR

上年=100 (last year=100)

指 标	Item	2017	2018
煤炭开采和洗选业	Coal Mining and Dressing	131.2	106.2
石油和天然气开采业	Petroleum and Natural Gas Extraction	110.3	108.4
黑色金属矿采选业	Ferrous Metals Mining and Dressing	105.0	101.4
有色金属矿采选业	Non-ferrous Metals Mining and Dressing	108.2	99.5
非金属矿采选业	Non-metal Minerals Mining and Dressing	98.3	101.5
农副食品加工业	Farm Products Processing	99.1	99.6
食品制造业	Food Manufacturing	98.9	100.8
酒、饮料及精制茶制造业	Alcohol, Beverage and Refined Tea Manufacturing		104.6
烟草制品业	Tobacoo Products Manfacturing	99.8	100.0
纺织业	Textile Industry	99.6	100.5
纺织服装、服饰业	Textile, Wearing Apparel and Accessories		100.7
皮革、毛皮、羽毛及其制品和制鞋业	Leather, Fur, Feather and Related Products and Footwear		87.4
木材加工及木、竹、藤、棕、草制品业	Timber Processing, Bamboo, Cane, Plam, Fiber and Straw Products	98.3	101.8
家具制造业	Furniture Manufacturing	102.7	104.8
造纸及纸制品业	Papermaking and Paper Products	120.7	110.9
印刷业和记录媒介的复制	Printing and Record Medium Reproduction	102.5	99.5
文教、工美、体育和娱乐用品制造业	Culture, Education, Art and Crafts, Sport and Entertainment Products		100.4
石油、煤炭及其他燃料加工业	Petroleum, Coal and Other Fuels Processing	146.3	121.1
化学原料和化学制品制造业	Raw Chemical Materials and Chemical Products	107.9	106.4
医药制造业	Medical and Pharmaceutical Products	105.5	110.1
橡胶和塑料制品业	Rubber and Plastic Products		88.6
非金属矿物制品业	Non-metal Mineral Products	115.7	108.9
黑色金属冶炼及压延加工业	Smelting and Pressing of Ferrous Metals	123.7	111.9
有色金属冶炼及压延加工业	Smelting and Pressing of Non-ferrous Metals	115.6	101.8
金属制品业	Metal Prodcuts	103.0	102.5
通用设备制造业	Ordinary Machinery Manufacturing	101.2	102.8
专用设备制造业	Special Purpose Equipment Manufacturing	100.6	102.2
汽车制造业	Automobile Manufacturing		102.5
铁路、船舶、航空航天和其他运输设备制造业	Railroad, Marine, Aviation and Other Transport Equipment Manufacturing		101.2
电气机械及器材制造业	Electric Equipment and Machinery	102.3	101.2
计算机、通信和其他电子设备制造业	Computers, Telecommunication and Other Electronic Equipment Manufacturing	102.3	99.2
仪器仪表制造业	Instruments and Appratus Manufacturing		100.3
其他制造业	Other Manufacturing		100.0
金属制品、机械和设备修理业	Metal Products, Machinery and Equipment Repairing		100.0
电力、热力的生产和供应业	Production and Supply of Electricity and Heat	98.9	100.6
燃气生产和供应业	Production and Supply of Gas	98.6	102.8
水的生产和供应业	Production and Supply of Water	102.1	97.4

3-12 固定资产投资价格指数
PRICE INDICES OF INVESTMENT IN FIXED ASSETS

上年=100 (last year=100)

指　标	Item	2010	2015	2018
固定资产投资	**Investment in Fixed Assets**	**103.7**	**98.2**	**104.5**
建筑安装、装饰工程	**Construction, Installation and Decoration**	**105.5**	**97.7**	**106.5**
人工费	Labour	109.1	102.8	104.3
工程管理人员	Manager	109.6	100.4	104.1
工程技术人员	Engineer	107.2	100.4	103.8
普通工人	Ordinary Labour	109.4	103.9	104.5
材料费	Material	104.5	93.9	109.2
钢　材	Steel	105.0	87.7	110.0
木　材	Timber	102.4	97.8	103.1
水　泥	Cement	104.9	95.9	112.7
地方建筑材料	Local Construction Material	104.1	98.4	107.9
化工材料	Chemical Material	104.4	98.2	108.2
电　料	Electric Material	104.4	100.2	102.2
其他材料	Others	104.4	99.8	106.3
机械费	Machinery	104.9	100.3	102.4
土石方及筑路机械	Earthwork and Road Building Machinery	104.4	100.1	103.3
打桩机械	Piling	103.1	92.6	101.8
起重机械	Hoist	102.9	100.1	100.8
运输机械	Transporting	107.7	101.6	102.8
混凝土及砂浆机械	Concrete and Sand Starch	104.2	100.2	101.4
加工机械	Processing	102.7	99.4	104.7
泵类机械	Pumping	102.3	101.1	101.0
船舶机械	Shipping			
其他机械	Others	105.6	99.9	101.8
设备、工器具购置	**Purchase of Equipment, Tools and Instruments**	**100.3**	**99.3**	**101.0**
其他费用	**Others**	**100.9**	**99.3**	**100.9**
土地取得费	Land Obtaining	100.3	99.9	101.3
前期工程费	Prophase Project	100.1	99.2	100.2
施工工作费	Construction	101.8	99.7	100.7
建设单位其他费用	Other fees of Construction Unit	101.3	98.5	101.2

主要统计指标解释

居民消费价格指数 反映居民生活消费品及服务项目价格变动趋势和变动程度的相对数，采用链式拉斯贝尔公式，加权平均计算。根据抽样调查方法在全省抽取17个调查市、县为填报单位。

商品零售价格指数 反映市场商品零售价格变动趋势和变动程度的相对数，计算方法及样本单位同上。

农业生产资料价格指数 反映农业生产资料价格变动趋势和变动程度的相对数，计算方法同上，根据抽样调查方法在全省抽取6个县、市为填报单位。

工业生产者出厂价格指数 是反映全部工业产品出厂价格总水平的变动趋势和程度的相对数，根据全省部分重点企业的产品出厂价格的定期调查资料，按加权算术平均公式计算。

工业生产者购进价格指数 是反映工业企业购进主要原材料、燃料、动力价格水平变动趋势和程度的相对数。根据全省部分重点企业主要原材料、燃料、动力购进价格的定期调查资料，按加权算术平均公式计算。

Explanatory Notes on Main Statistical Indicators

Residents Consumer Price Indices reflect the trend and degree of changes in prices of consumer goods and services purchased by urban and rural residents. They are calculated by the weighted arithmetic mean, using Byes formula. According to sampling survey, draw 17 survey cities and counties in total Province as report units.

Retail Price Indices reflect the general change and degree in retail prices of market commodities. The calculating method and sample unit are the same as above.

Indices of Agricultural Productive Materials refer the trend and degree of changes in price of agricultural productive materials. The calculating method is same as above, and drawing 6 survey cities and counties as report units.

Ex-factory Price Indices of Industrial Producer reflect the trend and degree of changes in ex-factory prices of all industrial products. They are calculated by the weighted arithmetic mean, according to regular survey data of ex-factory price in part of important enterprises in the province.

Purchasing Price Indices of Industrial Producer reflect the trend and degree of changes in prices of industrial enterprises purchasing raw materials and fuels. They are calculated by the weighted arithmetic mean, according to regular survey data of major raw materials and fuels purchasing price in part of important enterprises in the province.

4

人民生活

PEOPLE'S LIVING CONDITIONS

资料整理人员

任启龙　韩春光　康小梅

人民生活
PEOPLE'S LIVING CONDITIONS

城镇居民人均可支配收入	Per Capita Disposable Income of Urban Households	31034.8	元 (yuan)
城镇居民人均消费支出	Per Capita Living Expenditure of Urban Households	19789.8	元 (yuan)
农民居民人均可支配收入	Per Capita Disposable Income of Rural Households	11750.0	元 (yuan)
农村居民人均消费支出	Per Capita Living Expenditure of Rural Households	9172.2	元 (yuan)

城乡居民恩格尔系数 (%)
Engel's Coefficient of Urban and Rural Households (%)

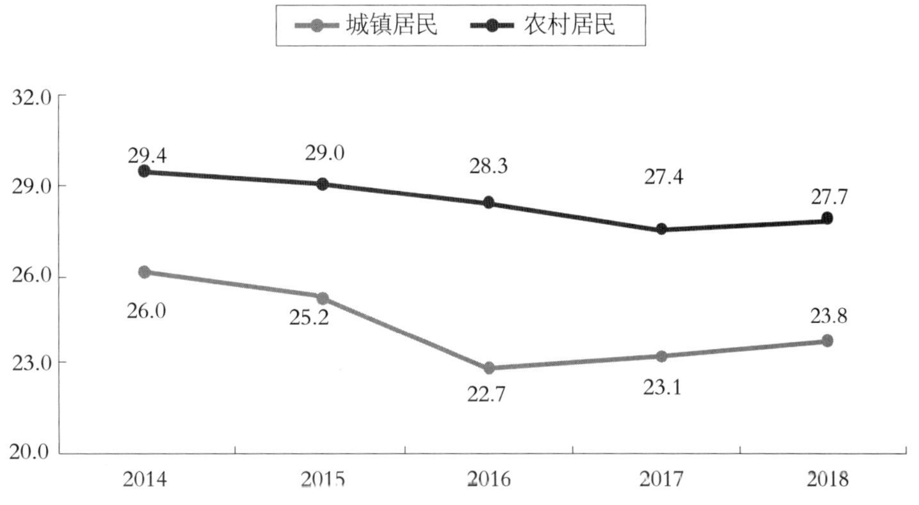

城乡居民家庭人均收入（元）
Per Capita Disposable Income of Urban and Rural Households (yuan)

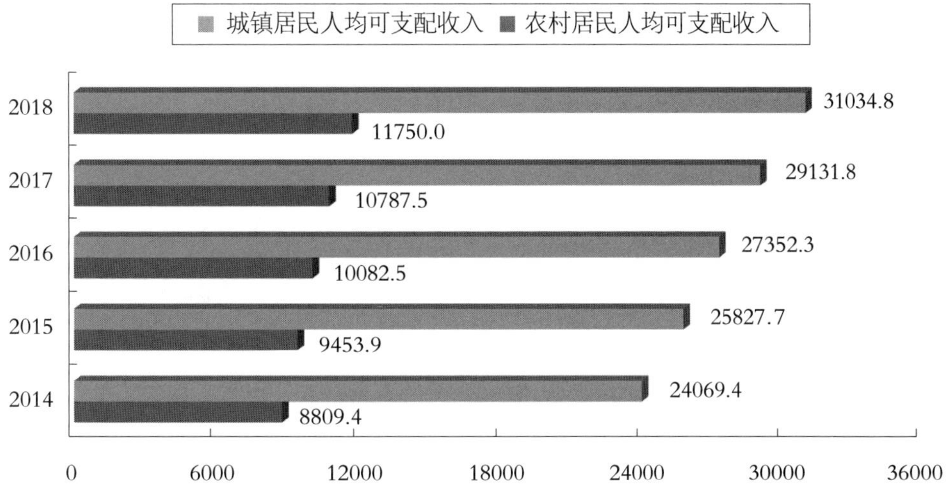

4-1 全省居民人均收支情况

单位：元

年 份 Year	可支配收入 Disposible Income	工资性收入 Wages and Salaries	经营净收入 Net Business Income	财产净收入 Net Property Income	转移净收入 Net Transfer Income	消费支出 Consumption Expenditure	食品烟酒 Food, Tobacco and Liquor
1978	140	120	12	2	6	126	79
1979	184	141	22	2	18	155	92
1980	201	148	31	2	20	179	104
1981	225	161	43	2	19	194	110
1982	271	185	60	3	24	215	127
1983	315	160	133	3	19	246	140
1984	380	178	177	4	21	273	154
1985	416	205	175	5	30	336	176
1986	439	241	159	6	33	375	194
1987	489	275	169	6	38	416	212
1988	576	319	208	8	41	491	248
1989	701	381	260	13	47	574	291
1990	802	401	292	10	99	649	332
1991	813	485	255	9	63	692	355
1992	918	544	281	7	88	730	391
1993	1084	640	332	7	105	883	466
1994	1386	825	402	18	142	1082	562
1995	1840	1059	557	32	192	1444	791
1996	2210	1145	770	33	262	1740	903
1997	2430	1319	780	38	293	1785	882
1998	2567	1332	852	43	340	1755	853
1999	2622	1450	716	37	419	1857	825
2000	2924	1641	777	34	472	2163	851
2001	3196	1865	772	31	528	2283	877
2002	3751	2319	886	61	485	2696	952
2003	4183	2671	988	71	453	2941	1043
2004	4770	3058	1122	126	464	3338	1211
2005	5518	3611	1155	156	595	3902	1341
2006	6235	4088	1208	201	738	4560	1451
2007	7282	4712	1383	291	896	5319	1703
2008	8333	4744	1873	336	1380	5984	1961
2009	8911	5101	1814	464	1532	6449	2021
2010	10149	5796	2056	495	1802	7011	2130
2011	11959	7225	1924	613	2198	8404	2568
2012	13592	8335	2177	651	2429	9446	2765
2013	15120	9424	2338	739	2619	10118	2692
2014	16538	10168	2593	936	2841	10864	2941
2015	17854	10893	2709	987	3265	11729	3089
2016	19049	11305	2693	1112	3939	12683	3098
2017	20420	11957	2624	1228	4611	13664	3325
2018	21990	12552	2809	1304	5325	14810	3688

注：2013年起，国家统计局实施城乡一体化住户调查改革，居民收支相关指标采用新口径，同时对2013年以前数据做了相应调整。
Note: The NBS has conducted the integrated household survey reform and related indicators of household income and expenditure have adopted a new coverage since 2013. Data before 2013 has adjusted according to the new coverage.

PER CAPTIA INCOME AND CONSUMPTION EXPENDITURE OF THE PROVINCIAL HOUSEHOLDS

(yuan)

衣 着 Clothing	居 住 Residence	生活用品及服务 Household Facilities, Articles and Services	交通通信 Transport and Communication	教育文化娱乐 Education, Culture and Recreation	医疗保健 Health Care	其他用品及服务 Others
20	9	9	1	5	1	2
25	15	13	1	6	2	2
29	23	12	1	8	1	2
32	16	17	1	11	2	5
34	16	18	2	11	3	4
38	24	22	2	11	4	5
42	28	21	2	17	4	5
54	32	29	2	27	7	10
54	44	31	2	31	8	11
59	55	35	2	29	9	15
71	43	48	3	39	11	27
84	50	53	4	53	13	27
96	71	54	5	51	21	18
106	59	59	6	57	20	30
115	51	64	6	60	22	23
130	70	74	14	73	26	30
167	72	81	20	94	33	53
215	100	89	38	121	47	43
252	125	102	59	162	76	61
260	137	114	80	164	84	65
226	140	112	65	184	94	80
229	166	131	97	220	108	81
255	229	159	132	272	147	118
260	274	147	147	303	163	112
335	356	152	216	422	182	81
372	382	160	254	464	197	70
398	433	166	305	530	216	79
505	540	197	338	595	295	91
559	693	255	467	683	346	107
604	884	289	579	739	391	130
644	1154	299	573	750	477	126
663	1309	356	641	802	510	148
718	1341	401	779	897	570	173
891	1596	560	905	1024	628	232
974	1929	595	1070	1113	739	261
999	2174	609	1146	1381	836	282
1085	2199	619	1215	1485	1009	312
1147	2297	673	1501	1628	1102	292
1104	2751	680	1709	1811	1228	303
1206	2934	761	1884	1879	1360	316
1261	3229	856	1845	1940	1635	356

4-2 城镇居民人均收支情况

单位：元

年 份 Year	可支配收入 Disposible Income	工资性收入 Wages and Salaries	经营净收入 Net Business Income	财产净收入 Net Property Income	转移净收入 Net Transfer Income	消费支出 Consumption Expenditure	食品烟酒 Food, Tobacco and Liquor
1978	301	298			3	275	153
1979	338	324			14	305	171
1980	380	352			28	357	195
1981	401	383			18	373	197
1982	433	412			21	390	210
1983	452	430			22	394	216
1984	517	489	1		27	433	231
1985	595	535	4		56	533	262
1986	718	649	5	4	59	635	303
1987	807	724	3	5	74	708	347
1988	945	849	5	11	79	856	404
1989	1176	1037	7	30	102	993	480
1990	1291	994	7	17	273	1048	514
1991	1410	1238	7	15	150	1171	576
1992	1623	1385	10	7	221	1303	658
1993	1957	1628	17	13	299	1560	760
1994	2566	2133	34	12	387	2043	989
1995	3306	2664	36	55	551	2641	1267
1996	3703	2803	63	61	777	3036	1400
1997	3990	2987	79	86	839	3229	1398
1998	4096	2947	64	102	983	3278	1418
1999	4337	3027	72	81	1157	3516	1413
2000	4715	3289	122	58	1246	3982	1384
2001	5377	3805	153	45	1373	4178	1420
2002	6214	4617	307	134	1157	4791	1532
2003	6977	5391	404	140	1042	5210	1713
2004	7866	6114	468	258	1026	5790	1918
2005	8866	6841	513	271	1241	6518	2049
2006	9967	7545	576	350	1496	7395	2240
2007	11487	8613	689	454	1730	8385	2573
2008	13021	8277	1673	520	2550	9145	2897
2009	13883	8859	1666	717	2641	9747	2984
2010	15510	9726	2120	752	2912	10236	2988
2011	17965	11909	1784	1042	3229	11869	3483
2012	20232	13511	2114	1143	3464	12765	3750
2013	22258	14674	2486	1364	3734	13763	3541
2014	24069	15624	2701	1727	4017	14637	3804
2015	25828	16562	2790	1789	4688	15819	3981
2016	27352	16954	2659	2004	5735	16993	3863
2017	29132	17831	2443	2190	6667	18404	4244
2018	31035	18572	2574	2286	7602	19790	4703

PER CAPTIA INCOME AND CONSUMPTION EXPENDITURE OF URBAN HOUSEHOLDS

(yuan)

衣 着 Clothing	居 住 Residence	生活用品及服务 Household Facilities, Articles and Services	交通通信 Transport and Communication	教育文化娱乐 Education, Culture and Recreation	医疗保健 Health Care	其他用品及服务 Others
48	9	31	3	20	4	7
51	12	33	3	23	4	7
59	17	39	4	30	5	8
65	10	40	4	35	2	19
67	15	40	5	34	3	15
71	14	38	6	27	4	17
80	16	40	6	37	5	18
97	15	51	5	65	4	34
105	42	61	5	76	8	35
114	57	73	5	59	10	44
136	22	105	5	85	11	88
160	26	108	7	112	15	85
184	61	106	11	97	23	53
209	32	120	13	106	21	94
236	38	138	11	125	29	68
279	66	169	20	150	36	81
365	81	179	28	195	52	153
473	151	195	95	256	85	118
530	163	202	145	317	146	133
573	201	238	166	322	167	163
472	236	237	138	367	196	215
479	296	292	201	415	210	210
511	377	360	283	502	304	261
516	448	321	314	566	352	241
649	641	288	397	773	369	142
715	700	319	465	789	373	137
734	797	321	568	887	408	156
909	983	366	580	912	547	171
986	1168	450	786	982	600	183
1025	1451	486	969	1020	649	212
1074	1886	473	861	991	770	192
1092	2064	566	1006	1013	791	232
1138	2032	621	1234	1169	784	270
1375	2256	848	1364	1347	864	333
1426	2529	844	1516	1417	915	368
1498	2925	877	1587	1917	1024	394
1616	2899	888	1710	2027	1241	453
1705	3020	948	2148	2208	1394	415
1603	3634	952	2401	2439	1652	450
1774	3867	1094	2658	2559	1741	466
1821	4247	1219	2497	2638	2138	525

4-3 农村居民人均收支情况

单位：元

年 份 Year	可支配收入 Disposible Income	工资性收入 Wages and Salaries	经营净收入 Net Business Income	财产净收入 Net Property Income	转移净收入 Net Transfer Income	消费支出 Consumption Expenditure	食品烟酒 Food, Tobacco and Liquor
1978	102	78	15	2	7	91	61
1979	145	96	27	3	20	118	73
1980	156	96	39	3	18	134	80
1981	180	103	55	3	19	148	88
1982	227	123	76	4	24	168	105
1983	276	82	171	4	18	203	118
1984	339	84	230	5	19	224	131
1985	358	101	229	6	22	273	148
1986	345	104	210	7	24	287	157
1987	377	116	229	7	26	313	164
1988	439	121	284	7	27	354	190
1989	514	122	360	7	25	409	216
1990	604	160	408	8	28	488	258
1991	568	177	356	7	27	496	265
1992	627	195	393	7	32	493	281
1993	718	226	464	5	23	599	344
1994	884	269	558	20	37	674	381
1995	1208	367	781	23	37	928	586
1996	1557	421	1079	21	37	1174	686
1997	1738	580	1090	17	51	1145	653
1998	1874	599	1209	17	48	1064	596
1999	1800	693	1026	16	65	1062	543
2000	1950	745	1133	21	51	1175	562
2001	2018	817	1106	24	71	1259	584
2002	2236	905	1243	16	71	1407	595
2003	2410	947	1358	27	79	1502	619
2004	2738	1051	1551	40	95	1728	747
2005	3082	1262	1622	73	125	2000	825
2006	3420	1480	1685	88	167	2421	855
2007	3975	1643	1929	163	240	2908	1019
2008	4480	1840	2037	185	418	3386	1192
2009	4677	1901	1940	248	588	3642	1201
2010	5263	2214	1997	262	791	4070	1349
2011	6225	2751	2057	203	1214	5096	1694
2012	7064	3246	2238	167	1412	6184	1796
2013	7950	4150	2190	111	1498	6458	1839
2014	8809	4570	2482	123	1634	6992	2054
2015	9454	4922	2624	142	1766	7421	2150
2016	10082	5204	2730	149	1999	8029	2272
2017	10788	5462	2824	164	2337	8424	2308
2018	11750	5736	3075	193	2746	9172	2540

PER CAPTIA INCOME AND CONSUMPTION EXPENDITURE OF RURAL HOUSEHOLDS

(yuan)

衣 着 Clothing	居 住 Residence	生活用品及服务 Household Facilities, Articles and Services	交通通信 Transport and Communication	教育文化娱乐 Education, Culture and Recreation	医疗保健 Health Care	其他用品及服务 Others
13	9	4	0.5	2	1	1
18	16	8	1	2	1	1
21	24	5	1	2	1	0.5
24	18	11	1	4	2	1
25	16	12	1	5	3	1
28	27	18	1	7	4	1
30	31	16	1	11	4	1
40	38	22	1	14	7	2
37	44	20	1	16	8	3
39	55	22	2	18	9	4
47	52	28	2	21	11	4
55	59	31	2	29	12	4
61	76	33	2	33	20	4
64	70	34	3	36	19	4
65	56	33	4	33	19	4
67	71	35	12	40	21	9
83	68	39	16	51	25	11
103	78	43	14	63	31	10
131	109	59	22	94	45	30
121	109	59	41	94	46	22
115	97	55	32	101	48	19
110	104	53	47	126	59	20
115	149	50	49	147	62	40
121	180	53	57	160	61	43
142	181	68	105	206	68	43
154	180	58	120	258	86	27
178	193	64	132	295	90	29
210	218	75	163	364	111	34
236	335	108	226	457	155	49
272	438	135	272	518	188	66
291	552	157	335	551	235	72
298	666	178	330	622	271	76
335	711	201	365	650	376	84
428	966	286	468	716	403	136
531	1340	350	632	814	565	155
498	1420	340	702	843	647	170
540	1481	344	707	929	770	168
559	1537	382	820	1017	794	162
565	1798	386	962	1132	770	143
578	1902	393	1028	1127	938	151
626	2076	444	1107	1150	1065	165

4-4 居民人均可支配收入和指数
PER CAPITA DISPOSABLE INCOME AND INDEX OF HOUSEHOLDS

单位：元 (yuan)

年 份 Year	全省居民人均可支配收入 Per Capita Disposable Income of the Provincial Households		城镇居民人均可支配收入 Per Capita Disposable Income of Urban Households		农村居民人均可支配收入 Per Capita Disposable Income of Rural Households	
	绝对数 Value	指数(1978年=100) Index (Year of 1978=100)	绝对数 Value	指数(1978年=100) Index (Year of 1978=100)	绝对数 Value	指数(1978年=100) Index (Year of 1978=100)
1978	140	100.0	301	100.0	102	100.0
1979	184	130.4	338	111.1	145	142.8
1980	201	138.3	380	118.2	156	151.0
1981	225	150.9	401	121.0	180	170.8
1982	271	177.5	433	127.8	227	210.5
1983	315	203.1	452	131.3	276	252.2
1984	380	238.9	517	146.0	339	303.5
1985	416	240.7	595	154.1	358	297.8
1986	439	240.7	718	174.6	345	273.5
1987	489	250.0	807	180.9	377	280.3
1988	576	243.4	945	173.4	439	272.6
1989	701	247.9	1176	185.7	514	259.8
1990	802	277.5	1291	200.8	604	296.3
1991	813	268.3	1410	206.6	568	270.9
1992	918	282.6	1623	217.9	627	286.0
1993	1084	289.8	1957	226.4	718	290.7
1994	1386	295.8	2566	235.7	884	287.6
1995	1840	336.0	3306	260.2	1208	335.4
1996	2210	374.0	3703	269.1	1557	402.8
1997	2430	398.9	3990	281.2	1738	436.6
1998	2567	427.4	4096	292.5	1874	477.7
1999	2622	438.3	4337	308.5	1800	465.9
2000	2924	470.4	4715	320.3	1950	490.2
2001	3196	515.2	5377	367.1	2018	505.0
2002	3751	614.5	6214	433.8	2236	563.6
2003	4183	673.1	6977	479.4	2410	592.8
2004	4770	737.4	7866	521.7	2738	638.8
2005	5518	833.8	8866	578.2	3082	693.5
2006	6235	923.8	9967	638.5	3420	750.6
2007	7282	1031.4	11487	706.3	3975	825.5
2008	8333	1101.0	13021	748.2	4480	863.9
2009	8911	1182.1	13883	805.8	4677	893.8
2010	10149	1307.2	15510	873.2	5263	978.5
2011	11959	1464.1	17965	962.3	6225	1097.9
2012	13592	1623.4	20232	1058.4	7064	1214.4
2013	15120	1751.6	22258	1130.4	7950	1324.2
2014	16538	1883.9	24069	1200.8	8809	1447.2
2015	17854	2021.6	25828	1280.8	9454	1542.3
2016	19049	2133.5	27352	1341.7	10082	1626.9
2017	20420	2262.2	29132	1409.3	10788	1732.1
2018	21990	2393.0	31035	1474.8	11750	1853.2

4–5 全省居民家庭生活基本情况

BASIC LIVING CONDITIONS OF THE PROVINCIAL HOUSEHOLDS

指　标	Item	2017	2018
一、调查户数 (户)	Number of Households Surveyed (household)	4523	4499
二、调查户常住人口(人)	Number of Resident Population Surveyed (person)	13196	12805
三、平均每户常住人口数 (人)	Average Number of Resident Population per Household (person)	2.92	2.85
四、平均每户从业人口 (人)	Average Number of Employees per Household (person)	1.59	1.56
五、平均每一从业者负担人数 (人)	Average Number of Persons Supported by Each Employee (person)	1.84	1.91
六、平均每人全年可支配收入 (元)	Per Capita Annual Disposable Income (yuan)	20420	21990
七、平均每人全年消费支出 (元)	Per Capita Annual Living Expenditure (yuan)	13664	14810

4–6 城镇居民家庭生活基本情况

BASIC LIVING CONDITIONS OF URBAN HOUSEHOLDS

指　标	Item	2017	2018
一、调查户数 (户)	Number of Households Surveyed (household)	2363	2729
二、调查户常住人口(人)	Number of Resident Population Surveyed (person)	6984	7989
三、平均每户常住人口数 (人)	Average Number of Resident Population per Household (person)	2.96	2.93
四、平均每户从业人口数 (人)	Average Number of Employees per Household (person)	1.39	1.40
五、平均每一从业者负担人数 (人)	Average Number of Persons Supported by Each Employee (person)	2.12	2.13
六、平均每人全年可支配收入 (元)	Per Capita Annual Disposable Income (yuan)	29132	31035
七、平均每人全年消费支出 (元)	Per Capita Annual Living Expenditure (yuan)	18404	19790
八、平均每人期末住房面积 (平方米)	Per Capita Living Space at Year–end (sq.m)	32.40	34.01

4-7 城镇家庭人口状况
POPULATION CONDITIONS OF URBAN HOUSEHOLDS

指　　标	Item	2017	2018
一、调查户数 (户)	**Number of Households Surveyed (household)**	**2363**	**2729**
二、调查户常住人口(人)	**Number of Resident Population Surveyed (person)**	**6984**	**7989**
#劳动力数	Labors	5064	5601
#从业人数	Employees	3297	3576
#在校学生	Students Enrollment	1404	1443
按年龄分组	**Grouped by Age**		
5岁及以下	Aged 5 and Under	233	441
6-15岁	Aged 6-15	727	879
16-19岁	Aged 16-19	365	363
20-24岁	Aged 20-24	507	465
25-29岁	Aged 25-29	375	402
30-34岁	Aged 30-34	395	590
35-40岁	Aged 35-40	611	634
41-50岁	Aged 41-50	1448	1453
51-60岁	Aged 51-60	1222	1310
61-65岁	Aged 61-65	484	563
66岁及以上	Aged 66 and Above	601	780

4-8 城镇家庭劳动力状况
LABOR FORCE OF URBAN HOUSEHOLDS

单位：人 (person)

指 标	Item	2017	2018
一、劳动力文化状况	**Cultural Level of Labor Force**		
未上过学	Illiteracy or little literacy	42	41
小 学	Level of Primary School	416	609
初 中	Level of Junior Middle School	2025	2128
高 中	Level of Senior Middle School	1227	1296
大学专科	Level of Specialized Secondary School	759	905
大学本科	Level of Undergraduate	551	586
研究生	Level of Master and Doctor	44	37
二、劳动力从业情况	**Employment of Labor Force**		
(一)第一产业	Primary Industry	227	259
(二)第二产业	Secondary Industry	885	816
采矿业	Mining	349	250
制造业	Manufacturing	229	214
电力、热力、燃气及水生产供应业	Production and Supply of Power, Heat, Gas and Water	124	129
建筑业	Construction	183	223
(三)第三产业	Tertiary Industry	2184	2501
批发和零售业	Wholesale and Retail Trade	366	390
交通运输、仓储和邮政业	Transportation, Storage and Post	219	281
住宿和餐饮业	Hotels and Catering Services	156	176
信息传输、软件业和信息技术服务业	Information Transmission, Software and Information Technology	40	55
金融业	Financial Industry	75	98
房地产业	Real Estate	21	20
租赁和商务服务业	Leasing and Business Services	36	47
科学研究和技术服务业	Scientific Research and Technical Services	6	12
水利、环境和公共设施管理业	Management of Water Conservancy, Environment and Public Facilities	38	57
居民服务、修理和其他服务业	Services to Households, Repair and Other Services	464	607
教 育	Education	243	213
卫生和社会工作	Health and Social Service	133	156
文化、体育和娱乐业	Culture, Sports and Entertainment	44	75
公共管理、社会保障和社会组织	Public Management, Social Security and Social Organization	343	315
国际组织	International Organization		

4-9 城镇居民家庭人均全年总收入

PER CAPITA ANNUAL INCOME OF URBAN HOUSEHOLDS

单位：元 (yuan)

指　标	Item	2017	2018
总收入	**Total Income**	**32813.15**	**34054.41**
一、工资性收入	Income of Wages and Salaries	17831.01	18572.44
二、经营性收入	Business Income	4339.37	3645.16
(一)第一产业	Primary Industry	388.56	263.30
农　业	Farming	175.33	132.44
林　业	Forestry	9.32	11.67
牧　业	Animal Husbandry	199.75	119.19
渔　业	Fishery	4.17	
(二)第二产业	Secondary Industry	559.61	457.74
采矿业	Mining		
制造业	Manufacturing	398.68	24.33
电力、热力、燃气及水生产和供应业	Production and Supply of Power, Heat, Gas and Water		0.03
建筑业	Construction	160.93	433.38
(三)第三产业	Tertiary Industry	3391.19	2924.13
批发和零售业	Wholesale and Retail Trade	1969.00	1478.39
交通运输、仓储和邮政业	Transportation, Storage and Post	614.07	598.09
住宿和餐饮业	Hotels and Catering Services	156.57	220.75
房地产业	Real Estate	0.11	0.01
租赁和商务服务业	Leasing and Business Services	44.93	89.69
居民服务、修理和其他服务业	Resident Services, Repair and Other Services	301.32	403.29
农林牧渔服务业	Services of Agriculture, Forestry, Animal Husbandry and Fishery	4.90	12.37
其　他	Others	300.29	121.54
三、财产性收入	Property Income	2225.28	2379.71
#利息收入	Interest	170.67	208.92
红利收入	Dividend and Bonus	216.06	300.76
储蓄性保险净收益	Net Savings Insurance	4.84	22.48
出租房屋财产性净收入	Net Income of Property Rental	481.50	493.55
四、转移性收入	Transfer Income	8417.49	9457.10
#养老金或离退休金	Pension or Retirement Payments	7486.21	8043.71
社会救济和补助	Social Relief and Subsidy	69.49	115.47
政策性生活补贴	Policy Living Allowances	27.33	45.50
赡养收入	Old Alimony	98.15	277.79
报销医疗费	Reimbursement of Medical Expenses	406.49	403.18
从政府和组织得到的实物产品和服务折价	Goods and Services Discount Received from Governments and Organizations	24.18	22.93
现金政策性惠农补贴	Cash Benefits Policy of Aagricultural Subsidies	9.09	4.85

4-10 城镇居民家庭人均全年总支出
PER CAPITA ANNUAL EXPENDITURE OF URBAN HOUSEHOLDS

单位：元　　(yuan)

项　目	Item	2017	2018
总支出	**Total Expenditure**	**27431.77**	**27816.12**
一、消费支出	Living Expenditure	18403.98	19789.84
二、生产经营费用支出	Production and Operation Expenses	1767.65	921.11
(一)第一产业	Primary Industry	173.52	114.32
农　业	Farming	40.67	42.52
林　业	Forestry	0.35	2.60
牧　业	Animal Husbandry	132.50	68.87
渔　业	Fishery		0.33
(二)第二产业	Secondary Industry	25.87	78.17
采矿业	Mining	0.53	2.16
制造业	Manufacturing	7.89	9.48
电力、热力、燃气及水生产和供应业	Production and Supply of Power, Heat, Gas and Water		
建筑业	Construction	17.44	66.54
(三)第三产业	Tertiary Industry	1568.25	728.62
批发和零售业	Wholesale and Retail Trade	1113.69	444.51
交通运输、仓储和邮政业	Transportation, Storage and Post	221.88	111.18
住宿和餐饮业	Hotels and Catering Services	55.12	79.40
房地产业	Real Estate		1.01
租赁和商务服务业	Leasing and Business Services	6.70	6.04
居民服务、修理和其他服务业	Resident Services, Repair and Other Services	105.09	73.07
农林牧渔服务业	Services of Agriculture, Forestry, Animal Husbandry and Fishery	0.78	3.74
其　他	Others	64.99	9.66
三、财产性支出	Property Expenditure	35.17	93.58
生活贷款利息支出	Living Loans Interest Expense	29.20	91.88
其他财产性支出	Other Property Expenditure	5.97	1.71
四、转移性支出	Transfer Expenditure	1750.36	1855.11
个人所得税	Individual Income Tax	76.43	168.74
社会保障支出	Social Security Expenditures	1488.02	1456.83
外来从业人员寄给家人的支出	Expenses of Foreign Employees Sent to The Family	0.17	2.02
赡养支出	Alimony Expenses	78.41	129.60
其他转移性支出	Other Property Expenditure	107.34	97.92
五、部分商业保险支出	Part of the Commercial Insurance Expenses	141.02	327.65
六、购置资产及非经常性转移支出	Acquisition of Assets and Non-recurring Transfer Expenditures	4194.34	3847.62
七、借贷性支出	Borrowing Expenditure	1139.24	981.21

4-11 城镇家庭平均每人家庭经营净收入

PER CAPITA NET INCOME FROM HOUSEHOLD BUSINESS OF URBAN HOUSEHOLDS

单位：元 (yuan)

指　标	Item	2017	2018
家庭经营净收入	**Net Income from Household Business**	**2443.38**	**2574.26**
农　业	Farming	132.73	84.48
林　业	Forestry	8.96	8.62
牧　业	Animal Husbandry	64.89	48.92
渔　业	Fishery	4.06	−0.33
采矿业	Mining	−0.53	−2.55
制造业	Manufacturing	383.12	14.76
电力、热力、燃气及水生产和供应业	Production and Supply of Power, Heat, Gas and Water		0.03
建筑业	Construction	127.54	354.70
批发和零售业	Wholesale and Retail Trade	816.48	978.71
交通运输、仓储和邮政业	Transportation, Storage and Post	360.66	439.02
住宿和餐饮业	Hotels and Catering Services	94.44	128.27
房地产业	Real Estate	0.11	−1.01
租赁和商务服务业	Leasing and Business Services	35.55	81.08
居民服务、修理和其他服务业	Resident Services, Repair and Other Services	189.09	321.35
农林牧渔服务业	Services of Agriculture, Forestry, Animal Husbandry and Fishery	4.10	8.63
其　他	Others	222.19	109.59

4-12 主要年份城镇居民人均可支配收入增长情况
PER CAPITA DISPOSABLE INCOME GROWTH OF URBAN HOUSEHOLDS IN MAJOR YEARS

单位：元 (yuan)

年 份 Year	可支配收入 Disposable Income	比上年增加额 Increase Value over Last Year	比上年增长(%) Increase Rate over Last Year	城镇居民消费价格指数(上年=100) Consumer Price Index of Urban Residents (last year=100)	扣除物价上涨因素后 Deducting Price Rising	
					实际收入 Real Income	比上年增长% Increase Rate over Last Year
1978	301.4					
1980	379.7			105.5	359.9	
1985	595.3	78.4	15.2	109.1	545.6	5.6
1990	1290.9	114.8	9.8	101.5	1271.8	8.2
1995	3306.0	740.3	28.9	116.7	2832.9	10.4
2000	4715.0	377.9	8.7	104.7	4503.3	3.8
2005	8865.8	1000.2	12.7	101.7	8717.6	10.8
2010	15510.1	1626.7	11.7	103.1	15043.7	8.4
2013	22258.2	2026.0	10.0	103.0	21609.9	6.8
2014	24069.4	1811.2	8.1	101.8	23643.8	6.2
2015	25827.7	1758.3	7.3	100.6	25673.7	6.7
2016	27352.3	1524.6	5.9	101.1	27054.7	4.8
2017	29131.8	1779.5	6.5	101.4	28729.6	5.0
2018	31034.8	1903.0	6.5	101.8	30486.1	4.6

4-13 主要年份城镇居民人均消费支出增长情况
PER CAPITA LIVING EXPENDITURE GROWTH OF URBAN HOUSEHOLDS IN MAJOR YEARS

单位：元 (yuan)

年 份 Year	消费支出 Living Expenditure	比上年增加额 Increase Value over Last Year	比上年增长(%) Increase Rate over Last Year	城镇居民消费价格指数(上年＝100) Consumer Price Index of Urban Residents (last year=100)	扣除物价上涨因素后 Deducting Price Rising	
					实际支出 Real Expenditure	比上年增长% Increase Rate over Last Year
1978	275.4					
1980	356.6	51.8	17.0	105.5	338.0	10.8
1985	533.4	100.1	23.1	109.1	488.9	12.8
1990	1047.7	54.2	5.5	101.5	1032.2	3.9
1995	2640.7	597.4	29.2	116.7	2262.8	10.7
2000	3981.6	465.8	13.3	104.7	3802.9	8.2
2005	6517.8	727.8	12.6	101.7	6408.9	10.7
2010	10236.3	489.3	5.0	103.1	9928.5	1.9
2013	13762.7	997.9	7.8	103.0	13361.8	4.7
2014	14636.9	874.2	6.4	101.8	14378.1	4.5
2015	15818.6	1181.7	8.1	100.6	15724.3	7.4
2016	16992.8	1174.2	7.4	101.1	16807.9	6.3
2017	18404.0	1411.2	8.3	101.4	18149.9	6.8
2018	19789.8	1385.9	7.5	101.8	19439.9	5.6

4-14 城镇居民家庭平均每人食品消费量
PER CAPITA FOOD CONSUMPTION OF URBAN HOUSEHOLDS

单位：公斤 (kg)

指　标	Item	2017	2018
粮　食	Grain	114.30	114.86
油脂类	Oil or Fat	8.34	7.02
蔬菜及菜制品	Vegetables and Processed Products	88.70	93.03
肉　类	Meat	16.83	17.84
禽　类	Poultry	2.87	3.05
水产品	Aquatic Product	3.42	3.75
蛋类及蛋制品	Eggs and Processed Products	11.51	12.31
奶和奶制品	Milk and Processed Products	19.88	19.75
干鲜瓜果类	Fresh and Dried Fruits	64.00	69.38
糖果糕点类	Sweets and Pastry	6.18	7.95
饮　料	Beverage	0.17	0.20
酒	Liquor	3.46	3.69

4-15 城镇居民家庭平均每百户年末耐用消费品拥有量
DURABLE CONSUMER GOODS OWNED PER 100 URBAN HOUSEHOLDS AT YEAR-END

名　称	Item	2017	2018
家用汽车(辆)	Automobile (unit)	35.56	36.12
摩托车(辆)	Motorcycle (unit)	19.41	16.16
洗衣机(台)	Washing Machine (set)	99.95	99.01
电冰箱(台)	Refrigerator (set)	95.13	94.32
微波炉(台)	Microwave oven (set)	39.00	37.39
彩色电视机(台)	Color Television (set)	106.66	101.80
空　调(台)	Air conditioner (set)	36.00	38.04
固定电话(部)	Fixed Telephone (set)	26.49	13.63
移动电话(部)	Mobile Telephone (set)	235.86	239.92
#接入互联网	Mobile Telephone with Internet Access	144.74	183.01
计算机(台)	Computer (set)	74.57	60.43
#接入互联网	Computer with Internet Access	61.37	46.04
照相机(台)	Camera (set)	19.26	14.61

4-16 城镇居民家庭年末居住情况
HOUSING CONDITIONS OF URBAN HOUSEHOLDS AT YEAR-END

单位：% (%)

指　标	Item	2017	2018
一、居住空间样式	Style of Residential Space	100.0	100.0
单栋楼房	Dependent Resident	9.7	9.9
单栋平房	Dependent Bungalow	14.2	19.6
四居室及以上单元房	Apartment with Four and More Bedrooms	1.1	1.1
三居室单元房	Apartment with Three Bedrooms	29.0	26.9
二居室单元房	Apartment with Two Bedrooms	36.1	35.4
一居室单元房	Apartment with One Bedrooms	3.6	3.2
筒子楼或连片平房	Tube-Shaped Apartment or Contiguous Bungalow	5.9	3.6
其　他	Others	0.3	0.3
二、主要建筑材料	Major Building Materials	100.0	100.0
钢筋混凝土	Reinforced Concrete	30.5	47.7
砖混材料	Brick and Concrete Material	59.1	43.3
砖瓦砖木	Tile and Brick	8.8	8.8
竹草土坯	Bamboo, Grass and Adobe	0.2	0.04
其　他	Others	1.4	0.2
三、现住房房屋来源	Current Housing Sources	100.0	100.0
租赁公房	Rent Public Houses	3.2	1.6
租赁私房	Rent Private Houses	4.8	5.2
自建住房	Self-Build Housing	21.4	28.2
购买商品房	Purchased Commercial Housing	33.7	39.7
购买房改住房	Purchased Housing-Reform Houses	21.7	10.2
购买保障性住房	Purchased Security Housing	5.7	4.7
拆迁安置房	Resettlement Housing	4.3	6.3
继承或获赠住房	Inherited or receive Housing	1.3	0.6
免费借用房	Free Rental Housing	1.1	1.5
雇主提供免费住房	Employer-Provided Free Housing	0.7	0.9
其他来源	Other Sources	2.1	1.0

4-16 续表1 continued

单位：% (%)

指　　标	Item	2017	2018
四、现住房建筑面积	Current Housing Construction Area	100.0	100.0
10平方米以内	Within 10 sq. m	0.1	
10-20平方米	10 – 20 sq. m	1.6	0.4
20-30平方米	20 – 30 sq. m	1.4	1.6
30-60平方米	30 – 60 sq. m	22.9	16.5
60-90平方米	60 – 90 sq. m	31.1	31.7
90-120平方米	90 – 120 sq. m	24.0	28.7
120-200平方米	120 – 200 sq. m	16.7	17.2
200平方米以上	Above 200 sq. m	2.1	3.9
五、住宅外道路路面情况	Road Conditions Outside Houses	100.0	100.0
水泥或柏油路面	Cement or Asphalt Road	92.2	96.0
沙石或石板等硬质路面	Sand, Stone and Other Hard Surfacing Road	6.6	3.6
其　他	Others	1.1	0.4
六、住宅有管道供水情况	House Water Supply	100.0	100.0
管道供水入户	Piped Water Supply Inlet	99.0	98.2
管道供水至公共取水点	Piped Water Supply to Public Water Draw-off	0.4	0.7
没有管道设施	No Pipeline Facilities	0.6	1.0
七、住户主要饮用水来源情况	Major Sources of Drinking Water for Households	100.0	100.0
经过净化处理的自来水	Purified Running Water	91.9	92.3
受保护的井水和泉水	Protected Wells and Springs	6.1	7.0
不受保护的井水和泉水	Unprotected Wells and Springs	1.0	0.3
江河湖泊水	River and Lake Water	0.1	
收集雨水	Collected Rainwater		
桶装水	Bottled Water	0.3	0.4
其他水源	Other Water sources	0.5	0.1
八、住户厕所类型	Household Toilet Type	100.0	100.0
水冲式卫生厕所	Clean Flush Toilets	79.1	74.4
水冲式非卫生厕所	Non-Clean Flush Toilets	0.7	1.1
卫生旱厕	Clean Pit Latrines	4.0	4.2
普通旱厕	General Pit Latrines	13.7	19.2
无厕所	No Toilet	2.4	1.0

4-16 续表2 continued

单位：%　　(%)

指　　标	Item	2017	2018
九、住户主要取暖设备状况	Major Heating Equipments for Households	100.0	100.0
由市政或小区集中供暖	Central Heating Supplied by Municipal or Residential Area	81.5	76.8
自行供暖	Self Heating	17.6	22.3
无取暖设备	No Heating Equipments	0.9	0.9
十、住户主要取暖用能源状况	Major Heating Energy for Households	100.0	100.0
柴　草	Firewood	0.4	0.1
煤　炭	Coal	13.5	14.4
罐装液化石油气	Bottled Liquefied Petroleum Gas		
管道液化石油气	Pipelined Liquefied Petroleum Gas	0.1	
管道煤气	Pipelined Gas	3.4	0.5
管道天然气	Pipelined Natural Gas	7.1	4.6
电	Electricity	3.9	3.8
燃料用油	Fuel oil		
沼　气	Biogas		
其　他	Others	8.0	1.0
无取暖行为	None	63.8	75.6
十一、主要炊用能源状况	Major Cooking Energy	100.0	100.0
柴　草	Firewood	0.2	0.4
煤　炭	Coal	8.7	8.6
罐装液化石油气	Bottled Liquefied Petroleum Gas	3.6	2.5
管道液化石油气	Pipelined Liquefied Petroleum Gas	0.6	0.6
管道煤气	Pipelined Gas	15.2	10.9
管道天然气	Pipelined Natural Gas	52.6	51.9
电	Electricity	18.6	23.6
燃料用油	Fuel oil		
沼　气	Biogas		
其　他	Others	0.6	1.0
无炊用行为	None		0.5

4-17 城镇居民家庭五等份分组基本情况(2018年)

按可支配收入分组

指　标	Item	低收入户 (20%) Low Income Households
一、调查户数(户)	Number of Households Surveyed (household)	546
二、调查户常住人口(人)	Number of Resident Population Surveyed (person)	1836
三、劳动力数(人)	Number of Labors	1158
#从业人数	Number of Employees	749
四、人均期末住房面积(平方米)	Per Capita Housing Area at the Year-end (sq.m)	29.71
五、平均每百户期末耐用品拥有量	Durable Goods Owned Per 100 Households at the Year-end	
家用汽车(辆)	Automobile (unit)	23.45
摩托车(辆)	Motorcycle (unit)	24.91
洗衣机(台)	Washing Machine (set)	98.35
电冰箱(台)	Refrigerator (set)	86.08
微波炉(台)	Microwave Oven (set)	20.52
彩色电视机(台)	Color Television (set)	99.27
空　调(台)	Air Conditioner (set)	19.23
固定电话(部)	Fixed Telephone (set)	9.34
移动电话(部)	Mobile Telephone (set)	239.75
#接入互联网	Mobile Telephone with Internet Access	171.06
计算机(台)	Computer (set)	47.79
#接入互联网	Computer with Internet Access	35.89
照相机(台)	Camera (set)	5.13
六、平均每人食品消费情况(公斤)	Per Capita Food Consumption (kg)	
粮　食	Grain	106.64
油脂类	Oil and Fat	6.49
蔬菜及菜制品	Vegetables and Processed Products	66.93
肉　类	Meat	12.34
禽　类	Poultry	2.10
水产品	Aquatic Product	1.78
蛋类及蛋制品	Eggs and Processed Products	9.70
奶和奶制品	Milk and Processed Products	11.97
干鲜瓜果类	Fresh and Dried Fruits	44.45
糖果糕点类	Sweets and Pastry	5.98
饮　料	Beverage	0.09
酒	Liquor	2.71

BASIC CONDITIONS OF URBAN HOUSEHOLDS BY INCOME QUINTILE(2018)

(by the group of disposible income)

中低收入户 (20%) Lower Middle Income Households	中等收入户 (20%) Middle Income Households	中高收入户 (20%) Higher Middle Income Households	高收入户 (20%) High Income Households
546	546	546	545
1823	1653	1455	1223
1192	1185	1083	984
819	792	664	552
31.82	34.84	37.68	45.15
34.98	41.95	40.49	39.74
17.22	16.85	13.01	8.80
98.72	99.82	98.17	100.00
93.96	97.80	96.52	97.25
27.84	34.60	47.27	56.76
100.92	103.48	103.11	102.22
31.50	38.60	44.15	56.75
12.27	13.56	15.54	17.42
253.85	253.83	233.50	218.64
192.49	204.58	181.65	165.26
57.33	62.26	64.85	69.95
43.22	50.90	47.63	52.54
7.14	12.46	17.77	30.54
104.48	117.86	126.02	118.98
6.54	7.17	7.75	7.25
72.75	88.04	102.84	114.43
14.43	18.13	21.61	22.30
2.70	3.26	3.78	3.43
2.47	3.59	4.41	5.26
10.37	12.59	14.04	13.51
15.47	18.95	21.47	24.31
53.31	66.20	74.76	86.66
6.39	7.93	8.68	8.88
0.12	0.13	0.19	0.24
3.31	4.27	4.26	4.48

4-18 城镇居民家庭五等份分组人均收支情况(2018年)

按可支配收入分组

指　标	Item	低收入户 (20%) Low Income Households
一、总收入(元)	**Total Income (yuan)**	**14381.69**
(一)工资性收入	Income of Wages and Salaries	9567.95
(二)经营性收入	Business Income	1718.48
第一产业	Primary Industry	239.64
第二产业	Secondary Industry	27.58
第三产业	Tertiary Industry	1451.26
(三)财产性收入	Property Income	921.83
#利息收入	Interest	35.87
红利收入	Dividend and Bonus	35.13
储蓄性保险净收益	Net Savings Insurance	1.90
出租房屋财产性净收入	Net Income of Property Rental	116.70
(四)转移性收入	Transfer Income	2173.42
#养老金或离退休金	Pension or Retirement Payments	1200.73
社会救济和补助	Social Relief and Subsidy	235.80
政策性生活补贴	Policy Living Allowances	51.43
赡养收入	Old Alimony	241.41
报销医疗费	Reimbursement of Medical Expenses	109.76
从政府和组织得到的实物产品和服务折价	Goods and Services Discount Received from Governments and Organizations	25.78
现金政策性惠农补贴	Cash Benefits Policy of Aagricultural Subsidies	6.91
二、总支出(元)	**Total Expenditure (yuan)**	**15540.23**
(一)生活消费支出	Living Expenditure	11728.44
食品烟酒	Food, Tobacco and Liquor	2913.68
衣　着	Clothing	1023.43
居　住	Residence	2606.08
生活用品及服务	Household Living Facilities,Articles and Services	569.15
交通通信	Transportation and Communication	1464.62
教育文化娱乐服务	Education, Culture and Recreation Services	1862.95
医疗保健	Health Care	1081.12
其他商品和服务	Other Commodities and Services	207.41
(二)生产经营费用支出	Production and Operation Expenses	522.12
第一产业	Primary Industry	100.90
第二产业	Secondary Industry	33.98
第三产业	Tertiary Industry	387.24
(三)财产性支出	Property Expenditure	24.66
(四)转移性支出	Transfer Expenditure	976.49
(五)部分商业保险支出	Part of the Commercial Insurance Expenses	120.54
(六)购置资产及非经常性转移支出	Acquisition of Assets and Non-recurring Transfer Expenditures	1781.73
(七)借贷性支出	Borrowing Expenditure	386.25
三、可支配收入(元)	**Disposable Income (yuan)**	**12737.90**

PER CAPITA INCOME AND EXPENDITURE OF URBAN HOUSEHOLDS BY INCOME QUINTILE(2018)

(by the group of disposible income)

中低收入户 (20%) Lower Middle Income Households	中等收入户 (20%) Middle Income Households	中高收入户 (20%) Higher Middle Income Households	高收入户 (20%) High Income Households
24582.71	**31660.26**	**42804.98**	**64525.14**
15050.41	18181.29	20038.59	32941.36
3412.83	2352.97	4455.61	4944.08
285.29	154.42	859.63	225.33
144.64	132.21	804.01	692.39
2982.90	2066.34	2791.98	4026.36
1414.16	1870.40	2858.71	4615.44
84.96	106.52	186.07	201.22
33.45	73.25	11.84	666.72
	19.24	7.94	74.66
301.32	320.35	1152.62	1190.23
4705.30	9255.59	15452.07	22024.25
3758.21	7870.33	13441.20	19803.54
30.99	31.43	70.46	72.89
42.10	39.19	21.06	51.17
183.09	390.89	132.92	315.24
129.95	321.32	607.07	1034.77
18.40	14.08	86.06	10.63
9.97	3.25	2.77	1.47
22121.91	**27663.64**	**34290.58**	**46369.42**
16151.92	20065.82	23937.95	32111.55
4406.44	5037.92	5836.26	6859.46
1629.36	1777.83	2419.04	2879.03
3280.04	4555.31	4357.36	6944.02
955.42	1289.98	1592.50	2074.17
1700.05	2423.80	2659.24	4426.78
2643.89	2708.56	3050.43	3597.29
1214.26	1782.60	3218.87	4293.31
322.47	489.80	804.25	1037.48
1425.90	569.58	1881.66	1031.86
88.13	37.32	735.47	37.68
17.84	11.09	207.35	73.98
1319.94	521.16	938.84	920.21
99.66	65.10	164.19	213.10
1375.57	1724.04	1927.04	3414.82
133.90	322.14	95.64	439.01
2440.02	3992.42	5285.82	6929.26
494.93	924.54	998.28	2229.82
21530.34	**29200.82**	**38762.61**	**59670.62**

4-19 农村居民家庭生活基本情况
BASIC LIVING CONDITIONS OF RURAL HOUSEHOLDS

指　标	Item	2017	2018
一、调查户数(户)	Number of Households Surveyed (household)	2159	1770
二、调查户常住人口(人)	Number of Resident Population Surveyed (person)	6212	4816
三、平均每户常住人口数(人)	Average Number of Resident Population per Household (person)	2.88	2.72
四、平均每户从业人口数(人)	Average Number of Employees per Household (person)	1.80	1.80
五、平均每一从业者负担人数(人)	Average Number of Persons Supported by Each Employee (person)	1.60	1.64
六、平均每人全年可支配收入(元)	Per Capita Annual Disposable Income (yuan)	10788	11750
七、平均每人全年消费支出(元)	Per Capita Annual Living Expenditure (yuan)	8424	9172
八、人均期末住房面积(平方米)	Per Capita Living Space at Year-end (sq.m)	37.81	38.11

4-20 农村家庭人口状况
POPULATION CONDITIONS OF RURAL HOUSEHOLDS

指　标	Item	2017	2018
一、调查户数(户)	**Number of Households Surveyed (household)**	**2159**	**1770**
二、调查户常住人口(人)	**Number of Resident Population Surveyed (person)**	**6212**	**4816**
#劳动力数	Labors	4609	3443
#从业人数	Employees	3890	2769
#在校学生	Students Enrollment	1143	828
按年龄分组	**Grouped by Age**		
5岁及以下	Aged 5 and Under	150	225
6-15岁	Aged 6-15	613	475
16-19岁	Aged 16-19	341	230
20-24岁	Aged 20-24	465	259
25-29岁	Aged 25-29	320	213
30-34岁	Aged 30-34	222	221
35-40岁	Aged 35-40	364	239
41-50岁	Aged 41-50	1198	777
51-60岁	Aged 51-60	1380	1052
61-65岁	Aged 61-65	546	510
66岁及以上	Aged 66 and Above	588	581

4-21 农村居民家庭劳动力状况
LABOR FORCE OF RURAL HOUSEHOLDS

单位：人 (person)

指 标	Item	2017	2018
一、劳动力文化状况	**Cultural Level of Labor Force**		
未上过学	Illiteracy or little literacy	134	126
小 学	Level of Primary School	1099	1030
初 中	Level of Junior Middle School	2627	1731
高 中	Level of Senior Middle School	546	407
大学专科	Level of Specialized Secondary School	163	128
大学本科	Level of Undergraduate	40	21
研究生	Level of Master and Doctor		
二、劳动力从业情况	**Employment of Labor Force**		
(一)第一产业	Primary Industry	2171	1529
(二)第二产业	Secondary Industry	660	497
采矿业	Mining	171	104
制造业	Manufacturing	222	153
电力、热力、燃气及水生产供应业	Production and Supply of Power, Heat, Gas and Water	49	28
建筑业	Construction	218	212
(三)第三产业	Tertiary Industry	1059	743
批发和零售业	Wholesale and Retail Trade	165	91
交通运输、仓储和邮政业	Transportation, Storage and Post	185	145
住宿和餐饮业	Hotels and Catering Services	152	88
信息传输、软件业和信息技术服务业	Information Transmission, Software and Information Technology	11	4
金融业	Financial Industry	9	13
房地产业	Real Estate	4	
租赁和商务服务业	Leasing and Business Services	11	6
科学研究和技术服务业	Scientific Research and Technical Services	1	
水利、环境和公共设施管理业	Management of Water Conservancy, Environment and Public Facilities	14	19
居民服务、修理和其他服务业	Services to Households, Repair and Other Services	312	241
教 育	Education	57	38
卫生和社会工作	Health and Social Service	56	26
文化、体育和娱乐业	Culture, Sports and Entertainment	7	5
公共管理、社会保障和社会组织	Public Management, Social Security and Social Organization	75	67
国际组织	International Organization		

4-22 农村居民家庭人均全年总收入
PER CAPITA ANNUAL INCOME OF RURAL HOUSEHOLDS

单位：元 (yuan)

指　标	Item	2017	2018
总收入	**Total Income**	**12819.40**	**14641.55**
一、工资性收入	Income of Wages and Salaries	5462.38	5735.75
二、经营性收入	Business Income	4492.73	5546.41
(一)第一产业	Primary Industry	3533.56	4390.14
农　业	Farming	3046.48	3277.23
林　业	Forestry	60.38	37.22
牧　业	Animal Husbandry	426.69	1074.42
渔　业	Fishery	0.01	1.27
(二)第二产业	Secondary Industry	83.03	89.46
采矿业	Mining		4.97
制造业	Manufacturing	55.03	30.44
电力、热力、燃气及水生产和供应业	Production and Supply of Power, Heat, Gas and Water		0.60
建筑业	Construction	27.99	53.46
(三)第三产业	Tertiary Industry	876.14	1066.80
批发和零售业	Wholesale and Retail Trade	306.73	399.69
交通运输、仓储和邮政业	Transportation, Storage and Post	253.43	334.98
住宿和餐饮业	Hotels and Catering Services	76.74	94.50
房地产业	Real Estate	0.08	
租赁和商务服务业	Leasing and Business Services	16.45	8.57
居民服务、修理和其他服务业	Resident Services, Repair and Other Services	105.63	143.08
农林牧渔服务业	Services of Agriculture, Forestry, Animal Husbandry and Fishery	79.93	50.97
其　他	Others	37.15	35.01
三、财产性收入	Property Income	181.78	216.26
#利息收入	Interest	11.41	26.97
红利收入	Dividend and Bonus	103.17	83.90
储蓄性保险净收益	Net Savings Insurance	0.55	0.38
出租房屋财产性净收入	Net Income of Property Rental	24.21	37.37
四、转移性收入	Transfer Income	2682.52	3143.14
#养老金或离退休金	Pension or Retirement Payments	898.88	949.20
社会救济和补助	Social Relief and Subsidy	158.00	247.70
政策性生活补贴	Policy Living Allowances	125.28	159.69
赡养收入	Old Alimony	214.42	482.21
报销医疗费	Reimbursement of Medical Expenses	194.66	189.85
从政府和组织得到的实物产品和服务折价	Goods and Services Discount Received from Governments and Organizations	58.40	47.38
现金政策性惠农补贴	Cash Benefits Policy of Aagricultural Subsidies	229.57	190.83

4-23 农村居民家庭人均全年总支出
PER CAPITA ANNUAL EXPENDITURE OF RURAL HOUSEHOLDS

单位：元 (yuan)

项　目	Item	2017	2018
总支出	**Total Expenditure**	**12808.51**	**14890.03**
一、消费支出	Living Expenditure	8424.01	9172.22
二、生产经营费用支出	Production and Operation Expenses	1522.51	2297.47
(一)第一产业	Primary Industry	1259.99	1934.54
农　业	Farming	1012.62	1151.46
林　业	Forestry	6.65	14.34
牧　业	Animal Husbandry	240.70	762.96
渔　业	Fishery	0.01	5.78
(二)第二产业	Secondary Industry	25.53	18.24
采矿业	Mining		1.49
制造业	Manufacturing	23.37	12.79
电力、热力、燃气及水生产和供应业	Production and Supply of Power, Heat, Gas and Water		
建筑业	Construction	2.16	3.96
(三)第三产业	Tertiary Industry	236.99	344.69
批发和零售业	Wholesale and Retail Trade	55.01	153.96
交通运输、仓储和邮政业	Transportation, Storage and Post	112.99	95.67
住宿和餐饮业	Hotels and Catering Services	22.44	42.41
房地产业	Real Estate		0.17
租赁和商务服务业	Leasing and Business Services	1.85	3.11
居民服务、修理和其他服务业	Resident Services, Repair and Other Services	12.12	20.37
农林牧渔服务业	Services of Agriculture, Forestry, Animal Husbandry and Fishery	26.55	10.62
其　他	Others	6.03	18.38
三、财产性支出	Property Expenditure	17.85	23.32
生活贷款利息支出	Living Loans Interest Expense	17.64	20.35
其他财产性支出	Other Property Expenditure	0.21	2.98
四、转移性支出	Transfer Expenditure	345.27	397.05
个人所得税	Individual Income Tax	1.54	3.16
社会保障支出	Social Security Expenditures	291.81	350.65
外来从业人员寄给家人的支出	Expenses of Foreign Employees Sent to The Family	15.87	0.72
赡养支出	Alimony Expenses	15.09	30.31
其他转移性支出	Other Property Expenditure	20.96	12.21
五、部分商业保险支出	Part of the Commercial Insurance Expenses	37.79	67.52
六、购置资产及非经常性转移支出	Acquisition of Assets and Non-recurring Transfer Expenditures	2166.23	2347.03
七、借贷性支出	Borrowing Expenditure	294.84	585.42

4-24 农村居民家庭平均每户土地经营情况
LAND MANAGEMENT OF RURAL HOUSEHOLDS

单位：亩 (mu)

指　标	Item	2017	2018
一、期初实际经营土地面积	**Land Area Under Real Management at the Beginning of the Period**	**9.77**	**9.65**
耕　地	Cultivated Land	8.82	7.38
#有效灌溉面积	Effective Irrigated Area	2.69	2.38
林　地	Forest Land	0.28	1.29
园　地	Gardern Plot	0.66	0.98
二、期末实际经营土地面积	**Land Area Under Real Management at the End of the Period**	**9.56**	**9.23**
耕　地	Cultivated Land	8.61	7.12
#有效灌溉面积	Effective Irrigated Area	2.64	2.46
林　地	Forest Land	0.29	1.15
园　地	Orchards	0.66	0.95
三、期内主要粮食播种面积	**Sown Area of Major Crops within the Period**	**6.16**	**5.34**
小　麦	Wheat	0.80	0.74
水　稻	Rice		
玉　米	Corn	4.56	4.00
大　豆	Soybean	0.31	0.21
薯　类	Rubers	0.49	0.38
四、期内主要经济作物播种面积	**Sown Area of Major Commercial Crops within the Period**	**1.36**	**1.45**
棉　花	Cotton		
油　料	Oil-bearing Plants	0.72	0.64
糖料作物	Sugar-yileding Crops	0.03	0.00
蔬　菜	Vegetables	0.14	0.12
#设施蔬菜	Greenhouse Vegetables	0.03	0.02
水　果	Fruit	0.48	0.70
#设施水果	Greenhouse Fruit	0.02	0.02
五、农业生产技术应用情况	**Application of Agriculture Production Technology**		
机耕面积	Area Cultivated by Machine	6.06	5.21
机播面积	Area Sown by Machine	4.76	4.00
机收面积	Area Harvested by Machine	2.98	3.06
机电灌溉面积	Area Irrigated by Machine	1.66	1.55

4-25 农村居民家庭平均每人家庭经营净收入
PER CAPITA NET INCOME FROM HOUSEHOLD BUSINESS OF RURAL HOUSEHOLDS

单位：元 (yuan)

指 标	Item	2017	2018
家庭经营净收入	**Net Income from Household Business**	**2823.96**	**3075.23**
农 业	Farming	1969.43	2060.98
林 业	Forestry	53.71	22.87
牧 业	Animal Husbandry	175.18	285.04
渔 业	Fishery	-0.01	-4.51
采矿业	Mining		3.13
制造业	Manufacturing	24.37	16.23
电力、热力、燃气及水生产和供应业	Production and Supply of Power, Heat, Gas and Water	-0.72	0.60
建筑业	Construction	23.85	43.50
批发和零售业	Wholesale and Retail Trade	239.13	235.87
交通运输、仓储和邮政业	Transportation, Storage and Post	107.15	184.72
住宿和餐饮业	Hotels and Catering Services	51.99	50.49
房地产业	Real Estate	0.08	-0.17
租赁和商务服务业	Leasing and Business Services	12.28	4.66
居民服务、修理和其他服务业	Resident Services, Repair and Other Services	88.79	116.66
农林牧渔服务业	Services of Agriculture, Forestry, Animal Husbandry and Fishery	48.46	39.91
其 他	Others	30.25	15.27

4-26 主要年份农村居民人均可支配收入增长情况

PER CAPITA DISPOSABLE INCOME GROWTH OF RURAL HOUSEHOLDS IN MAJOR YEARS

单位：元 (yuan)

年 份 Year	可支配收入 Disposable Income	比上年增加额 Increase Value over Last Year	比上年增长(%) Increase Rate over Last Year	农村居民消费价格指数(上年=100) Consumer Price Index of Rural Residents (last year=100)	扣除物价上涨因素后 Deducting Price Rising	
					实际收入 Real Income	比上年增长% Increase Rate over Last Year
1978	101.6	8.0	8.6			
1980	155.8	10.4	7.1	101.3	153.8	5.8
1985	358.3	19.5	5.8	107.8	332.4	-1.9
1990	603.5	89.6	17.4	103.0	585.9	14.0
1995	1208.3	324.1	36.7	117.2	1031.0	16.6
2000	1950.4	150.7	8.4	103.0	1893.6	5.2
2005	3082.0	344.1	12.6	103.7	2972.0	8.6
2010	5263.3	586.3	12.5	102.8	5119.9	9.5
2013	7949.5	885.6	12.5	103.2	7703.0	9.0
2014	8809.4	#REF!	10.8	101.4	8685.4	9.2
2015	9453.9	644.5	7.3	100.7	9388.2	6.6
2016	10082.5	628.6	6.6	101.1	9968.9	5.5
2017	10787.5	705.1	7.0	100.5	10733.8	6.5
2018	11750.0	962.5	8.9	101.8	11542.3	7.0

4-27 主要年份农村居民人均消费支出增长情况

PER CAPITA LIVING EXPENDITURE GROWTH OF RURAL HOUSEHOLDS IN MAJOR YEARS

单位：元 (yuan)

年 份 Year	消费支出 Living Expenditure	比上年增加额 Increase Value over Last Year	比上年增长(%) Increase Rate over Last Year	农村居民消费价格指数(上年＝100) Consumer Price Index of Rural Residents (last year=100)	扣除物价上涨因素后 Deducting Price Rising	
					实际支出 Real Expenditure	比上年增长% Increase Rate over Last Year
1978	90.6					
1980	134.4	16.1	13.6	101.3	132.7	12.1
1985	272.7	48.4	21.6	107.8	253.0	12.8
1990	487.7	78.4	19.2	103.0	473.4	15.7
1995	928.0	254.4	37.8	117.2	791.8	17.5
2000	1174.8	112.8	10.6	103.0	1140.6	7.4
2005	1999.8	271.6	15.7	103.7	1928.4	11.6
2010	4070.4	428.9	11.8	102.8	3959.6	8.7
2013	6457.7	273.8	4.4	103.2	6257.5	1.2
2014	6991.7	534.0	8.3	101.4	6895.2	6.8
2015	7421.2	429.5	6.1	100.7	7369.6	5.4
2016	8028.8	607.6	8.2	101.1	7938.4	7.0
2017	8424.0	395.2	4.9	100.5	8382.1	4.4
2018	9172.2	748.2	8.9	101.8	9010.0	7.0

4-28 农村居民家庭平均每人食品消费量
PER CAPITA FOOD CONSUMPTION OF RURAL HOUSEHOLDS

单位：公斤 (kg)

指　标	Item	2017	2018
粮　食	Grain	159.38	163.43
油脂类	Oil or Fat	7.81	7.96
蔬菜及菜制品	Vegetables and Processed Products	64.90	73.10
肉　类	Meat	10.60	12.44
禽　类	Poultry	1.72	1.71
水产品	Aquatic Product	1.22	1.34
蛋类及蛋制品	Eggs and Processed Products	10.15	10.12
奶和奶制品	Milk and Processed Products	9.61	11.03
干鲜瓜果类	Fresh and Dried Fruits	37.12	40.70
糖果糕点类	Sweets and Pastry	4.48	5.29
饮　料	Beverage	0.10	0.13
酒	Liquor	4.81	4.51

4-29 农村居民家庭平均每百户耐用消费品拥有量
DURABLE CONSUMER GOODS OWNED PER 100 RURAL HOUSEHOLDS

名　称	Item	2017	2018
家用汽车(辆)	Automobile (unit)	16.63	18.76
摩托车(辆)	Motorcycle (unit)	50.29	45.02
洗衣机(台)	Washing Machine (set)	89.07	86.50
电冰箱(台)	Refrigerator (set)	70.89	75.93
微波炉(台)	Microwave oven (set)	7.36	7.23
彩色电视机(台)	Color Television (set)	107.04	103.22
空　调(台)	Air Conditioner (set)	14.73	18.48
固定电话(部)	Fixed Telephone (set)	15.56	6.55
移动电话(部)	Mobile Telephone (set)	222.61	219.50
#接入互联网	Mobile Telephone with Internet Access	110.69	141.24
计算机(台)	Computer (set)	34.90	28.48
#接入互联网	Computer with Internet Access	25.13	21.53
照相机(台)	Camera (set)	1.95	1.30

4-30 农村居民家庭年末居住情况
HOUSING CONDITIONS OF RURAL HOUSEHOLDS AT YEAR-END

单位：% (%)

指　标	Item	2017	2018
一、居住空间样式	Style of Residential Space	100.0	100.0
单栋楼房	Dependent Resident	10.9	9.9
单栋平房	Dependent Bungalow	73.8	75.0
四居室及以上单元房	Apartment with Four and More Bedrooms	0.2	0.1
三居室单元房	Apartment with Three Bedrooms	0.9	1.6
二居室单元房	Apartment with Two Bedrooms	0.1	1.0
一居室单元房	Apartment with One Bedrooms		
筒子楼或连片平房	Tube-Shaped Apartment or Contiguous Bungalow	7.1	7.7
其　他	Others	7.0	4.7
二、主要建筑材料	Major Building Materials	100.0	100.0
钢筋混凝土	Reinforced Concrete	8.4	8.6
砖混材料	Brick and Concrete Material	35.0	40.4
砖瓦砖木	Tile and Brick	47.9	45.5
竹草土坯	Bamboo, Grass and Adobe	4.0	2.4
其　他	Others	4.7	3.0
三、现住房房屋来源	Current Housing Sources	100.0	100.0
租赁公房	Rent Public Houses	0.04	0.06
租赁私房	Rent Private Houses	1.5	1.1
自建住房	Self-Build Housing	91.6	91.9
购买商品房	Purchased Commercial Housing	0.8	2.7
购买房改住房	Purchased Housing-Reform Houses	0.6	0.4
购买保障性住房	Purchased Security Housing	0.4	0.4
拆迁安置房	Resettlement Housing	0.4	0.7
继承或获赠住房	Inherited or receive Housing	2.0	1.4
免费借用房	Free Rental Housing	1.3	1.0
雇主提供免费住房	Employer-Provided Free Housing	0.9	
其他来源	Other Sources	0.4	0.4
四、现住房建筑面积	Current Housing Construction Area	100.0	100.0
10平方米以内	Within 10 sq. m		
10-20平方米	10 – 20 sq. m	1.6	1.2
20-30平方米	20 – 30 sq. m	2.7	5.7
30-60平方米	30 – 60 sq. m	22.5	20.0
60-90平方米	60 – 90 sq. m	24.6	24.9
90-120平方米	90 – 120 sq. m	23.3	24.6
120-200平方米	120 – 200 sq. m	20.1	19.2
200平方米以上	Above 200 sq. m	5.1	4.5
五、住宅外道路路面情况	Road Conditions Outside Houses	100.0	100.0
水泥或柏油路面	Cement or Asphalt Road	86.4	85.6
沙石或石板等硬质路面	Sand, Stone and Other Hard Surfacing Road	9.5	10.8
其　他	Others	4.1	3.6
六、住宅有管道供水情况	House Water Supply	100.0	100.0
管道供水入户	Piped Water Supply Inlet	79.8	86.6
管道供水至公共取水点	Piped Water Supply to Public Water Draw-off	4.8	2.7
没有管道设施	No Pipeline Facilities	15.4	10.7

4-30 续表1 continued

单位：% (%)

指　　标	Item	2017	2018
七、住户主要饮用水来源情况	Major Sources of Drinking Water for Households	100.0	100.0
经过净化处理的自来水	Purified Running Water	43.0	55.2
受保护的井水和泉水	Protected Wells and Springs	44.5	35.7
不受保护的井水和泉水	Unprotected Wells and Springs	8.2	6.4
江河湖泊水	River and Lake Water	0.05	0.11
收集雨水	Collected rainwater	2.0	2.2
桶装水	Bottled water	0.4	
其他水源	Other Water sources	1.9	0.3
八、住户厕所类型	Household Toilet Type	100.0	100.0
水冲式卫生厕所	Clean Flush Toilets	3.6	4.1
水冲式非卫生厕所	Non-clean Flush Toilets	0.4	0.2
卫生旱厕	Clean Pit Latrines	12.4	9.3
普通旱厕	General Pit Latrines	83.0	85.3
无厕所	No Toilet	0.6	1.2
九、住户主要取暖设备状况	Major Heating Equipments for Households	100.0	100.0
由市政或小区集中供暖	Central Heating Supplied by Municipal or Residential Area	3.1	7.2
自行供暖	Self Heating	90.8	87.4
无取暖设备	No Heating Equipments	6.1	5.4
十、住户主要取暖用能源状况	Major Heating Energy for Households	100.0	100.0
柴　草	Firewood	11.9	8.2
煤　炭	Coal	73.1	70.3
罐装液化石油气	Bottled Liquefied Petroleum Gas	0.1	0.1
管道液化石油气	Pipelined Liquefied Petroleum Gas		0.1
管道煤气	Pipelined Gas	1.2	1.1
管道天然气	Pipelined Natural Gas	1.9	4.5
电	Electricity	5.0	6.4
燃料用油	Fuel oil		
沼　气	Biogas		
其　他	Others	3.7	1.8
无取暖行为	None	3.1	7.7
十一、主要炊用能源状况	Major Cooking Energy	100.0	100.0
柴　草	Firewood	19.2	15.8
煤　炭	Coal	50.5	44.3
罐装液化石油气	Bottled Liquefied Petroleum Gas	2.3	1.4
管道液化石油气	Pipelined Liquefied Petroleum Gas	0.04	
管道煤气	Pipelined Gas	1.6	2.3
管道天然气	Pipelined Natural Gas	2.1	5.8
电	Electricity	23.9	28.9
燃料用油	Fuel oil		
沼　气	Biogas	0.1	0.1
其　他	Others	0.2	1.4
无炊用行为	None		0.1

4-31 农村居民家庭五等份分组基本情况(2018年)

按可支配收入分组

指　标	Item	低收入户 (20%) Low Income Households
一、调查户数(户)	Number of Households Surveyed (household)	354
二、调查户常住人口(人)	Number of Resident Population Surveyed (person)	972
三、劳动力数	Number of Labors	642
#从业人数	Number of Employees	492
四、人均期末住房面积(平方米)	Per Capita Housing Area at the Year-end (sq.m)	31.62
五、户均期末经营土地面积(亩)	Average Land Area under Management at the End of the Period (mu)	10.72
六、平均每百户期末耐用品拥有量	Durable Goods Owned Per 100 Households at the Year-end	
家用汽车(辆)	Automobile (unit)	9.89
摩托车(辆)	Motorcycle (unit)	39.80
洗衣机(台)	Washing Machine (set)	75.98
电冰箱(台)	Refrigerator (set)	62.13
微波炉(台)	Microwave Oven (set)	2.83
彩色电视机(台)	Color Television (set)	99.43
空　调(台)	Air Conditioner (set)	9.89
固定电话(部)	Fixed Telephone (set)	5.37
移动电话(部)	Mobile Telephone (set)	192.98
#接入互联网	Mobile Telephone with Internet Access	109.04
计算机(台)	Computer (set)	15.26
#接入互联网	Computer with Internet Access	11.59
照相机(台)	Camera (set)	0.28
七、平均每人食品消费情况(公斤)	Per Capita Food Consumption (kg)	
粮　食	Grain	161.56
油脂类	Oil and Fat	7.33
蔬菜及菜制品	Vegetables and Processed Products	63.96
肉　类	Meat	9.46
禽　类	Poultry	1.49
水产品	Aquatic Product	0.93
蛋类及蛋制品	Eggs and Processed Products	8.69
奶和奶制品	Milk and Processed Products	7.08
干鲜瓜果类	Fresh and Dried Fruits	29.77
糖果糕点类	Sweets and Pastry	4.64
饮　料	Beverage	0.08
酒	Liquor	3.00

BASIC CONDITIONS OF RURAL HOUSEHOLDS BY INCOME QUINTILE(2018)

(by the group of disposible income)

中低收入户 (20%) Lower Middle Income Households	中等收入户 (20%) Middle Income Households	中高收入户 (20%) Higher Middle Income Households	高收入户 (20%) High Income Households
354	354	354	354
987	1039	987	832
682	721	729	669
540	581	613	543
34.56	35.26	38.87	46.53
7.82	9.11	9.69	8.82
14.98	19.78	26.27	22.88
41.51	48.03	54.52	41.24
83.89	87.03	90.68	94.92
69.77	76.01	83.33	88.42
3.67	6.22	7.34	16.10
104.24	102.83	103.95	105.65
17.24	17.80	20.90	26.55
6.78	6.50	6.78	7.34
211.82	234.49	235.03	223.16
129.88	154.82	155.65	156.78
20.06	32.49	38.70	35.88
15.54	24.30	27.68	28.53
0.57	0.85	1.69	3.11
154.78	149.41	151.07	173.91
7.38	7.36	7.81	8.91
67.16	63.74	73.48	86.01
10.94	11.67	14.25	18.56
1.70	1.80	1.86	2.62
1.11	1.46	1.66	2.06
9.39	10.12	10.77	12.21
10.31	9.91	11.68	14.97
35.90	36.59	48.36	57.38
4.98	5.31	5.86	6.48
0.13	0.13	0.17	0.21
4.46	4.15	5.55	7.00

4-32 农村居民家庭五等份分组人均收支情况(2018年)

按可支配收入分组

指 标	Item	低收入户 (20%) Low Income Households
一、总收入(元)	**Total Income (yuan)**	**6772.14**
(一)工资性收入	Income of Wages and Salaries	1767.08
(二)经营性收入	Business Income	3268.60
第一产业	Primary Industry	2934.75
第二产业	Secondary Industry	45.16
第三产业	Tertiary Industry	288.69
(三)财产性收入	Property Income	88.26
#利息收入	Interest	6.96
红利收入	Dividend and Bonus	43.60
储蓄性保险净收益	Net Savings Insurance	0.44
出租房屋财产性净收入	Net Income of Property Rental	3.45
(四)转移性收入	Transfer Income	1648.20
#养老金或离退休金	Pension or Retirement Payments	350.08
社会救济和补助	Social Relief and Subsidy	320.84
政策性生活补贴	Policy Living Allowances	93.54
赡养收入	Old Alimony	324.98
报销医疗费	Reimbursement of Medical Expenses	61.57
从政府和组织得到的实物产品和服务折价	Goods and Services Discount Received from Governments and Organizations	44.29
现金政策性惠农补贴	Cash Benefits Policy of Aagricultural Subsidies	163.16
二、总支出(元)	**Total Expenditure (yuan)**	**10478.82**
(一)消费支出	Living Expenditure	6382.18
食品烟酒	Food, Tobacco and Liquor	1974.82
衣 着	Clothing	374.02
居 住	Residence	1388.17
生活用品及服务	Household Living Facilities,Articles and Services	255.83
交通通信	Transportation and Communication	631.33
教育文化娱乐服务	Education, Culture and Recreation Services	870.60
医疗保健	Health Care	804.02
其他商品和服务	Other Commodities and Services	83.40
(二)生产经营费用支出	Production and Operation Expenses	1945.99
第一产业	Primary Industry	1769.99
第二产业	Secondary Industry	36.58
第三产业	Tertiary Industry	139.42
(三)财产性支出	Property Expenditure	12.46
(四)转移性支出	Transfer Expenditure	278.65
(五)部分商业保险支出	Part of the Commercial Insurance Expenses	30.17
(六)购置资产及非经常性转移支出	Acquisition of Assets and Non-recurring Transfer Expenditures	1382.01
(七)借贷性支出	Borrowing Expenditure	447.35
三、可支配收入(元)	**Disposable Income (yuan)**	**4383.36**

PER CAPITA INCOME AND EXPENDITURE OF RURAL HOUSEHOLDS BY INCOME QUINTILE(2018)

(by the group of disposible income)

中低收入户 (20%) Lower Middle Income Households	中等收入户 (20%) Middle Income Households	中高收入户 (20%) Higher Middle Income Households	高收入户 (20%) High Income Households
10696.84	**12592.94**	**15952.68**	**28897.79**
3884.37	5590.46	7960.95	10396.17
4304.40	3705.32	5012.32	11377.82
3123.50	3341.11	4148.16	8461.48
57.66	1.55	74.55	254.99
1123.24	362.66	789.61	2661.36
162.28	122.10	182.47	544.96
12.90	22.84	48.65	45.32
61.57	51.77	58.25	216.57
0.54			0.77
13.82	17.41	33.04	128.63
2345.78	3175.05	2796.93	6578.84
396.43	412.98	651.64	3147.85
290.97	288.31	165.29	190.92
138.11	202.23	162.18	246.05
492.32	599.10	472.81	620.07
136.09	173.04	159.75	471.41
43.92	51.26	44.03	56.29
177.46	209.03	189.15	239.95
12384.53	**12566.08**	**14984.72**	**24152.45**
8180.93	8950.87	9860.44	13102.23
2252.91	2629.99	2612.65	3447.68
575.30	638.89	680.08	923.18
1825.86	2078.21	2275.80	2991.60
433.00	375.62	464.75	688.74
888.57	820.41	1292.52	1875.30
1115.08	1444.03	1292.58	1207.26
920.26	834.00	1039.56	1742.22
169.94	129.71	202.51	226.25
1930.32	1256.83	1388.72	4367.68
1429.81	1186.02	1233.98	3588.49
14.62		0.11	35.18
485.89	70.81	154.62	744.01
3.53	3.55	42.63	42.44
344.37	435.67	399.07	594.51
45.87	47.11	99.24	113.38
1532.07	1507.22	2606.03	4779.36
347.44	364.84	588.59	1152.85
8190.61	**10844.56**	**14019.04**	**23617.95**

主要统计指标解释

可支配收入 指住户在调查期内获得的、可用于最终消费支出和储蓄的总和，即调查户可以用来自由支配的收入。可支配收入既包括现金，也包括实物收入。按照收入的来源，可支配收入包含四项，分别为：工资性收入、经营净收入、财产净收入和转移净收入。计算公式为：

可支配收入 = 工资性收入 + 经营净收入 + 财产净收入 + 转移净收入

工资性收入 指就业人员通过各种途径得到的全部劳动报酬和各种福利，包括受雇于单位或个人、从事各种自由职业、兼职和零星劳动得到的全部劳动报酬和福利。

经营净收入 指住户或住户成员从事生产经营活动所获得的净收入，是全部经营收入中扣除经营费用、生产性固定资产折旧和生产税之后得到的净收入。计算公式具体为：

经营净收入 = 经营收入 - 经营费用 - 生产性固定资产折旧 - 生产税

财产净收入 指住户或住户成员将其所拥有的金融资产、住房等非金融资产和自然资源交由其他机构单位、住户或个人支配而获得的回报并扣除相关的费用之后得到的净收入。财产净收入包括利息净收入、红利收入、储蓄性保险净收益、转让承包土地经营权租金净收入、出租房屋净收入、出租其他资产净收入和自有住房折算净租金等。

转移净收入 计算公式为：转移净收入 = 转移性收入 - 转移性支出

转移性收入 指国家、单位、社会团体对住户的各种经常性转移支付和住户之间的经常性收入转移。包括政府、非行政事业单位、社会团体对居民转移的养老金或退休金、社会救济和补助、惠农补贴、政策性生活补贴、救灾款、经常性捐赠和赔偿以及报销医疗费等；住户之间的赡养收入、经常性捐赠和赔偿以及农村地区（村委会）在外（含国外）工作的本住户非常住成员寄回带回的收入等。

转移性支出 指住户对国家、单位、住户或个人的经常性或义务性转移支付。包括缴纳的税款、各项社会保障支出、赡养支出、经常性捐赠和赔偿支出以及其他经常转移支出等。

消费支出 指住户用于满足家庭日常生活消费需要的全部支出，包括用于消费品的支出和用于服务性消费的支出。根据用途不同，消费支出可划分为食品烟酒、衣着、居住、生活用品及服务、交通通信、教育文化娱乐服务、医疗保健、其他商品及服务八大类。

Explanatory Notes on Main Statistical Indicators

Disposable Income refers to the disposable income of households which obtained during the survey period, and can be used for final consumption and savings. It includes cash and physical income. It can be divided into four categories, including income of wages and salaries, net business income, net property income and net transfer income by the sources of income. The formula is as follows:

Disposable Income = Income of Wages and Salaries + Net Business Income + Net Property Income + Net Transfer Income

Income of Wages and Salaries refers to total labor rewards and welfare employees received through various channels, including employed by units or individuals, engaged in free occupations, part-time jobs and sporadic jobs.

Net Business Income refers to net income the households or their members received through production and operation activities. It equals to total business income minus business expenses, depreciation of productive fixed assets and production taxes. The formula is as follows:

Net Business Income = Business Income – Business Expenses – Depreciation of Productive Fixed Assets – Production Taxes

Net Property Income refers to net income received as returns deducting related expenses by the households or their members, who owns the financial assets, non-financial assets such as housing and natural resources, by providing them to other institutional units, households or individuals. It includes net interest income, dividend and bonus, net savings insurance, net rental income from transferring management right of contracted land, net rental income from houses, net rental income from other assets, imputed net rental from owner occupied housing and etc.

Net Transfer Income is calculated by the following formula:

Net Transfer Income = Transfer Income – Transfer Expenditure

Transfer Income refers to current transfer payment the state, units, social organizations pay to households and current transfer income among households. It includes pensions or retirement payments, social relief and subsidies, agricultural subsidies, policy living allowances, relief funds, regular donations and compensations and reimbursement of medical expenses, which the government, non-administrative institutions, social organizations transferring to households. It also includes old alimony, regular donations and compensations and incomes that non-resident household members who work away from home including abroad sending or bringing back to the rural area, which transferring among households.

Transfer Expenditure refers to current or compulsory transfer payment households pay to the state, units, households and individuals. It includes taxes, social security expenditures, alimony payments, regular donations and compensations and other current transfer expenditures.

Living Expenditure refers to total expenditure households used to satisfy daily life consumption, which includes consumer goods and services expenditure. It can be classified into eight categories, including expenditure on food, tobacco and liquor, clothing, residence, living articles and services, transportation and communication, education, culture and recreation services, health care, other commodities and services.

5

财政、金融和保险

PUBLIC FINANCE, BANKING AND INSURANCE

资料整理人员

张艳芳　张艳君

财政、金融和保险
PUBLIC FINANCE, BANKING AND INSURANCE

一般公共预算收入	General Public Budget Revenue	2292.7	亿元	(100 million yuan)
一般公共预算支出	General Public Budget Expenditure	4283.9	亿元	(100 million yuan)
住户存款	Households Deposits	20345.2	亿元	(100 million yuan)
原保险保费收入	Income of Premiums	824.9	亿元	(100 million yuan)

一般公共预算收入（亿元）
General Public Budget Revenue (100 million yuan)

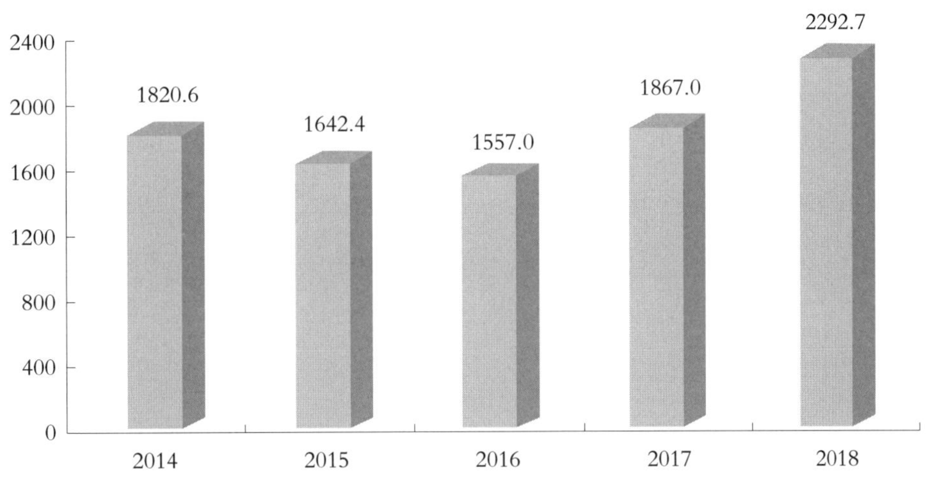

金融机构人民币各项存款余额（亿元）
Deposits Balance in RMB of Financial Institutions (100 million yuan)

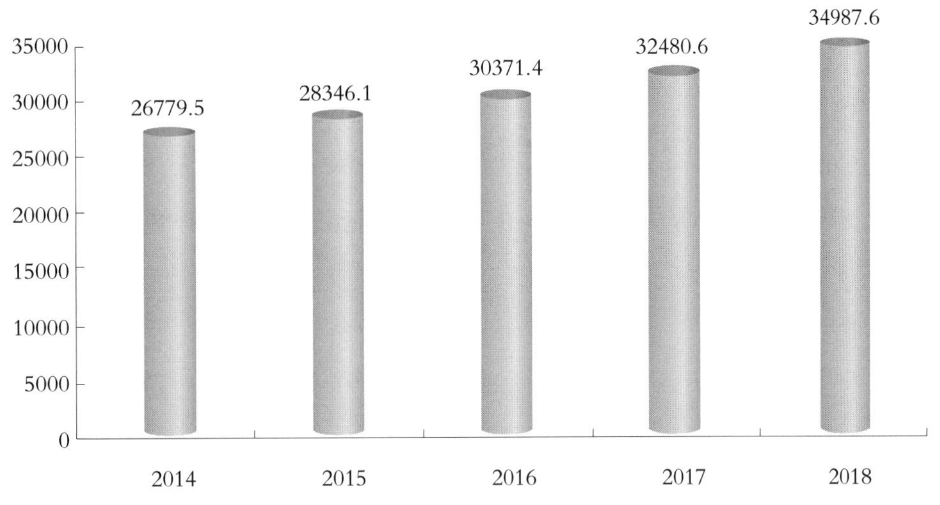

5-1 主要年份财政收支情况

FINANCIAL REVENUE AND EXPENDITURE IN MAJOR YEARS

单位：万元 (10 000 yuan)

年份 Year	一般公共预算收入 General Public Budget Revenue	一般公共预算支出 General Public Budget Expenditure	一般公共预算收支差额 General Public Budget Balance	一般公共预算收支指数(上年=100) General Public Budget Revenue and Expenditure Indices (last year=100)	
				收入 Revenue	支出 Expenditure
1952	18276	10913	7363	138	185
1957	35230	28832	6398	109	95
1962	54001	36423	17578	79	50
1965	68571	51064	17507	115	103
1970	92081	94164	-2083	181	150
1975	123934	149779	-25845	113	98
1978	196419	211118	-14699	148	129
1980	209555	196099	13456	103	95
1985	249906	355483	-105577	92	119
1990	517495	548962	-31467	107	108
1995	722064	1128924	-406860	134	127
2000	1144762	2250554	-1105792	105	121
2005	3683437	6687508	-3004071	144	129
2006	5833752	9155698	-3321946	158	137
2007	5978870	10499228	-4520358	102	115
2008	7480047	13150175	-5670128	125	125
2009	8058279	15617047	-7558768	108	119
2010	9696652	19313641	-9616989	120	124
2011	12134340	23638476	-11504136	125	122
2012	15163780	27594582	-12430802	125	117
2013	17016227	30301263	-13285036	112	110
2014	18206350	30852826	-12646476	107	102
2015	16423546	34229731	-17806185	90	111
2016	15569972	34288617	-18718645	95	100
2017	18670022	37564199	-18894177	120	110
2018	22926982	42839099	-19912117	123	114

注：1994年以前一般预算收支为财政收支。
Note: General budget revenue and expenditure refer to financial revenue and expenditure before 1994.

5-2 政府性基金收支额(2018年)
REVENUE AND EXPENDITURE OF GOVERNMENT FUNDS(2018)

单位：万元 (10 000 yuan)

项　目	Item	金 额 Value
收入合计	**Total Revenue**	**8457095**
政府性基金收入	Revenue of Government Funds	8457095
支出合计	**Total Expenditure**	**10799250**
一、文化体育与传媒	Expenditure for Culture, Sports and Media	4042
二、社会保障和就业	Expenditure for Social Security and Employment	45614
三、节能环保	Expenditure for Energy Conservation and Environmental Protection	7140
四、城乡社区	Expenditure for Urban and Rural Community	9081148
五、农林水	Expenditure for Agriculture, Forestry and Water Conservancy	42901
六、交通运输	Expenditure for Transportation	485161
七、资源勘探信息等	Expenditure for Resources Exploration and Information	19555
八、商业服务业等	Expenditure for Business and Services	5048
九、债务发行费用	Expenditure for Debts Issuance	2029
十、债务付息	Expenditure for Interest Payment on Debts	257818
十一、其他支出	Other Expenditures	848794

5-3 一般公共预算收入(2018年)
GENERAL PUBLIC BUDGET REVENUE(2018)

单位：万元 (10 000 yuan)

项 目	Item	金 额 Value
收入总计	**Total Revenue**	**22926982**
一、税收收入	**Total taxes**	**16456730**
增值税	Value-added Taxes	6956004
企业所得税	Enterprises Income Taxes	2269080
个人所得税	Individual Income Taxes	558199
资源税	Resource Taxes	3251656
城市维护建设税	Taxes on Urban Construction and Maintenance	799938
房产税	House Property Taxes	411064
印花税	Stamp Taxes	302549
城镇土地使用税	Taxes on Use of Urban Land	394896
土地增值税	Land Value-added Taxes	575204
车船税	Taxes on Use of Vehicles and vessels	227489
耕地占用税	Taxes on Occuping Cultivated Land	116187
契 税	Contract Taxes	479051
烟叶税	Tobacco Taxes	2463
环境保护税	Environmental Protection Taxes	112950
其他税收收入	Other Taxes	
二、非税收入	**Non-tax Revenue**	**6470252**
专项收入	Special Incomes	1341112
行政事业性收费收入	Incomes from Administrative Fees	773542
罚款收入	Penalty Incomes	590170
国有资本经营预算收入	Business Budget Revenue of State-owned Properties	7036
国有资源(资产)有偿使用收入	Incomes from State-owned Resource Utilization	3334713
捐赠收入	Donation Incomes	
政府住房基金收入	Incomes from Government Housing Fund	
其他收入	Other Incomes	423679

5-4 一般公共预算支出(2018年)
GENERAL PUBLIC BUDGET EXPENDITURE(2018)

单位：万元　(10 000 yuan)

项　目	Item	金 额 Value
支出总计	**Total Expenditure**	**42839099**
一、一般公共服务	Expenditure for General Public Services	3626042
二、国　防	Expenditure for National Defence	36919
三、公共安全	Expenditure for Public Security	2482509
四、教　育	Expenditure for Education	6680275
五、科学技术	Expenditure for Science and Technology	590845
六、文化体育与传媒	Expenditure for Culture, Sports and Media	928543
七、社会保障和就业	Expenditure for Social Security and Employment	6716478
八、医疗卫生与计划生育	Expenditure for Medical and Health Care and Family Planning	3589892
九、节能环保	Expenditure for Energy Conservation and Environmental Protection	1702941
十、城乡社区	Expenditure for Urban and Rural Community	3705240
十一、农林水	Expenditure for Agriculture, Forestry and Water Conservancy	5813350
十二、交通运输	Expenditure for Transportation	2086405
十三、资源勘探信息等	Expenditure for Resources Exploration and Information	896180
十四、商业服务业等	Expenditure for Business and Services	190774
十五、金　融	Expenditure for Finance	203008
十六、援助其他地区	Expenditure for Other Regional Assistance	27100
十七、国土海洋气象等	Expenditure for Land, Ocean and Weather	795327
十八、住房保障	Expenditure for Housing Security	1261190
十九、粮油物资储备	Expenditure for Cereals, Oils and Material Reserves	168158
二十、债务付息	Expenditure for Interest Payment on Debts	553819
二十一、债务发行费用	Expenditure for Debts Issuance	5130
二十二、其　他	Other Expenditures	778974

5-5 税收分经济类型情况(2018年)

单位：万元

项　目	Item	合 计 Total	内　资			
			国有企业 Stated -owned Enterprise	集体企业 Collective -owned Enterprise	股份合作企　业 Share Cooperative Enterprise	联营企业 Joint Enterprise
税收收入	**Tax Revenue**	**29005474**	**1755618**	**171784**	**25203**	**755**
国内增值税	Domestic Value-added Taxes	13909153	701714	93465	7971	377
#一般纳税人	General Taxpayers	12730323	615757	87637	6033	123
国内消费税	Domestic Consumption Taxes	686996	344288	65		
营业税	Business Taxes	46338	1630	159		171
企业所得税	Enterprises Income Taxes	5396678	224729	48210	11813	83
个人所得税	Individual Income Taxes	1395502	87574	7649	4248	4
资源税	Resource Taxes	3251648	127363	1322	1	14
城市维护建设税	Taxes on Urban Construction and Maintenance	798659	76999	8462	337	81
房产税	House Property Taxes	411066	24859	6402	227	6
印花税	Stamp Taxes	302543	10992	1672	129	6
城镇土地使用税	Taxes on Use of Urban Land	394897	19796	2835	111	12
土地增值税	Land Value-added Taxes	575202	3139	240		
车船税	Taxes on Use of Vehicles and Vessels	227490	9307	3	128	
车辆购置税	Vehicle Purchase Taxes	779719	1572	495	69	
耕地占用税	Taxes on Occuping Cultivated Land	116050	1051	139	7	
契　税	Contract Taxes	479047	5657	476	159	
环境保护税	Vironmental Protection Taxes	112948	3632	190	3	1
其他税收	Other Taxes	121538	111316			

TAXES REVENUE BY FORM OF OWNERSHIP(2018)

(10 000 yuan)

Civil Funded Enterprises					港澳台投资企业 Enterprise Funded by Hong Kong, Macao and Taiwan	外商投资企业 Foreign Funded Enterprise	个体经营 Individual
有限责任公司 Limited Responsibility Company	股份公司 Share Holding Limited Company	#国有控股 State Controlling Share	私营企业 Private Enterprise	其他企业 Other Enterprise			
17970138	**3862298**	**2343404**	**2465818**	**334745**	**316700**	**837814**	**1264601**
9004616	1585344	952728	1648224	58868	151063	393052	264459
8404390	1569670	949664	1443075	36914	147131	390335	29258
210594	118194	117747	7688		1286	4279	602
35778	2660	1106	1462	4368	-17	2	125
3474068	1087745	610580	190630	26189	90976	242235	
540894	282276	175926	90361	122986	15502	31144	212864
2487769	367667	281912	150147	5085	4482	106148	1650
478885	131510	78615	49881	8608	15924	18219	9753
242301	55993	23890	21644	21275	9410	10672	18277
196612	33442	21930	42019	3640	6282	4515	3234
280358	27848	12884	39482	6036	9769	7608	1042
503038	6685	773	47915	2377	5714	3398	2696
62502	136657	53920	5409	2001	8	10689	786
107484	1197	817	95661	4081	3264	788	565108
45280	4115	943	8685	55288	335	813	337
221585	10978	4333	50179	4960	289	1158	183606
77062	9987	5300	16397	107	2413	3094	62
1312			34	8876			

5-6 金融机构信贷收支余额(2018年)

BALANCE OF CREDIT FUNDS OF FINANCIAL INSTITUTIONS(2018)

单位：亿元 (100 million yuan)

项　目	Item	本外币 RMB and Foreign Currency	人民币 RMB
一、各项存款	**Deposits**	**35339.99**	**34987.58**
境内存款	Domestic Deposits	35335.62	34983.74
住户存款	Households Deposits	20439.52	20345.19
#活期存款	Demand Deposits	5150.63	5105.57
非金融企业存款	Non-financial Enterprises Deposits	9037.15	8781.66
#活期存款	Demand Deposits	4982.90	4929.18
广义政府存款	Broad Government Deposits	5540.56	5539.51
非银行业金融机构存款	Deposits of Non-banking Financial Institutions	318.38	317.38
境外存款	Foreign Deposites	4.37	3.83
二、所有者权益	**Creditors' Equity**	**1572.36**	**1570.76**
三、各项贷款	**Loans**	**25256.43**	**25057.04**
境内贷款	Domestic Loans	25256.06	25056.77
住户贷款	Households Loans	4915.97	4915.75
#短期贷款	Short-term Loans	1507.47	1507.24
中长期贷款	Medium and Long-term Loans	3408.51	3408.51
非金融企业及机关团体贷款	Loans to Non-financial Enterprises, Government Departments and Orgnizations	20340.09	20141.02
#短期贷款	Short-term Loans	6929.78	6771.00
中长期贷款	Medium and Long-term Loans	11596.70	11556.56
票据融资	Bill Finance	1731.32	1731.32
境外贷款	Foreign Loans	0.37	0.27

5-7 金融机构人民币各项存款和贷款余额

BALANCE OF DEPOSITS AND LOANS IN RENMINBI OF FINANCIAL INSTITUTIONS

单位：万元 (10 000 yuan)

年 份 Year	各项存款合计 Balance of Deposits	#非金融企业存款 Non-financial Enterprises Deposits	#住户存款 Households Deposits	各项贷款合计 Balance of Loans	#短期贷款 Short-term	#中长期贷款 Medium and Long-term
1980	392088	125522	128705	591107	578830	12277
1981	447477	147220	166949	650669	631246	19189
1982	543771	160023	219636	712125	684031	27712
1983	673990	194255	288045	801843	767329	32372
1984	877119	269620	405322	1092897	1012969	68283
1985	1050817	401574	529220	1512441	1185224	247760
1986	1333530	496555	704837	1837204	1406768	347628
1987	1640576	562031	944179	2150614	1643114	403385
1988	1933480	642254	1244252	2382519	1995685	340744
1989	2480443	745858	1719554	2809278	2371858	397300
1990	3141354	847362	2313378	3569045	2877047	571351
1991	3809523	1034918	2915655	4328291	3262954	943164
1992	4607404	1224459	3636711	5148408	3712448	1274798
1993	5702498	1414515	4603533	6381035	4400154	1778957
1994	6854272	2062932	6159495	8020557	5081106	2756760
1995	12882737	2833481	8444641	12231107	7744271	3210760
1996	15699109	3681447	10738217	14201114	9259966	3910686
1997	17923626	4474154	12368354	15249840	11782869	2965442
1998	20811147	4948038	14370605	17417903	13022710	3360439
1999	23572121	5643636	16143945	19092096	13767722	3740309
2000	26283900	6772936	17484210	24531452	14224781	8212709
2001	30907287	8219315	19797268	24084029	14317608	7687055
2002	37087186	9602764	23073176	29031751	16331829	9587870
2003	46815142	12594164	27815374	35522883	19343085	12138826
2004	58116546	15579954	33423062	40161240	20362341	14893336
2005	70886971	17489745	41196865	42289987	21082074	16994250
2006	85774569	22553297	47961838	47885141	23096219	20234188
2007	100418455	26614242	54223930	53944680	26792518	22980302
2008	127667183	32744816	70486087	59603272	27912981	27300364
2009	156984678	42390374	80994287	78147390	33337917	39118456
2010	185756526	53338036	92229697	96343196	37425196	54092971
2011	209204319	93395109	104554604	111693542	42314059	63877414
2012	240505805	107851389	119970319	131062060	51960561	71455443
2013	261053489	111639664	133393743	148875306	59772430	80157833
2014	267794699	108700270	141451816	164327453	63715573	87589237
2015	283460992	69622303	156758537	184586645	59898305	79535966
2016	303713743	74534097	171280459	202285781	77290669	108638948
2017	324805540	81469491	186202942	224638999	81868248	127923217
2018	349875755	87816646	203451895	250570401	82782425	149650713

注：2015年，央行对全融机构存贷款统计口径进行了调整。本表非金融企业存款2015年以前数据为企事业存款口径；住户存款2015年以前数据为城乡居民储蓄存款口径；短期贷款、中长期贷款数据2015年起为非金融企业及机关团体贷款。

Note: PBC adjusted the coverage of deposits and loans of financial institutions in 2015. Non-financial Enterprises deposits before 2015 uses the former data of corporate deposits; households deposits before 2015 uses the former data of saving deposits of urban and rural residents; the coverage of short-term, medium and long-term loans have changed to non-financial enterprises, government departments and organizations since 2015.

5-8 金融机构法定存款利率

OFFICIAL INTEREST RATES OF DEPOSITS OF FINANCIAL INSITITUTIONS

单位：年利率%　　(annual interest rate %)

项　目	Item	2008.10.30 Oct.30,2008	2008.11.27 Nov.27,2008	2008.12.23 Dec.23,2008	2010.10.20 Oct.20,2010
城乡居民和单位存款	**Deposits of Urban and Rural Residents and Units**				
活　期	Demand Savings	0.72	0.36	0.36	0.36
定　期	Time Savings				
整存整取	Lump-sum Deposit and Withdrawing				
三个月	3 Months	2.88	1.98	1.71	1.91
半　年	6 Months	3.24	2.25	1.98	2.20
一　年	1 Year	3.60	2.52	2.25	2.50
二　年	2 Years	4.14	3.06	2.79	3.25
三　年	3 Years	4.77	3.60	3.33	3.85
五　年	5 Years	5.13	3.87	3.60	4.20
零存整取、整存零取、存本取息	Small Savings for Lump-sum Withdrawal, Big Money Saving and Small Withdrawing, Interest Withdrawal on a Principal Deposited				
一　年	1 Year	2.88	1.98	1.71	1.91
三　年	3 Years	3.24	2.25	1.98	2.30
五　年	5 Years	3.60	2.52	2.25	2.50
定活两便	Time-demand Optional Deposit				

项　目	Item	2010.12.26 Dec.26,2010	2011.2.9 Feb.9,2011	2011.4.6 Apr.6,2011	2011.7.7 Jul.7,2011
城乡居民和单位存款	**Deposits of Urban and Rural Residents and Units**				
活　期	Demand Savings	0.36	0.40	0.50	0.50
定　期	Time Savings				
整存整取	Lump-sum Deposit and Withdrawing				
三个月	3 Months	2.25	2.60	2.85	3.10
半　年	6 Months	2.50	2.80	3.05	3.30
一　年	1 Year	2.75	3.00	3.25	3.50
二　年	2 Years	3.55	3.90	4.15	4.40
三　年	3 Years	4.15	4.50	4.75	5.00
五　年	5 Years	4.55	5.00	5.25	5.50
零存整取、整存零取、存本取息	Small Savings for Lump-sum Withdrawal, Big Money Saving and Small Withdrawing, Interest Withdrawal on a Principal Deposited				
一　年	1 Year	2.25	2.60	2.85	3.10
三　年	3 Years	2.50	2.80	3.05	3.30
五　年	5 Years	2.75	3.00	3.25	3.50
定活两便	Time-demand Optional Deposit				

注：定活两便存款按一年期以内定期整存整取同档次利率打六折执行；2014年起不再公布5年期存款基准利率。

Note: Time-demand optional deposit enjoys a 60% preferential interest rate of lump-sum deposit and withdrawing in a year. Five-year benchmark deposit rate doesn't be announced from 2014.

5-8 续表 continued

单位：年利率%　　(annual interest rate %)

项　目	Item	2012.6.8 Jun.8,2012	2012.7.6 Jul.6,2012	2014.11.22 Nov.22,2014	2015.3.1 Mar.1,2015
城乡居民和单位存款	**Deposits of Urban and Rural Residents and Units**				
活　期	Demand Savings	0.40	0.35	0.35	0.35
定　期	Time Savings				
整存整取	Lump-sum Deposit and Withdrawing				
三个月	3 Months	2.85	2.60	2.35	2.10
半　年	6 Months	3.05	2.80	2.55	2.30
一　年	1 Year	3.25	3.00	2.75	2.50
二　年	2 Years	4.10	3.75	3.35	3.10
三　年	3 Years	4.65	4.25	4.00	3.75
五　年	5 Years	5.10	4.75		
零存整取、整存零取、存本取息	Small Savings for Lump-sum Withdrawal, Big Money Saving and Small Withdrawing, Interest Withdrawal on a Principal Deposited				
一　年	1 Year	2.85	2.60	2.35	2.10
三　年	3 Years	3.05	2.80	2.55	2.30
五　年	5 Years	3.25	3.00		
定活两便	Time-demand Optional Deposit				

项　目	Item	2015.5.11 May.11,2015	2015.6.28 Jun.28,2015	2015.8.26 Aug.26,2015	2015.10.24 Oct.24,2015
城乡居民和单位存款	**Deposits of Urban and Rural Residents and Units**				
活　期	Demand Savings	0.35	0.35	0.35	0.35
定　期	Time Savings				
整存整取	Lump-sum Deposit and Withdrawing				
三个月	3 Months	1.85	1.60	1.35	1.10
半　年	6 Months	2.05	1.80	1.55	1.30
一　年	1 Year	2.25	2.00	1.75	1.50
二　年	2 Years	2.85	2.60	2.35	2.10
三　年	3 Years	3.50	3.25	3.00	2.75
五　年	5 Years				
零存整取、整存零取、存本取息	Small Savings for Lump-sum Withdrawal, Big Money Saving and Small Withdrawing, Interest Withdrawal on a Principal Deposited				
一　年	1 Year	1.85	1.60	1.35	1.10
三　年	3 Years	2.05	1.80	1.55	1.30
五　年	5 Years				
定活两便	Time-demand Optional Deposit				

5-9 保险业基本情况(分险种)

BASIC STATISTICS ON INSURANCE BUSINESS BY TYPE

单位：万元 (10 000 yuan)

项 目	Item	2017	2018
原保险保费收入	**Premium of Primary Insurance**	**8239224**	**8248756**
财产险	Property Insurance	1941002	2129401
企业财产保险	Enterprise Property Insurance	74355	79998
家庭财产保险	Family Property Insurance	3429	10410
机动车辆保险	Motor Vehicle Insurance	1627113	1674634
工程保险	Engineering Insurance	10296	10396
责任保险	Liability Insurance	66038	86705
信用保险	Export Credit Insurance	6874	10249
保证保险	Guarantee Insurance	62896	145852
船舶保险	Ship Insurance	63	58
货物运输保险	Freight Transport Insurance	9154	12328
特殊风险保险	Special Risks Insurance	973	2897
农业保险	Agriculture Insurance	77554	94186
其他险	Other Insurance	2258	1686
人身险	Personal Insurance	6298221	6119354
意外险	Accident Insurance	139111	164989
健康险	Health Insurance	798427	1082502
寿 险	Life Insurance	5360683	4871863
普通寿险	Ordinary Life Insurance	3089581	2302277
分红寿险	Participating Life Insurance	2246897	2546743
投资连结保险	Investment-linked Life Insurance	246	313
万能寿险	Universal Life Insurance	23960	22530
赔款及给付	**Claim and Payment**	**2611381**	**2673460**
财产险	Property Insurance	967284	1024465
人身险	Personal Insurance	1644097	1648994
意外险	Accident Insurance	38290	45816
健康险	Health Insurance	237026	346710
寿 险	Life Insurance	1368782	1256468

5-10 原保险保费收入情况(山西分公司)

BASIC STATISTICS ON INCOME OF PREMIUMS BY COMPANY(SHANXI BRANCH)

单位：万元 (10 000 yuan)

公司名称	Name of Company	2017	2018
合　计	**Total**	**8239224**	**8248756**
财产险公司	**Property Insurance Company**	**2072099**	**2322803**
中国人民财产保险股份有限公司山西省分公司	PICC Property and Casualty Insurance Co.,Ltd., Shanxi Branch	701915	797390
中国太平洋财产保险股份有限公司山西分公司	China Pacific Property Insurance Co.,Ltd., Shanxi Branch	138101	160695
永安财产保险股份有限公司山西分公司	Yong An Property Insurance Co.,Ltd., Shanxi Branch	48404	51084
中国平安财产保险股份有限公司山西分公司	Ping An Property & Casualty Insurance Company of China,Ltd., Shanxi Branch	355859	425383
天安财产保险股份有限公司山西省分公司	Tianan Property Insurance Co.Ltd..Of China, Shanxi Branch	25082	31258
中国大地财产保险股份有限公司山西分公司	China Continent Property & Casualty Insurance Co.,Ltd., Shanxi Branch	91731	112146
太平财产保险有限公司山西分公司	Taiping General Insurance Co.,Ltd., Shanxi Branch	52738	64047
华安财产保险股份有限公司山西分公司	Sinosafe General Insurance Co.,Ltd., Shanxi Branch	31229	32875
安邦财产保险股份有限公司山西分公司	Anbang Property Casualty Insurance Company Ltd., Shanxi Branch	10230	2104
永诚财产保险股份有限公司山西分公司	Alltrust Insurance Co.,Ltd., Shanxi Branch	19155	21687
阳光财产保险股份有限公司山西分公司	Sunshine Property & Casualty Insurance Co.,Ltd., Shanxi Branch	83963	100801
中国人寿财产保险股份有限公司山西省分公司	China Life Property & Casualty Insurance Share Co.,Ltd., Shanxi Branch	241569	246111
渤海财产保险股份有限公司山西分公司	Bohai Property Insurance Co., Ltd., Shanxi Branch	11726	15120

注：因虚拟总公司尚未设立各省分公司，分省数据按照业务来源进行统计。
Note: Provincial virtual data are calculated by the business sources because of the head company hasn't opened branches.

5-10 续表1 continued

单位：万元 (10 000 yuan)

公司名称	Name of Company	2017	2018
都邦财产保险股份有限公司山西分公司	Dubon Property & Casualty Insurance Co.,Ltd., Shanxi Branch	9141	8386
华泰财产保险有限公司山西省分公司	Huatai Property & Casualty Insurance Co.,Ltd., Shanxi Branch	20383	16443
中国出口信用保险公司山西分公司	China Export & Credit Insurance Corporation, Shanxi Branch	5919	6285
安盛天平财产保险股份有限公司山西分公司	AXA Tianping Property & Casualty Insurance Co., Ltd., Shanxi Branch	28567	18471
安诚财产保险股份有限公司山西分公司	Ancheng Property & Casualty Insurance Co., Ltd., Shanxi Branch	16710	7931
国任财产保险股份有限公司山西分公司	Guoren Property and Casualty Insurance Co., Ltd., Shanxi Branch	14171	18375
中银保险有限公司山西分公司	Bank of China Insurance Co., Ltd., Shanxi Branch	10492	10293
中煤财产保险股份有限公司山西分公司	China Coal Insurance Co., Ltd., Shanxi Branch	49793	63106
英大泰和财产保险股份有限公司山西分公司	Yingda Taihe Property Insurance Co., Ltd., Shanxi Branch	23113	18727
紫金财产保险股份有限公司山西分公司	Zking Property & Casualty Insurance Co., Ltd., Shanxi Branch	17550	18879
中华联合财产保险股份有限公司山西分公司	China United Property Insurance Co., Ltd., Shanxi Branch	29502	30470
华农财产保险股份有限公司山西分公司	China Huanong Property & Casualty Insurance Co.,Ltd., Shanxi Branch	19134	22667
诚泰财产保险股份有限公司山西分公司	Champion Property & Casualty Insurance Co.,Ltd., Shanxi Branch	5729	6477
众安在线财产保险股份有限公司山西分公司(虚拟)	Zhongan Online Property Insurance Co., Ltd., Shanxi Branch (Virtual)	5002	10181
中国铁路财产保险自保有限公司山西分公司(虚拟)	China Railway Captive Insurance Co., Ltd., Shanxi Branch (Virtual)	3258	873

5-10 续表2 continued

单位：万元 (10 000 yuan)

公司名称	Name of Company	2017	2018
泰康在线财产保险股份有限公司山西分公司(虚拟)	TK.CN Insurance Co.,Ltd., Shanxi Branch (Virtual)	1924	4432
阳光渝融信用保证保险股份有限公司山西分公司(虚拟)	Sunshine Yurong Credit and Guarantee Insurance Co.,Ltd., Shanxi Branch (Virtual)	4	103
安心财产保险有限责任公司山西分公司(虚拟)	Answern Property & Casualty Insurance Co.,Ltd., Shanxi Branch (Virtual)	4	2
易安财产保险股份有限公司山西分公司(虚拟)	E An Property & Casualty Insurance Co.,Ltd., Shanxi Branch (Virtual)		
众惠财产相互保险社山西分公司(虚拟)	Public Mutual Insurance Corporation, Shanxi Branch (Virtual)		
人身险公司	**Life Insurance Company**	**6167124**	**5925952**
中国人寿保险股份有限公司山西省分公司	China Life Insurance Co.,Ltd., Shanxi Branch	1630578	1744848
中国太平洋人寿保险股份有限公司山西分公司	China Pacific Life Insurance Co.,Ltd., Shanxi Branch	816657	912592
中国平安人寿保险股份有限公司山西分公司	Ping An Life Insurance Company of China,Ltd., Shanxi Branch	572382	708367
新华人寿保险股份有限公司山西分公司	New China Life Insurance Co.,Ltd., Shanxi Branch	299196	330775
泰康人寿保险股份有限公司山西分公司	Taikang Life Insurance Co.,Ltd., Shanxi Branch	302292	324090
平安养老保险股份有限公司山西分公司	Ping An Annuity Insurance Company of China, Ltd., Shanxi Branch	12251	13855
太平人寿保险有限公司山西分公司	Taiping Life Insurance Co.,Ltd., Shanxi Branch	278331	311288
中国人民人寿保险股份有限公司山西省分公司	PICC Life Insurance Co.,Ltd., Shanxi Branch	374055	309004
农银人寿保险股份有限公司山西分公司	ABC Life Insurance Co.,Ltd., Shanxi Branch	116950	92156

5-10 续表3 continued

单位：万元 (10 000 yuan)

公司名称	Name of Company	2017	2018
中国人民健康保险股份有限公司 山西省分公司	PICC Health Insurance Co.,Ltd., Shanxi Branch	115439	76043
英大泰和人寿保险股份有限公司 山西分公司	Yingda Taihe Life Insurance Co.,Ltd., Shanxi Branch	20174	50542
合众人寿保险股份有限公司 山西分公司	Unionlife Insurance Co.,Ltd., Shanxi Branch	83997	38225
民生人寿保险股份有限公司 山西分公司	Minsheng Life Insurance Co.,Ltd., Shanxi Branch	25099	22912
阳光人寿保险股份有限公司 山西分公司	Sunshine Life Insurance Co.,Ltd., Shanxi Branch	121416	52981
富德生命人寿保险股份有限公司 山西分公司	Funde Sino Life Insurance Co.,Ltd., Shanxi Branch	124518	102197
光大永明人寿保险有限公司 山西分公司	Sun Life Everbright Life Insurance Co.,Ltd., Shanxi Branch	21666	36528
国华人寿保险股份有限公司 山西分公司	Guohua Life Insurance Co.,Ltd., Shanxi Branch	602305	429074
幸福人寿保险股份有限公司 山西分公司	Happy Life Insurance Co.,Ltd., Shanxi Branch	118821	59610
泰康养老保险股份有限公司 山西分公司	Taikang Pension & Insurance Co.,Ltd., Shanxi Branch	13195	16900
中信保诚人寿保险股份有限公司 山西分公司	Citic Prudential Life Insurance Co.,Ltd., Shanxi Branch	7228	16541
安邦人寿保险股份有限公司 山西分公司	Anbang Life Insurance Co.,Ltd., Shanxi Branch	239051	957
百年人寿保险股份有限公司 山西分公司	Aeon Life Insurance Co., Ltd, Shanxi Branch	142076	141812
工银安盛人寿保险股份有限公司 山西分公司	ICBC-AXA Life Insurance Co., Ltd, Shanxi Branch	129448	134657

5-11 证券业基本情况
BASIC STATISTICS ON SECURITY

年 份 Year	境内上市公司(家) Number of Listed Companies in Mainland(unit)	上交所 Shanghai Stock Exchange	深交所 Shenzhen Stock Exchange	股票筹资额(万元) Raised Capital (10 000 yuan)	#A 股 A Shares
2000	17	7	10	1092835	1070061
2001	18	8	10	1234761	1211987
2002	19	9	10	1306661	1283887
2003	21	12	9	1505721	1482947
2004	22	13	9	1531281	1508507
2005	22	13	9	1531281	1508507
2006	25	16	9	4036272	4013498
2007	26	16	10	4387204	4364430
2008	27	16	11	4869204	4846430
2009	28	17	11	5051201	5028427
2010	31	18	13	8411601	7358740
2011	34	18	16	8638229	7585368
2012	34	18	16	9168729	8111468
2013	34	18	16	9873152	8815892
2014	35	19	16	10451202	9393942
2015	37	19	18	13171489	12114229
2016	38	20	18	14122089	13064829
2017	38	20	18	15562917	14505647
2018	38	20	18	17694423	16637153

年 份 Year	股票总发行股本(万股) Issued Capital (10 000 shares)	股票发行量(万股) Issued Share (10 000 shares)	#A 股 A Shares	保险公司保费收入(万元) Premium Income of Insurance Companies (10 000 yuan)	保险公司赔款及给付(万元) Indemnity Expenditure and Payment of Insurance Companies (10 000 yuan)
2000	663761	206471	188391	283300	104200
2001	714403	228688	210608	374100	104200
2002	733432	240216	222136	694621	121023
2003	809114	267920	249840	905101	156993
2004	907871	271920	253840	1041413	197050
2005	907871	271920	253840	1218039	200781
2006	2570003	761526	743446	1409766	252664
2007	2734756	807626	789546	1803611	525335
2008	3343555	851495	833415	2608864	735782
2009	3483585	873895	855815	2892495	785454
2010	4314023	1119875	898926	3652983	798544
2011	4623996	1128522	907573	3646684	1035325
2012	4983495	1315198	1083249	3846491	1193251
2013	5268694	1514809	1282860	4123840	1693188
2014	5624837	1533841	1301892	4653746	1824737
2015	6944563	2328559	2086610	5867255	2002219
2016	7540697	2708300	2466351	7005480	2390159
2017	7980539	2918867	2676918	8239224	2611381
2018	8116416	3014167	2772218	8248756	2673460

主要统计指标解释

一般公共预算收入 指按照现行财政体制规定列入地方预算，直接缴入地方金库的财政收入。具体由两部分组成：一是税收收入，包括增值税、企业所得税、个人所得税的地方分享部分，营业税、资源税、城市维护建设税、房产税、印花税、城镇土地使用税、土地增值税、车船税、契税、耕地占用税等；二是非税收入，包括专项收入、行政事业性收费收入、罚没收入、国有资本经营收入、国有资源（资产）有偿使用收入、其他收入等。

上划中央收入 指实行分税制财政体制后，增值税的75%部分和消费税划为中央收入，以及从2002年起实行所得税分享改革后，所得税（包括企业所得税、个人所得税）由中央分享部分，这部分收入直接缴入中央金库。根据《预算法》和财政体制规定，上划中央收入属于列入中央预算范围的收入，地方总预算中不予包括。

税收收入 反映政府税收收入。包括：增值税、营业税、企业所得税、个人所得税、城市维护建设税、房产税、印花税、城镇土地使用税、土地增值税、车船税、耕地占用税、契税、烟叶税以及其他税收收入等。

非税收入 反映政府非税收入。包括：专项收入、行政事业性收入、罚没收入、国有资本经营收入、国有资源（资产）有偿使用收入以及其他收入等。

一般公共预算支出 是指列入地方预算的财政支出，包括：一般公共服务支出、国防支出、公共安全支出、教育支出、科学技术支出、文化体育与传媒支出、社会保障和就业支出、医疗卫生与计划生育支出、节能环保支出、城乡社区支出、农林水支出、交通运输支出、资源勘探信息等支出、商业服务业等支出、金融支出、国土海洋气象等支出、住房保障支出、粮油物资储备支出、国债还本付息支出及其他支出等。其资金来源包括用地方当年财力安排的支出、上年结余、调入资金和中央一般性及专项转移支付补助收入安排的支出。

一般公共服务 反映政府提供一般公共服务的支出。具体包括人大、政协、政府办公厅（室）及相关机构、发展与改革、统计信息、财政、税收、审计、海关、人事、纪检监察、人口与计划生育、商贸、知识产权、工商行政管理、质量技术监督与检验检疫、民族、宗教、港澳台侨、档案、民主党派及工商联、群众团体事务、党委办公厅（室）其相关机构事务、组织事务、宣传事务、统战事务、对外联盟、其它共产党事务支出、其它一般公共服务支出。

公共安全支出 反映政府维护社会公共安全方面的支出。有关事务包括：武装警察、公安、国家安全、法院、司法、强制隔离戒毒、国家保密、缉私警察等。

教育支出 反映政府教育事务支出。有关事务包括：教育管理事务、学前教育、小学教育、初中教育、高中教育、高等教育、初等职业教育、中专教育、技校教育、职业高中教育、高等职业教育、成人教育、广播电视教育、留学生教育、特殊教育、进修及培训等。

科学技术支出 反映科学技术方面的支出。有关事务包括：科学技术管理事务、基础研究、应用研究、技术研究与开发、科技条件与服务、社会科学、科学技术普及、科技交流与合作等。

文化体育与传媒支出 反映政府在文化、文物、体育、广播影视、新闻出版等方面的支出。

社会保障和就业支出 反映政府在社会保障与就业方面的支出。有关事务包括：人力资源和社会保障管理事务、民政管理事务、财政对社会保险基金的补助、补充全国社会保障基金、行政事业单位离退休、企业改革补助、就业补助、抚恤、退役安置、社会福利、残疾人事业、城市居民最低生活保障、其他城市生活救助、自然灾害生活救助、农村最低生活保障、红十字事务等。

医疗卫生与计划生育支出 反映政府医疗卫生方面的支出。有关事务包括：医疗卫生管理事务、公立医院、公共卫生、基层医疗卫生机构、医疗保障、中医药、人口与计划生育事务、食品和药品监督管理事务等。

节能环保支出 反映政府节能环保支出。有关事务包括：环境保护管理事务、环境监测与监察、污染防治、自然生态保护、天然林保护、退耕还林、风沙荒漠治理、退牧还草、已垦草原退耕还草、能源节约利用、污染减排、可再生能源和资源综合利用等支出等。

城乡社区支出 反映政府城乡社区事务支出。有关事务包括：城乡社会管理事务、城乡社区规划与管理、城乡社区公共设施、城乡社区环境卫生、建设市场管理与监督等。

农林水支出 反映政府农林水事务支出。有关事务包括：农业、林业、水利、扶贫、农业综合开发等。

交通运输支出 反映交通运输和邮政业方面的支出。有关事务包括：公路水路运输、铁路运输、民用航空运输等。

资源勘探信息等支出 反映用于资源勘探、制造业、建筑业、信息等方面的支出。有关事务包括：资源勘探、制造业、建筑业、工业和信息产业监管、安全生产监管、国有资产监管、支持中小企业发展和管理支出等。

粮油物资储备支出 反映政府用于粮油物资储备方面的支出。有关事务包括：粮油事务、物资事务、能源储备、重要商品储备等。

金融支出 反映金融方面的支出。有关事务包括：金融部门行政支出、金融部门监管支出、金融发展支出、金融调控支出等。

国土海洋气象支出 反映政府用于国土资源、海洋、测绘、地震、气象等公益服务事务方面的支出。

商业服务业等支出 反映商业服务业等方面的支出。有关事务包括：商业流通事务、旅游业管理与服务支出、涉外发展服务支出等。

其他支出 反映不能划分到上述功能科目的其他政府支出。包括年初预留和其他支出。

当年可用财力 是指按照现行财政体制规定，在预算年度内可统筹安排使用的预算内资金，其来源包括当年公共财政收入、税收返还收入、下级上解收入、一般性转移支付补助，并从中扣减上解上级及补助下级的资金。当年可用财力不包括上年结余资金及中央专项转移支付补助。根据《预算法》的规定，当年支出预算应当小于或等于当年地方可用财力。

存款 企业、机关、团体或居民根据可以收回的原则，把货币资金存入银行或其他信用机构保管并取得一定利息的一种信用活动形式。根据存款对象的不同可划分：企业存款、财政存款、机关团体存款、城镇居民储蓄存款、农村存款等项目。

住户存款 银行业金融机构通过信用方式吸收的居民储蓄存款及通过其他方式吸收的由住户部门(由住户和为其服务的非营利机构组成的部门)支配的存款。其他方式吸收的存款主要有两部分：一是保证金存款；二是个人委托业务在银行沉淀资金。

非金融企业存款 银行业金融机构吸收的企业定活期存款、保证金存款、应解及临时存款以及企业委托银行业金融机构开展委托业务沉淀在银行的货币资金。

贷款 银行或其他信用机构根据必须归还的原则，按一定利率，为企业、个人等提供资金的一种信用活动形式。我国银行贷款，分流动资金贷款、农业贷款、固定资产贷款等科目。

境内贷款 银行业金融机构对非金融企业、个人、机关团体以贷款、票据贴现、垫款、押汇、福费廷等方式提供的融资总额。

住户贷款 银行业金融机构向住户部门(由住户和为其服务的非营利机构组成的部门)发放的贷款。

非金融企业及机关团体贷款 银行业金融机构向非金融企业及机关团体发放的贷款。

票据融资 银行业金融机构通过对客户持有的商业汇票、银行承兑汇票等票据进行贴现提供的融资。

保费收入 指投保人依据保险合同的约定向保险人缴付的保险费。

赔付支出 指保险人根据保险合同的约定，向被保险人或受益人支付的赔款、死伤医疗给付、满期给付和年金给付。

Explanatory Notes on Main Statistical Indicators

General Public Budget Revenue refers to financial revenue arranged to regional budget and directly paid to local treasury according to the current regulation of financial system. It consists of tax revenue and non-tax revenue. Tax revenue includes value-added tax, enterprise income tax, local share of individual income tax, operation tax, resource tax, urban construction and maintenance tax, house property tax, stamp tax, tax on use of urban land, land value-added tax, tax on use of vehicles and vessels, contract tax, tax on occupying cultivated land and etc. And non-tax revenue includes special incomes, incomes from administrative fees, penalty incomes, business revenue of state-owned properties, incomes from state-owned resource utilization and other incomes.

Revenue Turned Over to the State refers to 75 percent of value added tax and consumption tax turned over to the state after implement financial system of tax distribution, and part of income tax shared by state and directly paid to central treasury after implement reform of income tax share from 2002. According to budget law and rule of financial system, revenue turned over to the state belongs to state budget, excluded in local budget.

Tax Revenue reflects to the government's tax revenue, including value-added tax, operation tax, enterprise income tax, individual income tax, urban maintenance and construction tax, house property tax, stamp tax, tax on use of urban land, urban land value-added tax, tax on use of vehicles and vessels, tax on occupying cultivated land, contract tax, tobacco tax and etc.

Non-tax Revenue reflects to the government's non-tax revenue, including special revenue, incomes from administrative fees, penalty incomes, business revenue of state-owned properties, incomes form state-owned resource utilization and other incomes.

General Public Budget Expenditure refers to financial expenditure arranged to local budget, including expenditure for public services, national defence, public safety, education, science and technology, culture, sports and media, social security and employment, medical and health care, family planning, energy conservation and environmental protection, urban and rural community, agriculture, forest and water conservancy, transportation, resources exploration and information, business and services, finance, land, ocean and weather, housing security, cereals, oils and material reserves, government bond and its interest and other expenditures. The sources of funds include expenditure arranged from local disposable financial resources of the year, surplus of last year, funds transferred and subsides of general and special transfer payment from central government.

General Public Services reflect the government's provision of general public service expenditures, specifically including the NPC and CPPCC, government offices and related agencies, development and reform, statistics, finance, taxation, auditing, customs, personnel, discipline inspection and supervision, population and family planning, commerce, intellectual property rights, industrial and commercial administration, quality and technical supervision, inspection and quarantine, land and natural resources, marine management, surveying and mapping, earthquakes, weather, ethnic, religious, Hong Kong, Macao oversea Chinese affairs, files, democratic parties and the federation of industry and commerce, mass organizations, party committee offices and related agencies, organization affairs, publicity affairs, united front affairs, external alliances, other CPC affairs and other affairs.

Expenditure for Public Safety reflects the expenditure of government maintaining social public safety. Related affairs include armed police, public security, national security, justice, compulsory isolation for drug rehabilitation, state secrecy, anti-smuggling police, etc.

Expenditure for Education reflects the government's education expenditure. Related affairs include education administration affairs, pre-primary education, primary education, secondary education, high school education, higher education, primary vocational education, secondary education, technical school education, vocational high school education and higher vocational education, adult education, radio and television education, the international education, special education, further education and training.

Expenditure for Science and Technology reflects the expenditure used for science and technology. It includes science and technology management services, basic research, applied research, technology research and development, science and technology and service conditions, social science, science and technology popularization, scientific and technological exchanges and cooperation.

Expenditure for Culture, Sports and Media reflects the expenditures government used for culture, heritage, sports, radio, film and television, press, publishing and other aspects.

Expenditure for Social Security and Employment reflects expenditures government used in the aspects of employment and social security. Related affairs include human resources and social security management affairs, civil administration affairs, the financial allowance for social security fund, addition of the national social security fund, retirement of administrative and institution units, subsidies for enterprises reform, employment subsidies, pension, retirement and placement, social welfare, disabled cause, the minimum living guarantee for urban residents, other urban life assistance, life assistance for natural disaster, rural minimum living guarantee, the Red Cross affairs and so on.

Expenditure for Medical and Health Care, Family Planning reflects expenditures government used in the aspects of medical and health care. Related affairs include management affairs of medical and health care, public hospitals, public health care, primary medical and health care institutions, medical security, traditional Chinese medicine, population and family planning affairs, supervision and management affairs of food and drugs.

Expenditure for Energy Conservation and Environmental Protection reflects government's expenditure on energy conservation and environmental protection, including expenditures on management of environmental protection, environmental monitoring and supervision, pollution control, natural and ecological protection, natural forests protection, returning farmland to forests, desertification control, restoring grassland from over-grazing and cultivating, energy conservation and utilization, pollution reduction, comprehensive utilization of renewable energy and resources.

Expenditure for Urban and Rural Community reflects the government's expenditure on urban and rural community affairs, including urban and rural social management affairs, planning and management of urban and rural communities, public facilities in rural and urban communities, urban and rural community sanitation, management and supervision of the construction market and so on.

Expenditure for Agriculture, Forestry and Water Conservancy reflects the government's expenditure on agriculture, forestry and water conservancy affairs. Related affairs include agriculture, forestry, water conservancy, poverty alleviation, comprehensive agricultural development, etc.

Expenditure for Transportation reflects transport and post expenditure. Related affairs include highway and waterway transport, railway transport and civil aviation transport, etc.

Expenditure for Resources Exploration and Information reflects the expenditure used on resources exploration, manufacture, construction and information. Related affairs include resources exploration, manufacture, construction, supervision of industry and information, supervision of safety production, supervision of national assets, development and management on supporting small and medium-sized enterprises, etc.

Expenditure for Cereals, Oils and Material Reserves reflects the government expenditure on the aspects of cereals, oils, and material reserves. Related affairs include cereals and oils affairs, materials affairs, energy reserves, critical commodities reserves, etc.

Expenditure for Finance reflects expenditure in banking areas. Related Affairs include administrative expenditure of financial department, supervision of financial department, financial development expenditure, financial regulation expenditure, etc.

Expenditure for Land, Ocean and Weather reflects expenditure used on the public service affairs, such as land resources, oceans, surveying and mapping, earthquake and weather affairs.

Expenditure for Business and Services reflects expenditure on business and services aspects. Related affairs include expenditure on commercial circulation affairs, management and service of tourism, foreign developing service and so on.

Other Expenditures reflect other government expenditures that cannot be subjected to the above mentioned functions, including reserve expenditures at the beginning of the year and other expenses

Disposable Financial Resources in the Year refer to budgetary funds which can be overall arranged and used in the budget year according to current regulation of financial system. The sources of funds include public finance revenue, return revenue of taxes, revenue turned over from lower authorities, subsides of general transfer payment, deducing funds turning over to higher authorities and subsides to lower authorities. It excludes surplus of last year and subsides of transfer payment from special central funds. According to regulation of budgetary law, budget expenditure should be less than or equal to the local disposable financial resources of the year.

Deposit is a form of credit activities by which enterprises, institutions, organizations or households can put money into banks and other credit institutions for sake keeping and interest earning under the principle of free withdrawal. According to different depositors, deposits are divided into enterprise deposits, fiscal deposits, government agencies and institutions deposits, saving deposits of urban and rural residents, rural deposits and etc.

Households Deposits refer to the residents saving deposits banking financial institutions absorbed by credit and the deposits at household sector's (consisting of households and non-profit service institutions) disposal by other means. Other means of deposits mainly contain margin deposits and precipitation funds of individual entrusted business.

Non-financial Enterprises Deposits refer to enterprise demand and time deposits, margin deposits, remittances outstanding, temporary deposits and precipitation funds of enterprise entrusted business.

Loan is a form of credit activities by which banks and other credit institutions provide funds at certain interest rate to enterprises and individuals in the light of the principle of unconditional repayment. Loans from Chinese banks include circulating capital loans, agriculture loans, fixed assets loans, etc.

Domestic Loans refer to finance amount that banking institutions provide for non-financial enterprises, individuals, government organizations by loaning, bill discounting, advancing, bill exchanging, forfeiting.

Households Loans refer to loans banking institutions offer to the household sector (consisting of households and non-profit service institutions).

Loans to Non-financial Enterprises, Government Departments and Organizations refer to loans that banking institutions offer to non-financial banking enterprises, government departments and organizations.

Bill Finance refers to the discount bill financing that banking institutions offer customers by trade bill, bank acceptance, etc.

Income of Premiums refers to the fees paid by the insurant to the insurer according to contract agreed terms.

Indemnity Expenditure refers to the indemnity, payment for death, injury and medical treatment, payment at maturity and annuity payment that the insurer paid to the insurant according to the contract agreed terms.

6

能 源

ENERGY

资料整理人员

武鹏程　李伟琨　牛玉龙

能　源
ENERGY

能源消费总量（2017年）	Total Energy Consumption（2017）	20057.2	万吨标准煤	(10 000 tons of SCE)
发电装机容量	Installed Electricity Capacity	8757.7	万千瓦	(10 000 kw)
#火　电	Thermal Power	6627.7	万千瓦	(10 000 kw)
全社会用电量	Total Electricity Consumption	2160.5	亿千瓦小时	(100 million kwh)

全社会用电量（亿千瓦小时）
Total Electricity Consumption (100 million kwh)

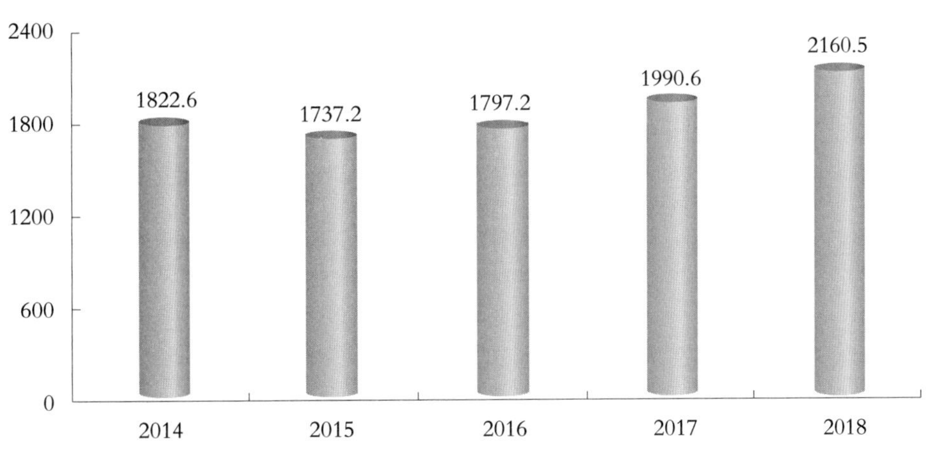

万元地区生产总值能耗降低率（%）
Decrease Rate of Energy Consumption Per 10 000 Yuan of GDP(%)

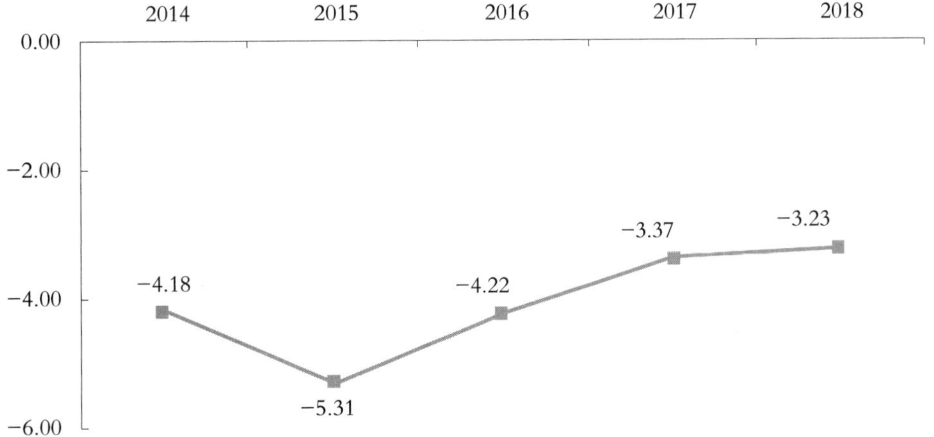

6-1 能源生产、外调、使用平衡表
BALANCE SHEET OF ENERGY PRODUCTION, TRANSFER AND USE

单位：万吨标准煤 (10 000 tons of SCE)

项 目	Item	2010	2015	2017
一、资 源	Resources	65274.19	79138.84	68619.85
年初库存	Stock of Year Beginning	3377.39	6640.49	6155.44
一次能源生产量	Primary Energy Output	56098.74	67283.04	55777.93
外省市调入量	Transfer from Other Provinces	5466.26	4629.65	6036.23
回收能	Recvery of Energy	331.80	585.66	650.25
二、加工转换投入产出差数	Margin of Input and Output for Conversion	2734.44	3865.46	3574.07
加工转换投入量	Input for Conversion	34471.73	60696.06	56471.69
加工转换产出量	Output for Conversion	31737.29	56830.60	52897.62
三、外调出省、出口	Transfer to Other Provinces and Export	45730.99	50788.04	43222.89
调给外省市	Transfer to Other Provinces	45268.31	50788.04	43222.89
供应外贸出口	Export	462.68		
四、终端消费	Final Consumption	13820.47	15813.30	16836.79
(一)第一产业	Primary Industry	337.65	313.37	323.60
农林牧渔业	Farming, Forestry, Animal Husbandry And Fishery	337.65	313.37	323.60
(二)第二产业	Secondry Industry	10489.37	12041.17	12712.58
工 业	Industry	10343.91	11878.09	12546.50
轻工业	Light Industry	202.37	287.07	189.08
重工业	Heavy Industry	10141.54	11591.02	12357.42
建筑业	Construction	145.46	163.08	166.08
(三)第三产业	Tertiary Industry	1661.76	1930.67	2125.80
交通运输、仓储和邮政业	Transport, Storage and Post	887.83	1051.19	1171.72
批发、零售业和住宿、餐饮业	Wholesale and Retail Trade, Hotels and Catering Services	339.74	392.73	407.14
其 他	Others	434.19	486.75	546.94
(四)人民生活	Residential Consumption	1331.69	1528.09	1674.81
城 镇	Cities and Towns	774.12	940.16	1020.17
乡 村	Rural Areas	557.57	587.93	654.64
五、损失量	Losses	253.12	290.43	296.63
运输、仓储及输配损失	Losses in Transmission, Storage and Distribution	253.12	290.43	296.63
六、年末库存量	Stock of Year End	3956.72	8381.61	4689.47

注：因第四次经济普查数据尚未公开，2018年能源消费有关数据暂缺。

Note: Related data of energy consumption in 2018 are unavailable because of the data of the the Fourth China Economic Census are not released.

6-2 煤炭生产、外调、使用平衡表

BALANCE SHEET OF COAL PRODUCTION, TRANSFER AND USE

单位：万吨 (10 000 tons)

项　目	Item	2010	2015	2017
一、资　源	Resources	83330.02	110410.88	103289.53
年初库存	Stock of Year Beginning	3226.07	8813.12	8964.35
一次能源生产量	Primary Energy Product	74096.00	96680.00	87221.36
外省市调入量	Transfer from Other Provinces	6007.95	4917.76	7103.82
二、加工转换投入产出差数	Margin of Input and Output for Conversion	24186.40	30471.90	36299.66
加工转换投入量	Input for Conversion	42727.04	86168.36	89787.65
加工转换产出量	Output for Conversion	18540.64	55696.46	53487.99
三、外调出省、出口	Transfer to Other Provinces and Export	51197.64	62425.63	53624.83
调给外省市	Transfer to Other Provinces	50714.22	62425.63	53624.83
供应外贸出口	Export	483.42		
四、终端消费	Final Consumption	5678.70	6643.20	6642.63
(一)第一产业	Primary Industry	175.55	175.50	173.64
农林牧渔业	Farming, Forestry, Animal Husbandry And Fishery	175.55	175.50	173.64
(二)第二产业	Secondry Industry	3921.41	5075.55	4984.79
工　业	Industry	3849.34	5044.91	4977.73
轻工业	Light Industry	146.91	223.84	86.66
重工业	Heavy Industry	3702.43	4821.07	4891.07
建筑业	Construction	72.07	30.64	7.06
(三)第三产业	Tertiary Industry	499.28	460.95	506.02
交通运输、仓储和邮政业	Transport, Storage and Post	54.94	69.26	75.38
批发、零售业和住宿、餐饮业	Wholesale and Retail Trade, Hotels and Catering services	219.19	170.60	190.07
其　他	Others	225.15	221.09	240.57
(四)人民生活	Residential Consumption	1082.46	931.20	978.18
城　镇	Cities and Towns	421.46	277.50	363.37
乡　村	Rural Areas	661.00	653.70	614.81
五、损失量	Losses			
运输、仓储损失	Losses in Transmission and Storage			
六、年末库存量	Stock of Year End	4267.28	10870.15	6722.41

6-3 焦炭生产、外调、使用平衡表
BALANCE SHEET OF COKE PRODUCTION, TRANSFER AND USE

单位：万吨 (10 000 tons)

项　目	Item	2010	2015	2017
一、资　源	Resources	916.71	760.08	639.85
年初库存	Stock of Year Beginning	916.71	760.08	639.85
二、加工转换投入产出差数	Margin of Input and Output for Conversion	8476.44	8039.88	8383.14
加工转换投入量	Input for Conversion			
加工转换产出量	Output for Conversion	8476.44	8039.88	8383.14
三、外调出省、出口	Transfer to Other Provinces and Export	6121.00	5901.29	6579.15
调给外省市	Transfer to Other Provinces	5954.93	5901.29	6579.15
供应外贸出口	Export	166.07		
四、终端消费	Final Consumption	2589.22	2083.45	1958.74
(一)第一产业	Primary Industry			
农林牧渔业	Farming, Forestry, Animal Husbandry And Fishery			
(二)第二产业	Secondry Industry	2586.93	2082.65	1955.58
工　业	Industry	2586.73	2082.51	1955.45
轻工业	Light Industry	0.24	0.11	0.22
重工业	Heavy Industry	2586.48	2082.40	1955.23
建筑业	Construction	0.20	0.14	0.13
(三)第三产业	Tertiary Industry	1.11	0.80	3.16
交通运输、仓储和邮政业	Transport, Storage and Post			
批发、零售业和住宿、餐饮业	Wholesale and Retail Trade, Hotels and Catering services	1.11	0.80	3.16
其　他	Others			
(四)人民生活	Residential Consumption	1.18		
城　镇	Cities and Towns	1.10		
乡　村	Rural Areas	0.08		
五、损失量	Losses			
运输、仓储损失	Losses in Transmission and Storage			
六、年末库存量	Stock of Year End	682.93	815.22	485.10

6-4 电力生产、外调、使用平衡表

BALANCE SHEET OF ELECTRICITY PRODUCTION, TRANSFER AND USE

单位：万千瓦小时 (10 000 kwh)

项 目	Item	2010	2015	2017
一、资 源	Resources	915400	1625200	4221100
一次能源生产量	Primary Energy Output	462100	1388500	2625400
外省市调入量	Transfer from Other Provinces	453300	236700	1595700
二、加工转换投入产出差数	Margin of Input and Output for Conversion	21043500	23186000	25029900
加工转换投入量	Input for Conversion			
加工转换产出量	Output for Conversion	21043500	23186000	25029900
三、外调出省、出口	Transfer to Other Provinces and Export	7358400	7439100	9344800
调给外省市	Transfer to Other Provinces	7358400	7439100	9344800
四、终端消费	Final Consumption	13812500	16440900	18935900
(一)第一产业	Primary Industry	351400	409700	411500
农林牧渔业	Farming, Forestry, Animal Husbandry And Fishery	351400	409700	411500
(二)第二产业	Secondry Industry	11273900	12802100	14696600
工 业	Industry	11112100	12633657	14481334
轻工业	Light Industry	284300	342795	348857
重工业	Heavy Industry	10827800	12290862	14132477
建筑业	Construction	161800	168443	215266
(三)第三产业	Tertiary Industry	1132400	1630400	2002900
交通运输、仓储和邮政业	Transport, Storage and Post	456300	543100	667600
批发、零售业和住宿、餐饮业	Wholesale and Retail Trade, Hotels and Catering services	201700	350400	431600
其 他	Others	474400	736900	903700
(四)人民生活	Residential Consumption	1054800	1598700	1824900
城 镇	Cities and Towns	641200	999300	1130400
乡 村	Rural Areas	413600	599400	694500
五、损失量	Losses	788000	931200	970300
输配损失	Losses in Distribution	788000	931200	970300

6-5 石油制品生产、外调、使用平衡表

BALANCE SHEET OF PETROLEUM PRODUCTS PRODUCTION, TRANSFER AND USE

单位：万吨标准煤 (10 000 tons SCE)

项　　目	Item	2010	2015	2017
一、资　源	Resources	1183.83	1203.88	1384.82
一次能源生产量	Stock of Year Beginning	64.27	72.76	62.00
外省市调入量	Transfer from Other Provinces	1119.56	1131.12	1322.82
二、加工转换投入产出差数	Margin of Input and Output for Conversion			
加工转换投入量	Input for Conversion			
加工转换产出量	Output for Conversion			
三、外调出省、出口	Transfer to Other Provinces and Export			29.30
调给外省市	Transfer to Other Provinces			29.30
四、终端消费	Final Consumption	1103.77	1133.29	1285.70
(一)第一产业	Primary Industry	100.14	61.04	73.77
农林牧渔业	Farming, Forestry, Animal Husbandry And Fishery	100.14	61.04	73.77
(二)第二产业	Secondry Industry	172.23	208.98	298.65
工　业	Industry	131.31	147.95	205.25
轻工业	Light Industry	2.39	1.64	1.11
重工业	Heavy Industry	128.91	146.31	204.14
建筑业	Construction	40.92	61.02	93.40
(三)第三产业	Tertiary Industry	743.48	780.31	837.46
交通运输、仓储和邮政业	Transport, Storage and Post	643.12	738.65	783.83
批发、零售业和住宿、餐饮业	Wholesale and Retail Trade, Hotels and Catering services	47.06	14.75	29.28
其　他	Others	53.30	26.90	24.35
(四)人民生活	Residential Consumption	87.92	82.95	75.82
城　镇	Cities and Towns	54.25	37.16	41.42
乡　村	Rural Areas	33.68	45.79	34.40
五、损失量	Losses	1.76	1.79	
运输、仓储损失	Losses in Transmission and Storage	1.76	1.79	
六、年末库存量	Stock of Year End	78.30	68.81	69.82

6-6 主要年份一、二次能源生产量及构成
PRODUCTION AND COMPOSITION OF PRIMARY AND SECONDARY ENERGY IN MAJOR YEARS

年 份 Year	一次能源产量(万吨标准煤) Primary Energy Production (10 000 tons of SCE)	占能源产量(%) Percentage			加工转换能源占一次能源产量(%) Conversion As Percentage of Primary Energy (%)			
		原 煤 Coal	风、光、水电 Wind,Solar and Hydro Power	煤层气 Gas		火 电 Thermal Power	洗精煤及其他洗煤 Washed Coal	焦 炭 Coke
1980	10310.32	99.71	0.18	0.04	11.28	4.68	3.02	3.57
1985	18237.45	99.82	0.16	0.02	8.85	4.06	2.23	2.56
1990	24341.19	99.86	0.13	0.01	17.08	5.37	5.29	6.42
1995	29760.94	99.88	0.10	0.02	38.73	6.77	14.67	17.29
2000	21457.60	99.63	0.31	0.06	53.72	11.44	19.79	22.50
2005	47233.52	99.74	0.17	0.09	47.04	11.05	19.58	16.41
2010	63326.74	99.45	0.23	0.32	47.20	13.43	20.77	13.00
2011	74481.77	99.55	0.26	0.19	45.31	12.46	21.05	11.80
2012	78182.88	99.30	0.47	0.23	45.89	12.62	22.57	10.70
2013	68925.26	98.95	0.45	0.60	70.36	11.44	46.13	12.79
2014	68426.78	98.83	0.52	0.65	71.69	11.54	47.71	12.44
2015	72488.91	98.76	0.60	0.64	64.86	9.95	44.14	10.77
2016	63030.18	98.21	0.99	0.80	74.80	11.36	50.82	12.62
2017	65901.20	97.94	1.23	0.83	75.78	11.72	51.71	12.36
2018	70766.55	97.63	1.51	0.87	71.97	11.83	47.43	12.71

6-7 主要年份煤炭消费量
COAL CONSUMPTION IN MAJOR YEARS

单位：万吨 (10 000 tons)

年 份 Year	总 计 Total	生产建设消费 Production and Construction Consumption			生活用 Living Consumption
			#发 电 Electricity Generation	#炼 焦 Coking	
1980	4326	3378	727	642	948
1985	5566	4539	1028	1169	1027
1990	7292	6451	1692	2383	841
1995	13373	12757	2717	7264	616
2000	12704	12179	3128	6298	525
2005	22631	21811	6550	11208	820
2010	28180	27098	9968	11640	1082
2011	30896	29702	10980	12498	1194
2012	31085	29840	11547	11800	1245
2013	33062	32043	12271	12334	1019
2014	32056	31078	11597	11971	978
2015	29428	28497	10248	10914	931
2016	30061	29124	10324	10969	937
2017	32171	31193	12112	11161	978

注：本表煤炭消费量包括终端消费量和用于加工转换消费量。

Note：Data of coal consumption in this table includes end-use consumption and consumption during the process of energy conversion.

6-8 主要年份石油制品、焦炭消费量

PETROLEUM PRODUCTS AND COKE CONSUMPTION IN MAJOR YEARS

单位：吨 (ton)

年 份 Year	石油制品(标准煤) Petroleum Products (SCE)	#工业交通 Industry And Transportation	#农 业 Agriculture	焦 炭 Coke	#工业生产 Industry	#建 筑 Construction
1980	1084440	684270	351519	2995572	2553669	9840
1985	1582990	913600	462500	3698900	3118000	17500
1990	1987500	1481400	380400	8326800	7611200	12100
1995	2581000	1828700	449300	12764800	10114700	40800
2000	2751900	1988800	455100	12769000	10103000	62000
2005	5374600	4169400	524300	21399000	20405000	89000
2010	11037700	7744300	1001400	25892200	25867300	2000
2011	11105000	8238700	1004700	25585500	25546900	1500
2012	11296100	8331900	1068700	29385500	29344200	1600
2013	11481700	8876600	597500	21455900	21435500	300
2014	10929900	8677400	583400	21776900	21772000	300
2015	11332800	8866160	610400	20834500	20825100	1400
2016	11880100	9273100	678000	21981000	21978200	1200
2017	12857000	9890800	737700	19587400	19554500	1300

6-9 主要年份社会用电量

TOTAL ELECTRICITY CONSUMPTION IN MAJOR YEARS

单位：万千瓦小时 (10 000 kwh)

年 份 Year	社会用电量 Total Consumption	#农 业 Agriculture	#工 业 Industry	#电力工业 Electricity	#化学工业 Chemistry	#煤炭工业 Coal	#黑色金属 Ferrous Metal	#交通运输 Transportation	#市政生活 Civicism
1980	1185877	171092	962483	248288	218915	146197	121300	5502	46798
1985	1634743	159100	1343101	321440	268079	232152	173668	37281	85000
1990	2552179	146279	2127321	480095	403856	386180	272555	89230	157301
1995	3782338	232387	3280436	809643	547112	553580	391889	121693	298126
2000	5020917	261338	4114046	939969	684945	603963	493088	147750	392327
2005	9463268	356384	7873556	1704567	1380229	1101659	1223916	310704	701698
2010	14600467	351399	11900099	2725517	1323372	1718512	2096358	456362	1482910
2011	16504098	387461	13451317	2933961	1500490	1943094	2223308	507130	1651314
2012	17657848	373888	14340495	3261393	1646993	2129660	2491088	519249	1659972
2013	18323479	378267	14755243	3252894	1676244	2347403	2624159	557756	1824445
2014	18226274	378518	14521438	3416360	1548017	2339848	2543894	587914	1926674
2015	17372078	409692	13564889	3187532	1511069	2359723	2360362	543134	2012292
2016	17971804	384500	13910563	3334719	1501452	2374025	2166583	584274	2152262
2017	19906135	411497	15451576	3583409	1719173	2588149	2291906	667569	2312858
2018	21605278	429615	16671156	3723253	1745432	2878202	2566796	725063	2654820

6-10 主要年份能源生产弹性系数

ELASTICITY RATIO OF ENERGY PRODUCTION IN MAJOR YEARS

单位：%　　(%)

年 份 Year	能源生产比上年增长 Growth Rate of Energy Production Over Preceding Year	电力生产比上年增长 Growth Rate of Electricity Over Preceding Year	地区生产总值比上年增长 Growth Rate of Gross Domestic Product Over Preceding Year	能源生产弹性系数 Elasticity Ratio of Energy Production	电力生产弹性系数 Elasticity Ratio of Electricity Production
1980	11.10	5.38	2.0	5.55	2.69
1985	14.46	10.18	7.1	2.04	1.43
1990	3.96	3.64	5.0	0.79	0.73
1995	5.26	10.73	12.0	0.44	0.89
2000	1.12	9.62	9.4	0.12	1.02
2005	10.85	21.59	13.5	0.80	1.60
2010	24.87	14.97	14.0	1.78	1.07
2011	15.75	9.01	12.9	1.22	0.70
2012	4.94	8.13	10.1	0.49	0.80
2013	5.62	3.57	8.9	0.63	0.40
2014	-3.22	0.22	4.9	-0.66	0.04
2015	3.95	-7.16	3.1	1.27	-2.31
2016	-16.05	2.16	4.5	-3.57	0.48
2017	-1.24	10.16	7.0	-0.18	1.45
2018	13.48	11.65	6.7	2.01	1.74

6-11 主要年份能源消费弹性系数

ELASTICITY RATIO OF ENERGY CONSUMPTION IN MAJOR YEARS

单位：%　　(%)

年 份 Year	能源消费比上年增长 Growth Rate of Energy Consumption Over Preceding Year	电力消费比上年增长 Growth Rate of Electricity Consumption Over Preceding Year	地区生产总值比上年增长 Growth Rate of Gross Domestic Product Over Preceding Year	能源消费弹性系数 Elasticity Ratio of Energy Consumption	电力消费弹性系数 Elasticity Ratio of Electricity Consumption
1980	3.92	-4.22	2.00	1.96	-2.11
1985	10.25	14.85	7.10	1.44	2.09
1990	-0.19	2.98	5.00	-0.04	0.60
1995	10.03	10.82	12.00	0.84	0.90
2000	3.60	11.61	9.40	0.38	1.24
2005	8.61	14.24	13.50	0.64	1.05
2010	7.91	15.47	14.00	0.57	1.11
2011	8.97	14.12	12.90	0.70	1.09
2012	5.57	6.10	10.10	0.55	0.60
2013	4.85	3.53	8.90	0.54	0.40
2014	0.51	-0.31	4.90	0.10	-0.06
2015	-2.41	-4.75	3.10	-0.78	-1.53
2016	0.09	3.82	4.50	0.02	0.85
2017	3.38	10.93	7.00	0.48	1.56

6-12 主要年份能源加工转换投入产出情况
EFFICIENCY OF ENERGY CONVERSION IN MAJOR YEARS

年 份 Year	投入及转换总效率 Total Efficiency		发电及供热投入原煤(万吨) Coal Input in Electricity And Heat (10 000 tons)	洗选加工投入原煤(万吨) Coal Input in Washing (10 000 tons)
	投入总量(万吨标准煤) Total Input (10 000 tons of SCE)	投入产出总效率(%) Efficiency(%)		
1980	1512.30	54.35	727.18	617.16
1985	2214.09	61.77	1108.00	802.00
1990	4792.46	73.22	1812.74	2162.71
1995	13076.80	82.56	2946.49	6864.89
2000	12867.25	81.44	3127.88	6958.75
2005	25291.10	79.72	6597.20	14652.96
2010	34407.94	80.18	9977.89	20225.00
2011	39760.22	80.86	11085.49	24827.28
2012	42285.31	81.08	11742.37	28952.95
2013	63122.88	86.20	12566.48	62776.72
2014	62427.14	86.40	12029.82	66236.01
2015	60696.06	86.49	10895.02	63383.77
2016	56916.32	86.02	10625.63	60609.49
2017	56471.69	85.57	12339.77	64259.76

年 份 Year	炼焦投入量 Input in Coking		制气投入原 煤(万吨) Coal Input in Making Gas (10 000 tons)	产出总量(万吨标准煤) Total Output (10 000 tons of SCE)
	原 煤(万吨) Coal (10 000 tons)	洗精煤(万吨) Cleaned Coal (10 000 tons)		
1980	474.00	168.00		821.90
1985	834.00	234.74		1367.69
1990	1772.80	610.24	72.59	3509.20
1995	3964.26	3298.52	63.97	10796.47
2000	3250.02	3045.74	58.03	10478.69
2005	2633.60	8571.16	136.14	20161.30
2010	223.61	11414.74	33.76	27587.12
2011	297.20	12180.33	55.57	32149.49
2012	67.32	11732.62	55.09	34283.93
2013	25.27	12309.16	52.79	54410.16
2014	26.23	11943.36	42.99	55508.26
2015	32.07	10882.20	24.80	52493.20
2016	32.99	10935.80	99.76	48959.49
2017	123.80	11037.49	95.03	48321.88

注：本表炼焦产出的焦炉煤气从2005年起包括了加热炼焦炉用气；2013年以前洗精煤为炼焦洗精煤，以后为炼焦洗精煤加动力洗精煤。

Note: The gas output of coking in this table includes the gas used to heat up the coke ovens from 2005. Cleaned coal refers to coking coal and power coal after 2013, while it refers to coking coal in the previous years.

6-12 续表 continued

年 份 Year	发电及供热产出 Output of Electricity And Heat		炼焦产出 Output of Coking	
	电 力 (万千瓦小时) Electricity (10 000 kwh)	热 力 (万百万千焦) Heat (10 billion kilo-joule)	焦 炭 (万吨) Coke (10 000 tons)	焦炉煤气 (万立方米) Gas (10 000 cu.m)
1980	1156600		320.95	
1985	1777200	1297.88	568.66	55634
1990	3068800	2324.00	1586.57	81600
1995	4988500	3930.40	5294.97	159800
2000	6087300	2367.70	4967.22	179900
2005	12916500	6020.60	7981.04	1440000
2010	21043500	12089.93	8476.44	1607200
2011	22964500	14472.47	9047.91	1868200
2012	24429600	16014.55	8612.66	1674300
2013	25513000	17916.84	9022.40	1780300
2014	25460100	19810.66	8765.84	1709900
2015	23186000	23630.29	8039.88	1600600
2016	23092900	27215.90	8185.98	1595100
2017	25029900	31548.05	8383.14	1631000

年 份 Year	洗选煤产出 Output of Washed Coal		制气产出 Output of Making Gas	
	洗精煤 (万吨) Cleaned Coal (10 000 tons)	其他洗煤 (万吨) Others (10 000 tons)	焦炉煤气 (万立方米) Coke Gas (10 000 cu.m)	其他煤气 (万立方米) Others (10 000 cu.m)
1980	409.00			
1985	518.55	158.91		
1990	1429.65	366.30	9400	136400
1995	4850.20	710.59	1100	230000
2000	4818.21	590.05		191800
2005	10275.88	1327.49		417900
2010	14863.17	3537.38		101600
2011	17426.68	4652.97		168300
2012	19604.71	5698.09		156000
2013	34615.00	24428.00		117900
2014	35974.94	24563.82		84600
2015	35577.81	19983.52		54200
2016	22458.30	32452.00		224700
2017	21346.04	32019.97		239000

6-13 终端能源消费量和构成(2017年)

单位：万吨标准煤

项 目	Ietm	合 计 Total
消费总计	**Total Consumption**	**16836.79**
一、第一产业	Primary Industry	323.60
农林牧渔业	Farming, Forestry, Animal Husbandry And Fishery	323.60
二、第二产业	Secondry Industry	12712.58
工 业	Industry	12546.50
轻工业	Light Industry	189.08
重工业	Heavy Industry	12357.42
建筑业	Construction	166.08
三、第三产业	Tertiary Industry	2125.80
交通运输、仓储及邮电通讯业	Transport, Storage, Post and Telecommunication	1171.72
批发、零售业和住宿、餐饮业	Wholesale and Retail Trade, Hotels and Catering Services	407.14
其 他	Others	546.94
四、人民生活	Residential Consumption	1674.81
部门构成 (%)	**Composition of Department(%)**	
消费总计	**Total Consumption**	**100.00**
一、第一产业	Primary Industry	1.92
农林牧渔业	Farming, Forestry, Animal Husbandry And Fishery	1.92
二、第二产业	Secondry Industry	75.50
工 业	Industry	74.52
轻工业	Light Industry	1.12
重工业	Heavy Industry	73.40
建筑业	Construction	0.99
三、第三产业	Tertiary Industry	12.63
交通运输、仓储及邮电通讯业	Transport, Storage, Post and Telecommunication	6.96
批发、零售业和住宿、餐饮业	Wholesale and Retail Trade, Hotels and Catering Services	2.42
其 他	Others	3.25
四、人民生活	Residential Consumption	9.95
品种构成 (%)	**Composition of Variety(%)**	
消费总计	**Total Consumption**	**100.00**
一、第一产业	Primary Industry	**100.00**
农林牧渔业	Farming,Forestry,Animal Husbandry And Fishery	100.00
二、第二产业	Secondry Industry	100.00
工 业	Industry	100.00
轻工业	Light Industry	100.00
重工业	Heavy Industry	100.00
建筑业	Construction	100.00
三、第三产业	Tertiary Industry	100.00
交通运输、仓储和邮政业	Transport,Storage and Post	100.00
批发、零售业和住宿、餐饮业	Wholesale and Retail Trade, Hotels and Catering Services	100.00
其 他	Others	100.00
四、人民生活	Residential Consumption	100.00

CONSUMPTION AND COMPOSITION OF TERMINAL ENERGY(2017)

(10 000 tons of SCE)

原 煤 Coal	洗精煤及其他洗煤 Washed Coal and Others	焦 炭 Coke	石油制品 Petroleum Products	电 力 Electricity	天然气煤气及其他 Natural Gas, Gas and Others
4281.02	**362.36**	**1902.72**	**1285.70**	**5788.91**	**3216.08**
124.03			73.77	125.80	
124.03			73.77	125.80	
3419.43	174.01	1899.65	298.65	4492.91	2427.93
3414.39	174.01	1899.53	205.25	4427.09	2426.24
62.25	0.19	0.21	1.11	106.65	18.66
3352.14	173.81	1899.31	204.14	4320.44	2407.58
5.04		0.13	93.40	65.82	1.69
361.45		3.07	837.46	612.31	311.51
53.84			783.83	204.09	129.95
135.77		3.07	29.28	131.94	107.08
171.84			24.35	276.27	74.48
376.11	188.36		75.82	557.89	476.64
100.00	**100.00**	**100.00**	**100.00**	**100.00**	**100.00**
2.90			5.74	2.17	
2.90			5.74	2.17	
79.87	48.02	99.84	23.23	77.61	75.49
79.76	48.02	99.83	15.96	76.48	75.44
1.45	0.05	0.01	0.09	1.84	0.58
78.30	47.97	99.82	15.88	74.63	74.86
0.12		0.01	7.26	1.14	0.05
8.44		0.16	65.14	10.58	9.69
1.26			60.97	3.53	4.04
3.17		0.16	2.28	2.28	3.33
4.01			1.89	4.77	2.32
8.79	51.98		5.90	9.64	14.82
25.43	**2.15**	**11.30**	**7.64**	**34.38**	**19.10**
38.33			**22.80**	**38.87**	
38.33			22.80	38.87	
26.90	1.37	14.94	2.35	35.34	19.10
27.21	1.39	15.14	1.64	35.29	19.34
32.92	0.10	0.11	0.59	56.41	9.87
27.13	1.41	15.37	1.65	34.96	19.48
3.04		0.08	56.24	39.63	1.01
17.00		0.14	39.39	28.80	14.65
4.60			66.90	17.42	11.09
33.35		0.75	7.19	32.41	26.30
31.42			4.45	50.51	13.62
22.46	11.25		4.53	33.31	28.46

6-14 分行业能源消费总量(2017年)

单位：万吨标准煤

行 业	Sector	能源消费总量 Total Energy Consumption
消费总计	**Total**	**20057.23**
农、林、牧、渔业	**Farming, Forestry, Animal Husbandry And Fishery**	**323.60**
工 业	**Industry**	**15766.93**
轻工业	Light Industry	217.54
重工业	Heavy Industry	15549.40
按工业行业分	Grouped by Industry Sector	
采矿业	Mining	4191.35
煤炭开采和洗选业	Coal Mining and Dressing	3973.52
石油和天然气开采业	Petroleum and Natural Gas Extraction	25.60
黑色金属矿采选业	Ferrous Metals Mining and Dressing	128.85
有色金属矿采选业	Nonferrous Metals Mining and Dressing	31.08
非金属矿采选业	Nonmetal Minerals Mining and Dressing	10.04
开采辅助活动	Mining Auxiliary Activities	
其他采矿业	Other Minerals Mining	22.26
制造业	Manufacturing	10158.25
农副食品加工业	Farm and Sideline Food Processing	27.54
食品制造业	Food Manufacturing	19.93
酒、饮料和精制茶制造业	Alcohol, Beverage and Refined Tea Manufacturing	23.41
烟草制品业	Tobacoo Manufaturing	0.85
纺织业	Textile Industry	8.78
纺织服装、服饰业	Manufacture of Garments and Accessories	5.19
皮革、毛皮、羽毛及其制品和制鞋业	Manufacture of Leather, Fur, Feather and their Products and Footwear	0.15
木材加工和木、竹、藤、棕、草制品业	Processing of Timber, Manufacture of Wood, Bamboo, Rattan, Palm, and Straw Products	2.31
家具制造业	Manufacture of Funiture	0.66
造纸和纸制品业	Manufacture of Paper and Paper Products	20.40
印刷和记录媒介复制业	Printing and Record Medium Reproduction	1.89
文教、工美、体育和娱乐用品制造业	Manufacture of Articles For Culture, Education and Sport Activity	0.84

TOTAL ENERGY CONSUMPTION BY SECTOR(2017)

(10 000 tons of SCE)

煤 炭 (万吨) Coal (10 000 tons)	电 力 (亿千瓦小时) Electricity (100 million kwh)	焦 炭 (万吨) Coke (10 000 tons)	汽 油 (万吨) Gasoline (10 000 tons)	柴 油 (万吨) Diesel Oil (10 000 tons)
32170.52	**1990.62**	**1958.74**	**257.71**	**559.82**
173.64	**41.15**		**23.50**	**26.90**
30505.62	**1545.16**	**1955.45**	**28.72**	**87.34**
213.78	34.89	0.22	0.33	0.42
30291.84	1510.28	1955.23	28.39	86.91
2034.64	318.75	24.00	13.75	64.64
1997.82	258.81	19.57	13.61	57.38
	6.26		0.10	0.01
36.55	33.78	4.42	0.05	5.74
0.24	9.40	0.02		1.48
0.03	3.20			0.03
	7.28			
17052.27	821.29	1931.45	12.95	21.48
8.75	6.30		0.08	0.03
7.02	2.77	0.02	0.06	0.06
13.44	2.84		0.05	0.05
	0.15			
7.41	1.01		0.01	0.01
0.70	1.37		0.02	0.04
0.04	0.04			
	0.75			
0.01	0.21		0.01	
14.88	3.02		0.01	0.04
	0.54		0.03	0.07
0.20	0.07	0.10	0.01	0.01

6-14 续表

单位：万吨标准煤

行　业	Sector	能源消费总量 Total Energy Consumption
石油加工、炼焦和核燃料加工业	Petroleum Processing ,Coking and Nuclear Fuel Processing	1340.79
化学原料和化学制品制造业	Manufacture Raw Chemical Materials and Chemical Products	2048.88
医药制造业	Manufacture of Medical Products	59.82
化学纤维制造业	Manufacture of Chemical Fibers	15.72
橡胶和塑料制品业	Manufacture of Rubber and Plastic Products	24.37
非金属矿物制品业	Manufacture of Nonmetals Mineral Products	1052.01
黑色金属冶炼和压延加工业	Smelting and Pressing of Ferrous Metals	3802.24
有色金属冶炼和压延加工业	Smelting and Pressing of Nonferrous Metals	1400.08
金属制品业	Manufacture of Metal Products	100.03
通用设备制造业	Manufacture of Universal Purpose Equipment	34.36
专用设备制造业	Manufacture of Special Purpose Equipment	66.32
汽车制造业	Manufacture of Motor Vehicles	15.93
铁路、船舶、航空航天和其他运输设备制造业	Manufacture of Railways, Ships, Aviation, Aircrafts and Other Transportation Equipments	15.49
电气机械和器材制造业	Manufacture of Electrical Equipment and Machinery	8.41
通信设备、计算机和其他电子设备制造业	Manufacture of Computer, Telecommunication and Other Electronic Equipments	23.53
仪器仪表制造业	Manufacture of Measuring Instrument and Machinery	2.05
其他制造业	Other Manufacturing	32.35
废弃资源综合利用业	Comprehensive Utilization of Waste	3.89
金属制品、机械和设备修理业	Repair of Metal Products, Machinery and Equipment	0.03
电力、热力、燃气及水生产和供应业	Production and Supply of Electricity, Heat, Gas and Water	1417.34
电力、热力生产和供应业	Production and Supply of Electricity and Heat	1273.52
燃气生产和供应业	Production and Supply of Gas	87.19
水的生产和供应业	Production and Supply of Water	56.63
建筑业	**Construction**	**166.08**
交通运输、仓储和邮政业	**Transport, Storage and Post**	**1171.71**
批发、零售业和住宿、餐饮业	**Wholesale and Retail Trade, Hotels and Catering Services**	**407.14**
人民生活及其他	**Residential Consumption and Others**	**2221.76**

continued

(10 000 tons of SCE)

煤 炭 (万吨) Coal (10 000 tons)	电 力 (亿千瓦小时) Electricity (100 million kwh)	焦 炭 (万吨) Coke (10 000 tons)	汽 油 (万吨) Gasoline (10 000 tons)	柴 油 (万吨) Diesel Oil (10 000 tons)
10046.93	55.79	0.21	2.42	3.09
1664.29	171.92	21.44	2.36	1.19
34.21	10.19		0.06	0.12
	5.14			
0.78	7.12		0.03	0.13
926.73	74.25	4.57	1.33	6.31
2593.90	229.19	1894.32	4.56	8.74
1587.25	168.41	1.13	1.26	0.97
6.10	25.28	9.07	0.10	0.14
1.41	10.68	0.04	0.08	0.09
5.44	19.00		0.18	0.15
2.01	3.24	0.44	0.09	0.14
2.75	2.69		0.04	0.03
0.22	2.37		0.05	0.02
0.18	6.46		0.05	0.02
	0.65		0.04	
127.61	8.59			0.03
	1.24	0.10		
			0.02	
11418.71	405.13		2.02	1.22
11418.35	358.34		1.91	1.21
	28.37		0.07	
0.36	18.42		0.04	0.01
7.06	**21.53**	**0.13**	**18.22**	**44.72**
75.38	**66.76**		**115.53**	**389.76**
190.07	**43.16**	**3.16**	**10.58**	**9.28**
1218.80	**272.86**		**61.16**	**1.82**

主要统计指标解释

能源资源 指报告期全省各种能源资源总量。能源品种包括原煤、洗精煤、其他洗煤、焦炭、原油、汽油、柴油、煤油、燃料油、天然气、焦炉煤气、其他煤气、其他焦化制品、热力、电力等品种。能源资源组成包括三部分：

1.期初、期末库存量是指一定时点各种能源的库存量。

2.一次能源生产量是指报告期一次能源的生产量，其中包括原煤、原油、天然气、水电、风电、太阳能发电等的生产量。由一次能源加工转换产出的二次能源产量不包括在内。

3.外省市调入量是指报告期调入的各种能源数量。我省从外省市调入的能源主要是石油制品：汽油、柴油、煤油、燃料油、天然气及电网交界处输入部分电力和相邻省调入的部分煤炭。

能源消费总量 是指报告期全省用于生产、生活的各种能源消费量的总和。能源消费总量按标准煤折算。能源消费总量中包括：煤品、油品、天然气、电力等。能源消费总量包括三部分：

1.能源终端消费量 指报告期全省物质生产部门、非物质生产部门的各种能源消费量。不包括加工转换损失量和运输、管理中的损失量。

2.能源加工转换损失量 指全省投入加工转换的各种能源数量和与产出能源及制品之和的差数，是能源加工转换过程的消费量，也称加工转换损失量。

3.损失量 指能源的运输、储存中发生的经营管理损失量，包括煤炭库存中的水冲、自燃等损失量。

能源生产弹性系数 是研究能源生产量的增长与国民经济增长之间关系的指标。国民经济年平均增长速度，可根据不同目的的需要，用工农业总产值、国内生产总值等指标来计算，本资料是采用国内生产总值指标计算的。其计算公式为：

$$能源生产弹性系数=\frac{能源生产量年平均增长速度}{国内生产总值年平均增长速度}\times 100\%$$

电力生产弹性系数 是研究电力生产的增长与国民经济增长之间关系的指标。其计算公式为：

$$电力生产弹性系数=\frac{电力生产量年平均增长速度}{国内生产总值年平均增长速度}\times 100\%$$

能源消费弹性系数 是反映能源消费增长速度与国民经济增长速度之间比例关系的指标。其计算公式为：

$$能源消费弹性系数=\frac{能源消费年平均增长速度}{国内生产总值年平均增长速度}\times 100\%$$

电力消费弹性系数 是反映电力消费增长速度与国民经济增长速度之间比例关系的指标。其计算公式为：

$$电力消费弹性系数=\frac{电力消费年平均增长速度}{国内生产总值年平均增长速度}\times 100\%$$

能源加工转换效率 是指报告期内一次能源产品经过加工转换后，产出的各种能源产品及其制品的数量，与同期投入加工转换的各种一次能源数量的比率。它是观察能源加工转换装置和生产工艺先进与落后、管理水平高低等的重要指标。

Explanatory Notes on Main Statistical Indicators

Energy Resources refers to total resources of all energy in the province in the reference period. It includes coal, washed coal, other washed coal, coke, crude oil, gasoline, diesel oil, kerosene, fuel oil, natural gas, gas and other gas, other coking products, heat and electricity, etc. It includes three parts:

1. Stock in the beginning and end of the year refers to stock of all kind of energy at a certain point of time.

2. Primary Energy Production refers to the total production of primary energy in the reference period, including production of coal, crude oil, natural gas, hydropower, wind power and solar power, excluding secondary energy converted from the primary energy.

3. Energy Quantity Transferred from other Province refers to energy quantity transferred in a given period of time. Energy transferred from other province mostly is crude oil product including gasoline, diesel oil, kerosene, fuel oil, natural gas, some electricity input in the juncture of electricity nets, and some coals.

Total Energy Consumption refers to the total consumption of various kinds by production and households in the province in a given period of time. It is converted by SCE. The total energy includes that of coal, crude oil and their products, natural gas and electricity, etc. It can be divided into three parts:

1. Final energy consumption refers to total energy consumption by material production sectors, non-material production sectors in the province in a given period of time, but excludes the loss in the conversion and transportation.

2. Loss during the Process of Energy Conversion refers to the total input of various kinds of energy for conversion, minus total output of various kinds of energy in the province in a given period of time. It is energy consumption during the process of energy conversion, also called loss of energy conversation.

3. Loss refers to the loss of energy during the course of energy transportation and storage, include coal loss caused by washed away by the water and self-ignite in the storage.

Elasticity Ratio of Energy Production refers to indicators to show the relationship between the growth rate of energy production and the growth rate of the national economy. Average annual growth rate of national economy can be shown by the gross domestic product, gross output value of industry and agriculture, depending upon the purposes or need. The gross domestic product is used in calculation of the indicator in this chapter. The formula is:

$$\text{Elasticity Ratio of Energy Production} = \frac{\text{Average Annual Growth Rate of Energy Production}}{\text{Average Annual Growth Rate of Gross Demestic Product}} \times 100\%$$

Elasticity Ratio of Electricity Production refers to indicators to show the relationship between the growth rate of electricity production and the growth rate of the national economy. The formula is:

$$\text{Elasticity Ratio of Electricity Production} = \frac{\text{Average Annual Growth Rate of Electricity Production}}{\text{Average Annual Growth Rate of Gross Demestic Product}} \times 100\%$$

Elasticity Ratio of Energy Consumption refers to indicators to show the relationship between the growth rate of energy consumption and the growth rate of the national economy. The formula is:

$$\text{Elasticity Ratio of Energy Consumption} = \frac{\text{Average Annual Growth Rate of Energy Consumption}}{\text{Average Annual Growth Rate of Gross Demestic Product}} \times 100\%$$

Elasticity Ratio of Electricity Consumption refers to indicators to show the relationship between the growth rate of electricity consumption and the growth rate of the national economy. The formula is:

$$\text{Elasticity Ratio of Electricity Consumption} = \frac{\text{Average Annual Growth Rate of Electricity Consumption}}{\text{Average Annual Growth Rate of Gross Demestic Product}} \times 100\%$$

Efficiency of Energy Processing and Conversion refers to the ratio of the total output of energy products of various kinds after processing and conversion and the total input of energy of various kinds for processing and conversion in the same reference period. It is an important indicator to show the current conditions of energy processing and conversion equipment, production technique and management.

7

固定资产投资

INVESTMENT IN FIXED ASSETS

资料整理人员

邸慧东　芦巧娟　任启龙

固定资产投资
INVESTMENT IN FIXED ASSETS

固定资产投资增速	Growth Rate of Investment in Fixed Assets	5.7	(%)
第一产业	Primary Industry	-54.4	(%)
第二产业	Secondary Industry	8.2	(%)
第三产业	Tertiary Industry	14.0	(%)

固定资产投资总额构成 (%)
Composition of Investment in Fixed Assets (%)

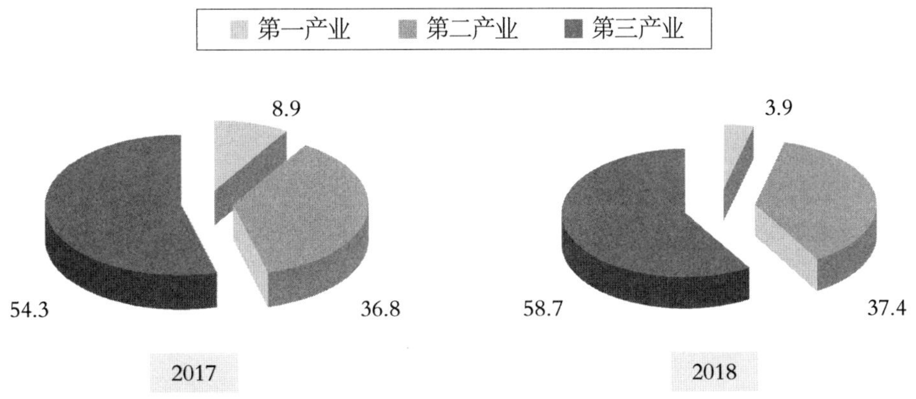

固定资产投资增速 (%)
Growth Rate of Investment in Fixed Assets (%)

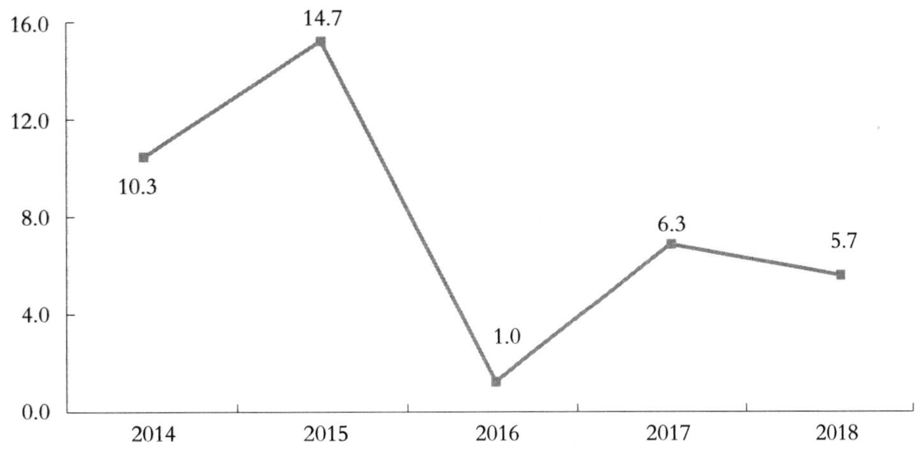

7-1 全社会固定资产投资主要指标增长速度(2018年)
GROWTH RATE OF MAJOR INDICATORS OF TOTAL INVESTMENT IN FIXED ASSETS(2018)

单位：% (%)

指 标	Item	2018
一、投资总额	**Total**	**5.1**
#房地产开发投资	Real Estate Investment	18.0
#农户投资	Rural Households Investment	-19.1
1.按登记注册类型分	Grouped by Type of Registration Status	
内 资	Domestic-funded Enterprises	5.2
港、澳、台商投资	Enterprises with Investment from Hong Kong, Macao and Taiwan	-8.9
外商投资	Enterprises with Foreign Investment	22.7
2. 按控股情况分	Grouped by Share Holding	
国有控股	State-owned Enterprises	23.3
集体控股	Collective-owned Enterprises	-44.6
私人控股	Private Enterprises	-7.0
港澳台商控股	Enterprises with Investment from Hong Kong, Macao and Taiwan	9.3
外商控股	Enterprises with Foreign Investment	-12.7
其 他	Others	13.1
3.按构成分	Grouped by Composition	
建筑安装工程	Construction and Installation	1.6
设备工器具购置	Purchase of Equipment and Instruments	11.5
其他费用	Other Expenses	18.2
4.按三次产业分	Grouped by Type of Industry	
第一产业	Primary Industry	-47.9
第二产业	Secondary Industry	8.2
第三产业	Tertiary Industry	12.2
二、房屋建筑面积(万平方米)	**Floor Space of Buildings (10 000 sq.m)**	
本年房屋施工面积	Floor Space of Buildings Under Construction This Year	21807
#住 宅	Residential Buildings	15100
本年房屋竣工面积	Floor Space of Buildings Completed This Year	3891
#住 宅	Residential Buildings	3040
三、本年资金来源小计	**Total Sources of Funds This Year**	**11.4**
国家预算内资金	State Budgetary Appropriation	13.2
国内贷款	Domestic Loans	23.2
利用外资	Foreign Investment	-77.2
自筹资金	Self-Raised Funds	7.6
其 他	Others	14.9

注：2018年起,固定资产投资项目到位资金统计范围由计划总投资500万元以上调整为5000万元及以上项目,增速为可比口径,后同。

Note: Since 2018, the new coverage of actual funds for investment in fixed assets has changed from 5 million yuan and above to 50 million yuan and above. The growth rate is comparable. The same applies to the relevant tables following.

7-2　按国民经济行业分全社会固定资产投资增长速度(2018年)

GROWTH RATE OF TOTAL INVESTMENT IN FIXED ASSETS BY ECONOMIC SECTOR(2018)

单位：%　　　　(%)

行　业	Sector	全社会固定资产投资 Total Investment in Fixed Assets	#农户投资 Rural Households Investment
总　计	**Total**	**5.1**	**-19.1**
农、林、牧、渔业	Farming, Forestry, Animal Husbandry and Fishery	-47.5	-1.2
采矿业	Mining	-2.6	
制造业	Manufacturing	14.5	-9.2
电力、热力、燃气及水生产和供应业	Production and Supply of Electricity, Heat, Gas and Water	5.9	
建筑业	Construction	-77.5	-2.1
批发和零售业	Wholesale and Retail Trade	-44.3	4.5
交通运输、仓储和邮政业	Transport, Storage and Post	22.1	-6.1
住宿和餐饮业	Hotels and Catering Services	-52.4	8.9
信息传输、软件和信息技术服务业	Information Transmission, Software and Information Technology Services	24.5	
金融业	Banking and Insurance	-15.9	
房地产业	Real Estate Trade	11.6	-29.5
租赁和商务服务业	Lease and Business Affairs Services	45.5	-4.5
科学研究和技术服务业	Scientific Reseach and Technical Services	-14.5	
水利、环境和公共设施管理业	Management of Water Conservancy, Environmental and Public Facilities	16.9	
居民服务、修理和其他服务业	Resident Services, Repair and Other Services	-24.0	-2.4
教　育	Education	32.6	7.6
卫生和社会工作	Health Care and Social Work	8.6	7.2
文化、体育和娱乐业	Culture, Sports and Recreation	78.7	-4.7
公共管理、社会保障和社会组织	Public Management, Social Security and Social Organization	-30.4	-100.0

7-3 固定资产投资主要指标增长速度(2018年)

GROWTH RATE OF MAJOR INDICATORS OF INVESTMENT IN FIXED ASSETS(2018)

单位：%　　(%)

指　标	Item	2018
一、投资总额	**Total Investment**	**5.7**
#国有经济控股	State-Controlled Share Holding	22.3
#工　业	Industry	7.7
1.按隶属关系分	Grouped by Administrative Relationship	
中　央	Central Investment	21.4
地　方	Local Investment	5.0
2.按登记注册类型分	Grouped by Type of Registration Status	
内　资	Domestic-Funded Enterprises	5.8
港、澳、台商投资	Enterprises with Investment from Hong Kong, Macao and Taiwan	-8.9
外商投资	Enterprises with Foreign Investment	22.7
3.按构成分	Grouped by Composition	
建筑安装工程	Construction and Installation	1.7
设备工器具购置	Purchase of Equipment and Instruments	13.4
其他费用	Others	20.4
4.按建设性质分(不含房地产投资)	Grouped by Type of Construction	
新　建	New Construction	7.9
扩　建	Expansion	-19.0
改建和技术改造	Reconstruction and Technical Reformation	-7.7
单纯建造生活设施	Construction of Living Facilities	-24.7
其　他	Others	12.0
5.按三次产业分	Grouped by Type of Industry	
第一产业	Primary Industry	-54.4
第二产业	Secondary Industry	8.2
第三产业	Tertiary Industry	14.0
二、建设项目(个)	**Construction Projects (unit)**	
施工项目	Projects Under Construction	9561
#本年新开工	Projects Newly Started This Year	6281
本年投产项目	Projects Put into Use This Yesr	4226
三、房屋建筑面积(万平方米)	**Floor Space of Buildings (10 000 sq.m)**	
本年施工房屋面积	Floor Space Under Construction	19890
#住　宅	Residential Buildings	13316
本年竣工房屋面积	Floor Space Completed	2029
#住　宅	Residential Buildings	1338
四、投资资金来源合计	**Grouped by Source of Funds**	**13.3**
上年结余资金	Balance of Funds Last Year	14.7
本年资金来源小计	Subtotal Source of Funds This Year	13.0
国家预算内资金	State-budgetary Appropriation	20.2
国内贷款	Domestic Loans	13.1
利用外资	Foreign Investment	-77.2
自筹资金	Self-raised Funds	11.0
其　他	Others	16.6

7-4 按国民经济行业分固定资产投资增长速度(2018年)

GROWTH RATE OF INVESTMENT IN FIXED ASSETS BY ECONOMIC SECTOR(2018)

单位：%　　(%)

行　业	Sector	2018
总　计	**Total**	**5.7**
农、林、牧、渔业	Farming, Forestry, Animal Husbandry and Fishery	-53.5
农　业	Farming	-56.7
林　业	Forestry	-41.2
畜牧业	Animal Husbandry	-55.8
渔　业	Fishery	-49.2
农、林、牧、渔服务业	Farming, Forestry, Animal Husbandry and Fishery Services	-38.0
采矿业	Mining	-2.6
煤炭开采和洗选业	Coal Mining and Washsing	6.3
石油和天然气开采业	Extraction of Petroleum and Natural Gas	20.5
黑色金属矿采选业	Mining and Dressing of Ferrous Metals	-62.2
有色金属矿采选业	Mining and Dressing of Nonferrous Metals	19.8
非金属矿采选业	Mining and Dressing of Nonmetal Ores	-31.7
开采辅助活动	Mining Auxiliary Activities	-84.8
其他采矿业	Others	20.0
制造业	Manufacturing	14.5
农副食品加工业	Farm and Sideline Food Processing	-40.0
食品制造业	Food Manufacturing	-25.9
酒、饮料和精制茶制造业	Alcohol, Beverage and Refined Tea Manufacturing	4.4
烟草制品业	Tobacoo Manufaturing	-82.1
纺织业	Textile Industry	128.1
纺织服装、服饰业	Manufacture of Garments and Accessories	112.1
皮革、毛皮、羽毛及其制品和制鞋业	Manufacture of Leather, Fur, Feather and their Products and Footwear	900.2
木材加工和木、竹、藤、棕、草制品业	Processing of Timber, Manufacture of Wood, Bamboo, Rattan, Palm, and Straw Products	-78.0
家具制造业	Manufacture of Funiture	92.0
造纸和纸制品业	Manufacture of Paper and Paper Products	-29.1
印刷和记录媒介复制业	Printing and Record Medium Reproduction	-16.4
文教、工美、体育和娱乐用品制造业	Manufacture of Articles For Culture, Education and Sport Activity	-56.8
石油加工、炼焦和核燃料加工业	Petroleum Processing ,Coking and Nuclear Fuel Processing	17.3
化学原料和化学制品制造业	Manufacture Raw Chemical Materials and Chemical Products	-4.8
医药制造业	Manufacture of Medical Products	-44.1
化学纤维制造业	Manufacture of Chemical Fibers	74.2
橡胶和塑料制品业	Manufacture of Rubber and Plastic Products	13.5
非金属矿物制品业	Manufacture of Nonmetals Mineral Products	25.7
黑色金属冶炼和压延加工业	Smelting and Pressing of Ferrous Metals	35.8
有色金属冶炼和压延加工业	Smelting and Pressing of Nonferrous Metals	4.5
金属制品业	Manufacture of Metal Products	26.4
通用设备制造业	Manufacture of Universal Purpose Equipment	-32.4
专用设备制造业	Manufacture of Special Purpose Equipment	53.6
汽车制造业	Manufacture of Motor Vehicles	46.7

7-4 续表1 continued

单位：%　　(%)

行　业	Sector	2018
铁路、船舶、航空航天和其他运输设备制造业	Manufacture of Railways, Ships, Aviation, Aircrafts and Other Transportation Equipments	-20.2
电气机械和器材制造业	Manufacture of Electrical Equipment and Machinery	272.3
计算机、通信和其他电子设备制造业	Manufacture of Computer, Telecommunication and Other Electronic Equipments	76.1
仪器仪表制造业	Manufacture of Measuring Instrument and Machinery	-30.5
其他制造业	Other Manufacturing	118.7
废弃资源综合利用业	Comprehensive Utilization of Waste	13.4
金属制品、机械和设备修理业	Repair of Metal Products, Machinery and Equipment	-93.8
电力、热力、燃气及水生产和供应业	Production and Supply of Electricity, Heat, Gas and Water	5.9
电力、热力生产和供应业	Production and Supply of Electricity and Heat	6.5
燃气生产和供应业	Production and Supply of Gas	-20.0
水的生产和供应业	Production and Supply of Water	53.8
建筑业	Construction	-80.4
房屋建筑业	Buildings Construction	-83.1
土木工程建筑业	Civil Engineering	-77.5
建筑安装业	Building Installation	-100.0
建筑装饰和其他建筑业	Building Decoration and Other Construction	-100.0
批发和零售业	Wholesale and Retail Trade	-47.6
批发业	Wholesale Trade	-41.1
零售业	Retail Trade	-53.1
交通运输、仓储和邮政业	Transport, Storage and Post	18.5
铁路运输业	Railway Transport	-28.7
道路运输业	Highway Transport	28.2
水上运输业	Water Transport	230.2
航空运输业	Air Transport	1146.3
管道运输业	Transport Via Pipelines	-93.1
装卸搬运和运输代理业	Loading, Unloading and Other Transport Services	-62.9
仓储业	Storage	20.2
邮政业	Post	-4.5
住宿和餐饮业	Hotels and Catering Services	-58.6
住宿业	Hotels	-60.0
餐饮业	Catering Services	-52.7
信息传输、软件和信息技术服务业	Information Transmission, Software and Information Technology Services	24.5
电信、广播电视和卫星传输服务	Transimission Services of Telecommunication, Broadcast, Television and Satellite	-42.1
互联网和相关服务	Internet and Relative Services	48.8
软件和信息技术服务业	Software and Information Technology Services	111.9
金融业	Banking and Insurance	-15.9
货币金融服务	Monetary Banking	-4.7

7-4 续表2 continued

单位：%　　(%)

行　业	Sector	2018
资本市场服务	Capital Market	-4.7
保险业	Insurance	-100.0
其他金融业	Other Financial Activities	
房地产业	Real Estate Trade	17.3
房地产业	Real Estate Trade	17.3
租赁和商务服务业	Lease and Business Affairs Services	48.2
租赁业	Leasing	-18.7
商务服务业	Business Affairs Services	53.2
科学研究和技术服务业	Scientific Reseach and Technical Services	-14.5
研究和试验发展	Reserch and Experimental Development	-24.3
专业技术服务业	Professional Technical Services	-12.2
科技推广和应用服务业	Services of Science and Technology Exchanges and Promotion	-2.6
水利、环境和公共设施管理业	Management of Water Conservancy, Environment and Public Facilities	16.9
水利管理业	Water Conservancy	-28.5
生态保护和环境治理业	Ecological Protection and Environmental Management	77.4
公共设施管理业	Public Facilities	15.5
土地管理业	Land Management	53.3
居民服务、修理和其他服务业	Resident Services, Repair and Other Services	-32.7
居民服务业	Residence Services	-36.9
机动车、电子产品和日用产品修理业	Repair of Motor Vehicles, Electronic Products and Daily Products	-34.0
其他服务业	Other Services	-21.7
教　育	Education	33.2
教　育	Education	33.2
卫生和社会工作	Health Care and Social Work	8.6
卫　生	Health Care	12.4
社会工作	Social Work	1.3
文化、体育和娱乐业	Culture, Sports and Recreation	78.9
新闻和出版业	Journalism and Publishing Activities	
广播、电视、电影和影视录音制作业	Broadcasting, Movies, Televisions and Audiovisual Activities	-47.2
文化艺术业	Culture and Arts Activities	35.3
体　育	Sports Activities	120.9
娱乐业	Entertainment	139.2
公共管理、社会保障和社会组织	Public Management, Social Security and Social Organization	-30.2
中国共产党机关	Organs of CPC	1196.5
国家机构	Government Agencies	-34.2
社会保障	Social Security	106.2
群众团体、社会团体和其他成员组织	Mass Organizations, Social Organizations and Other Member Organizations	-31.9
基层群众自治组织	Grass Roots Self-governing Organizations	-26.2

7-5 按登记注册类型分固定资产投资增长速度(2018年)
GROWTH RATE OF INVESTMENT IN FIXED ASSETS BY REGISTRATION STATUS(2018)

单位：% (%)

行 业	Sector	本年完成投资 Investment Completed This Year	内 资 Domestic-Funded Enterprises
总 计	**Total**	**5.7**	**5.8**
农、林、牧、渔业	Farming, Forestry, Animal Husbandry and Fishery	-53.5	-53.5
农 业	Farming	-56.7	-56.7
林 业	Forestry	-41.2	-41.2
畜牧业	Animal Husbandry	-55.8	-55.8
渔 业	Fishery	-49.2	-49.2
农、林、牧、渔服务业	Farming, Forestry, Animal Husbandry and Fishery Services	-38.0	-38.0
采矿业	Mining	-2.6	-4.6
煤炭开采和洗选业	Coal Mining and Washsing	6.3	5.0
石油和天然气开采业	Extraction of Petroleum and Natural Gas	20.5	8.6
黑色金属矿采选业	Mining and Dressing of Ferrous Metals	-62.2	-62.2
有色金属矿采选业	Mining and Dressing of Nonferrous Metals	19.8	14.6
非金属矿采选业	Mining and Dressing of Nonmetal Ores	-31.7	-29.5
开采辅助活动	Mining Auxiliary Activities	-84.8	-85.3
其他采矿业	Others	20.0	20.0
制造业	Manufacturing	14.5	15.1
农副食品加工业	Farm and Sideline Food Processing	-40.0	-41.1
食品制造业	Food Manufacturing	-25.9	-25.9
酒、饮料和精制茶制造业	Alcohol, Beverage and Refined Tea Manufacturing	4.4	7.6
烟草制品业	Tobacoo Manufaturing	-82.1	-82.1
纺织业	Textile Industry	128.1	128.1
纺织服装、服饰业	Manufacture of Garments and Accessories	112.1	112.1
皮革、毛皮、羽毛及其制品和制鞋业	Manufacture of Leather, Fur, Feather and their Products and Footwear	900.2	900.2
木材加工和木、竹、藤、棕、草制品业	Processing of Timber, Manufacture of Wood, Bamboo, Rattan, Palm, and Straw Products	-78.0	-78.0
家具制造业	Manufacture of Funiture	92.0	92.0
造纸和纸制品业	Manufacture of Paper and Paper Products	-29.1	-29.1
印刷和记录媒介复制业	Printing and Record Medium Reproduction	-16.4	-16.4
文教、工美、体育和娱乐用品制造业	Manufacture of Articles For Culture, Education and Sport Activity	-56.8	-56.8
石油加工、炼焦和核燃料加工业	Petroleum Processing ,Coking and Nuclear Fuel Processing	17.3	30.3
化学原料和化学制品制造业	Manufacture Raw Chemical Materials and Chemical Products	-4.8	-7.3
医药制造业	Manufacture of Medical Products	-44.1	-44.3
化学纤维制造业	Manufacture of Chemical Fibers	74.2	74.2
橡胶和塑料制品业	Manufacture of Rubber and Plastic Products	13.5	13.5
非金属矿物制品业	Manufacture of Nonmetals Mineral Products	25.7	25.1
黑色金属冶炼和压延加工业	Smelting and Pressing of Ferrous Metals	35.8	36.2
有色金属冶炼和压延加工业	Smelting and Pressing of Nonferrous Metals	4.5	3.6
金属制品业	Manufacture of Metal Products	26.4	25.9
通用设备制造业	Manufacture of Universal Purpose Equipment	-32.4	-28.7

7-5 续表1 continued

单位：% (%)

行 业	Sector	本年完成投资 Investment Completed This Year	内 资 Domestic-Funded Enterprises
专用设备制造业	Manufacture of Special Purpose Equipment	53.6	56.2
汽车制造业	Manufacture of Motor Vehicles	46.7	46.3
铁路、船舶、航空航天和其他运输设备制造业	Manufacture of Railways, Ships, Aviation, Aircrafts and Other Transportation Equipments	-20.2	-8.2
电气机械和器材制造业	Manufacture of Electrical Equipment and Machinery	272.3	276.5
计算机、通信和其他电子设备制造业	Manufacture of Computer, Telecommunication and Other Electronic Equipments	76.1	165.5
仪器仪表制造业	Manufacture of Measuring Instrument and Machinery	-30.5	-30.5
其他制造业	Other Manufacturing	118.7	118.7
废弃资源综合利用业	Comprehensive Utilization of Waste	13.4	22.6
金属制品、机械和设备修理业	Repair of Metal Products, Machinery and Equipment	-93.8	-93.8
电力、热力、燃气及水生产和供应业	Production and Supply of Electricity, Heat, Gas and Water	5.9	5.3
电力、热力生产和供应业	Production and Supply of Electricity and Heat	6.5	6.0
燃气生产和供应业	Production and Supply of Gas	-20.0	-20.0
水的生产和供应业	Production and Supply of Water	53.8	52.1
建筑业	Construction	-80.4	-76.7
房屋建筑业	Buildings Construction	-83.1	-83.1
土木工程建筑业	Civil Engineering	-77.5	-72.0
建筑安装业	Building Installation	-100.0	-100.0
建筑装饰和其他建筑业	Building Decoration and Other Construction	-100.0	-100.0
批发和零售业	Wholesale and Retail Trade	-47.6	-47.6
批发业	Wholesale Trade	-41.1	-41.1
零售业	Retail Trade	-53.1	-53.1
交通运输、仓储和邮政业	Transport, Storage and Post	18.5	18.4
铁路运输业	Railway Transport	-28.7	-28.7
道路运输业	Highway Transport	28.2	28.1
水上运输业	Water Transport	230.2	230.2
航空运输业	Air Transport	1146.3	1146.3
管道运输业	Transport Via Pipelines	-93.1	-93.1
装卸搬运和运输代理业	Loading, Unloading and Other Transport Services	-62.9	-62.9
仓储业	Storage	20.2	20.0
邮政业	Post	-4.5	-4.5
住宿和餐饮业	Hotels and Catering Services	-58.6	-58.6
住宿业	Hotels	-60.0	-60.0
餐饮业	Catering Services	-52.7	-52.7
信息传输、软件和信息技术服务业	Information Transmission, Software and Information Technology Services	24.5	32.6
电信、广播电视和卫星传输服务	Transimission Services of Telecommunication, Broadcast, Television and Satellite	-42.1	-32.9
互联网和相关服务	Internet and Relative Services	48.8	45.3
软件和信息技术服务业	Software and Information Technology Services	111.9	146.7

7-5 续表2 continued

单位：% (%)

行业	Sector	本年完成投资 Investment Completed This Year	内资 Domestic-Funded Enterprises
金融业	Banking and Insurance	-15.9	-15.9
货币金融服务	Monetary Banking	-4.7	-4.7
资本市场服务	Capital Market	-100.0	-100.0
保险业	Insurance		
其他金融业	Other Financial Activities		
房地产业	Real Estate Trade	17.3	18.6
房地产业	Real Estate Trade	17.3	18.6
租赁和商务服务业	Lease and Business Affairs Services	48.2	48.2
租赁业	Leasing	-18.7	-18.7
商务服务业	Business Affairs Services	53.2	53.2
科学研究和技术服务业	Scientific Reseach and Technical Services	-14.5	-14.5
研究和试验发展	Reserch and Experimental Development	-24.3	-24.3
专业技术服务业	Professional Technical Services	-12.2	-12.2
科技推广和应用服务业	Services of Science and Technology Exchanges and Promotion	-2.6	-2.6
水利、环境和公共设施管理业	Management of Water Conservancy, Environment and Public Facilities	16.9	16.7
水利管理业	Water Conservancy	-28.5	-28.5
生态保护和环境治理业	Ecological Protection and Environmental Management	77.4	76.3
公共设施管理业	Public Facilities	15.5	15.6
土地管理	Land Management	53.3	53.3
居民服务、修理和其他服务业	Resident Services, Repair and Other Services	-32.7	-32.7
居民服务业	Residence Services	-36.9	-36.9
机动车、电子产品和日用产品修理业	Repair of Motor Vehicles, Electronic Products and Daily Products	-34.0	-34.0
其他服务业	Other Services	-21.7	-21.7
教　育	Education	33.2	33.2
教　育	Education	33.2	33.2
卫生和社会工作	Health Care and Social Work	8.6	8.6
卫　生	Health Care	12.4	12.4
社会工作	Social Work	1.3	1.3
文化、体育和娱乐业	Culture, Sports and Recreation	78.9	78.9
新闻和出版业	Journalism and Publishing Activities		
广播、电视、电影和影视录音制作业	Broadcasting, Movies, Televisions and Audiovisual Activities	-47.2	-47.2
文化艺术业	Culture and Arts Activities	35.3	35.3
体　育	Sports Activities	120.9	120.9
娱乐业	Entertainment	139.2	139.2
公共管理、社会保障和社会组织	Public Management, Social Security and Social Organization	-30.2	-30.2
中国共产党机关	Organs of CPC	1196.5	1196.5
国家机构	Government Agencies	-34.2	-34.2
人民政协、民主党派	PPCC and Democratic Parties		
社会保障	Social Security	106.2	106.2
群众团体、社会团体和其他成员组织	Mass Organizations, Social Organizations and Other Member Organizations	-31.9	-31.9
基层群众自治组织	Grass Roots Self-governing Organizations	-26.2	-26.2

7-5 续表3 continued

单位：% (%)

行 业	Sector	港澳台商投资 Enterprises with Investment from HongKong, Macao and Taiwan	外商投资 Enterprises with Foreign Investment
总 计	**Total**	**-8.9**	**22.7**
农、林、牧、渔业	Farming, Forestry, Animal Husbandry and Fishery	-100.0	
农 业	Farming		
林 业	Forestry		
畜牧业	Animal Husbandry	-100.0	
渔 业	Fishery		
农、林、牧、渔服务业	Farming, Forestry, Animal Husbandry and Fishery Services		
采矿业	Mining	154.3	173.9
煤炭开采和洗选业	Coal Mining and Washsing		274.7
石油和天然气开采业	Extraction of Petroleum and Natural Gas		122.2
黑色金属矿采选业	Mining and Dressing of Ferrous Metals		
有色金属矿采选业	Mining and Dressing of Nonferrous Metals		
非金属矿采选业	Mining and Dressing of Nonmetal Ores	-100.0	
开采辅助活动	Mining Auxiliary Activities		
其他采矿业	Others		
制造业	Manufacturing	-6.2	52.6
农副食品加工业	Farm and Sideline Food Processing		84.4
食品制造业	Food Manufacturing		
酒、饮料和精制茶制造业	Alcohol, Beverage and Refined Tea Manufacturing		-59.2
烟草制品业	Tobacoo Manufaturing		
纺织业	Textile Industry		
纺织服装、服饰业	Manufacture of Garments and Accessories		
皮革、毛皮、羽毛及其制品和制鞋业	Manufacture of Leather, Fur, Feather and their Products and Footwear		
木材加工和木、竹、藤、棕、草制品业	Processing of Timber, Manufacture of Wood, Bamboo, Rattan, Palm, and Straw Products		
家具制造业	Manufacture of Funiture		
造纸和纸制品业	Manufacture of Paper and Paper Products		
印刷和记录媒介复制业	Printing and Record Medium Reproduction		
文教、工美、体育和娱乐用品制造业	Manufacture of Articles For Culture, Education and Sport Activity		
石油加工、炼焦和核燃料加工业	Petroleum Processing ,Coking and Nuclear Fuel Processing	-95.8	-100.0
化学原料和化学制品制造业	Manufacture Raw Chemical Materials and Chemical Products	-31.3	197.8
医药制造业	Manufacture of Medical Products	-30.2	-100.0
化学纤维制造业	Manufacture of Chemical Fibers		
橡胶和塑料制品业	Manufacture of Rubber and Plastic Products		
非金属矿物制品业	Manufacture of Nonmetals Mineral Products	-100.0	349.4
黑色金属冶炼和压延加工业	Smelting and Pressing of Ferrous Metals	-100.0	
有色金属冶炼和压延加工业	Smelting and Pressing of Nonferrous Metals		-100.0
金属制品业	Manufacture of Metal Products	-41.3	400.0
通用设备制造业	Manufacture of Universal Purpose Equipment		-100.0

7-5 续表4 continued

单位：% (%)

行 业	Sector	港澳台商投资 Enterprises with Investment from HongKong, Macao and Taiwan	外商投资 Enterprises with Foreign Investment
专用设备制造业	Manufacture of Special Purpose Equipment		-100.0
汽车制造业	Manufacture of Motor Vehicles		
铁路、船舶、航空航天和其他运输设备制造业	Manufacture of Railways, Ships, Aviation, Aircrafts and Other Transportation Equipments	-67.0	
电气机械和器材制造业	Manufacture of Electrical Equipment and Machinery		-100.0
计算机、通信和其他电子设备制造业	Manufacture of Computer, Telecommunication and Other Electronic Equipments	29.4	1118.8
仪器仪表制造业	Manufacture of Measuring Instrument and Machinery		
其他制造业	Other Manufacturing		
废弃资源综合利用业	Comprehensive Utilization of Waste	-100.0	
金属制品、机械和设备修理业	Repair of Metal Products, Machinery and Equipment		
电力、热力、燃气及水生产和供应业	Production and Supply of Electricity, Heat, Gas and Water	9.6	28.3
电力、热力生产和供应业	Production and Supply of Electricity and Heat	6.0	31.3
燃气生产和供应业	Production and Supply of Gas	-35.3	
水的生产和供应业	Production and Supply of Water	425.5	-100.0
建筑业	Construction	-100.0	
房屋建筑业	Buildings Construction		
土木工程建筑业	Civil Engineering	-100.0	
建筑安装业	Building Installation		
建筑装饰和其他建筑业	Building Decoration and Other Construction		
批发和零售业	Wholesale and Retail Trade		
批发业	Wholesale Trade		
零售业	Retail Trade		
交通运输、仓储和邮政业	Transport, Storage and Post		82.2
铁路运输业	Railway Transport		
道路运输业	Highway Transport		82.4
水上运输业	Water Transport		
航空运输业	Air Transport		
管道运输业	Transport Via Pipelines		-100.0
装卸搬运和运输代理业	Loading, Unloading and Other Transport Services		
仓储业	Storage		
邮政业	Post		
住宿和餐饮业	Hotels and Catering Services		
住宿业	Hotels		
餐饮业	Catering Services		
信息传输、软件和信息技术服务业	Information Transmission, Software and Information Technology Services	18.3	-26.6
电信、广播电视和卫星传输服务	Transimission Services of Telecommunication, Broadcast, Television and Satellite		-91.9
互联网和相关服务	Internet and Relative Services	48.6	70.5
软件和信息技术服务业	Software and Information Technology Services	-100.0	

7-5 续表5 continued

单位：% (%)

行 业	Sector	港澳台商投资 Enterprises with Investment from HongKong, Macao and Taiwan	外商投资 Enterprises with Foreign Investment
金融业	Banking and Insurance		
货币金融服务	Monetary Banking		
资本市场服务	Capital Market		
保险业	Insurance		
其他金融业	Other Financial Activities		
房地产业	Real Estate Trade	-69.2	-80.6
房地产业	Real Estate Trade	-69.2	-80.6
租赁和商务服务业	Lease and Business Affairs Services		
租赁业	Leasing		
商务服务业	Business Affairs Services		
科学研究和技术服务业	Scientific Reseach and Technical Services		
研究和试验发展	Reserch and Experimental Development		
专业技术服务业	Professional Technical Services		
科技推广和应用服务业	Services of Science and Technology Exchanges and Promotion		
水利、环境和公共设施管理业	Management of Water Conservancy, Environment and Public	109.8	108.8
水利管理业	Facilities Water Conservancy		
生态保护和环境治理业	Ecological Protection and Environmental Management	409.4	108.8
公共设施管理业	Public Facilities	-100.0	
土地管理业	Land Management		
居民服务、修理和其他服务业	Resident Services, Repair and Other Services		
居民服务业	Residence Services		
机动车、电子产品和日用产品修理业	Repair of Motor Vehicles, Electronic Products and Daily Products		
其他服务业	Other Services		
教 育	Education		
教 育	Education		
卫生和社会工作	Health Care and Social Work		
卫 生	Health Care		
社会工作	Social Work		
文化、体育和娱乐业	Culture, Sports and Recreation		
新闻和出版业	Journalism and Publishing Activities		
广播、电视、电影和影视录音制作业	Broadcasting, Movies, Televisions and Audiovisual Activities		
文化艺术业	Culture and Arts Activities		
体 育	Sports Activities		
娱乐业	Entertainment		
公共管理、社会保障和社会组织	Public Management, Social Security and Social Organization		
中国共产党机关	Organs of CPC		
国家机构	Government Agencies		
人民政协、民主党派	PPCC and Democratic Parties		
社会保障	Social Security		
群众团体、社会团体和其他成员组织	Mass Organizations, Social Organizations and Other Member Organizations		
基层群众自治组织	Grass Roots Self-governing Organizations		

7-6 按构成分固定资产投资增长速度(2018年)

单位：%

行 业	Sector	本年完成投资 Investment Completed This Year
总 计	**Total**	**5.7**
农、林、牧、渔业	Farming, Forestry, Animal Husbandry and Fishery	-53.5
农 业	Farming	-56.7
林 业	Forestry	-41.2
畜牧业	Animal Husbandry	-55.8
渔 业	Fishery	-49.2
农、林、牧、渔服务业	Farming, Forestry, Animal Husbandry and Fishery Services	-38.0
采矿业	Mining	-2.6
煤炭开采和洗选业	Coal Mining and Washsing	6.3
石油和天然气开采业	Extraction of Petroleum and Natural Gas	20.5
黑色金属矿采选业	Mining and Dressing of Ferrous Metals	-62.2
有色金属矿采选业	Mining and Dressing of Nonferrous Metals	19.8
非金属矿采选业	Mining and Dressing of Nonmetal Ores	-31.7
开采辅助活动	Mining Auxiliary Activities	-84.8
其他采矿业	Others	20.0
制造业	Manufacturing	14.5
农副食品加工业	Farm and Sideline Food Processing	-40.0
食品制造业	Food Manufacturing	-25.9
酒、饮料和精制茶制造业	Alcohol, Beverage and Refined Tea Manufacturing	4.4
烟草制品业	Tobacoo Manufaturing	-82.1
纺织业	Textile Industry	128.1
纺织服装、服饰业	Manufacture of Garments and Accessories	112.1
皮革、毛皮、羽毛及其制品和制鞋业	Manufacture of Leather, Fur, Feather and their Products and Footwear	900.2
木材加工和木、竹、藤、棕、草制品业	Processing of Timber, Manufacture of Wood, Bamboo, Rattan, Palm, and Straw Products	-78.0
家具制造业	Manufacture of Funiture	92.0
造纸和纸制品业	Manufacture of Paper and Paper Products	-29.1
印刷和记录媒介复制业	Printing and Record Medium Reproduction	-16.4
文教、工美、体育和娱乐用品制造业	Manufacture of Articles For Culture, Education and Sport Activity	-56.8
石油加工、炼焦和核燃料加工业	Petroleum Processing ,Coking and Nuclear Fuel Processing	17.3
化学原料和化学制品制造业	Manufacture Raw Chemical Materials and Chemical Products	-4.8
医药制造业	Manufacture of Medical Products	-44.1
化学纤维制造业	Manufacture of Chemical Fibers	74.2
橡胶和塑料制品业	Manufacture of Rubber and Plastic Products	13.5
非金属矿物制品业	Manufacture of Nonmetals Mineral Products	25.7
黑色金属冶炼和压延加工业	Smelting and Pressing of Ferrous Metals	35.8
有色金属冶炼和压延加工业	Smelting and Pressing of Nonferrous Metals	4.5
金属制品业	Manufacture of Metal Products	26.4
通用设备制造业	Manufacture of Universal Purpose Equipment	-32.4

GROWTH RATE OF INVESTMENT IN FIXED ASSETS BY COMPOSITION(2018)

(%)

建筑安装工程 Construction and Installation	设备工器具购置 Purchase of Equipment and Instruments	其他费用 Others
1.7	**13.4**	**20.4**
-55.2	-34.7	-53.4
-58.8	-28.7	-57.9
-36.0	-64.5	-57.9
-58.8	-31.8	-47.7
-50.2	-29.2	-52.1
-38.1	-67.1	29.4
-13.4	4.1	56.6
-7.9	17.5	64.2
24.1	-1.3	11.7
-62.6	-64.4	189.4
13.7	64.5	-23.3
-48.2	44.4	-56.9
-83.3	-87.5	1782.0
		20.0
-4.2	46.4	55.6
-48.3	-25.3	160.9
-48.1	2.8	213.4
51.6	-61.5	157.6
-75.8	-86.8	-85.5
124.2	154.3	98.7
143.5	4.3	-12.5
1964.2	485.7	-100.0
-80.1	-65.9	-87.0
76.7	142.3	237.3
-28.7	-26.7	-42.0
-58.8	25.9	
-51.0	-67.0	-72.8
-1.5	-9.5	275.5
-23.3	27.4	-0.4
-47.0	-42.3	-16.1
158.1	-15.1	-46.0
24.8	-5.5	-1.6
10.2	50.6	101.2
68.9	0.2	39.1
-21.2	89.9	22.8
7.1	58.0	59.1
-31.0	-49.2	31.0

7-6 续表1

单位：%

行　业	Sector	本年完成投资 Investment Completed This Year
专用设备制造业	Manufacture of Special Purpose Equipment	53.6
汽车制造业	Manufacture of Motor Vehicles	46.7
铁路、船舶、航空航天和其他运输设备制造业	Manufacture of Railways, Ships, Aviation, Aircrafts and Other Transportation Equipments	-20.2
电气机械和器材制造业	Manufacture of Electrical Equipment and Machinery	272.3
计算机、通信和其他电子设备制造业	Manufacture of Computer, Telecommunication and Other Electronic Equipments	76.1
仪器仪表制造业	Manufacture of Measuring Instrument and Machinery	-30.5
其他制造业	Other Manufacturing	118.7
废弃资源综合利用业	Comprehensive Utilization of Waste	13.4
金属制品、机械和设备修理业	Repair of Metal Products, Machinery and Equipment	-93.8
电力、热力、燃气及水生产和供应业	Production and Supply of Electricity, Heat, Gas and Water	5.9
电力、热力生产和供应业	Production and Supply of Electricity and Heat	6.5
燃气生产和供应业	Production and Supply of Gas	-20.0
水的生产和供应业	Production and Supply of Water	53.8
建筑业	Construction	-80.4
房屋建筑业	Buildings Construction	-83.1
土木工程建筑业	Civil Engineering	-77.5
建筑安装业	Building Installation	-100.0
建筑装饰和其他建筑业	Building Decoration and Other Construction	-100.0
批发和零售业	Wholesale and Retail Trade	-47.6
批发业	Wholesale Trade	-41.1
零售业	Retail Trade	-53.1
交通运输、仓储和邮政业	Transport, Storage and Post	18.5
铁路运输业	Railway Transport	-28.7
道路运输业	Highway Transport	28.2
水上运输业	Water Transport	230.2
航空运输业	Air Transport	1146.3
管道运输业	Transport Via Pipelines	-93.1
装卸搬运和运输代理业	Loading, Unloading and Other Transport Services	-62.9
仓储业	Storage	20.2
邮政业	Post	-4.5
住宿和餐饮业	Hotels and Catering Services	-58.6
住宿业	Hotels	-60.0
餐饮业	Catering Services	-52.7
信息传输、软件和信息技术服务业	Information Transmission, Software and Information Technology Services	24.5
电信、广播电视和卫星传输服务	Transimission Services of Telecommunication, Broadcast, Television and Satellite	-42.1
互联网和相关服务	Internet and Relative Services	48.8
软件和信息技术服务业	Software and Information Technology Services	111.9

continued

(%)

建筑安装工程 Construction and Installation	设备工器具购置 Purchase of Equipment and Instruments	其他费用 Others
19.8	141.0	204.5
58.4	73.7	–20.0
–5.6	–58.1	241.5
59.5	599.2	140.1
161.7	63.2	1569.4
–23.4	–69.4	–17.0
189.8	–75.0	–100.0
31.3	37.4	–60.7
–95.4		–100.0
11.7	–0.1	0.8
13.6	–0.2	4.9
–15.5	–32.5	–56.7
51.8	87.2	–3.7
–73.7	–95.9	–94.8
–82.0	–100.0	
–67.2	–95.7	–94.8
–100.0	–100.0	
–100.0		
–48.3	–31.2	–61.3
–44.1	–8.8	–46.4
–52.2	–46.4	–67.6
28.0	–15.1	–12.4
–24.0	–22.3	–49.2
40.0	–3.2	–8.3
230.2		
859.6		
–88.8	–98.8	–96.1
–62.9	–75.2	41.2
25.0	–15.0	5.9
–17.5		
–59.3	–13.0	–70.0
–62.0	–29.6	–48.0
–45.8	46.2	–96.3
5.3	71.8	55.7
–37.4	–59.7	–30.8
43.7	47.7	102.7
33.3	612.4	–8.5

7-6 续表2

单位：%

行　业	Sector	本年完成投资 Investment Completed This Year
金融业	Banking and Insurance	-15.9
货币金融服务	Monetary Banking	-4.7
资本市场服务	Capital Market	-100.0
保险业	Insurance	
其他金融业	Other Financial Activities	
房地产业	Real Estate Trade	17.3
房地产业	Real Estate Trade	17.3
租赁和商务服务业	Lease and Business Affairs Services	48.2
租赁业	Leasing	-18.7
商务服务业	Business Affairs Services	53.2
科学研究和技术服务业	Scientific Reseach and Technical Services	-14.5
研究和试验发展	Reserch and Experimental Development	-24.3
专业技术服务业	Professional Technical Services	-12.2
科技推广和应用服务业	Services of Science and Technology Exchanges and Promotion	-2.6
水利、环境和公共设施管理业	Management of Water Conservancy, Environment and Public Facilities	16.9
水利管理业	Water Conservancy	-28.5
生态保护和环境治理业	Ecological Protection and Environmental Management	77.4
公共设施管理业	Public Facilities	15.5
土地管理业	Land Management	53.3
居民服务、修理和其他服务业	Resident Services, Repair and Other Services	-32.7
居民服务业	Residence Services	-36.9
机动车、电子产品和日用产品修理业	Repair of Motor Vehicles, Electronic Products and Daily Products	-34.0
其他服务业	Other Services	-21.7
教　育	Education	33.2
教　育	Education	33.2
卫生和社会工作	Health Care and Social Work	8.6
卫　生	Health Care	12.4
社会工作	Social Work	1.3
文化、体育和娱乐业	Culture, Sports and Recreation	78.9
新闻和出版业	Journalism and Publishing Activities	
广播、电视、电影和影视录音制作业	Broadcasting, Movies, Televisions and Audiovisual Activities	-47.2
文化艺术业	Culture and Arts Activities	35.3
体　育	Sports Activities	120.9
娱乐业	Entertainment	139.2
公共管理、社会保障和社会组织	Public Management, Social Security and Social Organization	-30.2
中国共产党机关	Organs of CPC	1196.5
国家机构	Government Agencies	-34.2
人民政协、民主党派	PPCC and Democratic Parties	
社会保障	Social Security	106.2
群众团体、社会团体和其他成员组织	Mass Organizations, Social Organizations and Other Member Organizations	-31.9
基层群众自治组织	Grass Roots Self-governing Organizations	-26.2

continued

(%)

建筑安装工程 Construction and Installation	设备工器具购置 Purchase of Equipment and Instruments	其他费用 Others
-26.4	441.3	
-16.3	441.3	
-100.0		
10.4	2.9	45.6
10.4	2.9	45.6
10.3	43.8	409.5
-69.1	208.5	-100.0
16.1	15.2	410.3
-22.2	-32.9	157.6
-35.0	102.4	32.5
-8.8	-49.9	174.0
-15.8	-51.9	745.3
24.5	23.4	-26.9
-29.0	15.8	-44.0
96.4	30.9	-6.0
24.4	16.8	-26.7
100.4	79.8	-84.9
-26.2	-63.1	-39.5
-33.2	-82.1	
-32.6	-52.6	-6.2
6.2	-62.5	-100.0
36.7	-6.5	24.0
36.7	-6.5	24.0
2.8	76.1	28.2
10.9	32.6	-20.9
-12.0	649.7	55.1
81.8	-20.2	276.0
-41.2	-100.0	
29.5	-67.0	330.9
121.0	53.8	217.0
189.6	-21.4	248.8
-27.5	-48.0	-48.7
1262.3	38.2	
-34.9	-0.8	-38.9
106.2		
-27.3	-79.2	-100.0
-2.8	-63.1	-99.1

7–7 按建设性质分固定资产投资增长速度(2018年)

单位：%

行 业	Sector	本年完成投资 Investment Completed This Year
总 计	**Total**	**2.6**
农、林、牧、渔业	Farming, Forestry, Animal Husbandry and Fishery	–53.5
农 业	Farming	–56.7
林 业	Forestry	–41.2
畜牧业	Animal Husbandry	–55.8
渔 业	Fishery	–49.2
农、林、牧、渔服务业	Farming, Forestry, Animal Husbandry and Fishery Services	–38.0
采矿业	Mining	–2.6
煤炭开采和洗选业	Coal Mining and Washsing	6.3
石油和天然气开采业	Extraction of Petroleum and Natural Gas	20.5
黑色金属矿采选业	Mining and Dressing of Ferrous Metals	–62.2
有色金属矿采选业	Mining and Dressing of Nonferrous Metals	19.8
非金属矿采选业	Mining and Dressing of Nonmetal Ores	–31.7
开采辅助活动	Mining Auxiliary Activities	–84.8
其他采矿业	Others	20.0
制造业	Manufacturing	14.5
农副食品加工业	Farm and Sideline Food Processing	–40.0
食品制造业	Food Manufacturing	–25.9
酒、饮料和精制茶制造业	Alcohol, Beverage and Refined Tea Manufacturing	4.4
烟草制品业	Tobacoo Manufaturing	–82.1
纺织业	Textile Industry	128.1
纺织服装、服饰业	Manufacture of Garments and Accessories	112.1
皮革、毛皮、羽毛及其制品和制鞋业	Manufacture of Leather, Fur, Feather and their Products and Footwear	900.2
木材加工和木、竹、藤、棕、草制品业	Processing of Timber, Manufacture of Wood, Bamboo, Rattan, Palm, and Straw Products	–78.0
家具制造业	Manufacture of Funiture	92.0
造纸和纸制品业	Manufacture of Paper and Paper Products	–29.1
印刷和记录媒介复制业	Printing and Record Medium Reproduction	–16.4
文教、工美、体育和娱乐用品制造业	Manufacture of Articles For Culture, Education and Sport Activity	–56.8
石油加工、炼焦和核燃料加工业	Petroleum Processing ,Coking and Nuclear Fuel Processing	17.3
化学原料和化学制品制造业	Manufacture Raw Chemical Materials and Chemical Products	–4.8
医药制造业	Manufacture of Medical Products	–44.1
化学纤维制造业	Manufacture of Chemical Fibers	74.2
橡胶和塑料制品业	Manufacture of Rubber and Plastic Products	13.5
非金属矿物制品业	Manufacture of Nonmetals Mineral Products	25.7
黑色金属冶炼和压延加工业	Smelting and Pressing of Ferrous Metals	35.8
有色金属冶炼和压延加工业	Smelting and Pressing of Nonferrous Metals	4.5
金属制品业	Manufacture of Metal Products	26.4
通用设备制造业	Manufacture of Universal Purpose Equipment	–32.4

注：本表不含房地产开发投资。
Note：Investment in this table doesn't include investment in real estate development.

GROWTH RATE OF INVESTMENT IN FIXED ASSETS BY TYPE OF CONSTRUCTION(2018)

(%)

#新 建 New Construction	#扩 建 Expansion	#改建和技术改造 Reconstruction and Technical Reformation
7.9	**-19.0**	**-7.7**
-50.6	-78.7	-0.8
-52.7	-85.7	-6.7
-36.3	-63.5	-89.4
-54.4	-74.9	99.0
-24.2	-100.0	
-34.8	-81.2	45.8
2.4	28.7	-18.8
27.3	35.8	-20.9
0.8	92.9	
-65.9	-91.0	-40.5
-13.6	71.0	91.6
-34.6	-38.6	-10.3
-91.6		-7.1
		20.0
23.0	-37.4	23.0
-40.4	-45.4	23.4
15.7	-88.7	131.3
51.6	-64.6	246.8
-82.1		
141.6		-28.1
107.4	23.4	
900.2		
-79.3	-66.1	-88.8
88.8	-64.0	
-37.5	18.3	-81.9
2.0	-95.5	
-61.8	-100.0	
24.8	126.1	-5.7
-11.8	-23.2	67.9
-22.8	-83.0	-38.4
52.7		
13.4	-20.9	-2.7
32.4	-21.0	56.6
30.5	-73.1	60.9
62.9	-73.2	-52.0
69.0	-55.1	-16.9
-35.7	29.4	-44.8

7-7 续表1

单位：%

行　业	Sector	本年完成投资 Investment Completed This Year
专用设备制造业	Manufacture of Special Purpose Equipment	53.6
汽车制造业	Manufacture of Motor Vehicles	46.7
铁路、船舶、航空航天和其他运输设备制造业	Manufacture of Railways, Ships, Aviation, Aircrafts and Other Transportation Equipments	-20.2
电气机械和器材制造业	Manufacture of Electrical Equipment and Machinery	272.3
计算机、通信和其他电子设备制造业	Manufacture of Computer, Telecommunication and Other Electronic Equipments	76.1
仪器仪表制造业	Manufacture of Measuring Instrument and Machinery	-30.5
其他制造业	Other Manufacturing	118.7
废弃资源综合利用业	Comprehensive Utilization of Waste	13.4
金属制品、机械和设备修理业	Repair of Metal Products, Machinery and Equipment	-93.8
电力、热力、燃气及水生产和供应业	Production and Supply of Electricity, Heat, Gas and Water	5.9
电力、热力生产和供应业	Production and Supply of Electricity and Heat	6.5
燃气生产和供应业	Production and Supply of Gas	-20.0
水的生产和供应业	Production and Supply of Water	53.8
建筑业	Construction	-80.4
房屋建筑业	Buildings Construction	-83.1
土木工程建筑业	Civil Engineering	-77.5
建筑安装业	Building Installation	-100.0
建筑装饰和其他建筑业	Building Decoration and Other Construction	-100.0
批发和零售业	Wholesale and Retail Trade	-47.6
批发业	Wholesale Trade	-41.1
零售业	Retail Trade	-53.1
交通运输、仓储和邮政业	Transport, Storage and Post	18.5
铁路运输业	Railway Transport	-28.7
道路运输业	Highway Transport	28.2
水上运输业	Water Transport	230.2
航空运输业	Air Transport	1146.3
管道运输业	Transport Via Pipelines	-93.1
装卸搬运和运输代理业	Loading, Unloading and Other Transport Services	-62.9
仓储业	Storage	20.2
邮政业	Post	-4.5
住宿和餐饮业	Hotels and Catering Services	-58.6
住宿业	Hotels	-60.0
餐饮业	Catering Services	-52.7
信息传输、软件和信息技术服务业	Information Transmission, Software and Information Technology Services	24.5
电信、广播电视和卫星传输服务	Transimission Services of Telecommunication, Broadcast, Television and Satellite	-42.1
互联网和相关服务	Internet and Relative Services	48.8
软件和信息技术服务业	Software and Information Technology Services	111.9

continued

(%)

#新 建 New Construction	#扩 建 Expansion	#改建和技术改造 Reconstruction and Technical Reformation
136.8	-82.4	-12.0
47.3	9.1	65.9
-21.8	-100.0	105.6
365.0	-69.4	168.1
-4.1	303.5	3021.2
-32.5		-25.7
136.6	-60.1	
10.1	111.8	-100.0
-93.3		-100.0
6.8	24.2	-27.6
5.3	28.0	-7.9
1.7	-22.9	-86.8
73.7	70.7	-14.3
-73.4	-92.5	-100.0
-28.5	-100.0	
-73.6	47.3	-100.0
-100.0	-100.0	-100.0
-100.0	-100.0	-100.0
-45.8	-60.2	-46.7
-37.6	-57.6	28.2
-52.3	-64.9	-56.4
28.5	-26.3	12.8
-30.4		
59.7	-59.6	12.0
230.2		
		24.5
-92.9		
-61.9		
-0.9	127.6	25.9
-4.5		
-66.4	-34.9	96.7
-67.8	-50.9	96.7
-60.9	118.5	
24.2	-62.5	92.3
-34.1	-72.2	-84.5
38.8		125.3
96.6		581.5

7-7 续表2

单位：%

行　业	Sector	本年完成投资 Investment Completed This Year
金融业	Banking and Insurance	-15.9
货币金融服务	Monetary Banking	-4.7
资本市场服务	Capital Market	-100.0
保险业	Insurance	
其他金融业	Other Financial Activities	
房地产业	Real Estate Trade	14.2
房地产业	Real Estate Trade	14.2
租赁和商务服务业	Lease and Business Affairs Services	48.2
租赁业	Leasing	-18.7
商务服务业	Business Affairs Services	53.2
科学研究和技术服务业	Scientific Reseach and Technical Services	-14.5
研究和试验发展	Reserch and Experimental Development	-24.3
专业技术服务业	Professional Technical Services	-12.2
科技推广和应用服务业	Services of Science and Technology Exchanges and Promotion	-2.6
水利、环境和公共设施管理业	Management of Water Conservancy, Environment and Public Facilities	16.9
水利管理业	Water Conservancy	-28.5
生态保护和环境治理业	Ecological Protection and Environmental Management	77.4
公共设施管理业	Public Facilities	15.5
土地管理业	Land Management	53.3
居民服务、修理和其他服务业	Resident Services, Repair and Other Services	-32.7
居民服务业	Residence Services	-36.9
机动车、电子产品和日用产品修理业	Repair of Motor Vehicles, Electronic Products and Daily Products	-34.0
其他服务业	Other Services	-21.7
教　育	Education	33.2
教　育	Education	33.2
卫生和社会工作	Health Care and Social Work	8.6
卫　生	Health Care	12.4
社会工作	Social Work	1.3
文化、体育和娱乐业	Culture, Sports and Recreation	78.9
新闻和出版业	Journalism and Publishing Activities	
广播、电视、电影和影视录音制作业	Broadcasting, Movies, Televisions and Audiovisual Activities	-47.2
文化艺术业	Culture and Arts Activities	35.3
体　育	Sports Activities	120.9
娱乐业	Entertainment	139.2
公共管理、社会保障和社会组织	Public Management, Social Security and Social Organization	-30.2
中国共产党机关	Organs of CPC	1196.5
国家机构	Government Agencies	-34.2
人民政协、民主党派	PPCC and Democratic Parties	
社会保障	Social Security	106.2
群众团体、社会团体和其他成员组织	Mass Organizations, Social Organizations and Other Member Organizations	-31.9
基层群众自治组织	Grass Roots Self-governing Organizations	-26.2

continued

(%)

#新 建 New Construction	#扩 建 Expansion	#改建和技术改造 Reconstruction and Technical Reformation
18.8	-100.0	-12.4
55.6	-100.0	-12.4
-100.0		
30.4	-37.5	25.1
30.4	-37.5	25.1
46.1	61.4	363.0
-21.1		
51.4	61.4	363.0
-10.5	-63.9	-66.9
-23.6		-23.4
-1.2	-60.9	-100.0
0.5	-100.0	-36.0
30.7	19.6	-37.3
-23.3	-72.5	-38.6
185.1	43.0	-14.2
27.6	26.7	-46.2
59.4	-100.0	
-36.0	-2.9	
-40.3	6.9	
-41.6	91.9	
-13.0	-47.1	
61.6	-21.5	-55.0
61.6	-21.5	-55.0
-5.2	-27.1	153.9
-9.8	-30.5	140.3
0.7	40.7	
75.9	-37.5	858.7
-40.4	-100.0	
51.5	-84.6	261.6
55.3	-70.7	16476.8
144.1	118.3	-39.0
-27.3	-20.6	-45.8
		-100.0
-36.6	1.2	-43.8
	106.2	
-22.2	86.8	
229.2	-46.6	

7-8 按控股情况分固定资产投资增长速度(2018年)

单位：%

行 业	Sector	本年完成投资 Investment Completed This Year
总 计	**Total**	**5.7**
农、林、牧、渔业	Farming, Forestry, Animal Husbandry and Fishery	-53.5
农 业	Farming	-56.7
林 业	Forestry	-41.2
畜牧业	Animal Husbandry	-55.8
渔 业	Fishery	-49.2
农、林、牧、渔服务业	Farming, Forestry, Animal Husbandry and Fishery Services	-38.0
采矿业	Mining	-2.6
煤炭开采和洗选业	Coal Mining and Washsing	6.3
石油和天然气开采业	Extraction of Petroleum and Natural Gas	20.5
黑色金属矿采选业	Mining and Dressing of Ferrous Metals	-62.2
有色金属矿采选业	Mining and Dressing of Nonferrous Metals	19.8
非金属矿采选业	Mining and Dressing of Nonmetal Ores	-31.7
开采辅助活动	Mining Auxiliary Activities	-84.8
其他采矿业	Others	20.0
制造业	Manufacturing	14.5
农副食品加工业	Farm and Sideline Food Processing	-40.0
食品制造业	Food Manufacturing	-25.9
酒、饮料和精制茶制造业	Alcohol, Beverage and Refined Tea Manufacturing	4.4
烟草制品业	Tobacoo Manufaturing	-82.1
纺织业	Textile Industry	128.1
纺织服装、服饰业	Manufacture of Garments and Accessories	112.1
皮革、毛皮、羽毛及其制品和制鞋业	Manufacture of Leather, Fur, Feather and their Products and Footwear	900.2
木材加工和木、竹、藤、棕、草制品业	Processing of Timber, Manufacture of Wood, Bamboo, Rattan, Palm, and Straw Products	-78.0
家具制造业	Manufacture of Funiture	92.0
造纸和纸制品业	Manufacture of Paper and Paper Products	-29.1
印刷和记录媒介复制业	Printing and Record Medium Reproduction	-16.4
文教、工美、体育和娱乐用品制造业	Manufacture of Articles For Culture, Education and Sport Activity	-56.8
石油加工、炼焦和核燃料加工业	Petroleum Processing ,Coking and Nuclear Fuel Processing	17.3
化学原料和化学制品制造业	Manufacture Raw Chemical Materials and Chemical Products	-4.8
医药制造业	Manufacture of Medical Products	-44.1
化学纤维制造业	Manufacture of Chemical Fibers	74.2
橡胶和塑料制品业	Manufacture of Rubber and Plastic Products	13.5
非金属矿物制品业	Manufacture of Nonmetals Mineral Products	25.7
黑色金属冶炼和压延加工业	Smelting and Pressing of Ferrous Metals	35.8
有色金属冶炼和压延加工业	Smelting and Pressing of Nonferrous Metals	4.5
金属制品业	Manufacture of Metal Products	26.4
通用设备制造业	Manufacture of Universal Purpose Equipment	-32.4

GROWTH RATE OF INVESTMENT IN FIXED ASSETS BY SHARE HOLDING(2018)

(%)

#国有控股 State-owned	#集体控股 Collective-owned	#私人控股 Private
22.3	**-44.6**	**-5.6**
7.5	-75.8	-58.2
11.8	-71.3	-55.7
3.8	-94.4	-75.8
-33.7	-44.0	-57.4
		-20.7
43.1	-100.0	-73.3
1.8	14.7	-14.4
11.5	20.6	-6.0
12.8		-10.5
-43.1		-61.0
197.9		-6.0
-100.0	-100.0	-26.4
-91.7		-2.1
		20.0
52.3	-62.6	0.9
17.3	-51.0	-42.1
		-38.2
	-51.0	-4.1
-82.1		
		93.5
		82.1
		114.3
-100.0		-77.7
		85.3
		-29.1
		-33.0
-100.0		-72.9
50.3		23.3
-13.8	30.8	-9.1
-49.5		-38.9
-41.3		127.5
416.3	-44.8	-3.3
-45.1	4.5	23.1
97.8		31.0
34.0	-100.0	-27.4
514.0	283.0	-6.9
52.7		-37.1

7-8 续表1

单位：%

行　业	Sector	本年完成投资 Investment Completed This Year
专用设备制造业	Manufacture of Special Purpose Equipment	53.6
汽车制造业	Manufacture of Motor Vehicles	46.7
铁路、船舶、航空航天和其他运输设备制造业	Manufacture of Railways, Ships, Aviation, Aircrafts and Other Transportation Equipments	-20.2
电气机械和器材制造业	Manufacture of Electrical Equipment and Machinery	272.3
计算机、通信和其他电子设备制造业	Manufacture of Computer, Telecommunication and Other Electronic Equipments	76.1
仪器仪表制造业	Manufacture of Measuring Instrument and Machinery	-30.5
其他制造业	Other Manufacturing	118.7
废弃资源综合利用业	Comprehensive Utilization of Waste	13.4
金属制品、机械和设备修理业	Repair of Metal Products, Machinery and Equipment	-93.8
电力、热力、燃气及水生产和供应业	Production and Supply of Electricity, Heat, Gas and Water	5.9
电力、热力生产和供应业	Production and Supply of Electricity and Heat	6.5
燃气生产和供应业	Production and Supply of Gas	-20.0
水的生产和供应业	Production and Supply of Water	53.8
建筑业	Construction	-80.4
房屋建筑业	Buildings Construction	-83.1
土木工程建筑业	Civil Engineering	-77.5
建筑安装业	Building Installation	-100.0
建筑装饰和其他建筑业	Building Decoration and Other Construction	-100.0
批发和零售业	Wholesale and Retail Trade	-47.6
批发业	Wholesale Trade	-41.1
零售业	Retail Trade	-53.1
交通运输、仓储和邮政业	Transport, Storage and Post	18.5
铁路运输业	Railway Transport	-28.7
道路运输业	Highway Transport	28.2
水上运输业	Water Transport	230.2
航空运输业	Air Transport	1146.3
管道运输业	Transport Via Pipelines	-93.1
装卸搬运和运输代理业	Loading, Unloading and Other Transport Services	-62.9
仓储业	Storage	20.2
邮政业	Post	-4.5
住宿和餐饮业	Hotels and Catering Services	-58.6
住宿业	Hotels	-60.0
餐饮业	Catering Services	-52.7
信息传输、软件和信息技术服务业	Information Transmission, Software and Information Technology Services	24.5
电信、广播电视和卫星传输服务	Transimission Services of Telecommunication, Broadcast, Television and Satellite	-42.1
互联网和相关服务	Internet and Relative Services	48.8
软件和信息技术服务业	Software and Information Technology Services	111.9

continued

(%)

#国有控股 State-owned	#集体控股 Collective-owned	#私人控股 Private
596.4	-100.0	47.0
246.3	-100.0	7.6
28.3		-18.1
443.8	-100.0	136.3
651.4	-83.6	145.7
-74.6		9.9
248.0		-89.1
-58.9		27.8
-90.7		-95.4
11.2	-15.3	-6.2
11.9	44.3	-4.8
-38.9	-64.5	-17.3
125.3	-84.1	-13.9
-66.0		-90.4
-100.0		-38.9
-58.2		-92.2
-100.0		-100.0
-100.0		-100.0
-9.1	-71.6	-53.4
-14.5	-46.8	-57.3
3.6	-98.1	-50.0
24.8	-77.6	-20.1
-10.5		-77.3
30.2	-72.2	-40.5
230.2		
1120.8		
-100.0		-87.1
		-62.9
18.6	-85.7	15.4
		-4.5
-67.4	-91.9	-56.0
-70.6		-58.7
-47.5	-100.0	-42.9
79.1		-25.5
-18.0		-100.0
176.1		-21.5
1178.4		14.4

7-8 续表2

单位：%

行 业	Sector	本年完成投资 Investment Completed This Year
金融业	Banking and Insurance	-15.9
货币金融服务	Monetary Banking	-4.7
资本市场服务	Capital Market	-100.0
保险业	Insurance	
其他金融业	Other Financial Activities	
房地产业	Real Estate Trade	17.3
房地产业	Real Estate Trade	17.3
租赁和商务服务业	Lease and Business Affairs Services	48.2
租赁业	Leasing	-18.7
商务服务业	Business Affairs Services	53.2
科学研究和技术服务业	Scientific Reseach and Technical Services	-14.5
研究和试验发展	Reserch and Experimental Development	-24.3
专业技术服务业	Professional Technical Services	-12.2
科技推广和应用服务业	Services of Science and Technology Exchanges and Promotion	-2.6
水利、环境和公共设施管理业	Management of Water Conservancy, Environment and Public Facilities	16.9
水利管理业	Water Conservancy	-28.5
生态保护和环境治理业	Ecological Protection and Environmental Management	77.4
公共设施管理业	Public Facilities	15.5
土地管理业	Land Management	53.3
居民服务、修理和其他服务业	Resident Services, Repair and Other Services	-32.7
居民服务业	Residence Services	-36.9
机动车、电子产品和日用产品修理业	Repair of Motor Vehicles, Electronic Products and Daily Products	-34.0
其他服务业	Other Services	-21.7
教 育	Education	33.2
教 育	Education	33.2
卫生和社会工作	Health Care and Social Work	8.6
卫 生	Health Care	12.4
社会工作	Social Work	1.3
文化、体育和娱乐业	Culture, Sports and Recreation	78.9
新闻和出版业	Journalism and Publishing Activities	
广播、电视、电影和影视录音制作业	Broadcasting, Movies, Televisions and Audiovisual Activities	-47.2
文化艺术业	Culture and Arts Activities	35.3
体 育	Sports Activities	120.9
娱乐业	Entertainment	139.2
公共管理、社会保障和社会组织	Public Management, Social Security and Social Organization	-30.2
中国共产党机关	Organs of CPC	1196.5
国家机构	Government Agencies	-34.2
人民政协、民主党派	PPCC and Democratic Parties	
社会保障	Social Security	106.2
群众团体、社会团体和其他成员组织	Mass Organizations, Social Organizations and Other Member Organizations	-31.9
基层群众自治组织	Grass Roots Self-governing Organizations	-26.2

continued

(%)

#国有控股 State-owned	#集体控股 Collective-owned	#私人控股 Private
-85.0	29.2	-100.0
-42.1	29.2	-100.0
-100.0		
28.4	-25.2	19.6
28.4	-25.2	19.6
114.4	-90.3	-9.1
-41.3		46.2
119.9	-90.3	-12.3
27.8		-41.4
22.0		-59.3
24.7		-27.9
38.0		-30.3
25.4	-61.7	-7.5
-26.7	-82.4	-59.3
87.0	117.4	53.8
30.5	-63.6	-24.9
26.6		
-38.0	-100.0	-27.4
20.6	-100.0	-57.1
-100.0		-27.6
-78.6		76.0
63.5	84.4	-28.2
63.5	84.4	-28.2
17.4	-56.2	-6.4
19.6	-53.0	-1.9
9.3	-58.3	-9.4
106.4	-61.6	79.0
		-68.5
5.8	-90.0	258.5
682.9	-81.3	-60.5
372.1	7.4	104.9
-28.7	244.3	-39.3
1196.5		
-34.3		-28.6
106.2		
-42.2		-41.4
270.8	26.4	

7-9 按资金来源分固定资产投资增长速度(2018年)

单位：%

行 业	Sector	本年资金来源小计 Total Source of Funds
总 计	**Total**	**13.0**
农、林、牧、渔业	Farming, Forestry, Animal Husbandry and Fishery	-10.7
农 业	Farming	1.2
林 业	Forestry	14.8
畜牧业	Animal Husbandry	-13.5
渔 业	Fishery	
农、林、牧、渔服务业	Farming, Forestry, Animal Husbandry and Fishery Services	-71.9
采矿业	Mining	4.1
煤炭开采和洗选业	Coal Mining and Washsing	14.4
石油和天然气开采业	Extraction of Petroleum and Natural Gas	19.1
黑色金属矿采选业	Mining and Dressing of Ferrous Metals	-66.7
有色金属矿采选业	Mining and Dressing of Nonferrous Metals	65.4
非金属矿采选业	Mining and Dressing of Nonmetal Ores	-9.9
开采辅助活动	Mining Auxiliary Activities	-94.3
其他采矿业	Others	20.0
制造业	Manufacturing	31.0
农副食品加工业	Farm and Sideline Food Processing	-35.9
食品制造业	Food Manufacturing	74.5
酒、饮料和精制茶制造业	Alcohol, Beverage and Refined Tea Manufacturing	127.5
烟草制品业	Tobacoo Manufaturing	-43.1
纺织业	Textile Industry	55.2
纺织服装、服饰业	Manufacture of Garments and Accessories	356.8
皮革、毛皮、羽毛及其制品和制鞋业	Manufacture of Leather, Fur, Feather and their Products and Footwear	
木材加工和木、竹、藤、棕、草制品业	Processing of Timber, Manufacture of Wood, Bamboo, Rattan, Palm, and Straw Products	-90.7
家具制造业	Manufacture of Funiture	405.6
造纸和纸制品业	Manufacture of Paper and Paper Products	20.1
印刷和记录媒介复制业	Printing and Record Medium Reproduction	69.5
文教、工美、体育和娱乐用品制造业	Manufacture of Articles For Culture, Education and Sport Activity	-59.5
石油加工、炼焦和核燃料加工业	Petroleum Processing ,Coking and Nuclear Fuel Processing	0.3
化学原料和化学制品制造业	Manufacture Raw Chemical Materials and Chemical Products	-5.6
医药制造业	Manufacture of Medical Products	-34.6
化学纤维制造业	Manufacture of Chemical Fibers	34.3
橡胶和塑料制品业	Manufacture of Rubber and Plastic Products	93.9
非金属矿物制品业	Manufacture of Nonmetals Mineral Products	97.9
黑色金属冶炼和压延加工业	Smelting and Pressing of Ferrous Metals	85.1
有色金属冶炼和压延加工业	Smelting and Pressing of Nonferrous Metals	-3.0
金属制品业	Manufacture of Metal Products	148.7
通用设备制造业	Manufacture of Universal Purpose Equipment	-14.9

GROWTH RATE OF INVESTMENT IN FIXED ASSETS BY SOURCE OF FUNDS(2018)

(%)

国家预算内资金 State Budgetary Appropriation	国内贷款 Domestic Loans	利用外资 Foreign Investment	自筹资金 Self-raised Funds	其他资金 Others
20.2	**13.1**	**-77.2**	**11.0**	**16.6**
66.9	-73.6	-76.2	-13.3	32.4
-17.6	-65.7	-79.2	6.4	-52.4
1162.0			-53.9	1171.2
-93.7	-73.5	-71.4	-10.2	12.4
-31.5	-100.0		-83.6	-33.9
-57.0	-44.8	-100.0	9.7	47.6
-87.1	-43.6		21.7	85.2
	-69.2	-100.0	35.1	
			-57.6	-100.0
			66.2	
			-13.6	-100.0
2451.0			-97.9	3037.0
			20.0	
-68.4	181.4	426.2	28.6	-2.7
	-30.2		-38.3	24.8
			72.0	22.7
	-95.3		102.4	102909.1
			-43.1	
	20.6		-13.5	
			347.8	
			-89.7	-100.0
			405.6	
			4.5	
			69.5	
	-100.0		-37.6	-100.0
	278.2		-39.3	42.6
	1845.3		-9.0	-75.9
60.0	-22.5		-38.6	155.5
			35.5	-100.0
	79.1		114.9	-100.0
-100.0	0.7	426.2	102.7	100.4
-100.0	-100.0		87.9	
			2.2	-92.8
	-100.0		151.2	
-100.0	-96.7		-12.9	1368.0

7-9 续表1

单位：%

行 业	Sector	本年资金来源小计 Total Source of Funds
专用设备制造业	Manufacture of Special Purpose Equipment	76.0
汽车制造业	Manufacture of Motor Vehicles	5.8
铁路、船舶、航空航天和其他运输设备制造业	Manufacture of Railways, Ships, Aviation, Aircrafts and Other Transportation Equipments	-14.2
电气机械和器材制造业	Manufacture of Electrical Equipment and Machinery	124.0
计算机、通信和其他电子设备制造业	Manufacture of Computer, Telecommunication and Other Electronic Equipments	84.9
仪器仪表制造业	Manufacture of Measuring Instrument and Machinery	-54.0
其他制造业	Other Manufacturing	256.2
废弃资源综合利用业	Comprehensive Utilization of Waste	16.3
金属制品、机械和设备修理业	Repair of Metal Products, Machinery and Equipment	6550.0
电力、热力、燃气及水生产和供应业	Production and Supply of Electricity, Heat, Gas and Water	9.8
电力、热力生产和供应业	Production and Supply of Electricity and Heat	9.0
燃气生产和供应业	Production and Supply of Gas	18.8
水的生产和供应业	Production and Supply of Water	28.0
建筑业	Construction	-58.1
房屋建筑业	Buildings Construction	-100.0
土木工程建筑业	Civil Engineering	-52.3
建筑安装业	Building Installation	-100.0
建筑装饰和其他建筑业	Building Decoration and Other Construction	
批发和零售业	Wholesale and Retail Trade	-55.1
批发业	Wholesale Trade	-47.2
零售业	Retail Trade	-61.1
交通运输、仓储和邮政业	Transport, Storage and Post	25.7
铁路运输业	Railway Transport	-38.8
道路运输业	Highway Transport	42.9
水上运输业	Water Transport	
航空运输业	Air Transport	67.6
管道运输业	Transport Via Pipelines	-97.4
装卸搬运和运输代理业	Loading, Unloading and Other Transport Services	-66.5
仓储业	Storage	64.0
邮政业	Post	
住宿和餐饮业	Hotels and Catering Services	-65.2
住宿业	Hotels	-61.2
餐饮业	Catering Services	-81.8
信息传输、软件和信息技术服务业	Information Transmission, Software and Information Technology Services	117.3
电信、广播电视和卫星传输服务	Transimission Services of Telecommunication, Broadcast, Television and Satellite	30.9
互联网和相关服务	Internet and Relative Services	46.2
软件和信息技术服务业	Software and Information Technology Services	458.9

continued

(%)

国家预算内资金 State Budgetary Appropriation	国内贷款 Domestic Loans	利用外资 Foreign Investment	自筹资金 Self-raised Funds	其他资金 Others
	-100.0		76.7	
			4.1	920.0
			-30.5	
	-56.2		113.9	
			80.3	178.2
			-54.0	
			117.8	
	-100.0		60.6	65500.0
19.7	20.9	-89.4	7.3	-3.8
26.2	19.6	-91.5	8.2	-14.8
-58.8	229.8		-5.5	1093.8
6339.1	-72.8		7.6	7.3
702.7	-72.8		-63.8	17.7
-100.0			-100.0	
	-72.8		-59.0	
			-100.0	-100.0
	-100.0		-50.4	-88.8
	-100.0		-34.0	-99.0
	-100.0		-60.9	-55.9
-13.8	61.8	125.0	20.6	41.5
-100.0	1.4		-27.8	-84.7
-12.1	91.4		14.6	172.5
-63.3				
-100.0	-100.0		-96.6	-100.0
			-66.5	
	-100.0	-100.0	84.9	-68.1
	58.3		-68.0	-100.0
	58.3		-64.5	-100.0
			-81.8	
	689.1		55.8	999.4
			18.2	
			15.1	223.5
	429.4		248.7	127304.7

7-9 续表2

单位：%

行 业	Sector	本年资金来源小计 Total Source of Funds
金融业	Banking and Insurance	65.8
货币金融服务	Monetary Banking	65.8
资本市场服务	Capital Market	
保险业	Insurance	
其他金融服务	Other Financial Activities	
房地产业	Real Estate Trade	8.7
房地产业	Real Estate Trade	8.7
租赁和商务服务业	Lease and Business Affairs Services	133.3
租赁业	Leasing	48.4
商务服务业	Business Affairs Services	138.7
科学研究和技术服务业	Scientific Reseach and Technical Services	19.5
研究和试验发展	Reserch and Experimental Development	54.4
专业技术服务业	Professional Technical Services	-3.2
科技推广和应用服务业	Services of Science and Technology Exchanges and Promotion	9.9
水利、环境和公共设施管理业	Management of Water Conservancy, Environment and Public Facilities	21.3
水利管理业	Water Conservancy	-58.1
生态保护和环境治理业	Ecological Protection and Environmental Management	104.2
公共设施管理业	Public Facilities	34.5
土地管理业	Land Management	-45.9
居民服务、修理和其他服务业	Resident Services, Repair and Other Services	-5.8
居民服务业	Residence Services	-28.1
机动车、电子产品和日用产品修理业	Repair of Motor Vehicles, Electronic Products and Daily Products	
其他服务业	Other Services	2.5
教 育	Education	13.0
教 育	Education	13.0
卫生和社会工作	Health Care and Social Work	5.1
卫 生	Health Care	42.1
社会工作	Social Work	-32.8
文化、体育和娱乐业	Culture, Sports and Recreation	98.6
新闻和出版业	Journalism and Publishing Activities	
广播、电视、电影和影视录音制作业	Broadcasting, Movies, Televisions and Audiovisual Activities	
文化艺术业	Culture and Arts Activities	80.1
体 育	Sports Activities	105.7
娱乐业	Entertainment	122.4
公共管理、社会保障和社会组织	Public Management, Social Security and Social Organization	-50.1
中国共产党机关	Organs of CPC	
国家机构	Government Agencies	-67.5
人民政协、民主党派	PPCC and Democratic Parties	
社会保障	Social Security	
群众团体、社会团体和其他成员组织	Mass Organizations, Social Organizations and Other Member Organizations	-32.7
基层群众自治组织	Grass Roots Self-governing Organizations	-44.1

continued

(%)

国家预算内资金 State Budgetary Appropriation	国内贷款 Domestic Loans	利用外资 Foreign Investment	自筹资金 Self-raisied Funds	其他资金 Others
			65.8	
			65.8	
73.8	-3.3		1.1	15.9
73.8	-3.3		1.1	15.9
-94.6			215.5	-66.1
-100.0			115.8	56.2
-93.2			221.7	-68.1
285.2	-93.8		70.2	-95.4
	-74.1		45.6	-100.0
45.1	-100.0		84.3	-100.0
			91.0	-94.7
34.1	-20.6	-41.4	18.1	106.4
-45.2	-86.0	-100.0	-44.4	77.4
-35.9	-78.0	-9.1	146.9	241.5
94.7	25.6		-1.8	105.4
184.9			-95.8	-57.8
-66.6			-27.9	1500.0
-100.0			-69.5	1500.0
-52.7				
1.7	-13.9	-92.1	26.3	21.5
1.7	-13.9	-92.1	26.3	21.5
71.0	-8.9		-23.1	186.0
93.8	-4.6		7.5	180.7
27.4	-100.0		-45.5	215.4
334.6	144.6		77.3	39.3
-21.0	139.4		117.1	13.0
	-100.0		-34.3	-59.1
	401.9		108.6	748.5
-56.8	-75.9		-18.6	-91.2
-56.8	-75.9		-89.9	-41.4
			-26.9	-100.0
				-100.0

7-10 固定资产投资规模及新增生产能力(2018年)

生产能力(或效益)名称		Item	建设规模 Construction Scale
原煤开采	(万吨／年)	Coal Mining (10 000 tons/year)	13120
焦　炭	(万吨／年)	Coke (10 000 tons/year)	1776
天然气开采	(亿立方米／年)	Extraction of Natural Gas(100 million cu.m/year)	139
石油加工：蒸馏设备能力	(处理万吨／年)	Petroleum Processing: Capacity of Distillation Equipment (10 000 tons/year)	125
铁矿开采(原矿)	(万吨／年)	Iron-Ore Mining (10 000 tons/year)	1082.8
生　铁	(万吨／年)	Pig Iron (10 000 tons/year)	33.0
粗　钢	(万吨／年)	Crude Steel (10 000 tons/year)	203.0
钢　材	(万吨／年)	Rolled Steel (10 000 tons /year)	1394
氧化铝	(吨／年)	Oxide Aluminium (ton/year)	7800103
原铝(电解铝)	(吨／年)	Primary Aluminium (ton/year)	410438
铝加工材	(吨／年)	Aluminum Processing Material (ton/year)	640000
铜加工材	(吨／年)	Copper Processing Material (ton/year)	12000
黄　金	(公斤／年)	Gold (kg/year)	800
发电机组容量	(万千瓦)	Capacity of Power Generating Sets (10 000 kw)	54084
火力发电	(万千瓦)	Fire Power (10 000 kw)	1956
风力发电	(万千瓦)	Wind Power (10 000 kw)	36257
太阳能发电	(万千瓦)	Solar Power (10 000 kw)	15704
其　他	(万千瓦)	Others (10 000 kw)	168
输电线路长度(110千伏及以上)	(公里)	Length of Power Transmission Line (≥110 kv) (km)	1627
水　泥	(万吨／年)	Cement (10 000 tons/year)	580
农用氮、磷、钾化学肥料	(吨／年)	Chemical Fertilizers (ton/year)	50512
氮　肥	(吨／年)	Nitrogen Fertilizers (ton/year)	50000
钾　肥	(吨／年)	Potash Fertilizers (ton/year)	512
塑料树脂及共聚物	(吨／年)	Plastic Colophony and Polymer (ton/year)	120000
轮胎外胎	(万条/年)	Tires (10000 tires/year)	700
汽车制造	(辆／年)	Motor Vehicles (unit/year)	86000
载货汽车制造	(辆／年)	Trucks (unit/year)	23000
轿车制造	(辆／年)	Cars (unit/year)	30000
其他汽车制造	(辆／年)	Manufacture of Other Automobiles(10000 sets/year)	33000

SCALE OF INVESTMENT IN FIXED ASSETS AND NEWLY INCREASED PRODUCTION CAPACITY(2018)

本年施工规模 Construction Scale This Year	#本年新开工 Newly Started This Year	累计新增生产能力 Accumulated Newly Increased Production Capacity	#本年新增 Newly Increased This Year
6554	1197	1370	680
1486	996	740	710
42	29	11	10
497.2	82.2	82.8	53.8
33.0			
121.1	121.1		
1192	1192	860.5	860.5
3400103	103	3200103	1200103
8000		43	13
39000	9000	40000	39000
2000		1000	1000
600	600		
47115	44964	828	589
1277	47	355	288
35846	35010	164	91
9890	9812	250	192
103	94	59	19
1433	871	809	684
447	116	201	150
50512	50512	512	512
50000	50000		
512	512	512	512
80000	20000	120000	80000
700	700	700	700
70265	36045	9545	9545
7265	2265	2000	2000
30000	30000	7545	7545
33000	3780		

7-10 续表

生产能力(或效益)名称		Item	建设规模 Construction Scale
化学纤维	(吨／年)	Chemical Fibre (ton/year)	4400
酒	(万吨／年)	Alcoholic Drink (10 000 tons/year)	33.9
啤　酒	(万吨／年)	Beer (10 000 tons/year)	15.0
白　酒	(万吨／年)	White Spirit(10 000 tons/year)	6.3
其他酒	(万吨／年)	Other Alcohols (10 000 tons/year)	12.6
卷　烟	(箱/年)	Cigarettes (box/year)	800000
新建铁路里程	(公里)	Length of Railways Newly Built (km)	627
电气化铁路里程	(公里)	Length of Electrified Railways (km)	79
新建高速铁路里程	(公里)	Length of High Speed Railways Newly Built (km)	1.2
新建公路	(公里)	Length of Newly Built Highways (km)	2889.9
#高速公路	(公里)	Express Way (km)	595.3
一级公路	(公里)	First Class (km)	191.0
二级公路	(公里)	Second Class (km)	178.9
改建公路	(公里)	Reconstructed Highways (km)	10714.9
#一级公路	(公里)	First Class (km)	208.6
二级公路	(公里)	Second Class (km)	619.0
新建独立公路桥梁	(延长米)	Independent Highway Bridges Newly Built (extended m)	9029.5
新建独立公路桥梁	(座)	Independent Highway Bridges Newly Built (unit)	13
新建独立公路隧道	(延长米)	Independent Highway Tunnels Newly Built (extended m)	3
新建独立公路隧道	(处)	Independent Highway Tunnels Newly Built (unit)	1
新(扩)建公路客、货运站	(个)	Highway Passenger and Freight Station of Newly Built or Extended (unit)	9
新(扩)建公路客、货运站	(平方米)	Highway Passenger and Freight Station of Newly Built or Extended (sq.m)	67836
城市自来水供水能力	(万吨／日)	City Tap Water Supply Capacity (10 000 tons/day)	46.6
城市污水处理能力	(万吨／日)	City Sewage Treatment Capacity (10 000 tons/day)	321.9

continued

本年施工规模 Construction Scale This Year	#本年新开工 Newly Started This Year	累计新增生产能力 Accumulated Newly Increased Production Capacity	#本年新增 Newly Increased This Year
4069	3969	4069	4069
26.5	21.1	5.4	5.4
15.0	15.0	5.0	5.0
4.7	4.4		
6.8	1.7	0.4	0.4
800000		800000	800000
94	0.1	17	
45		45	45
1.2	1.2		
2314.1	1677.4	1424.9	1248.5
452.7	263.1	333.6	230.6
175.2	103.7	53.8	41.1
130.5	124.9	95.1	89.4
7975.5	5686.8	5182.7	4466.7
164.7	112.8	103.8	101.0
411.9	352.2	417.4	282.1
8945.5	2230.5	8722.2	8562.2
13	11	11	11
1	1	3	1
1	1	1	1
8	5	5	4
57117	49108	21614	12314
17.1	11.1	7.1	5.0
163.9	125.3	55.0	48.9

7-11 农户固定资产投资主要指标增长速度

GROWTH RATE OF MAJOR INDICATORS OF RURAL HOUSEHOLDS INVESTMENT IN FIXED ASSETS

单位：%　　(%)

指　标	Item	2017	2018
一、本年新增固定资产原值	Original Value of Newly Increased Fixed Assets This Year	-9.4	-20.5
二、本年固定资产投资完成额	Completed Investment in Fixed Assets This Year	-6.0	-19.1
按投资来源分	Grouped by Source of Funds		
国内贷款	Domestic Loans	4.5	-4.4
自筹资金	Self-raised Funds	-7.0	-21.0
其他资金	Others	-25.8	-12.5
按投资构成分	Grouped by Composition		
建筑工程	Construction	-12.0	-26.7
#水　利	Conservancy	5.4	2.3
房　屋	Buildings	-10.1	-29.3
#住　宅	Residential Buildings	-9.3	-29.5
安装工程	Installation		
设备工器具购置	Purchase of Equipment and Instruments	8.6	-5.2
#生产设备	Production Equipment	8.6	-5.2
其　他	Others	-4.4	-9.9
按具体投资项目分	Grouped by Investment Projects		
房　屋	Buildings	-10.1	-29.3
#住　宅	Residential Buildings	-9.3	-29.5
道　路	Roadway		
桥　梁	Bridge		
设　备	Equipment	8.6	-5.2
水　利	Conservancy	5.4	2.3
其　他	Others	-26.2	19.1
三、本年施工房屋面积(万平方米)	Floor Space of Buildings Under Construction This Year (10 000 sq.m)	-8.3	-30.5
#住　宅	Residential Buildings	-5.9	-34.6
#当年新开工	Newly Started in The Current Year	-0.7	-24.2
四、本年竣工房屋面积(万平方米)	Floor Space of Buildings Completed This Year (10 000 sq.m)	-9.9	-27.5
#住　宅	Residential Buildings	-8.3	-30.9
五、本年竣工房屋投资额	Investment in Buildings Completed This Year	-13.3	-21.2
#住　宅	Residential Buildings	-12.7	-23.8

主要统计指标解释

全社会固定资产投资 是以货币形式表现的在一定时期内全社会建造和购置固定资产的工作量以及与此有关的费用的总称。该指标是反映固定资产投资规模、结构和发展速度的综合性指标,又是观察工程进度和考核投资效果的重要依据。全社会固定资产投资按登记注册类型可分为国有、集体、联营、股份制、私营和个体、港澳台商、外商、其他等。

固定资产投资（不含农户） 指城镇和农村各种登记注册类型的企业、事业、行政单位及城镇个体户进行的计划总投资500万元及500万元以上的建设项目投资和房地产开发投资,包含原口径的城镇固定资产投资加上农村企事业组织项目投资,该口径自2011年起开始使用。

固定资产投资的实际到位资金 根据固定资产投资的资金来源不同，分为国家预算资金、国内贷款、利用外资、自筹资金和其他资金。

(1)国家预算资金 国家预算包括一般预算、政府性基金预算、国有资本经营预算和社保基金预算。各类预算中用于固定资产投资的资金全部作为国家预算资金填报，其中一般预算中用于固定资产投资的部分包括基建投资、车购税、灾后恢复重建基金和其他财政投资。各级政府债券也应归入国家预算资金。

(2)国内贷款 指报告期固定资产项目投资单位向银行及非银行金融机构借入用于固定资产投资的各种国内借款,包括银行利用自有资金及吸收存款发放的贷款、上级主管部门拨入的国内贷款、国家专项贷款（包括煤代油贷款、劳改煤矿专项贷款等），地方财政专项资金安排的贷款、国内储备贷款、周转贷款等。

(3)利用外资 指报告期收到的境外（包括外国及港澳台地区）资金(包括设备、材料、技术在内)。包括对外借款(外国政府贷款、国际金融组织贷款、出口信贷、外国银行商业贷款、对外发行债券和股票)、外商直接投资、外商其他投资(包括利用外商投资收益在国内进行固定资产再投资活动的资金)。不包括我国自有外汇资金(国家外汇、地方外汇、留成外汇、调剂外汇和国内银行自有资金发放的外汇贷款等)。各类外资按报告期末的外汇牌价（中间价）折成人民币计算。

(4)自筹资金 指固定资产投资单位在报告期收到的，由各企、事业单位筹集用于固定资产投资的资金，包括各类企事业单位的自有资金和从其他单位筹集的用于固定资产投资的资金，但不包括各类财政性资金、从各类金融机构借入资金和国外资金。

(5)其他资金 指在报告期收到的除以上各种资金之外的用于固定资产投资的资金，包括社会集资、个人资金、无偿捐赠的资金及其他单位拨入的资金等。

固定资产投资按国民经济行业分 指根据其从事的社会经济活动性质对各类单位进行的分类。应根据建设项目建成投产后的主要产品种类或主要用途及社会经济活动种类来划分，不能根据项目单位本身的行业类别来划分。如果项目投产后有几种产品，应根据主要产品来确定行业类别。一般情况下，一个建设项目只能属于一种国民经济行业。

固定资产投资按隶属关系分 是按建设单位或企业、事业、行政单位的主管上级机关确定的。

(1)中央 是指中共中央、人大常委会和国务院各部、委、局、总公司以及直属机构直接领导的建设项目和企业、事业、行政单位。这些单位的固定资产投资计划由国务院各部门直接编制和下达，统一组织或委托下级实施。包括有中央垂直管理的部门（如国家统计局各级调查队）和中央直属企业、事业单位（如工商银行、中国电信、中国石油）等。

(2)地方 是由省（自治区、直辖市）、地（区、市、州、盟）、县（区、市、旗）三级政府及业务主管部门直接领导和管理的建设项目、企业、事业、行政单位。地方项目还包括不隶属以上各级政府及主管部门的建设项目和企业、事业单位，如外商投资企业和无主管部门的企业等。

固定资产投资按建设性质分 按整个建设项目情况来确定。建设项目的性质一般分为新建、扩建、改建和技术改造、单纯建造生活设施、迁建、恢复、单纯购置。房地产开发单位、农户投资不划分建设性质。

(1)新建 指从无到有“平地起家”开始建设的项目。现有企业、事业、行政单位投资的项目一般不属于新建。但如有的单位原有基础很小，经过建设后新增的固定资产价值超过该企业、事业、行政单位原有固定资产价值（原值）三倍以上的，也应作为新建。

(2)扩建　指在厂内或其他地点，为扩大原有产品的生产能力(或效益)或增加新的产品生产能力，而增建的生产车间(或主要工程)、分厂、独立的生产线的企业、事业单位。行政、事业单位在原单位增建业务性用房(如学校增建教学用房、医院增建门诊部、病房等)也作为扩建。

现有企、事业单位为扩大原有主要产品生产能力或增加新的产品生产能力，增建一个或几个主要生产车间(或主要工程)、分厂，同时进行一些更新改造工程的，也应作为扩建。

(3)改建和技术改造　指现有企业、事业单位对原有设施进行技术改造或更新(包括相应配套的辅助性生产、生活福利设施) 的建设项目。改建项目包括现有企业、事业单位为适应市场变化的需要，而改变企业的主要产品种类(如军工企业转民产品等) 的建设项目，原有产品生产作业线由于各工序(车间)之间能力不平衡，为填平补齐充分发挥原有生产能力而增建不增加本企业主要产品设计能力的车间的建设项目。技术改造是指企业、事业单位在现有基础上，用先进的技术代替落后的技术，用先进的工艺和装备代替落后的工艺和装备，以改变企业落后的技术经济面貌，实现以内涵为主的扩大再生产，达到提高产品质量、促进产品更新换代、节约能源、降低消耗、扩大生产规模、全面提高社会经济效益的目的。技术改造具体包括以下内容：机器设备和工具的更新改造；生产工艺改革、节约能源和原材料的改造；厂房建筑和公共设施的改造；保护环境进行的“三废”治理改造；劳动条件和生产环境的改造等。

固定资产投资按构成分

(1)建筑工程　指各种房屋、建筑物的建造工程，又称建筑工作量。这部分投资额必须兴工动料，通过施工活动才能实现，是固定资产投资额的重要组成部分。

(2)安装工程　指各种设备、装置的安装工程，又称安装工作量。

在安装工程中，不包括被安装设备本身价值。

(3)设备工具器具购置　指报告期内购置或自制的，达到固定资产标准的设备、工具、器具的价值。新建单位及扩建单位的新建车间，按照设计或计划要求购置或自制的全部设备、工具、器具，不论是否达到固定资产标准均计入“设备工具器具购置”中。

(4)其他费用　指在固定资产建造和购置过程中发生的，除建筑安装工程和设备、工器具购置投资完成额以外的应当分摊计入固定资产投资的费用，不指经营中财务上的其他费用。

施工项目个数　是指本年正式进行过建筑或安装施工活动的建设项目个数。包括本年新开工项目，以前年度开工跨入本年继续施工项目，本年全部建成投产项目、以前年度全部停缓建在本年恢复施工的项目，本年进行过施工又在本年内全部停缓建的项目。施工项目个数可以反映一定时期固定资产投资的实际规模，与同期全部建成投产项目个数相比，可以从建设速度的角度反映固定资产投资的效果。

本年投产项目个数　指报告期内按设计文件规定建成主体工程和相应配套的辅助设施，形成生产能力或工程效益，经过验收合格，并且已正式投入生产或交付使用的建设项目。

新增生产能力(或工程效益)　指通过固定资产投资活动而增加的设计能力(或工程效益)。主要指标包括建设规模、本年施工规模、自开始建设累计新增生产能力(或工程效益)、本年新增生产能力(或工程效益)等。

建设规模　指建设项目或工程设计文件中规定的全部设计能力(或工程效益)。包括已经建成投产和尚未建成投产的工程的生产能力(或工程效益)。

本年施工规模　指报告期内施工的单项工程（或更新改造项目）的设计能力(或工程效益)，包括报告期以前已开工跨入本年继续施工的工程的设计能力和报告期新开工工程的设计能力。也包括报告期内建成投产或报告期施工后又停缓建的单项工程设计能力。不包括在报告期以前建成投产或已经停、缓建的工程，以及报告期内尚未正式开工的工程的设计能力。

自开始建设累计新增生产能力(或工程效益)　指自开始建设至本年底止建成投产的全部单项工程累计新增生产能力(或工程效益)。

本年新增生产能力(或工程效益)　指在本年度内按照新增生产能力(或工程效益)的计算条件和标准，实际建成投入生产或交付使用的生产能力(或工程效益)。

新增固定资产　是指已经完成建造和购置过程，并已交付生产或使用单位的固定资产的价值，包括已经建成投入生产或交付使用的工程投资和达到固定资产标准的设备、工具、器具的投资及有关应摊入的费用。该指标是表示固定资产投资成果的价值指标，也是反映建设进度，计算固定资产投资效果的重要指标。

Explanatory Notes on Main Statistical Indicators

Total Investment in Fixed Assets in the Whole Country refers to the volume of activities in construction and purchases of fixed assets of the whole country and related fees, expressed in monetary terms during the reference period. It is a comprehensive indicator which shows the size, structure and growth of the investment in fixed assets, providing a basis for observing the progress of construction projects and evaluating results of investment. Total investment in fixed assets in the whole country includes, by type of ownership, the investment by State-owned units, collective-owned units, joint ownership units, share-holding units, private units, individuals as well as investments by entrepreneurs from Hong Kong, Macao and Taiwan, foreign investors and others.

Investment in Fixed Assets (Excluding Rural Households) refers to the investment in construction projects with a total planned investment of 5 million yuan and over by enterprises of various ownerships, institutions, administrative units and urban self-employed individuals, and the investment in real estate development in both urban and rural areas. Since 2011, it covers the urban investment in fixed assets under the previous statistical coverage plus project investments by rural enterprises and institutions.

Actual Funds in Place for Investment in Fixed Assets are categorized as funds from the State budget, domestic loans, foreign investment, self-raised funds, and others, depending on the sources of investment.

(1) Fund from the State budget: State budget consists of general budget, government fund budget, operation budget of state-owned assets and social security fund budget. Funds for investment in fixed assets from various budgets are reported as fund from the state budget, of which, the general budget utilized on fixed assets investment includes investment on infrastructure construction, vehicle purchase tax, post-disaster restoration and reconstruction funds and other financial investment. Government bonds at all levels should also be included.

(2) Domestic loans refer to loans of various forms borrowed by investing units from banks and non-bank financial institutions during the reference period for the purpose of investment in fixed assets, including loans issued by banks from their self-owned funds and deposit, loans appropriated by higher responsible authorities, special loans by government (including loan for substituting petroleum with coal, special loans for reform-through-labour coal mines), loans arranged by local government from special funds, domestic reserve loan, and revolving loan, etc.

(3) Foreign investment refers to overseas (including foreign countries, Hongkong, Macao and Taiwan) funds received during the reference period (covering equipment, materials and technology), including foreign borrowings (loans from foreign governments and international financial institutions, export credit, commercial loans from foreign banks, issue of bonds and stocks overseas), foreign direct investment and other foreign investments (including funds from foreign direct investment income that are reinvested in fixed assets domestically). Excluded from this category is capital in foreign exchanges owned by China (foreign exchanges owned by the central and local governments, foreign exchanges retained by enterprises, foreign exchanges by enterprises through the regulating mechanism, loans in foreign exchanges issued by the Bank of China with its own fund, etc.). In calculating the utilization of foreign capital, foreign currencies are converted into Chinese Renminbi applying the exchange rate (central parity rate) at the end of the reference period.

(4) Self-raised funds refer to funds for investment in fixed assets received during the reference period by investing units, including investment in fixed assets using own funds of various enterprises and institutions or funds raised from other units other than financial funds, funds borrowed from financial institutions and overseas funds.

(5) Others refer to funds for investment in fixed assets received from sources other than those listed above, including funds raised from individuals and through donations, and funds transferred from other units.

Investment in Fixed Assets by Sector refers to the classification of investment by the nature of social economic activities the investing units are engaged in. The classification of construction projects by sector is determined by the major products or the purpose of the projects when they are put into production or use, and by the nature of their social economic activities, instead of being determined by industrial classification of the project enterprises. The project will be classified according to major product if there are several kinds of products yielded. In general, one project can only be classified into one sector.

Investment in Fixed Assets by Jurisdiction of Management refers to the classification of investment by the competent authorities under which investment is made by construction units, enterprises, institutions or administrative units.

(1) Central investment refers to the investment in projects or by enterprises, institutions or administrative units which are under the direct leadership and management of the State Council and of the national commissions, ministries, agencies and State-owned large corporations. Various ministries and departments of the State Council prepare and implement plans through unified organization or lower-level commissions, which include departments direct under central government (i.e. survey offices at all level of the National

Bureau of Statistics) and enterprises and institutions directly under central government (like the Industrial and Commercial Bank of China, China Telecom and China National Petroleum Corporation).

(2) Local investment refers to the investment in projects or by enterprises, institutions or administrative units which are under the direct leadership and management of competent departments and governments at the level of province (autonomous regions and municipalities directly under the Central Government), prefecture （prefectures, cities and leagues） and county (districts, cities and banners). Also included are projects by foreign-invested enterprises and enterprises without competent managing authorities.

Investment in Fixed Assets by Type of Construction Construction projects in general can be classified, by the type of construction, into new construction, expansion, reconstruction and technical transformation, purely construction of living facilities, moving, restoration and purely purchasing. However, investment by type of construction is not applied to investment by real-estate development units and investment by rural households.

(1) New construction in general refers to construction projects, which start from scratch. The existing projects invested by enterprises, institutions and administrative agencies cannot be classified as new construction. In case the size of the existing unit is quite small, and the value of newly added fixed assets is more than three times of the original value, the expansion will be considered as new construction.

(2) Expansion refers to construction of new production workshop, branch factory or independent production line within a factory or in other locations, for the purpose of increasing the production capacity (or improving efficiency) or adding new production capacity by enterprises and institutions. Newly constructed accommodation for the operation of institutions and administrative organizations (such as newly constructed buildings for teaching in schools, buildings for clinics or wards in hospitals, etc.) are also classified as expansion.

Also included in expansion are investments by existing enterprises or institutions in building major production line(s) or branch factory (ies) along with some work on innovation, for the purpose of expanding the production capacity of original products or producing new products.

(3) Reconstruction and technical transformation refers to construction projects by existing enterprises or institutions in innovation or technical transformation of the old facilities (including auxiliary production equipment and welfare facilities). Also considered as reconstruction is the construction of new workshops by the existing enterprises or institutions to change the variety of products to meet the market demand (such as the production of civil products by defence industries), or to bring the designed production capacity into full play through a more balanced production process on production lines. Technical transformation refers to replacement of old technology or equipment by new technology or equipment, in order to expand the reproduction through improvement of technology contents in production, to improve product quality, to promote new products, to save energy, to reduce consumption, to expand the production scale and to improve overall social-economic efficiency. Contents of technical transformation include: updating of machinery, equipment and tools; reforming production process by using energy or materials saving technology; construction of factory workshops and transformation of public facilities; treatment transformation of “three wastes” (waste gas, waste water and industrial residue) aiming at environmental protection; improvement of working conditions and environment, etc.

Investment in Fixed Assets by Structure

(1) Construction refers to the construction of houses and buildings, also known as work volume of construction. This part of investment can only be achieved through construction activities, it is the major component of the total investment in fixed assets.

(2) Installation refers to the installation of various kinds of equipment and instruments, also known as work volume of installation.

The value of equipment installed itself is not included in the value of installation projects.

(3) Purchase of equipment and instruments refers to the total value of equipment, tools, and instruments purchased or self-produced which come up to the cut-off point for fixed assets during the reference period. Equipment, tools and instruments purchased or self-produced for new workshops by newly established or expanded units are categorized as “purchase of equipment and instruments” no matter whether they come up to the cut-off point for fixed assets.

(4) Other expenses refer to expenses arising during the construction or purchase of fixed assets other than those expenses on construction, installation and purchase of equipment and instruments. Other financial expenses arising in operation are not included.

Number of Projects under Construction refers to number of all projects with actual construction or installation activities in current year, including newly started projects, projects started previously and extended into the current year, projects completed and put into operation in current year, projects suspended previously and resumed in current year, and projects started this year but suspended or postponed in current year. The number of projects under construction can reflect the actual size of investment in fixed assets during a given period, and when compared with the number of projects completed and put into use during the same period, it demonstrates the results of investment in fixed assets from the angle of the speed of the construction.

Number of Projects Put into Use This Year refer to projects have completed the main construction and correspondent auxiliary facilities in accordance with the design documents, resulting in forming production capacity (efficiency) and have been checked and accepted after relevant tests, and have been formally delivered for use.

Newly Increased Production Capacity (or Project Efficiency) refers to the increase in design capacity (or project efficiency) through investment in fixed assets. The main indicators include: construction scale, scale of projects under construction in current year, the accumulated newly increased production capacity (project efficiency) since the start of the projects and the newly increased production capacity (project efficiency) of current year.

Construction Scale refers to the total designed production capacity (project efficiency) of the construction projects in accordance with the design document, including those have been put into operation and those that have not been completed.

Scale of Projects under Construction in Current Year refers to the designed production capacity (project efficiency) of a single project (or renovation project) under construction in the reference period, including the designed production capacity of projects that have been started previously and still under construction in the current year, the newly started projects, and projects that have been completed and put into operation in the reference period or those have been started but suspended or postponed in the reference period. Projects that have been completed and put into operation, suspended or postponed before the reference period, and projects that have not been officially started in the reference period are not included.

The Accumulated Newly Increased Production Capacity (or Project Efficiency) since the Start of the Projects refers to the accumulated newly increased production capacity of all the single projects which have been put into use from the beginning of the projects till the end of current year.

The Newly Increased Production Capacity (or Project Efficiency) of Current Year refers to the production capacity(project efficiency) that has been completed and put into operation in current year according to the calculation conditions and standards on newly increased production capacity (project efficiency).

Newly Increased Fixed Assets refer to the value of fixed assets that has completed the construction and purchase, and has been delivered to the production or owner units, including investment in projects that have been completed and put into operation in current year and the investment in equipment, tools and appliance that meet the standard of fixed assets and fees that should be apportioned. This is an indicator that demonstrates the results of investment in fixed assets in monetary terms, and an important indicator to reflect the speed of construction and to calculate the efficiency of investment.

8

对外经济贸易

FOREIGN TRADE AND ECONOMIC COOPERATION

资料整理人员

王玉凤

对外经济贸易
FOREIGN TRADE AND ECONOMIC COOPERATION

进出口总额	Total Value of Imports and Exports	207.7	亿美元	(USD 100 million)
出口总额	Total Value of Exports	122.7	亿美元	(USD 100 million)
进口总额	Total Value of Imports	85.0	亿美元	(USD 100 million)
实际利用外资额	Actual Utilization of Foreign Capital	35.9	亿美元	(USD 100 million)

进出口总额（亿美元）

Total Value of Imports and Exports (USD 100 million)

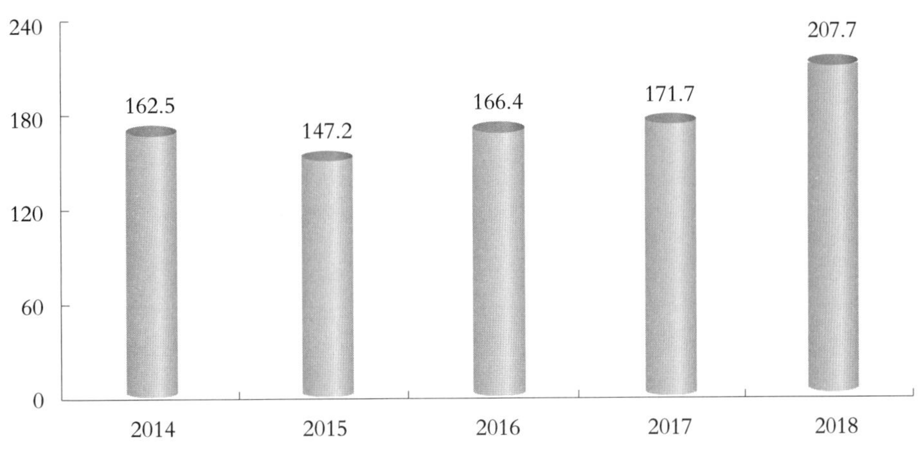

外商直接投资额（亿美元）

Foreign Direct Investment (USD 100 million)

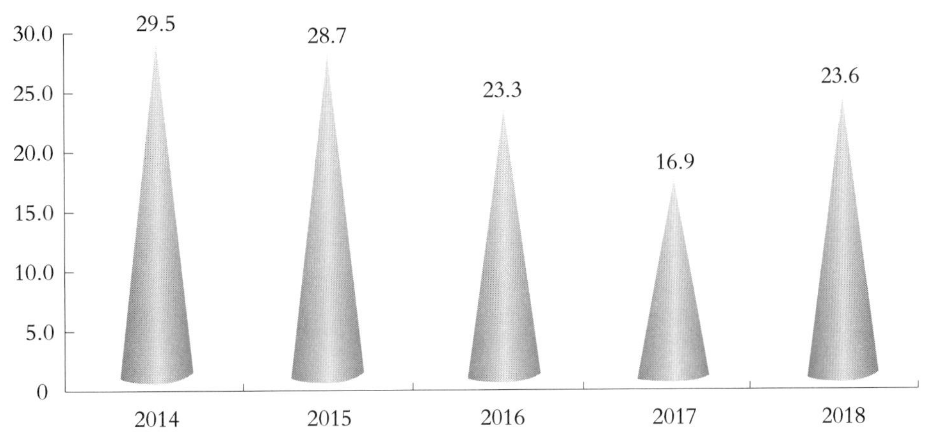

8-1 主要年份进出口贸易总额
TOTAL VALUE OF IMPORTS AND EXPORTS IN MAJOR YEARS

单位：万美元 (USD 10 000)

年 份 Year	进出口总额 Total	出口总额 Exports	进口总额 Imports
1990	35000	26300	8700
1995	140769	114367	26402
2000	176438	123687	52751
2005	554597	352871	201726
2010	1257839	470930	786909
2011	1475981	542823	933158
2012	1504325	701620	802705
2013	1579785	799649	780136
2014	1624852	894222	730631
2015	1471541	842091	629449
2016	1664428	993219	671210
2017	1717225	1019681	697544
2018	2077473	1226981	850491

8-2 进出口贸易总额(2018年)
TOTAL VALUE OF IMPORTS AND EXPORTS(2018)

单位：万元 (10 000 yuan)

项 目	Item	进出口总额 Total	出口总额 Exports	进口总额 Imports
总 额	**Total**	**13698749**	**8104138**	**5594611**
一、按企业性质分	**Grouped by Ownership**			
国有企业	State-Owned Enterprises	3428263	1579974	1848289
外商投资企业	Foreign Funded Enterprises	8070226	5105594	2964632
合作企业	Sino-Foreign Cooperative Operation Enterprises	7528	7277	250
合资企业	Sino-Foreign Joint Ventures Enterprises	7729369	5031747	2697622
独资企业	Solely Foreign-Funded Enterprises	333330	66570	266759
民营企业	Non-State-Owned Enterprises	2200260	1418569	781690
集体企业	Collective-owned Enterprises	164518	31739	132779
私人企业	Private-owned Enterprises	2027210	1378299	648911
个体工商户	Self-employed Business	8532	8532	
二、按贸易方式分	**Grouped by The Mode of Trade**			
一般贸易	Original Trade	4255143	2266057	1989086
国家间、国际组织无偿援助和赠送的物资	Aid and Donation between Countries and from International	7134	7134	
加工贸易	Processing Trade	9289025	5739522	3549503
来料加工装配贸易	Processing and Assembly Trade for Income Material	2289	1641	648
进料加工贸易	Processing Trade for Imported Material	9286736	5737881	3548855
加工贸易进口设备	Processing Trade for Imported Equipment	48646		48646
对外承包工程出口货物	Exported Goods on Contracted Projects	90171	90171	
外商投资企业作为投资进口的设备、物品	Equipments and Goods Imported as Foreign Investment	39		39
保税仓库进出境货物	Goods of Bonded Warehouse	3551		3551
保税区进出境仓储或转口货物	Storage and Transit Goods of Bonded Area	966		966
其 他	Others	4075	1254	2821

8-3 进出口主要商品分类总额(2018年)

TOTAL VALUE OF IMPORTS AND EXPORTS BY CATEGORY OF MAIN COMMODITIES(2018)

单位：万元 (10 000 yuan)

项　目	Item	出口总额 Exports	进口总额 Imports
合　计	**Total**	**8104138**	**5594611**
1.活动物;动物产品	Live Animals; Animal Products	6754	1518
2.植物产品	Vegetables Products	46849	5091
3.动,植物油,脂,蜡及其分解产品	Animal or Vegetable Oils, Fats and Waxes and their Cleavage Products		9550
4.食品,饮料,酒及醋;烟草及制品	Foods, Beverages, Liquor and Vinegar; Tobacco and Its Products	27485	1090
5.矿产品	Mineral Products	80860	1286558
6.化学工业及其相关工业的产品	Chemicals and Related Products	505026	26651
7.塑料及其制品;橡胶及其制品	Plastics and Related Products; Rubber and Related Products	50795	46631
8.生皮,皮革,毛皮及其制品	Raw Hides, Leather, Furs and Related Products	1932	30
9.木及木制品;其他编结材料制品	Wood and Wooden Products; Plaited Products of Other Materials	3005	3089
10.纸浆;纸,纸板及其制品	Paper Pulp; Paper, Paperboard and Their Products	1290	11669
11.纺织原料及纺织制品	Textile Materials and Products	56965	2987
12.鞋帽伞杖鞭;羽毛制品;人造花	Footwear, Headgear, Umbrellas, Canes, Whips; Feather Products; Artificial Flowers	1011	184
13.石料及其制品;陶瓷玻璃及制品	Building Stone and Its Products; Ceramics, Glass and Glassware	111293	2917
14.珍珠,宝石,贵金属;仿首饰;硬币	Pearls, Precious Stones, Precious Metals; Imitation Jewelery; Coins	195	1681
15.贱金属及其制品	Base Metals and Related Products	1594966	1093077
16.机器,电子产品,电气设备及零件	Machinery, Electronic Products, Electric Equipment and Accessoris	5336704	2919558
17.车辆,航空器,船舶及运输设备	Vehicles, Aircraft, Vessels and Trasportation Equipment	173035	84564
18.光学,检测,医疗设备;钟表,乐器	Optical, Testing, Medical Apparatus, Clocks and Watches, Musical Instruments	33775	93205
20.杂项制品	Miscellaneous Products	72147	4540
21.艺术品,收藏品及古物	Works of Art, Collectors' Pieces and Antiques	3	1
22.特殊交易品及未分类商品	Special Trading Goods and Non-classified Goods	49	21

8-4 分国别(地区)进出口贸易总额(2018年)
TOTAL VALUE OF IMPORTS AND EXPORTS BY COUNTRY(REGION)(2018)

单位：万元 (10 000 yuan)

国 别 (地区)	Country (Region)	进出口总额 Total	出口总额 Exports	进口总额 Imports
总 计	**Total**	**13698749**	**8104138**	**5594611**
亚 洲	**Asia**	**6076965**	**2645580**	**3431385**
#韩 国	Republic of Korea	830495	340845	489649
日 本	Japan	682145	364583	317562
印 度	India	365558	347521	18037
中华人民共和国	China	742045		742045
哈萨克斯坦	Kazakhstan	205568	7710	197858
印度尼西亚	Indonesia	161708	62270	99437
香 港	Hong Kong	114012	113960	52
台湾省	Taiwan Province	1306892	376192	930701
新加坡	Singapore	179109	118585	60524
土耳其	Turkey	195924	176552	19373
马来西亚	Malaysia	170834	126802	44032
泰 国	Thailand	118272	110924	7348
越 南	Vietnam	386966	93632	293334
菲律宾	Philippines	133775	20355	113420
非 洲	**Africa**	**553920**	**97984**	**455936**
#南 非	South Africa	390447	31158	359289
欧 洲	**Europe**	**2574414**	**2276980**	**297434**
#荷 兰	Netherlands	727382	721396	5986
德 国	Germany	289049	168987	120062
意大利	Italy	315812	229831	85981
俄罗斯联邦	Russia	371360	367980	3380
英 国	United Kingdom	361703	337739	23964
捷 克	Czech Republic	196837	194712	2124
拉丁美洲	**Latin America**	**933199**	**319499**	**613700**
#巴 西	Brazil	206525	104606	101920
墨西哥	Mexico	190539	110973	79567
智 利	Chile	243895	37211	206684
哥伦比亚	Colombia	175282	21796	153487
北美洲	**North America**	**2805928**	**2670411**	**135517**
#加拿大	Canada	304823	238475	66348
美 国	United States	2501105	2431936	69169
大洋洲	**Oceania**	**754195**	**93685**	**660511**
#澳大利亚	Australia	508950	85444	423506
新喀里多尼亚	New Caledonia	214398	69	214329
东盟组织	**ASEAN**	**1301273**	**616094**	**685179**
欧盟组织	**EU**	**2161160**	**1883709**	**277451**
亚太经济合作组织	**APEC**	**9063460**	**5094027**	**3969433**
金砖国家(除中国)	**BRICKS (except China)**	**1333891**	**851265**	**482626**
一带一路	**B&R**	**3055816**	**2082057**	**973758**

8-5 实际利用外资额

ACTURAL UTILIZATION OF FOREIGN CAPITAL

单位：万美元 (USD 10 000)

项　目	Item	2010	2015	2018
总　计	**Total**	**116512**	**325840**	**359037**
一、对外借款	**Foreign Loans**	**45091**	**38855**	**122866**
外国政府贷款	Government Loans	4874	4637	2238
国际金融组织贷款	Loans form International Financial Organizations	12480	5918	10435
一般商业贷款	General Commercial Loans	20589	28300	110193
买方信贷	Buyer Credit	7147		
二、外商直接投资	**Foreign Direct Investments**	**71421**	**286985**	**236171**
独资企业	Solely Foreign-Funded Enterprises	34009	96802	60603
合资企业	Joint Ventures Enterprises	34900	164537	82047
合作企业	Cooperative Operation Enterprises	2512	25646	12746
股份制企业	Share Holding Enterprises			80775

注：2011年起，实际利用外资额为全口径，后同。
Note：The coverage of actural utilization of foreign capital has changed to whole society since 2011.The same applies to the following.

8-6 主要年份实际利用外资额

ACTURAL UTILIZATION OF FOREIGN CAPITAL IN MAJOR YEARS

单位：万美元 (USD 10 000)

年 份 Year	利用外资总额 Total	对外借款 Foreign Loans	外商直接投资 Foreign Direct Investments	外商其他投资 Other Foreign Investments
1985	176	55	43	78
1990	3763	3006	340	417
1995	16085	7662	6383	2040
2000	63188	40716	22472	
2005	106369	78853	27516	
2006	132438	85239	47199	
2007	191471	57188	134283	
2008	172174	69892	102282	
2009	82646	33331	49315	
2010	116512	45091	71421	
2011	249530	42252	207278	
2012	276711	26332	250379	
2013	299096	18429	280667	
2014	335672	40486	295186	
2015	325840	38855	286985	
2016	343355	110113	233242	
2017	267653	98604	169049	
2018	359037	122866	236171	

8-7 主要年份合同利用外资金额(外商直接投资)

CONTRACT UTILIZATION OF FOREIGN CAPITAL IN MAJOR YEARS(DIRECT INVESTMENT)

年 份 Year	项目投资 总 额 Total Value of Project Investment	合同利用 外资情况 Contract Utilization of Foreign Capital	独资企业 Solely Foreign -funded Enterprises	合资企业 Joint Venture Enterprises	合作企业 Cooperative Operation Enterprises	外商投资 股份制 Foreign-funded Joint-stock
一、新批项目(企业)(个) **New Projects and Enterprises (unit)**						
1985		4		4		
1990		26		24	2	
1995		178	26	138	14	
2000		71	11	48	12	
2005		85	28	35	21	
2006		150	51	71	28	
2007		152	39	98	15	
2008		77	25	37	15	
2009		58	20	25	13	
2010		52	15	28	6	3
2011		62	35	21	6	
2012		39	12	18	7	2
2013		48	24	23	1	
2014		50	22	26	2	
2015		36	20	13	3	
2016		30	14	15	1	
2017		48	14	23	9	2
2018		47	21	21	4	1
二、合同金额(万美元) **Contracted Value (USD10 000)**						
1985	201	53		53		
1990	2160	1194		458	736	
1995	40058	23133	3206	17223	2704	
2000	44409	26174	732	15028	10414	
2005	244292	110208	30712	35877	43619	
2006	338880	134207	53339	37109	43759	
2007	834379	247174	50496	175153	21525	
2008	171644	107758	48949	30175	28634	
2009	109438	66893	22326	22548	22019	
2010	132039	100301	32528	56198	7436	4139
2011	291687	155636	50325	7157	11539	86615
2012	144834	35605	6734	24009	4574	288
2013	286998	96152	27089	64083	4980	
2014	262216	96785	67251	23791	5743	
2015	184554	98210	59577	21471	16450	712
2016	228154	83030	29899	28141	24990	
2017	957424	223636	129946	16951	73692	3047
2018	1127069	411258	241714	55983	32094	81467

8-8 按行业分利用外商直接投资额(2018年)
UTILIZATION OF FOREIGN DIRECT INVESTMENT CAPITAL BY SECTOR(2018)

单位：万美元 (USD 10 000)

行 业	Item	新批项目(企业)(个) New Projects & Enterprises (unit)	合同金额 Contract Value	实际使用金额 Actual Value
总 计	**Total**	**47**	**411258**	**236171**
农、林、牧、渔业	Farming, Forestry, Animal Husbandry and Fishery	1	1633	78
采矿业	Mining			13749
制造业	Manufacturing	14	141370	158379
电力、热力、燃气及水生产和供应业	Production and Supply of Electricity, Heat, Gas and Water	5	17448	50969
建筑业	Construction	2	26535	5748
批发和零售业	Wholesale and Retail Trade	4	1413	223
交通运输、仓储和邮政业	Transportation, Storage and Post	2	2608	1272
住宿和餐饮业	Hotels and Catering Services			41
信息传输、软件和信息技术服务业	Information Transmission, Software and Information Technology Services	3	1589	437
金融业	Financial Industry			
房地产业	Real Estate Trade			
租赁和商务服务业	Lease and Business Affairs Services	6	9436	1422
科学研究和技术服务业	Scientific Reseach and Technical Services	5	203251	10
水利、环境和公共设施管理业	Management of Water Conservancy, Environment and Public Facilities	1	1038	3836
居民服务、修理和其他服务业	Resident Services, Repair and Other Services			
教 育	Education	2	22	7
卫生和社会工作	Health Care and Social Work	1	4900	
文化、体育和娱乐业	Culture, Sports and Recreation	1	15	

8-9 按国别(地区)分利用外商直接投资额(2018年)
UTILIZATION OF FOREIGN DIRECT INVESTMENT CAPITAL BY COUNTRY(REGION)(2018)

单位：万美元 (USD 10 000)

国 别(地区)	Country (Region)	新批项目(企业)(个) New Projects and Enterprises (unit)	合同金额 Contract Value	实际使用金额 Actual Value
合 计	**Total**	**47**	**411258**	**236171**
#香 港	Hong Kong	21	154774	149544
新加坡	Singapore		205	624
韩 国	Republic of Korea		-46	3333
日 本	Japan	2	77	12
台湾省	Taiwan Province	6	17253	2818
泰 国	Thailand	1	190000	
塞舌尔	Seychelles	1	44	
英 国	United Kingdom	1	1500	1669
德 国	Germany	2	179	1323
意大利	Italy			2
英属维尔京群岛	British Virgin Is.		213	5096
加拿大	Canada	1	10	111
美 国	United States	3	16441	34405
巴哈马	Bahamas			
澳大利亚	Australia	2	50	5466
荷 兰	Netherlands			5141
卢森堡	Luxembourg			
法 国	France	1	78	
以色列	Israel			
投资性公司投资	Investment Companies	3	27612	8404

8-10 主要年份对外承包工程和劳务合作
CONTRACTED PROJECTS AND LABOR COOPERATION WITH FOREIGN COUNTRIES OR REGIONS IN MAJOR YEARS

年 份 Year	新签合同份数 (个) Number of New Contracts (unit)	新签合同额 (万美元) New Contracted Value (USD 10 000)	完成营业额 (万美元) Value of Business (USD 10 000)	派出人数 (人) Persons Posted Abroad (person)	年末在外人数 (人) Persons Abroad at Year-end (person)
1985	1	101	132		
1990	12	186	118		73
1995	43	1537	728		574
2000	50	5563	3892		1518
2005	55	22187	20200	1195	2263
2010	8	48179	72228	1224	6147
2011	71	42187	70018	2447	5934
2012	42	64018	44927	3264	3513
2013	20	23599	76505	1816	4073
2014	14	34586	73542	1511	4232
2015	26	34875	73754	1595	5010
2016	20	22266	68641	2441	7587
2017	18	104648	71249	2066	5202
2018	34	101763	140296	4651	8322

8-11 开发区综合发展情况
KEY STATISTICS OF DEVELOPMENT ZONE

单位：亿元 (100 million yuan)

指 标	Item	2017	2018
当年规上工业企业总产值	Gross Industry Output Value	5041.5	7021.1
当年进出口总额(亿元)	Total Value of Imports and Exports(USD 10 000)	743.0	891.6
出口总额	Total Value of Exports	458.2	576.7
进口总额	Total Value of Imports	284.8	314.9
当年税收收入	Tax Revenue	256.6	440.9
实际到位外资金额(亿元)	Paid-in Foreign Funds(USD 10 000)	43.4	93.1
实际到位境内省外资金额	Paid-in Funds from Other Provinces	805.0	622.2
全区从业人员 (万人)	Employees (10 000 persons)	82.3	92.3
“四上”企业主营业务收入	Major Business Revenue of 4 Types of Enterprises above Designated Size	7500.3	9761.7

8-12 各开发区综合发展情况(2018年)
KEY STATISTICS OF DEVELOPMENT ZONES(2018)

单位：亿元 (100 million yuan)

开发区	Development Zone	"四上"企业主营业务收入 Major Business Revenue of 4 Types of Enterprises above Designated Size	规上工业企业总产值 Gross Output Value of Industrial Enterprises above Designated Size	税收收入 Tax Revenue	进出口总额 Total Value of Imports and Exports
总计	**Total**	**9761.7**	**7021.1**	**440.9**	**891.6**
山西转型综改示范区	Shanxi Transformation and Comprehensive Reform Demonstration Zone	3685.5	2369.3	78.0	770.3
太原不锈钢	Taiyuan Stainless Steer Industrial Park	76.7	75.5	6.8	0.4
清徐开发区	Qingxu Development Zone	263.7	230.9	20.6	0.1
大同开发区	Datong Development Zone	223.2	149.2	11.1	21.9
朔州开发区	Shuozhou Development Zone	143.8	92.5	11.4	0.2
忻州开发区	Xinzhou Development Zone	239.2	119.1	12.5	1.6
孝义开发区	Xiaoyi Development Zone	416.1	391.8	22.1	0.9
文水开发区	Wenshui Development Zone	66.4	60.7	1.6	14.1
交城开发区	Jiaocheng Development Zone	198.4	203.7	7.0	11.7
阳泉开发区	Yangquan Development Zone	119.4	62.0	5.6	4.0
晋中开发区	Jinzhong Development Zone	425.8	275.8	21.4	6.9
祁县开发区	Qixian Development Zone	40.1	31.5	2.4	0.1
长治高新区	Changzhi High-Tech Zone	392.8	294.1	31.3	1.0
壶关开发区	Huguan Development Zone	60.1	52.7	1.7	0.3
晋城开发区	Jincheng Development Zone	380.7	299.7	22.5	26.2
临汾开发区	Linfen Development Zone	326.8	19.2	8.2	5.8
侯马开发区	Houma Development Zone	36.4	4.3	2.0	0.4
运城开发区	Yuncheng Development Zone	315.2	175.2	5.1	4.3
盐湖工业园	Yanhu Industrial Park	195.2	136.7	6.4	0.6
绛县开发区	Jiangxian Development Zone	37.3	39.4	0.6	3.1
风陵渡开发区	Fenglingdu Development Zone	51.2	33.4	3.3	0.3
怀仁经济技术开发区	Huairen Eco-Tech Development Zone	60.1	60.7	1.6	1.3
原平经济技术开发区	Yuanping Eco-Tech Development Zone	57.7	47.7	4.6	0.0
汾阳杏花村经济技术开发区	Fenyang Xinghuacun Eco-Tech Development Zone	218.0	114.2	34.0	2.5
兴县经济技术开发区	Xingxian Eco-Tech Development Zone	121.6	123.5	20.6	
平定经济技术开发区	Pingding Eco-Tech Development Zone	50.5	53.2	1.7	0.3
介休经济技术开发区	Jiexiu Eco-Tech Development Zone	336.4	334.8	18.7	4.0
太谷经济技术开发区	Taigu Eco-Tech Development Zone	21.2	19.6	1.2	1.2
襄垣经济技术开发区	Xiangyuan Eco-Tech Development Zone	93.2	106.1	6.4	0.2
长治经济技术开发区	Changzhi Eco-Tech Development Zone	120.4	101.7	17.0	1.3
屯留经济技术开发区	Tunliu Eco-Tech Development Zone	96.8	86.8	20.3	0.1
高平经济技术开发区	Gaoping Eco-Tech Development Zone	79.2	73.3	5.6	0.6
洪洞经济技术开发区	Hongtong Eco-Tech Development Zone	135.7	127.5	3.7	1.1
闻喜经济技术开发区	Wenxi Eco-Tech Development Zone	223.9	226.4	8.2	2.0
永济经济技术开发区	Yongji Eco-Tech Development Zone	117.9	119.4	2.8	2.2
河津经济技术开发区	Hejin Eco-Tech Development Zone	335.1	309.5	12.9	0.6

8-13 人民币对主要外币年末汇价(中间价)

YEAR-END EXCHANGE RATE OF RMB YUAN AGAINST MAIN CONVERTIBLE CURRENCIES (MIDDLE RATE)

单位：人民币元 (RMB yuan)

年 份 Year	100美元 100 US Dollars	100日元 100 Japanese Yen	100港元 100 Hong Kong Dollars	100欧元 100 Euros
1985	293.66	1.25	37.57	
1986	345.28	2.07	44.22	
1987	372.21	2.58	47.74	
1988	372.21	2.91	47.70	
1989	376.51	2.74	48.28	
1990	478.32	3.32	61.39	
1991	532.33	3.96	68.45	
1992	551.46	4.36	71.24	
1993	576.20	5.20	74.41	
1994	861.87	8.44	111.53	
1995	835.10	8.92	107.96	
1996	831.42	7.64	107.51	
1997	828.98	6.86	107.09	
1998	827.91	6.35	106.88	
1999	827.83	7.29	106.66	
2000	827.84	7.69	106.18	
2001	827.70	6.81	106.08	
2002	827.70	6.62	106.07	800.58
2003	827.70	7.15	106.24	936.13
2004	827.68	7.66	106.23	1029.00
2005	819.17	7.45	105.30	1019.53
2006	797.18	6.86	102.62	1001.90
2007	760.40	6.46	97.46	1041.75
2008	694.51	6.74	89.19	1022.27
2009	682.78	7.68	88.11	1020.76
2010	662.27	8.11	85.09	878.96
2011	633.59	8.19	81.29	843.89
2012	630.00	7.67	81.30	816.73
2013	613.76	6.02	79.16	830.72
2014	611.62	5.14	78.85	745.22
2015	649.36	5.39	83.78	709.52
2016	693.70	5.96	89.45	730.68
2017	653.42	5.79	83.59	779.79
2018	686.32	6.19	87.62	784.73

主要统计指标解释

进出口总额　指实际进出我国国境的货物总金额。包括对外贸易实际进出口货物，来料加工装配进出口货物，国家间、联合国及国际组织无偿援助物资和赠送品，华侨、港澳台同胞和外籍华人捐赠品，租赁期满归承租人所有的租赁货物，进料加工进出口货物，边境地方贸易及边境地区小额贸易进出口货物(边民互市贸易除外)，中外合资经营企业、中外合作经营企业、外商独资经营企业进出口货物和公用物品，到、离岸价格在规定限额以上的进出口货样和广告品(无商业价值、无使用价值和免费提供出口的除外)，从保税仓库提取在中国境内销售的进出口货物，以及其他进出口货物。进出口总额用以观察一个国家在对外贸易方面的总规模。我国规定出口货物按离岸价格统计，进口货物按到岸价格统计。

实际利用外资　指我国各级政府、部门、企业和其他经济组织通过对外借款、吸收外商直接投资以及用其他方式筹措的境外现汇、设备、技术等。

对外借款　是我国利用外资的主要部分。包括我国通过外国政府贷款、国际金融组织贷款、外国银行商业贷款、出口信贷以及对外发行债券、股票等方式，从境外筹措的资金。

外商直接投资　是指外国企业和经济组织或个人(包括华侨、港澳台同胞以及我国在境外注册的企业)按我国有关政策、法规，用现汇、实物、技术等在我国境内开办外商独资企业，与我国境内的企业或经济组织共同举办中外合资经营企业、合作经营业或合作开发资源的投资(包括外商投资收益的再投资)以及经政府有关部门批准的项目投资总额内企业从境外借入的资金。

对外承包工程　包括各对外承包公司以招标议标承包方式承揽下列业务：(1)承包国外工程建设项目；(2)承包我国对外经援项目；(3)承包我国驻外机构的工程建设项目；(4)承包我国境内利用外资进行建设的工程项目；(5)与外国承包公司合营或联合承包工程项目时我国公司分包部分；(6)以服务成果向业主收费的技术服务项目(包括承揽地形地貌测绘；地质资源勘探与普查；建区域规划；提供设计文件、图纸、生产工艺技术资料和工程技术经济咨询；工程项目的可行性考察、研究和评估；进行技术指导和培训人员等)；(7)对外承包兼经营的房屋开发业务。对外承包工程的营业额是以货币表现的本期内完成的对外承包工程的工作量，包括以前年度签订的合同和本年度新签订的合同在报告期完成的工作量。

Explanatory Notes on Main Statistical Indicators

Total Value of Imports and Exports refers to the real value of commodities imported and exported across the border of China. They include the actual imports and exports through foreign trade, imported and exported goods under the processing and assembling trades and materials, supplies and gifts as aid given gratis between governments and by the United Nations and other international organizations, and contributions donated by overseas Chinese, compatriots in Hong Kong and Macao and Chinese with foreign citizenship, leasing commodities owned by tenant at the expiration of leasing period, the imported and exported commodities processed with imported materials, commodities trading in border areas (excluding mutual exchange goods), the imported and exported commodities and articles for public use of the Sino-foreign joint ventures, cooperative enterprises and ventures with sole foreign investment. Also included is import or export of samples and advertising goods for which CIF or FOB value are beyond the permitted ceiling (excluding goods of no trading or use value and free commodities for export), imported goods sold in China from bonded warehouses and other imported or exported goods. The indicator of the total imports and exports at customs can be used to observe the total size of external trade in a country. In accordance with the stipulation of the Chinese government, imports are calculated at CIF, while exports are calculated at FOB.

Actual Utilization of Foreign Capital refers to remittance, equipment and technology financed from abroad, by loans, foreign direct investment and other forms undertaken by the Chinese governments at all levels, by various departments, enterprises and other economic units.

Foreign Borrowings refer to funds borrowed from abroad through formal signing of borrowing agreements with foreign institutions, including loans of foreign governments, loans of international financial institutions, commercial loans of foreign banks, export credit, and funds raised by Chinese bonds (and shares before 1996) issued abroad. It is an important part of China's utilization of foreign capitals.

Foreign Direct Investment refers to the investments inside china by foreign enterprises and economic organizations or individuals（including overseas Chinese, compatriots from Hong Kong and Macao, and Chinese enterprises registered abroad）, following the relevant policies and laws of china, for the establishment of ventures exclusively with foreign own investment, Sino-foreign joint ventures and cooperative enterprises or for cooperative exploration of resources with enterprises or economic organizations in China. It includes the re-investment of the foreign entrepreneurs with the profits gained from the investment and the funds that enterprises borrow from abroad in the total investment of projects which are approved by the relevant department of the government.

Contracted Projects with Foreign Countries or Regions refer to projects undertaken by Chinese contractors（project contracting companies）through bidding process. They include：(1)overseas civil engineering construction projects financed by foreign investors; (2)overseas projects financed by the Chinese government through its foreign aid programs; (3)construction projects of Chinese diplomatic missions, trade offices and other institutions stationed abroad; (4)construction projects in china financed by foreign investment; (5)sub－contracted projects to be taken by Chinese contractors through a joint umbrella project with foreign contractor(s); (6)projects with charges for technical services from overseas operators. it includes geographic and topographic mappings geological resource prospecting and survey planning of construction areas provision of design documents blueprints materials on production process and techniques as well as engineering technical and economic consultation feasibility study research and evaluation of projects technical supervising and staff training. (7)housing development projects. The business income from international contracted projects is the work volume of contracted projects completed during the reference period, expressed in monetary terms, including completed work on projects signed in previous years.

9

农 业

AGRICULTURE

程英翠　郭俊德　李怀民　郝静敏　杨　磊
王　辉　张人月　陈　琰　高　敏

资料整理人员

程英翠　郭俊德　李怀民　郝静敏　杨　磊
王　辉　张人月　陈　琰　高　敏

农 业

AGRICULTURE

农作物播种面积	Sown Areas of Farm Crops	3555.16	千公顷	(1 000 ha)
#粮　食	Sown Areas of Grain	3137.06	千公顷	(1 000 ha)
粮食产量	Output of Grain	1380.4	万吨	(10 000 tons)
油料产量	Output of Oil-bearing Crops	15.5	万吨	(10 000 tons)
肉类产量	Output of Meat	93.1	万吨	(10 000 tons)

农林牧渔业总产值构成 (%)

Composition of Gross Output Value of Farming, Forestry, Animal Husbandry and Fishery (%)

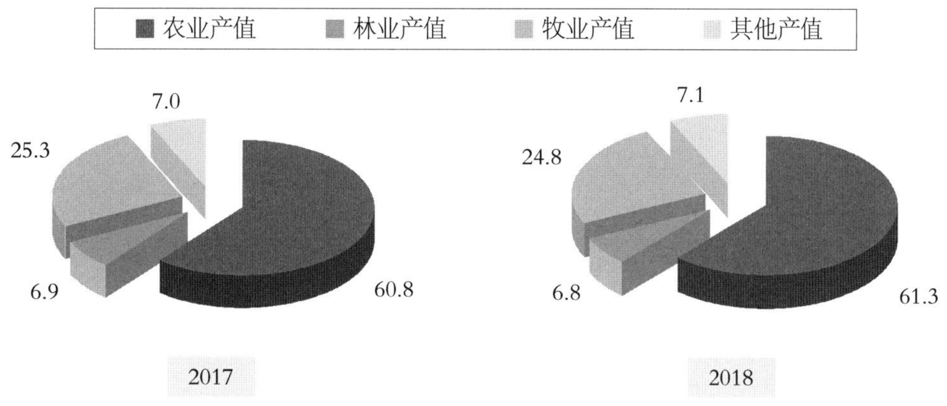

粮食总产量（万吨）

Output of Grain (10 000 tons)

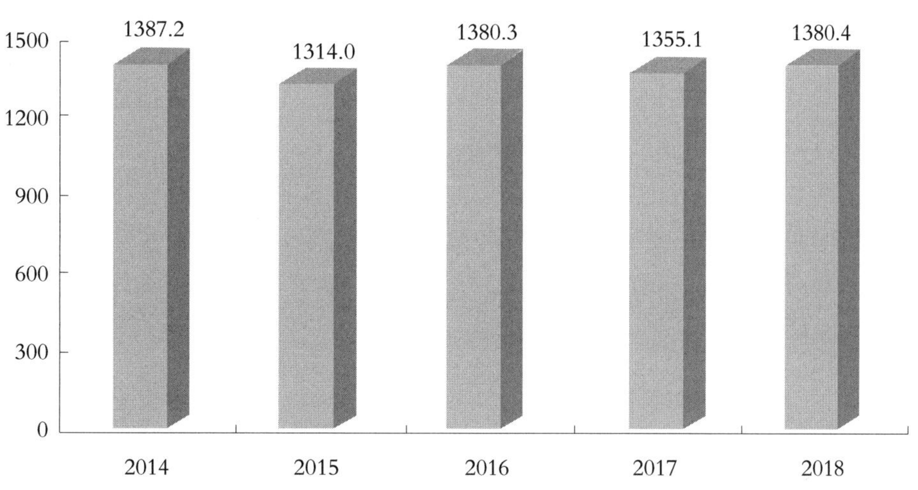

9-1 乡村基本情况
BASIC CONDITIONS OF RURAL AREA

单位：个 (unit)

指 标	Item	2010	2015	2018
一、农村基层组织情况	**Basic Conditions of Rural Grass-roots Units**			
乡(镇)政府	Number of Township and Town Governments	1196	1196	1196
#镇政府	Number of Town Governments	563	564	564
村民委员会	Number of Villager Committees	28242	28122	27504
二、农村社会基础设施	**Rural Social Infrastructure**			
1.自来水受益村	Villages with Tap Water	21852	22993	24376
2.通汽车的村	Villages with Highways	27876	27807	27245
3.通电话的村	Villages with Telephone Services	27287	27471	27191

9-2 主要年份耕地情况
CULTIVATED AREA IN MAJOR YEARS

单位：千公顷 (1 000 ha)

年 份 Year	耕地总资源 Resoruces of Cultivated Area	有效灌溉面积 Effective Irrigated Area	#机电排灌面积 Mechanical and Electrical Irrigated Area	机耕地面积 Area Cultivated by Machine
1978	3923.41	1092.48	766.30	1936.99
1980	3921.46	1115.14	775.22	1777.76
1985	3761.09	1079.10	776.98	1916.74
1990	3692.51	1134.45	836.74	1987.08
1995	3645.09	1201.99	891.74	2143.55
2000	4341.94	1105.04	939.07	2270.24
2005	3793.19	1088.59	946.39	2042.27
2010	4064.18	1274.15	961.90	2559.72
2011	4064.51	1324.78	1012.03	2525.92
2012	4064.19	1319.16	1042.43	2573.45
2013	4061.73	1382.79	1052.79	2609.24
2014	4056.84	1408.17	1072.83	2683.05
2015	4058.79	1460.28	1111.71	2737.03
2016	4056.78	1487.21	1141.20	2715.51
2017	4056.32	1511.21	1173.60	2733.19
2018		1518.68	1201.61	2669.84

9-3 主要年份农林牧渔业总产值

GROSS OUTPUT VALUE OF FARMING, FORESTRY, ANIMAL HUSBANDRY AND FISHERY IN MAJOR YEARS

按当年价格计算 (at current price)

年 份 Year	农林牧渔业总产值(万元) Total (10 000 yuan)	农 业 Farming	林 业 Forestry	牧 业 Animal Husbandry	渔 业 Fishery	农林牧渔专业及辅助性活动 Specializing and Supportive Activities for Agriculture, Forestry, Animal Husbandry and Fishery
1978	290133	239742	17391	32934	66	
1980	382302	286574	40154	55492	82	
1985	629163	484341	41218	102941	663	
1990	1247781	889037	78275	276170	4299	
1995	2996751	2033892	133136	817463	12260	
2000	3223544	2183303	127258	896667	16316	
2005	4837972	2817384	165153	1485882	26945	342608
2010	10164065	6299625	630003	2610390	55047	569000
2011	11634010	7116094	706389	3108030	65999	637500
2012	12659821	7743453	754326	3384811	71981	705250
2013	13720159	8390636	852565	3632998	78960	765000
2014	14405971	8725551	924834	3840043	79749	835794
2015	14249630	8468670	907813	3927425	78621	867100
2016	14299148	8244205	927435	4155926	76382	895200
2017	14187298	8618934	976551	3588444	76889	926480
2018	14606448	8949469	998981	3615290	68808	973900

9-4 农林牧渔业总产值及增加值(按当年价格计算)

GROSS OUTPUT VALUE AND VALUE ADDED OF FARMING, FORESTRY, ANIMAL HUSBANDRY AND FISHERY(AT CURRENT PRICE)

单位：万元 (10 000 yuan)

指 标	Item	2017	2018
一、农林牧渔业总产值	**Gross Output Value**	**14187298**	**14606448**
农 业	Farming	8618934	8949469
林 业	Forestry	976551	998981
牧 业	Animal Husbandry	3588444	3615290
渔 业	Fishery	76889	68808
农林牧渔专业及辅助性活动	Specializing and Supportive Activities for Agriculture, Forestry, Animal Husbandry and Fishery	926480	973900
二、农林牧渔业中间消耗	**Intermediate Material Consumption**	**6546653**	**6725273**
农 业	Farming	3713328	3848617
林 业	Forestry	528520	539095
牧 业	Animal Husbandry	1792561	1805953
渔 业	Fishery	34765	31376
农林牧渔专业及辅助性活动	Specializing and Supportive Activities for Agriculture, Forestry, Animal Husbandry and Fishery	477480	500233
三、农林牧渔业增加值	**Value Added**	**7640645**	**7881175**
农 业	Farming	4905607	5100852
林 业	Forestry	448032	459886
牧 业	Animal Husbandry	1795883	1809337
渔 业	Fishery	42124	37433
农林牧渔专业及辅助性活动	Specializing and Supportive Activities for Agriculture, Forestry, Animal Husbandry and Fishery	449000	473667

9-5 农作物播种面积
SOWN AREA OF FARM CROPS

单位：千公顷 (1 000 ha)

指 标	Item	2010	2015	2018
农作物总播种面积	**Total Sown Area**	**3643.34**	**3610.07**	**3555.16**
一、粮 食	**Grain**	**3210.28**	**3256.34**	**3137.06**
(一)谷 物	Cereal	2730.81	2845.88	2711.80
#稻 谷	Rice	1.09	0.78	0.80
小 麦	Wheat	678.79	575.88	560.27
玉 米	Corn	1635.25	1894.48	1747.67
谷 子	Millet	195.24	203.56	197.80
高 粱	Sorghum	32.47	20.61	32.93
燕 麦	Nakedoats	59.52	53.81	54.93
(二)豆 类	Beans	298.69	242.22	250.73
#大 豆	Soybean	172.47	137.40	150.53
(三)薯 类	Tubers	180.78	168.25	174.53
#马铃薯	Potato	162.69	151.02	157.00
二、油 料	**Oil-bearing Crops**	**154.06**	**110.06**	**111.86**
#花 生	Peanuts	8.10	5.89	5.39
油菜籽	Rapeseeds	5.71	12.61	25.27
芝 麻	Sesame	4.01	1.96	2.15
胡麻籽	Benne	62.71	42.83	32.49
葵花籽	Sunflower Seeds	41.39	27.11	29.44
三、棉 花	**Cotton**	**43.31**	**5.71**	**2.58**
四、生 麻	**Rough Bast Fiber**	**0.02**	**0.02**	**0.05**
五、甜 菜	**Beetroots**	**5.59**	**1.19**	**0.03**
六、烟 叶	**Tobacco**	**2.80**	**1.97**	**1.35**
七、药 材	**Medicinal Materials**	**21.05**	**30.18**	**74.67**
八、蔬 菜	**Vegetables**	**168.62**	**165.06**	**176.94**
#设施蔬菜	Greenhouse Vegetables	20.03	41.68	36.65
九、瓜果类	**Melons**	**21.34**	**17.83**	**16.18**
十、其他作物	**Others**	**16.26**	**21.70**	**34.44**
#青饲料	Green feed	14.57	18.71	27.88

9-6 主要年份主要农作物播种面积
SOWN AREAS OF MAJOR FARM CROPS IN MAJOR YEARS

单位：千公顷 (1 000 ha)

年 份 Year	总播种面积 Total Sown Area	#粮食作物 Grain Crops	#谷 物 Cereal	#油 料 Oil-bearing Crops	#棉 花 Cotton	#甜 菜 Beetroots	#蔬 菜 Vegetables
1978	4389.25	3692.43	3279.15	165.16	237.53	9.00	
1980	4266.60	3508.76	3117.22	231.46	224.31	9.69	92.37
1985	3978.23	3055.05	2634.17	505.61	121.14	10.79	104.94
1990	4016.89	3290.79	2755.55	356.33	130.34	16.89	110.59
1995	3895.55	3151.48	2425.09	342.42	127.10	21.76	156.79
2000	4042.42	3186.46	2326.74	417.06	43.04	7.56	242.13
2005	3795.35	3033.59	2333.37	273.38	97.45	1.22	244.93
2010	3643.34	3210.28	2730.81	154.06	43.31	5.59	168.62
2011	3696.70	3259.28	2805.28	148.03	38.14	7.44	181.14
2012	3692.31	3267.53	2819.77	138.54	24.63	8.54	187.88
2013	3660.38	3245.20	2809.56	133.33	13.46	4.62	189.36
2014	3659.98	3256.77	2830.51	124.36	10.88	1.76	192.16
2015	3610.07	3256.34	2845.88	110.06	5.71	1.19	165.06
2016	3591.57	3227.31	2807.45	118.03	3.56	0.53	158.77
2017	3577.61	3180.92	2757.88	114.08	2.87	0.13	169.85
2018	3555.16	3137.06	2711.80	111.86	2.58	0.03	176.94

9-7 主要年份主要农作物产量
OUTPUT OF MAJOR FARM CROPS IN MAJOR YEARS

单位：吨 (ton)

年 份 Year	粮 食 Grain	1.谷 物 Cereal	#稻 谷 Rice	#小 麦 Wheat	#玉 米 Corn	#谷 子 Millet
1978	7069560	6363715	58990	1288415	2711625	891140
1980	6857060	6201675	69290	1184780	2628820	960370
1985	8226767	7408051	58472	2950507	2098065	883671
1990	9690053	8643731	54429	3192990	3054441	876631
1995	9171000	8162190	41450	2701000	4035207	627530
2000	8533500	7029713	32770	2151500	3547500	602218
2005	9780000	8820582	8974	2022800	6161300	381889
2010	11075424	10616494	4837	2168894	8094496	193284
2011	12254032	11760406	4897	2204466	9145880	247143
2012	13094036	12569613	6432	2333639	9803388	251314
2013	13620056	13044258	7271	2038926	10494470	298545
2014	13872494	13275335	6800	2247070	10454832	353240
2015	13140206	12583730	5164	2315442	9747113	317546
2016	13803322	13105466	5503	2291486	10179585	378328
2017	13550954	12800561	5201	2323958	9778692	415886
2018	13803952	12932182	5568	2285888	9816207	472643

9-7 续表 continued

单位：吨 (ton)

年 份 Year						油 料 Oil-bearing Crops
		2. 豆 类 Beans		3.薯 类 Tubers		
	#高 粱 Sorghum		#大 豆 Soybean		#马铃薯 Potato	
1978	959400	137420	137420	568425		42290
1980	766805	130620	130620	524765		133672
1985	770607	176898	176898	641818	477197	444478
1990	767132	302242	302242	744080	585814	393810
1995	519119	366840	220104	641970	430120	222635
2000	299801	577822	359542	925965	704063	448259
2005	111894	366750	259806	592668	461451	212620
2010	50661	214589	134461	244340	202550	166037
2011	50715	211596	136696	282030	236058	176898
2012	57639	232112	147498	292310	243938	182816
2013	64217	249121	160845	326676	273374	181028
2014	68166	247711	155714	349448	290362	164463
2015	51322	233158	146332	323318	269578	121945
2016	56543	274216	167020	423639	370492	159474
2017	66005	283065	170875	467329	408732	150425
2018	115349	356154	235961	515616	453338	154676

年 份 Year	棉 花 Cotton	生 麻 Rough Bast Fiber	甜 菜 Beetroots	烟 叶 Tobacco	蔬 菜 Vegetables
1978	69430	5000	54605	1650	
1980	77500	5792	117024	1001	1804220
1985	73455	3779	248541	4702	2915412
1990	111526	1048	431641	8860	3474121
1995	90817	2155	396978	10455	5428701
2000	44796	680	210313	16319	9203364
2005	102907	38	39617	6327	9015370
2010	46698	16	251185	7412	6940604
2011	43536	10	204632	6951	7786117
2012	28821	3	407233	7301	8616973
2013	16543	10	204989	7001	9322640
2014	12722	6	65123	7356	9734576
2015	7279	37	54779	6280	8374328
2016	4884	97	32374	6060	7779429
2017	4000	134	6433	5217	8067422
2018	3610	103	1183	3911	8218711

9-8 主要年份主要农作物单位面积产量

MAJOR FARM CROPS OUTPUT PER HECTARE IN MAJOR YEARS

单位：公斤/公顷 (kg/ha)

年 份 Year	粮 食 Grain	谷 物 Cereal	稻 谷 Rice	小 麦 Wheat	玉 米 Corn	谷 子 Millet	高 粱 Sorghum
1978	1915	1941	5207	1169	3419	1579	3171
1980	1954	1989	5670	1191	3541	1743	3269
1985	2693	2812	6871	2912	4221	2234	4315
1990	2945	3137	5923	3141	4797	2296	4532
1995	2910	3366	6436	2945	5253	2101	4430
2000	2678	3021	7234	2409	4470	2150	4393
2005	3224	3780	3349	2805	5205	1764	2903
2010	3450	3888	4440	3195	4950	990	1560
2011	3760	4192	4530	3391	5190	1275	1830
2012	4007	4458	5940	3766	5415	1307	2160
2013	4197	4643	6840	3406	5715	1548	2430
2014	4260	4690	6885	3841	5595	1800	2475
2015	4035	4422	6645	4021	5145	1560	2490
2016	4277	4668	7000	4063	5471	1932	2760
2017	4260	4641	6810	4146	5412	2088	2936
2018	4400	4769	6960	4080	5617	2390	3503

年 份 Year	豆 类 Beans	薯 类 Tubers	油 料 Oil-bearing Crops	棉 花 Cotton	生 麻 Rough Bast Fiber	甜 菜 Beetroots	烟 叶 Tobacco
1978	1188	1910	256	292	522	6067	851
1980	943	2074	578	346	695	12077	1125
1985	1066	2517	879	606	1050	23034	2387
1990	1200	2627	1105	856	1092	25556	1897
1995	884	2061	650	715	1390	18243	1700
2000	1194	2465	1075	1041	1236	27819	2042
2005	1059	1674	778	1056	760	32473	2379
2010	718	1352	1078	1180	778	44939	2648
2011	773	1565	1195	1188	550	27516	2706
2012	854	1661	1320	1258	466	47693	2965
2013	952	1879	1358	1307	812	44341	2787
2014	972	2038	1322	1259	686	37078	3009
2015	963	1922	1108	1364	2217	46118	3195
2016	1140	2363	1351	1464	1966	61431	3139
2017	1188	2530	1319	1395	1984	50892	3486
2018	1420	2954	1383	1399	2079	46408	2896

9-9 主要年份主要油料作物产量

OUTPUT OF MAJOR OIL-BEARING CROPS IN MAJOR YEARS

单位：吨 (ton)

年 份 Year	花 生 Peanuts	油菜籽 Rapeseeds	芝 麻 Sesame	胡麻籽 Benne Seeds	葵花籽 Sunflower Seeds
1978	888	2229	968	20437	3488
1980	5025	2800	2214	54932	31452
1985	50247	6766	11810	80071	164865
1990	48539	7758	23469	75102	139664
1995	48611	14759	11716	28820	78645
2000	41404	8638	19081	51279	257370
2005	28583	7676	4268	37889	102668
2010	17277	6253	3633	56395	52306
2011	18201	5749	3955	60211	52524
2012	17562	6558	2689	72961	47594
2013	15822	7190	2657	69651	47996
2014	13997	7212	2116	69289	44387
2015	10104	12788	1802	41205	38755
2016	12598	15179	1618	42136	63314
2017	13050	17759	1471	35376	60266
2018	13386	23705	1942	35217	58985

9-10 主要年份造林和果园面积

AREA OF AFFORESTATION AND ORCHARDS IN MAJOR YEARS

年 份 Year	当年造林面积 (千公顷) Afforestation Area in the year (1 000 ha)	#经济林 Economic Forest	零星植树 (万株) Planting Trees Piecemeal (10 000 unit)	年末果园面积 (千公顷) Area of Orchards (1 000 ha)	#苹果园面积 Area of Apple Orchards
1978	173.65	13.20	21992	64.00	37.57
1980	221.57	23.00	23129	68.21	40.80
1985	243.33	22.30	28764	111.47	56.98
1990	191.05	61.30	21057	184.71	101.15
1995	405.18	171.40	21418	286.34	188.47
2000	404.86	113.10	17176	288.89	177.98
2005	140.26	4.10	10596	279.69	151.40
2010	291.10	52.30	11098	291.07	136.25
2011	302.53	80.70	10803	320.71	145.38
2012	307.22	61.70	10415	336.89	152.84
2013	303.00	84.40	10504	346.47	156.99
2014	307.99	85.80	10062	354.90	160.52
2015	280.94	56.90	10023	359.54	160.34
2016	266.69	31.10	10131	357.35	152.99
2017	311.97	77.50	10775	359.53	152.06
2018	340.15	79.44	10775	363.27	147.54

9-11 造林和果园面积
AREA OF AFFORESTATION AND ORCHARDS

单位：千公顷 (1 000 ha)

指 标	Item	2010	2015	2018
一、当年造林面积	**Afforestation Area in the Year**	**291.1**	**280.9**	**340.1**
#经济林	Economic Forest	52.3	56.9	79.4
防护林	Shelter Forest	223.7	131.7	228.6
二、育苗面积	**Area of Growing Seedings**	**40.0**	**71.3**	**74.6**
#本年新育	Area of Growing Seedings in the Year	19.2	21.8	19.0
三、零星植树(万株)	**Planting Trees Piecemeal (10 000 unit)**	**11098**	**10023**	**10775**
四、年末果园面积	**Area of Orchards at Year-end**	**291.1**	**359.5**	**363.3**
#苹果园	Apple Orchards	136.2	160.3	147.5
梨 园	Pear Orchards	28.7	35.9	39.3
葡萄园	Grape Orchards	8.6	12.7	13.0

9-12 主要林产品和水果产量
OUTPUT OF MAJOR FOREST PRODUCTS AND FRUITS

单位：吨 (ton)

指 标	Item	2010	2015	2018
一、主要林产品产量	**Output of Major Forest Products**			
核 桃	Walnuts	65156	168076	119807
板 栗	Chinese Chestnut	1346	1951	1978
二、水果产量	**Output of Fruits**	**4416081**	**7811497**	**6975610**
#苹 果	Apples	2682760	4634959	3764993
梨	Pears	417478	747519	637230
葡 萄	Grapes	148713	279016	283772
红 枣(鲜枣)	Red Jujube(Fresh Jujube)	397827	766246	662244
柿 子(鲜柿)	Persimmon(Fresh Persimmon)	88291	109718	133103
桃	Peach	535180	1028788	1239248

9-13 渔业生产情况
PRODUCTION OF FISHERY

指　标	Item	2010	2015	2018
水产品总产量(吨)	**Total Aquatic Products (ton)**	**31700**	**52427**	**47773**
#鱼类产量	Fish	30514	51850	45074
1.养殖产量	Aquaculture Products	30869	51264	45451
#池　塘	Pond	18933	34389	34346
湖　泊	Lakes	917	2114	560
水　库	Reservoir	10682	14473	12331
河　沟	Brook	240	94	29
2.捕捞产量	Fishing Products	831	1163	2322
水产养殖面积(公顷)	**Aquaculture Area (ha)**	**14840**	**15715**	**11305**

9-14 主要年份肉类产量和猪羊数量
OUTPUT OF MEAT AND NUMBER OF HOGS, SHEEP AND GOATS IN MAJOR YEARS

年 份 Year	猪牛羊肉产量 (万吨) Output of Pork, Beef and Mutton (10 000 tons)	肉猪出栏头数 (万头) Slaughtered Fattened Hogs (10 000 heads)	猪年末头数 (万头) Hogs at Year-end (10 000 heads)	羊年末只数 (万只) Sheep and Goats at Year-end (10 000 heads)	山 羊 Goats	绵 羊 Sheep
1978	18.23	274.10	578.50	872.04	532.45	339.59
1980	17.34	277.31	531.16	909.86	535.73	374.13
1985	20.85	270.56	372.12	414.28	174.06	240.22
1990	29.27	308.59	363.14	709.58	303.92	405.66
1995	56.09	569.36	560.99	915.01	408.03	506.98
2000	59.24	589.92	519.52	1058.42	474.86	583.56
2005	80.99	805.23	626.07	1196.35	488.82	707.52
2010	67.65	729.65	528.83	769.72	370.25	399.48
2011	67.26	728.68	510.39	825.37	391.33	434.05
2012	73.68	797.63	556.82	894.33	390.48	503.84
2013	80.90	880.34	606.34	952.51	420.35	532.17
2014	86.77	952.84	638.46	1012.81	436.56	576.25
2015	83.86	906.39	619.16	1112.09	484.40	627.68
2016	82.56	880.24	588.62	1022.81	408.45	614.37
2017	77.13	822.80	544.11	943.18	382.10	561.08
2018	77.09	814.58	549.48	875.63	344.11	531.52

9-15 畜牧业生产情况

NUMBER OF LIVESTOCK AND LIVESTOCK PRODUCTS

指 标	Item	2010	2015	2018
一、大牲畜年末存栏 (万头)	**Larger Animals at Year-end (10 000 heads)**	**120.97**	**109.53**	**118.46**
1.牛 (万头)	Cattle and Buffaloes (10 000 heads)	85.79	90.60	101.97
2.马 (万匹)	Horses (10 000 heads)	1.59	1.06	0.97
3.驴 (万头)	Donkeys (10 000 heads)	17.85	11.67	11.96
4.骡 (万头)	Mules (10 000 heads)	15.74	6.21	3.55
二、猪年末存栏 (万头)	**Hogs at Year-end (10 000 heads)**	**528.83**	**619.16**	**549.48**
#能繁殖的母猪	Reproducible Hogs	57.36	60.36	56.41
三、羊年末存栏 (万只)	**Sheep and Goats at Year-end (10 000 heads)**	**769.72**	**1112.09**	**875.63**
1.山 羊	Goats	370.25	484.40	344.11
2.绵 羊	Sheep	399.48	627.68	531.52
四、家禽年末存栏 (万只)	**Poultry at Year-end (10 000 heads)**	**6283.54**	**11052.91**	**10202.49**
五、养兔年末存栏 (万只)	**Rabbits at Year-end (10 000 heads)**	**240.33**	**116.36**	**73.99**
六、猪、牛、羊出栏	**Slaughtered Hogs, Cattle Buffaloes and Sheep**	**1189.58**	**1484.48**	**1417.31**
猪全年出栏 (万头)	Slaughtered Hog in the Year (10 000 heads)	729.65	906.39	814.58
牛全年出栏 (万头)	Slaughtered Cattle Buffaloes in the Year (10 000 heads)	34.98	40.23	43.98
羊全年出栏 (万只)	Slaughtered Mutton in the Year (10 000 heads)	424.94	537.86	558.75
七、畜禽产品产量	**Output of Animal and Poulty Products**			
1.肉类总产量 (万吨)	Total Output of Meat (10 000 tons)	77.15	99.01	93.09
#猪 肉	Pork	56.86	70.32	62.46
牛 肉	Beef	4.92	5.88	6.50
羊 肉	Mutton	5.87	7.67	8.13
禽 肉	Poultry	7.85	14.10	15.14
兔 肉	Rabbit	0.75	0.42	0.26
2.禽蛋产量 (吨)	Poultry Eggs (ton)	781305	1089922	1027842
3.奶类产量 (吨)	Milk (ton)	622683	768442	816896
#牛 奶	Cow Milk	605559	759772	810563
4.山羊毛产量 (吨)	Output of Wool (ton)	1473	2703	2644
#山羊绒	Cashmere	680	1197	1215
5.绵羊毛产量 (吨)	Sheep Wool (ton)	6098	9172	7958
6.蜂蜜产量 (吨)	Honey (ton)	3081	5042	6134
7.蚕茧产量 (吨)	Silkworm Cocoons (ton)	5376	5498	2309

9-16 农业现代化情况
AGRICULTURAL MODERNIZATION

指　标	Item	2010	2015	2018
一、农田水利情况	**Farm Water Conservancy Condition**			
年末有效灌溉面积 (千公顷)	Effective Irrigated Area at Year-end (1 000 ha)	1274.15	1460.32	1518.68
机电排灌面积 (千公顷)	Mechanical and Electrical Irrigated Area (1 000 ha)	961.90	1111.71	1201.61
灌溉机电井数量 (眼)	Electromechanical Well for Irrigation (unit)	81166	91276	94729
二、农村用电情况	**Electricity Consumed Condition**			
1.农村用电量 (万千瓦小时)	Electricity Consumed in Rural Areas (10 000 kwh)	811763	968311	1014160
2.农村小型水电站个数 (个)	Small Hyrdopower Station in Rural Areas (unit)	72	60	135
装机容量 (千瓦)	Installed Capacity (kw)	29264	58607	70072
三、农用化肥情况	**Chemical Fertilizers Condition**			
农用化肥施用折纯 (吨)	Effective Component of Chemical Fertilizers (ton)	1103663	1185472	1096108
1.氮　肥	Nitrogenous Fertilizer	400203	335291	252897
2.磷　肥	Phosphate Fertilizer	199996	160235	115650
3.钾　肥	Potash Fertilizer	85069	104235	89731
4.复合肥	Compownd Fertilizer	418395	585710	637829
四、农业机械化情况	**Agricultural Mechanization**			
1.当年实际机耕地面积 (千公顷)	Area Cultivated by Machine at This Year (1 000 ha)	2560	2737	2670
2.当年机械播种面积 (千公顷)	Area Sown by Machine at This Year (1 000 ha)	2182	2647	2634
占总播种面积 (%)	Percentage to Total Sown Area (%)	59.8	73.3	74.1
3.当年机械收获面积 (千公顷)	Mechanical Harvest Area at This Year (1 000 ha)	1027	1825	1896
占总播种面积 (%)	Percentage to Total Sown Area (%)	28.2	50.6	53.3

9-17 主要年份化肥施用量、小水电站和农村用电量

CONSUMPTION OF CHEMICAL FERTILIZER, NUMBER OF SMALL HYDROPOWER STATION AND ELECTRICITY CONSUMPTION IN RURAL AREAS IN MAJOR YEARS

年 份 Year	农用化肥施用量 (折纯量，吨) Consumption of Chemical Fertilizer (ton)	农村小型水电站 Small Hydropower Station in Rural Areas		农村用电量 (万千瓦小时) Electricity Consumption in Rural Areas (10 000 kwh)
		个 数 (个) Number (unit)	装机容量 (千瓦) Installed Capacity (kw)	
1978	355990	401	18678	122683
1980	302904	407	23191	135870
1985	397907	231	26762	151085
1990	565624	197	30414	259437
1995	780568	142	31401	460583
2000	869882	106	24900	531441
2005	956999	87	22994	669390
2006	983000	69	22729	692109
2007	1008000	70	23880	759390
2008	1034042	74	25379	789864
2009	1043239	73	29000	811966
2010	1103663	72	29264	811763
2011	1145667	71	29177	865984
2012	1182795	71	28093	949517
2013	1210196	63	24963	997819
2014	1196138	60	28647	970811
2015	1185472	60	58607	968311
2016	1170719	61	59492	975220
2017	1119984	62	62865	992646
2018	1096108	135	70072	1014160

9-18 农业机械年末拥有量
AGRICULTURAL MACHINERY AT YEAR-END

年末数 (end of year)

指　标		Item	2010	2015	2018
农业机械总动力	**(万千瓦)**	**Total Power of Agricultural Machinery(10 000 kw)**	**2809.17**	**3351.65**	**1441.09**
柴油发动机动力	(万千瓦)	Diesel Engine Power(10 000 kw)	2369.83	2871.04	1160.38
汽油发动机动力	(万千瓦)	Gasoline Engine Power(10 000 kw)	86.17	70.61	28.05
电动机动力	(万千瓦)	Motor Power(10 000 kw)	353.17	410.00	252.63
大中型农用拖拉机	(台)	Large and Medium Tractors for Agriculture (unit)	73178	130685	98691
	(万千瓦)	(10 000 kw)	261.25	475.86	451.44
小型农用拖拉机	(台)	Mini-tractors for Agriculture (unit)	299453	357935	280730
	(万千瓦)	(10 000 kw)	276.82	332.47	275.40
拖拉机配套机具	(部)	Tractor Towing Farm Machinery (unit)	542264	767971	543467
联合收割机	(台)	Combine Harvesters (unit)	12771	34363	61186
机动脱粒机	(台)	Motorized Threshers (unit)	60629	91441	52055

9-19 农民家庭平均每户生产性固定资产原值
ORIGINAL VALUE OF PRODUCTIVE FIXED ASSETS PER RURAL HOUSEHOLD

单位：元 (yuan)

指　标	Item	2017	2018
一、农业生产性固定资产原价	**Original Value of Agricultural Productive Fixed Assets**		
生产性用房及建筑物	Productive Houses and Buildings	504.84	645.98
役　畜	Draught Animals	405.66	266.90
产品畜	Commodity Animals	497.93	1367.55
农业设施	Agricultural Facilities	84.92	102.83
农业机械	Agricultural Machinery	2262.29	1710.05
农林牧渔服务业	Services of Farming, Forestry, Animal Husbandry and Fishery	120.92	20.07
二、非农产业固定资产原价	**Original Value of Nonagricultural Fixed Assets**		
采矿业	Mining	0.01	113.02
制造业	Manufacturing	417.41	71.76
电力、热力、燃气及水生产和供应业	Production and Supply of Power, Heat, Gas and Water	23.16	
建筑业	Construction	132.91	353.17
批发和零售业	Wholesale and Retail Trade	862.44	486.81
交通运输、仓储和邮政业	Transportation, Storage and Post	3753.95	2885.18
住宿和餐饮业	Hotels and Catering Services	206.55	108.50
房地产业	Real Estate		
租赁和商务服务业	Leasing and Business Services	118.09	42.38
居民服务、修理和其他服务业	Resident Services, Repair and Other Services	169.40	258.52
其他行业	Others	75.95	66.68

9-20 农民家庭平均每百户拥有主要生产性固定资产数量
MAJOR PRODUCTIVE FIXED ASSETS PER 100 RURAL HOUSEHOLDS

指 标	Item	2017	2018
生产性用房及建筑物(平方米)	Productive Houses and Buildings (sq.m)	801.69	777.85
大中型农用拖拉机 (台)	Large and Medium-sized Agricultural Tractors (unit)	1.71	1.75
小型农用拖拉机 (台)	Small Agricultural Tractors (unit)	25.15	16.38
农用排灌动力机械 (台)	Machinery forAgricultural Drainage and Irrigation (unit)	1.67	0.34
插秧机 (台)	Rice Transplanters (unit)	0.09	0.28
收割机 (台)	Harvesters (unit)	0.65	0.40
脱粒机 (台)	Threshing Machines (unit)	1.16	1.30
役 畜 (头)	Draught Animals (head)	4.91	3.71
产品畜 (头)	Commodity Animals (head)	83.91	70.80

9-21 农民家庭平均每人生产和销售的主要农林产品
PER CAPITA MAJOR FARM AND FOREST PRODUCTS PRODUCED AND SOLD BY RURAL HOUSEHOLDS

单位：公斤 (kg)

指 标	Item	生产量 Output		出售量 Sales	
		2017	2018	2017	2018
谷 物	Cereal	1104.72	1065.41	927.95	876.84
薯 类	Tubers	30.88	27.86	9.30	12.73
豆 类	Beans	22.41	14.52	17.93	12.46
棉 花	Cotton	0.26	0.13	0.13	
油 料	Oil-bearing Crops	13.23	11.55	11.16	9.63

主要统计指标解释

农林牧渔业总产值 指以货币表现的农、林、牧、渔业全部产品和对农林牧渔业生产活动进行的各种支持性服务活动的价值总量，它反映一定时期内农林牧渔业生产总规模和总成果。1957 年以前的农林牧渔业总产值中包括了厩肥和农民自给性手工业(如农民自制衣服、鞋、袜，自己从事粮食初步加工等)。1958 年及以后，林业中增加了村及村以下竹木采伐产值；牧业中取消了厩肥产值；副业中取消了农民自给性手工业产值，增加了村及村以下办的工业产值；渔业中增加了海洋捕捞水产品产值。1980 年及以后，在副业中增加了农民家庭兼营工业商品部分的产值。从 1984 年起村及村以下工业产值划归工业。从 1993 年起取消副业，将野生动物的捕猎划入牧业，野生植物采集和农民家庭兼营商品性工业划归农业。从 2003 年起，执行新的国民经济行业分类标准，农林牧渔业总产值中包括了农林牧渔服务业产值。林业中增加了森林采运业产值。农业中取消了家庭兼营商品性工业产值，将野生林产品的采集划归林业。2010 年执行《统计用产品分类目录》，对 2009 年的农业、林业产值做了调整，将原林产品中的核桃、板栗和花椒产值调整到农业行业中。从 2018 年开始，将农林牧渔服务业名称改为农林牧渔专业及辅助性活动。

农林牧渔业总产值的计算方法通常是按农、林、牧、渔业产品及其副产品的产量分别乘以各自单位产品价格求得；少数生产周期较长，当年没有产品或产品产量不易统计的，则采用间接方法匡算其产值；然后将四业产品产值及农林牧渔服务业产值相加即为农林牧渔业总产值。

粮食产量 指农业生产经营者日历年度内生产的全部粮食数量。按收获季节包括夏收粮食、早稻和秋收粮食，按作物品种包括谷物、薯类和豆类。其产量计算方法：谷物按脱粒后的原粮计算，豆类按去豆荚后的干豆计算；薯类(包括甘薯和马铃薯，不包括芋头和木薯)1963 年以前按每 4 公斤鲜薯折 1 公斤粮食计算，从 1964 年开始改为按 5 公斤鲜薯折 1 公斤粮食计算，2014 年开始按鲜薯计算；城市郊区作为蔬菜的薯类(如马铃薯等)按鲜品计算，并且不作粮食统计。

棉花产量 指全社会的产量。包括春播棉和夏播棉。产量按皮棉计算。不包括木棉。

油料产量 指全部油料作物的生产量。包括花生、油菜籽、芝麻、向日葵籽、胡麻籽（亚麻籽）和其他油料。不包括大豆、木本油料和野生油料。花生以带壳干花生计算。

水产品产量 指渔业（捕捞和养殖）生产活动的最终有效成果，包括全部海水和淡水鱼类、甲壳类（虾、蟹）、贝类、头足类、藻类和其他类渔业产品的最终产量。水产品产量是通过各级水产部门逐级上报取得数据。1995 年及以前，贝类中牡蛎按鲜肉计算；蚶、蛤、蛏按 5 斤鲜品折 1 斤计算。1996 年以后则统一按鲜品计算。

猪、牛、羊肉产量 指当年出栏并已屠宰、除去头蹄下水后带骨肉(即胴体重)的重量。包括全社会范围内的产量。1996 年以前为全面统计并逐级上报数据。1996 年第一次农业普查以后，根据普查结果，对畜牧业主要年报数据进行了修正。1999 年以后，国家统计局在部分地区开展了猪、牛、羊、禽等主要畜禽品种的抽样调查，并用抽样数据作为国家定案数据使用。未开展抽样调查的地区和品种，仍使用各级统计部门逐级上报数据。2007 年，根据第二次农业普查结果，对 2000–2006 年畜牧业主要年报数据进行了修正。2008 年，建立了主要畜禽监测调查制度，猪、牛、羊、禽等主要畜禽数据均以抽样调查数为法定数据。2018 年，根据第三次农业普查结果，对 2007–2017 年畜牧业主要年报数据进行了修正。

期初(末)畜禽存栏头(只)数 指报告期初(末)农村各种合作经济组织和国营农场、农民个人、机关、团体、学校、工矿企业、部队等单位以及城镇居民饲养的大牲畜、猪、羊、家禽等畜禽的数量。数据上报方式及数据调整情况同猪、牛、羊肉产量。

农作物播种面积 指农业生产经营者应在日历年度内收获农作物在全部土地（耕地或非耕地）上的播种或移植面积。凡是本年内收获的农作物，无论是本年还是上年播种，都算为播种面积，但不包括本年播种，下年收获的农作物面积。

耕地灌溉面积 指具有一定的水源，地块比较平整，灌溉工程或设备已经配套，在一般年景下能够进行正常灌溉的耕地面积。在一般情况下，耕地灌溉面积应等于灌溉工程或设备已经配套，能够进行正常灌溉的水田和水浇地面积之和。它是反映我国农田水利建设的重要指标。

农用化肥施用量 指本年内实际用于农业生产的化肥数量，包括氮肥、磷肥、钾肥和复合肥。化肥施用量要求按折纯量计算数量。折纯量是指把氮肥、磷肥、钾肥分别按含氮、含五氧化二磷、含氧化钾的百分之百成份进行折算后的数量。复合肥按其所含主要成分折算。公式为：

折纯量=实物量×某种化肥有效成份含量的百分比

农业机械总动力 指全部农业机械动力的额定功率之和。农业机械是指用于农业生产及其产品初加工等相关农事活动的机械及设备。农机总动力按使用能源不同分为以下四部分：

柴油发动机动力：指全部柴油发动机额定功率之和；

汽油发动机动力：指全部汽油发动机额定功率之和；

电动机动力：指全部电动机（含潜水电泵的电动机）额定功率之和；

其他机械动力：指采用柴油、汽油、电力之外的其他能源，如水力、风力、煤炭、太阳能等动力机械功率之和。

这个指标的统计数据主要来源于农机部门。

Explanatory Notes on Main Statistical Indicators

Gross Output Value of Agriculture, Forestry, Animal Husbandry and Fishery refers to the total value of products of agriculture, forestry, animal husbandry and fishery, and total value of services in support of agriculture, forestry, animal husbandry and fishery activities. It reflects the total scale and results of agricultural production during a given period. Prior to 1957, China's gross agricultural output value included barnyard manure and handicraft products for self-consumption (clothes, shoes, stockings, and initial grain processing undertaken by peasants). Since 1958, cutting and felling of bamboo and trees by villages and other cooperative organizations under villages have been included in forestry; value of barnyard manure has been excluded from animal husbandry; self consumed handicrafts have not been included from sideline occupations, while the output value of industries run by villages and cooperative organizations under village has been included in sideline occupations; and the output value of fish catches by motor fishing boats has been added to fishery. Since 1980, the value of handicraft products made for sale by individuals in households has been added to sideline occupations. Since 1984, industries run by villages and under villages have been included in the sector of industry. Since 1993, the subdivision of sideline occupations has been cancelled, and the hunting of wild animals has been classified into animal husbandry, and the gathering of wild plants and commodity industry run by rural household have been included in farming. A new industrial classification of economic activities was introduced in 2003. Under the new classification, value of services to agriculture, forestry, animal husbandry and fishery is included in the gross output value of agriculture, value of wood felling and transport is included in forestry, value of industrial output by rural households is not included in agriculture. The First Agriculture Census of China revealed some discrepancy between the production of animal products from the annual reports and that from the census. According to the result of the First Agriculture census, efforts were made to adjust the annual reports of animal husbandry output and the output value of animal husbandry to make the figures from the annual reports consistent with the census data. "The Classification of Products for Statistical Purposes" implemented in 2010 made relevant revision on the output value of agriculture and forestry in 2009.

Gross output value of agriculture is obtained by multiplying the output of each product or by-product by its price, resulting in the output value of each single item. For a small number of products, annual output of which is not available or difficult to get due to the long production (growing) process involved, the output value is estimated through an indirect approach. The sum of output values of all products of agriculture, forestry, animal husbandry and fishery and services in support to those industries is then equal to the gross output value of agriculture.

Grain Output refers to the total output of grains produced by agricultural producers within a calendar year. It includes summer grain, early rice and autumn grain if classified by harvest seasons; it covers cereal, tubers and beans if classified by type of crops. Output of cereal should be limited to husked grain only. Output of beans refers to dry beans without pods. The output of tubers (sweet potatoes and potatoes, not including taros and cassava) are converted into that of grain at the ratio 4:1, i.e. 4 kilograms of fresh tubers were equivalent to 1 kilogram of grain up to 1963. Since 1964 the ratio for conversion has been 5:1, and Starting from 2014, the ratio for conversion has been 1:1. Tubers supplied as vegetables (such as potatoes) in cities and suburbs are calculated as fresh vegetables and their output is not included in the output of grain. Data on grain production before 1989 were obtained through the Comprehensive Statistical Reporting System. Since 1989, data from sample surveys are used.

Cotton Output refers to cotton production in the whole country including cotton planted in spring and in autumn. Output is measured as the weight of ginned cotton. Ceiba is not included.

Output of Oil-bearing Crops refers to the total production of oil-bearing crops of various kinds, including peanuts (dry, in shell), rapeseeds, sesame, sunflower seeds, flax seeds, and other oil-bearing crops. Soybeans, oil-bearing woody plants, and wild oil-bearing crops are not included.

Output of Aquatic Products refers to final output actually yielded from fishing production (fishery and breeding), including all output of marine and freshwater fish, crustaceans (shrimps, crabs), shellfish, cephalopod, seaweed and other fishery products. Data on output of aquatic products are reported by aquatic product agencies level by level. Before 1995, among the shellfish, oyster was counted as fresh meat; 5 kilograms of ark shell, clams and frogs are equivalent to 1 kilogram of fresh aquatic products; they have all been counted as fresh aquatic products since 1996.

Output of Pork, Beef, and Mutton refers to the meat of slaughtered hogs, cattle, sheep and goats with head, feet, and offal taken away. Data refers to the production of the whole country. Before 1996, it was a comprehensive reporting from the lower level to the upper one. The First Agricultural Census of China in 1996 revealed some discrepancy between the production of animal products from the annual reports and that from the census. Efforts were made to adjust the output value of animal husbandry to make the figures from the annual reports consistent with the census data. Since 1999, the NBS conducted sample surveys for the major animal husbandry products, such as hogs, cattle, sheep and goats and fowls, and the data from sample surveys are used as national finalized data. Those products, which are not covered by the sample survey, are still reported by statistical agencies level by level. In 2007, the data on animal husbandry from 2000 to 2006 were revised according to the results of the Second Agriculture Census of China. In 2008, A Monitoring and Survey Program was set up on main livestock, the data on the main livestock such as hog, cattle, sheep and poultry became the official data based on the sampling survey.

Number of Livestock or Poultry in Stock at Beginning (or End) of Period refers to the total number of large animals, pigs, sheep, fowls, etc. raised by rural cooperative organizations, State farms, rural individuals, government agencies, schools, industrial and mining enterprises, army, and urban residents at the beginning (or end) of the reference period. Data reporting system and data adjustment are the same as that in the output of pork, beef and mutton.

Sown Area of Crops refers to area of all land (cultivated or non-cultivated area) sown or transplanted with crops that are harvested within the calendar year by agricultural producers. All crops harvested within the year are counted as sown area, regardless of being sown in this year or the previous year. Crops sown this year but will be harvested in the coming year are excluded.

Irrigated Area of Cultivated Land refers to area of land that are effectively irrigated, i.e. relatively level land, where there are water sources or complete sets of irrigation facilities to lift and move adequate water for irrigation purpose under normal conditions. Under normal situations, irrigated area of cultivated land is the sum of watered fields and irrigated fields where irrigation systems or equipment have been installed for regular irrigation purpose. It is an important indicator to reflect the farmland water conservancy construction in China.

Consumption of Chemical Fertilizers in Agriculture refers to the quantity of chemical fertilizers applied in agriculture in the year, including nitrogenous fertilizer, phosphate fertilizer, potash fertilizer, and compound fertilizer. The consumption of chemical fertilizers is calculated in terms of volume of effective components by means of converting the gross weight of the respective fertilizers into weight containing effective component (e.g. nitrogen content in nitrogenous fertilizer, phosphorous pentoxide contents in phosphate fertilizer, and potassium oxide contents in potash fertilizer). Compound fertilizer is converted in regard to its major components. The formula is:

Volume of effective component= physical quantity× effective component of certain chemical fertilizer (%)

Total Power of Agricultural Machinery refers to the total rated capacity of all agricultural machinery. Agricultural machinery refers to the machineries and equipment which are used for activities of planting, animal husbandry, fishery, primary processing of agricultural products, agricultural transport and infrastructure construction of farmland. Total power of agricultural machinery is grouped into four parts according to the energy used:

Diesel engine power refers to the total rated capacity of all diesel engines.

Gasoline engine power refers to the total rated capacity of all gasoline engines.

Motor power refers to the total rated capacity of all motors (include submersible pump motors).

Other mechanical powers refer to the total mechanical capacity of the sources of energy besides diesel, gasoline and motor power, such as hydro power, wind power, coal and solar energy.

Data are mainly from agricultural machinery agencies.

10

工 业

INDUSTRY

资料整理人员

刘香元　文明佳　黄岩峰

工　业
INDUSTRY

规模以上工业企业单位数	Number of Industrial Enterprises Above Designated Size	3875	个	(unit)
产品产量（全社会）	Output of Products(Total Society)			
原　煤	Coal	92634	万吨	(10 000 tons)
发电量	Electricity	3087.6	亿千瓦小时	(100 million kwh)
粗　钢	Crude Steel	5386.2	万吨	(10 000 tons)
生　铁	Pig Iron	4761.3	万吨	(10 000 tons)

工业增加值构成 (%)
Composition of Value Added of Industry (%)

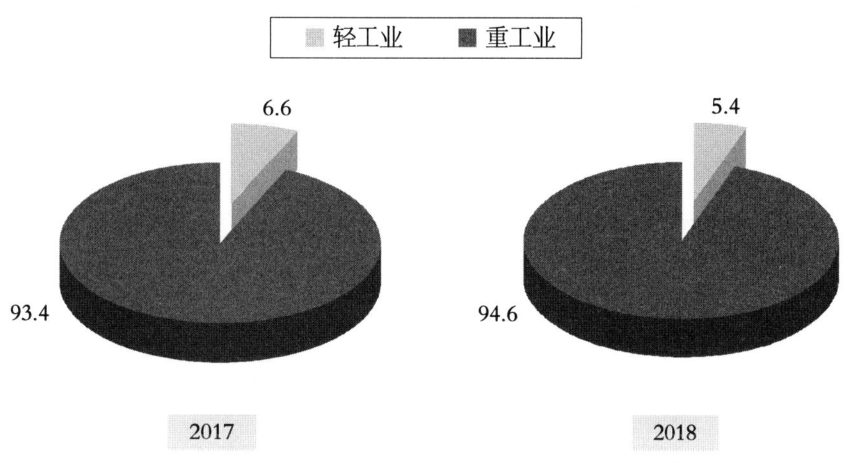

工业增加值增速 (%)
Growth Rate of Industrial Value Added (%)

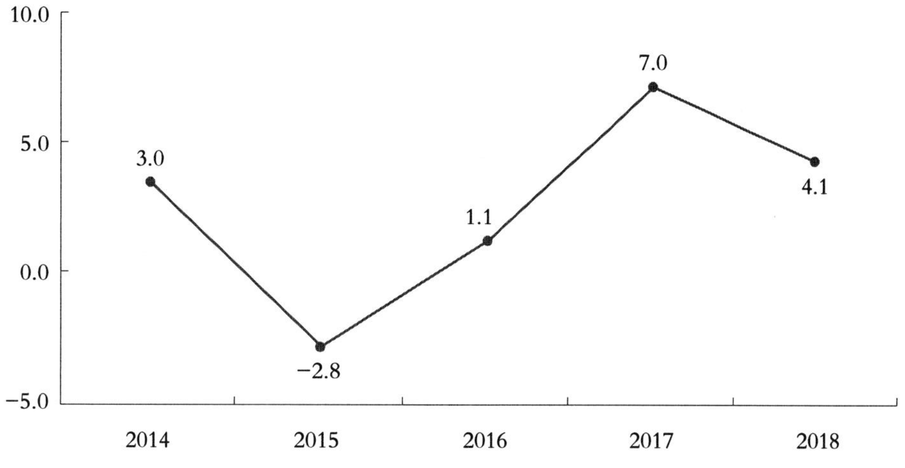

10-1 主要年份工业企业单位数
NUMBER OF INDUSTRIAL ENTERPRISES IN MAJOR YEARS

单位：个 (unit)

年份 Year	工业企业单位数 Number of Industrial Enterprises	按轻重工业分 Grouped by Light & Heavy Industry		按经济类型分 Grouped by Ownership		
		轻工业 Light Industry	重工业 Heavy Industry	国有经济 State-owned Enterprise	集体经济 Collective-owned Enterprise	其他经济 Other Ownership
1978	9381	4463	4918	2547	6834	
1980	9533	4528	5005	2524	7009	
1985	11004	4875	6129	2421	8577	6
1990	12122	4922	7200	2776	9318	28
1995	12086	4080	8006	3042	8698	346
2000	3275	944	2331	1537	766	972
2005	4441	761	3680	879	928	2634
2010	4240	737	3503	266	181	3793
2011	3673	546	3127	227	114	3332
2012	3905	569	3336	237	97	3571
2013	3979	586	3393	110	72	3797
2014	3906	614	3292	84	56	3766
2015	3845	625	3220	74	45	3726
2016	3548	595	2953	56	39	3453
2017	3835	654	3181	54	38	3743
2018	3875	655	3220	52	42	3781

年份 Year	按企业规模分 Grouped by Size of Enterprises				按隶属关系分 Grouped by Jurisdiction of Management	
	大型企业 Large Enterprises	中型企业 Medium-sized Enterprises	小型企业 Small Enterprises	微型企业 Microenterprises	中央企业 Central Enterprise	地方企业 Local Enterprise
1978	36	117	9228		100	9281
1980	50	94	9389		112	9421
1985	75	144	10785		168	10836
1990	97	169	11856		187	11935
1995	122	252	11712		183	11903
2000	137	228	2910		110	3165
2005	87	757	3597		95	4346
2010	149	970	3121		120	4120
2011	300	924	2297	152	135	3538
2012	295	889	2513	208	150	3755
2013	277	913	2542	247	148	3831
2014	246	898	2547	215	144	3762
2015	219	854	2476	296	147	3698
2016	223	843	2313	169	148	3400
2017	254	843	2516	222	171	3664
2018	243	843	2600	189	157	3718

注：(1)规模以上工业企业统计范围1998-2006年为国有企业、大中型企业和年产品销售收入500万元及以上非国有企业；2007-2010年为年主营业务收入500万元以上的工业法人企业；2011年及以后为年主营业务收入2000万元以上的工业法人企业。
(2)2011年起企业规模划分采用新标准。

Notes: (1)Enterprises in this table contains enterprises which is state-owned, large & medium-sized and non-state-owned with sales above 5 million yuan from 1998 to 2006; enterprises whose major business revenue is above 5 million yuan from 2007 to 2010; enterprises whose major business revenue is above 20 million yuan since 2011.
(2)New standards of enterprise size have been used since 2011.

10-2 主要年份主要工业产品产量

OUTPUT OF MAJOR INDUSTRIAL PRODUCTS IN MAJOR YEARS

年 份 Year	原 煤 (万吨) Coal (10 000 tons)	发电量 (亿千瓦小时) Electricity (100 million kwh)	生 铁 (万吨) Pig Iron (10 000 tons)	粗 钢 (万吨) Crude Steel (10 000 tons)	钢 材 (万吨) Steel Products (10 000 tons)	氧化铝 (万吨) Aluminum Oxide (10 000 tons)	原 铝 (万吨) Electrolyzed Aluminum (10 000 tons)
1978	9825	106.63	150.39	119.99	74.04		0.50
1980	12103	120.24	171.39	149.38	86.42		0.63
1985	21418	184.59	229.54	183.74	110.80		1.00
1990	28597	314.16	454.88	238.58	128.78		1.88
1995	34731	505.97	1438.29	339.80	217.09		6.44
2000	25152	624.71	1628.00	472.73	392.60		17.65
2005	55426	1316.50	3229.80	1654.72	1368.60	151.19	34.52
2010	74096	2150.56	3402.43	3048.82	2866.35	358.94	80.57
2011	87228	2344.00	3786.08	3490.42	3371.16	500.93	104.72
2012	91333	2534.99	4009.64	3950.17	3799.47	508.63	105.57
2013	92167	2641.10	4310.66	4671.44	4487.04	784.59	104.19
2014	92794	2642.81	4059.29	4325.39	4701.01	903.01	82.69
2015	96680	2457.45	3576.38	3846.96	4267.25	1272.91	66.03
2016	83044	2510.51	3641.09	3936.13	4278.97	1414.14	86.82
2017	87221	2765.53	3951.86	4429.68	4335.40	1928.26	98.50
2018	92634	3087.63	4761.30	5386.20	4903.30	2024.50	93.30

年 份 Year	焦 炭 (万吨) Coke (10 000 tons)	铜 (吨) Copper(ton)	水 泥 (万吨) Cement (10 000 tons)	平板玻璃 (万重量箱) Plate Glass (10 000 weight cases)	化学肥料(折有效成份100%，万吨) Chemical Fertilizer (calculated on100% effictive content，10 000 tons)		
					合 计 Total	#氮 肥 Nitrogenous	#磷 肥 Phosphate
1978	356.51	13583	255.87	47.09	32.33	30.24	2.09
1980	320.95	26607	287.88	52.74	40.15	34.91	5.24
1985	417.34	24400	458.68	113.33	39.31	37.41	1.89
1990	1609.27	25147	612.47	181.58	71.94	60.06	11.88
1995	5297.62	27530	1169.85	241.44	102.31	83.31	18.93
2000	4967.00	28544	1434.00	357.98	170.17	137.55	18.82
2005	7981.00	27225	2310.68	360.24	353.51	336.35	13.10
2010	8502.10	80610	3670.29	1673.37	331.84	321.60	10.24
2011	9047.91	87785	4101.47	1847.64	363.75	353.73	10.02
2012	8612.66	98134	5076.21	1975.81	389.07	379.23	9.84
2013	9022.40	88564	5269.09	2065.28	446.13	439.79	6.34
2014	8765.90	144489	4801.96	1758.92	461.67	453.36	8.02
2015	8039.88	180935	3786.09	1400.82	464.96	455.69	9.27
2016	8185.99	195596	3851.54	1648.08	443.54	431.16	7.58
2017	8383.14	192287	3760.27	1702.60	373.92	368.29	5.58
2018	9256.16	180000	4376.79	2121.70	361.25	342.37	6.10

注：本表产量为全社会口径。
Note: Coverage of products in the table is total society.

10-2 续表 continued

年 份 Year	初级形态的塑料(万吨) Primary Form of Plastics (10 000 tons)	轮胎外胎(万条) Tires Cover (10 000 units)	矿山设备(吨) Mining Equipment (ton)	纱(吨) Yarn(ton)	布(万米) Cloth (10 000 m)
1978	0.57	9.97	18214	72193	32756
1980	0.55	14.44	9349	84145	38652
1985	0.94	29.25	16345	77762	37555
1990	1.82	57.33	25717	94237	42948
1995	2.64	112.45	23675	72165	35593
2000	3.04	154.30	6857	84765	33253
2005	29.28	135.11	109570	149828	36256
2010	20.24	173.51	329442	53913	7381
2011	46.32	164.86	354327	54012	8139
2012	51.86	170.26	434304	61575	7499
2013	48.54	166.57	430963	56923	7553
2014	49.36	165.20	255155	55125	8172
2015	65.46	154.98	260185	52826	7720
2016	67.24	145.76	223304	53769	4176
2017	79.47	73.23	260521	32243	3668
2018	89.10	78.47	324226	21591	2399

年 份 Year	白 酒(千升) White Spirit (kiloliter)	食 醋(吨) Vinegar(ton)	卷 烟(万箱) Cigarettes (10 000 cases)	机制纸及纸板(万吨) Machine-made Paper and Paperboard (10 000 tons)	合成洗涤剂(吨) Synthetic Detergents (ton)
1978			17	9	14409
1980			19	12	18505
1985			19	19	60746
1990			24	35	68951
1995			28	60	135359
2000			30	27	189235
2005	77199		25	40	162303
2010	112022	385452	30	22	119774
2011	145722	455262	31	20	98419
2012	130691	550278	31	33	101898
2013	111881	550229	32	34	108199
2014	93597	474644	33	26	92683
2015	83568	673052	33	35	87713
2016	103239	626955	31	42	79342
2017	139907	567275	30	46	72305
2018	167227	518232	30	46	68306

10-3 规模以上主要工业产品产量
OUTPUT OF MAJOR INDUSTRIAL PRODUCTS ABOVE DESIGNATED SIZE

指 标		Item	2017	2018
原 煤	(万吨)	Coal (10 000 tons)	85581	89340
发电量	(亿千瓦小时)	Electricity (100 million kwh)	2763	3042
生 铁	(万吨)	Pig Iron (10 000 tons)	3951.9	4761.3
粗 钢	(万吨)	Crude Steel (10 000 tons)	4429.7	5386.2
钢 材	(万吨)	Steel Products (10 000 tons)	4335.4	4903.3
氧化铝	(万吨)	Aluminum Oxide (10 000 tons)	1928.3	2024.5
原 铝	(万吨)	Electrolyzed Aluminum (10 000 tons)	98.5	93.3
焦 炭	(万吨)	Coke (10 000 tons)	8383.1	9256.2
铜	(万吨)	Copper (10 000 tons)	19.2	18.0
水 泥	(万吨)	Cement (10 000 tons)	3506.0	4127.3
平板玻璃	(万重量箱)	Plate Glass (10 000 weight cases)	1702.6	2121.7
硫 酸	(折纯，万吨)	Sulfuric Acid (10 000 tons)	51.2	49.9
化学肥料	(折纯，万吨)	Chemical Fertilizer (10 000 tons)	373.1	360.4
化学农药	(吨)	Chemical Pesticide (ton)	649.0	1444.0
初级形态的塑料	(万吨)	Primary Form of Plastics (10 000 tons)	79.5	89.1
轮胎外胎	(万条)	Tires Cover (10 000 units)	72.0	78.5
矿山设备	(吨)	Mining Equipment (ton)	260521	324226
金属切削机床	(台)	Metal-cutting Machine Tools (unit)	12	12
工业锅炉	(蒸发量吨)	Industrial Boiler (ton)	14776	4064
变压器	(万千伏安)	Transformer (10 000 kva)	771.0	1506.7
泵	(台)	Pump (unit)	87410	159170
纱	(吨)	Yarn (ton)	32243	21591
布	(万米)	Cloth (10 000 m)	3640	2398
白 酒	(千升)	White Spirit (kiloliter)	139907	167227
啤 酒	(千升)	Beer (kiloliter)	336719	175158
卷 烟	(万箱)	Cigarettes (10 000 cases)	30.0	29.8
机制纸及纸板	(万吨)	Machine-made Paper and Paperboard (10 000 tons)	45.5	46.1
合成洗涤剂	(吨)	Synthetic Detergents (ton)	72305	65806
煤层气	(亿立方米)	Coalbed Methane (100 million cu.m)	46.8	51.2
手 机	(万台)	Mobile Phones (10 000 unit)	2047.7	1979.4
化学药品原药	(吨)	Chemical Medicine (ton)	27144	27830
食 醋	(吨)	Vinegar (ton)	567275	518232
太阳能电池	(千瓦)	Solar Cell (kw)	1977637	3493379
新能源汽车	(辆)	New Energy Motor Vehicles (unit)	24781	43778

10-4 工业企业主要财务指标(2018年)

单位：万元

指 标	Item	单位数(个) Number of Enterprises (unit)	#亏损企业 Loss-making Enterprises
总 计	**Total**	**3875**	**1165**
一、按隶属关系分	Grouped by Jurisdiction of Management		
中 央	Central Enterprises	157	39
省 属	Provincial Enterprises	380	122
市 属	Municipal Enterprises	220	79
县级及以下	Enterprises at County Level and Below	280	79
其 他	Others	2838	846
二、按登记注册类型分	Grouped by Registered Kind		
内资企业	Civil Funded Enterprises	3732	1131
国有企业	State-owned Enterprises	52	25
集体企业	Collective-owned Enterprises	42	12
股份合作企业	Share Holding Cooperative Enterprises	1	1
联营企业	Joint Owned Enterprises	1	
有限责任公司	Limited Liability Corporations	1283	392
国有独资公司	State Sole Funed Corporations	98	26
其他有限责任公司	Other Limited Liability Corporations	1185	366
股份有限公司	Share Holding Limited Corporations	126	38
私营企业	Private Enterprises	2224	663
私营独资企业	Private-funed Enterprises	131	47
私营合伙企业	Private Partnership Enterprises	10	2
私营有限责任公司	Private Limited Liability Corporations	2007	592
私营股份有限公司	Private Share Holding Limited Corporations	76	22
其他企业	Others	3	
港、澳、台商投资企业	Enterprises Funded by Hong Kong, Macao and Taiwan	56	15
合资经营企业(港或澳、台资)	Joint Venture Enterprises	33	9
合作经营企业(港或澳、台资)	Cooperative Enterprises		
港澳台商独资企业	Solely Owned Enterprises	19	4
港澳台商投资股份有限公司	Share Holding Limited Corporations	3	2
其他港澳台商投资企业	Others	1	

MAIN FINANCIAL INDICATORS OF INDUSTRIAL ENTERPRISES(2018)

(10 000 yuan)

资产总计 Total Assets	流动资产合计 Total Circulating Funds	负债合计 Total Liabilities	所有者权益合计 Total Creditors' Equity	主营业务收入 Revenue of Major Business	主营业务成本 Costs of Major Business
377069731	**152339012**	**271940449**	**105129282**	**192521150**	**152434191**
43984032	10143478	29952776	14031257	24329676	20002618
160371190	58960737	117106963	43264228	59802217	44853495
21875402	8323060	15078910	6796492	10104361	7626367
26190671	11632104	18703104	7487567	13028248	9064624
124648436	63279634	91098697	33549739	85256648	70887088
351856713	138624922	255418080	96438632	176356029	138661619
15088056	2645228	10413402	4674654	12100219	11270449
1259707	561672	1078840	180867	825544	574906
4775	4404	1979	2795	2518	2213
244897	60247	238712	6185	35138	19308
241912979	91591470	179933679	61979300	98898922	74477194
45243791	19541718	30163943	15079848	17840270	13227823
196669188	72049752	149769736	46899452	81058652	61249371
26725537	8272747	15149812	11575725	11581192	7605950
66230620	35191486	48273008	17957612	52837168	44683543
1054945	553005	651412	403533	1114117	1038857
60876	35028	36824	24052	76193	68797
60287452	31800380	44684789	15602662	48465827	41086649
4827347	2803074	2899983	1927364	3181030	2489240
390142	297668	328648	61494	75329	28057
12699178	8491580	9292666	3406512	10531807	9699566
9382670	6614425	7601836	1780834	8805587	8340484
2666490	1611469	1180486	1486003	1425139	1103107
553750	177323	425485	128266	240169	214503
96269	88363	84859	11410	60912	41472

10-4 续表1

单位：万元

指　标	Item	单位数(个) Number of Enterprises (unit)
外商投资企业	Foreign Funded Enterprises	87
中外合资经营企业	Joint Venture Enterprises	58
中外合作经营企业	Cooperative Enterprises	5
外资企业	Solely Owned Enterprises	22
外商投资股份有限公司	Share Holding Limited Corporations	1
其他外商投资企业	Others	1
三、在总计中: 亏损企业	Of the Total: Loss-making Enterprises	1165
在总计中: 国有控股企业	Of the Total: State-Controlled Share Holding Enterprises	878
在总计中: 轻工业	Of the Total: Light Industry	655
重工业	Heavy Industry	3220
在总计中: 大型企业	Of the Total: Large Enterprises	243
中型企业	Medium-sized Enterprises	843
小型企业	Small Enterprises	2600
微型企业	Microenterprises	189
四、按工业行业大类分	Grouped by Sector	
采矿业	Mining	1308
煤炭开采和洗选业	Coal Mining and Dressing	1103
石油和天然气开采业	Petroleum and Natural Gas Extraction	17
黑色金属矿采选业	Ferrous Metals Mining and Dressing	155
有色金属矿采选业	Nonferrous Metals Mining and Dressing	22
非金属矿采选业	Nonmetal Minerals Mining and Dressing	11
开采专业及辅助性活动	Mining Professional and Auxiliary Activities	
其他采矿业	Other Mining Industry	
制造业	Manufacturing	2242
农副食品加工业	Farm Products Processing	159
食品制造业	Food Manufacturing	78
酒、饮料和精制茶制造业	Wine, Beverages and Refined Tea Manufacturing	62
烟草制品业	Tobacoo Products Manfacturing	1
纺织业	Textile Industry	24
纺织服装、服饰业	Textile, Wearing Apparel and Accessories	16
皮革、毛皮、羽毛及其制品和制鞋业	Leather, Fur, Feather and Related Products and Footwear	2
木材加工和木、竹、藤、棕、草制品业	Timber Processing,Bamboo,Cane,Palm Fiber and Straw Products	5

continued

(10 000 yuan)

#亏损企业 Loss-making Enterprises	资产总计 Total Assets	流动资产合计 Total Circulating Funds	负债合计 Total Liabilities	所有者权益合计 Total Creditors' Equity	主营业务收入 Revenue of Major Business	主营业务成本 Costs of Major Business
19	12513840	5222511	7229702	5284138	5633315	4073006
11	8465451	3348867	5417913	3047539	3481410	2646140
1	1855358	619633	917094	938264	1015943	559958
7	2018790	1214555	798693	1220097	1111247	846748
	14285	7989	10567	3718	12055	8781
	159955	31467	85436	74520	12659	11379
1165	96403248	35616503	86947099	9456149	27262233	24503902
279	245449457	82899562	178268728	67180729	98453845	74847110
182	15106937	7970057	7928530	7178407	10114299	7355905
983	361962794	144368955	264011919	97950875	182406851	145078287
46	206643813	89244438	141542782	65101031	102886484	79735393
251	103241368	35239308	79902154	23339214	52115137	40754578
819	61609661	25946807	46471064	15138597	36164192	30966577
49	5574890	1908459	4024450	1550440	1355337	977644
414	192566484	72368575	138382407	54184077	74622227	51633771
344	185720017	70131854	134482748	51237270	71977719	49558981
6	3130529	785553	1786471	1344058	889372	632138
51	3268938	1268894	1813179	1455759	1484027	1240253
8	380469	154726	247555	132914	219759	165782
5	66532	27548	52455	14076	51350	36618
631	135578399	70008056	95872032	39706367	96577886	81240300
38	2006659	858705	1175672	830987	2195925	2035747
15	1208015	568944	599937	608078	1137477	894282
20	3296992	2214896	1443169	1853823	2031073	1185934
	503163	292645	123923	379240	432175	164985
6	408924	174909	270556	138369	185255	167872
4	309709	176444	205788	103921	225027	185622
1	16222	11082	722	15501	12371	12129
	247098	146397	73388	173710	162822	147709

10-4 续表2

单位：万元

指　　标	Item	单位数(个) Number of Enterprises (unit)
家具制造业	Furniture Manufacturing	5
造纸和纸制品业	Paper Making and Paper Products	21
印刷和记录媒介复制业	Printing and Record Medium Reproduction	26
文教、工美、体育和娱乐用品制造业	Culture, Education, Art and Crafts, Sport and Entertainment Products	13
石油、煤炭及其他燃料加工业	Petroleum, Coal and Other Fuels Processing	134
化学原料和化学制品制造业	Raw Chemical Materials and Chemical Products	237
医药制造业	Medical and Pharmaceutical Products	89
化学纤维制造业	Chemical Fiber Manufacturing	1
橡胶和塑料制品业	Rubber and Plastic Products	62
非金属矿物制品业	Nonmetal Mineral Products	414
黑色金属冶炼和压延加工业	Smelting and Pressing of Ferrous Metals	102
有色金属冶炼和压延加工业	Smelting and Pressing of Non-ferrous Metals	93
金属制品业	Metal Prodcuts	206
通用设备制造业	Ordinary Machinery Manufacturing	108
专用设备制造业	Special Purpose Equipment Manufacturing	150
汽车制造业	Automobile Manufacturing	50
铁路、船舶、航空航天和其他运输设备制造业	Railroad, Marine, Aviation and Other Transport Equipments Manufacturing	23
电气机械和器材制造业	Electrical Machinery and Equipment Manufacturing	84
计算机、通信和其他电子设备制造业	Computers, Telecommunication and Other Electronic Equipments Manufacturing	37
仪器仪表制造业	Equipments and Instruments Manufacturing	18
其他制造业	Other Manufacturing	2
废弃资源综合利用业	Comprehensive Utilization of Waste Resources	6
金属制品、机械和设备修理业	Metal Products, Machinery and Equipment Repair	14
电力、热力、燃气及水生产和供应业	Production and Supply of Electricity, Heat, Gas and Water	325
电力、热力生产和供应业	Production and Supply of Electricity and Heat	257
燃气生产和供应业	Production and Supply of Gas	51
水的生产和供应业	Production and Supply of Water	17

continued

(10 000 yuan)

#亏损企业 Loss-making Enterprises	资产总计 Total Assets	流动资产合计 Total Circulating Funds	负债合计 Total Liabilities	所有者权益合计 Total Creditors' Equity	主营业务收入 Revenue of Major Business	主营业务成本 Costs of Major Business
2	48589	26388	33643	14946	16811	13041
9	256334	130743	148448	107886	299262	283124
8	333001	150295	167942	165059	172387	147721
2	198696	94795	201303	-2607	83440	71978
21	24661560	13643238	20586987	4074573	18728148	15461911
61	15909277	6257736	12793876	3115402	7407491	6354461
22	4222073	1928763	2040895	2181178	2047329	1056508
	80340	20536	48916	31424	2523	2262
24	855689	521820	588603	267086	446705	399646
131	7636262	3828911	5926448	1709814	4452955	3585033
33	27751270	10601356	17927903	9823368	24814520	20829168
41	11673516	4813302	8288907	3384609	8347992	7618871
57	2854831	1799775	1642022	1212809	2613100	2314676
28	2593852	1649876	1543990	1049861	1045948	801936
36	6329205	4672495	4937920	1391286	2472021	2009138
21	3922160	2553371	2768336	1153824	3796257	3286197
7	2227573	1511687	1490840	736733	1239614	1001551
28	3654159	2367912	2502359	1151800	1708579	1473336
8	9420556	7902523	6181555	3239000	9688104	9105888
2	665900	429559	382453	283448	266722	201032
	1901522	403060	1484454	417068	316073	233116
4	231507	133316	168721	62786	86763	70209
2	153745	122581	122358	31387	143019	125220
120	48924848	9962381	37686010	11238838	21321038	19560120
90	42422706	7980610	32676319	9746388	18691344	17273166
21	5441562	1612026	4448643	992919	2350136	2059805
9	1060580	369745	561049	499531	279558	227150

10-4 续表3

单位：万元

指　　标	Item	主营业务税金及附加 Tax and Extra Charges of Major Business
总　计	**Total**	**4641697**
一、按隶属关系分	Grouped by Jurisdiction of Management	
中　央	Central Enterprises	662537
省　属	Provincial Enterprises	2150977
市　属	Municipal Enterprises	255141
县级及以下	Enterprises at County Level and Below	480329
其　他	Others	1092711
二、按登记注册类型分	Grouped by Registered Kind	
内资企业	Civil Funded Enterprises	4404108
国有企业	State-owned Enterprises	99032
集体企业	Collective-owned Enterprises	34898
股份合作企业	Share Holding Cooperative Enterprises	13
联营企业	Joint Owned Enterprises	3162
有限责任公司	Limited Liability Corporations	3325613
国有独资公司	State Sole Funed Corporations	627185
其他有限责任公司	Other Limited Liability Corporations	2698428
股份有限公司	Share Holding Limited Corporations	459560
私营企业	Private Enterprises	474478
私营独资企业	Private-funed Enterprises	7157
私营合伙企业	Private Partnership Enterprises	365
私营有限责任公司	Private Limited Liability Corporations	436554
私营股份有限公司	Private Share Holding Limited Corporations	30403
其他企业	Others	7353
港、澳、台商投资企业	Enterprises Funded by Hong Kong, Macao and Taiwan	58403
合资经营企业(港或澳、台资)	Joint Venture Enterprises	48447
合作经营企业(港或澳、台资)	Cooperative Enterprises	
港澳台商独资企业	Solely Owned Enterprises	7383
港澳台商投资股份有限公司	Share Holding Limited Corporations	2164
其他港澳台商投资企业	Others	409

continued

(10 000 yuan)

销售费用 Costs of Sales	管理费用 Costs of Administration	财务费用 Costs of Finance	利润总额 Total Profits	亏损企业亏损总额 Total Loss of Loss-making Enterprises	应交增值税 Value Added Taxes Payable	平均用工人数(万人) Average Employees (10 000 persons)
6207818	**10445991**	**6906562**	**13559078**	**3275805**	**8371822**	**187.1**
976157	815400	754580	1373681	329685	1057853	12.8
2215168	4441807	3375878	3438187	1543146	3241411	72.4
297882	732499	347173	1020528	291844	454511	13.5
314051	1064077	449632	1704511	211800	782288	17.2
2404561	3392208	1979299	6022172	899331	2835760	71.2
5995727	9869417	6627129	12170439	3180592	7913033	172.6
45743	235378	215061	272750	92905	420534	7.9
45829	68600	25271	80480	28818	67378	1.7
44	408	4	-120	120	105	
	1951	7233	2829		4565	0.1
3051381	6912201	4990319	7046702	2477964	5050349	112.8
635370	1381386	708550	1313262	253711	933688	20.1
2416011	5530815	4281768	5733440	2224253	4116661	92.8
1150719	862641	325258	1344617	162011	716985	11.3
1701705	1769056	1059983	3407207	418775	1643751	38.7
17740	14840	9333	28478	2588	27653	0.7
1537	1288	89	4086	113	2285	0.1
1551630	1606212	954367	3056609	392314	1512274	35.6
130798	146717	96195	318034	23761	101539	2.3
306	19182	4000	15974		9365	0.1
94300	272139	133619	379781	47548	110618	8.8
50927	173246	99466	167788	38579	84059	5.6
39545	86158	20841	207370	365	19984	3.0
2870	12143	10345	-8548	8604	3143	0.3
959	592	2967	13171		3432	

10-4 续表4

单位：万元

指　标	Item	主营业务税金及附加 Tax and Extra Charges of Major Business
外商投资企业	Foreign Funded Enterprises	179186
中外合资经营企业	Joint Venture Enterprises	89254
中外合作经营企业	Cooperative Enterprises	76689
外资企业	Solely Owned Enterprises	12965
外商投资股份有限公司	Share Holding Limited Corporations	71
其他外商投资企业	Others	207
三、在总计中:亏损企业	Of the Total: Loss-making Enterprises	698120
在总计中:国有控股企业	Of the Total: State-Controlled Share Holding Enterprises	3416702
在总计中:轻工业	Of the Total: Light Industry	487503
重工业	Heavy Industry	4154193
在总计中:大型企业	Of the Total: Large Enterprises	2697226
中型企业	Medium-sized Enterprises	1540039
小型企业	Small Enterprises	395738
微型企业	Microenterprises	8694
四、按工业行业大类分	Grouped by Sector	
采矿业	Mining	3525674
煤炭开采和洗选业	Coal Mining and Dressing	3469769
石油和天然气开采业	Petroleum and Natural Gas Extraction	6627
黑色金属矿采选业	Ferrous Metals Mining and Dressing	36204
有色金属矿采选业	Nonferrous Metals Mining and Dressing	10293
非金属矿采选业	Nonmetal Minerals Mining and Dressing	2780
开采专业及辅助性活动	Mining Professional and Auxiliary Activities	
其他采矿业	Other Mining Industry	
制造业	Manufacturing	984764
农副食品加工业	Farm Products Processing	3006
食品制造业	Food Manufacturing	4377
酒、饮料和精制茶制造业	Wine, Beverages and Refined Tea Manufacturing	242424
烟草制品业	Tobacoo Products Manfacturing	197884
纺织业	Textile Industry	494
纺织服装、服饰业	Textile, Wearing Apparel and Accessories	1554
皮革、毛皮、羽毛及其制品和制鞋业	Leather, Fur, Feather and Related Products and Footwear	61
木材加工和木、竹、藤、棕、草制品业	Timber Processing,Bamboo,Cane,Palm Fiber and Straw Products	117

continued

(10 000 yuan)

销售费用 Costs of Sales	管理费用 Costs of Administration	财务费用 Costs of Finance	利润总额 Total Profits	亏损企业亏损总额 Total Loss of Loss-making Enterprises	应交增值税 Value Added Taxes Payable	平均用工人数(万人) Average Employees (10 000 persons)
117791	304435	145815	1008857	47664	348172	5.6
96529	176387	115433	492508	34299	187158	3.2
14102	27637	10816	333546	1930	110214	0.7
6531	94910	19499	178988	11435	50061	1.7
629	2304	69	748		540	
	3197	-2	3067		199	
710297	2472972	2358016	-3275805	3275805	1061556	49.3
3495340	6555437	4961458	6120044	2404577	5183688	108.4
957644	669901	141709	621548	158816	399473	15.0
5250174	9776090	6764853	12937530	3116989	7972350	172.1
3661778	5911372	3750299	8173394	1197319	4840540	105.6
1450759	2951826	1959906	3818590	1194788	2618147	52.9
1080762	1525728	1076407	1377662	838595	912742	28.1
14518	57065	119951	189431	45102	394	0.6
3070453	5689764	3755288	7296593	1566941	5179103	93.1
3040860	5530463	3673456	6942589	1526010	5084165	90.4
4774	46416	36712	275129	12433	15511	0.6
11264	85674	42176	68564	24903	63784	1.8
12602	22305	2308	4678	1851	12404	0.3
953	4907	637	5634	1743	3239	0.1
2955946	4305504	2106499	5827661	1056817	2639584	81.9
32607	58331	36978	32987	52125	-194	2.1
81763	68527	16291	79113	7724	19500	1.5
229070	132847	10767	242546	19794	155557	2.5
5778	32189	-4887	34781		43084	0.1
3365	8433	2502	3202	1009	1729	0.5
12153	16143	3637	8473	690	5570	0.6
105	107	130	-160	358	116	
		4368	8369		149	0.1
1540	1349					

10-4 续表5

单位：万元

指　标	Item	主营业务税金及附加 Tax and Extra Charges of Major Business
家具制造业	Furniture Manufacturing	154
造纸和纸制品业	Paper Making and Paper Products	3039
印刷和记录媒介复制业	Printing and Record Medium Reproduction	1619
文教、工美、体育和娱乐用品制造业	Culture, Education, Art and Crafts, Sport and Entertainment Products	463
石油、煤炭及其他燃料加工业	Petroleum, Coal and Other Fuels Processing	129366
化学原料和化学制品制造业	Raw Chemical Materials and Chemical Products	44519
医药制造业	Medical and Pharmaceutical Products	24718
化学纤维制造业	Chemical Fiber Manufacturing	104
橡胶和塑料制品业	Rubber and Plastic Products	2660
非金属矿物制品业	Nonmetal Mineral Products	34860
黑色金属冶炼和压延加工业	Smelting and Pressing of Ferrous Metals	148954
有色金属冶炼和压延加工业	Smelting and Pressing of Non-ferrous Metals	43971
金属制品业	Metal Prodcuts	8154
通用设备制造业	Ordinary Machinery Manufacturing	6338
专用设备制造业	Special Purpose Equipment Manufacturing	19362
汽车制造业	Automobile Manufacturing	11312
铁路、船舶、航空航天和其他运输设备制造业	Railroad, Marine, Aviation and Other Transport Equipments Manufacturing	9970
电气机械和器材制造业	Electrical Machinery and Equipment Manufacturing	8467
计算机、通信和其他电子设备制造业	Computers, Telecommunication and Other Electronic Equipments Manufacturing	33437
仪器仪表制造业	Equipments and Instruments Manufacturing	1693
其他制造业	Other Manufacturing	25
废弃资源综合利用业	Comprehensive Utilization of Waste Resources	559
金属制品、机械和设备修理业	Metal Products, Machinery and Equipment Repair	1106
电力、热力、燃气及水生产和供应业	Production and Supply of Electricity, Heat, Gas and Water	131259
电力、热力生产和供应业	Production and Supply of Electricity and Heat	120559
燃气生产和供应业	Production and Supply of Gas	4199
水的生产和供应业	Production and Supply of Water	6501

continued

(10 000 yuan)

销售费用 Costs of Sales	管理费用 Costs of Administration	财务费用 Costs of Finance	利润总额 Total Profits	亏损企业亏损总额 Total Loss of Loss-making Enterprises	应交增值税 Value Added Taxes Payable	平均用工人数(万人) Average Employees (10 000 persons)
1813	1341	571	-54	852	148	
7637	11578	4627	4072	1277	26054	0.2
5415	14530	3592	3359	3478	2646	0.4
4675	7061	1440	119	1746	-2467	0.2
734778	512743	458698	1774628	108257	597321	9.4
224952	457627	344493	53686	279743	137197	7.3
539933	235432	38517	201703	29406	118817	3.0
145	1002	243	601			
14492	33476	10291	-6614	15138	8981	1.0
160017	296025	129137	301520	69556	183819	7.2
434563	882404	469158	1964975	50288	765602	13.2
101561	226374	232807	178482	144922	205520	4.6
70128	129147	23612	82508	13722	53231	4.0
37903	104044	25663	33377	11537	28968	2.0
68328	262392	115123	-2992	69157	77014	3.9
67676	221905	19240	306397	78667	58002	2.6
32388	114207	15361	130472	11392	52520	1.4
48313	137824	41147	18283	69721	27421	1.6
13179	276886	42392	335035	10674	57174	11.5
12418	30077	905	25693	3333	8559	0.3
7395	11889	58757	788		3	0.3
891	9409	518	6539	1704	-288	0.1
965	10206	424	5776	548	7834	0.3
181419	450723	1044775	434823	652048	553135	12.1
26457	326289	927534	397639	596457	534458	9.1
145141	80629	109506	42944	33349	12242	1.9
9822	43805	7735	-5760	22242	6435	1.0

10-5 国有控股工业企业主要财务指标(2018年)

单位：万元

指　标	Item	单位数(个) Number of Enterprises (unit)	#亏损企业 Loss-making Enterprises
总　计	**Total**	**878**	**279**
按工业行业大类分	Grouped by Sector		
采矿业	Mining	378	106
煤炭开采和洗选业	Coal Mining and Dressing	361	100
石油和天然气开采业	Petroleum and Natural Gas Extraction	10	4
黑色金属矿采选业	Ferrous Metals Mining and Dressing	2	
有色金属矿采选业	Nonferrous Metals Mining and Dressing	4	2
非金属矿采选业	Nonmetal Minerals Mining and Dressing	1	
开采专业及辅助性活动	Mining Professional and Auxiliary Activities		
其他采矿业	Other Mining Industry		
制造业	Manufacturing	297	97
农副食品加工业	Farm Products Processing	3	2
食品制造业	Food Manufacturing	4	
酒、饮料和精制茶制造业	Wine, Beverages and Refined Tea Manufacturing	9	1
烟草制品业	Tobacoo Products Manfacturing	1	
纺织业	Textile Industry	1	
纺织服装、服饰业	Textile, Wearing Apparel and Accessories	7	2
皮革、毛皮、羽毛及其制品和制鞋业	Leather, Fur, Feather and its products and Footwear		
木材加工和木、竹、藤、棕、草制品业	Timber Processing, Bamboo, Cane, Palm Fiber and Straw Products		
家具制造业	Furniture Manufacturing		
造纸和纸制品业	Paper Making and Paper Products		
印刷和记录媒介复制业	Printing and Record Medium Reproduction	5	3
文教、工美、体育和娱乐用品制造业	Culture, Education, Art and Crafts, Sport and Entertainment Products	1	

MAIN FINANCIAL INDICATORS OF STATE-HOLDING INDUSTRIAL ENTERPRISES(2018)

(10 000 yuan)

资产总计 Total Assets	流动资产合 计 Total Circulating Funds	负债合计 Total Liabilities	所有者权益合计 Total Creditors' Equity	主营业务收 入 Revenue of Major Business	主营业务成 本 Costs of Major Business
245449457	**82899562**	**178268728**	**67180729**	**98453845**	**74847110**
150362911	52010592	107689966	42672945	50040844	33214506
146740386	51332797	105930478	40809908	48981395	32414890
2409789	489848	1379683	1030106	644218	468987
1175636	166487	353926	821709	404272	322068
34723	19928	23597	11126	8761	6700
2377	1532	2282	95	2199	1861
53699637	23208062	39140040	14559597	28606023	23299240
62809	32983	40981	21828	25596	18028
38455	25592	18065	20390	66490	56244
2163799	1708673	908667	1255132	1498140	770934
503163	292645	123923	379240	432175	164985
33956	12115	14977	18980	29010	22696
161410	82459	104523	56887	83520	69118
73797	30667	49811	23986	40447	33219
54217	24915	102580	–48363	2622	1944

10-5 续表1

单位：万元

指　　标	Item	单位数 (个) Number of Enterprises (unit)
石油、煤炭及其他燃料加工业	Petroleum, Coal and Other Fuels Processing	24
化学原料和化学制品制造业	Raw Chemical Materials and Chemical Products	47
医药制造业	Medical and Pharmaceutical Products	8
化学纤维制造业	Chemical Fiber	1
橡胶和塑料制品业	Rubber and Plastic Products	7
非金属矿物制品业	Nonmetal Mineral Products	32
黑色金属冶炼和压延加工业	Smelting and Pressing of Ferrous Metals	11
有色金属冶炼和压延加工业	Smelting and Pressing of Non-ferrous Metals	17
金属制品业	Metal Prodcuts	12
通用设备制造业	Ordinary Machinery Manufacturing	17
专用设备制造业	Special Purpose Equipment Manufacturing	40
汽车制造业	Automobile Manufacturing	12
铁路、船舶、航空航天和其他运输设备制造业	Railroad, Marine, Aviation and Other Transport Equipments Manufacturing	7
电气机械和器材制造业	Electrical Machinery and Equipment Manufacturing	14
计算机、通信和其他电子设备制造业	Computers, Telecommunication and Other Electronic Equipments Manufacturing	3
仪器仪表制造业	Equipments and Instruments Manufacturing	4
其他制造业	Other Manufacturing	1
废弃资源综合利用业	Comprehensive Utilization of Waste Resources	
金属制品、机械和设备修理业	Metal Products, Machinery and Equipment Repair	9
电力、热力、燃气及水生产和供应业	Production and Supply of Electricity, Heat, Gas and Water	203
电力、热力生产和供应业	Production and Supply of Electricity and Heat	157
燃气生产和供应业	Production and Supply of Gas	33
水的生产和供应业	Production and Supply of Water	13

continued

(10 000 yuan)

#亏损企业 Loss-making Enterprises	资产总计 Total Assets	流动资产合计 Total Circulating Funds	负债合计 Total Liabilities	所有者权益合计 Total Creditors' Equity	主营业务收入 Revenue of Major Business	主营业务成本 Costs of Major Business
6	5502661	2348995	4942303	560357	3303928	2769938
20	8653071	3263406	7849301	803770	3558633	3121499
3	934657	345828	675449	259208	514386	355818
	80340	20536	48916	31424	2523	2262
4	274437	128145	241616	32821	103962	96783
11	1569315	668098	1371166	198149	610471	451325
5	13362044	3377505	7846031	5516013	8461369	6696900
7	6170414	2262967	4437249	1733166	4338732	4091909
3	962539	591366	693025	269514	592835	513535
4	1253598	779167	819402	434196	439987	357858
14	4820423	3579135	3842528	977895	1525434	1214150
4	447578	256439	331163	116415	466650	417212
2	1825726	1152169	1244260	581465	954306	793373
3	2576275	1635201	1712717	863558	1093063	930738
1	141701	83814	128900	12801	42378	32561
1	43942	29032	28244	15698	21648	11813
	1879502	393057	1478643	400859	300748	220049
1	109808	83157	85600	24208	96971	84351
76	41386909	7680908	31438722	9948187	19806979	18333364
52	35675338	6036992	26914484	8760853	17602216	16398443
16	4869494	1327840	4100902	768592	1985258	1746578
8	842078	316075	423336	418741	219504	188343

10–5 续表2

单位：万元

指　　标	Item	主营业务税金及附加 Taxes and Extra Charges of Major Business
总　计	**Total**	**3416702**
按工业行业大类分	Grouped by Sector	
采矿业	Mining	2657681
煤炭开采和洗选业	Coal Mining and Dressing	2635782
石油和天然气开采业	Petroleum and Natural Gas Extraction	5584
黑色金属矿采选业	Ferrous Metals Mining and Dressing	15692
有色金属矿采选业	Nonferrous Metals Mining and Dressing	542
非金属矿采选业	Nonmetal Minerals Mining and Dressing	81
开采专业及辅助性活动	Petroleum, Coal and Other Fuels Processing	
其他采矿业	Other Mining Industry	
制造业	Manufacturing	638071
农副食品加工业	Farm Products Processing	106
食品制造业	Food Manufacturing	251
酒、饮料和精制茶制造业	Wine, Beverages and Refined Tea Manufacturing	219510
烟草制品业	Tobacoo Products Manfacturing	197884
纺织业	Textile Industry	128
纺织服装、服饰业	Textile, Wearing Apparel and Accessories	967
皮革、毛皮、羽毛及其制品和制鞋业	Leather, Fur, Feather and its products and Footwear	
木材加工和木、竹、藤、棕、草制品业	Timber Processing, Bamboo, Cane, Palm Fiber and Straw Products	
家具制造业	Furniture Manufacturing	
造纸和纸制品业	Paper Making and Paper Products	
印刷和记录媒介复制业	Printing and Record Medium Reproduction	463
文教、工美、体育和娱乐用品制造业	Culture, Education, Art and Crafts, Sport and Entertainment Products	3

continued

(10 000 yuan)

销售费用 Costs of Sales	管理费用 Costs of Administration	财务费用 Costs of Finance	利润总额 Total Profits	亏损企业亏损总额 Total Loss of Lossmaking Enterprises	应交增值税 Value Added Taxes Payable	平均用工人数(万人) Average Employees (10 000 persons)
3495340	**6555437**	**4961458**	**6120044**	**2404577**	**5183688**	**108.4**
2427877	4432736	3018106	4658636	1238644	3739209	73.0
2423163	4359644	2982305	4449527	1226024	3699532	72.3
3254	31711	24766	190879	12389	14335	0.5
	38577	11052	18314		24532	0.2
1338	2696	–16	–109	231	639	0.1
121	108	0	26		171	
911503	1757479	1036737	1187567	591624	902033	25.0
584	7141	–488	446	517	–186	
4824	2474	91	3258		703	
187978	104523	–1422	224291	3134	142440	1.6
5778	32189	–4887	34781		43084	0.1
1285	3984	–286	1300		791	0.1
3046	9875	968	1967	551	3504	0.4
381	7104	398	–344	406	1076	0.1
139	406	3	300		–3947	

10-5 续表3

单位：万元

指　标	Item	主营业务税金及附加 Taxes and Extra Charges of Major Business
石油、煤炭及其他燃料加工业	Petroleum, Coal and Other Fuels Processing	27223
化学原料和化学制品制造业	Raw Chemical Materials and Chemical Products	26733
医药制造业	Medical and Pharmaceutical Products	4654
化学纤维制造业	Chemical Fiber	104
橡胶和塑料制品业	Rubber and Plastic Products	1035
非金属矿物制品业	Nonmetal Mineral Products	7844
黑色金属冶炼和压延加工业	Smelting and Pressing of Ferrous Metals	85649
有色金属冶炼和压延加工业	Smelting and Pressing of Non-ferrous Metals	31004
金属制品业	Metal Prodcuts	1838
通用设备制造业	Ordinary Machinery Manufacturing	2985
专用设备制造业	Special Purpose Equipment Manufacturing	13724
汽车制造业	Automobile Manufacturing	2402
铁路、船舶、航空航天和其他运输设备制造业	Railroad, Marine, Aviation and Other Transport Equipments Manufacturing	7605
电气机械和器材制造业	Electrical Machinery and Equipment Manufacturing	4700
计算机、通信和其他电子设备制造业	Computers, Telecommunication and Other Electronic Equipments Manufacturing	205
仪器仪表制造业	Equipments and Instruments Manufacturing	196
其他制造业	Other Manufacturing	
废弃资源综合利用业	Comprehensive Utilization of Waste Resources	
金属制品、机械和设备修理业	Metal Products, Machinery and Equipment Repair	859
电力、热力、燃气及水生产和供应业	Production and Supply of Electricity, Heat, Gas and Water	120950
电力、热力生产和供应业	Production and Supply of Electricity and Heat	111679
燃气生产和供应业	Production and Supply of Gas	3271
水的生产和供应业	Production and Supply of Water	6000

continued

(10 000 yuan)

销售费用 Costs of Sales	管理费用 Costs of Administration	财务费用 Costs of Finance	利润总额 Total Profits	亏损企业亏损总额 Total Loss of Loss-making Enterprises	应交增值税 Value Added Taxes Payable	平均用工人数(万人) Average Employees (10 000 persons)
113288	94770	165385	279544	90309	69963	2.3
102992	260689	210000	-125407	235324	59718	3.9
79870	33794	16106	28166	5890	8635	0.6
145	1002	243	601			
3952	9903	5250	-12090	12886	783	0.3
27554	71776	16412	49972	15422	34790	0.9
192950	473998	277088	619932	25148	308408	4.5
33390	119314	143968	-41471	96024	101217	2.6
9669	50846	3250	22275	1293	8227	0.8
17104	51198	12003	6094	2947	9372	0.9
46758	170553	96511	-20551	43784	50034	2.3
10424	26760	514	11313	5315	8637	0.5
28572	90661	12183	83143	10894	33052	1.0
31106	100227	23821	14159	38881	13102	1.0
886	9455	571	57	316	888	0.2
1235	5542	513	2337	2112	1419	0.1
6717	11307	58522				0.2
879	7988	20	3495	472	6328	0.2
155960	365222	906615	273841	574309	542445	10.5
19277	254994	801474	270695	521989	528127	7.8
126862	68552	101600	23428	30114	8238	1.7
9822	41676	3541	-20282	22206	6080	1.0

10-6 外商投资和港澳台投资工业企业主要财务指标(2018年)

单位：万元

指标	Item	单位数(个) Number of Enterprises (unit)	#亏损企业 Loss-making Enterprises
总 计	**Total**	**143**	**34**
按工业行业大类分	Grouped by Sector		
采矿业	Mining	20	5
煤炭开采和洗选业	Coal Mining and Dressing	15	3
石油和天然气开采业	Petroleum and Natural Gas Extraction	3	
黑色金属矿采选业	Ferrous Metals Mining and Dressing		
有色金属矿采选业	Nonferrous Metals Mining and Dressing		
非金属矿采选业	Nonmetal Minerals Mining and Dressing	2	2
开采专业及辅助性活动	Mining Professional and Auxiliary Activities		
其他采矿业	Other Mining Industry		
制造业	Manufacturing	95	25
农副食品加工业	Farm Products Processing	2	
食品制造业	Food Manufacturing	5	1
酒、饮料和精制茶制造业	Wine, Beverages and Refined Tea Manufacturing	14	4
烟草制品业	Tobacoo Products Manfacturing		
纺织业	Textile Industry		
纺织服装、服饰业	Textile, Wearing Apparel and Accessories		
皮革、毛皮、羽毛及其制品和制鞋业	Leather, Fur, Feather and its products and Footwear		
木材加工和木、竹、藤、棕、草制造业	Timber Processing,Bamboo,Cane,Palm Fiber and Straw Products		
家具制造业	Furniture Manufacturing		
造纸和纸制品业	Paper Making and Paper Products		
印刷和记录媒介复制业	Printing and Record Medium Reproduction	1	1
文教、工美、体育和娱乐用品制造业	Culture, Education, Art and Crafts, Sport and Entertainment Products		

MAIN FINANCIAL INDICATORS OF INDUSTRIAL ENTERPRISES WITH HONG KONG, MACAO, TAIWAN AND FOREIGN FUNDS(2018)

(10 000 yuan)

资产总计 Total Assets	流动资产合计 Total Circulating Funds	负债合计 Total Liabilities	所有者权益合计 Total Creditors' Equity	主营业务收入 Revenue of Major Business	主营业务成本 Costs of Major Business
25213018	**13714090**	**16522369**	**8690650**	**16165121**	**13772572**
4799593	1962368	2577881	2221712	1890376	916054
4236081	1718200	2287926	1948155	1736941	826677
558479	240917	286629	271850	150787	87308
5034	3251	3326	1708	2648	2069
15927070	10460640	10939117	4987953	12668037	11451518
13453	5948	9483	3970	20556	18145
38813	30617	17805	21007	32578	28169
204753	67951	100707	104046	171596	139151
4226	1921	2746	1480	433	2130

10-6 续表1

单位：万元

指　标	Item	单位数（个）Number of Enterprises (unit)
石油、煤炭及其他燃料加工业	Petroleum, Coal and Other Fuels Processing	11
化学原料和化学制品制造业	Raw Chemical Materials and Chemical Products	15
医药制造业	Medical and Pharmaceutical Products	2
化学纤维制造业	Chemical Fiber Manufacturing	
橡胶和塑料制品业	Rubber and Plastic Products	2
非金属矿物制品业	Nonmetal Mineral Products	6
黑色金属冶炼和压延加工业	Smelting and Pressing of Ferrous Metals	2
有色金属冶炼和压延加工业	Smelting and Pressing of Non-ferrous Metals	4
金属制品业	Metal Prodcuts	5
通用设备制造业	Ordinary Machinery Manufacturing	3
专用设备制造业	Special Purpose Equipment Manufacturing	6
汽车制造业	Automobile Manufacturing	3
铁路、船舶、航空航天和其他运输设备制造业	Railroad, Marine, Aviation and Other Transport Equipment Manufacturing	2
电气机械和器材制造业	Electrical Machinery and Equipment Manufacturing	4
计算机、通信和其他电子设备制造业	Computers, Telecommunication and Other Electronic Equipments Manufacturing	5
仪器仪表制造业	Equipments and Instruments Manufacturing	1
其他制造业	Other Manufacturing	
废弃资源综合利用业	Comprehensive Utilization of Waste Resources	1
金属制品、机械和设备修理业	Metal products, Machinery and Equipment Repair	1
电力、热力、燃气及水生产和供应业	Production and Supply of Electricity, Heat, Gas and Water	28
电力、热力生产和供应业	Production and Supply of Electricity and Heat	22
燃气生产和供应业	Production and Supply of Gas	4
水的生产和供应业	Production and Supply of Water	2

continued

(10 000 yuan)

#亏损企业 Loss-making Enterprises	资产总计 Total Assets	流动资产合计 Total Circulating Funds	负债合计 Total Liabilities	所有者权益合计 Total Creditors' Equity	主营业务收入 Revenue of Major Business	主营业务成本 Costs of Major Business
2	1883888	1078517	1905652	-21765	1190905	983764
4	1921771	417023	1430370	491401	457353	351782
	121409	44320	43077	78331	85858	15340
	68506	39562	5539	62967	38361	31977
3	318649	43026	286848	31801	110830	77504
1	2469	1948	1685	784	13800	13057
2	1804869	718806	1029090	775779	1181754	1058379
	82757	57035	50453	32303	119693	96137
	23898	15087	14127	9771	33300	28592
2	336651	205585	206064	130587	179360	153883
1	32400	21344	23917	8483	28370	21505
1	354493	311755	195051	159442	253048	185723
2	672208	505101	296119	376089	407902	338330
1	7894751	6830411	5248018	2646733	8279289	7870826
	93120	50428	61642	31478	33801	24277
	42510	5830	5081	37429	23120	7461
	11481	8424	5644	5836	6131	5389
4	4486356	1291082	3005371	1480985	1606708	1405000
4	4084096	1115346	2762462	1321633	1423177	1262743
	226783	127973	131298	95485	136275	114728
	175477	47763	111611	63867	47256	27529

10-6 续表2

单位：万元

指　　标	Item	主营业务税金及附加 Taxes and Extra Charges of Major Business
总　计	**Total**	**237589**
按工业行业大类分	Grouped by Sector	
采矿业	Mining	147594
煤炭开采和洗选业	Coal Mining and Dressing	146958
石油和天然气开采业	Petroleum and Natural Gas Extraction	622
黑色金属矿采选业	Ferrous Metals Mining and Dressing	
有色金属矿采选业	Nonferrous Metals Mining and Dressing	
非金属矿采选业	Nonmetal Minerals Mining and Dressing	14
开采专业及辅助性活动	Mining Professional and Auxiliary Activities	
其他采矿业	Other Mining Industry	
制造业	Manufacturing	71337
农副食品加工业	Farm Products Processing	48
食品制造业	Food Manufacturing	261
酒、饮料和精制茶制造业	Wine, Beverages and Refined Tea Manufacturing	1849
烟草制品业	Tobacoo Products Manfacturing	
纺织业	Textile Industry	
纺织服装、服饰业	Textile, Wearing Apparel and Accessories	
皮革、毛皮、羽毛及其制品和制鞋业	Leather, Fur, Feather and its products and Footwear	
木材加工和木、竹、藤、棕、草制造业	Timber Processing,Bamboo,Cane,Palm Fiber and Straw Products	
家具制造业	Furniture Manufacturing	
造纸和纸制品业	Paper Making and Paper Products	
印刷和记录媒介复制业	Printing and Record Medium Reproduction	1
文教、工美、体育和娱乐用品制造业	Culture, Education, Art and Crafts, Sport and Entertainment Products	

continued

(10 000 yuan)

销售费用 Costs of Sales	管理费用 Costs of Administration	财务费用 Costs of Finance	利润总额 Total Profits	亏损企业亏损总额 Total Loss of Loss-making Enterprises	应交增值税 Value Added Taxes Payable	平均用工人数(万人) Average Employees (10 000 persons)
212091	**576574**	**279434**	**1388638**	**95212**	**458790**	**14.5**
32727	149705	48064	699452	12576	217367	2.2
31425	141231	42301	621846	12450	216675	2.2
1145	7853	5763	77731		692	0.1
157	621	0.2	-126	126		
171390	404703	135525	579650	52116	187685	11.5
1306	1069	-56	666		6	
1718	1629	-65	1096	158	1239	0.1
20099	6229	1798	2963	4007	4582	0.2
48	242	5	-1930	1930		

10-6 续表3

单位：万元

指　标	Item	主营业务税金及附加 Taxes and Extra Charges of Major Business
石油、煤炭及其他燃料加工业	Petroleum, Coal and Other Fuels Processing	14240
化学原料和化学制品制造业	Raw Chemical Materials and Chemical Products	3374
医药制造业	Medical and Pharmaceutical Products	1562
化学纤维制造业	Chemical Fiber Manufacturing	
橡胶和塑料制品业	Rubber and Plastic Products	354
非金属矿物制品业	Nonmetal Mineral Products	2383
黑色金属冶炼和压延加工业	Smelting and Pressing of Ferrous Metals	65
有色金属冶炼和压延加工业	Smelting and Pressing of Non-ferrous Metals	10615
金属制品业	Metal Prodcuts	145
通用设备制造业	Ordinary Machinery Manufacturing	147
专用设备制造业	Special Purpose Equipment Manufacturing	1736
汽车制造业	Automobile Manufacturing	151
铁路、船舶、航空航天和其他运输设备制造业	Railroad, Marine, Aviation and Other Transport Equipment Manufacturing	1859
电气机械和器材制造业	Electrical Machinery and Equipment Manufacturing	1658
计算机、通信和其他电子设备制造业	Computers, Telecommunication and Other Electronic Equipments Manufacturing	30319
仪器仪表制造业	Equipments and Instruments Manufacturing	134
其他制造业	Other Manufacturing	
废弃资源综合利用业	Comprehensive Utilization of Waste Resources	401
金属制品、机械和设备修理业	Metal products, Machinery and Equipment Repair	37
电力、热力、燃气及水生产和供应业	Production and Supply of Electricity, Heat, Gas and Water	18658
电力、热力生产和供应业	Production and Supply of Electricity and Heat	18131
燃气生产和供应业	Production and Supply of Gas	296
水的生产和供应业	Production and Supply of Water	230

continued

(10 000 yuan)

销售费用 Costs of Sales	管理费用 Costs of Administration	财务费用 Costs of Finance	利润总额 Total Profits	亏损企业亏损总额 Total Loss of Loss-making Enterprises	应交增值税 Value Added Taxes Payable	平均用工人数 (万人) Average Employees (10 000 persons)
55847	42751	11010	103657	7811	40493	0.8
5883	28904	40747	35068	6931	12572	0.4
37191	15296	134	16445		10285	0.1
1419	2329	-103	2549		970	
2975	10031	11779	8982	2594	4673	0.1
255	368	7	51	26	85	
6626	35288	25830	48243	555	31194	0.2
7493	9181	1231	6496		2055	0.2
1240	1228	142	2138		168	
3883	16880	64	-2150	6675	5189	0.3
2089	3784	689	816	23	540	0.1
5428	17667	3039	37398	8738	16357	0.1
14280	19140	-669	36034	5989	6805	0.2
1999	183834	39051	268536	6681	49731	8.7
1151	2398	807	4021		440	
460	5978	83	8183		161	
	477	0	389		139	
7974	22167	95846	109536	30521	53738	0.8
	15335	85709	90664	30521	52498	0.6
7974	5229	6470	4996		748	0.1
	1603	3666	13876		493	

10-7　大中型工业企业主要财务指标(2018年)

单位：万元

指　　标	Item	单位数(个) Number of Enterprises (unit)	#亏损企业 Loss-making Enterprises
总　计	**Total**	**1086**	**297**
按工业行业大类分	Grouped by Sector		
采矿业	Mining	470	111
煤炭开采和洗选业	Coal Mining and Dressing	450	108
石油和天然气开采业	Petroleum and Natural Gas Extraction	3	
黑色金属矿采选业	Ferrous Metals Mining and Dressing	11	2
有色金属矿采选业	Nonferrous Metals Mining and Dressing	6	1
非金属矿采选业	Nonmetal Minerals Mining and Dressing		
开采专业及辅助性活动	Mining Professional and Auxiliary Activities		
其他采矿业	Other Mining Industry		
制造业	Manufacturing	543	142
农副食品加工业	Farm Products Processing	14	7
食品制造业	Food Manufacturing	15	4
酒、饮料和精制茶制造业	Wine, Beverages and Refined Tea Manufacturing	13	2
烟草制品业	Tobacoo Products Manfacturing	1	
纺织业	Textile Industry	5	1
纺织服装、服饰业	Textile, Wearing Apparel and Accessories	7	
皮革、毛皮、羽毛及其制品和制鞋业	Leather, Fur, Feather and its products and Footwear		
木材加工和木、竹、藤、棕、草制品业	Timber Processing, Bamboo, Cane, Palm Fiber and Straw Products	1	
家具制造业	Furniture Manufacturing		
造纸和纸制品业	Paper Making and Paper Products	2	
印刷和记录媒介复制业	Printing and Record Medium Reproduction	4	1
文教、工美、体育和娱乐用品制造业	Culture, Education, Art and Crafts, Sport and Entertainment Products	2	

MAIN FINANCIAL INDICATORS OF LARGE AND MEDIUM-SIZED INDUSTRIAL ENTERPRISES(2018)

(10 000 yuan)

资产总计 Total Assets	流动资产合计 Total Circulating Funds	负债合计 Total Liabilities	所有者权益合计 Total Creditors' Equity	主营业务收入 Revenue of Major Business	主营业务成本 Costs of Major Business
309885180	**124483746**	**221444935**	**88440245**	**155001621**	**120489970**
170341660	62434396	120150741	50190920	58063275	37462153
166844550	61179234	118790168	48054382	56898330	36626475
1589222	752529	590552	998670	437846	272462
1776782	439199	701145	1075637	637365	500136
131106	63434	68876	62230	89734	63081
110833494	56861654	79848127	30985367	80519422	67456124
942100	344328	650307	291793	1238059	1169216
560548	237957	302917	257631	555319	435004
2397220	1818061	985301	1411919	1647876	882880
503163	292645	123923	379240	432175	164985
271555	127756	197711	73844	124283	110905
234086	151471	149014	85072	195260	159732
200277	125283	55146	145131	139492	127921
101835	64689	50337	51498	174975	167484
108260	51350	60537	47723	51262	35514
45117	27000	24014	21103	24931	19473

10-7 续表1

单位：万元

指　　标	Item	单位数 (个) Number of Enterprises (unit)
石油、煤炭及其他燃料加工业	Petroleum, Coal and Other Fuels Processing	
化学原料和化学制品制造业	Raw Chemical Materials and Chemical Products	54
医药制造业	Medical and Pharmaceutical Products	24
化学纤维制造业	Chemical Fiber Manufacturing	1
橡胶和塑料制品业	Rubber and Plastic Products	7
非金属矿物制品业	Nonmetal Mineral Products	73
黑色金属冶炼和压延加工业	Smelting and Pressing of Ferrous Metals	54
有色金属冶炼和压延加工业	Smelting and Pressing of Non-ferrous Metals	28
金属制品业	Metal Prodcuts	36
通用设备制造业	Ordinary Machinery Manufacturing	14
专用设备制造业	Special Purpose Equipment Manufacturing	23
汽车制造业	Automobile Manufacturing	24
铁路、船舶、航空航天和其他运输设备制造业	Railroad, Marine, Aviation and Other Transport Equipments Manufacturing	8
电气机械和器材制造业	Electrical Machinery and Equipment Manufacturing	10
计算机、通信和其他电子设备制造业	Computers, Telecommunication and Other Electronic Equipments Manufacturing	14
仪器仪表制造业	Equipments and Instruments Manufacturing	4
其他制造业	Other Manufacturing	2
废弃资源综合利用业	Comprehensive Utilization of Waste Resources	
金属制品、机械和设备修理业	Metal Products, Machinery and Equipment Repair	3
电力、热力、燃气及水生产和供应业	Production and Supply of Electricity, Heat, Gas and Water	73
电力、热力生产和供应业	Production and Supply of Electricity and Heat	52
燃气生产和供应业	Production and Supply of Gas	11
水的生产和供应业	Production and Supply of Water	10

continued

(10 000 yuan)

#亏损企业 Loss-making Enterprises	资产总计 Total Assets	流动资产合计 Total Circulating Funds	负债合计 Total Liabilities	所有者权益合计 Total Creditors' Equity	主营业务收入 Revenue of Major Business	主营业务成本 Costs of Major Business
14	23084102	12715760	221444935	88440245	155001621	120489970
18	11011838	4491193				
5	3325746	1473717	120150741	50190920	58063275	37462153
	80340	20536	118790168	48054382	56898330	36626475
2	369828	219716	590552	998670	437846	272462
28	3116223	1531745	701145	1075637	637365	500136
12	26808947	9928715	68876	62230	89734	63081
11	10812128	4299954				
7	1589377	989930				
2	1263061	814857				
11	4759383	3541472	79848127	30985367	80519422	67456124
7	3620172	2382358	650307	291793	1238059	1169216
1	2099312	1443654	302917	257631	555319	435004
			985301	1411919	1647876	882880
5	2225207	1447745	123923	379240	432175	164985
3	9047434	7676297	197711	73844	124283	110905
			149014	85072	195260	159732
1	299174	189147				
	1901522	403060				
			55146	145131	139492	127921
	55541	51259				
44	28710026	5187696				
34	24348641	3974796	50337	51498	174975	167484
4	3552023	911363	60537	47723	51262	35514
6	809363	301537	24014	21103	24931	19473

10-7 续表2

单位：万元

指　标	Item	主营业务税金及附加 Tax and Extra Charges of Major Business
总　计	**Total**	**4237265**
按工业行业大类分	Grouped by Sector	
采矿业	Mining	3257336
煤炭开采和洗选业	Coal Mining and Dressing	3225546
石油和天然气开采业	Petroleum and Natural Gas Extraction	4241
黑色金属矿采选业	Ferrous Metals Mining and Dressing	21599
有色金属矿采选业	Nonferrous Metals Mining and Dressing	5951
非金属矿采选业	Nonmetal Minerals Mining and Dressing	
开采专业及辅助性活动	Mining Professional and Auxiliary Activities	
其他采矿业	Other Mining Industry	
制造业	Manufacturing	880949
农副食品加工业	Farm Products Processing	1037
食品制造业	Food Manufacturing	2840
酒、饮料和精制茶制造业	Wine, Beverages and Refined Tea Manufacturing	220027
烟草制品业	Tobacoo Products Manfacturing	197884
纺织业	Textile Industry	173
纺织服装、服饰业	Textile, Wearing Apparel and Accessories	1216
皮革、毛皮、羽毛及其制品和制鞋业	Leather, Fur, Feather and its products and Footwear	
木材加工和木、竹、藤、棕、草制品业	Timber Processing,Bamboo,Cane,Palm Fiber and Straw Products	5
家具制造业	Furniture Manufacturing	
造纸和纸制品业	Paper Making and Paper Products	2516
印刷和记录媒介复制业	Printing and Record Medium Reproduction	1261
文教、工美、体育和娱乐用品制造业	Culture, Education, Art and Crafts, Sport and Entertainment Products	239

continued

(10 000 yuan)

销售费用 Costs of Sales	管理费用 Costs of Administration	财务费用 Costs of Finance	利润总额 Total Profits	亏损企业亏损总额 Total Loss of Loss-making Enterprises	应交增值税 Value Added Taxes Payable	平均用工人数(万人) Average Employees (10 000 persons)
5112538	**8863198**	**5710205**	**11991984**	**2392107**	**7458687**	**158.4**
2552042	5151543	3392101	6616673	1231355	4654218	85.2
2536789	5066766	3348347	6364473	1223557	4596083	83.7
1712	17167	16408	224230		19380	0.4
7882	55437	26742	27183	7138	34784	0.9
5660	12173	604	787	660	3972	0.2
2435547	3413752	1753455	5336313	774097	2302405	63.6
7587	21883	20629	19970	29321	-672	1.2
40438	28933	6039	47223	3033	15104	0.9
211324	110769	704	231153	4988	145114	1.9
5778	32189	-4887	34781		43084	0.1
2707	6854	1791	2063	1	1133	0.3
10830	14452	2498	8833		5407	0.5
640	405	2842	7954			
5936	8525	16	1365		21175	0.1
4103	8141	576	4567	59	1605	0.2
1756	3215	180	1196		1816	0.1

10-7 续表3

单位：万元

指　　标	Item	主营业务税金及附加 Tax and Extra Charges of Major Business
石油、煤炭及其他燃料加工业	Petroleum, Coal and Other Fuels Processing	4237265
化学原料和化学制品制造业	Raw Chemical Materials and Chemical Products	
医药制造业	Medical and Pharmaceutical Products	3257336
化学纤维制造业	Chemical Fiber Manufacturing	3225546
橡胶和塑料制品业	Rubber and Plastic Products	4241
非金属矿物制品业	Nonmetal Mineral Products	21599
黑色金属冶炼和压延加工业	Smelting and Pressing of Ferrous Metals	5951
有色金属冶炼和压延加工业	Smelting and Pressing of Non-ferrous Metals	
金属制品业	Metal Prodcuts	
通用设备制造业	Ordinary Machinery Manufacturing	
专用设备制造业	Special Purpose Equipment Manufacturing	880949
汽车制造业	Automobile Manufacturing	1037
铁路、船舶、航空航天和	Railroad, Marine, Aviation and Other Transport	2840
其他运输设备制造业	Equipments Manufacturing	220027
电气机械和器材制造业	Electrical Machinery and Equipment Manufacturing	197884
计算机、通信和其他电子设备	Computers, Telecommunication and Other	173
制造业	Electronic Equipments Manufacturing	1216
仪器仪表制造业	Equipments and Instruments Manufacturing	
其他制造业	Other Manufacturing	
废弃资源综合利用业	Comprehensive Utilization of Waste Resources	5
金属制品、机械和设备修理业	Metal Products, Machinery and Equipment Repair	
电力、热力、燃气及水生产和供应业	Production and Supply of Electricity, Heat, Gas and Water	
电力、热力生产和供应业	Production and Supply of Electricity and Heat	2516
燃气生产和供应业	Production and Supply of Gas	1261
水的生产和供应业	Production and Supply of Water	239

continued

(10 000 yuan)

销售费用 Costs of Sales	管理费用 Costs of Administration	财务费用 Costs of Finance	利润总额 Total Profits	亏损企业亏损总额 Total Loss of Loss-making Enterprises	应交增值税 Value Added Taxes Payable	平均用工人数(万人) Average Employees (10 000 persons)
5112538	8863198	430313	1645022	105682	553907	8.6
		257275	-1982	207599	89533	5.4
2552042	5151543	23231	180174	18142	96806	2.1
2536789	5066766	243	601			
1712	17167	4528	-6881	9249	5992	0.5
7882	55437	52903	151549	28045	78001	3.6
5660	12173	465818	1978314	31798	758378	12.7
		218754	184715	129179	198601	3.9
		6157	64158	4520	28608	2.0
		16506	11429	2086	11334	1.0
2435547	3413752	102810	-38118	60293	55368	2.6
7587	21883	14402	307721	71026	55572	2.3
40438	28933	15042	131458	8738	50863	1.2
211324	110769					
5778	32189	17586	29991	49206	20619	0.9
2707	6854	38913	323602	9021	53434	11.2
10830	14452					
		-164	10324	2112	5793	0.1
		58757	788		3	0.3
640	405					
		-4	4347		5828	0.2
		564649	38999	386656	502064	9.6
5936	8525	487097	31195	359162	473145	7.3
4103	8141	74297	27487	6358	23281	1.3
1756	3215	3256	-19683	21136	5639	0.9

10-8 工业企业主要效益指标(2018年)

MAIN BENEFIT INDICATORS OF INDUSTRIAL ENTERPRISES(2018)

单位：% (%)

指　标	Item	亏损面 Range of Deficits	资产负债率 Ratio of Debts to Assets	主营业务收入利润率 Ratio of Profits to Revenue of Major Business
总　计	**Total**	**30.1**	**72.1**	**7.04**
一、按隶属关系分	Grouped by Jurisdiction of Management			
中　央	Central Enterprises	24.8	68.1	5.65
省　属	Provincial Enterprises	32.1	73.0	5.75
市　属	Municipal Enterprises	35.9	68.9	10.10
县级及以下	Enterprises at County Level and Below	28.2	71.4	13.08
其　他	Others	29.8	73.1	7.06
二、按登记注册类型分	Grouped by Registered Kind			
内资企业	Civil Funded Enterprises	30.3	72.6	6.90
国有企业	State-owned Enterprises	48.1	69.0	2.25
集体企业	Collective-owned Enterprises	28.6	85.6	9.75
股份合作企业	Share Holding Cooperative Enterprises	100.0	41.5	-4.75
联营企业	Joint Owned Enterprises		97.5	8.05
有限责任公司	Limited Liability Corporations	30.6	74.4	7.13
国有独资公司	State Sole Funed Corporations	26.5	66.7	7.36
其他有限责任公司	Other Limited Liability Corporations	30.9	76.2	7.07
股份有限公司	Share Holding Limited Corporations	30.2	56.7	11.61
私营企业	Private Enterprises	29.8	72.9	6.45
私营独资企业	Private-funed Enterprises	35.9	61.7	2.56
私营合伙企业	Private Partnership Enterprises	20.0	60.5	5.36
私营有限责任公司	Private Limited Liability Corporations	29.5	74.1	6.31
私营股份有限公司	Private Share Holding Limited Corporations	28.9	60.1	10.00
其他企业	Others		84.2	21.21
港、澳、台商投资企业	Enterprises Funded by Hong Kong, Macao and Taiwan	26.8	73.2	3.61
合资经营企业(港或澳、台资)	Joint Venture Enterprises	27.3	81.0	1.91
合作经营企业(港或澳、台资)	Cooperative Enterprises			
港澳台商独资企业	Solely Owned Enterprises	21.1	44.3	14.55
港澳台商投资股份有限公司	Share Holding Limited Corporations	66.7	76.8	-3.56
其他港澳台商独资企业	Others		88.1	21.62

10-8 续表1 continued

单位：% (%)

指 标	Item	亏损面 Range of Deficits	资产负债率 Ratio of Debts to Assets	主营业务收入利润率 Ratio of Profits to Revenue of Major Business
外商投资企业	Foreign Funded Enterprises	17.9	57.8	17.91
中外合资经营企业	Joint Venture Enterprises	14.2	64.0	14.15
中外合作经营企业	Cooperative Enterprises	32.8	49.4	32.83
外资企业	Solely Owned Enterprises	16.1	39.6	16.11
外商投资股份有限公司	Share Holding Limited Corporations	6.2	74.0	6.21
其他外商投资企业	Others	24.2	53.4	24.23
三、在总计中：亏损企业	Of the Total: Loss-making Enterprises	-12.0	90.2	-12.02
在总计中：国有控股企业	Of the Total: State-Controlled Share Holding Enterprises	6.2	72.6	6.22
在总计中：轻工业	Of the Total: Light Industry	6.2	52.5	6.15
重工业	Heavy Industry	7.1	72.9	7.09
在总计中：大型企业	Of the Total: Large Enterprises	7.9	68.5	7.94
中型企业	Medium-sized Enterprises	7.3	77.4	7.33
小型企业	Small Enterprises	3.8	75.4	3.81
微型企业	Microenterprises	14.0	72.2	13.98
四、按工业行业大类分	Grouped by Sector			
采矿业	Mining	31.7	71.9	9.78
煤炭开采和洗选业	Coal Mining and Dressing	31.2	72.4	9.65
石油和天然气开采业	Petroleum and Natural Gas Extraction	35.3	57.1	30.94
黑色金属矿采选业	Ferrous Metals Mining and Dressing	32.9	55.5	4.62
有色金属矿采选业	Nonferrous Metals Mining and Dressing	36.4	65.1	2.13
非金属矿采选业	Nonmetal Minerals Mining and Dressing	45.5	78.8	10.97
开采专业及辅助性活动	Mining Professional and Auxiliary Activities			
其他采矿业	Other Mining Industry			
制造业	Manufacturing	28.1	70.7	6.03
农副食品加工业	Farm Products Processing	23.9	58.6	1.50
食品制造业	Food Manufacturing	19.2	49.7	6.96
酒、饮料和精制茶制造业	Wine, Beverages and Refined Tea Manufacturing	32.3	43.8	11.94
烟草制品业	Tobacoo Products Manfacturing		24.6	8.05
纺织业	Textile Industry	25.0	66.2	1.73
纺织服装、服饰业	Textile,Wearing Apparel and Accessories	25.0	66.4	3.77
皮革、毛皮、羽毛及其制品和制鞋业	Leather, Fur, Feather and Related Products and Footwear	50.0	4.4	-1.30
木材加工和木、竹、藤、棕、草制品业	Timber Processing,Bamboo,Cane,Palm Fiber and Straw Products		29.7	5.14

10-8 续表2 continued

单位：%　　(%)

指　标	Item	亏损面 Range of Deficits	资产负债率 Ratio of Debts to Assets	主营业务收入利润率 Ratio of Profits to Revenue of Major Business
家具制造业	Furniture Manufacturing	40.0	69.2	-0.32
造纸和纸制品业	Paper Making and Paper Products	42.9	57.9	1.36
印刷和记录媒介复制业	Printing and Record Medium Reproduction	30.8	50.4	1.95
文教、工美、体育和娱乐用品制造业	Culture, Education, Art and Crafts, Sport and Entertainment Products	15.4	101.3	0.14
石油、煤炭及其他燃料加工业	Petroleum, Coal and Other Fuels Processing	15.7	83.5	9.48
化学原料和化学制品制造业	Raw Chemical Materials and Chemical Products	25.7	80.4	0.72
医药制造业	Medical and Pharmaceutical Products	24.7	48.3	9.85
化学纤维制造业	Chemical Fiber Manufacturing		60.9	23.82
橡胶和塑料制品业	Rubber and Plastic Products	38.7	68.8	-1.48
非金属矿物制品业	Nonmetal Mineral Products	31.6	77.6	6.77
黑色金属冶炼和压延加工业	Smelting and Pressing of Ferrous Metals	32.4	64.6	7.92
有色金属冶炼和压延加工业	Smelting and Pressing of Non-ferrous Metals	44.1	71.0	2.14
金属制品业	Metal Prodcuts	27.7	57.5	3.16
通用设备制造业	Ordinary Machinery Manufacturing	25.9	59.5	3.19
专用设备制造业	Special Purpose Equipment Manufacturing	24.0	78.0	-0.12
汽车制造业	Automobile Manufacturing	42.0	70.6	8.07
铁路、船舶、航空航天和其他运输设备制造业	Railroad, Marine, Aviation and Other Transport Equipments Manufacturing	30.4	66.9	10.53
电气机械和器材制造业	Electrical Machinery and Equipment Manufacturing	33.3	68.5	1.07
计算机、通信和其他电子设备制造业	Computers, Telecommunication and Other Electronic Equipments Manufacturing	21.6	65.6	3.46
仪器仪表制造业	Equipments and Instruments Manufacturing	11.1	57.4	9.63
其他制造业	Other Manufacturing		78.1	0.25
废弃资源综合利用业	Comprehensive Utilization of Waste Resources	66.7	72.9	7.54
金属制品、机械和设备修理业	Metal products, Machinery and Equipment Repair	14.3	79.6	4.04
电力、热力、燃气及水生产和供应业	Production and Supply of Electricity, Heat, Gas and Water	36.9	77.0	2.04
电力、热力生产和供应业	Production and Supply of Electricity and Heat	35.0	77.0	2.13
燃气生产和供应业	Production and Supply of Gas	41.2	81.8	1.83
水的生产和供应业	Production and Supply of Water	52.9	52.9	-2.06

10-9 国有控股工业企业主要效益指标(2018年)

MAIN BENEFIT INDICATORS OF STATE-HOLDING INDUSTRIAL ENTERPRISES(2018)

单位：%　　(%)

指　标	Item	亏损面 Range of Deficits	资产负债率 Ratio of Debts to Assets	主营业务收入利润率 Ratio of Profits to Revenue of Major Business
总　计	**Total**	**31.8**	**72.6**	**6.22**
按工业行业大类分	Grouped by Sector			
采矿业	Mining	28.0	71.6	9.31
煤炭开采和洗选业	Coal Mining and Dressing	27.7	72.2	9.08
石油和天然气开采业	Petroleum and Natural Gas Extraction	40.0	57.3	29.63
黑色金属矿采选业	Ferrous Metals Mining and Dressing		30.1	4.53
有色金属矿采选业	Nonferrous Metals Mining and Dressing	50.0	68.0	-1.25
非金属矿采选业	Nonmetal Minerals Mining and Dressing		96.0	1.16
开采专业及辅助性活动	Mining Professional and Auxiliary Activities			
其他采矿业	Other Mining Industry			
制造业	Manufacturing	32.7	72.9	4.15
农副食品加工业	Farm Products Processing	66.7	65.2	1.74
食品制造业	Food Manufacturing		47.0	4.90
酒、饮料和精制茶制造业	Wine, Beverages and Refined Tea Manufacturing	11.1	42.0	14.97
烟草制品业	Tobacoo Products Manfacturing		24.6	8.05
纺织业	Textile Industry		44.1	4.48
纺织服装、服饰业	Textile, Wearing Apparel and Accessories	28.6	64.8	2.35
皮革、毛皮、羽毛及其制品和制鞋业	Leather, Fur, Feather and its products and Footwear			
木材加工和木、竹、藤、棕、草制品业	Timber Processing, Bamboo, Cane, Palm Fiber and Straw Products			
家具制造业	Furniture Manufacturing			
造纸和纸制品业	Paper Making and Paper Products			
印刷和记录媒介复制业	Printing and Record Medium Reproduction	60.0	67.5	-0.85
文教、工美、体育和娱乐用品制造业	Culture, Education, Art and Crafts, Sport and Entertainment Products		189.2	11.43

10-9 续表 continued

单位：%　　　　(%)

指　　标	Item	亏损面 Range of Deficits	资产负债率 Ratio of Debts to Assets	主营业务收入利润率 Ratio of Profits to Revenue of Major Business
石油、煤炭及其他燃料加工业	Petroleum, Coal and Other Fuels Processing	25.0	89.8	8.46
化学原料和化学制品制造业	Raw Chemical Materials and Chemical Products	42.6	90.7	-3.52
医药制造业	Medical and Pharmaceutical Products	37.5	72.3	5.48
化学纤维制造业	Chemical Fiber		60.9	23.82
橡胶和塑料制品业	Rubber and Plastic Products	57.1	88.0	-11.63
非金属矿物制品业	Nonmetal Mineral Products	34.4	87.4	8.19
黑色金属冶炼和压延加工业	Smelting and Pressing of Ferrous Metals	45.5	58.7	7.33
有色金属冶炼和压延加工业	Smelting and Pressing of Non-ferrous Metals	41.2	71.9	-0.96
金属制品业	Metal Prodcuts	25.0	72.0	3.76
通用设备制造业	Ordinary Machinery Manufacturing	23.5	65.4	1.39
专用设备制造业	Special Purpose Equipment Manufacturing	35.0	79.7	-1.35
汽车制造业	Automobile Manufacturing	33.3	74.0	2.42
铁路、船舶、航空航天和其他运输设备制造业	Railroad, Marine, Aviation and Other Transport Equipments Manufacturing	28.6	68.2	8.71
电气机械和器材制造业	Electrical Machinery and Equipment Manufacturing	21.4	66.5	1.30
计算机、通信和其他电子设备制造业	Computers, Telecommunication and Other Electronic Equipments Manufacturing	33.3	91.0	0.13
仪器仪表制造业	Equipments and Instruments Manufacturing	25.0	64.3	10.79
其他制造业	Other Manufacturing		78.7	
废弃资源综合利用业	Comprehensive Utilization of Waste Resources			
金属制品、机械和设备修理业	Metal Products, Machinery and Equipment Repair	11.1	78.0	3.60
电力、热力、燃气及水生产和供应业	Production and Supply of Electricity, Heat, Gas and Water	37.4	76.0	1.38
电力、热力生产和供应业	Production and Supply of Electricity and Heat	33.1	75.4	1.54
燃气生产和供应业	Production and Supply of Gas	48.5	84.2	1.18
水的生产和供应业	Production and Supply of Water	61.5	50.3	-9.24

10-10 外商投资和港澳台投资工业企业主要效益指标(2018年)

MAIN BENEFIT INDICATORS OF INDUSTRIAL ENTERPRISES WITH HONG KONG, MACAO, TAIWAN AND FOREIGN FUNDS(2018)

单位：% (%)

指 标	Item	亏损面 Range of Deficits	资产负债率 Ratio of Debts to Assets	主营业务收入利润率 Ratio of Profits to Revenue of Major Business
总 计	**Total**	**23.8**	**65.5**	**8.59**
采矿业	Mining			
煤炭开采和洗选业	Coal Mining and Dressing	25.0	53.7	37.00
石油和天然气开采业	Petroleum and Natural Gas Extraction	20.0	54.0	35.80
黑色金属矿采选业	Ferrous Metals Mining and Dressing		51.3	51.55
有色金属矿采选业	Nonferrous Metals Mining and Dressing			
非金属矿采选业	Nonmetal Minerals Mining and Dressing			
开采专业及辅助性活动	Mining Professional and Auxiliary Activities	100.0	66.1	-4.74
其他采矿业	Other Mining Industry			
制造业	Manufacturing			
农副食品加工业	Farm Products Processing	26.3	68.7	4.58
食品制造业	Food Manufacturing		70.5	3.24
酒、饮料和精制茶制造业	Wine, Beverages and Refined Tea Manufacturing	20.0	45.9	3.36
烟草制品业	Tobacoo Products Manfacturing	28.6	49.2	1.73
纺织业	Textile Industry			
纺织服装、服饰业	Textile, Wearing Apparel and Accessories			
皮革、毛皮、羽毛及其制品和制鞋业	Leather, Fur, Feather and Related Products and Footwear			
木材加工和木、竹、藤、棕、草制品业	Timber Processing,Bamboo,Cane,Palm Fiber and Straw Products			
家具制造业	Furniture Manufacturing			
造纸和纸制品业	Paper Making and Paper Products			
印刷和记录媒介复制业	Printing and Record Medium Reproduction			
文教、工美、体育和娱乐用品制造业	Culture, Education, Art and Crafts, Sport and Entertainment Products	100.0	65.0	-446.14

10-10 续表 continued

单位：% (%)

指　　标	Item	亏损面 Range of Deficits	资产负债率 Ratio of Debts to Assets	主营业务收入利润率 Ratio of Profits to Revenue of Major Business
石油、煤炭及其他燃料加工业	Petroleum, Coal and Other Fuels Processing	18.2	101.2	8.70
化学原料和化学制品制造业	Raw Chemical Materials and Chemical Products	26.7	74.4	7.67
医药制造业	Medical and Pharmaceutical Products		35.5	19.15
化学纤维制造业	Chemical Fiber Manufacturing			
橡胶和塑料制品业	Rubber and Plastic Products		8.1	6.64
非金属矿物制品业	Nonmetal Mineral Products	50.0	90.0	8.10
黑色金属冶炼和压延加工业	Smelting and Pressing of Ferrous Metals	50.0	68.3	0.37
有色金属冶炼和压延加工业	Smelting and Pressing of Non-ferrous Metals	50.0	57.0	4.08
金属制品业	Metal Prodcuts		61.0	5.43
通用设备制造业	Ordinary Machinery Manufacturing		59.1	6.42
专用设备制造业	Special Purpose Equipment Manufacturing	33.3	61.2	-1.20
汽车制造业	Automobile Manufacturing	33.3	73.8	2.88
铁路、船舶、航空航天和其他运输设备制造业	Railroad, Marine, Aviation and Other Transport Equipment Manufacturing	50.0	55.0	14.78
电气机械和器材制造业	Electrical Machinery and Equipment Manufacturing	50.0	44.1	8.83
计算机、通信和其他电子设备制造业	Computers, Telecommunication and Other Electronic Equipments Manufacturing	20.0	66.5	3.24
仪器仪表制造业	Equipments and Instruments Manufacturing		66.2	11.90
其他制造业	Other Manufacturing			
废弃资源综合利用业	Comprehensive Utilization of Waste Resources		12.0	35.40
金属制品、机械和设备修理业	Metal products, Machinery and Equipment Repair		49.2	6.35
电力、热力、燃气及水生产和供应业	Production and Supply of Electricity, Heat, Gas and Water	14.3	67.0	6.82
电力、热力生产和供应业	Production and Supply of Electricity and Heat	18.2	67.6	6.37
燃气生产和供应业	Production and Supply of Gas		57.9	3.67
水的生产和供应业	Production and Supply of Water		63.6	29.36

10-11 大中型工业企业主要效益指标(2018年)
MAIN BENEFIT INDICATORS OF LARGE AND MEDIUM-SIZED INDUSTRIAL ENTERPRISES(2018)

单位：% (%)

指 标	Item	亏损面 Range of Deficits	资产负债率 Ratio of Debts to Assets	主营业务收入利润率 Ratio of Profits to Revenue of Major Business
总 计	**Total**	**27.3**	**71.5**	**7.74**
按工业行业大类分	Grouped by Sector			
采矿业	Mining	23.6	70.5	11.40
煤炭开采和洗选业	Coal Mining and Dressing	24.0	71.2	11.19
石油和天然气开采业	Petroleum and Natural Gas Extraction		37.2	51.21
黑色金属矿采选业	Ferrous Metals Mining and Dressing	18.2	39.5	4.26
有色金属矿采选业	Nonferrous Metals Mining and Dressing	16.7	52.5	0.88
非金属矿采选业	Nonmetal Minerals Mining and Dressing			
开采专业及辅助性活动	Mining Professional and Auxiliary Activities			
其他采矿业	Other Mining Industry			
制造业	Manufacturing	26.2	72.0	6.63
农副食品加工业	Farm Products Processing	50.0	69.0	1.61
食品制造业	Food Manufacturing	26.7	54.0	8.50
酒、饮料和精制茶制造业	Wine, Beverages and Refined Tea Manufacturing	15.4	41.1	14.03
烟草制品业	Tobacoo Products Manfacturing		24.6	8.05
纺织业	Textile Industry	20.0	72.8	1.66
纺织服装、服饰业	Textile,Wearing Apparel and Accessories		63.7	4.52
皮革、毛皮、羽毛及其制品和制鞋业	Leather, Fur, Feather and its products and Footwear			
木材加工和木、竹、藤、棕、草制品业	Timber Processing,Bamboo,Cane,Palm Fiber and Straw Products		27.5	5.70
家具制造业	Furniture Manufacturing			
造纸和纸制品业	Paper Making and Paper Products		49.4	0.78
印刷和记录媒介复制业	Printing and Record Medium Reproduction	25.0	55.9	8.91
文教、工美、体育和娱乐用品制造业	Culture, Education, Art and Crafts, Sport and Entertainment Products		53.2	4.80

10-11 续表 continued

单位：%　　(%)

指　标	Item	亏损面 Range of Deficits	资产负债率 Ratio of Debts to Assets	主营业务收入利润率 Ratio of Profits to Revenue of Major Business
石油、煤炭及其他燃料加工业	Petroleum, Coal and Other Fuels Processing	14.0	84.0	9.63
化学原料和化学制品制造业	Raw Chemical Materials and Chemical Products	33.3	85.2	-0.04
医药制造业	Medical and Pharmaceutical Products	20.8	44.4	11.37
化学纤维制造业	Chemical Fiber Manufacturing		60.9	23.82
橡胶和塑料制品业	Rubber and Plastic Products	28.6	80.1	-3.75
非金属矿物制品业	Nonmetal Mineral Products	38.4	88.4	9.54
黑色金属冶炼和压延加工业	Smelting and Pressing of Ferrous Metals	22.2	63.8	8.23
有色金属冶炼和压延加工业	Smelting and Pressing of Non-ferrous Metals	39.3	71.1	2.52
金属制品业	Metal Prodcuts	19.4	61.1	5.36
通用设备制造业	Ordinary Machinery Manufacturing	14.3	72.1	2.55
专用设备制造业	Special Purpose Equipment Manufacturing	47.8	84.0	-2.76
汽车制造业	Automobile Manufacturing	29.2	71.0	8.47
铁路、船舶、航空航天和其他运输设备制造业	Railroad, Marine, Aviation and Other Transport Equipments Manufacturing	12.5	68.4	11.38
电气机械和器材制造业	Electrical Machinery and Equipment Manufacturing	50.0	66.8	3.16
计算机、通信和其他电子设备制造业	Computers, Telecommunication and Other Electronic Equipments Manufacturing	21.4	66.3	3.41
仪器仪表制造业	Equipments and Instruments Manufacturing	25.0	70.7	7.21
其他制造业	Other Manufacturing		78.1	0.25
废弃资源综合利用业	Comprehensive Utilization of Waste Resources			
金属制品、机械和设备修理业	Metal products, Machinery and Equipment Repair		53.8	5.92
电力、热力、燃气及水生产和供应业	Production and Supply of Electricity, Heat, Gas and Water	60.3	74.7	0.24
电力、热力生产和供应业	Production and Supply of Electricity and Heat	65.4	74.4	0.21
燃气生产和供应业	Production and Supply of Gas	36.4	82.2	2.00
水的生产和供应业	Production and Supply of Water	60.0	51.4	-9.35

主要统计指标解释

工业 指从事自然资源的开采，对采掘品和农产品进行加工和再加工的物质生产部门。具体包括：(1)对自然资源的开采，如采矿、晒盐等(但不包括禽兽捕猎和水产捕捞)；(2)对农副产品的加工、再加工，如粮油加工、食品加工、缫丝、纺织、制革等；(3)对采掘品的加工、再加工，如炼铁、炼钢、化工生产、石油加工、机器制造、木材加工等，以及电力、燃气及水的生产和供应等；(4)对工业品的修理、翻新，如机器设备的修理等。

工业统计调查单位为工业法人单位。

工业法人单位指从事工业生产经营活动的法人单位。工业法人单位应同时具备以下条件：①依法成立，有自己的名称、组织机构和场所，能够独立承担民事责任；②独立拥有（或授权）使用资产，承担负债，有权与其他单位签订合同；③具有包括资产负债表在内的帐户，或者能够根据需要编制帐户。

企业(单位)登记注册类型 是以在工商行政管理机关登记注册的各类企业为划分对象，以工商行政管理部门对企业登记注册的类型为依据，将企业登记注册类型分为内资企业、港澳台商投资企业和外商投资企业三大类。内资企业包括国有企业、集体企业、股份合作企业、联营企业、有限责任公司、股份有限公司、私营企业和其他企业；港澳台商投资企业和外商投资企业分别包括合资经营企业、合作经营企业、独资经营企业和股份有限公司等。对不在工商行政管理部门进行登记注册的行政机关、事业单位和社会团体，主要按其经费来源和管理方式进行划分。

国有企业 指企业全部资产归国家所有，并按《中华人民共和国企业法人登记管理条例》规定登记注册的非公司制的经济组织。不包括有限责任公司中的国有独资公司。

集体企业 指企业资产归集体所有，并按《中华人民共和国企业法人登记管理条例》规定登记注册的经济组织。

股份合作企业 指以合作制为基础，由企业职工共同出资入股，吸收一定比例的社会资产投资组建，实行自主经营，自负盈亏，共同劳动，民主管理，按劳分配与按股分红相结合的一种集体经济组织。

联营企业 指两个及两个以上相同或不同所有制性质的企业法人或事业单位法人，按自愿、平等、互利的原则，共同投资组成的经济组织。联营企业包括国有联营企业、集体联营企业、国有与集体联营企业和其他联营企业。

有限责任公司 指根据《中华人民共和国公司登记管理条例》规定登记注册，由两个以上、五十个以下的股东共同出资，每个股东以其所认缴的出资额对公司承担有限责任，公司以其全部资产对其债务承担责任的经济组织。有限责任公司包括国有独资公司以及其他有限责任公司。

股份有限公司 指根据《中华人民共和国公司登记管理条例》规定登记注册，其全部注册资本由等额股份构成并通过发行股票筹集资本，股东以其认购的股份对公司承担有限责任，公司以其全部资产对其债务承担责任的经济组织。

私营企业 指由自然人投资设立或由自然人控股，以雇佣劳动为基础的营利性经济组织。包括按照《公司法》、《合伙企业法》、《私营企业暂行条例》规定登记注册的私营有限责任公司、私营股份有限公司、私营合伙企业和私营独资企业。

其他企业 指上述企业之外的其他内资经济组织。

合资经营企业（港或澳、台资） 指港澳台地区投资者与内地企业依照《中华人民共和国中外合资经营企业法》及有关法律的规定，按合同规定的比例投资设立、分享利润和分担风险的企业。

合作经营企业（港或澳、台资） 指港澳台地区投资者与内地企业依照《中华人民共和国中外合作经营企业法》及有关法律的规定，依照合作合同的约定进行投资或提供条件设立、分配利润和分担风险的企业。

港澳台商独资经营企业 指依照《中华人民共和国外资企业法》及有关法律的规定，在内地由港澳台地区投资者全额投资设立的企业。

港澳台商投资股份有限公司 指根据国家有关规定，经原外经贸部依法批准设立，其中港、澳、台商的股本占公司注册资本的比例达25%以上的股份有限公司。凡其中港、澳、台商的股本占公司注册资本的比例小于25%的，属于内资企业中的股份有限公司。

其他港澳台商投资企业 指在中国境内参照《外国企业或个人在中国境内设立合伙企业管理办法》和《外商投资合伙企业登记管理规定》，依法设立的港、澳、台商投资合伙企业等。

中外合资经营企业 指外国企业或外国人与中国内地企业依照《中华人民共和国中外合资经营企业法》及有关法律的规定，按合同规定的比例投资设立、分享利润和分担风险的企业。

中外合作经营企业 指外国企业或外国人与中国内地企业依照《中华人民共和国中外合作经营企业法》及有关法律的规定，依照合作合同的约定进行投资或提供条件设立、分配利润和分担风险的企业。

外资企业 指依照《中华人民共和国外资企业法》及有关法律的规定，在中国内地由外国投资者全额投资设立的企业。

外商投资股份有限公司 指根据国家有关规定，经原外经贸部依法批准设立，其中外资的股本占公司注册资本的比例达25% 以上的股份有限公司。凡其中外资股本占公司注册资本的比例小于 25%的，属于内资企业中的股份有限公司。

其他外商投资企业 指在中国境内依照《外国企业或个人在中国境内设立合伙企业管理办法》和《外商投资合伙企业登记管理规定》，依法设立的外商投资合伙企业等。

国有控股企业 即原来的国有及国有控股企业，根据企业实收资本中国有经济成分的出资人的实际投资情况，或国有经济成分的出资人对企业资产的实际控制、支配程度进行分类。以下情况为国有控股：(1)在企业的全部实收资本中，国有经济成分的出资人拥有的实收资本（股本）所占企业全部实收资本（股本）的比例大于 50%的国有绝对控股。(2)在企业的全部实收资本中，国有经济成分的出资人拥有的实收资本（股本）所占比例虽未大于 50%，但相对大于其他任何一方经济成分的出资人所占比例的国有相对控股；或者虽不大于其他经济成分，但根据协议规定拥有企业实际控制权的国有协议控股。(3)投资双方各占 50%，且未明确由谁绝对控股的企业，若其中一方为国有经济成分的，一律按国有控股处理。

轻工业 主要提供生活消费品和制作手工工具的工业。按其所使用的原料不同，可分为两大类：(1)以农产品为原料的轻工业，是指直接或间接以农产品为基本原料的轻工业。主要包括食品制造、饮料制造、烟草加工、纺织、缝纫、皮革和毛皮制作、造纸以及印刷等工业；(2)以非农产品为原料的轻工业，是指以工业品为原料的轻工业。主要包括文教体育用品、化学药品制造、合成纤维制造、日用化学制品、日用玻璃制品、日用金属制品、手工工具制造、医疗器械制造、文化和办公用机械制造等工业。

重工业 指为国民经济各部门提供物质技术基础的主要生产资料的工业。按其生产性质和产品用途，可以分为下列三类：(1)采掘工业，是指对自然资源的开采，包括石油开采、煤炭开采、金属矿开采、非金属矿开采和木材采伐等工业；(2)原材料工业，指向国民经济各部门提供基本材料、动力和燃料的工业。包括金属冶炼及加工、炼焦及焦炭、化学、化工原料、水泥、人造板以及电力、石油和煤炭加工等工业；(3)加工工业，是指对工业原材料进行再加工制造的工业。包括装备国民经济各部门的机械设备制造工业、金属结构、水泥制品等工业，以及为农业提供的生产资料如化肥、农药等工业。

根据上述划分原则，修理业中以重工业产品为修理作业对象的划为重工业，反之划为轻工业。从 2003 年起轻、重工业内部不再细划分。

资产总计 指企业过去的交易或者事项形成的、由企业拥有或者控制的、预期会给企业带来经济利益的资源。资产一般按流动性（资产的变现或耗用时间长短）分为流动资产和非流动资产。其中流动资产可分为货币资金、交易性金融资产、应收票据、应收账款、预付款项、其他应收款、存货等；非流动资产可分为长期股权投资、固定资产、无形资产及其他非流动资产等。

流动资产合计 资产满足以下条件之一应归为流动资产：(1)预计在一个正常营业周期中变现、出售或耗用，主要包括存货、应收账款等；(2)主要为交易目的而持有；(3)预计在资产负债表日起一年内（含一年）变现；(4)自资产负债日起一年内，交换其他资产或清偿负债的能力不受限制的现金或现金等价物。包括货币资金、应收票据、应收账款、存货等项目。

负债合计 指企业过去的交易或者事项形成的，预期会导致经济利益流出企业的现时义务。负债一般按偿还期长短分为流动负债和非流动负债。

所有者权益合计 指企业资产扣除负债后由所有者享有的剩余权益。公司的所有者权益又称股东权益。包括实收资本、资本公积、盈余公积、未分配利润等。

主营业务收入 指企业确认的销售商品、提供劳务等主营业务的收入。

主营业务成本 指企业经营主要业务所发生的成本总额。

主营业务税金及附加 指企业经营主要业务应负担的消费税、城市维护建设税、资源税、教育费附加及房产税、土地使用税、车船使用税、印花税等相关税费。

销售费用 指企业在销售商品和材料、提供劳务的过程中发生的各种费用，包括保险费、包装费、展览费和广告费、商品维修费、预计产品质量保证损失、运输费、装卸费等以及为销售本企业商品而专设的销售机构（含销售网点、售后服务网点等）的职工薪酬、业务费、折旧费等经营费用。

管理费用 指企业为组织和管理企业生产经营所发生的费用，包括企业在筹建期间内发生的开办费、董事会和行政管理部门在企业经营管理中发生的，或者应当由企业统一负担的公司经费等。

财务费用 指企业为筹集生产经营所需资金等而发生的筹资费用，包括企业生产经营期间发生的利息支出（减利息收入）、汇兑损失（减汇兑收益）以及相关的手续费等。

利润总额 指企业在一定会计期间的经营成果，是生产经营过程中各种收入扣除各种耗费后的盈余，反映企业在报告期内实现的盈亏总额。利润总额为营业利润加上营业外收入，减去营业外支出后的金额。

应交增值税 指按照税法规定，以销售货物、服务、无形资产、不动产或提供加工、修理修配劳务的增值额和货物进口金额为计税依据而课征的一种流转税。

平均用工人数 指报告期企业平均实际拥有的、参与本企业生产经营活动的人员数。

亏损面 指亏损企业单位数占全部工业企业单位数的比重。计算公式为：

亏损面 = 亏损企业单位数/全部工业企业单位数 × 100%。

总资产贡献率 反映企业全部资产的获利能力，是企业经营业绩和管理水平的集中体现，是评价和考核企业盈利能力的核心指标。

资产负债率 又称举债经营比率,反映企业利用债权人提供资金进行经营活动的能力，也是衡量企业负债水平及经营风险程度的重要指标。计算公式：

资产负债率=负债总额/资产总额 × 100%

主营业务收入利润率 指企业实现的利润与同期主营业务收入的比率。该指标既可考核企业利润计划的完成情况，又可比较各企业之间或不同时期的经营管理水平。计算公式：

主营业务收入利润率=利润总额/主营业务收入 × 100%

Explanatory Notes on Main Statistical Indicators

Industry refers to the material production sector which is engaged in the extraction of natural resources and processing and reprocessing of minerals and agricultural products, including (1) extraction of natural resources, such as mining, salt production (but not including hunting and fishing); (2) processing and reprocessing of farm and sideline produces, such as grain and oil processing, food processing, silk reeling, spinning and weaving and leather making; (3) processing and reprocessing of mineral products, such as steel making, iron smelting, chemicals manufacturing, petroleum processing, machine building, timber processing, and production and supply of electricity, gas and water; (4) repairing and renovating of industrial products such as the machinery.

In industrial surveys, the units of enquiry are industrial corporate units.

Industrial corporate units refer to corporate units engaging in industrial production and operation activities, which meet the following requirements: (1) They are established legally, having their own names, organizations, location, and are able to take civil liability independently; (2) They possess (or are authorized to use) assets independently, assume liabilities and are entitled to sign contracts with other units; (3) They have accounts including the balance sheets or can compile the accounts according to the need.

Registration Status of Enterprises (Units) Enterprises are classified into 3 categories, namely domestic-funded enterprises, enterprises with investment from Hong Kong, Macao and Taiwan, and enterprises with foreign investment, according to the registration status of an enterprise in industrial and commercial administration agencies. Domestic-funded enterprises include State-owned enterprises, collective-owned enterprises, cooperative enterprises, joint ownership enterprises, limited liability corporations, share-holding corporations Ltd., private enterprises and other enterprises. Included in the enterprises with investment from Hong Kong, Macao and Taiwan and enterprises with foreign investment are joint-venture enterprises, cooperative enterprises, sole investment enterprises and share-holding corporations Ltd. For government agencies, institutions and social organizations which are not registered in industrial and commercial administration agencies, they are classified mainly by their sources of funding and manner of management.

State-owned Enterprises refer to non-corporation economic units where the entire assets are owned by the State and which have been registered in accordance with the Regulation of the People's Republic of China on the Management of Registration of Corporate Enterprises. Not included from this category are solely State-funded corporations in the limited liability corporations.

Collective-owned Enterprises refer to economic units where the assets are owned collectively and which have been registered in accordance with the Regulation of the People's Republic of China on the Management of Registration of Corporate Enterprises.

Cooperative Enterprises refer to a form of collective economic units (enterprises) where capitals come mainly from employees as their shares, with certain proportion of capital from the outside, where production is organized on the basis of independent operation, independent accounting for profits and losses, joint work, democratic management, and a distribution system that integrates remuneration according to work with dividend according to capital share.

Joint Ownership Enterprises refer to economic units established by two or more corporate enterprises or corporate institutions of the same or different ownership, through joint investment on the basis of voluntary participation, equality, and mutual benefits. They include State joint ownership enterprises; collective joint ownership enterprises; joint State-collective enterprises; and other joint ownership enterprises.

Limited Liability Corporations refer to economic units established with investment from 2-50 investors and registered in accordance with the Regulation of the People's Republic of China on the Management of Registration of Corporations, each investor bearing limited liability to the corporation depending on its share of investment, and the corporation bearing liability to its debt to the maximum of its total assets. Limited liability corporations include solely State-funded limited liability corporations and other limited liability corporations.

Share-holding Corporations Ltd. refer to economic units registered in accordance with the Regulation of the People's Republic of China on the Management of Registration of Corporations, with total registered capital divided into equal shares and raised through issuing stocks. Each investor bears limited liability to the corporation depending on the holding of shares, and the corporation bears liability to its debt to the maximum of its total assets.

Private Enterprises refer to profit-making economic units invested and established by natural persons, or controlled by natural persons using employed labour. Included in this category are private limited liability corporations, private share-holding corporations Ltd., private partnership enterprises and private-funded enterprises registered in accordance with the Company Law, the Law on Partnership Business and Interim Regulations on Private Enterprises.

Other Domestic-funded Enterprises refer to domestic-funded economic units other than those mentioned above.

Joint Venture Enterprises (Funded by Hong Kong, Macao or Taiwan) are enterprises established by investors from Hong Kong, Macao and Taiwan with enterprises in the mainland of China in accordance with the Law of the People's Republic of China on Sino-foreign Equity Joint Ventures and other relevant laws, where the establishment of the investment and the sharing of profits and risks are stipulated under joint venture contracts.

Cooperative Enterprises (Funded by Hong Kong, Macao or Taiwan) established by investors from Hong Kong, Macao and Taiwan with enterprises in the mainland of China in accordance with the Law of the People's Republic of China on Sino-foreign Contractual Joint Venture and other relevant laws, where the investment or provision of facilities and the sharing of profits and risks are stipulated under cooperative contracts.

Enterprises with Sole Investment from Hong Kong, Macao and Taiwan refer to enterprises established in the mainland of China with exclusive investment from investors from Hong Kong, Macao and Taiwan in accordance with the Law of the People's Republic of China on Wholly Foreign-owned Enterprises and other relevant laws.

Share-holding Corporations Ltd. with Investment from Hong Kong, Macao and Taiwan refer to share-holding corporations Ltd. established with the approval from the former Ministry of Foreign Trade and Economic Relations in line with relevant State regulations, where the share of investment from Hong Kong, Macao or Taiwan businessmen exceeds 25% of the total registered capital of the corporation. In case the share of investment from Hong Kong, Macao or Taiwan is less than 25% of the total registered capital, the enterprise is to be classified as domestic-funded share-holding corporation Ltd.

Other Enterprises with Funds from Hong Kong, Macao and Taiwan refer to partnership enterprises with investments from Hong Kong, Macao and Taiwan established within the territory of China in accordance with Administrative Measures on the Establishment of Partnership Enterprises in China by Foreign Enterprises or Foreign Individuals and Regulations for the Administration of the Registration of Foreign-invested Partnership Enterprises.

Joint Venture Enterprises with Foreign Investment refer to enterprises jointly established by foreign enterprises or foreigners with enterprises in the mainland of China in accordance with the Law of the People's Republic of China on Sino-foreign Equity Joint Ventures and other relevant laws, where the sharing of investment, profits and risks is stipulated under contract.

Cooperative Enterprises with Foreign Investment refer to enterprises jointly established by foreign enterprises or foreigners with enterprises in the mainland of China in accordance with the Law of the People's Republic of China on Sino-foreign Contractual Joint Venture and other relevant laws, where the investment or provision of facilities and the sharing of profits and risks are stipulated under cooperative contracts.

Enterprises with Sole Foreign Investment refer to enterprises established in the mainland of China with exclusive investment from foreign investors in accordance with the Law of the People's Republic of China on Wholly Foreign-owned Enterprises and other relevant laws.

Share-holding Corporations Ltd. with Foreign Investment refer to share-holding corporations Ltd. established with the approval from the former Ministry of Foreign Trade and Economic Relations in line with relevant State regulations, where the share of investment from foreign investors exceeds 25% of the total registered capital of the corporation. In case the share of foreign investment is less than 25% of the total registered capital, the enterprise is to be classified as domestic-funded share-holding corporation Ltd.

Other Enterprises with Foreign Funds refer to partnership enterprises established within the territory of China in accordance with Administrative Measures on the Establishment of Partnership Enterprises in China by Foreign Enterprises or Foreign Individuals and Regulations for the Administration of the Registration of Foreign-invested Partnership Enterprises.

State-holding Enterprises cover the original state-owned enterprises and state-holding enterprises. They are classified according to the actual investment made by the contributor of state-owned part in the paid-in capital of the enterprises, or the degree of control or dominance of the contributor on the assets of the enterprises. The following cases are regarded as state-holding: (1) Absolute state-holding in which the contributors of state-owned parts possess more than 50% of all the paid-in capital (stocks) of the enterprises; (2) Relative state-holding in which the contributors of state-owned parts possess no more than 50% of the paid-in capital (stocks) of the enterprises, but more than that of any other contributors; or Agreed state-holding in which the contributors of state-owned parts possess no more than other contributors but have actual control over the enterprises according to agreements; (3) In the case both contributors possess 50% and it is not clear which one is in absolute holding position, the enterprise is regarded as state-holding enterprise if one of the contributor has state-owned elements.

Light Industry refers to the industry that produces consumer goods and hand tools. It consists of two categories depending on the raw materials used:

(1)Industries using farm products as raw materials. These are branches of light industry which directly or indirectly use farm products as basic raw materials, including the manufacture of food and beverages, tobacco processing, textile, clothing, fur and leather manufacturing, paper making, printing, etc. (2)Industries using non farm products as raw materials. These are branches of light industry which use manufactured goods as raw materials, including the manufacture of cultural, educational articles and sports goods chemicals synthetic fiber chemical products for daily use glass products for daily use metal products for daily use hand tools medical apparatus and instruments and the manufacture of cultural and clerical machinery.

Heavy Industry refers to the industry which produces capital goods and provides various sectors of the national economy with necessary material and technical basis. It consists of the following three branches according to the purpose of production or the use of products: (1)Mining and Quarrying Industry refers to the industry that extracts natural resources including extraction of petroleum coal metal and non-metal ores and logging. (2)Raw Materials Industry refers to the industry that provides various sectors of the national economy with raw materials fuels and power. It includes smelting and processing of metals, coking and coke, chemistry, chemical materials and building materials such as cement, plywood and power, petroleum refining and coal dressing. (3)Manufacturing Industry refers to the industry that processes raw materials. It includes machine building industry, metal structure industry, cement products industry, which equips sectors of the national economy, and chemical fertilizers industry and pesticides industry, which supplies productive materials for agriculture.

According to the above principle of classification the repairing trades which are engaged primarily in repairing products of heavy industry are classified into heavy industry while those engaged in repairing products of light industry are classified into light industry. It is not divided further in the interior of light industry and heavy industry from 2003.

Total Assets refer to all resources that are owned or controlled by enterprises through previous trades or transactions with expectation of making economic profits. Classified by the degree of liquidity, total assets include current assets and non-current assets. Current assets can be classified into monetary capital, trading financial assets, notes receivable, accounts receivable, advanced payments, other receivables and inventories. Non-current assets can be divided into long-term equity investment, fixed assets, intangible assets and other non-current assets.

Total Current Assets refer to the assets that meet one of the following requirements: (1) expected to be cashed, sold or used in a normal operation cycle, mainly including inventory and accounts receivable; (2) be owned for trading purpose mainly; (3) expected to be cashed in one year (including one year) from the day of the Balance Sheet; (4) unlimited cash or cash equivalents that can be exchanged with other assets or being capable of settling debts during one year since the day of the Balance Sheet. Included are monetary capital, notes receivable, accounts receivable and inventories.

Total Liabilities refer to payable liabilities of enterprises that accumulated from previous trades or transactions with expectation of economic profits leaking out. In terms of payment, it can be divided into liquid liabilities and long-term liabilities.

Total Creditors' Equity refers to the residual interest in the assets of an enterprise after deducting all its liabilities. Creditors' equity of a company is also known as shareholders' equity. Included are paid-in capital, capital reserve, surplus reserve, undistributed profits, etc.

Revenue of Major Business refers to the income confirmed of an enterprise from the principal business of selling products and providing labor services.

Cost of Major Business refers to the total cost occurred from the principal business of the enterprise.

Taxes and Extra Charges of Major Business refer to the relevant taxes and fees of major business that enterprises should bear, including consumption tax, city maintenance and construction tax, resources tax, extra charge of education, real estate tax, land use tax, vehicle and vessel use tax, stamp tax, etc.

Costs of Sales refers to the cost during the sale of goods and materials, providing labour services, including insurance, packing, exhibition fees and advertising fees, merchandise maintenance costs, expected product quality guarantee loss, transportation fees, handling fees, and operating expenses for the sales of the company's products such as employee compensation, business expenses, depreciation costs for dedicated sales offices (including sales outlets, after-sales service outlets, etc.).

Administrative Expense refers to the expenses for the organization and management of enterprise operating, including the start-up costs during the construction of enterprises, funds occurred during enterprises operating by board of directors and executive management in the enterprise management, or burden by enterprises.

Financial Expenses refers to cost of raising fund for enterprises to raise funds for production and operation, including interest payments (a reduction in interest income), exchange loss (less exchange gains) and related fees during the period of production.

Total Profits refers to the operation results in a certain accounting period, and it is the balance of various incomes minus various spending in the course of operation, reflecting the total profits and losses of enterprises in reference period. It is balance of business profits plus nonbusiness income, minus nonbusiness expense.

Value Added Taxes Payable refers to the turnover taxes which is imposed on the added value of selling goods, services, intangible assets, real estate, or providing processing and repairing , and on imported value of import goods according to the tax laws.

Average Employees refers to the number of persons engaged in the enterprise production and operation activities in the reporting period, which are actually owned by the enterprise.

Range of Deficits refers to the proportion of loss-making enterprises in the number of all industrial enterprises. The formula is as follows:

Range of Deficits = (Number of loss-making enterprises ÷ Number of All Industrial Enterprises) ×100%

Ratio of Profits to Total Costs refers to the ratio of profits enterprises gained to the total costs and expenses in the same period. It is calculated as follows:

Ratio of Profits to Total Costs = (Total Profits ÷ Total Costs) ×100%

Ratio of Profits to Revenue of Major Business refers to the profits to the major business revenue in the same period. This indicator can evaluate accomplishment of profits plan of enterprises, as well as compare management level of different enterprises or different periods. The formula is as follows:

Ratio of Profits to Revenue of Major business = (Total Profits ÷ Revenue of Major Business) ×100%

11

建筑业

CONSTRUCTION

资料整理人员

张利云　陈烨松

建筑业
CONSTRUCTION

建筑业施工企业个数	Number of Construction Enterprises	2666	个	(unit)
建筑业总产值	Gross Output Value of Construction	4071.5	亿元	(100 million yuan)
建筑业竣工产值	Completed Output Value of Costruction	1770.3	亿元	(100 million yuan)
建筑业房屋竣工面积	Floor Space of Buildings Completed of Construction	3693	万平方米	(10 000 sq.m)

建筑业总产值构成 (%)

Composition of Total Output Value of Construction(%)

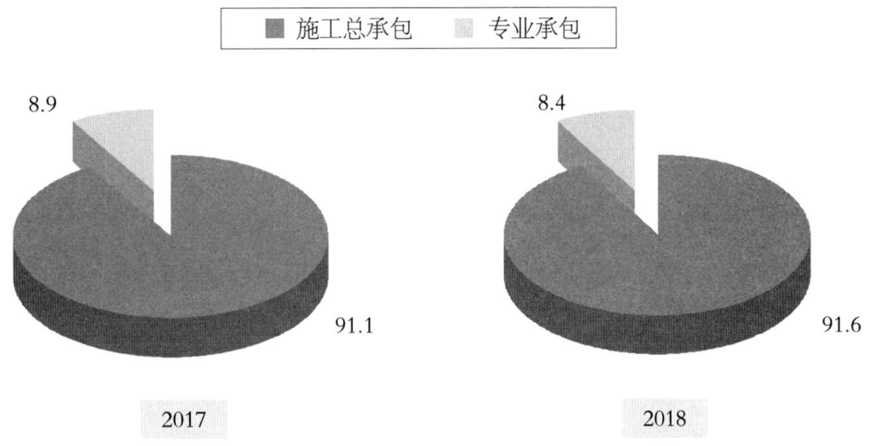

建筑业总产值（亿元）

Total Output Value of Construction (100 million yuan)

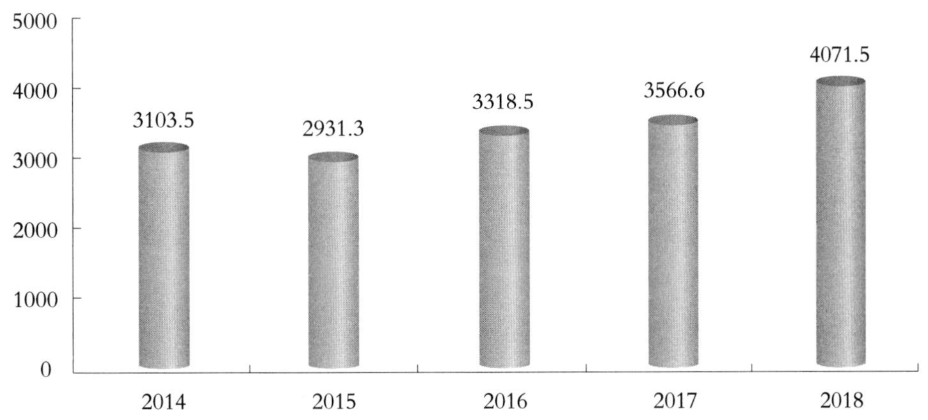

11-1 建筑施工企业主要经济指标
MAJOR ECONOMIC INDICATORS OF CONSTRUCTION ENTERPRISES

指 标	Item	2017	2018
施工企业个数 (个)	Number of Construction Enterprises (unit)	2538	2666
从事建筑业活动的平均人数 (万人)	Average Number of Employees Engaged in Construction Activities (10 000 persons)	104	109
建筑业企业期末人数 (万人)	Number of Employees at The End of Period (10 000 persons)	79	78
固定资产原价 (万元)	Original Value of Fixed Assets (10 000 yuan)	4913165	6711034
固定资产净值 (万元)	Net Value of Fixed Assets (10 000 yuan)	2427325	3282467
自有机械设备总台数 (台)	Number of Machinery and Equipment Owned (set)	221735	210382
自有机械设备净值 (万元)	Net Value of Machinery and Equipment Owned (10 000 yuan)	1467498	1479180
自有机械设备总功率 (万千瓦)	Total Power of Machinery and Equipment Owned (10 000 kw)	719	733
建筑业总产值 (万元)	Output Value of Construction (10 000 yuan)	35665732	40714639
竣工产值 (万元)	Output Value of Buildings Completed (10 000 yuan)	14053856	17703131
本年折旧 (万元)	Depreciation in This Year (10 000 yuan)	321565	561487
施工面积 (万平方米)	Floor Space of Buildings under Construction (10 000 sq.m)	15862	16652
竣工面积 (万平方米)	Floor Space of Buildings Completed (10 000 sq.m)	3544	3693
营业利润 (万元)	Profits of Business (10 000 yuan)	1001349	976468
管理费用 (万元)	Costs of Administration (10 000 yuan)	1751376	1764889
利润总额 (万元)	Total Profits (10 000 yuan)	1011316	961049
按总产值计算的劳动生产率 (元/人)	Labor Productivity in Terms of Total Output Value (yuan/person)	341750	372041
实收资本 (万元)	Capitals Hold (10 000 yuan)	8534142	9575115
资产总计 (万元)	Total Assets (10 000 yuan)	54559033	59473477
负债合计 (万元)	Total Liabilities (10 000 yuan)	42507242	45422702
所有者权益合计 (万元)	Total Creditors Equity (10 000 yuan)	12045244	14050775
竣工率(按产值计算) (%)	Rate of Completed (by Output Value) (%)	39.4	43.5
技术装备率 (元/人)	Value of Machines per Laborer (yuan/person)	18643	18935
动力装备率 (千瓦/人)	Power of Machines per Laborer (kw/person)	9.1	9.4
资产负债率 (%)	Ratio of Debts to Assets (%)	77.9	76.4
产值利润率 (%)	Ratio of Profit to Gross Output Value (%)	2.8	2.4

11-2 建筑业企业总产值和竣工产值(2018年)
GROSS OUTPUT VALUE AND COMPLETED VALUE OF CONSTRUCTION ENTERPRISES(2018)

单位：万元 (10 000 yuan)

指 标	Item	建筑业总产值 Total Output Value	#建筑工程 Construction	#安装工程 Installation	竣工产值 Output Value of Buildings Completed
总 计	**Total**	**40714639**	**35475834**	**4216135**	**17703131**
#国有及国有控股	State Owned and State Controlling Share	24384919	22240991	1817009	10077190
按登记注册类型分	**Grouped by Registered Kind**				
内资企业	Civil Funded Enterprises	40668244	35430889	4214685	17663861
国有企业	State-owned Enterprises	1066237	949985	59429	468564
集体企业	Collective-owned Enterprises	328752	279217	41770	161351
股份合作企业	Share Cooperative Enterprises				
联营企业	Joint Ownership Enterprises	8623	8623		
有限责任公司	Limited Responsibility Corporations	26433453	23792158	2236893	11257674
国有独资公司	Company Exclusively with Investment from State	3820780	3602525	180098	1085408
其他有限责任公司	Other Limited Responsibility Company	22612673	20189633	2056795	10172266
股份有限公司	Share-holding Limited Corporations	897659	746788	116419	405670
私营企业	Private-owned Enterprises	11932593	9654119	1759248	5369840
私营独资企业	Enterprise Exclusively with Investment from Private	66	31	35	45
私营合伙企业	Private Partnership Enterprises				
私营有限责任公司	Private Limited Responsibility Corporations	11654042	9448627	1704191	5225249
私营股份有限公司	Private Share-holding Limited Corporations	278485	205460	55021	144546
其他企业	Other Enterprises	927		927	762
港、澳、台商投资企业	Enterprises Funded by HongKong, Macao and Taiwan	6743	6743		
外商投资企业	Foreign Funded Enterprises	39652	38202	1450	39270
按国民经济行业分	**Grouped by Economic Sector**				
房屋和土木工程建筑业	Housing and Civil Engineering Construction	37550913	33741143	3021140	16108763
房屋工程建筑	Housing	18775656	16928819	1491451	7942154
土木工程建筑	Civil Engineering	18775258	16812324	1529688	8166609
建筑安装业	Building Installation	1894956	705561	1090218	903927
建筑装饰业	Building Fiting and Decoration	433440	341344	47575	267355
其他建筑业	Other Construction	829724	682182	57202	417481
按隶属关系分	**Grouped by Subordination**				
中 央	Central Enterprises	12983220	12065669	805783	2270030
地 方	Local Enterprises	13516348	11817116	1423849	8742501
其 他	Others	14215072	11593049	1986503	6690600
按企业资质等级分	**Grouped by Qualification Criteria**				
施工总承包	Overall Contract	37294201	33080686	3426396	15964299
专业承包	Specialized Contract	3420438	2395148	789739	1738832

11-3 按主要用途分的房屋建筑竣工面积(2018年)

单位：平方米

指 标	Item	总 计 Total	住宅房屋 Residential Buildings
总 计	**Total**	**36925458**	**25694969**
#国有及国有控股	State Owned and State Controlling Share	16985262	11946503
按登记注册类型分	**Grouped by Registered Kind**		
内资企业	Civil Funded Enterprises	36925458	25694969
国有企业	State-owned Enterprises	1555351	1303693
集体企业	Collective-owned Enterprises	517240	480287
股份合作企业	Share Cooperative Enterprises		
联营企业	Joint Ownership Enterprises		
有限责任公司	Limited Responsibility Corporations	19483863	13601514
国有独资公司	Company Exclusively with Investment from State	2941174	2047428
其他有限责任公司	Other Limited Responsibility Company	16542689	11554086
股份有限公司	Share-holding Limited Corporations	1432614	844243
私营企业	Private-owned Enterprises	13936390	9465232
私营独资企业	Enterprise Exclusively with Investment from Private	217	217
私营合伙企业	Private Partnership Enterprises		
私营有限责任公司	Private Limited Responsibility Corporations	13240514	9056348
私营股份有限公司	Private Share-holding Limited Corporations	695659	408667
其他企业	Other Enterprises		
港、澳、台商投资企业	Enterprises Funded by HongKong, Macao and Taiwan		
外商投资企业	Foreign Funded Enterprises		
按国民经济行业分	**Grouped by Economic Sector**		
房屋和土木工程建筑业	Housing and Civil Engineering Construction	36171744	25551468
房屋工程建筑	Housing	33833779	24604965
土木工程建筑	Civil Engineering	2337965	946503
建筑安装业	Building Installation	617674	91024
建筑装饰业	Building Fiting and Decoration	70680	50558
其他建筑业	Other Construction	65360	1919
按隶属关系分	**Grouped by Subordination**		
中 央	Central Enterprises	4375111	2425173
地 方	Local Enterprises	15410200	11807706
其 他	Others	17140147	11462090
按企业资质等级分	**Grouped by Qualification Criteria**		
施工总承包	Overall Contract	35835883	25627578
专业承包	Specialized Contract	1089575	67391

FLOOR SPACE OF BUILDINGS COMPLETED BY MAJOR USE(2018)

(sq.m)

商业及服务用房屋 Commercial and Service Buildings	办公用房 Oiffices	科研、教育、医疗用房屋 Scientific Research, Education and Healthcare Buildings	文化、体育、娱乐用房屋 Culture, Sports and Entertaninment Buildings	厂房及建筑物 Factory Buildings	仓库 Warehouses	其他未列明的房屋建筑物 Other Unlisted Buildings
2224361	**1632632**	**1724514**	**304173**	**3712769**	**98037**	**1534003**
660539	613389	1071160	236102	1515182	46949	895438
2224361	1632632	1724514	304173	3712769	98037	1534003
6295	45637	42337	2726	47457	672	106534
4045	2000	4330		16721	1000	8857
900243	872560	1107760	254638	1887620	51587	807941
104029	31571	245084	6092	405144	3328	98498
796214	840989	862676	248546	1482476	48259	709443
42245		230256	8600	307270		
1271533	712435	339831	38209	1453701	44778	610671
1113613	707972	338211	36359	1373231	40399	574381
157920	4463	1620	1850	80470	4379	36290
2214745	1625253	1711515	303373	3148935	97015	1519440
2133417	1532104	1475884	303373	2245552	80207	1458277
81328	93149	235631		903383	16808	61163
8350	240		800	513125	1022	3113
75	7025	8531				4491
1191	114	4468		50709		6959
137136	301588	465641	184731	581455	16123	263264
537320	530303	729795	70446	1046664	32826	655140
1549905	800741	529078	48996	2084650	49088	615599
2046679	1618744	1717626	303373	2951158	97025	1473700
177682	13888	6888	800	761611	1012	60303

11-4 按主要用途分的房屋建筑竣工价值(2018年)

单位：万元

指标	Item	总计 Total	住宅房屋 Residential Buildings
总计	**Total**	**6720620**	**4501414**
#国有及国有控股	State Owned and State Controlling Share	3466745	2148128
按登记注册类型分	**Grouped by Registered Kind**		
内资企业	Civil Funded Enterprises	6720620	4501414
国有企业	State-owned Enterprises	208882	176505
集体企业	Collective-owned Enterprises	85989	79091
股份合作企业	Share Cooperative Enterprises		
联营企业	Joint Ownership Enterprises		
有限责任公司	Limited Responsibility Corporations	3908294	2491849
国有独资公司	Company Exclusively with Investment from State	648112	460313
其他有限责任公司	Other Limited Responsibility Company	3260182	2031537
股份有限公司	Share-holding Limited Corporations	274197	122416
私营企业	Private-owned Enterprises	2243258	1631554
私营独资企业	Enterprise Exclusively with Investment from Private	43	43
私营合伙企业	Private Partnership Enterprises		
私营有限责任公司	Private Limited Responsibility Corporations	2176683	1580015
私营股份有限公司	Private Share-holding Limited Corporations	66533	51496
其他企业	Other Enterprises		
港、澳、台商投资企业	Enterprises Funded by HongKong, Macao and Taiwan		
外商投资企业	Foreign Funded Enterprises		
按国民经济行业分	**Grouped by Economic Sector**		
房屋和土木工程建筑业	Housing and Civil Engineering Construction	6667130	4483194
房屋工程建筑	Housing	6192670	4312795
土木工程建筑	Civil Engineering	474460	170400
建筑安装业	Building Installation	36154	9296
建筑装饰业	Builing Fiting and Decoration	9862	8707
其他建筑业	Other Construction	7475	217
按隶属关系分	**Grouped by Subordination**		
中　央	Central Enterprises	1165912	456090
地　方	Local Enterprises	2783328	2084312
其　他	Others	2771380	1961012
按企业资质等级分	**Grouped by Qualification Criteria**		
施工总承包	Overall Contract	6629765	4471269
专业承包	Specialized Contract	90856	30145

VALUE OF BUILDINGS COMPLETED BY MAJOR USE(2018)

(10 000 yuan)

商业及服务用房屋 Commercial and Service Buildings	办公用房 Oiffices	科研、教育、医疗用房屋 Scientific Research, Education and Healthcare Buildings	文化、体育、娱乐用房屋 Culture, Sports and Entertaninment Buildings	厂房及建筑物 Factory Buildings	仓 库 Warehouses	其他未列明的房屋建筑物 Other Unlisted Buildings
440404	**395181**	**405171**	**88924**	**534290**	**18303**	**336933**
183602	217312	284821	75573	283542	11620	262148
440404	395181	405171	88924	534290	18303	336933
1057	7749	8586	630	8477	188	5691
483	500	314		3637	400	1565
235123	269052	265969	81665	291880	11955	260802
28476	9078	55866	1313	61960	421	30686
206647	259974	210103	80352	229920	11534	230116
7326		71810	2225	70421		
196416	117880	58493	4404	159876	5760	68876
191079	117177	58267	4142	156105	5374	64526
5338	703	227	263	3771	386	4350
439950	394984	403811	88874	502921	18260	335137
425485	363221	330853	88874	332062	16205	323176
14464	31763	72958		170859	2055	11962
287	140		50	26194	43	144
2	41	768				343
165	16	592		5176		1309
54143	146537	135502	64584	147453	1932	159671
132105	101005	169986	15814	162348	10319	107440
254157	147638	99683	8526	224490	6052	69822
433371	394169	404489	88874	493672	18260	325661
7034	1012	682	50	40618	43	11272

11-5 建筑业企业房屋建筑面积(2018年)

FLOOR SPACE OF BUILDINGS CONSTRUCTED BY CONSTRUCTION ENTERPRISES(2018)

单位: 平方米 (sq.m)

指 标	Item	房屋建筑施工面积 Floor Space of Buildings under Construction	#本年新开工面积 Newly Started This Year
总 计	**Total**	**166518099**	**56612836**
#国有及国有控股	State Owned and State Controlling Share	99671426	27856434
按登记注册类型分	**Grouped by Registered Kind**		
内资企业	Civil Funded Enterprises	166518099	56612836
国有企业	State-owned Enterprises	3739086	1756032
集体企业	Collective-owned Enterprises	1421666	567997
股份合作企业	Share Cooperative Enterprises		
联营企业	Joint Ownership Enterprises	51104	51104
有限责任公司	Limited Responsibility Corporations	114290735	33537366
国有独资公司	Company Exclusively with Investment from State	13242131	4160250
其他有限责任公司	Other Limited Responsibility Company	101048604	29377116
股份有限公司	Share-holding Limited Corporations	2849440	1899835
私营企业	Private-owned Enterprises	44166068	18800502
私营独资企业	Enterprise Exclusively with Investment from Private	225	225
私营合伙企业	Private Partnership Enterprises		
私营有限责任公司	Private Limited Responsibility Corporations	42771136	17831619
私营股份有限公司	Private Share-holding Limited Corporations	1394707	968658
其他企业	Other Enterprises		
港、澳、台商投资企业	Enterprises Funded by HongKong, Macao and Taiwan		
外商投资企业	Foreign Funded Enterprises		
按国民经济行业分	**Grouped by Economic Sector**		
房屋和土木工程建筑业	Housing and Civil Engineering Construction	164909010	55608576
房屋工程建筑	Housing	145388194	51822227
土木工程建筑	Civil Engineering	19520816	3786349
建筑安装业	Building Installation	1387642	870563
建筑装饰业	Building Fiting and Decoration	133821	110416
其他建筑业	Other Construction	87626	23281
按隶属关系分	**Grouped by Subordination**		
中 央	Central Enterprises	39491980	12355474
地 方	Local Enterprises	73742187	20604784
其 他	Others	53283932	23652578
按企业资质等级分	**Grouped by Qualification Criteria**		
施工总承包	Overall Contract	164708869	55369855
专业承包	Specialized Contract	1809230	1242981

11-6　建筑业企业机械设备情况(2018年)

MACHINARY AND EQUIPMENT OF CONSTRUCTION ENTERPRISES(2018)

指　标	Item	自有机械设备年末总台数(台) Number of Machinery and Equipment Owned(unit)	自有机械设备年末总功率(千瓦) Total Power of Machinery and Equipment Owned(kw)	自有机械设备净值(万元) Net Value of Machinery and Equipment Owned (10 000 yuan)
总　计	**Total**	**210382**	**7333466**	**1479180**
#国有及国有控股	State Owned and State Controlling Share	89280	4840746	830217
按登记注册类型分	**Grouped by Registered Kind**			
内资企业	Civil Funded Enterprises	210268	7322585	1475911
国有企业	State-owned Enterprises	11314	257786	36182
集体企业	Collective-owned Enterprises	7768	100574	15827
股份合作企业	Share Cooperative Enterprises			
联营企业	Joint Ownership Enterprises			
有限责任公司	Limited Responsibility Corporations	93460	4917390	911384
国有独资公司	Company Exclusively with Investment from State	16149	586439	66362
其他有限责任公司	Other Limited Responsibility Company	77311	4330951	845022
股份有限公司	Share-holding Limited Corporations	2414	37667	8670
私营企业	Private-owned Enterprises	95312	2009168	503848
私营独资企业	Enterprise Exclusively with Investment from Private	32	248	398
私营合伙企业	Private Partnership Enterprises			
私营有限责任公司	Private Limited Responsibility Corporations	91238	1851377	456513
私营股份有限公司	Private Share-holding Limited Corporations	4042	157543	46938
其他企业	Other Enterprises			
港、澳、台商投资企业	Enterprises Funded by HongKong, Macao and Taiwan	21	2000	220
外商投资企业	Foreign Funded Enterprises	93	8881	3049
按国民经济行业分	**Grouped by Economic Sector**			
房屋和土木工程建筑业	Housing and Civil Engineering Construction	173306	6855345	1376809
房屋工程建筑	Housing	88993	1785363	413128
土木工程建筑	Civil Engineering	84313	5069982	963681
建筑安装业	Building Installation	13089	289474	51308
建筑装饰业	Building Fiting and Decoration	17540	87357	11097
其他建筑业	Other Construction	6447	101290	39965
按隶属关系分	**Grouped by Subordination**			
中　央	Central Enterprises	40055	3382574	634539
地　方	Local Enterprises	45647	1093250	166249
其　他	Others	124680	2857642	678392
按企业资质等级分	**Grouped by Qualification Criteria**			
施工总承包	Overall Contract	173578	6852198	1350837
专业承包	Specialized Contract	36804	481268	128343

11-7 建筑业企业劳动生产率(2018年)

LABOR PRODUCTIVITY OF CONSTRUCTION ENTERPRISES(2018)

指 标	Item	企业个数(个) Number of Enterprises (unit)	从事建筑业活动的平均人数(人) Average Number of Employees Engaged in Construction Activities (person)	按总产值计算的劳动生产率(元/人) Labor roductivity in Terms of Total Output Value (yuan/person)	人均竣工产值(元/人) Per Capita Output Value of Buildings Completed (yuan/person)
总 计	**Total**	**2666**	**1094359**	**372041**	**161767**
#国有及国有控股	State Owned and State Controlling Share	296	555187	439220	181510
按登记注册类型分	**Grouped by Registered Kind**				
内资企业	Civil Funded Enterprises	2662	1093582	371881	161523
国有企业	State-owned Enterprises	72	37837	281797	123838
集体企业	Collective-owned Enterprises	61	13721	239598	117594
股份合作企业	Share Cooperative Enterprises				
联营企业	Joint Ownership Enterprises	1	298	289352	
有限责任公司	Limited Responsibility Corporations	500	622057	424936	180975
国有独资公司	Company Exclusively with Investment from State	40	80890	472343	134183
其他有限责任公司	Other Limited Responsibility Company	460	541167	417850	187969
股份有限公司	Share-holding Limited Corporations	44	25607	350552	158422
私营企业	Private-owned Enterprises	1983	394008	302852	136288
私营独资企业	Enterprise Exclusively with Investment from Private	1	27	24593	16667
私营合伙企业	Private Partnership Enterprises				
私营有限责任公司	Private Limited Responsibility Corporations	1938	385587	302242	135514
私营股份有限公司	Private Share-holding Limited Corporations	44	8394	331766	172201
其他企业	Other Enterprises	1	54	171630	141111
港、澳、台商投资企业	Enterprises Funded by HongKong, Macao and Taiwan	2	254	265472	
外商投资企业	Foreign Funded Enterprises	2	523	758166	750859
按国民经济行业分	**Grouped by Economic Sector**				
房屋和土木工程建筑业	Housing and Civil Engineering Construction	1674	989472	379505	162802
房屋工程建筑	Housing	933	538092	348930	147598
土木工程建筑	Civil Engineering	741	451380	415952	180925
建筑安装业	Building Installation	473	60611	312642	149136
建筑装饰业	Building Fiting and Decoration	358	18183	238377	147036
其他建筑业	Other Construction	160	25956	319666	160842
按隶属关系分	**Grouped by Subordination**				
中 央	Central Enterprises	49	289364	448681	78449
地 方	Local Enterprises	408	331855	407297	263443
其 他	Others	2209	473140	300441	141408
按企业资质等级分	**Grouped by Qualification Criteria**				
施工总承包	Overall Contract	1472	976199	382035	163535
专业承包	Specialized Contract	1194	118160	289475	147159

11-8 建筑业企业资本金及资产(2018年)
CAPITAL AND ASSETS OF CONSTRUCTION ENTERPRISES(2018)

单位：万元 (10 000 yuan)

指 标	Item	实收资本 Capitals Hold	资产总计 Total Assets	#流动资产合计 Total Circul-ating Funds	#固定资产净值 Total Fixed Assets
总 计	**Total**	**9575115**	**59473477**	**47384451**	**3282467**
#国有及国有控股	State Owned and State Controlling Share	4508290	42201632	32890511	1970559
按登记注册类型分	**Grouped by Registered Kind**				
内资企业	Civil Funded Enterprises	9568716	59430862	47345315	3279092
国有企业	State-owned Enterprises	187486	1166894	996994	102889
集体企业	Collective-owned Enterprises	94264	497691	433267	37686
股份合作企业	Share Cooperative Enterprises				
联营企业	Joint Ownership Enterprises				
有限责任公司	Limited Responsibility Corporations	5081020	44708963	34898561	2221850
国有独资公司	Company Exclusively with Investment from State	1218470	11539621	7525701	528181
其他有限责任公司	Other Limited Responsibility Company	3862550	33169342	27372860	1693669
股份有限公司	Share-holding Limited Corporations	138048	815634	738372	24240
私营企业	Private-owned Enterprises	4067898	12241681	10278121	892427
私营独资企业	Enterprise Exclusively with Investment from Private	3609	5533	3474	1731
私营合伙企业	Private Partnership Enterprises				
私营有限责任公司	Private Limited Responsibility Corporations	3911150	11246372	9396996	845244
私营股份有限公司	Private Share-holding Limited Corporations	153140	989776	877651	45452
其他企业	Other Enterprises				
港、澳、台商投资企业	Enterprises Funded by HongKong, Macao and Taiwan	3799	7081	6698	280
外商投资企业	Foreign Funded Enterprises	2600	35534	32438	3096
按国民经济行业分	**Grouped by Economic Sector**				
房屋和土木工程建筑业	Housing and Civil Engineering Construction	8251829	54945345	43579145	2958729
房屋工程建筑	Housing	3235810	19305356	16252147	869687
土木工程建筑	Civil Engineering	5016019	35639989	27326998	2089042
建筑安装业	Building Installation	761858	2699434	2231715	206051
建筑装饰业	Building Fiting and Decoration	313309	708634	609655	46950
其他建筑业	Other Construction	248119	1120064	963936	70737
按隶属关系分	**Grouped by Subordination**				
中 央	Central Enterprises	2299736	21806519	17743219	1092419
地 方	Local Enterprises	2064050	19086452	13916805	892888
其 他	Others	5211330	18580506	15724426	1297160
按企业资质等级分	**Grouped by Qualification Criteria**				
施工总承包	Overall Contract	8091826	54070357	42692351	2946336
专业承包	Specialized Contract	1483289	5403120	4692100	336131

11-9 建筑业企业负债及所有者权益(2018年)

LIABILITIES AND CREDITORS' EQUITY OF CONSTRUCTION ENTERPRISES(2018)

单位：万元 (10 000 yuan)

指 标	Item	负债合计 Total Liabilities	#流动负债 Liquid Liabilities	#非流动负债合计 Illiquid Liabilities	所有者权益合计 Total Creditors' Equity
总 计	**Total**	**45422702**	**42024660**	**3047996**	**14050775**
#国有及国有控股	State Owned and State Controlling Share	34848507	31883987	2824282	7353125
按登记注册类型分	**Grouped by Registered Kind**				
内资企业	Civil Funded Enterprises	45384997	41987099	3047852	14045865
国有企业	State-owned Enterprises	1048537	917722	118753	113964
集体企业	Collective-owned Enterprises	386580	379380		111111
股份合作企业	Share Cooperative Enterprises				
联营企业	Joint Ownership Enterprises				
有限责任公司	Limited Responsibility Corporations	36335997	33393790	2745216	8321652
国有独资公司	Company Exclusively with Investment from State	9462973	7367463	1996296	2068869
其他有限责任公司	Other Limited Responsibility Company	26873024	26026327	748921	6252783
股份有限公司	Share-holding Limited Corporations	435172	425645	2270	377281
私营企业	Private-owned Enterprises	7178710	6870562	182222	5121858
私营独资企业	Enterprise Exclusively with Investment from Private	1373	868	504	4161
私营合伙企业	Private Partnership Enterprises				
私营有限责任公司	Private Limited Responsibility Corporations	6416951	6159574	131551	4908686
私营股份有限公司	Private Share-holding Limited Corporations	760387	710119	50167	209011
其他企业	Other Enterprises				
港、澳、台商投资企业	Enterprises Funded by HongKong, Macao and Taiwan	6150	6006	144	931
外商投资企业	Foreign Funded Enterprises	31554	31554		3979
按国民经济行业分	**Grouped by Economic Sector**				
房屋和土木工程建筑业	Housing and Civil Engineering Construction	42631090	39540816	2866946	12314255
房屋工程建筑	Housing	14551473	13501943	893271	4753883
土木工程建筑	Civil Engineering	28079617	26038873	1973675	7560372
建筑安装业	Building Installation	1705164	1522744	167513	994270
建筑装饰业	Building Fiting and Decoration	353506	346631	2731	355129
其他建筑业	Other Construction	732943	614468	10807	387121
按隶属关系分	**Grouped by Subordination**				
中 央	Central Enterprises	18048130	17610937	339156	3758389
地 方	Local Enterprises	15780928	13310028	2411228	3312442
其 他	Others	11593644	11103695	297612	6979945
按企业资质等级分	**Grouped by Qualification Criteria**				
施工总承包	Overall Contract	42138196	38918254	3014516	11932161
专业承包	Specialized Contract	3284506	3106405	33480	2118614

11-10 建筑业企业收入及成本情况(2018年)
REVENUE AND COST OF CONSTRUCTION ENTERPRISES(2018)

单位：万元 (10 000 yuan)

指 标	Item	营业收入 Revenue of Business	#主营业务收入 Revenue of Major Business	主营业务成本 Cost of Major Business
总 计	**Total**	**41347676**	**40660453**	**37462739**
#国有及国有控股	State Owned and State Controlling Share	25402459	25123467	23211728
按登记注册类型分	**Grouped by Registered Kind**			
内资企业	Civil Funded Enterprises	41303969	40616753	37421039
国有企业	State-owned Enterprises	790243	772830	706520
集体企业	Collective-owned Enterprises	376212	366314	336321
股份合作企业	Share Cooperative Enterprises			
联营企业	Joint Ownership Enterprises			
有限责任公司	Limited Responsibility Corporations	28044812	27681365	25564783
国有独资公司	Company Exclusively with Investment	4550598	4457764	4067988
其他有限责任公司	Other Limited Responsibility Company	23494214	23223601	21496795
股份有限公司	Share-holding Limited Corporations	407737	407710	369146
私营企业	Private-owned Enterprises	11684965	11388534	10444270
私营独资企业	Enterprise Exclusively with Investment from Private	1687	1687	963
私营合伙企业	Private Partnership Enterprises			
私营有限责任公司	Private Limited Responsibility Corporations	9705471	9433315	8562243
私营股份有限公司	Private Share-holding Limited Corporations	1977807	1953532	1881064
其他企业	Other Enterprises			
港、澳、台商投资企业	Enterprises Funded by HongKong, Macao and Taiwan	4534	4527	4391
外商投资企业	Foreign Funded Enterprises	39173	39173	37309
按国民经济行业分	**Grouped by Economic Sector**			
房屋和土木工程建筑业	Housing and Civil Engineering Construction	38004008	37379875	34574206
房屋工程建筑	Housing	17734047	17385835	16107714
土木工程建筑	Civil Engineering	20269961	19994040	18466492
建筑安装业	Building Installation	2068057	2038901	1812883
建筑装饰业	Building Fiting and Decoration	457543	443821	389170
其他建筑业	Other Construction	818068	797856	686479
按隶属关系分	**Grouped by Subordination**			
中 央	Central Enterprises	14440688	14333738	13410546
地 方	Local Enterprises	10145974	9955652	9053299
其 他	Others	16761014	16371063	14998894
按企业资质等级分	**Grouped by Qualification Criteria**			
施工总承包	Overall Contract	37836308	37262045	34509060
专业承包	Specialized Contract	3511368	3398408	2953679

11-11 建筑业企业费用情况(2018年)
EXPENSES OF CONSTRUCTION ENTERPRISES(2018)

单位：万元 (10 000 yuan)

指 标	Item	销售费用 Sales Expenses	管理费用 Adminis-trative Expenses	财务费用 Financial Expenses
总 计	**Total**	**75318**	**1764889**	**269435**
#国有及国有控股	State Owned and State Controlling Share	14459	1111906	206633
按登记注册类型分	**Grouped by Registered Kind**			
内资企业	Civil Funded Enterprises	75318	1764006	269002
国有企业	State-owned Enterprises	4491	40004	374
集体企业	Collective-owned Enterprises	1352	14892	520
股份合作企业	Share Cooperative Enterprises			
联营企业	Joint Ownership Enterprises			
有限责任公司	Limited Responsibility Corporations	23081	1235134	214619
国有独资公司	Company Exclusively with Investment	1585	241036	101248
其他有限责任公司	Other Limited Responsibility Company	21496	994098	113371
股份有限公司	Share-holding Limited Corporations	2602	17030	663
私营企业	Private-owned Enterprises	43791	456946	52826
私营独资企业	Enterprise Exclusively with Investment from Private	13	205	-13
私营合伙企业	Private Partnership Enterprises			
私营有限责任公司	Private Limited Responsibility Corporations	42383	428695	48173
私营股份有限公司	Private Share-holding Limited Corporations	1396	28045	4666
其他企业	Other Enterprises			
港、澳、台商投资企业	Enterprises Funded by HongKong, Macao and Taiwan		170	25
外商投资企业	Foreign Funded Enterprises		713	408
按国民经济行业分	**Grouped by Economic Sector**			
房屋和土木工程建筑业	Housing and Civil Engineering Construction	48863	1517774	248826
房屋工程建筑	Housing	24964	696172	81058
土木工程建筑	Civil Engineering	23900	821602	167767
建筑安装业	Building Installation	9986	145759	14709
建筑装饰业	Building Fiting and Decoration	4694	34311	2023
其他建筑业	Other Construction	11774	67046	3878
按隶属关系分	**Grouped by Subordination**			
中 央	Central Enterprises	3951	494546	47331
地 方	Local Enterprises	15251	553865	146833
其 他	Others	56116	716478	75270
按企业资质等级分	**Grouped by Qualification Criteria**			
施工总承包	Overall Contract	42676	1501741	258051
专业承包	Specialized Contract	32641	263148	11384

11-12 建筑业企业薪酬及利润情况(2018年)
REMUNERATION AND PROFITS OF CONSTRUCTION ENTERPRISES(2018)

单位：万元 (10 000 yuan)

指 标	Item	应付职工薪酬 Remuneration Payable of Staff and Workers	营业利润 Business Profits	其他业务利润 Profits of Other Business
总 计	**Total**	**2990895**	**976468**	**49464**
#国有及国有控股	State Owned and State Controlling Share	1751394	557620	31429
按登记注册类型分	**Grouped by Registered Kind**			
内资企业	Civil Funded Enterprises	2989325	975922	49464
国有企业	State-owned Enterprises	108791	20651	1504
集体企业	Collective-owned Enterprises	47712	7624	1138
股份合作企业	Share Cooperative Enterprises			
联营企业	Joint Ownership Enterprises			
有限责任公司	Limited Responsibility Corporations	1943755	624659	40238
国有独资公司	Company Exclusively with Investment from State	242396	55755	10598
其他有限责任公司	Other Limited Responsibility Company	1701359	568903	29640
股份有限公司	Share-holding Limited Corporations	15361	16874	13
私营企业	Private-owned Enterprises	873705	306115	6571
私营独资企业	Enterprise Exclusively with Investment from Private	389	425	
私营合伙企业	Private Partnership Enterprises			
私营有限责任公司	Private Limited Responsibility Corporations	773631	278792	6516
私营股份有限公司	Private Share-holding Limited Corporations	99685	26898	55
其他企业	Other Enterprises			
港、澳、台商投资企业	Enterprises Funded by HongKong, Macao and Taiwan	95	-78	
外商投资企业	Foreign Funded Enterprises	1475	624	
按国民经济行业分	**Grouped by Economic Sector**			
房屋和土木工程建筑业	Housing and Civil Engineering Construction	2739978	893326	43938
房屋工程建筑	Housing	1211169	401013	29310
土木工程建筑	Civil Engineering	1528809	492313	14628
建筑安装业	Building Installation	159518	53466	4794
建筑装饰业	Building Fiting and Decoration	43617	10782	108
其他建筑业	Other Construction	47782	18894	624
按隶属关系分	**Grouped by Subordination**			
中 央	Central Enterprises	963360	358372	7552
地 方	Local Enterprises	724401	186911	25735
其 他	Others	1303135	431185	16177
按企业资质等级分	**Grouped by Qualification Criteria**			
施工总承包	Overall Contract	2677923	845366	41969
专业承包	Specialized Contract	312972	131102	7495

11-13 建筑业企业利润及税金情况(2018年)
PROFITS AND TAXES OF CONSTRUCTION ENTERPRISES(2018)

单位：万元 (10 000 yuan)

指 标	Item	利 润 总 额 Total Profits	主营业务税金及附加 Taxes and Extra Charges of Major Business	应交增值税 Value-added Taxes Payable
总 计	**Total**	**961049**	**197611**	**836151**
#国有及国有控股	State Owned and State Controlling Share	542610	83483	388852
按登记注册类型分	**Grouped by Registered Kind**			
内资企业	Civil Funded Enterprises	960495	197466	834876
国有企业	State-owned Enterprises	21281	10553	33842
集体企业	Collective-owned Enterprises	7653	7048	11317
股份合作企业	Share Cooperative Enterprises			
联营企业	Joint Ownership Enterprises			
有限责任公司	Limited Responsibility Corporations	610486	89904	446998
国有独资公司	Company Exclusively with Investment from State	56876	18159	98317
其他有限责任公司	Other Limited Responsibility Company	553610	71744	348680
股份有限公司	Share-holding Limited Corporations	17188	2807	6959
私营企业	Private-owned Enterprises	303887	87155	335761
私营独资企业	Enterprise Exclusively with Investment from Private	425	44	136
私营合伙企业	Private Partnership Enterprises			
私营有限责任公司	Private Limited Responsibility Corporations	276836	75639	277777
私营股份有限公司	Private Share-holding Limited Corporations	26626	11472	57848
其他企业	Other Enterprises			
港、澳、台商投资企业	Enterprises Funded by HongKong, Macao and Taiwan	-69	25	224
外商投资企业	Foreign Funded Enterprises	622	119	1050
按国民经济行业分	**Grouped by Economic Sector**			
房屋和土木工程建筑业	Housing and Civil Engineering Construction	876534	181557	735301
房屋工程建筑	Housing	400521	116604	448004
土木工程建筑	Civil Engineering	476013	64954	287297
建筑安装业	Building Installation	54330	9409	69185
建筑装饰业	Building Fiting and Decoration	10522	3130	13479
其他建筑业	Other Construction	19662	3515	18185
按隶属关系分	**Grouped by Subordination**			
中 央	Central Enterprises	339903	29373	110404
地 方	Local Enterprises	189785	53504	260422
其 他	Others	431361	114734	465325
按企业资质等级分	**Grouped by Qualification Criteria**			
施工总承包	Overall Contract	830657	178670	759331
专业承包	Specialized Contract	130392	18941	76820

主要统计指标解释

签订的合同额　指建筑业企业在报告期直接同建设单位签订的各种国内工程合同的总价款和以前年度同建设单位签订的各种国内工程合同的未完工程跨入本年度继续施工工程合同的总价款余额。

本年新签合同额　指建筑业企业在报告期内同建设单位直接新签订的各种国内工程合同的总价款，不包括与其他建筑业企业新签的分包合同额。

建筑业总产值　指以货币表现的建筑业企业在一定时期内生产的建筑业产品和服务的总和。建筑业总产值包括建筑工程产值、安装工程产值和其他产值三部分内容。

竣工产值　一般是以单位工程为对象，当该工程按照设计所规定的工程内容全部完成，达到了设计规定的交工条件，经有关部门检查验收鉴定合格的单位工程价值，即为竣工产值。竣工产值包括范围应是报告期内竣工单位工程从开工到竣工的全部自行完成的价值，竣工产值不包括附属辅助企业或内部核算的其他单位为外单位生产和服务的价值。

房屋施工面积　指报告期内施工的全部房屋建筑面积。包括本期新开工的房屋建筑面积、上期跨入本期继续施工的房屋建筑面积、上期停缓建在本期恢复施工的房屋建筑面积、本期竣工的房屋建筑面积以及本期施工后又停缓建的房屋建筑面积。

房屋竣工面积　指报告期内房屋建筑按照设计要求已全部完工，达到住人和使用条件，经验收鉴定合格或达到竣工验收标准，可正式移交使用的各栋房屋建筑面积的总和。

房屋竣工价值　指在报告期内按规定已经上报竣工的房屋本身的建造价值。一般按房屋设计和预算规定的内容计算。一般按结算价格（或中标价）计算。

固定资产净值　指固定资产原价减去已提折旧后的净额。它反映企业实际占用在固定资产上的资金数额和固定资产的新旧程度。

资产总计　指企业过去的交易或者事项形成的、由企业拥有或者控制的、预期会给企业带来经济利益的资源。资产一般按流动性分为流动资产和非流动资产。

执行《企业会计准则》或《小企业会计准则》的企业：资产合计 ＝ 流动资产合计 ＋ 非流动资产合计；

未执行《企业会计准则》的企业：资产合计 ＝ 流动资产合计 ＋ 长期投资 ＋ 固定资产合计 ＋ 无形资产 ＋ 其他资产。

负债合计　指企业过去的交易或者事项形成的，预期会导致经济利益流出企业的现时义务。负债一般按偿还期长短分为流动负债和非流动负债。

所有者权益合计　指企业资产扣除负债后由所有者享有的剩余权益。公司的所有者权益又称股东权益。包括实收资本、资本公积、盈余公积、未分配利润等。

主营业务收入　指企业确认的销售商品、提供劳务等主营业务的收入。

如未设置该科目，以“营业收入”代替填报。

销售费用　指企业从事施工生产活动过程中发生的各项费用，包括应由企业负担的运输费、装卸费、包装费、保险费、维修费、展览费、差旅费、广告费和其他经费。

营业利润　指企业从事生产经营活动所取得的利润。

执行《企业会计准则》或《小企业会计准则》的企业，营业利润为营业收入减去营业成本、税金及附加、销售费用、管理费用、财务费用、资产减值损失，再加上公允价值变动收益、投资收益、资产处置收益和其他收益后的金额。

执行其他企业会计制度的企业，营业利润为营业收入减去营业成本、税金及附加、销售费用、管理费用、财务费用，再加上投资收益后的金额。

利润总额　指企业在一定会计期间的经营成果，是生产经营过程中各种收入扣除各种耗费后的盈余，反映企业在报告期内实现的亏盈总额。利润总额为营业利润加上营业外收入，减去营业外支出后的金额。

应付职工薪酬 指企业为获得职工提供的服务而给予各种形式的报酬以及其他相关支出。包括职工工资、奖金、津贴和补贴，职工福利费，医疗保险费、养老保险费、失业保险费、工伤保险费和生育保险费等社会保险费，住房公积金，工会经费和职工教育经费，非货币性福利，因解除与职工的劳动关系给予的补偿，其他与获得职工提供的服务相关的支出。

应交增值税 指按照税法规定，以销售货物、服务、无形资产、不动产或提供加工、修理修配劳务的增值额和货物进口金额为计税依据而课征的一种流转税。

Explanatory Notes on Main Statistical Indicators

Contract Amount Signed refers to the total contract amount for domestic projects that construction enterprises signed directly with the constructed units in the reference period and the remaining sum of contract amount for domestic projects that construction enterprises signed in the previous years, with construction project are in process and extending to continue in current year.

Contract Amount Newly Signed This Year refers to total amount of domestic project contracts that construction enterprises newly signed directly with constructed units in the reference period, excluding subcontracts that construction enterprises newly signed with other construction enterprises.

Gross Output Value of Construction refers to total of construction products and services, expressed in money terms, completed by construction enterprises during a given period of time. It includes three parts: output value of construction projects, output value of installation projects and output value of others.

Output Value of Buildings Completed refers to the value of unit project that is completed in accordance with the requirements of the design, up to the standard for handing in, and has been checked and accepted by concerned departments as qualified one. It includes entire value of the completed project from start to completing in the reference period. If a project is under construction in two years, the output value of building completed should include completed value last year. Some large projects, such as large factory building, senior hotel, pipelines, roads, railways, which can be constructed by span, layer or fragment and can be put into use separately by contract, can calculate their output value separately. It excludes the value of products and services which affiliated enterprises or other inner accounting units provide to outer units.

Floor Space of Buildings under Construction refers to total floor space of buildings under construction during the reference period, including newly started buildings, buildings started earlier and continued during the reference period, and buildings suspended earlier but restarted during the reference period, buildings completed during the reference period, and buildings under construction and then suspended during the reference period.

Floor Space of Buildings Completed refers to the floor space of buildings that are completed in the reference period in accordance with the requirement of the design, up to the standard for being resided in and put into use, and have been checked and accepted by concerned departments as qualified ones or up to the standard of buildings completed and can be handed over fore putting into use.

Value of Buildings Completed refers to the constructing value of buildings which have reported completing in accordance with the requirement in reference period. Generally, it calculates by stipulated items in design and budget. It can report in term of settling value or value of attaining contract.

Total Fixed Assets refer to tangible assets enterprises possess for production, service supplying, leasing or management, with life operation is longer than a fiscal year. Total Fixed Assets include houses, buildings, machines, machineries, transport tools and other relevant equipments, appliances and tools which use longer than a year.

Total Assets refer to resources, formed by former transaction or events, owned or controlled by enterprises, and it can bring economic profits in future. Total assets normally include liquid assets and illiquid assets.

For enterprises implement Accounting Standards or Accounting Standards for Small Enterprises,

Total Assets = Liquid Assets + Illiquid Assets.

For enterprises don't implement Accounting Standards,

Total Assets = Liquid Assets + Long Term Investment + Fixed Assets + Intangible Assets + Other Assets.

Total Liabilities refer to the debts, formed by former transaction or events, and it can bring economic profits in future. The liabilities include liability include liquid liabilities and illiquid liabilities by terms of repayment.

Creditors' Equity refers to the residual equity enjoyed by the owners, which equals to assets deducting liabilities, including capital hold, capital accumulation fund, surplus accumulation fund and undistributed profit.

Revenue of Major Business refers to enterprises confirmed revenue of products sales, services supply and so on.

It is can be substituted by business revenue for enterprises which don't set the account.

Sales Expenses refer to kinds of costs through constructing activities, which include costs of transport, loading and unloading, packing, insurance, maintaining, showing, business trip, advertisement and others.

Profits of Business refer to profits realized through the business of enterprises.

For enterprises implement Accounting Standards or Account Standards for Small Enterprises, profits of business equal to business revenue minus business costs, taxes and extra charges, costs of sales, administrative expenses, fiscal costs, assets devaluation, and plus proceeds of changes in fair value, investment income and other profits.

For enterprises implement other accounting standards, profits of business equal to business revenue minus business costs, taxes and extra charges, costs of sales, administrative expenses, and fiscal costs, plus investment income.

Total Profits refer to business results of enterprises in a certain account period, i.e. enterprises' business surplus of income deduct losses in the production and operation process, reflecting total profits and losses during the reference period. Total profits equal business profits plus non-business income, and minus non-business expenses.

Remuneration Payable of Staff and Workers refers to all kinds of payments and other relevant expenditures that enterprises pay for getting services of staff and workers. It includes wages, bonus, allowances, subsides, welfare fees, health insurance premiums, endowment insurance premiums, unemployment insurance premiums, employment injury insurance premiums, birth insurance premiums, housing provident funds, labor union expenditures, educational expenditures, non-monetary welfare, compensation for terminal labor relations and other relevant expenditures.

Value Added Taxes Payable refers to the turnover taxes which is imposed on the added value of selling goods, services, intangible assets, real estate, or providing processing and repairing, and on imported value of import goods according to the tax laws.

12

房地产

REAL ESTATE

资料整理人员

郝志军　宋雅静

房地产
REAL ESTATE

房地产开发投资	Investment in Real Estate Development	1376.6	亿元	(100 million yuan)
#住　宅	Residential Buildings	1033.8	亿元	(100 million yuan)
房屋施工面积	Floor Space of Buildings under Construction	16947.1	万平方米	(10 000 sq.m)
#住　宅	Residential Buildings	12314.5	万平方米	(10 000 sq.m)
房屋竣工面积	Floor Space of Buildings Completed	1407.9	万平方米	(10 000 sq.m)
#住　宅	Residential Buildings	1094.5	万平方米	(10 000 sq.m)

房地产开发投资构成(亿元)
Composition of Investment in Real Estate Development (100 million yuan)

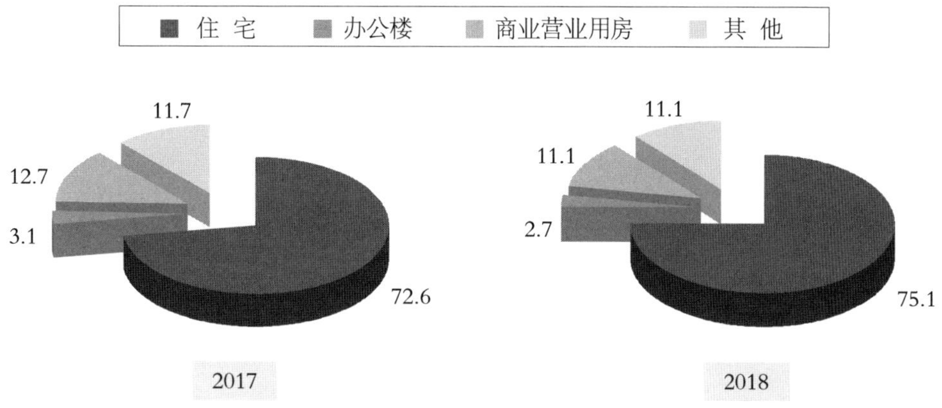

房地产开发投资(亿元)
Investment in Real Estate Development (100 million yuan)

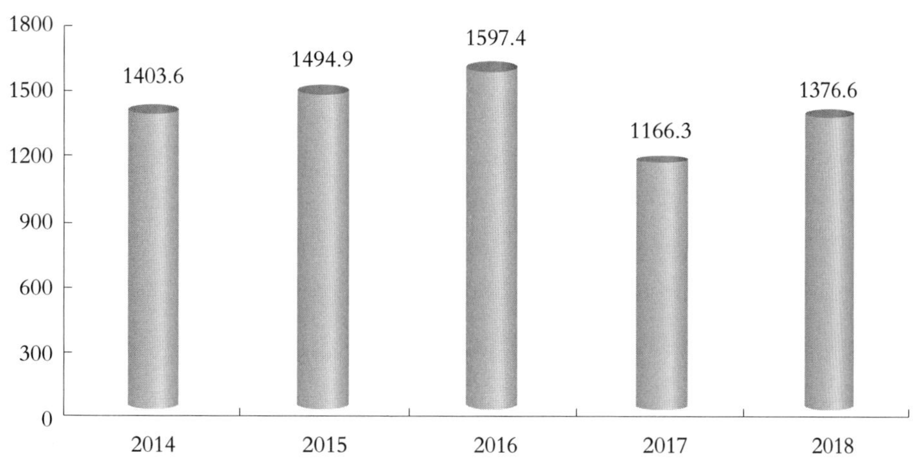

12-1 房地产开发企业主要指标
MAJOR INDICATORS OF REAL ESTATE DEVELOPMENT ENTERPRISES

单位：万元 (10 000 yuan)

指　标	Item	2017	2018
一、企业个数(个)	**Number of Enterprises (unit)**	**2379**	**2418**
二、本年完成投资	**Investment Completed This Year**	**11662833**	**13765808**
按工程用途分	Grouped by Use of Projects		
住　宅	Residential Buildings	8463841	10337564
办公楼	Office Buildings	356003	367745
商业营业用房	Buildings for Business Operation	1477912	1531545
其　他	Other Expenses	1365077	1528954
三、本年新增固定资产	**Newly Increased Fixed Assets This Year**	**5646881**	**4180690**
四、本年购置土地面积(平方米)	**Land Area Purchased This Year (sq.m)**	**2693876**	**2863793**
五、本年实际到位资金	**Actual Funds in Place This Year**	**16775424**	**18066247**
国内贷款	Domestic Loans	1503791	1293369
自筹资金	Self-raised Fund	6522273	6801394
定金及预收款	Deposit and Pre Payment	5106144	6038146
个人按揭贷款	Individual Mortgage Loans	3009920	3024244
其他到位资金	Others	633296	909094
六、房屋建筑面积(平方米)	**Floor Space of Buildings (sq.m)**		
房屋施工面积	Floor Space of Buildings Under Construction	164733982	169471135
#住　宅	Residential Buildings	118171176	123145485
本年新开工面积	Floor Space of Buildings Newly Started Construction This Year	33058426	38725376
#住　宅	Residential Buildings	24112234	29572355
房屋竣工面积	Floor Space of Buildings Completed	19699186	14079469
#住　宅	Residential Buildings	14138324	10945022
七、商品房销售(平方米)	**Selling of Commercial Buildings (sq.m)**		
商品房销售面积	Floor Space of Commercial Buildings Sold	24159189	23610186
#住　宅	Residential Buildings	22462784	22158597
商品房销售额(万元)	Sales of Commercial Buildings (10 000 yuan)	13574775	16106793
#住　宅	Residential Buildings	12258970	14733766
八、经营状况	**Operation Condition**		
资产总计	Total Assets	103586567	123844497
营业收入	Business Revenue	9201321	10547257
#主营业务收入	Revenue of Major Business	8255094	8876438
营业利润	Business Profits	371581	288182
利润总额	Total Profits	343194	222750
九、从业人员平均人数(人)	**Average Number of Employees (person)**	**55229**	**53690**

12-2 房地产开发企业完成投资
COMPLETED INVESTMENT OF REAL ESTATE ENTERPRISES

单位：万元 (10 000 yuan)

年 份 Year	本年完成投资 Investement Completed This Year	住 宅 Residential Buildings	办公楼 Office Buildings	商业营业用房 Buildings for Business Operation	其 他 Others
1990	28486	24635	342	2108	1401
1991	32642	27132			5510
1992	51869	41963	1473	1451	6982
1993	129685	102732		2362	24591
1994	116512	87606	2964	6169	19773
1995	150866	101914	12353	13841	22758
1996	147893	107111	6442	7471	26869
1997	181736	151687	6258	6990	16801
1998	278653	199862	9774	21609	47408
1999	350458	270496	7771	30307	41884
2000	394556	272280	19201	48178	54897
2001	466464	288916	17639	67861	92048
2002	674331	369041	46104	88518	170668
2003	950740	473991	53641	211630	211478
2004	1449898	846989	110917	353485	138507
2005	1779937	1168931	107448	274199	229359
2006	2086231	1558224	83778	238224	206005
2007	2589251	1902509	51973	245495	389274
2008	3279807	2287311	81888	389808	520800
2009	4772748	3778904	106264	437877	449703
2010	5922376	4574340	125367	604588	618081
2011	7901982	6153199	172888	736434	839461
2012	10104513	7356137	227958	1392518	1127900
2013	13086275	9588469	484284	1825554	1187968
2014	14035549	10106901	692123	1913124	1323401
2015	14948719	10983176	855037	1712127	1398379
2016	15973532	11410813	751536	2172920	1638263
2017	11662833	8463841	356003	1477912	1365077
2018	13765808	10337564	367745	1531545	1528954

12-3 房地产开发企业施工、销售和待售情况(2018年)

指 标	Item	合 计 Total	住 宅 Residential Buildings
房屋施工面积 (平方米)	Floor Space of Buildings under Construction (sq.m)	169471135	123145485
#本年新开工面积	Buildings Newly Started Construction This Year	38725376	29572355
房屋竣工面积 (平方米)	Floor Space of Buildings Completed (sq.m)	14079469	10945022
#不可销售面积	Buildings Unable to be Sold	1464063	904488
住宅竣工套数 (套)	Sets of Residential Buildings Completed (set)		101379
房屋竣工价值 (万元)	Value of Buildings Completed (10 000 yuan)	3726053	2905706
房屋出租面积 (平方米)	Floor Space of Buildings Leased (sq.m)	103421	
商品房销售面积(平方米)	Floor Space of Commercial Residential Buildings Sold (sq.m)	23610186	22158597
现 房	Completed Buildings	4722377	4225757
期 房	Forward Delivery Buildings	18887809	17932840
商品房销售额 (万元)	Sales of Commercial Buildings (10 000 yuan)	16106793	14733766
现 房	Completed Buildings	1901046	1651956
期 房	Forward Delivery Buildings	14205747	13081810
商品住宅销售套数(套)	Sets of Commercial Residential Buildings Sold (set)		191333
现 房	Completed Buildings		38128
期 房	Forward Delivery Buildings		153205
待售面积 (平方米)	Floor Space for Sale (sq.m)	9848476	6393184
#待售1-3年面积	Floor Space for Sale in 1-3 Years	3319605	2062535
待售3年以上面积	Floor Space for Sale More Than 3 Years	2590096	1772627

BUILDINGS UNDER CONSTRUCTION, SELLING AND FOR SALE OF REAL ESTATE DEVELOPMENT ENTERPRISES(2018)

#90平方米及以下住房 90 sq.m and Below	#144平方米以上住房 Above 144 sq.m	#别墅、高档公寓 Villas and High-grade Apartment Buildings	办公楼 Office Buildings	商业营业用房 Buildings for Business Operation	其他 Others
25514244	21914047	1414718	4958417	18563853	22803380
4074461	5764213	342432	529111	3188353	5435557
2593549	924712	32693	160423	1274122	1699902
247069	1971		13127	82395	464053
33704	4700	193			
631079	267573	14780	49645	418712	351990
			723	75497	27201
2955074	4459588	532736	326075	706497	419017
1091263	625877	15775	52619	264283	179718
1863811	3833711	516961	273456	442214	239299
1553426	4426678	664837	321479	825956	225592
378322	329364	7836	27181	168472	53437
1175104	4097314	657001	294298	657484	172155
38369	26106	4830			
12967	3412	111			
25402	22694	4719			
1341435	1641649	156328	223080	1899072	1333140
521554	604907	38898	139476	838031	279563
337761	615604	117430	33789	456252	327428

12-4 房地产开发企业投资完成情况(2018年)

单位：万元

指 标	Item	企业个数(个) Number of Enterprises (unit)
总 计	**Total**	**2418**
按登记注册类型	**Grouped by Type of Registration Status**	
内 资	Domestic-Funded Enterprises	2405
国 有	State-owned Enterprises	51
集 体	Collective-owned Enterprises	4
股份合作	Share Cooperative Enterprises	
国有联营	State Joint Ownership Enterprises	
集体联营	Collective Joint Ownership Enterprises	
国有与集体联营	Joint State-collective Enterprises	
其他联营	Other Joint Ownership Enterprises	
国有独资公司	State-funded Corporations	49
其他有限责任公司	Other Limited Liability Corporations	509
股份有限公司	Share Corporations Ltd.	28
私营独资	Private-funded Enterprises	
私营合伙	Private Partnership Enterprises	
私营有限责任公司	Private Limited Liability Corporations	1725
私营股份有限公司	Private Share-holding Corporations Ltd.	39
其 他	Others	
港澳台投资	Enterprises with Investment from Hong Kong, Macao and Taiwan	7
合资经营	Joint-venture Enterprises	4
合作经营	Cooperative Enterprises	
独 资	Enterprises with Sole Investment	2
股份有限	Share Corporations Ltd.	1
其 他	Others	
外商投资	Enterprises with Foreign Investment	6
合资经营	Joint-Venture Enterprises	3
合作经营	Cooperative Enterprises	
独 资	Enterprises with Sole Foreign Investment	3
股份有限	Share Corporations Ltd.	
其 他	Others	6
按控股情况分	**Grouped by Share Holding**	
国有控股	State Holding Enterprises	211
集体控股	Collective-owned Holding Enterprises	29
私人控股	Private Holding Enterprises	2056
港澳台商控股	Hongkong, Macao and Taiwan Holding Enterprises	5
外商控股	Foreign Holding Enterprises	6
其 他	Others	111

COMPLETED INVESTMENT OF REAL ESTATE DEVELOPMENT ENTERPRISES(2018)

(10 000 yuan)

计划总投资 Total Planned Investment	自开始建设累计完成投资 Accumulative Investment Completed Since Starting of Construction	本年完成投资 Investment Completed This Year		
			建筑工程 Construction	安装工程 Installation
106855056	**64118520**	**13765808**	**7902902**	**1710969**
105184706	63507950	13720168	7873378	1701894
1117749	822672	175168	88891	50521
17820	20211			
3382335	1845518	678731	364112	30034
48520267	24428737	5862453	2919577	565714
802926	601112	150792	106218	9933
50497876	35115408	6778970	4339606	1032515
845733	674292	74054	54974	13177
1245589	375765	26333	19989	6344
901317	222351	4548		4548
195516	135538	7605	5809	1796
148756	17876	14180	14180	
424761	234805	19307	9535	2731
424761	234805	19307	9535	2731
22386841	13547880	2499741	1410119	222512
1239082	877406	203372	81115	36026
72716122	44846239	9902224	5858444	1352132
1065272	322733	21785	19989	1796
424761	234805	19307	9535	2731
9022978	4289457	1119379	523700	95772

12-4 续表1

单位：万元

指 标	Item	设备工器具购置 Purchase of Equipment and Instruments
总 计	**Total**	**155969**
按登记注册类型	**Grouped by Type of Registration Status**	
内 资	Domestic-Funded Enterprises	155858
国 有	State-owned Enterprises	1568
集 体	Collective-owned Enterprises	
股份合作	Share Cooperative Enterprises	
国有联营	State Joint Ownership Enterprises	
集体联营	Collective Joint Ownership Enterprises	
国有与集体联营	Joint State-collective Enterprises	
其他联营	Other Joint Ownership Enterprises	
国有独资公司	State-funded Corporations	4803
其他有限责任公司	Other Limited Liability Corporations	58129
股份有限公司	Share Corporations Ltd.	425
私营独资	Private-funded Enterprises	
私营合伙	Private Partnership Enterprises	
私营有限责任公司	Private Limited Liability Corporations	90933
私营股份有限公司	Private Share-holding Corporations Ltd.	
其 他	Others	
港澳台投资	Enterprises with Investment from Hong Kong, Macao and Taiwan	
合资经营	Joint-venture Enterprises	
合作经营	Cooperative Enterprises	
独 资	Enterprises with Sole Investment	
股份有限	Share Corporations Ltd.	
其 他	Others	
外商投资	Enterprises with Foreign Investment	111
合资经营	Joint-Venture Enterprises	
合作经营	Cooperative Enterprises	
独 资	Enterprises with Sole Foreign Investment	111
股份有限	Share Corporations Ltd.	
其 他	Others	
按控股情况分	**Grouped by Share Holding**	
国有控股	State Holding Enterprises	17999
集体控股	Collective-owned Holding Enterprises	4102
私人控股	Private Holding Enterprises	131914
港澳台商控股	Hongkong, Macao and Taiwan Holding Enterprises	
外商控股	Foreign Holding Enterprises	111
其 他	Others	1843

continued

(10 000 yuan)

其他费用 Other Expenses	#旧建筑物购置费 Purchse of old Building	#土地购置费 Purchase of Land	住宅 Residential Buildings	#90平方米及以下住房 90 sq.m and Below
3995968	**29126**	**3289014**	**10337564**	**2053573**
3989038	29126	3285051	10297262	2044156
34188	631	9139	123734	52169
279782		203088	491618	157600
2319033	24460	1881441	4364075	780986
34216	15	32700	116199	34306
1315916	4020	1153571	5132369	1006043
5903		5112	69267	13052
			26158	4548
			4548	4548
			7430	
			14180	
6930		3963	14144	4869
6930		3963	14144	4869
849111	959	578378	1895045	583890
82129	50	81461	160304	15197
2559734	28117	2218401	7437926	1336389
			21610	
6930		3963	14144	4869
498064		406811	808535	113228

12-4 续表2

单位：万元

指　标	Item	#144平方米以上住房 Above 144 sq.m
总　计	**Total**	**2199022**
按登记注册类型	**Grouped by Type of Registration Status**	
内　资	Domestic-Funded Enterprises	2177914
国　有	State-owned Enterprises	1208
集　体	Collective-owned Enterprises	
股份合作	Share Cooperative Enterprises	
国有联营	State Joint Ownership Enterprises	
集体联营	Collective Joint Ownership Enterprises	
国有与集体联营	Joint State-collective Enterprises	
其他联营	Other Joint Ownership Enterprises	
国有独资公司	State-funded Corporations	27311
其他有限责任公司	Other Limited Liability Corporations	1304003
股份有限公司	Share Corporations Ltd.	37392
私营独资	Private-funded Enterprises	
私营合伙	Private Partnership Enterprises	
私营有限责任公司	Private Limited Liability Corporations	792033
私营股份有限公司	Private Share-holding Corporations Ltd.	15967
其　他	Others	
港澳台投资	Enterprises with Investment from Hong Kong, Macao and Taiwan	20890
合资经营	Joint-venture Enterprises	
合作经营	Cooperative Enterprises	
独　资	Enterprises with Sole Investment	6710
股份有限	Share Corporations Ltd.	14180
其　他	Others	
外商投资	Enterprises with Foreign Investment	218
合资经营	Joint-Venture Enterprises	
合作经营	Cooperative Enterprises	
独　资	Enterprises with Sole Foreign Investment	218
股份有限	Share Corporations Ltd.	
其　他	Others	
按控股情况分	**Grouped by Share Holding**	
国有控股	State Holding Enterprises	339393
集体控股	Collective-owned Holding Enterprises	87541
私人控股	Private Holding Enterprises	1440150
港澳台商控股	Hongkong, Macao and Taiwan Holding Enterprises	20890
外商控股	Foreign Holding Enterprises	218
其　他	Others	310830

continued

(10 000 yuan)

#别墅、高档公寓 Villas and Highgrade Apartment Buildings	办公楼 Office Buildings	商业营业用房 Buildings for Business Operation	其 他 Others	本年新增固定资产 Newly Increased Fixed Assets This Year
174355	**367745**	**1531545**	**1528954**	**4180690**
160175	366167	1528675	1528064	4180690
	8771	13888	28775	111228
				18841
	32209	38045	116859	106973
144297	210181	580099	708098	1168952
	2465	9387	22741	45780
15878	112541	883512	650548	2657720
		3744	1043	71196
14180		86	89	
		86	89	
14180				
	1578	2784	801	
	1578	2784	801	
41360	154453	146073	304170	673219
	7854	12853	22361	44370
82218	201751	1291708	970839	3092661
14180		86	89	
	1578	2784	801	
36597	2109	78041	230694	370440

12-5 房地产开发企业资金来源情况(2018年)

单位：万元

指　标	Item	上年末结余资金 Remaining Funds at The End of Last Year
总　计	**Total**	**5054341**
按登记注册类型	**Grouped by Type of Registration Status**	
内　资	Domestic-Funded Enterprises	4996642
国　有	State-owned Enterprises	25291
集　体	Collective-owned Enterprises	
股份合作	Share Cooperative Enterprises	
国有联营	State Joint Ownership Enterprises	
集体联营	Collective Joint Ownership Enterprises	
国有与集体联营	Joint State-collective Enterprises	
其他联营	Other Joint Ownership Enterprises	
国有独资公司	State-funded Corporations	145675
其他有限责任公司	Other Limited Liability Corporations	2662064
股份有限公司	Share Corporations Ltd.	41870
私营独资	Private-funded Enterprises	
私营合伙	Private Partnership Enterprises	
私营有限责任公司	Private Limited Liability Corporations	2105088
私营股份有限公司	Private Share-holding Corporations Ltd.	16654
其　他	Others	
港澳台投资	Enterprises with Investment from Hong Kong, Macao and Taiwan	6869
合资经营	Joint-venture Enterprises	53
合作经营	Cooperative Enterprises	
独　资	Enterprises with Sole Investment	62
股份有限	Share Corporations Ltd.	6754
其　他	Others	
外商投资	Enterprises with Foreign Investment	50830
合资经营	Joint-Venture Enterprises	
合作经营	Cooperative Enterprises	
独　资	Enterprises with Sole Foreign Investment	50830
股份有限	Share Corporations Ltd.	
其　他	Others	
按控股情况分	**Grouped by Share Holding**	
国有控股	State Holding Enterprises	1275559
集体控股	Collective-owned Holding Enterprises	69856
私人控股	Private Holding Enterprises	3155820
港澳台商控股	Hongkong, Macao and Taiwan Holding Enterprises	6869
外商控股	Foreign Holding Enterprises	50830
其　他	Others	495407

SOURCE OF FUNDS FOR REAL ESTATE DEVELOPMENT ENTERPRISES(2018)

(10 000 yuan)

本年实际到位资金 Actual Funds in Place This Year	国内贷款 Domestic Loans	自筹资金 Self-raised Funds	定金及预付款 Deposit and Pre Payment	个人按揭贷款 Individual Mortgage	其他到位资金 Others
18066247	**1293369**	**6801394**	**6038146**	**3024244**	**909094**
17897426	1293369	6779245	5902363	3013355	909094
148870	3000	83977	27835		34058
996156	394846	129475	287030	19902	164903
7919724	571700	2613028	2836770	1450144	448082
219474	23500	53105	126506	16363	
8543994	298023	3853671	2612981	1521255	258064
69208	2300	45989	11241	5691	3987
145459		4553	134203	6703	
4553		4553			
10632			3929	6703	
130274			130274		
23362		17596	1580	4186	
23362		17596	1580	4186	
3212666	746242	776254	1044653	124153	521364
248565	1710	62023	137241	33996	13595
12597809	518161	5533192	3896280	2289900	360276
140906			134203	6703	
23362		17596	1580	4186	
1842939	27256	412329	824189	565306	13859

12-6 房地产开发企业土地购置、开发和待售情况(2018年)

单位：平方米

指 标	Item	待开发土地面积 Land Area Pending Development
总 计	**Total**	**6462247**
按登记注册类型	**Grouped by Type of Registration Status**	
内 资	Domestic-Funded Enterprises	6387969
国 有	State-owned Enterprises	
集 体	Collective-owned Enterprises	
股份合作	Share Cooperative Enterprises	
国有联营	State Joint Ownership Enterprises	
集体联营	Collective Joint Ownership Enterprises	
国有与集体联营	Joint State-collective Enterprises	
其他联营	Other Joint Ownership Enterprises	
国有独资公司	State-funded Corporations	154573
其他有限责任公司	Other Limited Liability Corporations	2432589
股份有限公司	Share Corporations Ltd.	37228
私营独资	Private-funded Enterprises	
私营合伙	Private Partnership Enterprises	
私营有限责任公司	Private Limited Liability Corporations	3678522
私营股份有限公司	Private Share-holding Corporations Ltd.	85057
其 他	Others	
港澳台投资	Enterprises with Investment from Hong Kong, Macao and Taiwan	74278
合资经营	Joint-venture Enterprises	74278
合作经营	Cooperative Enterprises	
独 资	Enterprises with Sole Investment	
股份有限	Share Corporations Ltd.	
其 他	Others	
外商投资	Enterprises with Foreign Investment	
合资经营	Joint-Venture Enterprises	
合作经营	Cooperative Enterprises	
独 资	Enterprises with Sole Foreign Investment	
股份有限	Share Corporations Ltd.	
其 他	Others	
按控股情况分	**Grouped by Share Holding**	
国有控股	State Holding Enterprises	818405
集体控股	Collective-owned Holding Enterprises	41163
私人控股	Private Holding Enterprises	4739350
港澳台商控股	Hongkong, Macao and Taiwan Holding Enterprises	
外商控股	Foreign Holding Enterprises	235401
其 他	Others	627928

LAND PURCHASING, DEVELOPING AND FOR SALE OF REAL ESTATE DEVELOPMENT ENTERPRISES(2018)

(sq.m)

本年购置土地面积 Land Area Purchased This Year	本年土地成交价款(万元) Deal Value of Land This Year (10 000 yuan)	待售面积 Land Area for Sale	#待售面积(一年至三年) Land Area for Sale in 1-3 Years	#待售面积(三年以上) Land Area for Sale More Than Three Years
2863793	**819416**	**9848476**	**3319605**	**2590096**
2863793	819416	9801586	3272715	2590096
119026	61711	21054		21054
102034	25763	25777	5744	16676
781752	224510	3439380	1317163	1321389
52667	25930	38661		
1778159	478102	5906735	1940439	1188977
30155	3400	369979	9369	42000
		46890	46890	
		46890	46890	
302511	96433	642898	361311	146178
4547	467	107095	24456	2986
2331949	619244	8229376	2505443	2092502
		8554		
224786	103272	860553	428395	348430

12-7 房地产开发企业施工和销售情况(2018年)

单位：平方米

指 标	Item	房屋施工面积 Floor Space of Buildings under Construction	住 宅 Residential Buildings
总 计	**Total**	**169471135**	**123145485**
按登记注册类型	**Grouped by Type of Registration Status**		
内 资	Domestic-Funded Enterprises	167255966	122259011
国 有	State-owned Enterprises	2809301	2336216
集 体	Collective-owned Enterprises	118000	118000
股份合作	Share Cooperative Enterprises		
国有联营	State Joint Ownership Enterprises		
集体联营	Collective Joint Ownership Enterprises		
国有与集体联营	Joint State-collective Enterprises		
其他联营	Other Joint Ownership Enterprises		
国有独资公司	State-funded Corporations	5604187	4000869
其他有限责任公司	Other Limited Liability Corporations	61320885	44215968
股份有限公司	Share Corporations Ltd.	1606814	1227069
私营独资	Private-funded Enterprises		
私营合伙	Private Partnership Enterprises		
私营有限责任公司	Private Limited Liability Corporations	94084766	69013726
私营股份有限公司	Private Share-holding Corporations Ltd.	1712013	1347163
其 他	Others		
港澳台投资	Enterprises with Investment from Hong Kong, Macao and Taiwan	1728676	787587
合资经营	Joint-venture Enterprises	1311169	445027
合作经营	Cooperative Enterprises		
独 资	Enterprises with Sole Investment	297507	222560
股份有限	Share Corporations Ltd.	120000	120000
其 他	Others		
外商投资	Enterprises with Foreign Investment	486493	98887
合资经营	Joint-Venture Enterprises		
合作经营	Cooperative Enterprises		
独 资	Enterprises with Sole Foreign Investment	486493	98887
股份有限	Share Corporations Ltd.		
其 他	Others		
按控股情况分	**Grouped by Share Holding**		
国有控股	State Holding Enterprises	31264481	22646079
集体控股	Collective-owned Holding Enterprises	2006780	1599877
私人控股	Private Holding Enterprises	121440673	88014997
港澳台商控股	Hongkong, Macao and Taiwan Holding Enterprises	1519507	689260
外商控股	Foreign Holding Enterprises	486493	98887
其 他	Others	12753201	10096385

CONSTRUCTION AND SALES OF REAL ESTATE DEVELOPMENT ENTERPRISES(2018)

(sq.m)

#90平方米及以下住房 90 sq.m and Below	#144平方米以上住房 Above 144 sq.m	#别墅、高档公寓 Villas and High-grade Apartment Buildings	办公楼 Office Buildings	商业营业用房 Buildings for Business Operation	其 他 Others
25514244	**21914047**	**1414718**	**4958417**	**18563853**	**22803380**
25409172	21226194	1294718	4465393	18176598	22354964
1506824	4022		15522	75974	381589
39000					
1083752	198081		315457	283474	1004387
8171761	9727269	928329	2079017	5999254	9026646
390325	99662		5067	101905	272773
13857135	10886659	342309	2050330	11419112	11601598
360375	310501	24080		296879	67971
98327	652391	120000	389700	177262	374127
98327	346700		389700	154455	321987
	185691			22807	52140
	120000	120000			
6745	35462		103324	209993	74289
6745	35462		103324	209993	74289
6193363	3501600	382988	1221766	2447101	4949535
321682	583970		28291	80936	297676
17085022	14587270	602398	3092424	14581838	15751414
	652391	120000	389700	73407	367140
6745	35462		103324	209993	74289
1907432	2553354	309332	122912	1170578	1363326

12-7 续表1

单位：平方米

指　标	Item	本年新开工面积 Floor Space of Builings Newly Started Construction	住　宅 Residential Buildings
总　计	**Total**	**38725376**	**29572355**
按登记注册类型	**Grouped by Type of Registration Status**		
内　资	Domestic-Funded Enterprises	38707180	29558325
国　有	State-owned Enterprises	441044	369606
集　体	Collective-owned Enterprises		
股份合作	Share Cooperative Enterprises		
国有联营	State Joint Ownership Enterprises		
集体联营	Collective Joint Ownership Enterprises		
国有与集体联营	Joint State-collective Enterprises		
其他联营	Other Joint Ownership Enterprises		
国有独资公司	State-funded Corporations	1683626	1121496
其他有限责任公司	Other Limited Liability Corporations	15703690	11705709
股份有限公司	Share Corporations Ltd.	336833	202388
私营独资	Private-funded Enterprises		
私营合伙	Private Partnership Enterprises		
私营有限责任公司	Private Limited Liability Corporations	20295594	15920126
私营股份有限公司	Private Share-holding Corporations Ltd.	246393	239000
其　他	Others		
港澳台投资	Enterprises with Investment from Hong Kong, Macao and Taiwan		
合资经营	Joint-venture Enterprises		
合作经营	Cooperative Enterprises		
独　资	Enterprises with Sole Investment		
股份有限	Share Corporations Ltd.		
其　他	Others		
外商投资	Enterprises with Foreign Investment	18196	14030
合资经营	Joint-Venture Enterprises		
合作经营	Cooperative Enterprises		
独　资	Enterprises with Sole Foreign Investment	18196	14030
股份有限	Share Corporations Ltd.		
其　他	Others		
按控股情况分	**Grouped by Share Holding**		
国有控股	State Holding Enterprises	5068352	3475460
集体控股	Collective-owned Holding Enterprises	903260	798709
私人控股	Private Holding Enterprises	29136414	22216593
港澳台商控股	Hongkong, Macao and Taiwan Holding Enterprises		
外商控股	Foreign Holding Enterprises	18196	14030
其　他	Others	3599154	3067563

continued

(sq.m)

#90平方米及以下住房 90 sq.m and Below	#144平方米以上住房 Above 144 sq.m	#别墅、高档公寓 Villas and High-grade Apartment Buildings	办公楼 Office Buildings	商业营业用房 Buildings for Business Operation	其他 Others
4074461	**5764213**	**342432**	**529111**	**3188353**	**5435557**
4074461	5764213	342432	529111	3188353	5431391
124659			830	8727	61881
316364	137022		46625	70482	445023
1427015	3525773	306238	273117	1445646	2279218
65545	2153		5067	26447	102931
2123257	2075901	36194	203472	1637051	2534945
17621	23364				7393
					4166
					4166
962697	566932	32252	110177	351364	1131351
84118	477805			19111	85440
2767171	3727602	132103	418471	2562365	3938985
					4166
260475	991874	178077	463	255513	275615

12-7 续表2

单位：平方米

指　标	Item	房屋竣工面　积 Floor Space of Buildings Completed	住　宅 Residential Buildings
总　计	**Total**	**14079469**	**10945022**
按登记注册类型	**Grouped by Type of Registration Status**		
内　资	Domestic-Funded Enterprises	14079469	10945022
国　有	State-owned Enterprises	493295	419531
集　体	Collective-owned Enterprises	103000	103000
股份合作	Share Cooperative Enterprises		
国有联营	State Joint Ownership Enterprises		
集体联营	Collective Joint Ownership Enterprises		
国有与集体联营	Joint State-collective Enterprises		
其他联营	Other Joint Ownership Enterprises		
国有独资公司	State-funded Corporations	403880	289633
其他有限责任公司	Other Limited Liability Corporations	4058835	3105382
股份有限公司	Share Corporations Ltd.	85507	85507
私营独资	Private-funded Enterprises		
私营合伙	Private Partnership Enterprises		
私营有限责任公司	Private Limited Liability Corporations	8743310	6815061
私营股份有限公司	Private Share-holding Corporations Ltd.	191642	126908
其　他	Others		
港澳台投资	Enterprises with Investment from Hong Kong, Macao and Taiwan		
合资经营	Joint-venture Enterprises		
合作经营	Cooperative Enterprises		
独　资	Enterprises with Sole Investment		
股份有限	Share Corporations Ltd.		
其　他	Others		
外商投资	Enterprises with Foreign Investment		
合资经营	Joint-Venture Enterprises		
合作经营	Cooperative Enterprises		
独　资	Enterprises with Sole Foreign Investment		
股份有限	Share Corporations Ltd.		
其　他	Others		
按控股情况分	**Grouped by Share Holding**		
国有控股	State Holding Enterprises	2290026	1751914
集体控股	Collective-owned Holding Enterprises	194939	175994
私人控股	Private Holding Enterprises	10509248	8088009
港澳台商控股	Hongkong, Macao and Taiwan Holding Enterprises		
外商控股	Foreign Holding Enterprises		
其　他	Others	1085256	929105

continued

(sq.m)

#90平方米及以下住房 90 sq.m and Below	#144平方米以上住房 Above 144 sq.m	#别墅、高档公寓 Villas and High-grade Apartment Buildings	办公楼 Office Buildings	商业营业用房 Buildings for Business Operation	其 他 Others
2593549	**924712**	**32693**	**160423**	**1274122**	**1699902**
2593549	924712	32693	160423	1274122	1699902
354436				11164	62600
39000					
118205	1971			41298	72949
571763	431095		13211	332251	607991
15507					
1473291	477723	32693	147212	832912	948125
21347	13923			56497	8237
630130	86924			202897	335215
39000				4415	14530
1796193	633852	32693	160423	973719	1287097
128226	203936			93091	63060

12-7 续表3

单位：万元

指 标	Item	房屋竣工价 值 Value of Buildings Completed	住 宅 Residential Buildings
总 计	**Total**	**3726053**	**2905706**
按登记注册类型	**Grouped by Type of Registration Status**		
内 资	Domestic-Funded Enterprises	3726053	2905706
国 有	State-owned Enterprises	111228	93836
集 体	Collective-owned Enterprises	18841	18841
股份合作	Share Cooperative Enterprises		
国有联营	State Joint Ownership Enterprises		
集体联营	Collective Joint Ownership Enterprises		
国有与集体联营	Joint State-collective Enterprises		
其他联营	Other Joint Ownership Enterprises		
国有独资公司	State-funded Corporations	104992	82710
其他有限责任公司	Other Limited Liability Corporations	1106522	826954
股份有限公司	Share Corporations Ltd.	45780	45780
私营独资	Private-funded Enterprises		
私营合伙	Private Partnership Enterprises		
私营有限责任公司	Private Limited Liability Corporations	2267494	1782519
私营股份有限公司	Private Share-holding Corporations Ltd.	71196	55066
其 他	Others		
港澳台投资	Enterprises with Investment from Hong Kong, Macao and Taiwan		
合资经营	Joint-venture Enterprises		
合作经营	Cooperative Enterprises		
独 资	Enterprises with Sole Investment		
股份有限	Share Corporations Ltd.		
其 他	Others		
外商投资	Enterprises with Foreign Investment		
合资经营	Joint-Venture Enterprises		
合作经营	Cooperative Enterprises		
独 资	Enterprises with Sole Foreign Investment		
股份有限	Share Corporations Ltd.		
其 他	Others		
按控股情况分	**Grouped by Share Holding**		
国有控股	State Holding Enterprises	649752	469292
集体控股	Collective-owned Holding Enterprises	40850	37273
私人控股	Private Holding Enterprises	2682557	2088735
港澳台商控股	Hongkong, Macao and Taiwan Holding Enterprises		
外商控股	Foreign Holding Enterprises		
其 他	Others	352894	310406

continued

(10 000 yuan)

#90平方米及以下住房 90 sq.m and Below	#144平方米以上住房 Above 144 sq.m	#别墅、高档公寓 Villas and High-grade Apartment Buildings	办公楼 Office Buildings	商业营业用房 Buildings for Business Operation	其 他 Others
631079	**267573**	**14780**	**49645**	**418712**	**351990**
631079	267573	14780	49645	418712	351990
86142				6783	10609
5711					
48225	373			12631	9651
145217	144974		4064	145602	129902
2350					
337234	118391	14780	45581	238791	200603
6200	3835			14905	1225
182286	27352			111057	69403
5711				1015	2562
388436	176166	14780	49645	274314	269863
54646	64055			32326	10162

12-7 续表4

单位：平方米

指 标	Item	商品房销售面积 Floor Space of Commercial Buildings Sold	住 宅 Residential Buildings
总 计	**Total**	**23610186**	**22158597**
按登记注册类型	**Grouped by Type of Registration Status**		
内 资	Domestic-Funded Enterprises	23493080	22044038
国 有	State-owned Enterprises	315717	310637
集 体	Collective-owned Enterprises		
股份合作	Share Cooperative Enterprises		
国有联营	State Joint Ownership Enterprises		
集体联营	Collective Joint Ownership Enterprises		
国有与集体联营	Joint State-collective Enterprises		
其他联营	Other Joint Ownership Enterprises		
国有独资公司	State-funded Corporations	570442	525924
其他有限责任公司	Other Limited Liability Corporations	9819175	9126509
股份有限公司	Share Corporations Ltd.	204745	197144
私营独资	Private-funded Enterprises		
私营合伙	Private Partnership Enterprises		
私营有限责任公司	Private Limited Liability Corporations	12291212	11602061
私营股份有限公司	Private Share-holding Corporations Ltd.	291789	281763
其 他	Others		
港澳台投资	Enterprises with Investment from Hong Kong, Macao and Taiwan	117106	114559
合资经营	Joint-venture Enterprises		
合作经营	Cooperative Enterprises		
独 资	Enterprises with Sole Investment	38376	36643
股份有限	Share Corporations Ltd.	78730	77916
其 他	Others		
外商投资	Enterprises with Foreign Investment		
合资经营	Joint-Venture Enterprises		
合作经营	Cooperative Enterprises		
独 资	Enterprises with Sole Foreign Investment		
股份有限	Share Corporations Ltd.		
其 他	Others		
按控股情况分	**Grouped by Share Holding**		
国有控股	State Holding Enterprises	2985572	2672795
集体控股	Collective-owned Holding Enterprises	321323	307236
私人控股	Private Holding Enterprises	17583660	16520838
港澳台商控股	Hongkong, Macao and Taiwan Holding Enterprises	117106	114559
外商控股	Foreign Holding Enterprises	6107	6107
其 他	Others	2596418	2537062

continued

(sq.m)

#90平方米及以下住房 90 sq.m and Below	#144平方米以上住房 Above 144 sq.m	#别墅、高档公寓 Villas and High-grade Apartment Buildings	办公楼 Office Buildings	商业营业用房 Buildings for Business Operation	其他 Others
2955074	**4459588**	**532736**	**326075**	**706497**	**419017**
2955074	4354005	454820	326075	704764	418203
272715				1220	3860
92047	45853		28890	10155	5473
814582	2604434	415634	228353	293150	171163
18407	93603			4910	2691
1686780	1567571	38863	68832	385303	235016
70543	42544	323		10026	
	105583	77916		1733	814
	27667			1733	
	77916	77916			814
596186	473389	138892	141045	96127	75605
23818	155566			6023	8064
2163914	3059709	118545	180792	559033	322997
	105583	77916		1733	814
	3754				
171156	661587	197383	4238	43581	11537

12-7 续表5

单位：万元

指　标	Item	商品房销售额 Sales of Commercial Buildings	住　宅 Residential Buildings
总　计	**Total**	**16106793**	**14733766**
按登记注册类型	**Grouped by Type of Registration Status**		
内　资	Domestic-Funded Enterprises	15950640	14581882
国　有	State-owned Enterprises	89982	88735
集　体	Collective-owned Enterprises		
股份合作	Share Cooperative Enterprises		
国有联营	State Joint Ownership Enterprises		
集体联营	Collective Joint Ownership Enterprises		
国有与集体联营	Joint State-collective Enterprises		
其他联营	Other Joint Ownership Enterprises		
国有独资公司	State-funded Corporations	481749	417023
其他有限责任公司	Other Limited Liability Corporations	8684158	7886694
股份有限公司	Share Corporations Ltd.	172131	162692
私营独资	Private-funded Enterprises		
私营合伙	Private Partnership Enterprises		
私营有限责任公司	Private Limited Liability Corporations	6390264	5900586
私营股份有限公司	Private Share-holding Corporations Ltd.	132356	126152
其　他	Others		
港澳台投资	Enterprises with Investment from Hong Kong, Macao and Taiwan	156153	151884
合资经营	Joint-venture Enterprises		
合作经营	Cooperative Enterprises		
独　资	Enterprises with Sole Investment	41005	37842
股份有限	Share Corporations Ltd.	115148	114042
其　他	Others		
外商投资	Enterprises with Foreign Investment		
合资经营	Joint-Venture Enterprises		
合作经营	Cooperative Enterprises		
独　资	Enterprises with Sole Foreign Investment		
股份有限	Share Corporations Ltd.		
其　他	Others		
按控股情况分	**Grouped by Share Holding**		
国有控股	State Holding Enterprises	2270581	1936699
集体控股	Collective-owned Holding Enterprises	259437	245710
私人控股	Private Holding Enterprises	10844667	9919557
港澳台商控股	Hongkong, Macao and Taiwan Holding Enterprises	156153	151884
外商控股	Foreign Holding Enterprises	2083	2083
其　他	Others	2573872	2477833

continued

(10 000 yuan)

#90平方米及以下住房 90 sq.m and Below	#144平方米以上住房 Above 144 sq.m	#别墅、高档公寓 Villas and High-grade Apartment Buildings	办公楼 Office Buildings	商业营业用房 Buildings for Business Operation	其 他 Others
1553426	**4426678**	**664837**	**321479**	**825956**	**225592**
1553426	4279033	550795	321479	822793	224486
76966				282	965
85808	43954		35999	17926	10801
479693	2994760	521730	241723	474259	81482
8330	107110			7602	1837
877315	1110109	28946	43757	316520	129401
25314	23100	119		6204	
	147645	114042		3163	1106
	33603			3163	
	114042	114042			1106
291887	453263	178917	141609	153756	38517
18573	132679			11564	2163
1129553	2811010	136824	174820	574741	175549
	147645	114042		3163	1106
	1333				
113413	880748	235054	5050	82732	8257

12-8 房地产开发企业财务状况(2018年)

单位：万元

指 标	Item	固定资产原价 Original Value of Fixed Assets
总 计	**Total**	**2433125**
按登记注册类型	**Grouped by Type of Registration Status**	
内 资	Domestic-Funded Enterprises	2364098
国 有	State-owned Enterprises	25545
集 体	Collective-owned Enterprises	3580
股份合作	Share Cooperative Enterprises	
国有联营	State Joint Ownership Enterprises	
集体联营	Collective Joint Ownership Enterprises	
国有与集体联营	Joint State-collective Enterprises	
其他联营	Other Joint Ownership Enterprises	
国有独资公司	State-funded Corporations	701794
其他有限责任公司	Other Limited Liability Corporations	540762
股份有限公司	Share Corporations Ltd.	23658
私营独资	Private-funded Enterprises	
私营合伙	Private Partnership Enterprises	
私营有限责任公司	Private Limited Liability Corporations	1050382
私营股份有限公司	Private Share-holding Corporations Ltd.	18378
其 他	Others	
港澳台投资	Enterprises with Investment from Hong Kong, Macao and Taiwan	5589
合资经营	Joint-venture Enterprises	5191
合作经营	Cooperative Enterprises	
独 资	Enterprises with Sole Investment	233
股份有限	Share Corporations Ltd.	165
其 他	Others	
外商投资	Enterprises with Foreign Investment	63438
合资经营	Joint-Venture Enterprises	1667
合作经营	Cooperative Enterprises	
独 资	Enterprises with Sole Foreign Investment	61771
股份有限	Share Corporations Ltd.	
其 他	Others	
按控股情况分	**Grouped by Share Holding**	
国有控股	State Holding Enterprises	947974
集体控股	Collective-owned Holding Enterprises	9726
私人控股	Private Holding Enterprises	1264145
港澳台商控股	Hongkong, Macao and Taiwan Holding Enterprises	1072
外商控股	Foreign Holding Enterprises	87522
其 他	Others	122687

FINANCIAL CONDITION OF REAL ESTATE DEVELOPMENT ENTERPRISES(2018)

(10 000 yuan)

累计折旧 Accumulative Depreciation	#本年折旧 Depreciation of This Year	资产总计 Total Assets	负债合计 Total Liabilities	所有者权益合计 Total Creditors' Equity	#实收资金 Paid-in Capital
532703	**112665**	**123844497**	**109122047**	**14722450**	**10939978**
516640	109083	122410862	107961169	14449693	10659391
8912	725	1889344	1762165	127179	44177
322	27	45227	43639	1589	2683
11840	1889	12896976	9273109	3623868	1051574
119851	31269	49834636	43872892	5961744	4785239
8488	1200	1547636	1494029	53608	75995
361473	72740	55135778	50483632	4652145	4635769
5754	1232	1061265	1031704	29561	63953
3784	251	653871	421243	232628	221561
3484	167	191939	75301	116637	114500
188	76	286314	193553	92761	93448
111	8	175619	152389	23230	13613
12279	3332	779764	739635	40129	59026
1566	88	99169	104485	-5317	8916
10713	3244	680595	635149	45446	50110
53831	12182	31399491	25646390	5753100	2602751
2149	292	1055859	906636	149223	94966
434290	88054	78450965	70630824	7820141	7305711
898	104	639180	416218	222962	213311
16829	4585	976419	949589	26830	62842
24706	7449	11322584	10572390	750194	660395

12-8 续表1

单位：万元

指 标	Item	营业收入 Business Revenue
总 计	**Total**	**10547257**
按登记注册类型	**Grouped by Type of Registration Status**	
内 资	Domestic-Funded Enterprises	10466914
国 有	State-owned Enterprises	50984
集 体	Collective-owned Enterprises	329
股份合作	Share Cooperative Enterprises	
国有联营	State Joint Ownership Enterprises	
集体联营	Collective Joint Ownership Enterprises	
国有与集体联营	Joint State-collective Enterprises	
其他联营	Other Joint Ownership Enterprises	
国有独资公司	State-funded Corporations	1077520
其他有限责任公司	Other Limited Liability Corporations	4244705
股份有限公司	Share Corporations Ltd.	155086
私营独资	Private-funded Enterprises	
私营合伙	Private Partnership Enterprises	
私营有限责任公司	Private Limited Liability Corporations	4919767
私营股份有限公司	Private Share-holding Corporations Ltd.	18522
其 他	Others	
港澳台投资	Enterprises with Investment from Hong Kong, Macao and Taiwan	52629
合资经营	Joint-venture Enterprises	519
合作经营	Cooperative Enterprises	
独 资	Enterprises with Sole Investment	37326
股份有限	Share Corporations Ltd.	14784
其 他	Others	
外商投资	Enterprises with Foreign Investment	27714
合资经营	Joint-Venture Enterprises	1511
合作经营	Cooperative Enterprises	
独 资	Enterprises with Sole Foreign Investment	26202
股份有限	Share Corporations Ltd.	
其 他	Others	
按控股情况分	**Grouped by Share Holding**	
国有控股	State Holding Enterprises	2988995
集体控股	Collective-owned Holding Enterprises	141991
私人控股	Private Holding Enterprises	6601913
港澳台商控股	Hongkong, Macao and Taiwan Holding Enterprises	52493
外商控股	Foreign Holding Enterprises	28200
其 他	Others	733664

continued

(10 000 yuan)

#主营业务收入 Revenue of Major Business	土地转让收入 Land Transferred Revenue	商品房屋销售收入 Sales Revenue of Commercial Buildings	自持物业收入 Revenue from Self-owned Real Estate	房屋出租收入 Revenue from Buildings Leasing	其他收入 Other Revenue
8876438	**602069**	**7974555**	**94469**	**75723**	**205345**
8796124	602069	7896688	93961	75214	203407
49850		45995	1218	1206	2637
329		329			
447981	45834	383701	2273	1175	16172
3285475	23235	3084258	34810	28775	143173
153949		153300	533	533	116
4840029	533000	4211666	54150	42717	41214
18512		17439	977	808	96
52602		52093	509	509	
519		11	509	509	
37298		37298			
14784		14784			
27712		25774			1938
1510		1510			
26201		24264			1938
2216987	45912	2010422	22978	16259	137675
132754		130265	309	309	2180
5991071	536778	5335648	66686	54664	51958
52466		52466			
28198		26237	23	23	1938
454963	19379	419517	4473	4468	11594

12-8 续表2

单位：万元

指 标	Item	营业成本 Business Costs
总 计	**Total**	**8220366**
按登记注册类型	**Grouped by Type of Registration Status**	
内 资	Domestic-Funded Enterprises	8155972
国 有	State-owned Enterprises	41747
集 体	Collective-owned Enterprises	219
股份合作	Share Cooperative Enterprises	
国有联营	State Joint Ownership Enterprises	
集体联营	Collective Joint Ownership Enterprises	
国有与集体联营	Joint State-collective Enterprises	
其他联营	Other Joint Ownership Enterprises	
国有独资公司	State-funded Corporations	929476
其他有限责任公司	Other Limited Liability Corporations	3172085
股份有限公司	Share Corporations Ltd.	109954
私营独资	Private-funded Enterprises	
私营合伙	Private Partnership Enterprises	
私营有限责任公司	Private Limited Liability Corporations	3893450
私营股份有限公司	Private Share-holding Corporations Ltd.	9040
其 他	Others	
港澳台投资	Enterprises with Investment from Hong Kong, Macao and Taiwan	43122
合资经营	Joint-venture Enterprises	119
合作经营	Cooperative Enterprises	
独 资	Enterprises with Sole Investment	30559
股份有限	Share Corporations Ltd.	12445
其 他	Others	
外商投资	Enterprises with Foreign Investment	21272
合资经营	Joint-Venture Enterprises	1745
合作经营	Cooperative Enterprises	
独 资	Enterprises with Sole Foreign Investment	19526
股份有限	Share Corporations Ltd.	
其 他	Others	
按控股情况分	**Grouped by Share Holding**	
国有控股	State Holding Enterprises	2454281
集体控股	Collective-owned Holding Enterprises	110515
私人控股	Private Holding Enterprises	5090112
港澳台商控股	Hongkong, Macao and Taiwan Holding Enterprises	43405
外商控股	Foreign Holding Enterprises	22500
其 他	Others	499554

continued

(10 000 yuan)

#主营业务成　本 Costs of Major Business	税金及附加 Tax and Extra Charges	#主营业务税金及附加 Tax and Extra Charges of Major Business	营业利润 Business Profits	利润总额 Total Profits	所得税费用 Income Taxes Expenses	从业人员期末人数(人) Employees at The End of Period (person)
6953445	**576784**	**439025**	**288182**	**222750**	**217922**	**52991**
6889051	572786	435118	298274	232864	215998	52528
41712	25197	2435	−6651	−3969	206	1538
219	50	50	−253	−271		329
347073	28439	27521	50495	61432	22381	1676
2554782	239901	140466	227748	202788	119774	15059
109771	8528	8435	13774	13883	−146	550
3826454	270068	255609	17621	−36260	73708	32724
9040	603	603	−4460	−4739	76	652
43122	2994	2958	1146	1118	861	198
119	88	88	−341	−435		94
30559	2145	2109	3153	3153	861	60
12445	761	761	−1666	−1600		44
21272	1004	949	−11239	−11231	1063	265
1745	106	106	−1245	−1245		66
19526	897	843	−9994	−9987	1063	199
1683307	128548	92258	264236	270612	82199	7279
98031	6045	3502	41037	42558	2382	782
4784378	388806	318491	−72737	−138371	112269	41036
43405	2905	2870	1379	1445	861	144
22500	1765	1157	−11378	−11448	1061	275
321824	48715	20748	65644	57955	19150	3475

主要统计指标解释

房地产开发投资 指各种登记注册类型的房地产开发法人单位统一开发的住宅、厂房、仓库、饭店、宾馆、度假村、写字楼、办公楼等房屋建筑物，配套的服务设施，土地开发工程（如道路、给水、排水、供电、供热、通讯、平整场地等基础设施工程）和土地购置的投资；不包括单纯的土地开发和交易活动。

本年实际到位资金 指房地产开发企业实际拨入的，用于房地产开发的各种货币资金。包括国内贷款、利用外资、自筹资金、定金及预付款、个人按揭贷款和其他资金。

本年土地购置面积 指在本年内通过各种方式获得土地使用权的土地面积。

本年土地成交价款 指进行土地使用权交易活动的最终金额。在土地一级市场，是指土地最后的划拨款、“招拍挂”价格和出让价；在土地二级市场是指土地转让、出租、抵押等最后确定的合同价格。土地成交价款与土地购置面积同口径，可以计算土地的平均购置价格。

房屋新开工面积 指报告期内新开工建设的房屋建筑面积，以单位工程为核算对象，即整栋房屋的全部建筑面积，不能分割计算。不包括在上期开工跨入报告期继续施工的房屋建筑面积和上期停缓建而在本期恢复施工的房屋建筑面积。房屋的开工应以房屋正式开始破土刨槽（地基处理或打永久桩）的日期为准。

房屋竣工面积 指报告期内房屋建筑按照设计要求已全部完工，达到住人和使用条件，经验收鉴定合格或达到竣工验收标准，可正式移交使用的各栋房屋建筑面积的总和。

房屋竣工价值 指报告期内按规定已经上报竣工的房屋本身的建造价值。一般按房屋设计和预算规定的内容计算。包括竣工房屋本身的基础、结构、屋面、装修以及水、电、卫等附属工程的建筑价值；也包括作为房屋建筑组成部分而列入房屋建筑工程预算内的设备（如电梯、通风设备等）的购置和安装费用。不包括厂房内的工艺设备、工艺管线的购置和安装，工艺设备基础的建造；室外的水、暖、电、卫、道路工程、挡土墙等环境工程的费用；办公和生活用家具的购置等费用；购置土地的费用；迁移补偿费和场地平整的费用及城市建设配套投资。

房屋竣工价值不仅包括该竣工房屋在报告期内完成的价值，也包括跨年施工的房屋在本期以前完成的价值。未竣工而转让给其他单位的房屋建筑工程，出让单位不计算竣工价值，待接受单位继续施工并符合竣工条件后，由接受单位计算其竣工价值，包括出让单位在出让前所完成的价值。房屋竣工价值一般按结算价格（或中标价）计算。

商品房销售面积 指报告期内出售商品房屋的合同总面积（即双方签署的正式买卖合同中所确定的建筑面积）。商品房销售面积由现房销售面积和期房销售面积两部分组成。

商品房销售额 指报告期内出售商品房屋的合同总价款（即双方签署的正式买卖合同中所确定的合同总价）。该指标与商品房销售面积同口径，由现房销售额和期房销售额两部分组成。

待售面积 指报告期末已竣工的可供销售或出租的商品房屋建筑面积中，尚未销售或出租的商品房屋建筑面积，包括以前年度竣工和本期竣工的房屋面积，但不包括报告期已竣工的拆迁还建、统建代建、公共配套建筑、房地产公司自用及周转房等不可销售或出租的房屋面积。按照商品房待售时间的长短可以划分为待售一年以下、待售一到三年（含一年）和待售三年以上（含三年）。

Explanatory Notes on Main Statistical Indicators

Investment in Real Estate Development refers to investment by real estate development corporation units of various types of ownership in the construction of buildings, such as residential buildings, factory buildings, warehouses, hotels, guesthouses, holiday villages, office buildings, complementary service facilities, land development projects and land purchase, such as roads, water supply, water drainage, power supply, heating supply, telecommunications, land leveling and other infrastructural projects. It does not include activities in pure land transactions.

Actual Funds in Place This Year refers to all kinds of monetary funds real estate enterprises actually invested for real estate development, including domestic loans, foreign investment, self-raising fund, down payment and advance payment, personal mortgage loans and other funds.

Land Area Purchased This Year refers to the land area which has been got the land use right by all means.

Value of Land Transaction This Year refers to the final value of land use right in the land transaction. It refers to the final appropriations of land, remising price and transfer price in primary land market, while it refers to the contract price of land transfer, lease and mortgage in the secondary land market. Value of land transaction has the same coverage with land area purchased, which can be used to calculate the average price of land purchased.

Floor Space of Buildings Newly Started This Year refers to the total floor space area of the buildings started in the year by re al estate development companies. It excludes the buildings started in previous years and continued in the year, and the buildings susp ended in previous years but restarted in the year. The start of a construction is defined by the date of ground breaking or pile driving.

Floor Space of Buildings Completed refers to the floor space of all buildings completed in the reference period, which has been appraised, accepted or reached the designed standards and transferred to owner units.

Value of Buildings Completed refers to construction value of completed buildings which has been reported in the reference period. It is usually calculated by the contents of building design and budget, including the construction value of completed buildings' backbone, structure, roof, decoration and appurtenant works such as water, electricity and sanitation. The purchasing and installation charges of budgetary facilities, such as elevators and ventilating devices, as a part of the composition of buildings, are also included in the value of completed buildings. The costs of purchasing and installation of plant processing equipments and pipelines and basic construction, costs of environmental projects outdoors, such as water, heating, electricity, sanitation, road projects and retaining walls, costs of purchasing of office and life furniture, costs of land purchasing, costs of residence moving and site formation and costs of supporting investment of urban construction are not included in the value of completed buildings.

Value of buildings completed includes not only value of buildings completed in the reference period, but also includes the previous value of buildings extended the previous period to the current period. The building value of construction projects, which uncompleted and transferred to other units, cannot be calculated by the transferred units. It should be calculated by the receiving units after the projects are completed and reached the relevant standards. Value of buildings completed is usually calculated at the settlement price or the bidding price.

Floor Space of Commercial Buildings Sold refers to total contracted area of commercialized buildings sold, i.e. area of floor space as designated in the formal contracts signed by both sides, during the reference time. It consists of floor space of completed buildings sold and forward delivery buildings sold.

Sales of Commercial Buildings refers to the total contracted value, i.e. value of commercialized buildings as designated in the contract signed by both sides, during the reference period. This indicator has the same coverage with the area of commercialized buildings sold, and it consists of sales of completed buildings and sales of forward delivery buildings.

Floor Space for Sale refers to the floor space of commercial buildings hasn't been sold or leased which is marketable or rentable in the reference period. It includes floor space of building which has been completed in the previous and current period, excluding floor space of completed buildings, such as relocation building, buildings built for employees by the government agencies and institutions units, auxiliary facilities of public buildings, buildings of real estate enterprises for self use, temporary houses, which cannot be sold or rent. Floor space for sale can be divided into floor space for sale less than a year, floor space for sale in 1-3 years, floor space for sale more than 3years according to the sales time.

13

批发和零售业

WHOLESALE AND RETAIL TRADE

资料整理人员

雷士伟　张艳芳　张艳君　邓　娜

批发和零售业
WHOLESALE AND RETAIL TRADE

社会消费品零售总额	Total Retail Sales of Consumer Goods	7338.5	亿元	(100 million yuan)
城　镇	Town	5956.7	亿元	(100 million yuan)
乡　村	Village	1381.9	亿元	(100 million yuan)

社会消费品零售总额构成(%)
Composition of Total Retail Sales of Consumer Goods (%)

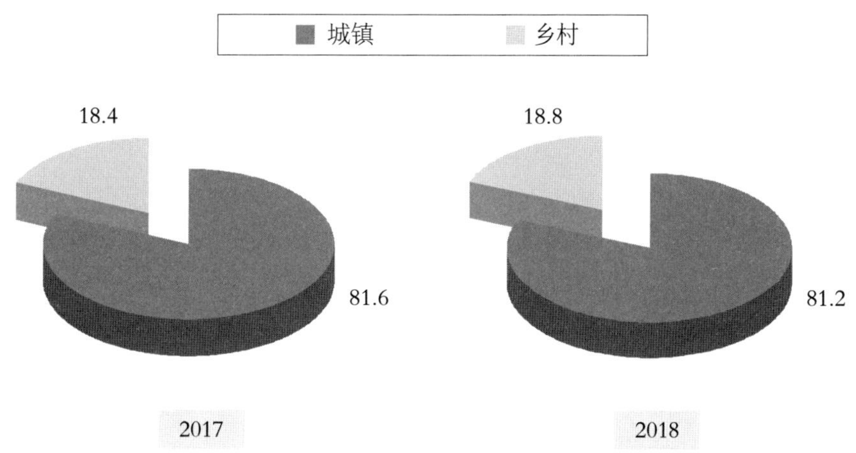

社会消费品零售总额(亿元)
Total Retail Sales of Consumer Goods (100 million yuan)

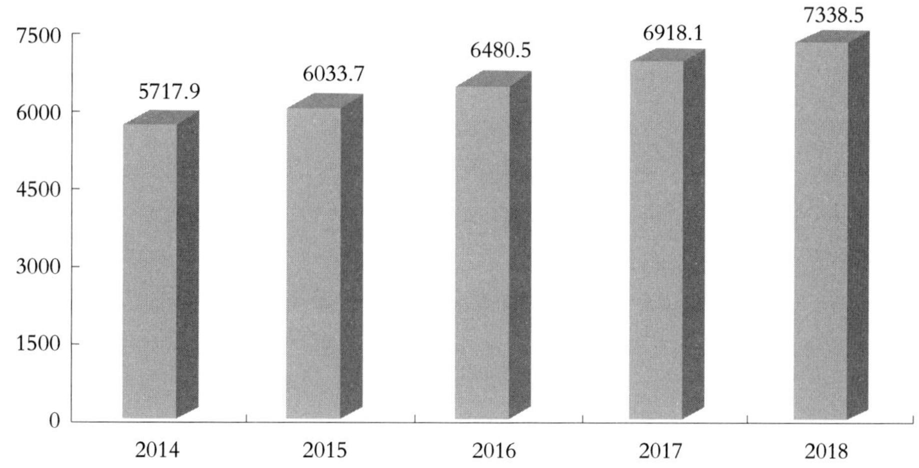

13-1 主要年份社会消费品零售总额
TOTAL RETAIL SALES OF CONSUMER GOODS IN MAJOR YEARS

单位：万元 (10 000 yuan)

年 份 Year	社会消费品零售总额 Total Retail Sales of Consumer Goods	市 City	县 County	县以下 Below County
1952	57436	19536	37900	
1957	119600	52278	67322	
1962	146532	59686	86846	
1965	153257	57252	96005	
1970	190949	63853	127096	
1975	265190	108543	133713	22934
1978	323837	121772	113985	88080
1980	426597	163154	122191	141252
1985	894413	394784	278646	220983
1990	1580415	848543	413831	318041
1995	3759500	2130633	861482	767385
2000	7226579	4240688	1521837	1464054
2001	7811932	4691960	1559178	1560794
2002	8671245	5218448	1720096	1732701
2003	10049972	6495135	1862970	1691867
2004	12190617	8002017	2181917	2006683
2005	14106531	9084606	2637921	2384004
2006	16353948	10630067	3025480	2698401
2007	19532597	12735253	3593998	3203346
2008	24210825	15785458	4479003	3946364
2009	28089708	17476248	5796850	4816610
2010	33181548	26697874	6483674	
2011	39034283	31885231	7149052	
2012	45068327	36825267	8243060	
2013	51393373	41925304	9468069	
2014	57178881	46617895	10560986	
2015	60336646	49172291	11164355	
2016	64805384	52845462	11959922	
2017	69180936	56436336	12744601	
2018	73385359	59566815	13818544	

注：2010年起分区域划分为城镇和乡村。
Note: Regions are divided into town and village since 2010.

13-2 社会消费品零售总额
TOTAL RETAIL SALES OF CONSUMER GOODS

单位：亿元 (100 million yuan)

指 标	Item	2017	2018
社会消费品零售总额	**Total**	**6918.1**	**7338.5**
#网上零售额	Online Retail Sales	330.8	532.0
#实物商品网上零售额	Online Retail Sales in Goods	158.3	255.3
按销售地区分	By Selling Region		
城 镇	Town	5643.6	5956.7
#城 区	Urban Area	3787.9	4237.2
乡 村	Village	1274.5	1381.9
按消费形态分	By Consumption Pattern		
商品零售	Retail Sales	6291.5	6660.4
餐饮收入	Catering Income	626.5	678.2

13-3 限额以上连锁批发零售业经营情况(2018年)
MANAGEMENT OF CHAIN ENTERPRISES ABOVE DESIGNATED SIZE IN WHOLESALE AND RETAIL TRADE(2018)

指 标	Item	合 计 Total	直营店 Regular Chain	加盟店 Franchise Chain
一、门店总数 (个)	**Number of Stores (uint)**	**5136**	**3076**	**2060**
二、年末零售业营业面积 (平方米)	**Business Area of Retail at Year-end (sq.m)**	**3350031**	**3221732**	**128299**
三、年末从业人员 (人)	**Employees at Year-end (person)**	**40505**	**30317**	**10188**
四、商品购进总额 (万元)	**Total Purchases Value (10 000 yuan)**	**3579565**	**3308713**	**270853**
#统一配送商品购进额	Value of Unified Distribution	2036323	1866451	169872
#自有配送中心配送商品购进额	Disrtibuted by Owned Distribution Center	1091709	924338	167371
非自有配送中心配送商品购进额	Distributed by Other Distribution Center	2264	2264	
五、商品销售总额 (万元)	**Total Sales Value (10 000 yuan)**	**4757076**	**4477242**	**279834**
#零售额	Retail Sales	3699618	3419784	279834

13-4 限额以上批发和零售业法人企业经营情况(2018年)

单位：万元

指　标	Item	法　人 企业数 (个) Number of Corporation Enterprises (unit)
总　计	**Total**	**3118**
一、批发业	**Wholesale Trade**	**1122**
1.按登记注册类型分	Grouped by Registered Kind	
内资企业	Civil Funded Enterprises	1115
国有企业	State-owned Enterprises	39
集体企业	Collective-owned Enterprises	22
有限责任公司	Limited Responsibility Corporations	306
国有独资公司	Company Exclusively with Investment from State	65
其他有限责任公司	Other Limited Responsibility Company	241
股份有限公司	Share-holding Limited Corporations	13
私营企业	Private-owned Enterprises	733
私营独资企业	Enterprise Exclusively with Investment from Private	5
私营合伙企业	Private Partnership Enterprises	1
私营有限责任公司	Private Limited Responsibility Corporations	718
私营股份有限公司	Private Share-holding Limited Corporations	9
其他企业	Others	2
港、澳、台商投资企业	Enterprises Funded by HongKong, Macao and Taiwan	5
合资经营企业(港或澳、台资)	Joint Venture Enterprises	3
港、澳、台商独资经营企业	Solely Owned Entersprises	2
外商投资企业	Foreign Funded Enterprises	2
中外合资经营企业	Joint Venture Enterprises	2
2.按批发行业小类分	Grouped by Wholesale Trade	
农、林、牧、渔产品批发	Wholesale of Agricultural, Forestry, Animal Husbandry and Fishery Products	37
食品、饮料及烟草制品批发	Wholesale of Food, Beverage and Tobaccos	131
#米、面制品及食用油批发	Rice, Flour and Edible Oil	20
烟草制品批发	Tobacoo Products Manufacturing	14
纺织、服装及家庭用品批发	Wholesale of Textiles, Garments and Family Articles	33
#服装批发	Wholesale of Garments	12
文化、体育用品及器材批发	Wholesale of Culture, Sports Articles and Equipments	28
医药及医疗器材批发	Wholesale of Medicines and Medical Appliances	123
#西药批发	Wholesale of Western Medicine	70
中药批发	Wholesale of Chinese Traditional Medicine	24

MANAGEMENT OF CORPORATION ENTERPRISES ABOVE DESIGNATED SIZE IN WHOLESALE AND RETAIL TRADE(2018)

(10 000 yuan)

从业人员期末人数(人) Number of Employees at The End of Period (person)	商　品购进额 Total Purchases Value	商　品销售额 Total Sales Value	#通过公共网络实现的商品销售额 by Public Network	#通过非自营平台实现的商品销售额 by Non-self-operating Platform
218415	**94209530**	**108932889**	**2771998**	**40837**
76681	**79230908**	**88373434**	**1965639**	**18529**
74671	78518975	87605688	1965639	18529
8238	2820799	3930152	1240589	3472
2539	167871	783731		
36005	55449503	60551030	125307	
11438	14518627	17297396	123799	
24567	40930876	43253633	1508	
2848	3287118	3672360	444513	
24995	16774236	18647999	155229	15057
58	12105	15275		
75	85708	87244		
24516	16486855	18318160	155229	15057
346	189568	227320		
46	19448	20415		
1707	680630	727765		
299	611575	625272		
1408	69055	102493		
303	31304	39981		
303	31304	39981		
3022	268764	307071	867	
14445	4474963	6049199	1416678	3472
934	193470	244725	39303	
6937	2551890	3666698	1364388	3472
5216	1876044	2000223	485204	1134
4199	501864	613882	445642	1134
961	571963	666044	2	
12646	3483575	4102330	34282	3476
8731	2929679	3191211	11014	3476
2931	381802	607187	20001	

13-4 续表1

单位：万元

指 标	Item	法人企业数(个) Number of Corporation Enterprises (unit)
矿产品、建材及化工产品批发	Wholesale of Mineral Products, Building and Chemical Products	596
#煤炭及制品批发	Coal and Related Products	355
石油及制品批发	Petroleum and Related Products	37
金属及金属矿批发	Metals and Metals Materials	123
建材批发	Building Materials	35
化肥批发	Chemical Fertilizer	14
机械设备、五金产品及电子产品批发	Wholesale of Machinery, Hardwaresand Electronic Products	155
#汽车及零配件批发	Motor Vehicles and Parts	56
计算机、软件及辅助设备批发	Computer, Sofeware and Accessories	12
贸易经纪与代理	Trade Brokerage and Agency	1
其他批发业	Other Wholesales	18
3.按控股情况分	Grouped by Share Holding	
国有控股	State Holding Enterprises	247
集体控股	Collective-owned Holding Enterprises	35
私人控股	Private Holding Enterprises	789
港澳台商控股	Hongkong, Macao and Taiwan Holding Enterprises	4
其 他	Others	44
4.按经营形式分	Grouped by Management Form	
独立门店	Independent Stores	814
连锁总店(总部)	Chain Headquarters	5
连锁直营店	Direct Chain Stores	1
其 他	Others	302
5.按单位规模分	Grouped by Enterprise Size	
大 型	Large-size	53
中 型	Medium-size	394
小 型	Small-size	510
微 型	Micro-size	165
二、零售业	**Retail Trade**	**1996**
1.按登记注册类型分组	Grouped by Registered Kind	
内资企业	Civil Funded Enterprises	1984
国有企业	State-owned Enterprises	40
集体企业	Collective-owned Enterprises	68
股份合作企业	Share Cooperative Enterprises	1
联营企业	Joint Owned Enterprises	1

continued

(10 000 yuan)

从业人员期末人数(人) Number of Employees at The End of Period (person)	商品购进额 Total Purchases Value	商品销售额 Total Sales Value	#通过公共网络实现的商品销售额 by Public Network	#通过非自营平台实现的商品销售额 by Non-self-operating Platform
34107	62898660	69306326	522	
27838	32654708	36930320		
1354	1801993	1877666	62	
2767	13488332	14305596	460	
815	9729381	10885416		
396	4767464	4818563		
5588	5448571	5699477	28085	10447
1395	2168275	2239296	10447	10447
284	59139	70170		
8	6581	7127		
688	201787	235638		
36342	54564469	60092421	1364848	3472
3547	1127046	1875019	6	
30322	20077921	22326518	600785	15057
1707	105703	140616		
4663	3322360	3904466		
46134	47041296	51550344	1004707	13923
1190	2166783	2300330	1134	1134
38	31844	32727		
29319	29990985	34490033	959797	3472
33782	19656284	23809914	1805884	
31102	37244853	40268063	103303	15057
10194	9832996	10435517	56451	3472
1603	12496775	13859941		
141734	**14978622**	**20559455**	**806359**	**22308**
138936	14656616	20176648	806359	22308
1667	193071	454520		
2311	230560	282302	2392	
36	9383	11074		
20	484	538		

13-4 续表2

单位：万元

指 标	Item	法 人 企业数 (个) Number of Corporation Enterprises (unit)
有限责任公司	Limited Responsibility Corporations	342
国有独资公司	Company Exclusively with Investment from State	28
其他有限责任公司	Other Limited Responsibility Company	314
股份有限公司	Share-holding Limited Corporations	44
私营企业	Private-owned Enterprises	1484
私营独资企业	Enterprise Exclusively with Investment from Private	139
私营合伙企业	Private Partnership Enterprises	13
私营有限责任公司	Private Limited Responsibility Corporations	1302
私营股份有限公司	Private Share-holding Limited Corporations	30
其他企业	Others	4
港、澳、台商投资企业	Enterprises Funded by HongKong, Macao and Taiwan	7
合资经营企业(港或澳、台资)	Joint Venture Enterprises	3
港、澳、台商独资经营企业	Solely Owned Entersprises	4
外商投资企业	Foreign Funded Enterprises	5
中外合资经营企业	Joint Venture Enterprises	2
外资企业	Enterprises with Sole Foreign Investment	3
2.按零售行业小类分	Grouped by Wholesale Trade	
综合零售	General Retail Sales Trade	360
百货零售	Daily Goods	181
超级市场零售	Supermarkets	153
便利店零售	Covenience Stores	4
其他综合零售	Others	22
食品、饮料及烟草制品专门零售	Retail of Food, Beverage and Tobaccos	146
纺织、服装及日用品专门零售	Retail of Textiles, Garments and Daily Articles	110
#服装零售	Garments	92
文化、体育用品及器材专门零售	Retail of Culture, Sports Articles and Equipments	59
#图书、报刊零售	Books and Mangzines	33
医药及医疗器材专门零售	Retail of Medicines and Medical Appliances	114
#西药零售	Western Medicines	103
中药零售	Traditional Chinese Medicines	8
汽车、摩托车、零配件和燃料及其他动力销售	Retail of Motor Vehicles, Motorcycles, Feuls, Parts and Others	860
#汽车新车零售	New Motor Vehicles	586
汽车旧车零售	Used Motor Vehicles	4
家用电器及电子产品专门零售	Retail of Household Electronic Equipments and Products	187
#日用家电零售	Household Appliance	111
计算机、软件及辅助设备零售	Computer, Software and Auxiliary Equipments	39
通信设备零售	Communication Equipments	26

continued

(10 000 yuan)

从业人员期末人数(人) Number of Employees at The End of Period (person)	商品购进额 Total Purchases Value	商品销售额 Total Sales Value	#通过公共网络实现的商品销售额 by Public Network	#通过非自营平台实现的商品销售额 by Non-self-operating Platform
40305	3473951	4913388	496024	11120
5003	241957	309649		
35302	3231994	4603739	496024	11120
9032	1805921	3585167	1138	
85505	8936830	10921981	300938	11188
3614	226654	252998	711	
313	10694	13925		
72289	8170341	9563776	298287	9495
9289	529140	1091282	1940	1693
60	6416	7680	5867	
2045	251191	309580		
1075	143072	156913		
970	108120	152667		
753	70814	73226		
176	13807	15244		
577	57007	57982		
42851	2341376	3380867	7014	
16169	1207974	1613421	3720	
24840	1020432	1634317	2764	
885	12506	16278	525	
957	100464	116851	6	
7587	759998	858797	38633	1637
12086	728752	1156067	37551	1248
10368	632187	993622	1286	1248
3620	277380	329670	2630	25
2364	157075	184924		
17005	557235	741336	11060	8680
16384	538730	714106	11060	8680
535	14514	21142		
43894	8586416	11653899	360138	451
27849	5988758	6681268	353541	451
40	7452	11696		
5758	671323	1077389	247990	1669
4283	470417	847529	212032	
756	85164	100664	26902	
521	82450	92578		

13-4 续表3

单位：万元

指　　标	Item	法　人企业数(个) Number of Corporation Enterprises (unit)
五金、家具及室内装饰材料专门零售	Retail of Hardwares, Furniture and Room Decorative Building	74
货摊、无店铺及其他零售业	Retail of Stall, Non-store and Others	86
3.按控股情况分	Grouped by Share Holding	
国有控股	State Holding Enterprises	163
集体控股	Collective-owned Holding Enterprises	96
私人控股	Private Holding Enterprises	1652
港澳台商控股	Hongkong, Macao and Taiwan Holding Enterprises	9
外商控股	Foreign Holding Enterprises	5
其　他	Others	65
4.按经营形式分	Grouped by Management Form	
独立门店	Independent Stores	1762
连锁总店	Chain Headquarters	85
连锁直营店	Direct Chain Stores	19
连锁加盟店	Franchise Chain Stores	4
其　他	Others	126
5.按单位规模分	Grouped by Enterprise Size	
大　型	Large-size	52
中　型	Medium-size	597
小　型	Small-size	963
微　型	Micro-size	384
6.按零售业态分	Grouped by Retail Format	
#有店铺零售	Store-based	1796
食杂店	Grocery Store	19
便利店	Convenient Store	60
折扣店	Discount Store	2
超　市	Supermarket	187
大型超市	Hypermarket	39
仓储会员店	Warehouse Club	6
百货店	Department Store	156
专业店	Specialized Shop	651
专卖店	Exclusive Shop	526
家居建材商店	Home Center	32
购物中心	Shopping Center	77
厂家直销中心	Factory Outlet Center	41
无店铺零售	Non-store	184
#网上商店	Online	30

continued

(10 000 yuan)

从业人员期末人数(人) Number of Employees at The End of Period (person)	商品购进额 Total Purchases Value	商品销售额 Total Sales Value	#通过公共网络实现的商品销售额 by Public Network	#通过非自营平台实现的商品销售额 by Non-self-operating Platform
1946	613358	782383	4455	2193
6987	442784	579047	96889	6406
27382	3061950	5649627	9343	8680
5193	573429	662334	22578	
99266	10308022	12910611	726545	11435
2195	317048	385284		
852	64326	67022		
6493	640432	869235	42020	2193
97618	11328843	14608862	429189	13627
21665	1816946	2833260	243329	8680
10898	912295	1551551	21101	
356	21940	25242	84	
11197	898598	1540540	112656	
46257	3864447	7263210	193113	8883
68867	7281957	8848727	516050	2467
24174	3166190	3656597	74279	7450
2436	666029	790921	22917	3506
131848	14087924	19436528	703866	14233
756	160045	179821	1209	
8726	1360440	2270781	51181	
65	4998	5090		
11843	460558	573672	6223	
17777	771324	1370893	15053	1194
148	4788	6810	7	
11519	976003	1400140	1203	
38692	4099112	6179574	413967	11275
26083	4665601	5279658	170286	229
1230	280478	392953		
10108	679114	988072	7627	1248
4901	625464	789064	37108	288
7939	740005	942684	93154	8075
1753	84082	137081	85985	6406

13-4 续表4

单位：万元

指　标	Item	批发额 Wholesale Value
总　计	**Total**	**88765615**
一、批发业	**Wholesale Trade**	**87348263**
1.按登记注册类型分	Grouped by Registered Kind	
内资企业	Civil Funded Enterprises	86580598
国有企业	State-owned Enterprises	3906059
集体企业	Collective-owned Enterprises	754942
有限责任公司	Limited Responsibility Corporations	60205758
国有独资公司	Company Exclusively with Investment from State	17262828
其他有限责任公司	Other Limited Responsibility Company	42942930
股份有限公司	Share-holding Limited Corporations	3646286
私营企业	Private-owned Enterprises	18048285
私营独资企业	Enterprise Exclusively with Investment from Private	13930
私营合伙企业	Private Partnership Enterprises	84651
私营有限责任公司	Private Limited Responsibility Corporations	17732998
私营股份有限公司	Private Share-holding Limited Corporations	216706
其他企业	Others	19268
港、澳、台商投资企业	Enterprises Funded by HongKong, Macao and Taiwan	727684
合资经营企业(港或澳、台资)	Joint Venture Enterprises	625191
港、澳、台商独资经营企业	Solely Owned Entersprises	102493
外商投资企业	Foreign Funded Enterprises	39981
中外合资经营企业	Joint Venture Enterprises	39981
2.按批发行业小类分	Grouped by Wholesale Trade	
农、林、牧、渔产品批发	Wholesale of Agricultural, Forestry, Animal Husbandry and Fishery Products	300397
食品、饮料及烟草制品批发	Wholesale of Food, Beverage and Tobaccos	5851487
#米、面制品及食用油批发	Rice, Flour and Edible Oil	227264
烟草制品批发	Tobacoo Products Manufacturing	3653734
纺织、服装及家庭用品批发	Wholesale of Textiles, Garments and Family Articles	1682568
#服装批发	Wholesale of Garments	584971
文化、体育用品及器材批发	Wholesale of Culture, Sports Articles and Equipments	655067
医药及医疗器材批发	Wholesale of Medicines and Medical Appliances	3978176
#西药批发	Wholesale of Western Medicine	3073784
中药批发	Wholesale of Chinese Traditional Medicine	600617

continued

(10 000 yuan)

零售额 Retail Value	#通过公共网络实现的商品零售额 by Public Network	#通过非自营平台实现的商品零售额 by Non-self-operating Platform	期末商品库存额 Total Value of Storing at the End of Period	服务营业额 Turnover of Services	年末零售营业面积(平方米) Retail Operating Area at Year-end (sq.m)
20167274	**824456**	**21682**	**4987702**	**254377**	**10482938**
1025171	**26850**	**1138**	**3131709**	**29993**	**2005001**
1025090	26850	1138	2969999	29993	2004500
24094			217997	152	121240
28789			30307		67338
345272	1048		1517397	1534	915012
34568			275808	806	78986
310704	1048		1241589	728	836026
26074	22230		108593		70545
599715	3572	1138	1095493	28307	826415
1345			590		1926
2593			374		8436
585162	3572	1138	1084208	27963	809094
10614			10321	344	6959
1147			214		3950
81			157507		501
81			132831		501
			24676		
			4203		
			4203		
6674			176363	5	59934
197713	1655		654520	13292	269791
17461	602		77728		30845
12964			219459	12629	26646
317655	25032	1134	128532	1	11025
28911	23359	1134	69032		4392
10978	1		104698	82	14220
124154	157		356622	4706	99419
117427			293319	4615	42118
6570			35562	91	5209

13-4 续表5

单位：万元

指　标	Item	批发额 Wholesale Value
矿产品、建材及化工产品批发	Wholesale of Mineral Products, Building and Chemical Products	69044427
#煤炭及制品批发	Coal and Related Products	36809876
石油及制品批发	Petroleum and Related Products	1834941
金属及金属矿批发	Metals and Metals Materials	14239313
建材批发	Building Materials	10862742
化肥批发	Chemical Fertilizer	4816510
机械设备、五金产品及电子产品批发	Wholesale of Machinery, Hardwaresand Electronic Products	5594457
#汽车及零配件批发	Motor Vehicles and Parts	2197565
计算机、软件及辅助设备批发	Computer, Sofeware and Accessories	63818
贸易经纪与代理	Trade Brokerage and Agency	7127
其他批发业	Other Wholesales	234559
3.按控股情况分	Grouped by Share Holding	
国有控股	State Holding Enterprises	59849733
集体控股	Collective-owned Holding Enterprises	1840048
私人控股	Private Holding Enterprises	21602204
港澳台商控股	Hongkong, Macao and Taiwan Holding Enterprises	140535
其　他	Others	3885291
4.按经营形式分	Grouped by Management Form	
独立门店	Independent Stores	50944474
连锁总店(总部)	Chain Headquarters	2294974
连锁直营店	Direct Chain Stores	26505
其　他	Others	34082311
5.按单位规模分	Grouped by Enterprise Size	
大　型	Large-size	23674167
中　型	Medium-size	39889458
小　型	Small-size	10228950
微　型	Micro-size	13555688
二、零售业	**Retail Trade**	**1417352**
1.按登记注册类型分组	Grouped by Registered Kind	
内资企业	Civil Funded Enterprises	1408766
国有企业	State-owned Enterprises	128059
集体企业	Collective-owned Enterprises	12480
股份合作企业	Share Cooperative Enterprises	
联营企业	Joint Owned Enterprises	

continued

(10 000 yuan)

零售额 Retail Value	#通过公共网络实现的商品零售额 by Public Network	#通过非自营平台实现的商品零售额 by Non-self-operating Platform	期末商品库存额 Total Value of Storing at the End of Period	服务营业额 Turnover of Services	年末零售营业面积(平方米) Retail Operating Area at Year-end (sq.m)
261900			1489596	8540	1416441
120444			805574	5868	1201813
42725			111939		147315
66283			480261	2195	33056
22674			49640	477	7015
2053			32612		2500
105020	4	4	217962	3368	101692
41731	4	4	60635	501	42231
6352			9041		1822
			148		
1078			3268		32479
242688			1525607	1533	272090
34971	5		61819		82060
724314	26845	1138	1326478	28461	1330217
81			46463		501
19175			170599		313383
605871	22995	4	1911088	24949	1733838
5357	1134	1134	215599		4080
6221			2250		500
407723	2720		1002773	5044	266583
135747	22225		1167782	3447	31307
378605	2675	1138	1387345	24420	1202110
206567	1950		394040	1825	710356
304253			182542	301	61228
19142102	**797606**	**20544**	**1855993**	**224384**	**8477937**
18767883	797606	20544	1825352	193425	8390565
326461			18171		92942
269821	2392		17352		133426
11074			261		220
538			35		320

13-4 续表6

单位：万元

指　标	Item	批发额 Wholesale Value
有限责任公司	Limited Responsibility Corporations	111403
国有独资公司	Company Exclusively with Investment from State	2144
其他有限责任公司	Other Limited Responsibility Company	109259
股份有限公司	Share-holding Limited Corporations	814736
私营企业	Private-owned Enterprises	342088
私营独资企业	Enterprise Exclusively with Investment from Private	10550
私营合伙企业	Private Partnership Enterprises	235
私营有限责任公司	Private Limited Responsibility Corporations	276624
私营股份有限公司	Private Share-holding Limited Corporations	54679
其他企业	Others	
港、澳、台商投资企业	Enterprises Funded by HongKong, Macao and Taiwan	3846
合资经营企业(港或澳、台资)	Joint Venture Enterprises	
港、澳、台商独资经营企业	Solely Owned Entersprises	3846
外商投资企业	Foreign Funded Enterprises	4741
中外合资经营企业	Joint Venture Enterprises	
外资企业	Enterprises with Sole Foreign Investment	4741
2.按零售行业小类分	Grouped by Wholesale Trade	
综合零售	General Retail Sales Trade	15091
百货零售	Daily Goods	3500
超级市场零售	Supermarkets	332
便利店零售	Covenience Stores	
其他综合零售	Others	11259
食品、饮料及烟草制品专门零售	Retail of Food, Beverage and Tobaccos	113097
纺织、服装及日用品专门零售	Retail of Textiles, Garments and Daily Articles	13440
#服装零售	Garments	10481
文化、体育用品及器材专门零售	Retail of Culture, Sports Articles and Equipments	3895
#图书、报刊零售	Books and Mangzines	3719
医药及医疗器材专门零售	Retail of Medicines and Medical Appliances	20212
#西药零售	Western Medicines	20212
中药零售	Traditional Chinese Medicines	
汽车、摩托车、零配件和燃料及其他动力销售	Retail of Motor Vehicles, Motorcycles, Feuls, Parts and Others	1101684
#汽车新车零售	New Motor Vehicles	68345
汽车旧车零售	Used Motor Vehicles	6321
家用电器及电子产品专门零售	Retail of Household Electronic Equipments and Products	52254
#日用家电零售	Household Appliance	2544
计算机、软件及辅助设备零售	Computer, Software and Auxiliary Equipments	14931
通信设备零售	Communication Equipments	20096

continued

(10 000 yuan)

零售额 Retail Value	#通过公共网络实现的商品零售额 by Public Network	#通过非自营平台实现的商品零售额 by Non-self-operating Platform	期末商品库存额 Total Value of Storing at the End of Period	服务营业额 Turnover of Services	年末零售营业面积(平方米) Retail Operating Area at Year-end (sq.m)
4801985	495846	11120	460304	56961	1839442
307505			21262	823	70316
4494480	495846	11120	439043	56137	1769126
2770431	856		108147	50285	630374
10579894	292645	9424	1220814	86180	5691701
242448	684		21169	5	335548
13690			1046		23672
9287152	291736	9399	1143920	86175	4461073
1036603	225	25	54678		871408
7680	5867		268		2140
305735			21640	30674	52388
156913			16308	30674	17810
148822			5332		34578
68485			9002	284	34984
15244			2350	76	19296
53241			6652	208	15688
3365776	6694		334553	6113	2850361
1609922	3399		217951	2338	1552221
1633985	2764		111160	3775	1234350
16278	525		670		9000
105592	6		4773		54790
745700	37467	1637	58639	1197	362768
1142627	37441	1152	139843	559	881380
983141	1176	1152	113487	559	853185
325775	2630	25	84798		84298
181205			31973		50416
721124	11060	8680	106058	138	219176
693894	11060	8680	99966	138	208813
21142			5922		8613
10552215	359884	451	992095	185010	2735077
6612923	353287	451	833741	131236	1515301
5375			802		4489
1025135	245652		92397	3251	529773
844985	211723		70984	2395	492892
85733	26650		9289	855	16610
72482			9264	1	7556

13-4 续表7

单位：万元

指　标	Item	批发额 Wholesale Value
五金、家具及室内装饰材料专门零售	Retail of Hardwares, Furniture and Room Decorative Building	21811
货摊、无店铺及其他零售业	Retail of Stall, Non-store and Others	75868
3.按控股情况分	Grouped by Share Holding	
国有控股	State Holding Enterprises	989580
集体控股	Collective-owned Holding Enterprises	15059
私人控股	Private Holding Enterprises	395476
港澳台商控股	Hongkong, Macao and Taiwan Holding Enterprises	3846
外商控股	Foreign Holding Enterprises	4741
其　他	Others	8650
4.按经营形式分	Grouped by Management Form	
独立门店	Independent Stores	904489
连锁总店	Chain Headquarters	178007
连锁直营店	Direct Chain Stores	109963
连锁加盟店	Franchise Chain Stores	
其　他	Others	224893
5.按单位规模分	Grouped by Enterprise Size	
大　型	Large-size	783922
中　型	Medium-size	351507
小　型	Small-size	224400
微　型	Micro-size	57523
6.按零售业态分	Grouped by Retail Format	
#有店铺零售	Store-based	1327197
食杂店	Grocery Store	8460
便利店	Convenient Store	337746
折扣店	Discount Store	
超　市	Supermarket	12735
大型超市	Hypermarket	
仓储会员店	Warehouse Club	
百货店	Department Store	15255
专业店	Specialized Shop	787076
专卖店	Exclusive Shop	149098
家居建材商店	Home Center	5909
购物中心	Shopping Center	834
厂家直销中心	Factory Outlet Center	10084
无店铺零售	Non-store	84985
#网上商店	Online	1400

continued

(10 000 yuan)

零售额 Retail Value	#通过公共网络实现的商品零售额 by Public Network	#通过非自营平台实现的商品零售额 by Non-self-operating Platform	期末商品库存额 Total Value of Storing at the End of Period	服务营业额 Turnover of Services	年末零售营业面积(平方米) Retail Operating Area at Year-end (sq.m)
760572	4455	2193	24717	357	516305
503179	92325	6406	22894	27760	298799
4660046	9343	8680	229206	50997	1169824
647275	22578		69046	2206	334891
12515135	717792	9671	1419347	132987	6407055
381438			27655	30751	56784
62281			7910	312	45688
860585	42020	2193	102195	7131	460435
13704373	424286	11863	1549015	163544	6208566
2655253	243329	8680	147145	2557	1117781
1441588	21101		72720	29275	653424
25242	84		1919		19700
1315646	108806		85195	29008	478466
6479288	193113	8883	304294	85003	2328879
8497220	515508	2372	1075659	118652	3526802
3432196	68149	7450	408907	19718	2203785
733398	20837	1838	67133	1011	418471
18109331	699504	14138	1715262	220719	8067305
171361	934		6528	529	47023
1933036	49126		75821	50281	475534
5090			1298		830
560937	6223		67810	3831	411723
1370893	15053	1194	77651	177	994017
6810	7		1739		5140
1384885	278		211113	2355	1233539
5392498	413861	11275	455078	86086	1973623
5130560	169397	229	663283	74473	1459118
387044			10389	396	481115
987238	7517	1152	80959	444	918248
778980	37108	288	63592	2146	67395
857699	90837	6406	101728	2786	290748
135681	85980	6406	8543	245	29338

13-5 限额以上批发和零售业法人企业财务状况(2018年)

单位：万元

指 标	Item	年初存货 Beginning Inventory
总 计	**Total**	**6460404**
一、批发业	**Wholesale Trade**	**4677201**
1.按登记注册类型分	Grouped by Registered Kind	
内资企业	Civil Funded Enterprises	4618262
国有企业	State-owned Enterprises	164029
集体企业	Collective-owned Enterprises	15408
有限责任公司	Limited Responsibility Corporations	3016985
国有独资公司	Company Exclusively with Investment from State	235817
其他有限责任公司	Other Limited Responsibility Company	2781168
股份有限公司	Share-holding Limited Corporations	269357
私营企业	Private-owned Enterprises	1151652
私营独资企业	Enterprise Exclusively with Investment from Private	314
私营合伙企业	Private Partnership Enterprises	93
私营有限责任公司	Private Limited Responsibility Corporations	1139427
私营股份有限公司	Private Share-holding Limited Corporations	11818
其他企业	Others	832
港、澳、台商投资企业	Enterprises Funded by HongKong, Macao and Taiwan	54518
合资经营企业(港或澳、台资)	Joint Venture Enterprises	34412
港、澳、台商独资经营企业	Solely Owned Entersprises	20106
外商投资企业	Foreign Funded Enterprises	4422
中外合资经营企业	Joint Venture Enterprises	4422
2.按批发行业小类分	Grouped by Wholesale Trade	
农、林、牧、渔产品批发	Wholesale of Agricultural, Forestry, Animal Husbandry and Fishery Products	188146
食品、饮料及烟草制品批发	Wholesale of Food, Beverage and Tobaccos	442783
#米、面制品及食用油批发	Rice, Flour and Edible Oil	60669
烟草制品批发	Tobacoo Products Manufacturing	164676
纺织、服装及家庭用品批发	Wholesale of Textiles, Garments and Family Articles	293445
#服装批发	Wholesale of Garments	238050
文化、体育用品及器材批发	Wholesale of Culture, Sports Articles and Equipments	108569
医药及医疗器材批发	Wholesale of Medicines and Medical Appliances	332203
#西药批发	Wholesale of Western Medicine	266711
中药批发	Wholesale of Chinese Traditional Medicine	41234

FINANCIAL CONDITION OF CORPORATION ENTERPRISES IN WHOLESALE AND RETAIL TRADE ABOVE DESIGNATED SIZE(2018)

(10 000 yuan)

流动资产合计 Total Circulating Assets	#应收帐款 Accounts Receivable	#存货 Inventory	固定资产合计 Total Fixed Assets	累计折旧 Accumulated Depreciation	#本年折旧 Depreciation This Year	资产总计 Total Assets
39470263	**6479114**	**5137985**	**5277682**	**2867606**	**755764**	**57131414**
32291505	**5601568**	**3356522**	**3172359**	**1589505**	**526316**	**46151561**
31973550	5549377	3199867	3155703	1575195	524137	45768993
1168024	141762	192789	191129	203341	15558	1408041
191587	27239	32172	39048	53450	2776	277388
19192974	3280019	1567772	2394286	1050476	437901	27315523
6936863	862447	298973	2017207	704031	374506	12195920
12256111	2417572	1268799	377079	346444	63396	15119603
3787989	270820	250924	87308	26690	13913	7245123
7631495	1828503	1156030	442381	240814	53914	9519888
10326	2017	1355	102	1514	968	12601
2699	1786	291	707	1008	78	3438
7551230	1803103	1141467	424145	225374	50708	9409836
67240	21597	12917	17427	12918	2159	94013
1480	1034	180	1552	423	75	3032
290011	47703	152458	16322	13257	2006	350323
262549	46382	130966	1994	6343	251	300737
27462	1321	21492	14327	6915	1755	49586
27944	4488	4197	334	1053	174	32245
27944	4488	4197	334	1053	174	32245
350251	67140	185281	52646	28029	5195	467290
1880642	131885	587272	269577	261283	30444	2325269
115143	17137	79896	26085	10202	3093	149674
1023936	5823	193300	186317	201792	14344	1253754
784523	140679	260998	8677	7209	1102	2674666
397218	38602	201690	7539	6470	1167	2257275
405146	89085	103358	23932	25485	5887	528377
2469863	1160872	343791	97398	45246	16060	2597004
1894146	899252	275965	87063	36547	13499	2087670
367428	130635	38324	8069	4872	1405	295612

13-5 续表1

单位：万元

指　标	Item	年初存货 Beginning Inventory
矿产品、建材及化工产品批发	Wholesale of Mineral Products, Building and Chemical Products	3125497
#煤炭及制品批发	Coal and Related Products	2552013
石油及制品批发	Petroleum and Related Products	103810
金属及金属矿批发	Metals and Metals Materials	376709
建材批发	Building Materials	56920
化肥批发	Chemical Fertilizer	25519
机械设备、五金产品及电子产品批发	Wholesale of Machinery, Hardwaresand Electronic Products	181619
#汽车及零配件批发	Motor Vehicles and Parts	48800
计算机、软件及辅助设备批发	Computer, Sofeware and Accessories	7225
贸易经纪与代理	Trade Brokerage and Agency	76
其他批发业	Other Wholesales	4861
3.按控股情况分	Grouped by Share Holding	
国有控股	State Holding Enterprises	2987176
集体控股	Collective-owned Holding Enterprises	37599
私人控股	Private Holding Enterprises	1476929
港澳台商控股	Hongkong, Macao and Taiwan Holding Enterprises	39477
其　他	Others	134639
4.按经营形式分	Grouped by Management Form	
独立门店	Independent Stores	3433596
连锁总店(总部)	Chain Headquarters	217385
连锁直营店	Direct Chain Stores	2595
其　他	Others	1023626
5.按单位规模分	Grouped by Enterprise Size	
大　型	Large-size	2880501
中　型	Medium-size	1327054
小　型	Small-size	380524
微　型	Micro-size	89122
二、零售业	**Retail Trade**	**1783202**
1.按登记注册类型分组	Grouped by Registered Kind	
内资企业	Civil Funded Enterprises	1747887
国有企业	State-owned Enterprises	29226
集体企业	Collective-owned Enterprises	18833
股份合作企业	Share Cooperative Enterprises	104
联营企业	Joint Owned Enterprises	49

continued

(10 000 yuan)

流动资产合计 Total Circulating Assets	#应收帐款 Accounts Receivable	#存货 Inventory	固定资产合计 Total Fixed Assets	累计折旧 Accumulated Depreciation	#本年折旧 Depreciation This Year	资产总计 Total Assets
24825903	3260072	1628914	2635618	1167710	452575	35152964
20641777	2489078	910983	2475870	1030658	425028	30076975
415349	137332	100899	31970	38572	6903	568419
2324444	256356	516752	78142	57407	6234	2809225
1030044	284851	63567	29005	31345	9599	1093407
260317	52360	27390	11644	5218	4184	283878
1533081	744628	244400	70541	45992	13133	2338612
460038	280558	62803	14791	6657	2980	518779
26151	12382	5582	493	776	113	26726
728	483	148	14	16	7	742
41368	6724	2361	13957	8535	1912	66640
20825150	3157739	1587071	2448153	1126327	428740	29279897
893325	40099	59545	79483	98346	4725	1346069
9502368	2156164	1487102	510229	285675	69256	13635211
55549	2816	41413	16310	13233	2005	85905
1008039	243608	180671	116525	65465	21513	1795744
16545245	3219020	2031674	1966422	882197	180443	24599549
959859	47568	214757	44153	29005	2394	1074407
3087	476	2240	7	207	4	3095
14783314	2334504	1107851	1161778	678097	343476	20474510
13183825	1555716	1365820	2335078	983428	402102	21793836
15131756	2904548	1377649	588726	440815	69318	19057840
2296706	645431	412279	220027	126732	37391	2891926
1679218	495873	200774	28529	38531	17505	2407960
7178758	**877546**	**1781464**	**2105322**	**1278101**	**229448**	**10979852**
7002528	857490	1741661	2042915	1235525	220817	10725222
80975	4626	24294	43063	28275	3552	177877
44213	4074	17149	21158	17688	1081	72372
1001	106	225	395	229	38	1436
302		49	34	230	2	342

13-5 续表2

单位：万元

指　标	Item	年初存货 Beginning Inventory
有限责任公司	Limited Responsibility Corporations	407135
国有独资公司	Company Exclusively with Investment from State	22551
其他有限责任公司	Other Limited Responsibility Company	384584
股份有限公司	Share-holding Limited Corporations	208394
私营企业	Private-owned Enterprises	1083986
私营独资企业	Enterprise Exclusively with Investment from Private	20217
私营合伙企业	Private Partnership Enterprises	1284
私营有限责任公司	Private Limited Responsibility Corporations	1015202
私营股份有限公司	Private Share-holding Limited Corporations	47283
其他企业	Others	161
港、澳、台商投资企业	Enterprises Funded by HongKong, Macao and Taiwan	26948
合资经营企业(港或澳、台资)	Joint Venture Enterprises	22557
港、澳、台商独资经营企业	Solely Owned Entersprises	4391
外商投资企业	Foreign Funded Enterprises	8367
中外合资经营企业	Joint Venture Enterprises	2516
外资企业	Enterprises with Sole Foreign Investment	5851
2.按零售行业小类分	Grouped by Wholesale Trade	
综合零售	General Retail Sales Trade	277903
百货零售	Daily Goods	109658
超级市场零售	Supermarkets	163915
便利店零售	Covenience Stores	564
其他综合零售	Others	3766
食品、饮料及烟草制品专门零售	Retail of Food, Beverage and Tobaccos	102611
纺织、服装及日用品专门零售	Retail of Textiles, Garments and Daily Articles	102144
#服装零售	Garments	80516
文化、体育用品及器材专门零售	Retail of Culture, Sports Articles and Equipments	81847
#图书、报刊零售	Books and Mangzines	27070
医药及医疗器材专门零售	Retail of Medicines and Medical Appliances	104446
#西药零售	Western Medicines	98923
中药零售	Traditional Chinese Medicines	5359
汽车、摩托车、零配件和燃料及其他动力销售	Retail of Motor Vehicles, Motorcycles, Feuls, Parts and Others	959703
#汽车新车零售	New Motor Vehicles	700531
汽车旧车零售	Used Motor Vehicles	1260
家用电器及电子产品专门零售	Retail of Household Electronic Equipments and Products	93661
#日用家电零售	Household Appliance	73171
计算机、软件及辅助设备零售	Computer, Software and Auxiliary Equipments	9371
通信设备零售	Communication Equipments	8312

continued

(10 000 yuan)

流动资产合计 Total Circulating Assets	#应收帐款 Accounts Receivable	#存货 Inventory	固定资产合计 Total Fixed Assets	累计折旧 Accumulated Depreciation	#本年折旧 Depreciation This Year	资产总计 Total Assets
1925326	289427	429493	634200	431133	72817	3025413
277632	33675	16512	228035	176723	23976	522174
1647694	255752	412982	406165	254410	48842	2503239
510533	30603	104328	396823	262457	46697	1213414
4437624	526904	1165861	943983	495162	96316	6227297
85163	15356	20520	19363	10770	2820	107790
5596	2017	1218	1777	530	46	10258
4142700	495065	1062220	819252	412053	88077	5723042
204165	14467	81904	103590	71810	5374	386207
2554	1750	261	3259	351	314	7073
160183	19032	30082	58761	36520	8297	230777
111611	7034	25222	53495	21747	6444	174978
48571	11998	4860	5266	14773	1853	55799
16047	1025	9721	3647	6056	334	23853
3780	113	2080	2474	3718	-178	7765
12267	912	7641	1173	2338	511	16089
1638784	75807	260296	447131	255936	34194	2563701
914167	32738	89145	214339	87016	19613	1394543
697092	37029	167126	222395	167457	14228	1119596
5461	137	101	1405	133	38	8256
22064	5903	3925	8993	1330	316	41306
257581	47224	78071	132683	42377	8633	534012
447922	72791	113198	98908	72054	10103	598513
389315	60727	91277	88254	68185	8897	516069
221946	34453	79649	64337	44377	5874	350331
129462	31733	22979	43916	30560	4544	207421
315609	69255	118182	12742	17371	4968	391044
301456	65560	111632	12373	16948	4797	376333
10294	1712	6236	234	284	121	10702
3289687	363740	964155	866503	576812	121709	4863584
2322371	244835	805915	280478	209180	56142	2778916
6770	864	761	74	67	4	6845
284153	51135	96117	22088	14939	2452	329858
202510	25013	73865	18033	11363	1778	239697
41443	10964	9897	2047	1886	496	47506
27598	9255	9431	1859	1377	148	29609

13-5 续表3

单位：万元

指　标	Item	年初存货 Beginning Inventory
五金、家具及室内装饰材料专门零售	Retail of Hardwares, Furniture and Room Decorative Building	24757
货摊、无店铺及其他零售业	Retail of Stall, Non-store and Others	36130
3.按控股情况分	Grouped by Share Holding	
国有控股	State Holding Enterprises	304498
集体控股	Collective-owned Holding Enterprises	65894
私人控股	Private Holding Enterprises	1283621
港澳台商控股	Hongkong, Macao and Taiwan Holding Enterprises	31858
外商控股	Foreign Holding Enterprises	8129
其　他	Others	88178
4.按经营形式分	Grouped by Management Form	
独立门店	Independent Stores	1401688
连锁总店	Chain Headquarters	190012
连锁直营店	Direct Chain Stores	71721
连锁加盟店	Franchise Chain Stores	1860
其　他	Others	117921
5.按单位规模分	Grouped by Enterprise Size	
大　型	Large-size	459858
中　型	Medium-size	838567
小　型	Small-size	401853
微　型	Micro-size	82925
6.按零售业态分	Grouped by Retail Format	
#有店铺零售	Store-based	1651839
食杂店	Grocery Store	10977
便利店	Convenient Store	107025
折扣店	Discount Store	1298
超　市	Supermarket	71664
大型超市	Hypermarket	102579
仓储会员店	Warehouse Club	2762
百货店	Department Store	111074
专业店	Specialized Shop	525878
专卖店	Exclusive Shop	583804
家居建材商店	Home Center	8850
购物中心	Shopping Center	56756
厂家直销中心	Factory Outlet Center	69173
无店铺零售	Non-store	88222
#网上商店	Online	10263

continued

(10 000 yuan)

流动资产合计 Total Circulating Assets	#应收帐款 Accounts Receivable	#存货 Inventory	固定资产合计 Total Fixed Assets	累计折旧 Accumulated Depreciation	#本年折旧 Depreciation This Year	资产总计 Total Assets
210617	86275	31951	71931	22372	7676	350767
512459	76866	39845	388999	231863	33840	998044
1283716	132190	217528	841723	578310	93857	2741422
195923	47888	67475	43013	37022	7680	314346
5125089	634095	1354975	1088179	577997	112010	7130416
188454	19666	35296	63318	39066	8689	265129
14639	912	8740	1663	5775	246	18994
366043	40713	96418	63752	39148	6593	499707
5239831	670932	1400498	1408949	800530	161732	7813139
992485	94335	197310	157386	122310	17079	1428366
229077	17432	72464	113173	90271	3537	463961
4022		1385	2586	917	154	6720
713343	94847	109806	423228	264072	46947	1267666
2131140	120489	377740	833458	610152	90043	3665287
3286965	364697	900297	888991	475859	92436	4933317
1456712	307640	427871	326337	164052	41458	1988118
303941	84721	75556	56536	28037	5512	393130
6599525	734794	1623215	1936471	1216671	214173	10004668
43538	5032	11636	5252	4386	422	61839
192601	28385	78527	221297	155908	40193	683462
1758	274	1298	128	259	23	1887
246193	45615	74390	82581	44519	9285	381746
574707	25443	117576	175897	143489	8892	925454
12150	403	3725	2795	928	126	20899
642955	45187	73234	213301	92110	14922	1084086
1946880	254585	474916	595852	321070	55085	2923736
1950826	218333	654952	286840	187301	41456	2423172
83411	41637	15544	55087	17746	6954	200660
538634	24582	50263	53007	53602	11857	656131
365871	45318	67154	244435	195354	24957	641596
489649	133122	104001	156470	52868	13643	841060
28723	8871	9227	3674	1407	682	42424

13-5 续表4

单位：万元

指 标	Item	流动负债合 计 Total Liquid Liabilities
总 计	**Total**	**37539368**
一、批发业	**Wholesale Trade**	**29756690**
1.按登记注册类型分	Grouped by Registered Kind	
内资企业	Civil Funded Enterprises	29585105
国有企业	State-owned Enterprises	497547
集体企业	Collective-owned Enterprises	166606
有限责任公司	Limited Responsibility Corporations	18062962
国有独资公司	Company Exclusively with Investment from State	7232984
其他有限责任公司	Other Limited Responsibility Company	10829978
股份有限公司	Share-holding Limited Corporations	3811805
私营企业	Private-owned Enterprises	7045506
私营独资企业	Enterprise Exclusively with Investment from Private	10611
私营合伙企业	Private Partnership Enterprises	893
私营有限责任公司	Private Limited Responsibility Corporations	6968204
私营股份有限公司	Private Share-holding Limited Corporations	65798
其他企业	Others	679
港、澳、台商投资企业	Enterprises Funded by HongKong, Macao and Taiwan	160666
合资经营企业(港或澳、台资)	Joint Venture Enterprises	148445
港、澳、台商独资经营企业	Solely Owned Entersprises	12221
外商投资企业	Foreign Funded Enterprises	10920
中外合资经营企业	Joint Venture Enterprises	10920
2.按批发行业小类分	Grouped by Wholesale Trade	
农、林、牧、渔产品批发	Wholesale of Agricultural, Forestry, Animal Husbandry and Fishery Products	251451
食品、饮料及烟草制品批发	Wholesale of Food, Beverage and Tobaccos	1024776
#米、面制品及食用油批发	Rice, Flour and Edible Oil	105843
烟草制品批发	Tobacoo Products Manufacturing	320471
纺织、服装及家庭用品批发	Wholesale of Textiles, Garments and Family Articles	1049554
#服装批发	Wholesale of Garments	642657
文化、体育用品及器材批发	Wholesale of Culture, Sports Articles and Equipments	314816
医药及医疗器材批发	Wholesale of Medicines and Medical Appliances	2064503
#西药批发	Wholesale of Western Medicine	1676168
中药批发	Wholesale of Chinese Traditional Medicine	238028

continued

(10 000 yuan)

负债合计 Total Liabilities	所有者权益合计 Total Creditors' Equity					
		#实收资本 Capital Hold	#国家资本 State	#集体资本 Collective	#法人资本 Legal Person	#个人资本 Individual
43633531	**13569647**	**10151949**	**1835628**	**203545**	**6420956**	**1628296**
34801140	**11350571**	**5189260**	**1632446**	**155229**	**2510632**	**861997**
34629555	11139589	4997513	1482446	155229	2509165	850674
499009	909032	25578	19766	633	240	4940
186193	91195	36112	108	33534	2470	
21931622	5383901	2668439	1424392	116939	1034239	92869
9987521	2208399	762842	709660		51260	1921
11944101	3175501	1905597	714732	116939	982979	90948
4406020	2839103	845078	10850	2470	676133	155625
7606032	1914005	1421327	27330	1653	795803	596541
10611	1990	2985			1700	1285
893	2545	15				15
7528255	1881731	1404712	27330	1653	790603	585126
66274	27739	13615			3500	10115
679	2353	978			280	698
160666	189657	183698	150000		1445	6296
148445	152292	158889	150000		1445	6296
12221	37365	24809				
10920	21326	8050			23	5028
10920	21326	8050			23	5028
261995	205295	91782	28676		29876	33230
1077080	1248189	181979	87282	9058	48539	37100
110433	39241	28947	12765	70	7260	8852
320492	933262	14004	12762	186	1004	52
1074276	1600389	174535		237	19839	150582
667113	1590163	152688			4190	144621
315145	213232	83235	17041		52108	12938
2080669	516335	369788	111026	31	160430	98302
1691857	395813	294849	107712	31	116560	70546
238473	57140	45130	3314		24955	16861

13-5 续表5

单位：万元

指　标	Item	流动负债合　计 Total Liquid Liabilities
矿产品、建材及化工产品批发	Wholesale of Mineral Products, Building and Chemical Products	23625513
#煤炭及制品批发	Coal and Related Products	20008249
石油及制品批发	Petroleum and Related Products	475796
金属及金属矿批发	Metals and Metals Materials	1928833
建材批发	Building Materials	826601
化肥批发	Chemical Fertilizer	219865
机械设备、五金产品及电子产品批发	Wholesale of Machinery, Hardwaresand Electronic Products	1396981
#汽车及零配件批发	Motor Vehicles and Parts	448181
计算机、软件及辅助设备批发	Computer, Sofeware and Accessories	12744
贸易经纪与代理	Trade Brokerage and Agency	371
其他批发业	Other Wholesales	28726
3.按控股情况分	Grouped by Share Holding	
国有控股	State Holding Enterprises	18937704
集体控股	Collective-owned Holding Enterprises	875828
私人控股	Private Holding Enterprises	8929658
港澳台商控股	Hongkong, Macao and Taiwan Holding Enterprises	35950
其　他	Others	976526
4.按经营形式分	Grouped by Management Form	
独立门店	Independent Stores	15235248
连锁总店(总部)	Chain Headquarters	985126
连锁直营店	Direct Chain Stores	2115
其　他	Others	13534202
5.按单位规模分	Grouped by Enterprise Size	
大　型	Large-size	12369662
中　型	Medium-size	14042487
小　型	Small-size	2018746
微　型	Micro-size	1325796
二、零售业	**Retail Trade**	**7782677**
1.按登记注册类型分组	Grouped by Registered Kind	
内资企业	Civil Funded Enterprises	7633969
国有企业	State-owned Enterprises	117585
集体企业	Collective-owned Enterprises	35871
股份合作企业	Share Cooperative Enterprises	1049
联营企业	Joint Owned Enterprises	263

continued

(10 000 yuan)

负债合计 Total Liabilities	所有者权益合计 Total Creditors' Equity	#实收资本 Capital Hold	#国家资本 State	#集体资本 Collective	#法人资本 Legal Person	#个人资本 Individual
28519070	6633894	4032739	1329730	136724	2111347	454938
24653432	5423542	3068801	926236	62013	1868685	211867
580078	-11659	27048	-20027	3396	19325	24353
1970095	839129	721292	350020	70727	163251	137294
831562	261844	117519	65160	60	13699	38600
227216	56662	39837		509	27154	12173
1437271	901491	240405	52489	7635	84871	71478
465906	52873	50876	15523	7489	16421	11444
12744	13981	11601			6135	5466
371	370	200				200
35263	31376	14597	6202	1543	3622	3230
22976529	6303368	2552909	1595309	17052	912306	28241
911618	434452	144487	108	134123	3971	6286
9843454	3791906	1865819	28310	2054	1021723	810731
35950	49955	33698			1445	6296
1032564	763180	586520	8718	2000	570908	4895
18665765	5933934	2670275	840307	104221	1077722	646878
985160	89247	70527	1727		8200	60600
2115	980	1000			1000	
15148101	5326410	2447458	790412	51008	1423711	154519
15613243	6180594	1838082	673398	47939	876550	236320
15627367	3430472	2271974	659414	94193	1168234	325053
2221039	670887	689670	91379	8485	352405	237401
1339491	1068619	389534	208256	4613	113443	63223
8832391	**2219075**	**4962689**	**203183**	**48317**	**3910324**	**766299**
8642595	2154241	4920257	200833	48317	3904154	764299
139075	38802	42841	35265	657	6920	
40987	31385	10598	3711	5489	1176	222
1049	387	200		200		
263	78	60			60	

13-5 续表6

单位：万元

指　标	Item	流动负债合　计 Total Liquid Liabilities
有限责任公司	Limited Responsibility Corporations	2227591
国有独资公司	Company Exclusively with Investment from State	376043
其他有限责任公司	Other Limited Responsibility Company	1851548
股份有限公司	Share-holding Limited Corporations	708779
私营企业	Private-owned Enterprises	4541243
私营独资企业	Enterprise Exclusively with Investment from Private	73858
私营合伙企业	Private Partnership Enterprises	6394
私营有限责任公司	Private Limited Responsibility Corporations	4180557
私营股份有限公司	Private Share-holding Limited Corporations	280433
其他企业	Others	1588
港、澳、台商投资企业	Enterprises Funded by HongKong, Macao and Taiwan	111944
合资经营企业(港或澳、台资)	Joint Venture Enterprises	81375
港、澳、台商独资经营企业	Solely Owned Entersprises	30570
外商投资企业	Foreign Funded Enterprises	36764
中外合资经营企业	Joint Venture Enterprises	19448
外资企业	Enterprises with Sole Foreign Investment	17316
2.按零售行业小类分	Grouped by Wholesale Trade	
综合零售	General Retail Sales Trade	1906644
百货零售	Daily Goods	881128
超级市场零售	Supermarkets	988573
便利店零售	Covenience Stores	9792
其他综合零售	Others	27151
食品、饮料及烟草制品专门零售	Retail of Food, Beverage and Tobaccos	292725
纺织、服装及日用品专门零售	Retail of Textiles, Garments and Daily Articles	433821
#服装零售	Garments	399536
文化、体育用品及器材专门零售	Retail of Culture, Sports Articles and Equipments	158159
#图书、报刊零售	Books and Mangzines	93842
医药及医疗器材专门零售	Retail of Medicines and Medical Appliances	299305
#西药零售	Western Medicines	287909
中药零售	Traditional Chinese Medicines	8313
汽车、摩托车、零配件和燃料及其他动力销售	Retail of Motor Vehicles, Motorcycles, Feuls, Parts and Others	3607279
#汽车新车零售	New Motor Vehicles	2343514
汽车旧车零售	Used Motor Vehicles	5587
家用电器及电子产品专门零售	Retail of Household Electronic Equipments and Products	242332
#日用家电零售	Household Appliance	190790
计算机、软件及辅助设备零售	Computer, Software and Auxiliary Equipments	21390
通信设备零售	Communication Equipments	23744

continued

(10 000 yuan)

负债合计 Total Liabilities	所有者权益合计 Total Creditors' Equity					
		#实收资本 Capital Hold	#国家资本 State	#集体资本 Collective	#法人资本 Legal Person	#个人资本 Individual
2600873	424539	443256	68727	20647	289425	63960
563675	-41501	29300	10900	70	17878	453
2037199	466040	413956	57828	20578	271547	63507
906477	378502	121744	87194	17754	11761	5034
4952259	1275087	4301243	5905	3520	3594587	695073
76941	30899	30627	21	79	17290	13235
6527	3732	2133			797	1336
4580081	1142961	4219844	5885	2411	3549165	660226
288710	97496	48640		1030	27335	20275
1613	5460	315	30	50	225	10
151953	78824	25401	2350		670	2000
115130	59849	17400	2350			2000
36824	18975	8001			670	
37842	-13989	17031			5500	
19483	-11718	11833			3000	
18359	-2271	5198			2500	
2244122	319579	370312	9055	7604	123001	226672
1169883	224661	243002	4215	5718	59509	169582
1031126	88470	117943	4840	654	62395	50054
9792	-1536	1328				1328
33322	7984	8038		1233	1097	5708
336823	197189	128651	19525	1860	90972	16294
484221	114292	91957	1399	578	52494	31436
446250	69819	81717	1310	65	45112	30181
163679	186652	91688	8096	2328	59332	21932
97812	109610	61243	8096		52064	1083
301484	89560	74561	4278	343	50761	19179
290087	86245	71593	4030	343	49359	17862
8313	2389	2150	231		1027	892
3922279	1012918	3946612	137226	29045	3422376	340975
2377879	401037	3604383	13765	10100	3316352	247177
5587	1257	1222			722	500
254098	75760	82854	274	1384	40250	40945
200924	38773	51911	122	1384	28508	21896
22132	25374	18311	152		7738	10421
24634	4975	6578			1794	4784

13-5 续表7

单位：万元

指　标	Item	流动负债合　计 Total Liquid Liabilities
五金、家具及室内装饰材料专门零售	Retail of Hardwares, Furniture and Room Decorative Building	221552
货摊、无店铺及其他零售业	Retail of Stall, Non-store and Others	620860
3.按控股情况分	Grouped by Share Holding	
国有控股	State Holding Enterprises	1759950
集体控股	Collective-owned Holding Enterprises	202212
私人控股	Private Holding Enterprises	5220851
港澳台商控股	Hongkong, Macao and Taiwan Holding Enterprises	122495
外商控股	Foreign Holding Enterprises	36418
其　他	Others	437239
4.按经营形式分	Grouped by Management Form	
独立门店	Independent Stores	5549807
连锁总店	Chain Headquarters	1031274
连锁直营店	Direct Chain Stores	346853
连锁加盟店	Franchise Chain Stores	4605
其　他	Others	850139
5.按单位规模分	Grouped by Enterprise Size	
大　型	Large-size	2818366
中　型	Medium-size	3338032
小　型	Small-size	1346020
微　型	Micro-size	280259
6.按零售业态分	Grouped by Retail Format	
#有店铺零售	Store-based	7177870
食杂店	Grocery Store	51966
便利店	Convenient Store	340155
折扣店	Discount Store	940
超　市	Supermarket	238731
大型超市	Hypermarket	853188
仓储会员店	Warehouse Club	18571
百货店	Department Store	648717
专业店	Specialized Shop	1973295
专卖店	Exclusive Shop	1937050
家居建材商店	Home Center	115025
购物中心	Shopping Center	485794
厂家直销中心	Factory Outlet Center	514439
无店铺零售	Non-store	540706
#网上商店	Online	31311

continued

(10 000 yuan)

负债合计 Total Liabilities	所有者权益合计 Total Creditors' Equity	#实收资本 Capital Hold	#国家资本 State	#集体资本 Collective	#法人资本 Legal Person	#个人资本 Individual
227869	122898	59218	1664	3024	18627	35406
897816	100228	116837	21665	2151	52510	33461
2223133	589853	349994	186154	20671	136305	6864
272005	42340	38162	247	21468	8345	8102
5665086	1465380	4459430	6130	3520	3707206	740416
162539	102589	35554	2350		1991	2000
37462	-18468	8894			5500	199
468388	31319	69822	8232	2130	50752	8709
6233738	1651015	4620740	109185	28443	3764179	700065
1162351	266015	134531	41962	483	59007	24431
347667	116294	53860	14741		36369	2750
5713	1007	2450			1610	840
1082922	184744	151109	37295	19391	49160	38213
3221130	515721	283467	75579	17673	112146	62371
3889214	1044104	3978613	83470	21595	3492948	362653
1430827	557341	537308	34098	7314	250598	244381
291221	101910	163301	10036	1734	54632	96895
8121467	1954816	3782370	192670	47621	2808439	699074
54806	7034	5766	1317	529	1142	2777
517630	237396	112932	24951	17919	61121	8941
1468	419	600			100	500
256742	125004	92705	9478	1307	51594	29326
885541	39914	71287	528	501	39045	27235
18571	2329	3627			2027	1600
914127	169959	228414	9014	5679	60134	153588
2099740	824046	1628096	89191	6080	1290427	228974
2001889	421283	1485837	55707	10584	1246966	161964
120151	80509	43962		2920	9072	31472
556910	99222	75963	364	2101	27883	40565
693894	-52298	33181	2120		18929	12132
641433	199627	1162899	9296	631	1099015	53957
31364	11061	15487			8664	6823

13-5 续表8

单位：万元

指　标	Item	营业收入 Business Revenue
总　计	**Total**	**94918746**
一、批发业	**Wholesale Trade**	**77217608**
1.按登记注册类型分	Grouped by Registered Kind	
内资企业	Civil Funded Enterprises	76552157
国有企业	State-owned Enterprises	3434438
集体企业	Collective-owned Enterprises	688617
有限责任公司	Limited Responsibility Corporations	52785571
国有独资公司	Company Exclusively with Investment from State	15087996
其他有限责任公司	Other Limited Responsibility Company	37697575
股份有限公司	Share-holding Limited Corporations	3168167
私营企业	Private-owned Enterprises	16455199
私营独资企业	Enterprise Exclusively with Investment from Private	13778
私营合伙企业	Private Partnership Enterprises	87244
私营有限责任公司	Private Limited Responsibility Corporations	16140118
私营股份有限公司	Private Share-holding Limited Corporations	214059
其他企业	Others	20165
港、澳、台商投资企业	Enterprises Funded by HongKong, Macao and Taiwan	629768
合资经营企业(港或澳、台资)	Joint Venture Enterprises	540342
港、澳、台商独资经营企业	Solely Owned Entersprises	89427
外商投资企业	Foreign Funded Enterprises	35683
中外合资经营企业	Joint Venture Enterprises	35683
2.按批发行业小类分	Grouped by Wholesale Trade	
农、林、牧、渔产品批发	Wholesale of Agricultural, Forestry, Animal Husbandry and Fishery Products	339273
食品、饮料及烟草制品批发	Wholesale of Food, Beverage and Tobaccos	5089886
#米、面制品及食用油批发	Rice, Flour and Edible Oil	232826
烟草制品批发	Tobacoo Products Manufacturing	3171478
纺织、服装及家庭用品批发	Wholesale of Textiles, Garments and Family Articles	1711222
#服装批发	Wholesale of Garments	533828
文化、体育用品及器材批发	Wholesale of Culture, Sports Articles and Equipments	617135
医药及医疗器材批发	Wholesale of Medicines and Medical Appliances	3619813
#西药批发	Wholesale of Western Medicine	2785986
中药批发	Wholesale of Chinese Traditional Medicine	561449

continued

(10 000 yuan)

主营业务收入 Revenue of Major Business	营业成本 Business Costs	主营业务成本 Costs of Major Business	营业税金及附加 Business Taxes and Extra Charges	主营业务税金及附加 Taxes and Extra Charges in Major Business	其他业务利润 Profits of Other Business	销售费用 Costs of Sales
92216132	**89130582**	**86743053**	**609301**	**587795**	**275120**	**2575409**
74834450	**73058828**	**70866220**	**557465**	**540610**	**140738**	**1624716**
74172329	72432131	70240757	556814	539959	139584	1605444
3424127	2532426	2523758	422642	422623	4714	53716
683937	567889	567642	2554	2535	3731	93615
50510620	50992730	48830699	98004	88126	81083	760730
14920683	14482215	14380826	58470	54860	37584	208802
35589937	36510515	34449872	39534	33266	43499	551928
3163672	2804990	2804988	4253	4253	7591	218661
16369809	15515028	15494602	29350	22410	42465	477996
13778	12014	12014	46	45		380
87244	85460	85460	90	90		462
16054760	15224741	15204318	28565	21627	42366	470017
214027	192812	192809	649	649	99	7137
20165	19069	19069	12	12		726
627590	597722	596488	547	547	2	16749
539489	527603	527601	284	284		7494
88101	70119	68887	263	263	2	9255
34531	28975	28975	105	105	1153	2523
34531	28975	28975	105	105	1153	2523
337231	292358	292223	295	248	1057	22383
5083504	3749763	3748783	442644	442609	10849	269887
232061	222291	222287	144	142	299	6786
3169978	2250886	2250573	437182	437164	323	53068
1702546	1483322	1474449	1537	1248	418	165069
533275	333805	333510	711	711	272	151715
616349	575066	574934	794	794	832	15149
3601593	3197738	3196790	9996	9618	12302	218395
2768702	2548141	2547216	6458	6126	8421	92862
561088	430558	430535	2481	2470	3882	105891

13-5 续表9

单位：万元

指　标	Item	营业收入 Business Revenue
矿产品、建材及化工产品批发	Wholesale of Mineral Products, Building and Chemical Products	60636486
#煤炭及制品批发	Coal and Related Products	32215670
石油及制品批发	Petroleum and Related Products	1633625
金属及金属矿批发	Metals and Metals Materials	12740705
建材批发	Building Materials	9419503
化肥批发	Chemical Fertilizer	4194945
机械设备、五金产品及电子产品批发	Wholesale of Machinery, Hardwaresand Electronic Products	4985567
#汽车及零配件批发	Motor Vehicles and Parts	1964175
计算机、软件及辅助设备批发	Computer, Sofeware and Accessories	60852
贸易经纪与代理	Trade Brokerage and Agency	7057
其他批发业	Other Wholesales	211169
3.按控股情况分	Grouped by Share Holding	
国有控股	State Holding Enterprises	52508483
集体控股	Collective-owned Holding Enterprises	1663514
私人控股	Private Holding Enterprises	19484965
港澳台商控股	Hongkong, Macao and Taiwan Holding Enterprises	123305
其　他	Others	3404468
4.按经营形式分	Grouped by Management Form	
独立门店	Independent Stores	45278926
连锁总店(总部)	Chain Headquarters	1996696
连锁直营店	Direct Chain Stores	28173
其　他	Others	29913814
5.按单位规模分	Grouped by Enterprise Size	
大　型	Large-size	21085125
中　型	Medium-size	35236699
小　型	Small-size	8881944
微　型	Micro-size	12013840
二、零售业	**Retail Trade**	**17701138**
1.按登记注册类型分组	Grouped by Registered Kind	
内资企业	Civil Funded Enterprises	17321671
国有企业	State-owned Enterprises	406796
集体企业	Collective-owned Enterprises	231166
股份合作企业	Share Cooperative Enterprises	9521
联营企业	Joint Owned Enterprises	532

continued

(10 000 yuan)

主营业务收 入 Revenue of Major Business	营业成本 Business Costs	主营业务成 本 Costs of Major Business	营业税金及附加 Business Taxes and Extra Charges	主营业务税金及附加 Taxes and Extra Charges in Major Business	其 他业务利润 Profits of Other Business	销售费用 Costs of Sales
58318947	58718097	56558046	95878	80994	101364	877934
29930036	30623484	28480778	73929	66240	92237	756577
1630620	1572524	1570589	1779	1681	232	24150
12722003	12554662	12543230	15446	9662	6748	69869
9413106	9373112	9370907	2801	2751	1952	13406
4191418	4181100	4179465	1451	189	176	5953
4956396	4836504	4815098	5911	4694	13715	53217
1949988	1931775	1920725	1778	1148	3350	20762
60411	52183	52105	170	159	140	5374
7057	6509	6509	9	9		453
210827	199471	199387	401	397	202	2231
50240429	50093138	47932989	514755	506152	65822	594898
1653473	1497699	1495819	3182	3162	8443	105489
19387824	18216165	18187382	33311	25693	61430	700268
121979	102300	101068	303	303	2	11239
3397871	3119018	3118456	5886	5273	5041	211691
43056188	43076062	40981420	221726	212139	100444	966265
1982973	1872554	1861649	41272	41272	2616	11219
28173	27700	27700	17	17		207
29767115	28082512	27995452	294450	287182	37679	647026
20849301	18500072	18381448	497004	493329	52439	870285
33110559	34058326	31997115	39728	33618	74703	563931
8870048	8589295	8584049	16029	9295	10675	160141
12004541	11911135	11903608	4705	4368	2923	30360
17381682	**16071755**	**15876833**	**51837**	**47185**	**134381**	**950693**
17013397	15764882	15572882	50058	45652	127811	914362
399758	394991	383255	669	660	1410	13957
230190	201148	201046	686	672	603	7210
9521	9180	9180	27	27		
532	479	479	6	6		23

13-5 续表10

单位：万元

指　标	Item	营业收入 Business Revenue
有限责任公司	Limited Responsibility Corporations	4187356
国有独资公司	Company Exclusively with Investment from State	295973
其他有限责任公司	Other Limited Responsibility Company	3891383
股份有限公司	Share-holding Limited Corporations	3076294
私营企业	Private-owned Enterprises	9402439
私营独资企业	Enterprise Exclusively with Investment from Private	224306
私营合伙企业	Private Partnership Enterprises	12316
私营有限责任公司	Private Limited Responsibility Corporations	8213391
私营股份有限公司	Private Share-holding Limited Corporations	952426
其他企业	Others	7568
港、澳、台商投资企业	Enterprises Funded by HongKong, Macao and Taiwan	312109
合资经营企业(港或澳、台资)	Joint Venture Enterprises	171688
港、澳、台商独资经营企业	Solely Owned Entersprises	140421
外商投资企业	Foreign Funded Enterprises	67358
中外合资经营企业	Joint Venture Enterprises	13494
外资企业	Enterprises with Sole Foreign Investment	53865
2.按零售行业小类分	Grouped by Wholesale Trade	
综合零售	General Retail Sales Trade	2844103
百货零售	Daily Goods	1330024
超级市场零售	Supermarkets	1384127
便利店零售	Covenience Stores	13212
其他综合零售	Others	116741
食品、饮料及烟草制品专门零售	Retail of Food, Beverage and Tobaccos	781906
纺织、服装及日用品专门零售	Retail of Textiles, Garments and Daily Articles	950097
#服装零售	Garments	804344
文化、体育用品及器材专门零售	Retail of Culture, Sports Articles and Equipments	305331
#图书、报刊零售	Books and Mangzines	179184
医药及医疗器材专门零售	Retail of Medicines and Medical Appliances	666960
#西药零售	Western Medicines	642813
中药零售	Traditional Chinese Medicines	18640
汽车、摩托车、零配件和燃料及其他动力销售	Retail of Motor Vehicles, Motorcycles, Feuls, Parts and Others	10245406
#汽车新车零售	New Motor Vehicles	5866390
汽车旧车零售	Used Motor Vehicles	10689
家用电器及电子产品专门零售	Retail of Household Electronic Equipments and Products	751458
#日用家电零售	Household Appliance	550631
计算机、软件及辅助设备零售	Computer, Software and Auxiliary Equipments	92334
通信设备零售	Communication Equipments	80709

continued

(10 000 yuan)

主营业务收　入 Revenue of Major Business	营业成本 Business Costs	主营业务成　本 Costs of Major Business	营业税金及附加 Business Taxes and Extra Charges	主营业务税金及附加 Taxes and Extra Charges in Major Business	其　他业务利润 Profits of Other Business	销售费用 Costs of Sales
4082392	3648851	3603967	13830	11568	39589	259100
292892	248224	247712	981	861	3124	16912
3789500	3400628	3356255	12849	10707	36465	242188
3016820	3029079	2917889	4762	3636	2900	156254
9266618	8474556	8450468	30078	29083	83310	477666
224019	202866	202682	728	713	1344	8120
12316	10593	10593	33	33	277	807
8093838	7393734	7371554	27313	26363	81337	407179
936445	867364	865639	2003	1974	352	61559
7568	6597	6597	1	1		153
302749	249400	246809	1569	1323	5523	27512
166847	140935	138344	714	469	1899	10174
135902	108466	108466	854	854	3624	17338
65536	57473	57142	210	210	1047	8819
12691	11523	11523	61	61	745	2257
52845	45949	45619	149	149	303	6562
2749820	2469136	2460689	12479	11192	57871	209611
1280976	1129609	1123489	8581	7434	33007	89236
1338985	1215444	1213147	3441	3325	24151	115295
13195	12422	12422	21	9	637	2989
116664	111661	111632	436	424	76	2092
771600	701785	700366	1644	1613	1088	33132
927268	773082	768713	4705	4374	12853	83032
782783	658202	654457	4156	3848	12116	67390
299518	234953	234092	3386	3239	5422	39878
173372	128265	127404	790	654	5157	30673
657643	534386	531082	2423	2399	2142	91057
633518	514874	511570	2349	2325	1983	88402
18618	15092	15092	47	47	159	2436
10110642	9674713	9529909	19106	17625	44202	409917
5803038	5503433	5485876	11680	11415	37783	191297
10689	10439	10439	6	6		71
746974	677432	675929	1609	1287	4197	48913
547342	492616	491339	1347	1026	2901	41686
92107	84477	84476	127	126	365	3057
80105	75735	75563	62	62	931	2918

13-5 续表11

单位：万元

指　标	Item	营业收入 Business Revenue
五金、家具及室内装饰材料专门零售	Retail of Hardwares, Furniture and Room Decorative Building	543349
货摊、无店铺及其他零售业	Retail of Stall, Non-store and Others	612528
3.按控股情况分	Grouped by Share Holding	
国有控股	State Holding Enterprises	5002199
集体控股	Collective-owned Holding Enterprises	516742
私人控股	Private Holding Enterprises	10948007
港澳台商控股	Hongkong, Macao and Taiwan Holding Enterprises	377543
外商控股	Foreign Holding Enterprises	61526
其　他	Others	779913
4.按经营形式分	Grouped by Management Form	
独立门店	Independent Stores	12677632
连锁总店	Chain Headquarters	2316288
连锁直营店	Direct Chain Stores	1304929
连锁加盟店	Franchise Chain Stores	21518
其　他	Others	1380771
5.按单位规模分	Grouped by Enterprise Size	
大　型	Large-size	6218963
中　型	Medium-size	7653267
小　型	Small-size	3153606
微　型	Micro-size	675302
6.按零售业态分	Grouped by Retail Format	
#有店铺零售	Store-based	16681268
食杂店	Grocery Store	120671
便利店	Convenient Store	1952775
折扣店	Discount Store	5053
超　市	Supermarket	524782
大型超市	Hypermarket	1135327
仓储会员店	Warehouse Club	5719
百货店	Department Store	1206402
专业店	Specialized Shop	5333809
专卖店	Exclusive Shop	4631033
家居建材商店	Home Center	183257
购物中心	Shopping Center	796892
厂家直销中心	Factory Outlet Center	785547
无店铺零售	Non-store	869072
#网上商店	Online	127040

continued

(10 000 yuan)

主营业务收入 Revenue of Major Business	营业成本 Business Costs	主营业务成本 Costs of Major Business	营业税金及附加 Business Taxes and Extra Charges	主营业务税金及附加 Taxes and Extra Charges in Major Business	其他业务利润 Profits of Other Business	销售费用 Costs of Sales
542617	479696	479549	4271	4236	464	15027
575602	526573	496505	2214	1221	6142	20126
4881608	4659734	4510219	10625	8026	25268	296549
511135	465112	464418	1527	1376	3217	17519
10793038	9874564	9839777	34333	32689	88504	552295
368125	308305	305714	1821	1575	5523	29624
59762	51855	51525	176	176	1047	8460
752882	698822	691819	3337	3324	10822	45620
12464203	11510087	11425033	39502	36246	107097	604631
2282762	2079000	2069733	5590	5061	14663	184226
1275310	1202831	1188279	2699	2375	2545	98505
21471	19763	19763	43	43	684	1633
1337936	1260073	1174026	4003	3460	9393	61698
6101905	5668727	5554878	15714	14484	27540	399996
7482904	6894147	6829827	24226	21139	86244	409952
3124857	2886192	2871009	7594	7328	16967	127885
672016	622689	621119	4302	4234	3630	12861
16391191	15158736	14987383	47656	43114	126190	898264
120585	115680	115580	222	216		1207
1904880	1855112	1816176	3563	2806	5005	116387
5021	4458	4458	22	22		138
515582	432793	431995	1983	1831	5055	50839
1094328	998694	996806	2559	2458	21763	96782
5598	4350	4350	16	16	64	832
1161740	1027095	1024053	8390	6708	33433	73359
5260182	4940409	4833832	15505	14321	20550	288755
4583092	4300472	4288716	9130	8817	30054	180477
183184	157237	157237	1012	992	86	10277
774044	661366	654398	3813	3494	9839	57903
782954	661069	659782	1443	1434	340	21306
839694	781833	758264	2549	2440	8192	42056
125878	101949	101768	383	380	462	13261

13-5 续表12

单位：万元

指 标	Item	管理费用 Costs of Administration
总 计	**Total**	**1413321**
一、批发业	**Wholesale Trade**	**880472**
1.按登记注册类型分	Grouped by Registered Kind	
内资企业	Civil Funded Enterprises	873176
国有企业	State-owned Enterprises	140201
集体企业	Collective-owned Enterprises	18869
有限责任公司	Limited Responsibility Corporations	468424
国有独资公司	Company Exclusively with Investment from State	243076
其他有限责任公司	Other Limited Responsibility Company	225348
股份有限公司	Share-holding Limited Corporations	47308
私营企业	Private-owned Enterprises	198134
私营独资企业	Enterprise Exclusively with Investment from Private	105
私营合伙企业	Private Partnership Enterprises	217
私营有限责任公司	Private Limited Responsibility Corporations	193358
私营股份有限公司	Private Share-holding Limited Corporations	4455
其他企业	Others	241
港、澳、台商投资企业	Enterprises Funded by HongKong, Macao and Taiwan	5305
合资经营企业(港或澳、台资)	Joint Venture Enterprises	1971
港、澳、台商独资经营企业	Solely Owned Entersprises	3334
外商投资企业	Foreign Funded Enterprises	1991
中外合资经营企业	Joint Venture Enterprises	1991
2.按批发行业小类分	Grouped by Wholesale Trade	
农、林、牧、渔产品批发	Wholesale of Agricultural, Forestry, Animal Husbandry and Fishery Products	14337
食品、饮料及烟草制品批发	Wholesale of Food, Beverage and Tobaccos	182371
#米、面制品及食用油批发	Rice, Flour and Edible Oil	4813
烟草制品批发	Tobacoo Products Manufacturing	138273
纺织、服装及家庭用品批发	Wholesale of Textiles, Garments and Family Articles	35818
#服装批发	Wholesale of Garments	31312
文化、体育用品及器材批发	Wholesale of Culture, Sports Articles and Equipments	18562
医药及医疗器材批发	Wholesale of Medicines and Medical Appliances	84110
#西药批发	Wholesale of Western Medicine	57515
中药批发	Wholesale of Chinese Traditional Medicine	12970

continued

(10 000 yuan)

财务费用 Costs of Finance	#利息支出 Interest Expenses	营业利润 Business Profits	利润总额 Total Profits	所得税费用 Income Tax Expenses	应付职工薪酬(本年贷方累计发生额) Remuneration Payable (Accumulated Credit Balance of The Year)	应交增值税 Added Taxes Payable
626906	**459184**	**647398**	**653305**	**253940**	**1377298**	**803496**
473403	**367877**	**778602**	**776877**	**216981**	**824207**	**626825**
470475	367778	770981	769066	214591	813633	625361
-24736	5232	310028	305991	78762	117149	141894
2459	2744	2938	3455	303	20352	10887
314165	238822	150736	150012	107100	463006	300255
181645	137114	-68404	-51826	25835	189540	164524
132520	101708	219140	201838	81266	273466	135731
45464	36893	175957	178049	4852	12368	17575
133065	84070	131264	131501	23568	200610	154746
162	106	-2	-2		131	583
		1015	972	324	375	173
132156	84230	121424	121641	20858	197988	149525
747	-267	8826	8890	2385	2115	4465
58	18	59	59	7	148	4
3038	95	5422	5341	1178	9765	940
2820		733	724	558	2600	234
218	95	4689	4617	620	7165	706
-110	4	2198	2470	1212	809	524
-110	4	2198	2470	1212	809	524
2291	2135	10860	12698	314	10665	303
-19895	5366	467054	463441	115728	181177	177805
527	1304	868	2811	142	4098	489
-26828	348	319174	312046	80805	113478	142017
7055	2932	18680	19276	1678	18636	10094
4652	273	12494	12342	705	13388	5722
-86	939	9741	14093	4062	9026	812
37945	28819	69971	70870	20201	105041	48473
32084	28218	46431	47266	13487	72859	33837
5416	330	4625	4646	1862	24996	6934

13-5 续表13

单位：万元

指　标	Item	管理费用 Costs of Administration
矿产品、建材及化工产品批发	Wholesale of Mineral Products, Building and Chemical Products	498503
#煤炭及制品批发	Coal and Related Products	441260
石油及制品批发	Petroleum and Related Products	6081
金属及金属矿批发	Metals and Metals Materials	27885
建材批发	Building Materials	14362
化肥批发	Chemical Fertilizer	3494
机械设备、五金产品及电子产品批发	Wholesale of Machinery, Hardwaresand Electronic Products	40937
#汽车及零配件批发	Motor Vehicles and Parts	7129
计算机、软件及辅助设备批发	Computer, Sofeware and Accessories	1676
贸易经纪与代理	Trade Brokerage and Agency	
其他批发业	Other Wholesales	5836
3.按控股情况分	Grouped by Share Holding	
国有控股	State Holding Enterprises	554201
集体控股	Collective-owned Holding Enterprises	35757
私人控股	Private Holding Enterprises	252995
港澳台商控股	Hongkong, Macao and Taiwan Holding Enterprises	3734
其　他	Others	32756
4.按经营形式分	Grouped by Management Form	
独立门店	Independent Stores	508171
连锁总店(总部)	Chain Headquarters	17694
连锁直营店	Direct Chain Stores	212
其　他	Others	354395
5.按单位规模分	Grouped by Enterprise Size	
大　型	Large-size	482645
中　型	Medium-size	290725
小　型	Small-size	82002
微　型	Micro-size	25100
二、零售业	**Retail Trade**	**532849**
1.按登记注册类型分组	Grouped by Registered Kind	
内资企业	Civil Funded Enterprises	516159
国有企业	State-owned Enterprises	7824
集体企业	Collective-owned Enterprises	10345
股份合作企业	Share Cooperative Enterprises	247
联营企业	Joint Owned Enterprises	11

continued

(10 000 yuan)

财务费用 Costs of Finance	#利息支出 Interest Expenses	营业利润 Business Profits	利润总额 Total Profits	所得税费用 Income Tax Expenses	应付职工薪酬(本年贷方累计发生额) Remuneration Payable (Accumulated Credit Balance of The Year)	应交增值税 Added Taxes Payable
435985	314475	132168	126786	68673	464633	367601
382566	273575	95802	124067	51677	404197	310946
7117	6772	13670	15678	3108	15235	8881
31970	26908	-7234	-43849	11225	35489	34575
6532	2444	9269	10438	1946	4859	5513
3295	193	747	883	380	1806	1934
9708	13143	65433	63148	5111	30973	18557
2999	7531	2348	2990	578	7971	2963
330	305	1138	1299	413	1481	2131
		86	86	8	40	69
401	70	4609	6479	1206	4018	3110
294910	254415	546340	578235	178429	530546	410886
13563	5044	-49668	-88017	2327	24821	14566
153857	99689	160115	161024	27157	223318	177329
989	95	3191	3110	620	8498	940
10004	8616	118527	122429	8441	36632	23063
260536	229533	233841	234166	127027	515310	340357
11610	12545	43883	42171	6668	17070	26762
-2	2	39	36	9	115	42
201258	125797	500838	500504	83277	291712	259664
259198	171712	589672	602731	153048	434093	391513
164797	160510	160916	126647	46255	250782	176359
34596	24544	5504	13745	14819	112495	40274
14813	11110	22510	33754	2859	26837	18678
153503	**91307**	**-131204**	**-123572**	**36959**	**553092**	**176671**
152679	90636	-148286	-140507	32621	540865	172917
498	127	-11161	-11230	77	7113	36372
547	287	11277	11395	765	5594	3091
5		63	63	16	251	172
2		13	13		50	1

13-5 续表14

单位：万元

指　标	Item	管理费用 Costs of Administration
有限责任公司	Limited Responsibility Corporations	147516
国有独资公司	Company Exclusively with Investment from State	11168
其他有限责任公司	Other Limited Responsibility Company	136348
股份有限公司	Share-holding Limited Corporations	46597
私营企业	Private-owned Enterprises	303166
私营独资企业	Enterprise Exclusively with Investment from Private	8166
私营合伙企业	Private Partnership Enterprises	569
私营有限责任公司	Private Limited Responsibility Corporations	281391
私营股份有限公司	Private Share-holding Limited Corporations	13041
其他企业	Others	455
港、澳、台商投资企业	Enterprises Funded by HongKong, Macao and Taiwan	15091
合资经营企业(港或澳、台资)	Joint Venture Enterprises	7161
港、澳、台商独资经营企业	Solely Owned Entersprises	7930
外商投资企业	Foreign Funded Enterprises	1599
中外合资经营企业	Joint Venture Enterprises	773
外资企业	Enterprises with Sole Foreign Investment	826
2.按零售行业小类分	Grouped by Wholesale Trade	
综合零售	General Retail Sales Trade	113903
百货零售	Daily Goods	67677
超级市场零售	Supermarkets	43438
便利店零售	Covenience Stores	339
其他综合零售	Others	2448
食品、饮料及烟草制品专门零售	Retail of Food, Beverage and Tobaccos	24890
纺织、服装及日用品专门零售	Retail of Textiles, Garments and Daily Articles	59507
#服装零售	Garments	52764
文化、体育用品及器材专门零售	Retail of Culture, Sports Articles and Equipments	17609
#图书、报刊零售	Books and Mangzines	11692
医药及医疗器材专门零售	Retail of Medicines and Medical Appliances	28338
#西药零售	Western Medicines	26757
中药零售	Traditional Chinese Medicines	845
汽车、摩托车、零配件和燃料及其他动力销售	Retail of Motor Vehicles, Motorcycles, Feuls, Parts and Others	218831
#汽车新车零售	New Motor Vehicles	136328
汽车旧车零售	Used Motor Vehicles	80
家用电器及电子产品专门零售	Retail of Household Electronic Equipments and Products	22526
#日用家电零售	Household Appliance	15265
计算机、软件及辅助设备零售	Computer, Software and Auxiliary Equipments	3905
通信设备零售	Communication Equipments	1977

continued

(10 000 yuan)

财务费用 Costs of Finance	#利息支出 Interest Expenses	营业利润 Business Profits	利润总额 Total Profits	所得税费用 Income Tax Expenses	应付职工薪酬 (本年贷方累计发生额) Remuneration Payable (Accumulated Credit Balance of The Year)	应交增值税 Added Taxes Payable
39803	26983	10053	14854	16469	183579	38293
540	681	16944	17097	4373	18337	3262
39263	26303	-6892	-2243	12096	165242	35030
2476	902	-166807	-171636	35	69487	13046
109344	62337	7918	15647	15259	274711	81930
992	442	2221	2202	239	9678	2722
12	4	191	187	2	764	90
102464	61247	2748	10592	14500	238950	75127
5875	645	2758	2666	519	25320	3992
6	1	359	387		81	12
-2	1	18944	18811	4321	9393	3492
264	1	12424	12243	2879	6203	2044
-266		6520	6567	1442	3190	1448
826	670	-1862	-1876	17	2834	262
630	628	-1751	-1665		468	22
196	42	-111	-211	17	2366	241
47022	23615	-7083	-4859	6075	105234	22269
28820	15539	6730	7648	5201	45376	14798
17501	7516	-10650	-9637	817	56885	6623
110		-2669	-2669	1	931	16
592	560	-494	-201	57	2042	831
2962	1915	18023	19585	3976	26301	6576
14065	12050	15361	15581	5253	41367	15281
13628	11931	7005	6991	3260	35446	9961
1408	736	20400	21083	2404	35992	3141
-59	10	7248	7569	2037	29706	-39
2295	1531	10866	10976	2355	58639	13134
2157	1430	10544	10662	2277	56635	12734
119	100	236	235	67	1674	269
72006	44920	-228420	-230782	7446	226055	97585
61196	38179	-42167	-38121	4660	124501	42132
46	5	47	48	1	85	13
4014	705	-4508	-3162	514	21469	6555
3338	622	-5047	-3833	73	15718	4839
403	36	205	196	376	2797	601
225	48	-44	-18	38	2260	690

13-5 续表15

单位：万元

指　标	Item	管理费用 Costs of Administration
五金、家具及室内装饰材料专门零售	Retail of Hardwares, Furniture and Room Decorative Building	12373
货摊、无店铺及其他零售业	Retail of Stall, Non-store and Others	34872
3.按控股情况分	Grouped by Share Holding	
国有控股	State Holding Enterprises	108631
集体控股	Collective-owned Holding Enterprises	22845
私人控股	Private Holding Enterprises	350125
港澳台商控股	Hongkong, Macao and Taiwan Holding Enterprises	16155
外商控股	Foreign Holding Enterprises	1214
其　他	Others	32896
4.按经营形式分	Grouped by Management Form	
独立门店	Independent Stores	404686
连锁总店	Chain Headquarters	62902
连锁直营店	Direct Chain Stores	15246
连锁加盟店	Franchise Chain Stores	444
其　他	Others	49571
5.按单位规模分	Grouped by Enterprise Size	
大　型	Large-size	141531
中　型	Medium-size	263598
小　型	Small-size	112057
微　型	Micro-size	15664
6.按零售业态分	Grouped by Retail Format	
#有店铺零售	Store-based	487589
食杂店	Grocery Store	2456
便利店	Convenient Store	31761
折扣店	Discount Store	255
超　市	Supermarket	26091
大型超市	Hypermarket	30331
仓储会员店	Warehouse Club	519
百货店	Department Store	61132
专业店	Specialized Shop	150150
专卖店	Exclusive Shop	111301
家居建材商店	Home Center	7088
购物中心	Shopping Center	50769
厂家直销中心	Factory Outlet Center	15737
无店铺零售	Non-store	39864
#网上商店	Online	9352

continued

(10 000 yuan)

财务费用 Costs of Finance	#利息支出 Interest Expenses	营业利润 Business Profits	利润总额 Total Profits	所得税费用 Income Tax Expenses	应付职工薪酬(本年贷方累计发生额) Remuneration Payable (Accumulated Credit Balance of The Year)	应交增值税 Added Taxes Payable
3652	1629	16914	17305	988	7781	5656
6079	4206	27243	30702	7949	30253	6475
8719	5942	−154467	−158143	12360	171989	64058
2969	1750	8345	10822	816	15133	4489
129998	75126	6528	15380	17103	324639	93222
515	530	21511	21410	5117	10499	4474
817	657	−1289	−1322	17	3190	266
10479	7303	−12047	−12127	1547	26900	10124
128190	82524	−78642	−68136	24021	378584	100484
13092	4080	−28953	−30224	5472	82783	23696
4859	70	−20301	−20794	784	47163	6532
138		−503	−512	6	830	145
7225	4633	−2806	−3906	6677	43731	45815
37649	18541	−105401	−114017	14541	193286	76955
90349	59603	−21270	−8804	17018	270631	68863
22813	11665	−6869	−3372	4590	79758	27895
2692	1499	2336	2622	810	9416	2957
143131	84926	−144449	−140777	34253	512981	170506
505	46	548	557	15	2895	152
2038	1012	−56015	−58234	4047	46189	12807
36	37	144	140	7	128	11
4607	2611	7180	9573	2525	46612	3983
14078	5786	−7084	−8015	419	41379	4725
143	136	−142	−137	18	419	3
24812	17807	12124	12752	5201	35722	14001
26985	15130	−89056	−88526	9382	171408	77060
49094	30696	−24368	−21149	4613	111418	39984
1922	1224	5828	5837	678	4897	3125
16387	9304	5855	6257	2962	31582	7453
2525	1139	536	168	4387	20332	7202
9664	6112	−873	2847	2318	34291	3505
1372	282	315	620	652	7704	2382

13-6 限额以上批发零售业商品销售类值(2018年)

SALES VALUE OF ENTERPRISES ABOVE DESIGNATED SIZE IN WHOLESALE AND RETAIL TRADE BY CATEGORY OF COMMODITIES(2018)

单位：万元　　(10 000 yuan)

指　标	Item	销售额 Sales Value	批发额 Wholesale	零售额 Retail
总　计	**Total**	**103505922**	**81318135**	**22187788**
一、批发业	**Wholesale Trade**	**80711680**	**79617356**	**1094324**
1.粮油、食品类	Grain, Oil and Food	1389633	1150191	239442
2.饮料类	Beverages	115668	86962	28706
3.烟酒类	Tobacco and Liquor	5038352	4846864	191489
4.服装、鞋帽、针纺织品类	Clothing, Shoes and Hats, Textiles	531677	505280	26398
服装类	Clothing	513382	491598	21784
鞋帽类	Footwear and Hats	11992	10239	1753
针纺织品	Knitwear and Textiles	6304	3443	2861
5.化妆品类	Cosmetics	2611	611	1999
6.金银珠宝类	Gold, Silver and Jewellery	207461	200819	6643
7.日用品类	Articles for Daily Use	57878	46472	11406
#儿童玩具类	Children Toys	20017	19686	331
8.五金、电料类	Hardware and Electrical Materials	68489	46634	21856
9.体育、娱乐用品类	Sports and Recreation Articles	23514	23408	106
10.书报杂志类	Newspapers and Magazines	173594	173209	385
11.电子出版物及音像制品类	Electronic Publications and Audiovisual Products	13913	13913	
12.家用电器和音像器材类	Household Appliances and Audiovisual Equipments	1383483	1103012	280471
13.中西药品类	Traditional Chinese and Western Medicine	3648721	3546055	102665
#西　药	Western Medicine	2804537	2717861	86676
中草药及中成药类	Traditional Chinese Medicine	416725	401191	15534
14文化办公用品类	Culture and Office Articles	212810	201662	11148
#计算机及其配套产品	Computer and Corollarty Equipment	9731	8959	772
15.家具类	Furnitures	1474	739	735
16.通讯器材类	Communication Equipment	61390	55648	5742
17.煤炭及制品类	Coal and Related Products	28686932	28684405	2527
18.木材及制品类	Timber and Related Products	13931	13931	
19石油及制品类	Petroleum and Related Products	1764697	1733824	30873
20.化工材料及制品类	Chemical Materials and Related Products	4293213	4293213	
#化肥类	Chemical Fertilizer	792302	792302	
21.金属材料类	Metal Materials	24237176	24237176	
22.建筑及装潢材料类	Building and Decoration Materials	769717	730772	38945
23.机电产品及设备类	Mechanical and Electrical Products and Equipments	2743436	2739791	3645
#农机类	Farm Machineries	18188	18188	
24.汽车类	Automobiles	800448	752596	47852
25.种子饲料类	Seeds and Forages	53535	53535	
26.棉麻类	Cotton and Hemp			
27.其他类	Others	4417927	4376636	41291

13-6 续表 continued

单位：万元 (10 000 yuan)

指　标	Item	销售额 Sales Value	批发额 Wholesale	零售额 Retail
二、零售业	**Retail Trade**	**22794242**	**1700778**	**21093464**
1.粮油、食品类	Grain, Oil and Food	1886773	43560	1843214
2.饮料类	Beverages	235818	7738	228081
3.烟酒类	Tobacco and Liquor	661654	48995	612659
4.服装、鞋帽、针纺织品类	Clothing, Shoes and Hats, Textiles	2283328	12915	2270414
服装类	Clothing	1775503	12033	1763470
鞋帽类	Footwear and Hats	333489	532	332958
针纺织品	Knitwear and Textiles	174336	350	173986
5.化妆品类	Cosmetics	278848	243	278606
6.金银珠宝类	Gold, Silver and Jewellery	379983	196	379786
7.日用品类	Articles for Daily Use	419186	5840	413346
#儿童玩具类	Children Toys	52831	1181	51650
8.五金、电料类	Hardware and Electrical Materials	349580	24659	324921
9.体育、娱乐用品类	Sports and Recreation Articles	44106	496	43610
#照相器材类	Photographic Equipment	4801	1	4799
10.书报杂志类	Newspapers and Magazines	200102	1723	198379
11.电子出版物及音像制品类	Electronic Publications and Audiovisual Products	9260		9260
12.家用电器和音像器材类	Household Appliances and Audiovisual Equipments	1122987	20601	1102386
13.中西药品类	Traditional Chinese and Western Medicine	780152	36420	743732
#西　药	Western Medicine	497290	25547	471743
中草药及中成药类	Traditional Chinese Medicine	110604	3283	107321
14.文化办公用品类	Culture and Office Articles	135313	32298	103015
#计算机及其配套产品	Computer and Corollarty Equipment	68275	25618	42657
15.家具类	Furnitures	479810	1524	478286
16.通讯器材类	Communication Equipment	125736	5659	120078
17.煤炭及制品类	Coal and Related Products	218411	110645	107766
18.木材及制品类	Timber and Related Products	2354	2354	
19.石油及制品类	Petroleum and Related Products	4918339	1034755	3883584
20.化工材料及制品类	Chemical Materials and Related Products	13338	13338	
#化肥类	Chemical Fertilizer	10899	10899	
21.金属材料类	Metal Materials	17393	17393	
22.建筑及装潢材料类	Building and Decoration Materials	366432	11586	354847
23.机电产品及设备类	Mechanical and Electrical Products and Equipments	47992	7758	40234
#农机类	Farm Machineries	1907	1907	
24.汽车类	Automobiles	6990473	213539	6776935
25.种子饲料类	Seeds and Forages	2	2	
26.棉麻类	Cotton and Hemp	706		706
27.其他类	Others	826165	46544	779621

13-7 亿元以上商品交易市场基本情况(2018年)

BASIC STATISTICS ON COMMODITY EXCHANGE MARKETS OF TRANSACTION VOLUME OVER 100 MILLION YUAN(2018)

市 场	Market	市场数量 (个) Number of Markets (unit)	年末出租摊位数 (个) Number of Stalls at Year-end (unit)	营业面积 (平方米) Area of Bussiness (sq.m)	成交额 (万元) Volume of Transaction (10 000 yuan)
总 计	**Total**	**31**	**25251**	**2531542**	**6194751**
一、按市场类别分组	Grouped by Market Category				
1.综合市场	Comprehensive Markets	12	16995	1714611	5038977
综合贸易市场	Comprehensive Commercial Markets	12	16995	1714611	5038977
生产资料综合市场	Productive Materials Comprehensive Markets	1	100	23000	11190
工业消费品综合市场	Industrial Consumable Comprehensive Markets	1	200	59720	10320
农产品综合市场	Farm Products Comprehensive Markets	7	3473	401271	679296
其他综合市场	Others	3	13222	1230620	4338171
2.专业市场	Special Markets	19	8256	816931	1155774
农产品市场	Farm Products Comprehensive Markets	5	2526	247080	654111
蔬菜市场	Vegetables Markets	3	2164	206200	612311
干鲜果品市场	Dried and Fresh Melons and Fruits Markets	2	362	40880	41800
食品、饮料及烟酒市场	Food, Beverages, Tobacco and Liquor Markets	1	98	3000	11300
纺织、服装、鞋帽市场	Textiles, Clothing, Shoes and Hats Markets	10	4531	389185	382563
服装市场	Clothing Markets	9	4141	360185	371963
鞋帽市场	Shoes and Hats Markets	1	390	29000	10600
家具、五金及装饰材料市场	Furniture, Hardware and Decoration Materials	3	1101	177666	107800
家具市场	Markets Furniture Markets	1	551	133860	50896
装饰材料市场	Decoration Materials Markets	2	550	43806	56904
二、按经营方式分组	Grouped by Business Style				
1.以批发为主	Wholesale mainly	25	23311	2117876	5863173
2.以零售为主	Retail mainly	6	1940	413666	331578
三、按经营环境分组	Grouped by Business Environment				
1.露天式	Open-air Markets	4	1756	236800	216074
2.封闭式	Enclosed Markets	22	19143	2071122	5784156
3.其 他	Others	5	4352	223620	194521

13-8 亿元以上商品交易市场按摊位分类成交情况(2018年)

CLASSIFICATION OF COMMODITY EXCAHNGE MARKETS OF TRANSACTION VOLUME OVER 100 MILLION YUAN(2018)

类 别	Classification	年末出租摊位数(个) Number of Stalls at Year-end (unit)	成交额(万元) Volume of Transaction (10 000 yuan)
总 计	**Total**	**25251**	**6194751**
1.粮油、食品类	Grain, Oil and Food	6570	1955340
#粮油类	Grain and Oil	749	214676
肉禽蛋类	Meat, Poultry and Eggs	425	113032
水产品类	Aquatic Products	366	54726
蔬菜类	Vegetables	2780	632429
干鲜果品类	Dried and Fresh Fruits	1488	300758
2.饮料类	Beverages	188	18570
3.烟酒类	Tobacco and Liquor	341	357992
4.服装、鞋帽、针纺织品类	Clothing, Shoes, Hats and Textiles	10208	1058233
服装类	Clothing	6946	806987
鞋帽类	Footwear and Hats	1808	170145
针纺织品类	Knitwear and Textiles	1454	81101
5.化妆品类	Cosmetics	275	2050
6.金银珠宝类	Gold, Silver and Jewellery	4	430
7.日用品类	Articles for Daily Use	1644	547109
8.五金、电料类	Hardware and Electrical Materials	563	249150
9.体育、娱乐用品类	Sports and Recreational Articles	9	400
10.电子出版物及音像制品类	Electronic Publication and Audiovisual Products	4	55
11.家用电器和音像器材类	Household Appliances and Audiovisual Equipments	45	2899
#能效等级为1和2级的商品	EEI of Level Ⅰ and Ⅱ	12	1220
#智能家用电器和音像器材	Intelligent Products	18	1010
12.中西药品类	Traditional Chinese and Western Medicine	1	3
13.文化办公用品类	Cultural and Official Articles	28	3353
14.家具类	Furniture	1155	64636
15.通讯器材类	Communication Equipments	5	10
16.化工材料及制品类	Raw Chemical Materials and Related Products	4	220
17.金属材料类	Metal Materials	120	620009
18.建筑及装潢材料类	Building and Decoration Materials	1844	751168
20.汽车类	Automobiles	35	484002
21.其他类	Others	2208	79122

13-9 私营企业基本情况(2018年)
BASIC STATISTICS ON PRIVATE-OWNED ENTERPRISES(2018)

单位：户 (household)

指 标	Item	年末实有户数 Real Number of Enterprises at Year-end	#本年开业 Openning at This Year	从业人员(人) Employees (person)	注册资金(万元) Registered Capital (10 000 yuan)
总 计	**Total**	**548341**	**114898**	**1787625**	**282079566**
农、林、牧、渔业	Farming, Forestry, Animal Husbandry and Fishery	26071	3604	93720	12497212
采矿业	Mining	5014	367	78154	6127175
制造业	Manufacturing	44531	6829	433986	31181090
电力、热力、燃气及水生产和供应业	Production and Supply of Electricity, Heat, Gas and Water	4310	891	24638	6878154
建筑业	Construction	40674	10964	116200	26534553
交通运输、仓储和邮政业	Transport, Storage and Post	21106	3838	72744	8517922
信息传输、软件和信息技术服务业	Information Transmission, Software and Information Technology Services	22049	4783	26683	6832984
批发和零售业	Wholesale and Retail Trade	218601	40728	582539	88087093
住宿和餐饮业	Hotels and Catering Services	10445	2628	37393	3320437
金融业	Financial Industry	5996	427	36656	22102110
房地产业	Real Estate	17628	3593	53313	15939378
租赁和商务服务业	Lease and Business Affairs Services	63021	14768	103618	24764599
科学研究和技术服务业	Scientific Reseach and Technical Services	30176	10050	47444	17297177
水利、环境和公共设施管理业	Water, Environmental Protection and Public Facility Management	2643	813	6399	2024962
居民服务、修理和其他服务业	Resident Services, Repair and Other Services	18672	3803	39297	3874916
教 育	Education	1920	816	6737	864926
卫生和社会工作	Health Care and Social Work	2060	712	7528	900366
文化、体育和娱乐业	Culture, Sports and Recreation	11425	3588	17211	3238765
其他行业	Others	1999	1696	3365	1095749

13-10　个体工商业基本情况(2018年)

BASIC STATISTICS ON INDIVIDUAL BUSINESS(2018)

单位：户　　(household)

指　标	Item	年末实有户数 Real Number of Households at Year-end	#本年开业 Openning at This Year	从业人员(人) Employees (person)	注册资金(万元) Registered Capital (10 000 yuan)
总　计	**Total**	**1630195**	**312075**	**3679210**	**11131093**
农、林、牧、渔业	Farming, Forestry, Animal Husbandry and Fishery	23710	5783	77033	558621
采矿业	Mining	658	45	3547	28650
制造业	Manufacturing	69321	10713	209984	595881
电力、热力、燃气及水生产和供应业	Production and Supply of Electricity, Heat, Gas and Water	864	84	1902	10130
建筑业	Construction	6298	1632	26301	96758
交通运输、仓储和邮政业	Transport, Storage and Post	115093	36150	230137	1384016
信息传输、软件和信息技术服务业	Information Transmission, Software and Information Technology Services	7148	770	14430	34341
批发和零售业	Wholesale and Retail Trade	954424	143297	1871154	5487457
住宿和餐饮业	Hotels and Catering Services	233151	68061	638751	1529441
金融业	Financial Industry	553	42	2207	11455
房地产业	Real Estate	615	213	2062	4215
租赁和商务服务业	Lease and Business Affairs Services	16970	4444	52185	200202
科学研究和技术服务业	Scientific Reseach and Technical Services	1697	299	4366	13428
水利、环境和公共设施管理业	Water, Environmental Protection and Public Facility Management	2779	115	6401	11341
居民服务、修理和其他服务业	Resident Services, Repair and Other Services	178400	36957	488260	998269
教　育	Education	900	208	2937	8652
卫生和社会工作	Health Care and Social Work	7817	1432	16971	48393
文化、体育和娱乐业	Culture, Sports and Recreation	9585	1753	30044	107958
其他行业	Others	212	77	538	1885

主要统计指标解释

批发业 指向其他批发或零售单位（含个体经营者）及其他企事业单位、机关团体等批量销售生活用品、生产资料的活动，以及从事进出口贸易和贸易经纪与代理的活动。

零售业 指百货商店、超级市场、专门零售商店、品牌专卖店、售货摊等主要面向最终消费者（如居民等）的销售活动，以互联网、邮政、电话、售货机等方式的销售活动，还包括在同一地点，后面加工生产，前面销售的店铺（如面包房）。

批发和零售业法人企业 指具备如下条件的批发零售贸易企业：(1)依法成立，有自己的名称、组织机构和场所，能够承担民事责任；(2)独立拥有和使用资产，承担负债，有权与其他单位签订合同；(3)独立核算盈亏，并能够编制包括资产负债表在内的全部会计帐户。

限额以上批发企业 年主营业务收入 2000 万元及以上为限额以上批发企业。

限额以上零售企业 年主营业务收入 500 万元及以上为限额以上零售企业。

社会消费品零售总额 指企业（单位、个体户）通过交易直接售给个人、社会集团非生产、非经营用的实物商品金额，以及提供餐饮服务所取得的收入金额。个人包括城乡居民和入境人员，社会集团包括机关、社会团体、部队、学校、企事业单位、居委会或村委会等。

批发和零售业零售额 指批发和零售业企业、产业活动单位和个体户售给城乡居民用于生活消费和社会集团用于公共消费的商品金额。

门店总数 指该连锁企业所拥有的全部门店（包括直营店和加盟店）数量。其中，总店（如果总公司有门店的话）作为一个直营店处理。此外，有的地区分出控股店，控股店按直营店统计。

连锁总店（总部） 负责连锁企业资源（商号、商誉、经营模式、服务标准、管理模式等）的开发、配置、控制或使用等功能的企业核心管理机构。连锁经营是指经营同类商品或服务，使用统一商号的若干店铺，在同一总店（总部）的管理下，采取统一采购或特许经营等方式实现规模效益的组织形式，包括直营连锁、特许连锁和自愿连锁三种形式。

直营连锁 是指连锁店铺由连锁公司全资或控股开设，在总部的直接控制下，开展统一经营的连锁经营形式。

特许连锁 是指拥有注册商标、企业标志、专利、专有技术等经营资源的企业（特许人），以合同形式将其拥有的经营资源许可其他经营者（被特许人）使用，被特许人按合同约定在统一的经营模式下开展经营，并向特许人支付特许经营费用的连锁经营形式。

自愿连锁 是指若干个店铺或企业自愿组合起来，在不改变各自资产所有权关系的情况下，以同一个品牌形象面对消费者，以共同进货为纽带开展的连锁经营形式。

零售业态 指零售企业（单位）为满足不同的消费需求进行相应的要素组合而形成的不同经营形态；分类原则是，零售业态按零售店铺的结构特点，根据其经营方式、商品结构、服务功能，以及选址、商圈、规模、店堂设施、目标顾客和有无固定营业场所进行分类。

零售业态从总体上可以分为有店铺零售业态和无店铺零售业态两类。按照零售业态分类原则分为食杂店、便利店、折扣店、超市、大型超市、仓储会员店、百货店、专业店、专卖店、家居建材商店、购物中心、厂家直销中心、电视购物、邮购、网上商店、自动售货亭、电话购物等 17 种零售业态。

商品购进额 指从本企业以外的单位和个人购进(包括从国外直接进口)作为转卖或加工后转卖的商品金额(含增值税)。本指标反映批发和零售业从国内外市场上购进商品的总价。

商品销售额 指对本单位以外的单位和个人出售的商品金额（包括售给本单位消费用的商品，含增值税），在批发零售业中本指标反映在国内市场上销售商品以及出口商品的总量。

商品库存额 对于批发和零售业法人单位和个体经营户，是指报告期末取得所有权的全部商品金额（含增值税）；对于批发和零售业产业活动单位，是指报告期末实际在库且归属法人具有所有权的全部商品金额（含增值税）。该指标反映批发和零售业商品库存情况，以及对市场商品供应的保证程度。

亿元以上商品交易市场 指年成交额在亿元及以上的商品交易市场。商品交易市场是指经有关部门和组织批准设立，有固定场所、设施，有经营管理部门和监管人员，若干市场经营者入内，常年或实际开业三个月以上，集中、公开、独立地进行生活消费品、生产资料等现货商品交易以及提供相关服务的交易场所，包括各类消费品市场、生产资料市场等。

Explanatory Notes on Main Statistical Indicators

Wholesale Trade refers to the activities of wholesaler selling commodities in bulk for daily use and capital goods to other wholesale and retail enterprises, institutions and government offices, including the activities of wholesaler engaged in import and export and acting as a trade agent.

Retail Trade refers to the activities of department store, supermarket, franchised store, brand store, retail stall and on-the-spot-making-selling store selling commodities to the final consumers (citizens) by any means including internet, post, telephone, sales machine.

Wholesale and Retail Corporation Enterprises refer to the wholesale and retail trade enterprises satisfy the conditions as follow: (1) They are established legally, having their own names, organizations, location, able to take civil liability; (2) They possess and use their assets independently, assume liabilities, and are entitled to sign contracts with other units; (3) They are financially independent and compile their own balance sheets.

Wholesale Enterprise above Designated Size refers to wholesale enterprises whose annual revenue of major business amounts to 20 million yuan and over.

Retail Trade Enterprise above Designated Size refers to retail enterprises whose annual revenue of major business amounts to 5 million yuan and over.

Total Retail Sales of Consumer Goods refer to the amount obtained by enterprises (units, self-employed individuals) through direct sales of non-production and non-business physical commodity to individuals, social institutions, and revenue from providing catering services. Individuals include rural and urban households, population from abroad, and social institutions include government agencies, social organizations, military units, schools, institutions, neighborhood (village) committees.

Total Retail Sales of Wholesale and Retail Trade refer to the amount obtained by wholesale and retail enterprises, active units and self-employed individuals through sales to residents and social groups for mass consumption.

The Number of Stores refers to the total number of stores owned by the chain enterprises, including direct stores and franchises. The headquarter (if there has one) is counted as a direct store. In addition, there are some holding stores in some regions, and these stores are also counted as direct stores.

Chain Head Stores (Headquarters) refer to the core leading stores responsible for development, allocation, administration and utilization of resources (name of stores, brand of stores, operation model, service standard, management way, etc.) of chain stores. Chain stores refer to the stores engaged in providing homogeneous commodities or services, with the central leadership of head stores (headquarters) and guided by common policies, conduct centralized purchase and efficiency through standardized operation. The chain stores include regular chain stores, franchise chain stores and voluntary chain stores.

Regular Chain refers to chain that are invested or controlled by the headquarters. They operate under direct and unified management from the headquarters.

Franchise Chain refers to the chain stores (franchisees) which are franchised with operation resources such as trade marks, names, patent and operation know-how by the franchisors in form of contract and pay the operation fees to the franchisors.

Voluntary Chain refers to the stores or enterprises operate jointly on the voluntary bases while maintaining their status of independent legal entities with full ownership of the assets.

Retail Trade Format refers to the different business forms which combined by corresponding factors to satisfy different consumption needs. It is classified according to retail stores' structure characters, such as business form, commodities' structure, service function, address, business circle, scale, store facilities, target customers and whether having a fixed business place.

Retail trade format can be divided into store-based and non-store retail. It can be classified into 17 forms as the following: grocery store, convenient store, discount store, supermarket, hypermarket, warehouse club, department store, specialized shop, exclusive shop, home centre, shopping centre, factory outlet centre, TV shopping, mail shopping, web shop, vending machine and telephone shopping.

Value of Commodities Purchases refers to the value of commodities purchasing by enterprises from other units or individuals with value-added tax, including direct import form abroad, for the purpose of re-selling, either with or without further processing of the commodities purchased. It reflects the total commodities value that wholesale and retail trade purchased from the domestic and abroad market.

Value of Commodities Sales refers to the value of commodities sold by the units to other units or individuals with value-added tax, including goods sold for self consumption. It reflects the total commodities amount sold and exported in domestic market in wholesale and retail trade.

Total Value of Storing refers to total possessed commodities value including value-added tax for the wholesale and retail corporation units and individuals at the end of report period. And it refers to the total commodities value at the end of report period, including value-added tax, which are in stock and belong to the corporation units for the wholesale and retail active units. It reflects the goods stock of the wholesale and retail trade and the guarantee degree of goods supply to the market.

Commodities Trading Market over 100 Million Yuan refers to the commodity market with an annual transaction at and above 100 million yuan. Commodities trading market refers market that is approved by related government departments, which has fixed sites, facilities, managers and administration offices, traders, and has operated for more than three months. It is a place where the commodities including the articles for daily consumption, productive materials, goods transactions and services are traded in a centralized, independent and open way. And it includes consumer market, materials market and etc.

14

住宿、餐饮业和旅游

HOTELS, CATERING SERVICES AND TOURISM

资料整理人员

雷士伟　张艳君　邓　娜

住宿、餐饮业和旅游
HOTELS, CATERING SERVICES AND TOURISM

住宿、餐饮业营业额	Business Volume of Hotels and Catering Services	950825	万元	(10 000 yuan)
接待国内游客人数	Domestic Tourists	70378	万人次	(10 000 person-times)
接待入境过夜游客人数	Inbound Overnight Tourists	71.3	万人次	(10 000 person-times)
旅游总收入	Total Income of Tourism	6728.7	亿元	(100 million yuan)
旅游外汇收入	Foreign Exchange Earnings from Tourism	37798	万美元	(USD 10 000)

旅游总收入（亿元）
Total Income of Tourism (100 million yuan)

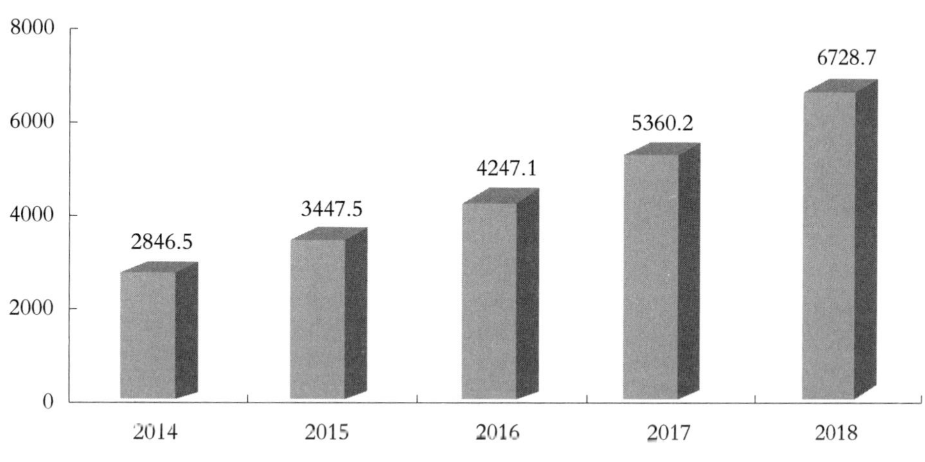

接待国内游客人数（万人次）
Domestic Tourists (10 000 person-times)

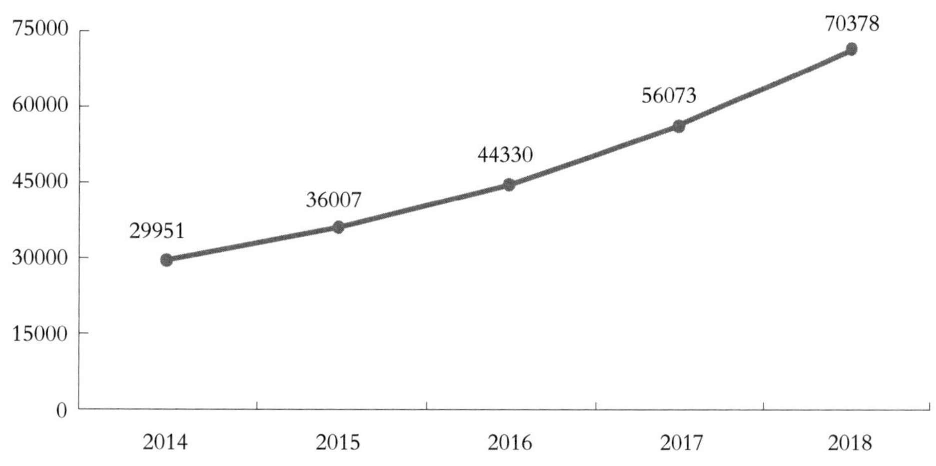

14-1 限额以上住宿和餐饮业法人企业经营情况(2018年)

单位：万元

指 标	Item	法人企业数(个) Number of Corporation Enterprises (unit)
总 计	**Total**	**802**
一、住宿业	**Hotels**	**360**
1.按登记注册类型分	Grouped by Registered Kind	
内资企业	Civil Funded Enterprises	360
国有企业	State-owned Enterprises	47
集体企业	Collective-owned Enterprises	7
有限责任公司	Limited Responsibility Corporations	71
国有独资公司	Company Exclusively with Investment from State	4
其他有限责任公司	Other Limited Responsibility Corporations	67
股份有限公司	Share-holding Limited Corporations	9
私营企业	Private-owned Enterprises	226
私营独资企业	Enterprise Exclusively with Investment from Private	21
私营合伙企业	Private Partnership Enterprises	2
私营有限责任公司	Private Limited Responsibility Corporations	201
私营股份有限公司	Private Share-holding Limited Corporations	2
2.按住宿行业小类分组	Grouped by Hotels	
旅游饭店	Tourist Hotels	177
一般旅馆	Ordinary Hotels	177
经济型连锁酒店	Economical Chain Hotels	19
其他一般旅馆	Others	158
民宿服务	Homestay Hotels	6
其他住宿业	Others	6
3.按控股情况分	Grouped by Share Holding	
国有控股	State Holding Enterprises	64
集体控股	Collective-owned Holding Enterprises	10
私人控股	Private Holding Enterprises	261
其 他	Others	15
4.按经营形式分	Grouped by Management Form	
独立门店	Independent Stores	321
连锁总店	Chain Headquarters	1
连锁直营店	Direct Chain Stores	6
连锁加盟店	Franchise Chain Stores	5
其 他	Others	27
5.按单位规模分	Grouped by Enterprise Size	
大 型	Large-size	2
中 型	Medium-size	38
小 型	Small-size	292
微 型	Micro-size	28
6.按星级分	Grouped by Stars	
五 星	Five Star	14
四 星	Four Star	49
三 星	Three Star	62
二 星	Two Star	17
其 他	Others	218

MANAGEMENT OF HOTELS AND CATERING CORPORATION ENTERPRISES ABOVE DESIGNATED SIZE(2018)

(10 000 yuan)

从业人员期末人数(人) Number of Employees at The End of Period (person)	营业额 Business Volume	客房收入 Revenue of Guest Room	#通过公共网络实现的客房收入 by Public Network	通过非自营平台实现的客房收入 by Non-self-operating Platform
70216	**950825**	**285380**	**21422**	**3312**
31382	**393631**	**199026**	**17438**	**3035**
31382	393631	199026	17438	3035
7527	88519	40562	1440	482
378	3727	2799	90	
9406	118890	53370	7599	211
766	7408	3342	402	74
8640	111482	50028	7197	138
819	9654	4507	19	10
13252	172842	97789	8291	2331
1181	13199	9033	345	
40	619	466		
11800	156603	87297	7946	2331
231	2422	994		
20816	266716	123901	11005	802
10280	123143	73132	6049	2233
491	8580	7952	668	375
9789	114563	65179	5381	1858
286	3772	1994	385	
286	3772	1994	385	
9605	108004	48187	1795	271
799	8476	4770	90	
16522	211158	118713	14630	2331
2152	30387	10984	501	10
28943	362659	179765	16317	2947
20	552	535	30	
252	6190	5821	782	
120	1977	1917	215	
2047	22254	10989	94	88
1126	27402	9521	403	
11438	158149	64072	9610	1741
18324	204187	122553	7085	1289
494	3893	2880	340	5
3870	62230	26739	5656	422
6175	72000	33132	1196	107
6454	71493	29014	930	197
1089	8864	4521	201	
13794	179044	105620	9455	2309

14-1 续表1

单位：万元

指　标	Item	法人企业数 (个) Number of Corporation Enterprises (unit)
二、餐饮业	**Catering**	**442**
1.按登记注册类型分	Grouped by Registered Kind	
内资企业	Civil Funded Enterprises	440
国有企业	State-owned Enterprises	18
集体企业	Collective-owned Enterprises	4
股份合作企业	Share Cooperative Enterprises	1
有限责任公司	Limited Responsibility Corporations	68
国有独资公司	Company Exclusively with Investment from State	1
其他有限责任公司	Other Limited Responsibility Company	67
股份有限公司	Share-holding Limited Corporations	7
私营企业	Private-owned Enterprises	342
私营独资企业	Enterprise Exclusively with Investment from Private	49
私营合伙企业	Private Partnership Enterprises	2
私营有限责任公司	Private Limited Responsibility Corporations	284
私营股份有限公司	Private Share-holding Limited Corporations	7
港、澳、台商投资企业	Enterprises Funded by HongKong, Macao and Taiwan	1
港、澳、台商独资经营企业	Solely Owned Enperprises	1
外商投资企业	Foreign Funded Enterprises	1
外资企业	Enterprises Funded by Foreign Invetments	1
2.按餐饮行业小类分组	Grouped by Catering Services	
正餐服务	Dinner	431
快餐服务	Fast Food	9
餐饮配送及外卖送餐服务	Catering Delivery and Takeout Delivery	1
其他餐饮业	Others	1
3.按控股情况分	Grouped by Share Holding	
国有控股	State Holding Enterprises	26
集体控股	Collective-owned Holding Enterprises	7
私人控股	Private Holding Enterprises	386
港澳台商控股	Hongkong, Macao and Taiwan Holding Enterprises	1
外商控股	Foreign Holding Enterprises	1
其　他	Others	17
4.按经营形式分	Grouped by Management Form	
独立门店	Independent Stores	402
连锁总店(总部)	Chain Headquarters	6
连锁直营店	Direct Chain Stores	2
连锁加盟店	Franchise Chain Stores	1
其　他	Others	31
5.按单位规模分	Grouped by Enterprise Size	
大　型	Large-size	3
中　型	Medium-size	44
小　型	Small-size	370
微　型	Micro-size	25

continued

(10 000 yuan)

从业人员期末人数(人) Number of Employees at The End of Period (person)	营业额 Business Volume	客房收入 Revenue of Guest Room	#通过公共网络实现的客房收入 by Public Network	通过非自营平台实现的客房收入 by Non-self-operating Platform
38834	**557194**	**86354**	**3984**	**277**
34057	470527	86354	3984	277
1233	10999	3211	19	
343	3241	1426		
45	458	158		
6667	90172	16707	661	
197	2595	1130	92	
6470	87577	15577	569	
427	2931	857	369	
25342	362726	63994	2935	277
2207	25372	5002	483	45
47	680	143		
22381	328189	55357	2263	104
707	8486	3492	189	129
1455	23266			
1455	23266			
3322	63401			
3322	63401			
32731	454617	86354	3984	277
6057	101505			
31	772			
15	301			
2080	20431	7701	112	
705	10372	2351		
29708	421027	72386	3846	277
1455	23266			
3322	63401			
1166	14311	2732	26	
28495	384391	79834	3937	277
6010	114469			
216	2549			
20	310			
4093	55476	6520	47	
5680	98624			
11084	196295	32501	1760	21
21801	253347	53619	2224	257
269	8929	234		

14-1 续表2

单位：万元

指 标	Item	餐费收入 Revenue of Dining	#通过公共网络实现的餐费收入 by Public Network
总 计	**Total**	**601867**	**14058**
一、住宿业	**Hotels**	**155981**	**5100**
1.按登记注册类型分	Grouped by Registered Kind		
内资企业	Civil Funded Enterprises	155981	5100
国有企业	State-owned Enterprises	40996	334
集体企业	Collective-owned Enterprises	812	
有限责任公司	Limited Responsibility Corporations	48906	1423
国有独资公司	Company Exclusively with Investment from State	3593	
其他有限责任公司	Other Limited Responsibility Corporations	45314	1423
股份有限公司	Share-holding Limited Corporations	3233	11
私营企业	Private-owned Enterprises	62035	3331
私营独资企业	Enterprise Exclusively with Investment from Private	4028	322
私营合伙企业	Private Partnership Enterprises		
私营有限责任公司	Private Limited Responsibility Corporations	56605	3009
私营股份有限公司	Private Share-holding Limited Corporations	1401	
2.按住宿行业小类分组	Grouped by Hotels		
旅游饭店	Tourist Hotels	114366	2878
一般旅馆	Ordinary Hotels	40189	2222
经济型连锁酒店	Economical Chain Hotels	445	1
其他一般旅馆	Others	39744	2221
民宿服务	Homestay Hotels	1426	
其他住宿业	Others	1426	
3.按控股情况分	Grouped by Share Holding		
国有控股	State Holding Enterprises	43991	364
集体控股	Collective-owned Holding Enterprises	2979	
私人控股	Private Holding Enterprises	76022	4604
其 他	Others	15603	116
4.按经营形式分	Grouped by Management Form		
独立门店	Independent Stores	146600	5096
连锁总店	Chain Headquarters	6	
连锁直营店	Direct Chain Stores	142	
连锁加盟店	Franchise Chain Stores	11	
其 他	Others	9224	3
5.按单位规模分	Grouped by Enterprise Size		
大 型	Large-size	16353	83
中 型	Medium-size	75492	4003
小 型	Small-size	63472	1001
微 型	Micro-size	664	13
6.按星级分	Grouped by Stars		
五 星	Five Star	30790	626
四 星	Four Star	30700	400
三 星	Three Star	32923	401
二 星	Two Star	4054	2
其 他	Others	57514	3670

continued

(10 000 yuan)

其中：通过非自营平台实现的餐费收入 by Non-self-operating Platform	商品销售额收　　入 Revenue of Sales of Commodities	其他收入 Other Revenue	客房数(间) Rooms (unit)	床位数(个) Beds (unit)	餐位数(位) Tables (unit)	年末餐饮营业面积(平方米) Operating Area of Catering Services at Year-end(sq.m)
2557	**15087**	**48490**	**73146**	**119870**	**362539**	**2033716**
1832	**4015**	**34609**	**42725**	**73053**	**108031**	**833203**
1832	4015	34609	42725	73053	108031	833203
17	381	6580	6346	11117	18607	123654
	1	115	1048	2020	1604	3482
39	1056	15558	9879	16724	30383	199673
	82	392	614	1065	2110	15215
39	974	15167	9265	15659	28273	184458
11	18	1896	1120	1958	2312	20115
1765	2559	10459	24332	41234	55125	486279
	122	16	1862	3610	5092	54491
		153	169	275		4000
1765	2413	10287	22098	36999	48703	424788
	24	3	203	350	1330	3000
82	2666	25783	23701	40606	72661	492612
1750	1349	8473	18505	31497	32704	320891
1	97	86	1962	2816	351	23610
1750	1252	8387	16543	28681	32353	297281
		352	519	950	2666	19700
		352	519	950	2666	19700
39	555	15271	8542	14998	23481	182061
	19	708	1654	3030	2966	10138
1765	3141	13282	28336	47906	68324	561716
11	235	3565	2241	3753	7883	59171
1832	3540	32754	37509	64396	97669	725869
	12		143	214	20	120
	98	131	1029	1554	208	8140
	19	30	506	658	92	5832
	346	1695	3538	6231	10042	93242
		1528	909	1481	3000	11750
1666	1108	17477	8347	14177	32552	143494
166	2898	15263	32083	54734	70639	616562
	9	340	1386	2661	1840	61397
17	105	4596	3672	5872	9488	50167
	706	7462	7709	12839	24629	134704
39	1128	8428	6721	12286	22830	182582
	131	157	1629	3058	4676	39367
1776	1944	13965	22994	38998	46408	426383

14-1 续表3

单位：万元

指　标	Item	餐费收入 Revenue of Dining	#通过公共网络实现的餐费收入 by Public Network
二、餐饮业	**Catering**	**445886**	**8958**
1.按登记注册类型分	Grouped by Registered Kind		
内资企业	Civil Funded Enterprises	359219	8958
国有企业	State-owned Enterprises	7575	
集体企业	Collective-owned Enterprises	1518	16
股份合作企业	Share Cooperative Enterprises	249	
有限责任公司	Limited Responsibility Corporations	64563	1910
国有独资公司	Company Exclusively with Investment from State	1346	8
其他有限责任公司	Other Limited Responsibility Company	63218	1902
股份有限公司	Share-holding Limited Corporations	1961	118
私营企业	Private-owned Enterprises	283353	6914
私营独资企业	Enterprise Exclusively with Investment from Private	19554	174
私营合伙企业	Private Partnership Enterprises	537	
私营有限责任公司	Private Limited Responsibility Corporations	258563	6056
私营股份有限公司	Private Share-holding Limited Corporations	4699	685
港、澳、台商投资企业	Enterprises Funded by HongKong, Macao and Taiwan	23266	
港、澳、台商独资经营企业	Solely Owned Enterprises	23266	
外商投资企业	Foreign Funded Enterprises	63401	
外资企业	Enterprises Funded by Foreign Invetments	63401	
2.按餐饮行业小类分组	Grouped by Catering Services		
正餐服务	Dinner	344148	8958
快餐服务	Fast Food	101437	
餐饮配送及外卖送餐服务	Catering Delivery and Takeout Delivery		
其他餐饮业	Others	301	
3.按控股情况分	Grouped by Share Holding		
国有控股	State Holding Enterprises	11511	10
集体控股	Collective-owned Holding Enterprises	2688	16
私人控股	Private Holding Enterprises	331065	8920
港澳台商控股	Hongkong, Macao and Taiwan Holding Enterprises	23266	
外商控股	Foreign Holding Enterprises	63401	
其　他	Others	10754	13
4.按经营形式分	Grouped by Management Form		
独立门店	Independent Stores	286499	5302
连锁总店(总部)	Chain Headquarters	114124	1332
连锁直营店	Direct Chain Stores	2549	19
连锁加盟店	Franchise Chain Stores	310	
其　他	Others	42405	2305
5.按单位规模分	Grouped by Enterprise Size		
大　型	Large-size	98624	1065
中　型	Medium-size	151597	2184
小　型	Small-size	187999	5710
微　型	Micro-size	7666	

continued

(10 000 yuan)

其中：通过非自营平台实现的餐费收入 by Non-self-operating Platform	商品销售额收入 Revenue of Sales of Commodities	其他收入 Other Revenue	客房数(间) Rooms (unit)	床位数(个) Beds (unit)	餐位数(位) Tables (unit)	年末餐饮营业面积(平方米) Operating Area of Catering Services at Year-end(sq.m)
725	**11073**	**13882**	**30421**	**46817**	**254508**	**1200513**
725	11073	13882	30421	46817	241111	1157433
	116	97	1135	2043	7038	36727
		298	253	399	1860	10321
		51	24	51	300	2000
16	4489	4412	3922	6829	36386	248210
		119	167	215	268	2000
16	4489	4293	3755	6614	36118	246210
	109	5	343	608	3375	15528
710	6359	9020	24744	36887	192152	844647
	411	404	1450	2676	28297	87830
			85	180	960	4300
645	5927	8343	22362	32533	157409	710768
65	21	274	847	1498	5486	41749
					3647	12280
					3647	12280
					9750	30800
					9750	30800
725	10293	13822	30421	46817	236351	1147463
	8	60			18107	51900
	772					1000
					50	150
	115	1104	1853	3216	10890	80037
	4156	1178	543	948	2364	15321
725	6658	10918	27102	40914	217075	1015127
					3647	12280
					9750	30800
	143	682	577	1090	9184	40758
725	5350	12709	19855	35225	201320	1060840
		345			21861	60660
					1470	7200
					148	695
	5723	828	10566	11592	29709	71118
					17221	49460
48	6023	6175	5210	8568	50599	237185
678	4459	7270	25030	37903	173406	848628
	591	437	181	346	13282	65240

14-2 限额以上住宿和餐饮业法人企业主要财务状况(2018年)

单位：万元

指 标	Item	年初存货 Beginning Inventory
总 计	**Total**	**69898**
一、住宿业	**Hotels**	**30828**
1.按登记注册类型分	Grouped by Registered Kind	
内资企业	Civil Funded Enterprises	30828
国有企业	State-owned Enterprises	6057
集体企业	Collective-owned Enterprises	222
有限责任公司	Limited Responsibility Corporations	7330
国有独资公司	Company Exclusively with Investment from State	569
其他有限责任公司	Other Limited Responsibility Corporations	6761
股份有限公司	Share-holding Limited Corporations	1331
私营企业	Private-owned Enterprises	15888
私营独资企业	Enterprise Exclusively with Investment from Private	641
私营合伙企业	Private Partnership Enterprises	2
私营有限责任公司	Private Limited Responsibility Corporations	15159
私营股份有限公司	Private Share-holding Limited Corporations	86
2.按住宿行业小类分组	Grouped by Hotels	
旅游饭店	Tourist Hotels	19318
一般旅馆	Ordinary Hotels	11044
经济型连锁酒店	Economical Chain Hotels	405
其他一般旅馆	Others	10639
民宿服务	Homestay Hotels	467
其他住宿业	Others	467
3.按控股情况分	Grouped by Share Holding	
国有控股	State Holding Enterprises	7029
集体控股	Collective-owned Holding Enterprises	432
私人控股	Private Holding Enterprises	19326
其 他	Others	1100
4.按经营形式分	Grouped by Management Form	
独立门店	Independent Stores	28490
连锁总店	Chain Headquarters	
连锁直营店	Direct Chain Stores	21
连锁加盟店	Franchise Chain Stores	284
其 他	Others	2033
5.按单位规模分	Grouped by Enterprise Size	
大 型	Large-size	932
中 型	Medium-size	8467
小 型	Small-size	20751
微 型	Micro-size	678
6.按星级分	Grouped by Stars	
五 星	Five Star	3036
四 星	Four Star	6639
三 星	Three Star	4913
二 星	Two Star	2865
其 他	Others	13376

FINANCIAL CONDITION OF HOTELS AND CATERING CORPORATION ENTERPRISES ABOVE DESIGNATED SIZE(2018)

(10 000 yuan)

流动资产合计 Total Circulating Assets	#应收帐款 Accounts Receivable	#存货 Inventory	固定资产合计 Total Fixed Assets	累计折旧 Accumulated Depreciation	#本年折旧 Depreciation This Year	资产总计 Total Assets
918195	**125145**	**67485**	**967009**	**795803**	**105501**	**2418759**
473790	**65362**	**30412**	**657589**	**554803**	**72225**	**1398153**
473790	65362	30412	657589	554803	72225	1398153
71431	9980	4346	192635	162196	16797	319353
3916	2222	50	8666	5309	137	13037
125763	21438	7082	219668	199766	27151	402248
3160	1078	548	16339	14317	938	20862
122603	20360	6534	203329	185450	26212	381386
8080	2663	1370	21155	19753	2068	34855
264600	29059	17564	215465	167780	26073	628660
14174	1076	520	7941	6505	1662	27797
232	1	1	28	62	62	815
243499	26318	16924	206780	158614	21750	591516
6696	1665	118	716	2599	2599	8532
319474	38851	20514	541706	471497	57862	1044546
149213	24602	9499	109655	82303	13978	340894
6556	251	213	2776	3179	472	11286
142657	24351	9286	106878	79124	13507	329608
5104	1909	399	6229	1004	385	12713
5104	1909	399	6229	1004	385	12713
76280	12328	5816	262771	216940	17478	406738
6399	2700	276	21107	12668	875	29233
320295	45489	21033	263532	221255	34642	767586
44999	2357	1330	21313	32801	9707	76288
432393	58781	28463	618136	526911	68625	1276699
729	19		7	59	1	775
1522	141	11	1057	1319	234	3440
1213	39	60	1172	1037	171	2721
37934	6383	1878	37217	25478	3194	114518
17271	440	945	22635	50442	7700	45053
177284	21720	7861	344269	190607	27948	639822
272082	40127	21061	287910	309423	35490	671350
7154	3075	545	2776	4330	1088	41928
64905	5100	2736	139661	119022	12988	236350
115090	8664	10098	139755	150897	19788	340963
69480	12019	5152	100716	96755	14432	199487
11535	1296	1003	14798	12754	1489	36340
212781	38283	11424	262660	175376	23529	585013

14-2 续表1

单位：万元

指　标	Item	年初存货 Beginning Inventory
二、餐饮业	**Catering**	**39070**
1.按登记注册类型分	Grouped by Registered Kind	
内资企业	Civil Funded Enterprises	38277
国有企业	State-owned Enterprises	1244
集体企业	Collective-owned Enterprises	298
股份合作企业	Share Cooperative Enterprises	13
有限责任公司	Limited Responsibility Corporations	6330
国有独资公司	Company Exclusively with Investment from State	234
其他有限责任公司	Other Limited Responsibility Company	6096
股份有限公司	Share-holding Limited Corporations	869
私营企业	Private-owned Enterprises	29525
私营独资企业	Enterprise Exclusively with Investment from Private	1587
私营合伙企业	Private Partnership Enterprises	6
私营有限责任公司	Private Limited Responsibility Corporations	27277
私营股份有限公司	Private Share-holding Limited Corporations	655
港、澳、台商投资企业	Enterprises Funded by HongKong, Macao and Taiwan	251
港、澳、台商独资经营企业	Solely Owned Enterprises	251
外商投资企业	Foreign Funded Enterprises	542
外资企业	Enterprises Funded by Foreign Invetments	542
2.按餐饮行业小类分组	Grouped by Catering Services	
正餐服务	Dinner	37912
快餐服务	Fast Food	1019
餐饮配送及外卖送餐服务	Catering Delivery and Takeout Delivery	124
其他餐饮业	Others	16
3.按控股情况分	Grouped by Share Holding	
国有控股	State Holding Enterprises	1825
集体控股	Collective-owned Holding Enterprises	1232
私人控股	Private Holding Enterprises	33911
港澳台商控股	Hongkong, Macao and Taiwan Holding Enterprises	251
外商控股	Foreign Holding Enterprises	542
其　他	Others	703
4.按经营形式分	Grouped by Management Form	
独立门店	Independent Stores	35246
连锁总店(总部)	Chain Headquarters	1761
连锁直营店	Direct Chain Stores	179
连锁加盟店	Franchise Chain Stores	26
其　他	Others	1858
5.按单位规模分	Grouped by Enterprise Size	
大　型	Large-size	928
中　型	Medium-size	12157
小　型	Small-size	25300
微　型	Micro-size	684

continued

(10 000 yuan)

流动资产合计 Total Circulating Assets	#应收帐款 Accounts Receivable	#存货 Inventory	固定资产合计 Total Fixed Assets	累计折旧 Accumulated Depreciation	#本年折旧 Depreciation This Year	资产总计 Total Assets
444404	**59783**	**37073**	**309419**	**241000**	**33276**	**1020606**
438903	59657	36171	298883	232921	32365	983125
6023	979	1318	8026	6754	3062	17954
2189	972	376	5665	2863	371	8208
67	8	6	87	76	11	154
83527	13045	5777	91192	75519	9425	261475
3798	187	231	2188	7794	123	6356
79729	12859	5546	89004	67725	9303	255119
13943	334	829	734	1513	97	19988
333155	44318	27865	193179	146197	19398	675347
15650	2827	1348	13994	7462	1027	37093
38	27	2	79	59	4	282
298339	36751	25829	162876	133904	17278	601556
19127	4713	686	16230	4772	1089	36416
1749	105	312	7099	1744	671	20292
1749	105	312	7099	1744	671	20292
3752	21	591	3438	6334	240	17188
3752	21	591	3438	6334	240	17188
428777	59137	35553	296097	231222	32066	966182
15258	656	1269	13025	9741	1204	53730
228	-34	232	293	29	2	550
141	25	19	3	7	4	144
22216	6658	1735	38465	21265	3676	118044
9863	2930	1338	9857	6993	775	30699
396488	48465	31680	238246	195844	24357	809980
1749	105	312	7099	1744	671	20292
3752	21	591	3438	6334	240	17188
8187	1051	762	7843	4232	624	17605
381273	50470	33323	275647	210257	26210	894371
18547	5089	1348	12012	9564	1514	53468
951	42	206	64	355	355	2488
103	6	11	3	24	5	189
43530	4177	2187	21694	20800	5192	70091
7549	168	1047	10979	8640	979	40605
110377	8598	8942	109846	105549	11970	295928
318713	49048	26117	183422	120716	19876	665703
7766	1969	967	5172	6094	451	18370

14-2 续表2

单位：万元

指　标	Item	流动负债合　计 Liquid Liabilities
总　计	**Total**	**1856427**
一、住宿业	**Hotels**	**1012647**
1.按登记注册类型分	Grouped by Registered Kind	
内资企业	Civil Funded Enterprises	1012647
国有企业	State-owned Enterprises	202154
集体企业	Collective-owned Enterprises	5032
有限责任公司	Limited Responsibility Corporations	264384
国有独资公司	Company Exclusively with Investment from State	8218
其他有限责任公司	Other Limited Responsibility Corporations	256166
股份有限公司	Share-holding Limited Corporations	22041
私营企业	Private-owned Enterprises	519036
私营独资企业	Enterprise Exclusively with Investment from Private	23728
私营合伙企业	Private Partnership Enterprises	1005
私营有限责任公司	Private Limited Responsibility Corporations	488209
私营股份有限公司	Private Share-holding Limited Corporations	6094
2.按住宿行业小类分组	Grouped by Hotels	
旅游饭店	Tourist Hotels	778711
一般旅馆	Ordinary Hotels	221456
经济型连锁酒店	Economical Chain Hotels	8119
其他一般旅馆	Others	213337
民宿服务	Homestay Hotels	12480
其他住宿业	Others	12480
3.按控股情况分	Grouped by Share Holding	
国有控股	State Holding Enterprises	231541
集体控股	Collective-owned Holding Enterprises	13470
私人控股	Private Holding Enterprises	635602
其　他	Others	87436
4.按经营形式分	Grouped by Management Form	
独立门店	Independent Stores	948888
连锁总店	Chain Headquarters	50
连锁直营店	Direct Chain Stores	6861
连锁加盟店	Franchise Chain Stores	2465
其　他	Others	54383
5.按单位规模分	Grouped by Enterprise Size	
大　型	Large-size	12567
中　型	Medium-size	483770
小　型	Small-size	508566
微　型	Micro-size	7744
6.按星级分	Grouped by Stars	
五　星	Five Star	108962
四　星	Four Star	200491
三　星	Three Star	200796
二　星	Two Star	23170
其　他	Others	479228

continued

(10 000 yuan)

负债合计 Total Liabilities	所有者权益合计 Total Creditors' Equity	#实收资本 Capital Hold	#国家资本 State	#集体资本 Collective	#法人资本 Legal Person	#个人资本 Individual
2237808	**180951**	**816755**	**176860**	**15257**	**395770**	**227115**
1276581	**121572**	**495103**	**155050**	**3570**	**231878**	**104605**
1276581	121572	495103	155050	3570	231878	104605
257035	62317	118940	118790		150	
8735	4302	768	10	628	130	
357558	44691	170030	36200	1111	106392	26327
24161	-3299	5557	5347		210	
333396	47990	164473	30853	1111	106182	26327
24307	10549	24920		1786	22729	406
628947	-287	180446	50	46	102477	77873
27713	84	6486	50	1	4723	1712
1006	-191	205				205
592776	-1259	172195		45	97754	74396
7452	1080	1560				1560
1016849	27697	348019	93134	3042	189358	62485
247249	93645	145296	61916	528	41942	40911
8657	2629	4581	1000		1872	1709
238592	91016	140715	60916	528	40070	39202
12483	230	1788			578	1210
12483	230	1788			578	1210
317962	88777	155884	103820	105	49471	2488
17173	12061	8679	10	3419	5130	120
763076	4510	250817	50	46	160434	90288
102982	-26694	28553			16843	11710
1160827	115872	472593	148661	1785	223436	98711
50	725	50				50
7361	-3921	619			520	99
2465	256	1565	1000		560	5
105878	8640	20276	5389	1786	7362	5740
35693	9361	13131	2985			10146
608005	31816	212723	98822		100616	13285
593834	77515	259789	52815	3570	126873	76532
39049	2879	9461	428		4390	4643
184475	51875	116780	40334		60140	16306
287520	53442	125078	53601	45	55430	16002
226900	-27413	77432	26482	1891	39571	9488
23670	12670	8084	1411	174	2399	4100
554015	30998	167730	33223	1460	74338	58710

14-2 续表3

单位：万元

指 标	Item	流动负债合 计 Liquid Liabilities
二、餐饮业	**Catering**	**843780**
1.按登记注册类型分	Grouped by Registered Kind	
内资企业	Civil Funded Enterprises	822331
国有企业	State-owned Enterprises	9896
集体企业	Collective-owned Enterprises	6827
股份合作企业	Share Cooperative Enterprises	22
有限责任公司	Limited Responsibility Corporations	270790
国有独资公司	Company Exclusively with Investment from State	599
其他有限责任公司	Other Limited Responsibility Company	270191
股份有限公司	Share-holding Limited Corporations	23620
私营企业	Private-owned Enterprises	511176
私营独资企业	Enterprise Exclusively with Investment from Private	21758
私营合伙企业	Private Partnership Enterprises	3
私营有限责任公司	Private Limited Responsibility Corporations	462583
私营股份有限公司	Private Share-holding Limited Corporations	26831
港、澳、台商投资企业	Enterprises Funded by HongKong, Macao and Taiwan	15164
港、澳、台商独资经营企业	Solely Owned Enterprises	15164
外商投资企业	Foreign Funded Enterprises	6286
外资企业	Enterprises Funded by Foreign Invetments	6286
2.按餐饮行业小类分组	Grouped by Catering Services	
正餐服务	Dinner	813046
快餐服务	Fast Food	30079
餐饮配送及外卖送餐服务	Catering Delivery and Takeout Delivery	627
其他餐饮业	Others	28
3.按控股情况分	Grouped by Share Holding	
国有控股	State Holding Enterprises	88800
集体控股	Collective-owned Holding Enterprises	27586
私人控股	Private Holding Enterprises	691501
港澳台商控股	Hongkong, Macao and Taiwan Holding Enterprises	15164
外商控股	Foreign Holding Enterprises	6286
其 他	Others	11811
4.按经营形式分	Grouped by Management Form	
独立门店	Independent Stores	764034
连锁总店(总部)	Chain Headquarters	29740
连锁直营店	Direct Chain Stores	2079
连锁加盟店	Franchise Chain Stores	193
其 他	Others	47734
5.按单位规模分	Grouped by Enterprise Size	
大 型	Large-size	23683
中 型	Medium-size	293828
小 型	Small-size	510955
微 型	Micro-size	15315

continued

(10 000 yuan)

负债合计 Total Liabilities	所有者权益合计 Total Creditors' Equity					
		#实收资本 Capital Hold				
			#国家资本 State	#集体资本 Collective	#法人资本 Legal Person	#个人资本 Individual
961227	**59379**	**321651**	**21810**	**11687**	**163892**	**122510**
938560	44566	314913	21810	11687	158892	122510
11924	6029	8815	8230		586	
6831	1378	2435		2435		1
22	132	100				100
299821	–38346	78366	13040	9112	34992	21222
5056	1300	5000			5000	
294765	–39647	73366	13040	9112	29992	21222
23869	–3881	4572	504		2770	1298
596093	79255	220624	36	140	120545	99889
25574	11519	17605			4648	12957
106	176	176			39	138
542691	58865	184476	36	140	105562	78723
27723	8694	18368			10296	8072
15164	5129	5000			5000	
15164	5129	5000			5000	
7504	9685	1739				
7504	9685	1739				
929175	37007	308063	21810	11687	155292	119260
31397	22333	13339			8500	3100
627	–76	150				150
28	116	100			100	
98468	19576	35591	16210		18586	795
33892	–3193	11535		11435	100	1
789298	20682	256573	36	140	134869	121514
15164	5129	5000			5000	
7504	9685	1739				
14268	3336	5650		112	5338	200
871250	23121	288383	15596	11687	140798	120288
33771	19697	8529	1000		5790	
2079	409	1116			1016	100
193	–4	441				441
53934	16156	23183	5214		16288	1681
24900	15704	6799			5060	
355896	–59968	81643	10500		38308	32836
564994	100710	226084	10709	11687	118481	85192
15437	2933	7126	601		2043	4482

14-2 续表4

单位：万元

指　标	Item	营业收入 Business Revenue
总　计	**Total**	**930957**
一、住宿业	**Hotels**	**392135**
1.按登记注册类型分	Grouped by Registered Kind	
内资企业	Civil Funded Enterprises	392135
国有企业	State-owned Enterprises	85949
集体企业	Collective-owned Enterprises	3600
有限责任公司	Limited Responsibility Corporations	114920
国有独资公司	Company Exclusively with Investment from State	7721
其他有限责任公司	Other Limited Responsibility Corporations	107199
股份有限公司	Share-holding Limited Corporations	9428
私营企业	Private-owned Enterprises	178239
私营独资企业	Enterprise Exclusively with Investment from Private	12648
私营合伙企业	Private Partnership Enterprises	597
私营有限责任公司	Private Limited Responsibility Corporations	162697
私营股份有限公司	Private Share-holding Limited Corporations	2297
2.按住宿行业小类分组	Grouped by Hotels	
旅游饭店	Tourist Hotels	268306
一般旅馆	Ordinary Hotels	120110
经济型连锁酒店	Economical Chain Hotels	8424
其他一般旅馆	Others	111686
民宿服务	Homestay Hotels	3720
其他住宿业	Others	3720
3.按控股情况分	Grouped by Share Holding	
国有控股	State Holding Enterprises	105886
集体控股	Collective-owned Holding Enterprises	8330
私人控股	Private Holding Enterprises	214454
其　他	Others	28995
4.按经营形式分	Grouped by Management Form	
独立门店	Independent Stores	362493
连锁总店	Chain Headquarters	543
连锁直营店	Direct Chain Stores	5966
连锁加盟店	Franchise Chain Stores	1908
其　他	Others	21226
5.按单位规模分	Grouped by Enterprise Size	
大　型	Large-size	26076
中　型	Medium-size	165304
小　型	Small-size	198187
微　型	Micro-size	2568
6.按星级分	Grouped by Stars	
五　星	Five Star	59925
四　星	Four Star	70371
三　星	Three Star	68377
二　星	Two Star	8678
其　他	Others	184784

continued

(10 000 yuan)

#主营业务收入 Revenue in Major Business	营业成本 Business Costs	#主营业务成本 Costs in Major Business	营业税金及附加 Business Taxes and Extra Charges	主营业务税金及附加 Taxes and Extra Charges in Major Business	其他业务利润 Profits of Other Business	销售费用 Costs of Sales
908717	**407763**	**401768**	**13848**	**12942**	**20376**	**325465**
374254	**146280**	**141324**	**8869**	**8112**	**12900**	**136521**
374254	146280	141324	8869	8112	12900	136521
85292	24862	24271	2498	2421	6999	30480
3497	1470	1470	75	69		712
112079	49748	47790	2332	2163	1582	44434
7009	3121	2659	98	98		2900
105071	46627	45132	2234	2065	1582	41534
7569	4205	2054	404	29	380	2556
165817	65996	65740	3560	3430	3939	58340
12646	5857	5826	165	165	1	4329
597	291	291	4	4		253
150277	58803	58577	3370	3240	3938	53009
2297	1046	1046	22	22		749
251355	101136	96857	7270	6630	10668	94807
119494	44047	43371	1507	1390	1917	39695
8383	2553	2553	73	71	255	3326
111111	41494	40818	1435	1319	1662	36369
3405	1096	1096	92	92	315	2018
3405	1096	1096	92	92	315	2018
103725	41968	40399	3082	2848	7359	41013
8141	2830	2823	310	86	79	2224
201889	76197	75935	3773	3616	5356	74832
26270	15785	12715	545	403	106	7509
344785	133958	129130	8370	7675	12689	126270
543	32	32	2	2		242
5877	2191	2068	65	56	1	1987
1908	1109	1109	14	14		340
21140	8991	8986	418	365	210	7681
26076	7638	7638	1022	1022	-4	2715
153108	55179	53471	4577	4203	8330	62271
192552	82667	79425	3233	2864	4530	70251
2518	797	791	38	23	44	1284
59058	18409	17398	1759	1598	65	17931
68626	27343	26317	1310	1308	1862	26858
65945	31341	29131	1740	1470	50	27167
8557	2908	2908	100	100	110	3627
172069	66280	65570	3959	3637	10813	60939

14-2 续表5

单位：万元

指 标	Item	营业收入 Business Revenue
二、餐饮业	**Catering**	**538821**
1.按登记注册类型分	Grouped by Registered Kind	
内资企业	Civil Funded Enterprises	453474
国有企业	State-owned Enterprises	10311
集体企业	Collective-owned Enterprises	3012
股份合作企业	Share Cooperative Enterprises	444
有限责任公司	Limited Responsibility Corporations	86851
国有独资公司	Company Exclusively with Investment from State	2459
其他有限责任公司	Other Limited Responsibility Company	84392
股份有限公司	Share-holding Limited Corporations	2841
私营企业	Private-owned Enterprises	350015
私营独资企业	Enterprise Exclusively with Investment from Private	24460
私营合伙企业	Private Partnership Enterprises	675
私营有限责任公司	Private Limited Responsibility Corporations	316302
私营股份有限公司	Private Share-holding Limited Corporations	8577
港、澳、台商投资企业	Enterprises Funded by HongKong, Macao and Taiwan	21946
港、澳、台商独资经营企业	Solely Owned Enterprises	21946
外商投资企业	Foreign Funded Enterprises	63401
外资企业	Enterprises Funded by Foreign Invetments	63401
2.按餐饮行业小类分组	Grouped by Catering Services	
正餐服务	Dinner	438442
快餐服务	Fast Food	99423
餐饮配送及外卖送餐服务	Catering Delivery and Takeout Delivery	664
其他餐饮业	Others	292
3.按控股情况分	Grouped by Share Holding	
国有控股	State Holding Enterprises	20039
集体控股	Collective-owned Holding Enterprises	10143
私人控股	Private Holding Enterprises	405449
港澳台商控股	Hongkong, Macao and Taiwan Holding Enterprises	21946
外商控股	Foreign Holding Enterprises	63401
其 他	Others	13658
4.按经营形式分	Grouped by Management Form	
独立门店	Independent Stores	370888
连锁总店(总部)	Chain Headquarters	113019
连锁直营店	Direct Chain Stores	2500
连锁加盟店	Franchise Chain Stores	301
其 他	Others	52113
5.按单位规模分	Grouped by Enterprise Size	
大 型	Large-size	97152
中 型	Medium-size	188316
小 型	Small-size	244775
微 型	Micro-size	8578

continued

(10 000 yuan)

#主营业务收入 Revenue in Major Business	营业成本 Business Costs	#主营业务成本 Costs in Major Business	营业税金及附加 Business Taxes and Extra Charges	主营业务税金及附加 Taxes and Extra Charges in Major Business	其他业务利润 Profits of Other Business	销售费用 Costs of Sales
534462	**261483**	**260444**	**4979**	**4830**	**7475**	**188944**
449115	221424	220385	4946	4797	7475	158170
10308	6743	6743	202	192	17	2128
2976	1046	1046	34	34	2	1204
395	214	214	7	7		167
85698	41010	40898	1091	1055	1052	30613
2459	668	668	1	1		845
83238	40342	40230	1091	1054	1052	29768
2819	1358	1358	82	68		1183
346919	171054	170126	3529	3440	6405	122875
24429	13134	13134	245	245	154	5656
675	503	486	42	42		3
313549	153322	152412	2893	2803	6251	114420
8266	4094	4094	350	350		2796
21946	6757	6757	20	20		12887
21946	6757	6757	20	20		12887
63401	33302	33302	13	13		17888
63401	33302	33302	13	13		17888
434084	213125	212086	4915	4765	7475	153634
99422	47582	47582	53	53		35122
664	615	615	1	1		76
292	161	161	10	10		112
19981	10976	10891	370	360	17	5980
10107	4996	4996	50	50	2	2947
401296	195969	195014	4283	4144	7455	144261
21946	6757	6757	20	20		12887
63401	33302	33302	13	13		17888
13545	6648	6648	173	173	1	4127
366534	172449	171410	4195	4068	6103	135446
113019	59321	59321	461	460		37685
2500	1035	1035	13	13	1373	1031
301	92	92	1	1		154
52108	28587	28587	309	288		14629
97152	46159	46159	51	51		35287
186207	86762	86113	1886	1873	1845	68871
242933	123742	123352	2962	2830	3959	82267
8169	4820	4820	80	75	1671	2519

14-2 续表6

单位：万元

指　标	Item	管理费用 Costs of Administration
总　计	**Total**	**217559**
一、住宿业	**Hotels**	**133647**
1.按登记注册类型分	Grouped by Registered Kind	
内资企业	Civil Funded Enterprises	133647
国有企业	State-owned Enterprises	40637
集体企业	Collective-owned Enterprises	1656
有限责任公司	Limited Responsibility Corporations	36661
国有独资公司	Company Exclusively with Investment from State	2934
其他有限责任公司	Other Limited Responsibility Corporations	33727
股份有限公司	Share-holding Limited Corporations	3486
私营企业	Private-owned Enterprises	51206
私营独资企业	Enterprise Exclusively with Investment from Private	1928
私营合伙企业	Private Partnership Enterprises	57
私营有限责任公司	Private Limited Responsibility Corporations	48447
私营股份有限公司	Private Share-holding Limited Corporations	774
2.按住宿行业小类分组	Grouped by Hotels	
旅游饭店	Tourist Hotels	92658
一般旅馆	Ordinary Hotels	40280
经济型连锁酒店	Economical Chain Hotels	2166
其他一般旅馆	Others	38114
民宿服务	Homestay Hotels	709
其他住宿业	Others	709
3.按控股情况分	Grouped by Share Holding	
国有控股	State Holding Enterprises	41520
集体控股	Collective-owned Holding Enterprises	3191
私人控股	Private Holding Enterprises	63871
其　他	Others	6675
4.按经营形式分	Grouped by Management Form	
独立门店	Independent Stores	125019
连锁总店	Chain Headquarters	224
连锁直营店	Direct Chain Stores	1505
连锁加盟店	Franchise Chain Stores	568
其　他	Others	6331
5.按单位规模分	Grouped by Enterprise Size	
大　型	Large-size	13718
中　型	Medium-size	51784
小　型	Small-size	66587
微　型	Micro-size	1557
6.按星级分	Grouped by Stars	
五　星	Five Star	28016
四　星	Four Star	27772
三　星	Three Star	17060
二　星	Two Star	3616
其　他	Others	57183

continued

(10 000 yuan)

财务费用 Costs of Finance	#利息支出 Interest Expense	营业利润 Business Profits	利润总额 Total Profits	应交所得税 Income Tax Expernses	应付职工薪酬(本年贷方累计发生额) Remuneration Payable (Accumulated Credit Balance of The Year)	应交增值税 Value-added Taxes Payable
29831	**21325**	**-67065**	**-58339**	**5292**	**222540**	**19803**
18134	**12005**	**-52456**	**-45785**	**947**	**114441**	**10467**
18134	12005	-52456	-45785	947	114441	10467
1588	544	-12859	-9686	10	36150	2408
29		-342	-340		1275	158
5155	1920	-23440	-23208	263	36314	2955
20		-1377	-1375		3822	131
5135	1920	-22063	-21834	263	32492	2824
19	21	-1204	-589	6	3179	303
11342	9520	-14610	-11963	668	37524	4643
234	200	-161	-185	29	3097	223
1		-8	-8		72	4
11100	9321	-14139	-11468	639	33462	4382
7		-303	-301		892	34
14785	9542	-41613	-38031	349	82100	7170
3341	2457	-10640	-7556	586	31349	3172
188	140	78	78	7	1324	141
3153	2318	-10717	-7635	579	30025	3031
8	6	-204	-198	12	992	125
8	6	-204	-198	12	992	125
1852	1062	-23597	-21752	196	38730	2985
43	5	-268	-261	8	2283	387
13657	10144	-20253	-17441	716	47369	5325
2049	795	-3583	-3010	25	9203	482
16554	11443	-48692	-42143	889	106894	9712
1		42	42		21	-1
107	99	115	115	46	434	127
7	3	-129	-128		414	52
1465	460	-3793	-3671	12	6678	577
679	677	1366	1528		8450	790
8101	4970	-17138	-15066	464	49072	4269
9274	6277	-35542	-31155	463	56213	5334
80	81	-1142	-1093	21	706	74
3418	3345	-8545	-7304	32	22482	1935
5534	4814	-17026	-17064	78	21942	1541
2318	378	-11121	-9413	139	26888	1417
66	40	-1754	-1637	27	2888	156
6798	3429	-14010	-10368	672	40242	5418

14-2 续表7

单位：万元

指　标	Item	管理费用 Costs of Administration
二、餐饮业	**Catering**	**83913**
1.按登记注册类型分	Grouped by Registered Kind	
内资企业	Civil Funded Enterprises	78010
国有企业	State-owned Enterprises	4124
集体企业	Collective-owned Enterprises	1341
股份合作企业	Share Cooperative Enterprises	46
有限责任公司	Limited Responsibility Corporations	18317
国有独资公司	Company Exclusively with Investment from State	1422
其他有限责任公司	Other Limited Responsibility Company	16895
股份有限公司	Share-holding Limited Corporations	657
私营企业	Private-owned Enterprises	53526
私营独资企业	Enterprise Exclusively with Investment from Private	4056
私营合伙企业	Private Partnership Enterprises	54
私营有限责任公司	Private Limited Responsibility Corporations	47349
私营股份有限公司	Private Share-holding Limited Corporations	2067
港、澳、台商投资企业	Enterprises Funded by HongKong, Macao and Taiwan	757
港、澳、台商独资经营企业	Solely Owned Enterprises	757
外商投资企业	Foreign Funded Enterprises	5146
外资企业	Enterprises Funded by Foreign Invetments	5146
2.按餐饮行业小类分组	Grouped by Catering Services	
正餐服务	Dinner	77060
快餐服务	Fast Food	6831
餐饮配送及外卖送餐服务	Catering Delivery and Takeout Delivery	21
其他餐饮业	Others	1
3.按控股情况分	Grouped by Share Holding	
国有控股	State Holding Enterprises	8191
集体控股	Collective-owned Holding Enterprises	2775
私人控股	Private Holding Enterprises	61121
港澳台商控股	Hongkong, Macao and Taiwan Holding Enterprises	757
外商控股	Foreign Holding Enterprises	5146
其　他	Others	3802
4.按经营形式分	Grouped by Management Form	
独立门店	Independent Stores	67605
连锁总店(总部)	Chain Headquarters	7499
连锁直营店	Direct Chain Stores	388
连锁加盟店	Franchise Chain Stores	118
其　他	Others	8303
5.按单位规模分	Grouped by Enterprise Size	
大　型	Large-size	6895
中　型	Medium-size	28302
小　型	Small-size	47771
微　型	Micro-size	945

continued

(10 000 yuan)

财务费用 Costs of Finance	#利息支出 Interest Expense	营业利润 Business Profits	利润总额 Total Profits	应交所得税 Income Tax Expernses	应付职工薪酬（本年贷方累计发生额） Remuneration Payable (Accumulated Credit Balance of The Year)	应交增值税 Value-added Taxes Payable
11698	**9320**	**-14609**	**-12553**	**4344**	**108099**	**9337**
11183	9320	-22158	-20005	2435	94277	9779
56	35	-2655	-680	15	3228	441
4	5	-617	-619		897	14
1		9	9	5	125	14
1693	1539	-5679	-5611	751	19388	2252
-62		-415	-420		981	1
1755	1539	-5264	-5191	751	18407	2250
567	543	-919	-909		1110	51
8862	7198	-12299	-12195	1663	69530	7008
193	139	836	824	126	4689	541
1		71	47		98	4
8353	6752	-12160	-12012	1534	62381	6162
315	308	-1046	-1054	3	2362	300
536		990	949	193	4117	-443
536		990	949	193	4117	-443
-22		6559	6503	1716	9705	
-22		6559	6503	1716	9705	
11097	9284	-23281	-21119	2042	90923	9729
599	37	8722	8603	2302	17064	-406
		-50	-44		59	5
2			6	1	52	9
285	582	-5177	-4650	26	6955	440
53	4	-663	-677	32	1076	218
10694	8614	-13442	-13294	2313	81488	8183
536		990	949	193	4117	-443
-22		6559	6503	1716	9705	
147	120	-1174	-1160	64	3682	688
10898	9279	-21593	-20487	1798	83858	7968
601	7	6938	6844	1938	15168	-150
2		32	69	7	103	125
1		-65	-65	1	59	9
196	34	78	1085	601	8909	1385
585		7661	7558	1938	13822	-292
4961	4503	-2054	-2028	1411	35684	3737
5972	4660	-20151	-18263	975	57417	5715
180	158	-65	180	21	1177	177

14-3 限额以上连锁住宿餐饮业经营情况(2018年)

MANAGEMENT OF CHAIN ENTERPRISES ABOVE DESIGNATED SIZE IN HOTELS AND CATERING SERVICES(2018)

指 标	Item	合 计 Total	直营店 Regular Chain	加盟店 Franchise Chain
一、门店总数 (个)	**Number of Stores (uint)**	**106**	**95**	**11**
二、年末餐饮业营业面积 (平方米)	**Business Area of Catering at Year-end (sq.m)**	**54950**	**37300**	**17650**
三、年末从业人员 (人)	**Employees at Year-end (person)**	**4246**	**3396**	**850**
四、年末经营餐饮业务餐位数 (位)	**Number of Catering Tables at Year-end (uint)**	**18050**	**11450**	**6600**
五、商品购进总额 (万元)	**Total Purchases Value (10 000 yuan)**	**39973**	**36408**	**3565**
#统一配送商品购进额	Value of Unified Distribution	33809	33809	
#自有配送中心配送商品购进额	Disrtibuted by Owned Distribution Center	33302	33302	
非自有配送中心配送商品购进额	Distributed by Other Distribution Center	507	507	
六、营业收入 (万元)	**Business Revenue (10 000 yuan)**	**77477**	**73176**	**4301**
餐费收入	Revenue of Dining	77477	73176	4301

14-4 主要年份旅游接待人数

NUMBER OF TOURISTS IN MAJOR YEARS

年 份 Year	接待国内游客人数 (万人次) Domestic Tourists (10 000 person-times)	接待入境过夜游客人数 (人次) Inbound Overnight Tourists (person-time)	外国人 Foreigners	华 侨 Overseas Chinese	港澳台同胞 Compatriots from Hong Kong, Macao and Taiwan	#台湾同胞 Compatriots from Taiwan
1985	360	34327	26066	1523	6738	2628
1990	465	46777	26983	908	18886	10786
1995	977	71199	51513	1106	18580	10035
2000	2905	165282	116578		48704	21460
2005	6545	421458	253986		167472	64970
2010	12497	1302856	820935		481921	178480
2011	14975	1553208	982522		570686	213088
2012	19434	1891758	1204155		687603	261330
2013	24605	2126372	1350399		775973	296177
2014	29951	564770	361272		203498	82258
2015	36007	593772	380390		213382	86425
2016	44330	629836	404221		225615	91981
2017	56073	670023	434686		235337	96628
2018	70378	713466	465950		247516	103753

注：2014年起，海外旅游相关指标采用新口径，后同。
Note: Oversea tourism and related indicators have adopted a new coverage since 2014. The same applies to the following.

14-5 主要年份旅游收入

TOTAL INCOME OF TOURISM IN MAJOR YEARS

单位：亿元　　(100 million yuan)

年 份 Year	旅游总收入 Total Income of Tourism	国内旅游收入 Revenue from Domestic Tourism	旅游外汇收入 (万美元) Foreign Exchange Earnings from Tourism (USD 10 000)	国内旅游人均花费 (元) Per Capita Expenditure of Domestic Tourists (yuan)
1985	0.48	0.36	146	10.00
1990	2.80	2.22	458	47.74
1995	16.71	15.00	2062	153.53
2000	81.35	77.21	4991	265.78
2005	291.99	281.91	11622	447.41
2010	1083.46	1052.26	46460	861.10
2011	1342.59	1305.10	56720	878.60
2012	1813.01	1766.28	72024	903.00
2013	2305.44	2253.65	82268	966.00
2014	2846.51	2829.29	28073	855.00
2015	3447.50	3428.91	29710	884.00
2016	4247.12	4227.97	31738	962.77
2017	5360.21	5338.61	35014	907.00
2018	6728.70	6699.46	37798	947.00

14-6 旅游外汇收入(2018年)

FOREIGN EXCHANGE EARNINGS FROM INTERNATIONAL TOURISM(2018)

单位：万美元　　(USD 10 000)

项 目	Item	合 计 Total	外国人 Foreigners	香港同胞 Hong Kong Compatriots	澳门同胞 Macao Compatriots	台湾同胞 Taiwan Compatriots
总 计	**Total**	**37798.0**	**24562.5**	**5113.8**	**2371.5**	**5750.2**
1.长途交通	Long Distance Transportation	10459.1	6796.5	1415.1	656.2	1591.3
飞 机	Airplane	4914.0	3193.3	664.8	308.3	747.6
火 车	Railway	3401.8	2210.5	460.3	213.4	517.6
汽 车	Highway	2143.3	1392.7	290.0	134.5	326.1
2.住 宿	Accommodation	5973.3	3882.1	808.0	374.7	908.5
3.餐 饮	Catering	5783.2	3758.3	782.5	362.9	879.5
4.景区游览	Visiting	6472.1	4205.9	875.6	406.1	984.5
5.娱 乐	Recreation	3038.9	1974.7	411.2	190.7	462.3
6.购 物	Shopping	3893.3	2530.0	526.8	244.3	592.2
7.市内交通	Urban Transportation	831.6	540.4	112.5	52.2	126.5
8.邮电通讯	Post and Communication	854.5	555.3	115.6	53.5	130.1
9.其 他	Others	492.0	319.3	66.5	30.9	75.3

14-7 旅游四星级以上饭店(2018年)
TOURIST HOTELS ABOVE FOUR STAR GRADE(2018)

名 称	Name	地 址	Address
五星级	**5 Star**		
山西国贸大饭店	Shanxi World Trade Hotel	太原市府西街69号	No.69, Fuxi St., Taiyuan
万狮京华大酒店	Grand Metropark Wanshi Hotel	太原平阳路126号	No.126, Pingyang Rd., Taiyuan
晋祠国宾馆	Jinci Hotel	太原晋祠路中段669号	No.669, Middle Section of Jinci Rd., Taiyuan
丽华大酒店	Lihua Grand Hotel	太原长风街1号	No.1, Changfeng St., Taiyuan
金地豪生大酒店	Howard Johnson Jindi Plaza	大同市平城街88号	No.88, Pingcheng St., Datong
宏源国际饭店	Hongyuan International Hotel	灵石高速路口	Lingshi Highway Intersection
万豪美悦国际酒店	Wanhaomeiyue International Hotel	榆次迎宾西街中段	West Yingbin St., Yuci
药林会议中心	Yaolin Conference Center	阳泉平定县张庄镇南后峪村	South Houyu Vil., Zhangzhuang Town, Pingding County, Yangquan
益东国际酒店	Yidong International Hotel	长治市西一环路	Weat First Ring Rd., Changzhi
东明国际大酒店	Dongming International Hotel	长治市紫金东街369号	No.369, East Ziji St., Changzhi
万通源大酒店	Wantongyuan Hotel	朔州市开发北路68号	No.68, North Kaifa Rd., Shuozhou
阳城环城凯斯顿酒店	Huancheng Caston Hotel	阳城县南环路	South Ring Rd., Yangcheng
东兴帝豪酒店	Royal Dongxing Hotel	孝义市崇文大街181号	No.181, Chongwen St., Xiaoyi
海纳温泉国际酒店	Haina Wenquan International Hotel	运城永济河东大道南段	South Hedong Av., Yongji, Yuncheng
阳城美韵花园大酒店	Yangcheng Meiyun Garden Hotel	阳城县新阳西街	West Xinyang St., Yangcheng
四星级	**4 Star**		
山西大酒店	Shanxi Grand Hotel	太原新建南路5号	No.5, South Xinjian Rd., Taiyuan
山西愉园大酒店	Shanxi Yuyuan Hotel	太原开化寺街148号	No.148, Kaihuasi St.,Taiyuan
三晋国际饭店	Sanjin International Hotel	太原迎泽大街30号	No.30, Yingze St., Taiyuan
黄河京都大酒店	Yellow River Jingdu Hotel	太原平阳路17号	No.17, Pinyang Rd., Taiyuan
山西鑫阳光大酒店	Shanxi Xinyangguang Hotel	太原北大街47号	No.47, North St., Taiyuan
山西晋协宾馆	Shanxi Jinxie Hotel	太原东缉虎营35号	No.35, Dongjihuying, Taiyuan

14–7 续表1 continued

名 称	Name	地 址	Address
西山大厦	Xishan Hotel	太原西矿街318号	No.318, Xikuang St., Taiyuan
太原铁道大厦	Taiyuan Railway Hotel	太原迎泽南街19号	No.19, South Yingze St., Taiyuan
云水国际大酒店	Yunshui International Hotel	太原平阳路48号	No.48, Pingyang Rd., Taiyuan
太原金犇酒店	Taiyuan Jinnian Hotel	太原滨河东路北段22号	No.22, North Section of East Binhe Rd., Taiyuan
山西滨河饭店	Shanxi Binhe Hotel	太原市府西街103号	No.103, Fuxi St., Taiyuan
泰瑞国际商务酒店	Tairui International Commercial Hotel	太原长风街7号	No.7, Chengfeng St., Taiyuan
宏安国际酒店	Hongan International Hotel	大同迎宾西路28号	No.28, West Yingbin Rd., Datong
大同宾馆	Datong Hotel	大同迎宾西路37号	No.37, West Yingbin Rd., Datong
悦龙休闲商务酒店	Yuelong Leisure and Commercial Hotel	大同市操场城街5号	No.5, Caochang Cheng St., Datong
大同国宾大酒店	Datong Presidential Hotel	大同御河西路898号	No.898, West Yuhe Rd., Datong
花园大饭店	Huayuan Hotel	大同大南街59号	No.59, Danan St., Datong
浩海国际酒店	Haohai International Hotel	大同新建南路46号	No.46, South Xinjian Rd., Datong
雁北宾馆	Yanbei Hotel	大同御河北路甲1号	No. Jia1, North Yuhe Rd., Datong
晨光国际酒店	Chenguang International Hotel	大同迎宾东路68号	No.68, West Yingbin Rd., Datong
北冰洋大酒店	Beibingyang Hotel	阳泉北大街80号	No.80, North St., Yangquan
山西泉美国际大酒店	Shanxi quanmei International Hotel	阳泉市南大西街15号楼	No.15 Building South West Street, Yangquan
祥禾大酒店	Xianghe Grand Hotel	阳泉市开发区烟台路1号	No.1 Yantai Rd., Development Zone, Yangquan
鹏宇国际大酒店	Pengyu International Hotel	长治市长兴中路509号	No.509, Changxing Middle Rd., Changzhi
财苑大厦	Caiyuan Hotel	长治市长兴中路305号	No.305, Changxing Middle Rd., Changzhi
晋城大酒店	Jincheng Grand Hotel	晋城凤台西街88号	No.88, West Fengtai St., Jincheng
太平洋大酒店	Pacific Ocean Hotel	晋城凤台西街59号	No.59, West Fengtai St., Jincheng
颐宾大酒店	Yibin Hotel	晋城前西街58号	No.58, Qianxi St., Jincheng
晋城高都大酒店	Jincheng Gaodu Grand Hotel	晋城新市东街8号	No.8, East Xinshi St., Jincheng
晋城阳光大酒店	Jincheng Sunshine Hotel	晋城市泽州路76号	No.76, Zezhou Rd., Jincheng
棋源山庄	Qiyuan Moutain Village	晋城陵川县棋子山风景区	Qizishan Scenic Spot, Lingchuan, Jincheng
兰花大酒店	Lanhua Hotel	晋城凤台东街2288号	No.2288, East Fengtai St., Jincheng
泽州大酒店	Zezhou Hotel	晋城市凤台西街2839号	No.2839 West Feitai St., Jincheng

14-7 续表2 continued

名 称	Name	地 址	Address
皇城相府贵宾楼	Xianfu Grand Hotel	晋城市阳城北留皇城村	Huangcheng Vil., Beiliu, Yangcheng, Jincheng
万通源平鲁宾馆	Wantongyuan Pinglu Hotel	朔州市平鲁区胜利南路	South Shengli Rd., Pinglu District, Shuozhou
平朔宾馆	Pingshuo Hotel	朔州平朔生活区	Living District , Pingshuo, Shuozhou
圣厚源大酒店	Shenghouyuan Hotel	朔州开发北路安泰街2号	No.2, Antai St., North Kaifa Rd., Shuozhou
玉龙国际酒店	Yulong International Hotel	右玉县新建大街北侧	North of Xinjian St., Youyu
颐景国际大酒店	Yijing International Hotel	晋中市榆次区西顺城街71号	No.71, Xishuncheng St., Yuci District, Youyu
平遥峰岩大酒店	Pingyao Fengyan Hotel	晋中市平遥县曙光路峰岩广场	Fengyan Square, Shuguang Rd., Pingyao, Jinzhong
介休市正达海悦酒店	Jiexiu Zhengdahaiyue Hotel	晋中市介休市北坛东路25号	No.25, East Beitan Rd., Jiexiu, Jinzhong
介休市锦源大酒店	Jiexiu Jinyuan Hotel	晋中市介休市区北坛中路	Middle Beitan Rd., Jiexiu, Jinzhong
运城市宾馆	Yuncheng Hotel	运城市红旗东街84号	No.84, East Hongqi St., Yuncheng
天都大酒店	Tiandu Hotel	河津市振兴东路	East Zhenxing Rd., Hejin
芮城惠阳大酒店	Ruicheng Huiyang Hotel	芮城县洞宾东街8号	No.8, East Dongbin St., Ruicheng
五台山银海山庄	Wutai Moutain Yinhai Moutain Village	忻州五台山台怀镇	Taihuai Town, Wutai Moutain, Xinzhou
原平市宾馆	Yuanping Hotel	忻州原平前进西街57号	No.57, West Qianjin St., Yuanping, Xinzhou
花卉山庄	Huahui Moutain Village	忻州五台山大车沟	Dachegou, Wutai Moutain, Xinzhou
繁峙县嘉盛伦大酒店	Fansi Jiashenglun Hotel	忻州市繁峙县向阳北路	North Xiangyang Rd., Fanshi, Xinzhou
金鼎大酒店	Jinding Grand Hotel	忻州市定襄县晋昌大街	Jinchang St., Dingxiang, Xinzhou
侯马华翔大酒店	Houma Huangxiang Hotel	临汾市侯马市火车站南侧	South of Houma Railway Station, Linfen
金海湾大酒店	Jinhaiwan Hotel	临汾市向阳西路西段	West Section of West Xiangyang Rd., Linfen
思麦尔国际酒店	Smir International Hotel	临汾市鼓楼东大街40号	No.40, East Gulou Dong St., Linfen
山西丁陶国际大酒店	Shixi Dingtao International Hotel	临汾市襄汾县兴农路公园南侧	South of XingnongRd. Park, Xiangfen, Linfen
华强大酒店	Huaqiang Grand Hotel	侯马市呈王东路69号	No.69, East Chengwang Rd., Houma
吕梁国际宾馆	Lvliang International Hotel	离石区滨河南东路2号	No.2, South Binhe Rd. , Lishi District
贾家庄裕和花园酒店	Jiajiazhuang Yuhe Garden Hotel	吕梁市汾阳县贾家庄腾飞路	Tengfei Rd., Jiajia Vil., Fenyang, Lvliang
东兴酒店	Dongxing Hotel	孝义市府前街55号	No.55, Fuqian St., Xiaoyi

主要统计指标解释

住宿业 指为旅行者提供短期留宿场所的活动，有些单位只提供住宿，也有些单位提供住宿、饮食、商务、娱乐一体的服务。

餐饮业 指通过即时制作加工、商业销售和服务性劳动等，向消费者提供食品和消费场所及设施的服务。

限额以上住宿企业 年主营业务收入 200 万元及以上为限额以上住宿企业。

限额以上餐饮企业 年主营业务收入 200 万元及以上为限额以上餐饮企业。

住宿业企业星级评定情况 星级等级指符合《中华人民共和国星级酒店评定标准》（GB/T14308-2003），并经过有关旅游管理权威部门评定（验收）后授予“星级”称号的宾馆、饭店等住宿设施的等级划分，分为一星级到五星级 5 个标准。星级越高，表示企业的档次越高。

营业额 指住宿和餐饮业单位在经营活动中因提供服务或销售商品等取得的全部收入（含增值税），收入主要来源于提供客房、餐费服务、商品销售和其他服务，如商务服务。不包括多产业法人企业附营的其他行业产业活动单位的餐费收入、商品销售收入等各项收入。

客房收入 指住宿和餐饮业单位在经营活动中因提供住宿服务取得的收入（含增值税）。不包括多产业法人企业附营的其他行业产业活动单位的客房收入。

餐费收入 指本单位为顾客提供就餐服务取得的收入（含增值税）。包括：经烹饪、调制加工后出售的各种食品，如主食、炒菜、凉拌菜等的收入。不包括多产业法人企业附营的其他行业产业活动单位的餐费收入。

商品销售额 指对本单位以外的单位和个人出售的商品金额（包括售给本单位消费用的商品，含增值税）。在住宿和餐饮业中，本指标反映住宿和餐饮业单位出售商品的销售总额（含增值税），不包括法人企业附营的其他行业产业活动单位的商品销售额。

其他收入 指提供客房、餐饮服务、商品销售以外的其他服务获得的收入（含增值税），如商品服务、健身娱乐等。

入境过夜游客 指在中国（大陆）的旅游住宿单位内至少停留一夜的外国人、港澳台同胞。

国内游客 指报告期内在中国（大陆）观光游览、度假、探亲访友、就医疗养、购物、参加会议或从事经济、文化、体育、宗教活动的中国（大陆）居民，其出游的目的不是通过所从事的活动谋取报酬。

旅游外汇收入 入境游客在中国（大陆）境内旅行、游览过程中用于交通、参观游览、住宿餐饮、购物、娱乐等全部花费。

国内旅游收入 指国内游客在国内旅行、游览过程中用于交通、参观游览、住宿餐饮、购物、娱乐等全部花费。

Explanatory Notes on Main Statistical Indicators

Hotel Services refer to activities provided to travelers a short time accommodation places. Some hotels only provide accommodation, others also provide lodging, business and entertainment services.

Catering Services refer to the activities provided to customers food, consumption places and facilities by on-the-spot making and processing, commercial sales and service-type labor.

Hotel Enterprises Above Designated Size refer to hotel enterprises whose annual revenue of major business amounts to 2 million yuan and over.

Catering Enterprises Above Designated Size refer to catering enterprises whose annual revenue of major business amounts to 2 million yuan and over.

Star Rating of Hotel Service Enterprises refers to catering enterprises being assessed by the relevant tourism authorities according to GB/T14308-2003 standard. Hotels can be divided into five standards from one-star to five-star. The more stars hotels get, the higher grade they show.

Business Revenue refers to the total revenue (including value-added tax) hotel and catering service enterprises got from business activities by providing services and commodities selling. It is mainly derived from room services, dinning services, commodities sales and other services, such as business services. Business revenue does not include the revenue get from other industrial active units which belonging to the multi-industry enterprises.

Room Revenue refers to business revenue (including value-added tax) hotel and catering enterprises got by providing lodging services. It does not include the revenue get from other industrial active units which belonging to the multi-industry enterprises.

Dinning Revenue refers to revenue (including value-added tax) hotel and catering enterprises got by providing customers catering services, including selling of cooked or prepared foods, such as staple food, cooked dishes, or cold dishes. It does not include the revenue get from other industrial active units which belonging to the multi-industry enterprises.

Commodity Sales refer to value of commodities sold by the units to other units and individuals (including goods sold for self consumption, including the value-added tax). It reflects the total commodities value sold by hotel and catering units (including the value-added tax). It does not include the sales value get from other industrial active units which belonging to the enterprises.

Other Revenue refers to other revenue (including value-added tax) hotel and catering enterprises got by providing other services, such as commodities service, fitness and entertainment.

Inbound Overnight Tourists refer to foreigners and compatriots from Hong Kong, Macao and Taiwan who come to China (the mainland) and stay in the tourist accommodation units for at least one night.

Domestic Tourists refer to residents of China (the mainland) who travel within China (the mainland) for sightseeing, vacation, visiting relatives, medical treatment, shopping, attending conference, or engaging in economic, cultural, sports and religious activities. And the purpose of their travelling isn't for profits.

Foreign Exchange Earnings from Tourism refer to the total expenditures of inbound tourists during their stay in the mainland of China on transportation, sightseeing, accommodation, food, shopping and entertainment.

Revenue from Domestic Tourism refers to the total expenditures of domestic tourists during their stay in the mainland of China on transportation, sightseeing, accommodation, food, shopping and entertainment.

15

交通运输、邮电通信业

TRANSPORTATION, POST AND TELECOMMUNICATION SERVICES

资料整理人员

阮并晶

交通运输、邮电通信业
TRANSPORTATION, POST AND TELECOMMUNICATION SERVICES

铁路营业里程	Length of Railways in Operation	5428	公里	(km)
公路通车里程	Length of Highways	143326	公里	(km)
货物周转量	Turnover Volume of Freight Traffic	4489.4	亿吨公里	(100 million ton-km)
旅客周转量	Turnover Volume of Passenger Traffic	393.9	亿人公里	(100 million person-km)
固定电话用户	Number of Fixed Telephone Subscribers	276.6	万户	(10 000 subscribers)
移动电话户数	Number of Mobile Telephone Subscribers	3961.5	万户	(10 000 subscribers)

民用汽车拥有量（万辆）

Number of Civil Motor Vihicles (10 000 units)

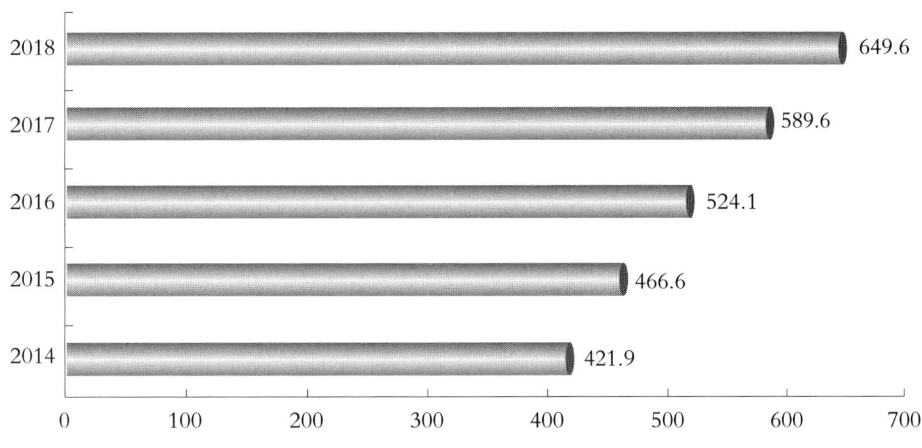

公路通车里程（公里）

Length of Highways (km)

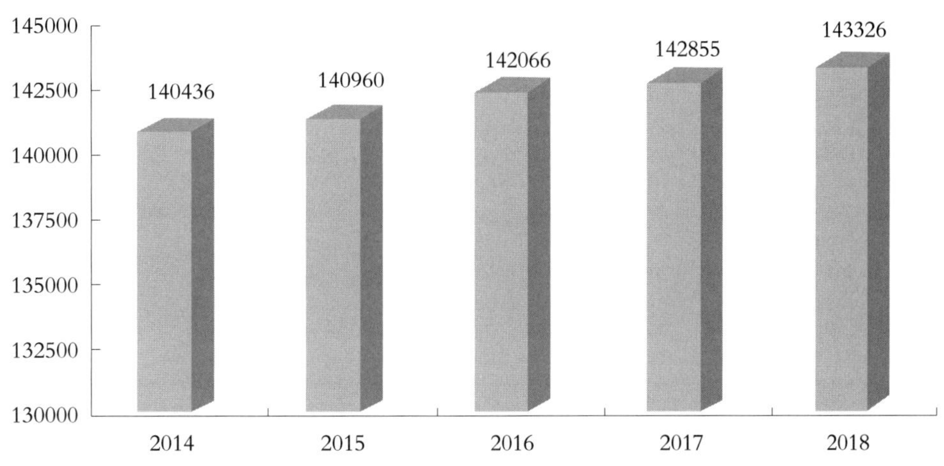

15-1 主要年份运输线路长度

LENGTH OF TRANSPORT ROUTES IN MAJOR YEARS

单位：公里 (km)

年 份 Year	铁路营业里程 Length of Railways in Operation	公路通车里程 Length of Highways	#高速公路 Expressways	每百平方公里平均里程 Average Length Per Square Kilometre 铁 路 Railways	公 路 Highways
1978	2057	31868		1.3	20.3
1980	2129	27261		1.4	17.4
1985	2169	28762		1.4	18.4
1990	2330	30784		1.5	19.6
1995	2435	33644		1.6	21.5
2000	2511	55408	518	1.6	35.4
2005	3514	111227	1686	2.2	71.0
2010	3752	131644	3003	2.4	84.0
2011	3774	134808	4005	2.4	86.0
2012	3775	137771	5011	2.4	87.9
2013	3786	139434	5011	2.4	89.1
2014	4980	140436	5011	3.2	89.9
2015	5086	140960	5028	3.2	90.0
2016	5293	142066	5265	3.4	90.7
2017	5317	142855	5335	3.4	91.2
2018	5428	143326	5605	3.5	91.7

注：2005年起公路线路里程包括村道里程数；2006年起铁路营业里程包括国铁、合资和地方铁路。

Note: Length of highways and all-weather highways has included length of roads between villages since 2005. Length of railways has included length of national railways, joint-venture railways and local railways since 2006.

15-2 主要年份货运量

FREIGHT TRAFFIC IN MAJOR YEARS

单位：万吨 (10 000 tons)

年 份 Year	合 计 Total	铁 路 Railways	#中央铁路 National Railways	公 路 Highways	水 运 Water Transport	民 航 Civil Aviation
1978	15620	9166	9166	6443	11	0.09
1980	18080	11067	11067	7004	9	0.15
1985	29181	16110	16092	13071		0.35
1990	50111	23332	23082	26706	72	0.55
1995	65962	26095	25718	39776	90	0.67
2000	86624	28779	28469	57813	31	0.60
2005	125367	49067	47697	76201	95	3.80
2010	124677	63836	60808	60819	18	4.49
2011	137940	69194	65695	65201	41	4.53
2012	144622	71437	68294	73150	30	4.84
2013	156048	73181	69894	82834	28	5.00
2014	164924	76411	75059	88491	17	5.07
2015	161772	70509	68268	91240	17	5.04
2016	167082	64861	62563	102200	16	5.49
2017	189521	74616	72285	114880	20	5.50
2018	211503	85260	82943	126213	23	6.15

注：(1)2000年以前汽车货运量为交通系统内口径，2000年及以后为全社会口径。

(2)2008-2012年，2013年至今，公路运输量相关指标为五年一次专项调查数据，下同。

Notes: (1)The freight traffic of automobile is calculated by the coverage of traffic system before 2000, and refferred to total society from 2000.

(2)Traffic volume of highways and relative data from 2008 to 2012, from 2013 to now are obtained from two special surveys, which are conducted once every 5 years. The same applies to the follwing.

15-3 主要年份货物周转量
TURNOVER VOLUME OF FREIGHT TRAFFIC IN MAJOR YEARS

单位：万吨公里 (10 000 ton-km)

年 份 Year	合 计 Total	铁 路 Railways	#中央铁路 National Railways	公 路 Highways	水 运 Water Transport
1978	1896350	1784790	1784790	111483	77
1980	2253618	2096450	2096450	157126	42
1985	3609795	3086917	3086584	522878	
1990	5948295	4795516	4784200	1152520	259
1995	7179630	5363846	5346060	1815463	321
2000	8679954	5979696	5958000	2700206	52
2005	13625549	9697012	9599369	3927715	822
2010	23324205	13624714	13436905	9698896	595
2011	30827489	20355804	20153949	10471189	496
2012	33458466	21435390	21231815	12022480	596
2013	35923686	23137331	23117075	12785747	608
2014	37108069	23475689	23453328	13631956	423
2015	34385474	20637317	20478663	13747614	543
2016	35654565	21133151	20965576	14520591	823
2017	41850327	24262711	24096950	17586569	1047
2018	44894386	25815610	25651515	19077478	1298

注：2011年起，铁路为全行业数据，包括国家铁路(含控股)、非控股合资铁路及地方铁路。

Note: Volume of railways is calculated by the whole industry coverage from 2011, which includes national railways, non-shareholding joint venture railways and local railways.

15-4 主要年份旅客运输量和周转量
PASSENGER TRAFFIC AND TURNOVER VOLUME IN MAJOR YEARS

年 份 Year	客运量 (万人) Passenger Traffic (10 000 persons)	#铁 路 Railways	#公 路 Highways	旅客周转量 (万人公里) Passenger Kilometers (10 000 person-km)	#铁 路 Railways	#公 路 Highways
1978	4498	2124	2375	387366	270950	116416
1980	5865	2523	3342	497897	356420	141477
1985	10564	3391	7173	931783	621351	310432
1990	15960	3226	12728	1260441	668100	587953
1995	21337	3308	17956	1750989	806580	861061
2000	31818	2953	28821	2245807	833600	1358962
2005	40209	3433	36456	3295406	1056422	1809406
2010	39059	5746	32606	3715683	1558206	2157019
2011	39932	6219	32865	4158078	1957808	2199108
2012	40839	6208	33662	4229773	1923652	2306121
2013	34781	6294	28487	3864404	1898201	1966203
2014	34040	6949	27091	3843762	2023842	1819920
2015	30676	7393	22085	3799506	2154182	1645324
2016	27619	7530	18702	3604561	2193137	1411424
2017	26749	7664	17333	3737555	2232856	1503565
2018	25679	7958	15717	3939476	2342289	1596434

注：2009年起旅客周转量不包括民航数据。

Note: Passenger turnover volume doesn't include civil aviation data from 2009.

15-5 主要年份民用汽车拥有量

NUMBER OF CIVIL MOTOR VEHICLES IN MAJOR YEARS

单位：辆 (unit)

年 份 Year	民用汽车总数 Total	#载货汽车 Trucks	#载客汽车 Passenger Vehicles	#个 人 Individual	#载 货 Trucks	#载 客 Passenger Vehicles	每百公里公路平均汽车数 Average Number of Motor Vehicles Per 100 km
1978	45634	34383	8341				143.2
1980	70730	47872	10329				259.5
1985	129286	102033	20968	23664	21525	1884	449.5
1990	232665	174618	46390	46540	36084	10450	755.8
1995	332886	210157	106924	94987	54806	40131	989.4
2000	550148	278235	253481	235078	98837	135909	992.9
2005	1074350	379599	677746	587721	155570	430314	1056.5
2010	2478905	558169	1899271	1865984	319589	1541432	2315.8
2011	2953253	612696	2316189	2301975	364040	1931590	2190.7
2012	3275805	567788	2708017	2697177	362482	2334695	2377.7
2013	3758528	582913	3175615	3180579	385930	2794649	2695.6
2014	4219470	591108	3628362	3661596	400345	3261251	3004.6
2015	4665842	571789	4094053	4137927	393407	3744520	3310.0
2016	5240814	595149	4645665	4720486	406394	4314092	3689.0
2017	5896070	639361	5256709	5327549	413659	4913890	4127.3
2018	6495704	702534	5793170	5873204	443827	5429377	4532.1

注：民用汽车总数和私人汽车数不包括三轮汽车和低速货车。

Note: Number of civil motor vehicles and number of private cars exclude tricars and lower-speed cars.

15-6 民用汽车拥有量(2018年)

NUMBER OF CIVIL MOTOR VEHICLES(2018)

单位：辆 (unit)

指 标	Item	合 计 Total	#营 运 Business	#非营运 Non-business	#个 人 Individual
一、民用汽车	Civil Motor Vehicles	6553022	625721	5925854	5913862
1.载客汽车	Passenger Vehicles	5793170	90726	5700997	5429377
#大 型	Large	35097	25286	8882	555
中 型	Medium	12389	3676	8195	2545
小 型	Small	5612309	60948	5551361	5297438
微 型	Mini	133375	816	132559	128839
#轿 车	Cars	4070722	60698	4010024	3875131
2.载货汽车	Trucks	702534	505409	197125	443827
#重 型	Heavy	290609	286900	3709	119308
中 型	Medium	12757	11045	1712	6841
轻 型	Light	396994	207078	189916	315682
微 型	Mini	2174	386	1788	1996
#普通载货汽车	Ordinary	278281	108240	170041	231846
3.其他汽车	Others	57318	29586	27732	40658
二、拖拉机	Tractors	379421			
三、摩托车	Motorcycles	372505	32213	340292	361149
四、载货挂车	Trailers	179301	178738	563	71003
五、其他类型车	Other Kinds of Vehicles	124	78	46	1

注：民用汽车拥有量包括三轮汽车和低速货车。

Note: Number of civil motor vehicles include tricars and lower-speed cars.

15-7 民用航空航线(2018年)
CIVIL AVIATION ROUTES(2018)

太原-北京	Taiyuan-Beijing	太原-珠海	Taiyuan-Zhuhai
太原-上海	Taiyuan-Shanghai	太原-南昌	Wenzhou-Taiyuan-Beijing
太原-广州	Taiyuan-Guangzhou	太原-桂林	Taiyuan-Guilin
太原-深圳	Taiyuan-Shenzhen	太原-温州	Taiyuan-Wenzhou
太原-西宁	Taiyuan-Xining	太原-合肥	Taiyuan-Hefei
太原-成都	Taiyuan-Chengdu	太原-丽江	Taiyuan-Lijiang
太原-青岛	Taiyuan-Qingdao	太原-徐州	Taiyuan-Xuzhou
太原-无锡	Taiyuan-Wuxi	太原-南昌-深圳	Taiyuan-Nanchang-Shenzhen
太原-南京	Taiyuan-Nanjing	太原-遵义-深圳	Taiyuan-Zunyi-Shenzhen
太原-厦门	Taiyuan-Xiamen	太原-恩施-深圳	Taiyuan-Enshi-Shenzhen
太原-长沙	Taiyuan-Changsha	太原-南京-泉州	Taiyuan-Nanjing-Quanzhou
太原-福州	Taiyuan-Fuzhou	太原-武汉-泉州	Taiyuan-Wuhan-Quanzhou
太原-杭州	Taiyuan-Hangzhou	太原-武汉-福州	Taiyuan-Wuhan-Fuzhou
太原-三亚	Taiyuan-Sanya	太原-武汉-厦门	Taiyuan-Wuhan-Xiamen
太原-昆明	Taiyuan-Kunming	太原-合肥-厦门	Taiyuan-Hefei-Xiamen
太原-海口	Taiyuan-Haikou	太原-长治-厦门	Taiyuan-Changzhi-Xiamen
太原-重庆	Taiyuan-Chongqing	太原-杭州-厦门	Taiyuan-Hangzhou-Xiamen
太原-天津	Taiyuan-Tianjin	太原-长沙-厦门	Taiyuan-Changsha-Xiamen
太原-琼海	Taiyuan-Qionghai	太原-长沙-珠海	Taiyuan-Changsha-Zhuhai
太原-大同	Taiyuan-Datong	太原-长沙-福州	Taiyuan-Changsha-Fuzhou
太原-宁波	Taiyuan-Ningbo	太原-南通-福州	Taiyuan-Nantong-Fuzhou
太原-兰州	Taiyuan-Lanzhou	太原-盐城-杭州	Taiyuan-Yancheng-Hangzhou
太原-大连	Taiyuan-Dalian	太原-杭州-三亚	Taiyuan-Hangzhou-Sanya
太原-贵阳	Taiyuan-Guiyang	太原-合肥-昆明	Taiyuan-Hefei-Kunming
太原-哈尔滨	Taiyuan-Harbin	太原-合肥-海口	Taiyuan-Hefei-Haikou
太原-海拉尔	Taiyuan-Hailar	太原-贵阳-海口	Taiyuan-Guiyang-Haikou

15-7 续表1 continued

太原-桂林-海口	Taiyuan-Guilin-Haikou	重庆-太原-北京	Chongqing-Taiyuan-Beijing
太原-长治-重庆	Taiyuan-Changzhi-Chongqing	上海-太原-呼和浩特	Shanghai-Taiyuan-Hohhot
太原-长治-南宁	Taiyuan-Changzhi-Nanning	西宁-太原-深圳	Xining-Taiyuan-Shenzhen
太原-南京-三亚	Taiyuan-Nanjing-Sanya	深圳-太原-呼和浩特	Shenzhen-Taiyuan-Hohhot
太原-长沙-台州	Taiyuan-Changsha-Taizhou	成都-太原-大连	Chengdu-Taiyuan-Dalian
太原-长沙-海口	Taiyuan-Changsha-Haikou	成都-太原-日照	Chengdu-Taiyuan-Rizhao
太原-宜宾-贵阳	Taiyuan-Yibin-Guiyang	成都-太原-大同	Chengdu-Taiyuan-Datong
太原-桂林-三亚	Taiyuan-Guilin-Sanya	乌鲁木齐-太原-青岛	Urumqi-Taiyuan-Qingdao
太原-鄂尔多斯-银川	Taiyuan-Erdos-Yinchuan	青岛-太原-兰州	Qingdao-Taiyuan-Lanzhou
太原-合肥-深圳	Taiyuan-Hefei-Shenzhen	南京-太原-乌鲁木齐	Nanjing-Taiyuan-Urumqi
太原-绵阳-南宁	Taiyuan-Mianyang-Nanning	长沙-太原-沈阳	Changsha-Taiyuan-Shenyang
太原-南昌-珠海	Taiyuan-Nanchang-Zhuhai	哈尔滨-太原-三亚	Harbin-Taiyuan-Sanya
太原-南昌-桂林	Taiyuan-Nanchang-Guilin	昆明-太原-长春	Kunming-Taiyuan-Changchun
太原-吕梁-南宁	Taiyuan-Lvliang-Nanning	昆明-太原-哈尔滨	Kunming-Taiyuan-Harbin
太原-宜昌-珠海	Taiyuan-Yichang-Zhuhai	昆明-太原-大同	Kunming-Taiyuan-Datong
太原-徐州-福州	Taiyuan-Xuzhou-Fuzhou	昆明-太原-呼和浩特	Kunming-Taiyuan-Hohhot
太原-南昌-厦门	Taiyuan-Nanchang-Xiamen	昆明-太原-大连	Kunming-Taiyuan-Dalian
太原-张家界-惠州	Taiyuan-Zhangjiajie-Huizhou	昆明-太原-沈阳	Kunming-Taiyuan-Shenyang
太原-南昌-广州	Taiyuan-Nanchang-Guangzhou	大连-太原-海口	Dalian-Taiyuan-Haikou
太原-济宁-宁波	Taiyuan-Jining-Ningbo	重庆-太原-沈阳	Chongqing-Taiyuan-Shenyang
太原-淮安-宁波	Taiyuan-Huai'an-Ningbo	重庆-太原-长春	Chongqing-Taiyuan-Changchun
太原-长沙-昆明	Taiyuan-Changsha-Kunming	大连-太原-银川	Dalian-Taiyuan-Yinchuan
太原-长治-海口	Taiyuan-Changzhi-Haikou	南宁-太原-大连	Nanning-Taiyuan-Dalian
太原-合肥-三亚	Taiyuan-Hefei-Sanya	哈尔滨-太原-南宁	Harbin-Taiyuan-Nanning
北京-太原-昆明	Beijing-Taiyuan-Kunming	贵阳-太原-哈尔滨	Guiyang-Taiyuan-Harbin
温州-太原-北京	Wenzhou-Taiyuan-Beijing	济南-太原-包头	Jinan-Taiyuan-Baotou

15-7 续表2 continued

榆林-太原-天津	Yulin-Taiyuan-Tianjin	南京-太原-呼和浩特	Nanjing-Taiyuan-Hohhot
南京-太原-呼和浩特	Nanjing-Taiyuan-Hohhot	杭州-太原-兰州	Hangzhou-Taiyuan-Lanzhou
南京-太原-兰州	Nanjing-Taiyuan-Lanzhou	成都-太原-营口	Chengdu-Taiyuan-Yingkou
南京-太原-银川	Nanjing-Taiyuan-Yinchuan	沈阳-太原-合肥	Shenyang-Taiyuan-Hefei
长沙-太原-大连	Changsha-Taiyuan-Dalian	包头-太原-桂林	Baotou-Taiyuan-Guilin
哈尔滨-太原-桂林	Harbin-Taiyuan-Guilin	沈阳-太原-琼海	Shenyang-Taiyuan-Qionghai
南京-太原-西宁	Nanjing-Taiyuan-Xining	北京首都-长治	Beijing Capital-Changzhi
天津-太原-西宁	Tianjin-Taiyuan-Xining	北京南苑-长治	Beijing Nanyuan-Changzhi
大连-太原-西宁	Dalian-Taiyuan-Xining	上海浦东-长治	Shanghai Pudong-Changzhi
乌鲁木齐-太原-烟台	Urumqi-Taiyuan-Yantai	广州-长治	Guangzhou-Changzhi
青岛-太原-绵阳	Qingdao-Taiyuan-Mianyang	广州-武汉-长治	Guangzhou-Wuhan-Changzhi
福州-太原-银川	Fuzhou-Taiyuan-Yinchuan	成都-长治	Chengdu-Changzhi
桂林-太原-沈阳	Guilin-Taiyuan-Shenyang	海口-长治-天津	Haikou-Changzhi-Tianjin
南昌-太原-银川	Nanchang-Taiyuan-Yinchuan	西安-长治-大连	Xi'an-Changzhi-Dalian
丽江-太原-哈尔滨	Lijiang-Taiyuan-Harbin	昆明-长治-沈阳	Kunming-Changzhi-Shenyang
海口-太原-乌海	Haikou-Taiyuan-Wuhai	昆明-长治-天津	Kunming-Changzhi-Tianjin
呼和浩特-太原-济南	Hohhot-Taiyuan-Jinan	天津-长治-桂林	Tianjin-Changzhi-Guilin
兰州-太原-烟台	Lanzhou-Taiyuan-Yantai	太原-长治-海口	Taiyuan-Changzhi-Haikou
无锡-太原-呼和浩特	Wuxi-Taiyuan-Hohhot	大同-北京	Datong-Beijing
长春-太原-兰州	Changchun-Taiyuan-Lanzhou	大同-上海	Datong-Shanghai
乌鲁木齐-太原-宁波	Urumqi-Taiyuan-Ningbo	银川-大同-北京南苑	Yinchuan-Datong-Beijing Nanyuan
合肥-太原-包头	Hefei-Taiyuan-Baotou	哈尔滨-大同-厦门	Harbin-Datong-Xiamen
南昌-太原-长春	Nanchang-Taiyuan-Changchun	西安-大同-沈阳	Xi'an-Datong-Shenyang
南宁-太原-满洲里	Nanning-Taiyuan-Manzhouli	天津-大同-呼和浩特	Tianjin-Datong-Hohhot
南宁-太原-海拉尔	Nanning-Taiyuan-Hailar	大同-武汉-广州	Datong-Wuhan-Guangzhou
宁波-太原-呼和浩特	Ningbo-Taiyuan-Hohhot	大同-大连	Datong-Dalian

15-7 续表3 continued

天津-大同-海口	Tianjin-Datong-Haikou	大连-运城-海口	Dalian-Yuncheng-Haikou
大同-暹粒	Datong-Siem Reap	哈尔滨-运城-三亚	Harbin-Yuncheng-Sanya
大同-岘港	Datong-Da Nang	天津-运城-桂林	Tianjin-Yuncheng-Guilin
大同-曼谷	Datong-Bangkok	三亚-运城-哈尔滨	Sanya-Yuncheng-Harbin
大同-金边	Datong-Phnom Penh	运城-长沙-海口	Yuncheng-Changsha-Haikou
吕梁-北京	Lvliang-Beijing	运城-成都	Yuncheng-Chengdu
上海浦东-吕梁-兰州	Shanghai Pudong-Lvliang-Lanzhou	运城-上海	Yuncheng-Shanghai
重庆-吕梁-天津	Chongqi-Lvliang-Tianjin	天津-运城-香港	Tianjin-Yuncheng-Hong Kong
上海浦东-五台山-银川	Shanghai Pudong-Wutaishan-Yinchuan	南京-运城-芭提雅	Nanjing-Yuncheng-Pattaya
		临汾-武汉	Linfen-Wuhan
广州/深圳-郑州-五台山	Guangzhou/Shenzhen-Zhenzhou-Wutaishan	临汾-北京	Linfen-Beijing
		呼和浩特-临汾-成都	Hohhot-Linfen-Chengdu
海口-桂林-五台山	Haikou-Guilin-Wutaishan	临汾-昆明	Linfen-Kunming
厦门-南京-五台山	Xiamen-Nanjing-Wutaishan	临汾-广州	Linfen-Guangzhou
三亚-五台山-哈尔滨	Sanya-Wutaishan-Harbin	上海-临汾-银川	Shanghai-Linfen-Yinchuan
深圳-五台山-哈尔滨	Shenzhen-Wutaishan-Harbin	青岛-临汾-昆明	Qingdao-Linfen-Kunming
昆明-五台山-哈尔滨	Kunming-Wutaishan-Harbin	天津-临汾-海口	Tianjin-Linfen-Haikou
重庆-五台山-天津	Chongqi-Wutaishan-Tianjin	海口-桂林-临汾	Haikou-Guilin-Linfen
济南-五台山-兰州	Jinan-Wutaishan-Lanzhou	重庆-临汾-天津	Chongqing-Linfen-Tianjin
运城-北京	Yuncheng-Beijing	太原-海口-悉尼	Taiyuan-Haikou-Sydney
运城-广州	Yuncheng-Guangzhou	太原-成都-圣彼得堡	Taiyuan-Chengdu-Saint Petersburg
运城-珠海	Yuncheng-Zhuhai		
重庆-运城-沈阳	Chongqing-Yuncheng-Shenyang	太原-昆明-芭提雅	Taiyuan-Kunming-Pattaya
运城-昆明	Yuncheng-kunming	太原-昆明-合艾	Taiyuan-Kunming-Hat Yai
大连-运城-贵阳	Dalian-Yuncheng-Guiyang	大同-香港	Taiyuan-Hong Kong

15-8 国家铁路分货类运输量(2018年)
NATIONAL RAILWAY FREIGHT TRAFFIC BY CATEGORY OF CARGO(2018)

指 标	Item	货运量(万吨) Volume of Freight Traffic (10 000 tons)	货物周转量(万吨公里) Turnover Volume of Freight Traffic (10 000 ton-km)	平均运程(公里) Average Transport Mileage (km)
合 计	**Total**	**87863.8**	**42542004.3**	**484**
#煤 炭	Coal	69605.2	37992676.7	546
石 油	Petroleum	621.6	162913.2	262
焦 炭	Cake	2955.4	1021732.7	346
金属矿石	Metal Ore	5538.9	1024547.3	185
钢铁及有色金属	Steel and Nonferrous Metal	2510.7	649689.4	259
非金属矿石	Nonmetal Ores	312.3	74594.6	239
磷矿石	Phosphate Rock	0.9	135.2	147
矿建材料	Mine Construction Materials	1193.5	98277.6	82
水 泥	Cement	1.3	558.1	437
木 材	Timber	12.2	3153.1	259
粮 食	Grain	396.7	169824.0	428
零 担	Sporadic Freight Transport	19.5	8133.0	417
集装箱	Container Transport	3450.4	956347.0	277

注：本表为太原铁路局数据。
Note: Data in the table is supplied by Taiyuan Railway Bureau.

15-9 地方铁路营运概况(2018年)
BASIC STATISTICS ON LOCAL RAILWAYS(2018)

线路名称 Name of Railway Lines	起迄地址 The Beginning and The End	线路长度(公里) Length of Railways (km)		机 车(台) Locomotives (unit)		
		延展里程 Length of Extention	正线里程 Length of the Truck Lines	合 计 Total	电 气 Electrical	内 燃 Diesel
总　计　Total		**452.0**	**327.1**	**41**	**19**	**22**
一、合资铁路		331.6	233.5	34	19	15
Joint Venture Railways						
武沁铁路	武乡–左权；沁县–沁源	146.8	118.0	8		8
Wuqin Railway	Wuxiang–Zuoquan;Qinxian–Qinyuan					
孝柳有限责任公司	孝西–穆村	184.8	115.5	26	19	7
Xiaoliu Railway Co., Ltd.	Xiaoxi–Mucun					
二、地方铁路		120.5	93.6	7		7
Local Railways						
宁静铁路	宁武–静乐	120.5	93.6	7		7
Ningjing Railway	Ningwu–Jingle					

线路名称 Name of Railway Lines	货物运输 Freight Traffic		财务状况 Financial Situation			
	货运量(万吨) Freight Traffic (10 000 tons)	货物周转量(万吨公里) Turnover of Freight Traffic (10 000 ton–kms)	运输收入(万元) Transportation Revenue (10 000 yuan)	运输支出(万元) Transportation Expend (10 000 yuan)	实现利润(万元) Profits (10 000 yuan)	上缴税金(万元) Taxes (10 000 yuan)
总　计　Total	**2317**	**164095**	**187171**	**179700**	**2012**	**14263**
一、合资铁路	2061	158273	182490	175197	3198	14124
Joint Venture Railways						
武沁铁路	331	20203	6695	8331	−1635	16
Wuqin Railway						
孝柳有限责任公司	1730	138070	175795	166866	4833	14108
Xiaoliu Railway Co., Ltd.						
二、地方铁路	256	5823	4681	4503	−1186	139
Local Railways						
宁静铁路	256	5823	4681	4503	−1186	139
Ningjing Railway						

15-10 邮电业务基本情况(2018年)

BASIC CONDITIONS OF POST AND TELECOMMUNICATION SERVICES(2018)

指　标	Item	2018
邮政行业业务总量 (亿元)	**Business Volume of Post Services (100 million yuan)**	**94.1**
函　件 (万件)	Number of Letters (10 000 pcs)	1905
包　裹 (万件)	Number of Parcels (10 000 pcs)	23
汇　兑 (万笔)	Number of Postal Money Orders (10 000 pcs)	49
机要邮件 (万件)	Number of Confidential Letters (10 000 pcs)	47
快　递 (万件)	Express Mail Services (10 000 pcs)	30333
订阅报纸期发数 (万份)	Newspapers Circulation (10 000 copies)	171
订阅报纸累计数 (万份)	Accumulative Total of Newspapers Circulation (10 000 copies)	51940
订阅杂志期发数 (万份)	Magazines Circulation (10 000 copies)	85
订阅杂志累计数 (万份)	Accumulative Total of Magazines Circulation (10 000 copies)	1744
电信业务总量 (亿元)	**Business Volume of Telecommunication Services (100 million yuan)**	**1370.1**
固定电话用户 (万户)	Number of Fixed Telephone Subscribers (10 000 subscribers)	276.6
移动电话用户 (万户)	Number of Mobile Telephone Subscribers (10 000 subscribers)	3961.5
#3G移动电话用户	3G Mobile Phone Subscribers	342.1
4G移动电话用户	4G Mobile Phone Subscribers	2947.2
移动短信 (亿条)	Mobile Short Information (10 000 pcs)	335

15-11 主要年份邮电通信网

NETWORK OF POST AND TELECOMMUNICATION IN MAJOR YEARS

年 份 Year	邮政支局所 (处) Number of Branch Post Offices (unit)	#在农村 In Rural Area	邮路长度 (公里) Length of Postal Routes (km)	#铁 路 Railway Routes	#汽 车 Highway Routes
1978	1675	1444	143907	6840	17672
1980	1629	1380	141596	7304	17902
1985	1890	1591	146024	7024	21454
1990	1813	1456	146251	9482	20320
1995	1888	1454	157202	11062	30700
2000	1730	1239	203725	11564	45488
2005	1603	1045	181703	13738	48016
2010	1306	759	184998	15200	58698
2011	1526	853	213310	16066	81394
2012	1516	738	169908	16860	82490
2013	1483	773	150648	15358	58770
2014	1518	1072	87520	8306	68938
2015	1582	1158	86946	8392	74542
2016	1636	1194	93323	8306	83107
2017	1637	1191	104080		103414
2018	1639	1190	108802		108582

注：2014年起，邮政实施网运改革，邮路长度采用新口径。
Note: Because of the post reform of network operation, length of postal routes has adopted a new coverage since 2014.

15-12 邮政邮路
POSTAL ROUTES

单位：公里 (km)

指 标	Item	2017	2018
邮路总条数(条)	Number of Postal Routes (route)	555	592
#汽 车	Highway Postal Routes	547	589
邮路总长度(单程)	Total Length of Postal Routes (one-way)	52040	54401
#汽 车	Automobile Postal Routes	51709	54291
农村邮路条数(条)	Number of Rural Postal Routes (route)	244	237
农村邮路长度(单程)	Length of Rural Postal Routes (one-way)	14823	14167
城市投递路线条数(条)	Number of Rural Delivery Routes (route)	2375	2123
城市投递路线长度(单程)	Length of Rural Delivery Routes (one-way)	38371	38886
农村投递路线条数(条)	Number of Rural Delivery Routes (route)	2310	2118
#摩托车	Motorcycles	1844	1915
自行车	Bicycles	273	22
农村投递线路长度(单程)	Length of Rural Delivery Routes (one-way)	109632	109231
#摩托车	Motorcycles	89611	95759
自行车	Bicycles	8343	524

15-13 邮政局所、房屋、服务点
NUMBER OF POSTAL OFFICES, BUILDINGS AND SERVICE PLACES

单位：处 (unit)

指 标	Item	2017	2018
邮政支局所	Number of Branch Post Offices	1637	1639
#设在农村的	In Rural Area	1191	1190
#电子化支局	Electrical Branch Offices	938	1639
邮政支局	Nmber of Branch Post Offices	419	418
#自办邮政所	Number of Post Offices Operated by Post Department	519	547
代办邮政所	Number of Postal Agencies	699	674
邮政信筒信箱 (个)	Post Boxes (unit)	1425	1645

主要统计指标解释

铁路营业里程　又称营业长度，指投入客货运输营业或临时营业的线路长度。

公路里程　指报告期末公路的实际长度。统计范围：包括城间、城乡间、乡（村）间能行驶汽车的公共道路，公路通过城镇街道的里程，公路桥梁长度、隧道长度、渡口宽度。不包括城市街道里程，断头路里程，农（林）业生产用道路里程，工（矿）企业等内部道路里程。统计原则：按已竣工验收或交付使用的实际里程计算；两条或多条公路共同经由同一路段的重复里程，只计算一次。

货(客)运量　指在一定时期内，各种运输工具实际运送的货物重量(旅客数量)。货运按吨计算，客运按人计算。货物不论运输距离长短、货物类别，均按实际重量统计。旅客不论行程远近或票价多少，均按一人一次客运量统计；半价票、儿童票也按一人统计。

货物(旅客)周转量　指在一定时期内，由各种运输工具运送的货物(旅客)数量与其相应运输距离的乘积之总和。该指标可以反映运输业生产的总成果，也是编制和检查运输生产计划，计算运输效率、劳动生产率以及核算运输单位成本的主要基础资料。计算货物周转量通常按发出站与到达站之间的最短距离，也就是计费距离计算。计算公式为：

货物（旅客）周转量=∑（货物（旅客）运输量×运输距离）

民用汽车拥有量　指报告期末，在公安交通管理部门按照《机动车注册登记工作规范》，已注册登记领有民用车辆牌照的全部汽车数量。汽车拥有量统计的主要分类：根据汽车结构分为载客汽车、载货汽车及其他汽车；根据汽车所有者不同分为个人(私人)汽车、单位汽车；根据汽车的使用性质分为营运汽车、非营运汽车；根据汽车大小规格不同，载客汽车分为大型、中型、小型和微型，载货汽车分为重型、中型、轻型和微型。

邮政、电信业务总量　指以货币形式表示的邮政、电信通信企业为社会提供各类邮政、电信通信服务的总数量。计算方法为各类业务的实物量分别乘以相应的不变单价，求出各类业务的货币量加总求得。没有不变单价的业务按其业务收入直接相加。

移动电话用户　指在电信运营企业营业网点办理开户登记手续，通过移动电话交换机进入移动电话网，占用移动电话号码的各类电话用户。包括各类签约用户、智能网预付费用户、无线上网卡用户。

固定电话用户　指在电信企业营业网点办理开户登记手续并已接入固定电话网上的全部电话用户。包括普通电话用户、无线市话用户、公用电话用户、窄带综合业务数字网（N—ISDN）用户、智能网专用接入终端用户等。

邮路　各邮政局所之间，邮政局所与车站、码头、机场、转运站、邮件处理中心、报刊社之间，邮区中心局与邮政局所及各邮区中心局之间由自办或委办人员按固定班期规定路线交换邮件（包括机要文件，下同）、报刊的路线。包括农村地区运邮兼投递的路线，不包括城市、农村地区纯投递路线。按运输方式可分为航空邮路、铁路邮路、汽车邮路、水路邮路和其他邮路等。

邮路总长度　邮路由起点到终点的长度。单程长度统计法的计算方法是直线算单程，环型算全程；直环混合中直线部分算单程，环型部分算全程；Y 型三段相加算单程。

Explanatory Notes on Main Statistical Indicators

Length of Railways in Operation refers to the total length of the trunk line for passenger and freight transportation in full operation or temporary operation.

Length of Highways refers to the actual length of highways at the end of reference period. It covers public roads running vehicles among cities, city and rural areas, township (villages), highways passing through streets at small cities and towns, length of bridges and tunnels, width of ferry piers. It does not include the length of streets in cities, dead end highways, the length of streets built for agricultural (forest) production and inside factories (mines). It can only be calculated with the actual mileage having been completed, checked and accepted or put into operation. If two or more highways go the same section of the way, the length of the section is only calculated for once.

Freight (Passenger) Traffic refers to the weight of freight (number of passenger) transported with various means within a specific period of time. Freight transport is calculated in tons and passenger traffic is calculated in terms of number of persons. Freight transport is calculated in terms of the actual weight of the goods and takes no account of the type of freight and distance of travel. Passenger traffic is calculated by the principle that one person can be counted only once in one trip and takes no account of the travelling distance and ticket price. The passengers who travel with a half price ticket or a child's ticket is also calculated as one person.

Freight Ton-kilometres (Passenger-kilometres) refers to the sum of the product of the volume of transported cargo (passengers) multiplied by the transport distance. It is an important indicator to reflect the achievement of the transportation industry. This is an important indicator to show the total results of the transport industry; to prepare and examine the transport plan; and to serve as the main basic data for calculating the efficiency, labour productivity and unit cost of transport. Normally, the shortest distance between the departure station and the destination station (i.e., the payable distance) is the basis in calculating the freight ton-kilometres. The formula is as follows:

$$\text{Freight ton-kilometres(passenger-kilometres)} = \sum \text{freight(passenger)traffic} \times \text{distance of transportation}$$

Possession of Civil Motor Vehicles refer to the total numbers of vehicles that are registered and received vehicles license tags according to the *Work Standard for Motor Vehicles Registration* formulated by the Transport Management Office under the department of public security at the end of the reference period. They are divided into categories. According to the structure of motor vehicles, they are divided into passenger vehicles, trucks and others; according to ownership into private vehicles and vehicles for the unit's use; according to kind of usage into working vehicles and non-working vehicles; and according to size of vehicles into large passenger vehicles, medium-sized passenger vehicles, small passenger vehicles and mini passenger vehicles, heavy trucks, light-heavy trucks, light trucks and mini-trucks.

Business Volume of Post and Telecommunications refers to the total amount of postal and telecommunication services, expressed in value terms, provided by the post and telecommunications departments for society. Business volume of post and telecommunications is the sum of each service in kind multiplying with its correspondent unit price (constant price). Business without constant price add their business revenue directly.

Mobile Telephone Subscribers refer to persons who have gone through registration procedures in the operation points of enterprises engaged in telecommunications and are hence connected with the mobile telephone communication network through the mobile telephone switchboards and occupy mobile phone numbers. Included are various types of subscriber, prepaid users for intelligent network and wireless network card users.

Local Telephone Subscribers refer to all subscribers who have gone through registration procedures in the operation points of enterprises engaged in telecommunications and are hence connected to the local telecommunications service provider through fixed line network. Included are general subscribers, wireless local telephone subscribers, public telephones subscribers, N-ISDN subscribers and intelligent network terminal subscribers.

Postal Routes refer routes that self-run clerks or clients change mails, newspapers and magazines by fixed schedule and regular routes between post offices, post offices and stations, docks, airports, transfer stations, mail processing centers, newspaper agencies. It includes posting and delivering routes in rural areas, while excludes routes that only delivers in urban and rural areas. It can be divided into airway postal routes, railway postal routes, automobile postal routes, waterway postal routes and other postal routes according to transport means.

Total Length of Post Routes refers length of postal routes from the start point to the end point. The single length is calculated by the following method, that is, straight line route is calculated as single way, circle route as entire way, straight line and circle mixed route is calculated separately, and Y type route is calculated as the sum of three single lines.

16

教育、科技

EDUCATION, SCIENCE
AND TECHNOLOGY

资料整理人员

刘铁生　吴丹宁　王俊鹏

教育、科技
EDUCATION, SCIENCE AND TECHNOLOGY

普通高等学校数	Regular Institutions of Higher Education	83	所	(unit)
普通高等学校专任教师数	Full-time Teachers of Higher Education	4.2	万人	(10 000 persons)
普通高等学校在校学生数	Students Enrollment of Higher Education	76.6	万人	(10 000 persons)
普通中专学校数	Regular Specialized Secondary Schools	89	所	(unit)
普通中专专任教师数	Full-time Teachers of Regular Specilized Secondary Schools	7615	人	(person)
普通中专在校学生数	Students Enrollment of Regular Specilized Secondary Schools	9.99	万人	(10 000 persons)
科学研究机构	Scientific Research Institutions	154	个	(unit)

研究生在校学生数（人）
Number of Postgraduate Enrollment (person)

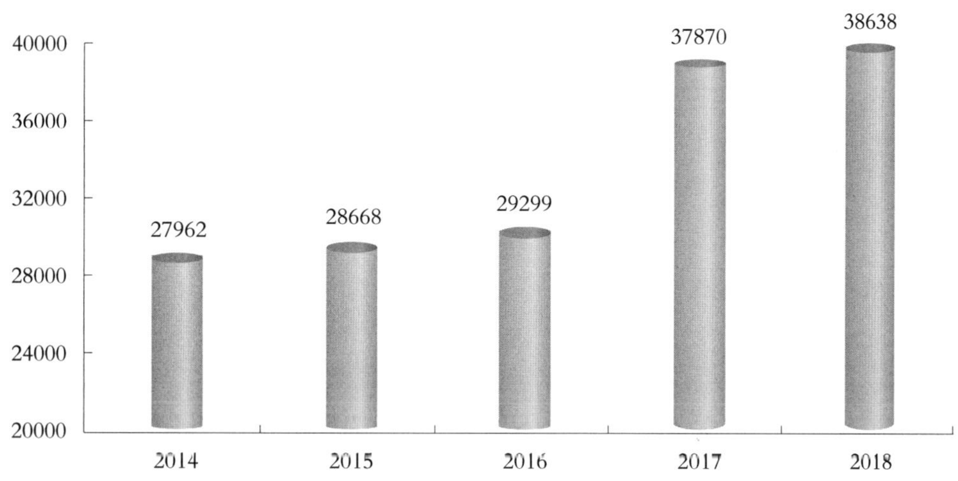

全社会R&D经费内部支出（亿元）
Total Internal Expenditures on R&D(100 million yuan)

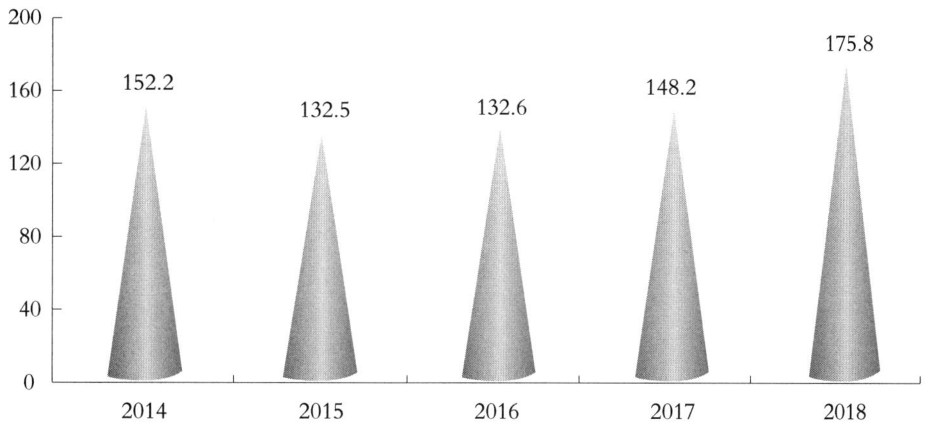

16-1 主要年份各类学校数

SCHOOLS BY LEVEL IN MAJOR YEARS

单位：所 (unit)

年 份 Year	普通高等学校 Regular Instiutions of Higher Education	中等职业教育 Secondary Vocational Education	#普通中专 Regular Specialized Secondary Schools	#职业中学 Vocational Schools	#技工学校 Skilled Workers Schools	普通中学 Regular Secondary Schools	普通小学 Regular Primary Schools	特殊教育学校 Special Education Schools
1978	16	731	73	87	50	14062	33393	12
1980	16	3628	90	342	60	9895	37746	12
1985	22	746	113	408	70	4749	42394	12
1990	26	793	125	380	97	3944	42195	13
1995	26	791	129	377	110	3401	40795	63
2000	24	787	127	339	134	3346	37451	39
2005	59	629	73	309	106	3279	24339	40
2010	65	584	92	259	110	2747	12776	45
2011	66	573	93	249	111	2611	10936	51
2012	67	556	90	246	100	2534	10042	53
2013	70	507	92	234	62	2495	8946	56
2014	71	543	92	233	99	2418	6885	62
2015	79	542	92	233	98	2400	6403	64
2016	80	544	92	235	98	2353	6043	69
2017	80	535	92	238	86	2340	5646	73
2018	83	442	89	229	84	2299	5445	76

注：2015年起，普通高等学校数含独立学院。

Note: Independent colleges has been included in regular institutions of higher education since 2015.

16-2 主要年份各类学校专任教师数

NUMBER OF FULL-TIME TEACHERS BY LEVEL OF SCHOOL IN MAJOR YEARS

单位：人 (person)

年 份 Year	普通高等学校 Regular Instiutions of Higher Education	中等职业教育 Secondary Vocational Education	#普通中专 Regular Specialized Secondary Schools	#职业中学 Vocational Schools	#技工学校 Skilled Workers Schools	普通中学 Regular Secondary Schools	普通小学 Regular Primary Schools
1978	4244	5933	3246	330	938	103772	132785
1980	5077	7915	3991	1090	1386	104075	148255
1985	7417	14322	6176	4512	1931	92619	157251
1990	8963	22440	8295	6976	4165	108774	163693
1995	9140	24729	9161	8632	4446	113216	171860
2000	10466	26916	9823	10343	3655	127582	180362
2005	27862	25005	5687	11132	5500	159803	192271
2010	36492	26578	7437	12461	3542	172793	190538
2011	37527	28004	7877	13030	3888	175443	188820
2012	38124	29295	7903	13597	4365	176319	184326
2013	40764	28871	7943	13806	3652	177344	180548
2014	40317	30744	7793	13671	5803	176853	176840
2015	40406	32652	7830	13997	7485	175053	172957
2016	41301	32877	7853	14199	7583	173503	171535
2017	40971	30534	7691	14150	5338	172224	169057
2018	41910	28865	7615	14010	5491	172249	168018

注：小学专任教师包含九年一贯制学校和十二年一贯制学校。

Note: Primary full-time teachers include teachers who work in 9-year system or 12-year system schools.

16-3 主要年份各类学校在校学生数

STUDENTS ENROLMENT BY LEVEL OF SCHOOL IN MAJOR YEARS

单位：万人 (10 000 persons)

年 份 Year	普通高等学校(人) Regular Institutions of Higher Education (person)	中等职业教育 Secondary Vocational Education	#普通中专 Regular Specialized Secondary Schools	#职业中学 Vocational Schools	#技工学校 Skilled Workers Schools	普通中学 Regular Secondary Schools	#高中 Senior	普通小学 Regular Primary Schools
1978	20940	4.73	2.90	0.64	1.19	194.28	58.45	377.36
1980	33104	8.38	4.61	2.12	1.65	179.55	31.06	384.16
1985	41946	14.58	5.14	7.58	1.86	156.97	22.87	335.20
1990	51309	21.47	8.68	8.78	4.01	145.08	22.31	297.40
1995	67420	26.40	10.74	10.51	5.15	150.97	19.04	327.04
2000	125674	37.19	19.65	13.62	3.92	199.75	33.72	343.60
2005	407036	46.58	20.15	17.04	9.39	261.15	71.37	350.26
2010	562924	56.51	20.73	24.65	11.13	253.67	82.29	291.06
2011	594469	61.94	18.33	22.32	11.08	249.55	85.27	277.19
2012	637330	60.00	17.85	21.45	11.68	235.74	85.50	261.76
2013	676817	50.46	16.38	19.40	6.82	213.99	84.85	229.64
2014	713218	51.03	15.37	18.39	11.10	204.68	82.78	224.50
2015	740245	43.59	13.99	17.91	10.62	192.06	79.37	226.95
2016	756287	43.82	12.12	17.83	10.03	184.65	75.38	227.09
2017	762974	42.95	11.55	17.73	10.02	180.21	71.97	228.12
2018	765580	39.25	9.99	16.90	9.05	181.69	67.93	228.50

注：中等职业教育学生数包含普通中专学校、成人中专学校、职业高中学校、技工学校、中等职业教育其他机构、附设中职班学生数，下表同。

Note: Students enrolment of secondary vocational education includes students of regular specialized secondary schools, adult specialized secondary schools, vocational senior schools, skilled workers schools, other institutions and attached classes of secondary vocational education. The same applies to the following.

16-4 主要年份各类学校招生数

NEW STUDENTS ENROLMENT BY LEVEL OF SCHOOL IN MAJOR YEARS

单位：人 (person)

年 份 Year	普通高等学校 Regular Institutions of Higher Education	中等职业教育 Secondary Vocational Education	#普通中专 Regular Specialized Secondary Schools	#职业中学 Vocational Schools	#技工学校 Skilled Workers Schools	普通中学 Regular Secondary Schools	#高中 Senior	普通小学 Regular Primary Schools	特殊教育学校 Special Education Schools
1978	10744	29699	15531	5708	8460	884918	275642	879737	376
1980	8287	97500	18990	11696	8096	539613	65803	664927	234
1985	14107	95883	20864	37437	9122	529347	75238	548667	390
1990	15710	103887	28615	38566	14606	482926	78749	557803	503
1995	20926	116548	35898	46721	18817	552978	69774	642867	1110
2000	48041	157521	67975	52476	13823	726669	137662	631942	856
2005	127514	187674	75240	65842	40000	887403	263159	548755	743
2010	184399	274149	71680	134823	37303	852635	280984	451390	1088
2011	184602	217326	66613	87893	41030	795844	286680	440802	1339
2012	208122	214892	74147	87237	42475	755080	292630	440460	906
2013	215296	164653	64007	73583	21710	701819	288826	394203	729
2014	214394	170977	56337	71877	39134	634452	255585	347419	824
2015	222685	156124	46966	68497	37247	583570	248426	376640	913
2016	219954	145033	42662	65749	34020	620287	244539	383579	1153
2017	221360	141457	35438	62193	31765	597077	227416	379249	1441
2018	223904	126946	32314	56376	26475	600486	207013	400913	1353

16-5 主要年份各类学校毕业生数
GRADUATES BY LEVEL OF SCHOOL IN MAJOR YEARS

单位：人 (person)

年 份 Year	普通高等学校 Regular Institution of Higher Education	普通中专 Regular Specialized Secondary Schools	职业中学 Vocational Schools	技工学校 Skilled Workers Schools	普通中学(万人) Regular Secondary Schools (10 000 persons)	#高 中 Senior	普通小学(万人) Regular Primary Schools (10 000 persons)	特殊教育学校 Special Education Schools
1978	4523	11766	760	3813	75.26	19.11	62.09	145
1980		13563	4884	10649	84.83	28.31	59.05	104
1985	8499	16773	16941	6383	39.09	5.49	64.68	105
1990	15103	26768	31770	11708	47.63	7.27	51.31	475
1995	20312	31474	38238	15542	43.17	7.08	55.36	617
2000	19785	42356	48364	17652	56.18	7.86	64.09	604
2005	88344	54904	47546	18000	82.95	19.69	63.56	483
2010	165545	75255	87159	53002	83.48	25.94	57.35	895
2011	152680	77950	88946	40296	82.54	27.01	52.78	805
2012	162571	73455	90805	32335	86.39	28.53	54.73	882
2013	173259	69722	82314	25379	82.76	28.61	47.73	877
2014	174060	64534	77453	38239	72.22	27.35	38.81	616
2015	191273	63509	61759	37876	71.12	28.36	34.11	616
2016	199259	54538	70396	38454	69.54	28.44	38.03	738
2017	210429	38280	59706	29688	64.16	26.03	37.50	990
2018	216596	37817	60048	32742	58.61	24.76	40.15	992

16-6 普通本科分形式、分学科学生数(2018年)
STUDENTS OF REGULAR UNDERGRADUATE COURSES BY FORM AND BY FIELD OF STUDY(2018)

单位：人 (person)

项 目	Item	毕业生数 Number of Graduates	招生数 Number of New Students Enrolment	在校学生数 Number of Students Enrolment
总 计	**Total**	**117525**	**133704**	**502932**
#女	Female	66508	76613	281637
按形式分	By Form			
高中起点	Senior as Starting Point	111642	122038	483136
专科起点	Junior College as Starting Point	5883	11666	19796
第二学士学位	Second Bachelor's Degree			
按学科分	By Field of Study			
哲 学	Philosophy	40	57	183
经济学	Economics	4923	5306	20395
法 学	Law	3940	4604	17540
教育学	Education	6197	7812	25700
文 学	Literature	8900	9710	35461
#外 语	Foreign Language	3688	4158	15016
历史学	History	1449	1440	5521
理 学	Science	10920	11301	45812
工 学	Engineering	39692	46117	171452
农 学	Agriculture	1912	2231	8576
医 学	Medicine	8762	11073	43720
管理学	Administration	19948	21069	81046
艺术学	Art Theory	10842	12984	47526
总计中：师范生	Of the total：Teacher-training	20604	20094	73768

16-7 主要年份研究生数

NUMBER OF POSTGRADUATES IN MAJOR YEARS

单位：人　　(person)

年 份 Year	培养研究生的单位数(个) Institutions of Foster Postgraduates (unit)	招生数 New Students Enrolment	毕业生数 Graduates	在校学生数 Students Enrolment
1978	4	151		151
1980	6	15		218
1985	8	399	84	670
1990	9	219	288	688
1995	12	524	263	1336
2000	12	1190	466	2633
2005	12	4929	2069	12059
2010	12	8074	5929	23555
2011	12	8745	7330	24790
2012	12	9212	7771	26098
2013	13	9384	7754	27473
2014	14	9141	8492	27962
2015	14	9769	8795	28668
2016	14	10078	9118	29299
2017	15	12143	8983	37870
2018	15	12731	9593	38638

注：2017年起，在校研究生数包含在职人员申请硕士学位在校研究生数。

Note: Inservice personnels applying for master degree have been included in the enrolment since 2017.

16-8 研究生数(2018年)

NUMBER OF POSTGRADUATES(2018)

单位：人　　(person)

项 目	Item	招生数 New Students Enrolment	#攻读硕士学位 Master Degree	毕业生数 Graduates	#攻读硕士学位 Master Degree	在校学生数 Students Enrolment	#攻读硕士学位 Master Degree
总 计	**Total**	**12731**	**12071**	**9593**	**9170**	**34984**	**32071**
国家任务	Country Assignment			7856	7591	7059	6216
委托培养	Entrust Foster			335	197	657	182
自筹经费	Self-raised Funds			1402	1382	2392	2035
全日制	Full-time	11530	10870			21802	20564
非全日制	Part-time	1201	1201			3074	3074
一、中央部门	**Central Departments**	**46**	**46**	**38**	**38**	**128**	**128**
国家任务	Country Assignment			38	38	39	39
委托培养	Entrust Foster						
自筹经费	Self-raised Funds						
全日制	Full-time	46	46			89	89
非全日制	Part-time						
二、地方部门	**Local Departments**	**12685**	**12025**	**9555**	**9132**	**34856**	**31943**
国家任务	Country Assignment			7818	7553	7020	6177
委托培养	Entrust Foster			335	197	657	182
自筹经费	Self-raised Funds			1402	1382	2392	2035
全日制	Full-time	11484	10824			21713	20475
非全日制	Part-time	1201	1201			3074	3074

注：本表在校研究生数不含在职人员申请硕士学位人数。

Note: The students enrollment does not include inservice personnels applying for master degree in this table.

16-9 高等教育学校学生数(2018年)

单位：人

指 标	Item	毕业生数 Graduates
研究生	Postgraduates	9593
博 士	Doctor Degree	423
硕 士	Master Degree	9170
普通本科、专科生	Students of Regular Undergraduate Course and Specialized Subject	216596
本 科	Students of Regular Undergraduate Course	117525
专 科	Students of Specialized Subject	99071
成人本科、专科生	Adult Education Students of Regular Undergraduate Course and Specialized Subject	33900
函授本科	Correspondence Education of Regular Undergraduate Course	12576
业余本科	Spare Time Education of Regular Undergraduate Course	4450
脱产本科	Released from Work for Education of Regular Undergraduate Course	366
函授专科	Correspondence Education of Specialized Subject	10431
业余专科	Spare Time Education of Specialized Subject	4609
脱产专科	Released from Work for Education of Specialized Subject	1468
网络本科、专科生	Net Education Students of Regular Undergraduate Course and Specialized Subject	
本 科	Students of Regular Undergraduate Course	
专 科	Students of Specialized Subject	
在职人员攻读硕士学位	Persons Admitted to Master Degree Programme	
学历文凭考试	Academic Credentials Examination	
电大注册视听生	TV Education Students	
自考助学班	Guidance Class for Students Learning Themselves and Examination	
研究生课程进修班	Class for Advanced Studies of Postgraduate Course	
普通预科生	Students for Preparatory Course	
证书教育	Certificate Education	
岗位培训	Post Training	
进修及培训	Advanced Study and Training	75815
留学生	Student Studing Abroad	200

NUMBER OF STUDENTS IN HIGHER EDUCATION INSTITUTIONS(2018)

(person)

#授予学位数 Award Degree	招生数 New Students Enrolment	在校生数 Students Enrolment
9518	12371	34984
413	660	2913
9105	12071	32071
116119	223904	765580
116119	133704	502932
	90200	262648
1759	28161	77880
	13657	34952
	7402	16964
	206	463
	4682	18530
	1179	4778
	1035	2193
1916		3654
		145
21	781	1154

16-10 普通高校分类别专任教师数(2018年)

FULL-TIME TEACHERS OF HIGHER EDUCATION INSTITUTIONS BY TYPE(2018)

单位：人 (person)

类别	Type	专任教师 Full-time Teachers	正高级 Senior	副高级 Sub-senior	中级 Middle	初级 Junior	无职称 No Rank
总计	**Total**	**41910**	**2913**	**11144**	**17204**	**7318**	**3331**
#女	Female	24804	1367	6247	10325	4709	2156
分类型：	By Type						
本科院校	Regular Undergraduate Course	29254	2633	8246	12071	4272	2032
专科院校	Specialized Subject	12656	280	2898	5133	3046	1299
分性质类别：	By Nature						
综合大学	Synthesize Universitys	10385	480	2688	4649	1796	772
理工院校	Science and Engineering Institutes	12209	1026	3338	5402	1819	624
农业院校	Agriculture Institutes	1968	251	525	763	370	59
林业院校	Forestry Institutes	183	4	49	76	53	1
医药院校	Medical Institutes	3538	346	955	1377	629	231
师范院校	Teacher-Training Institutes	6078	353	1715	2143	1025	842
语文院校	Chinese Institues	1216	57	273	448	331	107
财经院校	Finance and Economic Institutes	5328	365	1308	1944	1058	653
政法院校	Politics and Law Institutes	415	16	148	175	74	2
体育院校	Sports Institues	140	3	35	65	33	4
艺术院校	Art Institutes	450	12	110	162	130	36
分举办者：	By Owner						
1.地方所属公办	Departments of Local Government	34759	2326	9501	14847	5498	2587
教育部门	Education Departments	24826	2065	6979	10557	3540	1685
其他部门	Other Departments	9517	261	2436	4073	1872	875
地方企业	Local Enterprises	416		86	217	86	27
2.民　办	Run by Private Institutions	7151	587	1643	2357	1820	744

16-11 普通高校分科专任教师数(2018年)

FULL-TIME TEACHERS OF HIGHER EDUCATION INSTITUTIONS BY FIELD OF STUDY(2018)

单位：人 (person)

类别	Type	专任教师 Full-time Teachers	正高级 Senior	副高级 Sub-senior	中级 Middle	初级 Junior	无职称 No Rank
总计	**Total**	**41910**	**2913**	**11144**	**17204**	**7318**	**3331**
#女	Female	24804	1367	6247	10325	4709	2156
总计中:哲学	Of the Total: Philosophy	1107	85	321	424	203	74
经济学	Economics	1942	156	555	730	293	208
法学	Law	2006	118	475	898	356	159
教育学	Education	4587	178	1226	1931	890	362
文学	Literature	5801	206	1322	2505	1299	469
历史学	History	521	37	151	205	88	40
理学	Science	5121	469	1703	2003	565	381
工学	Engineering	10248	853	2775	4440	1483	697
农学	Agriculture	991	142	344	333	101	71
医学	Medicine	2977	351	866	1071	496	193
管理学	Administration	3309	201	805	1384	575	344
艺术学	Artistics	3300	117	601	1280	969	333

16-12 中等职业教育分科类学生情况(2018年)

STUDENTS IN SECONDARY VOCATIONAL EDUCATION BY FIELD OF STUDY(2018)

单位：人 (person)

类别	Type	毕业生数 Number of Graduates	#获得职业资格证书 Having Occupation Credentials	招生数 Number of New Students Enrolment	#招收应届初中毕业生数 Fresh Graduates from Junior Schools	在校学生数 Number of Students Enrolment
总计	**Total**	**111831**	**96798**	**100471**	**84014**	**302107**
#女	Female	54569	45414	45068	37526	139885
农林牧渔类	Farming,Forestry,Husbandry and Fishing	5076	2596	3095	2460	10476
资源环境类	Resource and Environment	1036	969	873	739	1756
能源与新能源类	Engery and New Energy	64	64	8	8	162
土木水利类	Engineering	3392	3306	2517	2128	8217
加工制造类	Processing and Manufacture	12665	12107	9446	7990	29138
石油化工类	Petroleum Chemical	683	585	400	365	1332
轻纺食品类	Textile and Food	404	397	461	445	1398
交通运输类	Transportation	7462	7151	6171	5352	19292
信息技术类	Information Technology	25844	24439	26158	23390	73736
医药卫生类	Medicine and Hygiene	10412	9195	8015	6354	25147
休闲保健类	Recreation and Health Care	1098	1057	849	759	2721
财经商贸类	Economics,Finance and Business	9433	8864	7543	6187	24070
旅游服务类	Tourism Service	4642	4481	5046	4633	13568
文化艺术类	Culture and Art	14940	13778	18184	15723	52210
体育与健身	Sports and Fitness	1910	1613	2246	1330	7144
教育类	Education	7522	3248	3382	3350	15586
司法服务类	Judicial Service	1388	1325	1167	748	3147
公共管理与服务类	Public Administration and Service	1385	1195	2929	1803	7761
其他	Others	2475	428	1981	250	5246

注：本表不含技工学校数。

Note：The coverage doesn't include skilled workers schools in this table.

16-13 普通中学学校数、班数(2018年)

NUMBER OF REGULAR SECONDARY SCHOOLS AND CLASSES(2018)

项 目	Item	学校数(所) Number of Schools (unit)	初级中学 Junior	高级中学 Senior	完全中学 Junior And Senior	九年一贯制学校 9 Year Educa-tion	十二年一贯制学校 12 Year Educa-tion	班数(班) Classes (class)	初中 Junior	高中 Senior
总 计	**Total**	**2299**	**1255**	**253**	**212**	**532**	**47**	**40098**	**25821**	**14277**
教育部门	Education Departments	1916	1160	194	152	406	4	31022	19813	11209
民 办	Run by Private Institutions	369	91	58	60	119	41	9022	5957	3065
地方企业	Local Enterprises	5	1	1		3		19	16	3
其他部门	Other Departments	9	3			4	2	35	35	
城 区	Urban Areas	575	235	74	149	92	25	15483	9097	6386
教育部门	Education Departments	442	208	57	112	61	4	11648	6632	5016
民 办	Run by Private Institutions	127	25	17	37	28	20	3797	2427	1370
地方企业	Local Enterprises	2	1			1		13	13	
其他部门	Other Departments	4	1			2	1	25	25	
镇 区	Township	1009	618	158	45	172	16	19507	12606	6901
教育部门	Education Departments	848	573	124	35	116		15849	10157	5692
民 办	Run by Private Institutions	155	43	33	10	54	15	3646	2440	1206
地方企业	Local Enterprises	3		1		2		6	3	3
其他部门	Other Departments	3	2				1	6	6	
乡 村	Rural Areas	715	402	21	18	268	6	5108	4118	990
教育部门	Education Departments	626	379	13	5	229		3525	3024	501
民 办	Run by Private Institutions	87	23	8	13	37	6	1579	1090	489
地方企业	Local Enterprises									
其他部门	Other Departments	2				2		4	4	

16-14 普通中学学生数(2018年)
STUDENTS OF REGULAR SECONDARY SCHOOLS(2018)

单位：人 (person)

项目	Item	毕业生数 Number of Graduates	#高中 Senior	招生数 Number of New Students Enrolment	#高中 Senior	在校学生数 Number of Students Enrolment	#高中 Senior
总计	**Total**	**586050**	**247611**	**600486**	**207013**	**1816924**	**679268**
#女	Female	291040	130516	296995	107320	901882	354577
教育部门	Education Departments	461115	197996	458364	166163	1395304	539454
民办	Run by Private Institutions	124653	49615	141245	40731	420133	139695
地方企业	Local Enterprises	60		592	119	708	119
其他部门	Other Departments	222		285		779	
城区	Urban Areas	227794	109585	238723	91220	722041	301775
教育部门	Education Departments	176259	87207	179805	74475	545106	241509
民办	Run by Private Institutions	51361	22378	58246	16745	175902	60266
地方企业	Local Enterprises	17		457		481	
其他部门	Other Departments	157		215		552	
镇区	Township	294687	122813	296051	101265	899228	331193
教育部门	Education Departments	240210	101919	238443	84621	725728	274293
民办	Run by Private Institutions	54386	20894	57419	16525	173107	56781
地方企业	Local Enterprises	43		135	119	227	119
其他部门	Other Departments	48		54		166	
乡村	Rural Areas	63569	15213	65712	14528	195655	46300
教育部门	Education Departments	44646	8870	40116	7067	124470	23652
民办	Run by Private Institutions	18906	6343	25580	7461	71124	22648
地方企业	Local Enterprises						
其他部门	Other Departments	17		16		61	

16-15 中学学校教职工数(2018年)
TEACHERS AND STAFF OF SECONDARY SCHOOLS(2018)

单位：人 (person)

项 目	Item	教职工数 Total	#专任教师 Full-time Teachers	#行政人员 Administrative Personnel	#教辅人员 Teaching Assistants	代课教师 Substitute Teachers	兼任教师 Part-time Teachers
总 计	**Total**	**221868**	**188938**	**5892**	**12815**	**4096**	**1187**
#女	Female	143769	128066	1766	6593	2873	735
#少数民族	Minority Nationality	308	273	11	13	3	
教育部门	Education Departments	171326	152631	3668	10637	3729	86
民 办	Run by Private Institutions	50127	35969	2188	2167	361	1101
地方企业	Local Enterprises	176	138	12	3		
其他部门	Other Departments	239	200	24	8	6	
城 区	Urban Areas	82875	69759	3076	4274	1272	814
教育部门	Education Departments	61095	54486	1861	3260	1269	54
民 办	Run by Private Institutions	21543	15097	1185	1006	3	760
地方企业	Local Enterprises	110	78	9	3		
其他部门	Other Departments	127	98	21	5		
镇 区	Township	105185	91380	1909	6146	1717	327
教育部门	Education Departments	85472	76738	1301	5323	1590	27
民 办	Run by Private Institutions	19593	14529	605	822	121	300
地方企业	Local Enterprises	66	60	3			
其他部门	Other Departments	54	53		1	6	
乡 村	Rural Areas	33808	27799	907	2395	1107	46
教育部门	Education Departments	24759	21407	506	2054	870	5
民 办	Run by Private Institutions	8991	6343	398	339	237	41
地方企业	Local Enterprises						
其他部门	Other Departments	58	49	3	2		

注：本表包括初级中学、九年一贯制学校、职业初中、完全中学、高级中学、十二年一贯制学校。

Note: Teachers and staff who work in junior schools, 9 year education schools, vocational junior schools, senior schools and 12 year education schools are included in the table.

16-16 职业高中分科类学生数(2018年)

STUDENTS OF VOCATIONAL HIGH SCHOOLS BY FIELD OF STUDY(2018)

单位：人 (person)

学科分类	Subject	毕业生数 Number of Graduates	招生数 Number of New Students Enrolment	在校学生数 Number of Students Enrolment
总　计	**Total**	**63251**	**58442**	**178156**
农林牧渔类	Farming,Forestry,Husbandry and Fishing	2236	1579	6742
资源环境类	Resource and Environment	736	395	921
能源与新能源类	Engery and New Energy	58		
土木水利类	Engineering	1273	873	3535
加工制造类	Processing and Manufacture	7196	5610	19224
石油化工类	Petrochemical Industry	634	399	1254
轻纺食品类	Textile and Food	398	442	1379
交通运输类	Transportation	4334	3918	12074
信息技术类	Information Technology	20917	20433	59786
医药卫生类	Medicine and Public Health	2465	1721	5142
休闲保健类	Recreation and Health Care	690	455	1318
财经商贸类	Economics,Finance and Business	5452	3987	13394
旅游服务类	Tourism Service	3280	2839	8448
文化艺术类	Culture and Art	10024	12658	35302
体育与健身	Sports and Fitness	435	329	1207
教育类	Education	1048	378	1336
司法服务类	Judicial Service	447	272	946
公共管理与服务类	Public Administration and Service	1198	1803	5076
其　他	Others	430	351	1072

16-17 职业高中分课程专任教师数

FULL-TIME TEACHERS OF VOCATIONAL HIGH SCHOOLS BY COURSE OF STUDY

单位：人 (person)

项　目	Item	2017	2018
总　计	**Total**	**14150**	**14010**
#女	Female	8773	8690
文化基础课	Cultural Basic	8147	8173
专业课	Specialized	5665	5456
农林牧渔类	Farming,Forestry,Husbandry and Fishing	153	139
资源环境类	Resource and Environment	73	50
能源与新能源类	Engery and New Energy	42	43
土木水利类	Engineering	125	127
加工制造类	Processing and Manufacture	535	520
石油化工类	Petrochemical Industry	69	92
轻纺食品类	Textile and Food	30	24
交通运输类	Transportation	300	297
信息技术类	Information Technology	1240	1286
医药卫生类	Medicine and Public Health	179	166
休闲保健类	Recreation and Health Care	30	23
财经商贸类	Economics,Finance and Business	416	463
旅游服务类	Tourism Service	329	292
文化艺术类	Culture and Art	1060	1034
体育与健身	Sports and Fitness	251	229
教育类	Education	442	236
司法服务类	Judicial Service	36	43
公共管理与服务类	Public Administration and Service	113	130
其　他	Others	242	262
实习指导课	Practical Courses	338	381

16-18 普通小学学生情况(2018年)
BASIC STATISTICS ON REGULAR PRIMARY SCHOOLS(2018)

单位：人 (person)

项 目	Item	学校数(所) Number of Schools (unit)	毕业生数 Number of Graduates	招生数 Number of New Students Enrolment	在校学生数 Number of Students Enrolment	预计毕业生数 Expected Number of Graduates
总 计	**Total**	**5445**	**401470**	**400913**	**2284991**	**387488**
#女	Female		192749	193541	1096470	184826
教育部门	Education Departments	5239	360398	358845	2053509	344640
民 办	Run by Private Institutions	196	39900	41095	225797	41623
地方企业	Local Enterprises	3	203	109	840	181
其他部门	Other Departments	7	969	864	4845	1044
城 区	Urban Areas	886	138724	166740	890789	141207
教育部门	Education Departments	807	125097	146842	797340	126052
民 办	Run by Private Institutions	73	12724	19159	89185	14200
地方企业	Local Enterprises		24	12	70	18
其他部门	Other Departments	6	879	727	4194	937
镇 区	Township	1534	171233	168177	957646	162584
教育部门	Education Departments	1455	151294	151594	856500	142669
民 办	Run by Private Institutions	78	19727	16413	100034	19706
地方企业	Local Enterprises	1	143	87	677	136
其他部门	Other Departments		69	83	435	73
乡 村	Rural Areas	3025	91513	65996	436556	83697
教育部门	Education Departments	2977	84007	60409	399669	75919
民 办	Run by Private Institutions	45	7449	5523	36578	7717
地方企业	Local Enterprises	2	36	10	93	27
其他部门	Other Departments	1	21	54	216	34

16-19 普通小学学校教职工数(2018年)
TEACHERS AND STAFF OF REGULAR PRIMARY SCHOOLS(2018)

单位：人 (person)

项目	Item	教职工数 Total	#专任教师 Full-time Teachers	#行政人员 Adminis-trative Personnel	代课教师 Substitute Teachers	兼任教师 Part-time Teachers
总计	**Total**	**169282**	**151329**	**3560**	**10842**	**590**
#女	Female	128580	119837	1168	9376	453
#少数民族	Minority Nationality	184	169	7	18	
教育部门	Education Departments	157282	143410	2988	10321	531
民办	Run by Private Institutions	11743	7678	563	461	59
地方企业	Local Enterprises	10	10		56	
其他部门	Other Departments	247	231	9	4	
城区	Urban Areas	49421	44893	1294	3025	117
教育部门	Education Departments	44403	41632	1024	2696	69
民办	Run by Private Institutions	4799	3055	262	325	48
地方企业	Local Enterprises					
其他部门	Other Departments	219	206	8	4	
镇区	Township	64271	58441	1108	3604	259
教育部门	Education Departments	58931	54886	896	3538	259
民办	Run by Private Institutions	5339	3554	212	23	
地方企业	Local Enterprises	1	1		43	
其他部门	Other Departments					
乡村	Rural Areas	55590	47995	1158	4213	214
教育部门	Education Departments	53948	46892	1068	4087	203
民办	Run by Private Institutions	1605	1069	89	113	11
地方企业	Local Enterprises	9	9		13	
其他部门	Other Departments	28	25	1		

注：本表为小学、教学点数。
Note：The coverage includes primary schools and their relavent teaching schools in this table.

16-20 小学学龄人口入学率(2018年)
RATE OF SCHOOL-AGED CHILDREN ENROLLMENT(2018)

单位：人 (person)

项 目	Item	校内外学龄人口数 Total School-age Children in and out of School	在校学龄人口数 Total School-age Children in School	适龄人口入学率(%) Rate of Enrolment
总 计	**Total**	**2264033**	**2262792**	**99.95**
#女 童	Female Children	1087335	1086745	99.95
城 区	Urban Areas	885040	878702	99.28
镇 区	Township	945380	951028	100.60
乡 村	Rural Areas	433613	433062	99.87

16-21 主要年份幼儿园基本情况
BASIC STATISTICS ON KINDERGARTENS IN MAJOR YEARS

单位：人 (person)

年 份 Year	幼儿园数(所) Number of Kindergartens (unit)	在园幼儿数 Number of Student Enrolment	教职工数 Number of Staff and Teachers	#专任教师 Full-time Teachers	平均每一教师负担幼儿数 Student-Teacher Ratio
1978	5997	305783	13243	6473	47
1980	7461	408471	17363	10390	39
1985	7731	592600	26855	20714	29
1990	7849	816087	38074	28922	28
1995	8477	1026401	45760	37483	27
2000	10856	1025982	51694	42565	24
2005	4619	641470	32666	21711	30
2010	4352	710297	42782	28509	25
2011	4908	820608	51472	33294	25
2012	5489	914797	58666	38194	24
2013	5882	951431	63684	41317	23
2014	6183	968237	68785	44475	22
2015	6450	982943	74823	48285	20
2016	6708	990985	79984	51110	19
2017	6937	1027546	86508	54796	19
2018	6973	987853	90319	56742	17

16-22 幼儿园基本情况(2018年)
BASIC STATISTICS ON KINDERGARTENS(2018)

单位：人 (person)

项 目	Item	园 数 (所) Number of Kindergartens (unit)	班 数 (个) Number of Classes (unit)	在 园 幼儿数 Number of Students Enrolment	教职工数 Number of Staff and Teachers	#专任教师 Full-time Teachers	平均每一教师负担幼儿数 Student-Teacher Ratio
总 计	**Total**	**6973**	**43741**	**987853**	**90319**	**56742**	**17**
#女	Female			475074	84000	55978	8
教育部门	Education Departments	2078	17655	388665	20849	15285	25
其他部门	Other Departments	77	579	16265	1749	1085	15
地方企业	Local Enterprises	143	1113	30613	5301	2908	11
事业单位	Institutional Units	16	130	3677	679	333	11
部 队	Troops	7	29	590	182	79	7
集 体	Run by Collectives	1681	5470	101480	7135	4516	22
民 办	Run by Private Institutions	2971	18765	446563	54424	32536	14
城 区	Urban Areas	1752	13370	335696	44044	25650	13
教育部门	Education Departments	202	2365	75614	6526	4609	16
其他部门	Other Departments	38	386	11687	1495	915	13
地方企业	Local Enterprises	113	906	24826	4356	2326	11
事业单位	Institutional Units	15	123	3494	674	329	11
部 队	Troops	4	20	487	134	53	9
集 体	Run by Collectives	186	800	20177	2090	1257	16
民 办	Run by Private Institutions	1194	8770	199411	28769	16161	12
镇 区	Township	2264	15969	431589	33351	22862	19
教育部门	Education Departments	678	6495	193027	10112	7845	25
其他部门	Other Departments	23	150	4288	227	152	28
地方企业	Local Enterprises	27	179	4955	795	487	10
事业单位	Institutional Units	1	7	183	5	4	46
部 队	Troops						
集 体	Run by Collectives	395	1707	40231	2339	1545	26
民 办	Run by Private Institutions	1140	7431	188905	19873	12829	15
乡 村	Rural Areas	2957	14402	220568	12924	8230	27
教育部门	Education Departments	1198	8795	120024	4211	2831	42
其他部门	Other Departments	16	43	290	27	18	16
地方企业	Local Enterprises	3	28	832	150	95	9
事业单位	Institutional Units						
部 队	Troops	3	9	103	48	26	4
集 体	Run by Collectives	1100	2963	41072	2706	1714	24
民 办	Run by Private Institutions	637	2564	58247	5782	3546	16

16-23 特殊教育学校基本情况(2018年)

BASIC STATISTICS ON SPECIAL EDUCATION SCHOOLS(2018)

单位：人 (person)

类别	Type	班数(个) Number of Classes (unit)	毕业生数 Number of Graduates	招生数 Number of New Students Enrolment	在校学生数 Number of Students Enrolment	教职工数 Number of Staff and Teachers	#专任教师 Full-time Teachers
总计	**Total**	**903**	**1883**	**2721**	**14398**	**2096**	**1752**
#女	Female		780	1083	5656	1537	1358
视力残疾	Vision Deformity	42	132	146	761		
听力残疾	Hearing Deformity	195	513	473	2616		
智力残疾	Intelligence Deformity	541	742	1171	6418		
其他残疾	Others	125	496	931	4603		
特殊教育学校	Special Education School	854	955	1332	7063		
视力残疾	Vision Deformity	42	53	62	242		
听力残疾	Hearing Deformity	194	395	292	1602		
智力残疾	Intelligence Deformity	505	464	799	4407		
其他残疾	Others	113	43	179	812		
小学附设特教班	Class Attached Primary School	48	37	21	167		
视力残疾	Vision Deformity						
听力残疾	Hearing Deformity	1			12		
智力残疾	Intelligence Deformity	36	30	20	141		
其他残疾	Others	11	7	1	14		
小学随班就读	Learning with Other Children in Primary School		449	588	4453		
视力残疾	Vision Deformity		37	27	319		
听力残疾	Hearing Deformity		57	99	689		
智力残疾	Intelligence Deformity		145	174	1219		
其他残疾	Others		210	288	2226		
初中附设特教班	CLass Attached Junior Secondary School	1			8		
视力残疾	Vision Deformity						
听力残疾	Hearing Deformity						
智力残疾	Intelligence Deformity						
其他残疾	Others	1			8		
初中随班就读	Learning with Other Students in Junior Secondary School		356	597	1847		
视力残疾	Vision Deformity		29	52	164		
听力残疾	Hearing Deformity		48	77	260		
智力残疾	Intelligence Deformity		84	110	307		
其他残疾	Others		195	358	1116		

注：(1)总计中毕业生数、招生数、在校生数包括送教上门小学生数和送教上门初中学生数，表中未列出。
(2)其他残疾包括言语残疾、肢体残疾、精神残疾和多重残疾。

Notes:(1)Door-to-door primary school students and junior secondary school students are included in total graduates, entrants and enrolments but are not shown in this chart.
(2)Other disabilities include speech disability, physical disability, mental disability and multiple disability.

16-24 科学研究机构及人员(2018年)

INSTITUTIONS AND PERSONNELS OF SCIENTIFIC RESEARCH(2018)

项目	Item	机构(个) Institutions (unit)	职工人数(人) Employees (person)	从事科技活动人员(人) Personnels (person)	#大学本科及以上学历 Bachelor Degree and Above
总计	**Total**	**154**	**9936**	**8382**	**6941**
一、自然科学	**Natural Science**	**121**	**8673**	**7205**	**5949**
按隶属关系分	Grouped by Jurisdiction of Management				
中央	Central Government	1	545	509	427
地方	Local Government	120	8128	6696	5522
按国民经济行业分	Grouped by Sector				
农、林、牧、渔业	Farming, Forestry, Animal Husbandry and Fishery	50	3028	2641	2225
采矿业	Mining	2	120	50	48
制造业	Manufacturing	14	741	544	414
建筑业	Construction	1	863	780	748
信息传输、软件和信息技术服务业	Information Transmission , Software and Information Technology Services	1	127	117	116
科学研究和技术服务业	Scientific Reseach and Technical Services	21	1721	1491	1128
水利、环境和公共设施管理业	Water, Environmental Protection and Public Facility Management	14	779	755	586
教育	Education				
卫生和社会工作	Health Care and Social Work	14	1176	747	625
文化、体育和娱乐业	Culture, Sports and Recreation	2	84	46	33
公共管理、社会保障和社会组织	Public Management, Social Security and Social Organization	2	34	34	26
二、社会科学	**Social Science**	**21**	**943**	**866**	**741**
艺术学	Art	5	126	112	89
考古学	Archaeology	2	177	177	119
经济学	Economics	8	395	344	323
社会学	Sociology	1	23	23	23
教育学	Education	2	167	165	148
体育科学	Sport Science	2	46	36	32
统计学	Statistics	1	9	9	7
三、情报科学	**Information Science**	**12**	**320**	**311**	**251**

16-25 主要年份县级以上自然科学研究与技术开发机构数

NATURAL SCIENTIFIC RESEARCH AND TECHNOLOGICAL DEVELOPMENT INSTITUTIONS AT COUNTY LEVEL AND ABOVE IN MAJOR YEARS

单位：个 (unit)

年 份 Year	合 计 Total	中国科学院直属 Subordinated to CAS	国务院各部门直属 Subordinated to the State Council Departments	省科委及各厅局直属 Subordinated to Provincial Departments	地、市直属 Subordinated to Prefecture and City
1980	134	1	10	54	69
1985	147	1	12	65	69
1990	199	1	12	77	109
1995	180	1	7	75	97
2000	160	1	7	76	76
2005	132	1		66	65
2010	134	1		70	63
2011	133	1		70	62
2012	133	1		72	60
2013	129	1		69	59
2014	128	1		68	59
2015	131	1		71	59
2016	127	1		71	55
2017	124	1		71	52
2018	121	1		70	50

16-26 县级以上自然科学研究与技术开发机构人员数(2018年)

PERSONNELS OF NATURAL SCIENTIFIC RESEARCH AND TECHNOLOGICAL DEVELOPMENT INSTITUTIONS AT COUNTY LEVEL AND ABOVE(2018)

单位：人 (person)

项 目	Item	机构数(个) Number of Institutions (unit)	职工人数 Number of Employees	#从事科技活动人员 Personnels	#大学本科及以上学历 Bachelor Degree and Above	在职工总数中：从事课题活动人员 Personnels of Projects in Staff and Workers
总 计	**Total**	**121**	**8673**	**7205**	**5949**	**4393**
中国科学院属	Subordinated to CAS	1	545	509	427	374
省地市属	Subordinated to Province, Prefecture and City	120	8128	6696	5522	4019
太原市	Taiyuan	68	6177	5124	4285	3067
大同市	Datong	5	200	157	138	116
阳泉市	Yangquan	3	68	40	29	22
长治市	Changzhi	7	197	177	139	90
晋城市	Jincheng	7	51	50	31	5
朔州市	Shuozhou	2	44	23	14	15
晋中市	Jinzhong	4	445	320	277	180
运城市	Yuncheng	5	401	316	222	222
忻州市	Xinzhou	8	195	195	163	123
临汾市	Linfen	7	299	247	203	167
吕梁市	Lvliang	4	51	47	21	12

16-27 主要年份公有经济企事业单位专业技术人员数

PROFESSIONAL AND TECHNICAL PERSONNELS OF PUBLIC, ENTERPRISES AND INSTITUTIONS IN MAJOR YEARS

单位：人 (person)

年 份 Year	工程技术人员 Engineering	农业技术人员 Agriculture	卫生技术人员 Health Care	科学研究人员 Scientific Research
1952	4764	448	7196	105
1957	20010	3131	19883	379
1962	25777	5111	33155	1417
1965	28591	5498	37877	2174
1975	34998	5778	42016	3391
1978	51127	13671	46557	5906
1980	54683	10825	41755	5602
1985	112064	12641	63502	5837
1990	152920	14608	77013	5218
1995	167114	11808	82407	4789
2000	121751	17074	83886	3681
2001	125134	17549	86843	3463
2002	126244	17705	89348	3442
2003	124547	18596	90826	3794
2004	121807	20011	97924	4637
2005	127236	20191	100160	4118
2006	133263	20456	112702	4006
2007	137329	20280	113775	3903
2008	145019	20507	116453	4007
2009	146990	20840	119458	3958
2010	148829	23269	119979	3652
2011	153618	23823	122011	3613
2012	162442	25613	126525	4930
2013	167161	25931	123205	4077
2014	177869	25313	124146	4442
2015	183053	23736	123148	4597
2016	192515	22836	126100	4500
2017	192731	22509	123226	4716
2018	194462	20775	120265	4239

16-28 省科学技术协会及所属学会工作情况(2018年)
PROVINCIAL SCIENCE AND TECHNOLOGY ASSOCIATION AND ITS BRANCHES(2018)

项 目	Item	省科协 Provincial Associations	省级学会 Provincial Learned Societies	地(市)科协 Prefectural (civic) Associations
一、机构与从业人员	**Organization and Personnel**			
机 构(个)	Organization (unit)	1		11
机关从业人员(人)	Personnel of Administrative organs (person)	45		123
直属单位从业人员(人)	Personnel of Affiliated Institntions (person)	614		145
二、学术交流	**Academic Exchange**			
学术会议(次)	Academic Meetings (time)	22	222	11
参加人员(人次)	Participants (person-time)	5113	42203	2500
交流论文(篇)	Papers Presented (piece)	626	4314	12
#国内学术会议(次)	Domestic Academic Meetings (time)	21	215	11
参加人员 (人次)	Participants (person-time)	4613	40602	2500
交流论文 (篇)	Papers Presented (piece)	586	4203	12
国际学术会议(次)	International Academic Meetings (time)	1	7	
参加人员 (人次)	Participants (person-time)	500	1601	
交流论文 (篇)	Papers Presented (piece)	40	111	
三、科学普及	**Science Universal**			
举办科普宣讲活动(次)	Science Universal Lectures (time)	155	303	59
宣讲活动受众人数(人次)	Participants (person-time)	7015854	1524281	316714
四、科技培训	**Science and Technology Training**			
举办实用技术培训(次)	Practical Techniques Training (time)	55	38	10
培训人数(人次)	Persons Trained (person-time)	34188	4723	10540
五、青少年科技活动	**Science and Technology Activity for Teenagers**			
举办青少年科普宣讲活动(次)	Science Universal Lectures to teenagers (time)	15	51	31
青少年科技竞赛(次)	Teenagers Participating in Science and Technology Competitions (time)	4	12	26
参加人数(人次)	Number of Participants (person-time)	3288	5632	193976

16-29 全社会R&D经费内部支出
TOTAL INTERNAL EXPENDITURES ON R&D

单位：万元 (10 000 yuan)

项　目	Item	2017	2018
总　计	**Total**	**1482347**	**1757822**
按活动类型分	**Grouped by Activities**		
基础研究	Basic Research	83269	94939
应用研究	Applied Research	260841	212985
试验发展	Experimental Development	1138237	1449898
按执行部门分	**Grouped by Executive Departments**		
企　业	Enterprises	1242961	1451797
科研机构	Research Institutions	131344	176574
高等院校	Higher Education	100966	121134
其　他	Others	7076	8317
按支出用途分	**Grouped by Object of Expenditure**		
日常性支出	General Expenses	1306134	1628459
#人员劳务费	Personnel Service Charges	355055	415549
资产性支出	Assets Expenses	176213	129362
#仪器和设备	Instruments and Equipments	150771	108311
按资金来源分	**Grouped by Sources of Funds**		
#政府资金	Government Appropriation Funds	218363	284942
企业资金	Self-raised Funds by Enterprises	1224496	1429856

16-30 规模以上工业企业的科技活动基本情况
BASIC STATISTICS ON SCIENCE AND TECHNOLOGY ACTIVITIES OF INDUSTRIAL ENTERPRISES ABOVE DESIGNATED SIZE

指　标	Item	2016	2017
一、企业基本情况	**Statistics on Industrial Enterprises**		
有R&D活动企业数 (个)	Number of Enterprises Having R&D Activities (unit)	348	468
有R&D活动企业所占比重 (%)	Percentage of Enterprises Having R&D Activities to Total Number of Enterprises (%)	9.8	12.2
二、R&D活动情况	**Statistics on R&D Activities**		
R&D人员全时当量 (万人年)	Full-time Equivalent of R&D Personnel (10 000 man-years)	2.9	3.2
R&D经费支出 (亿元)	Expenditure on R&D (100 million yuan)	97.6	112.2
R&D经费支出与主营业务收入之比(%)	Percentage of Expenditure on R&D to Sales Revenue (%)	0.7	0.6
R&D项目数 (项)	R&D Projects (item)	2471	3454
R&D项目经费支出 (亿元)	Expenditure on R&D Projects (100 million yuan)	83.7	111.2
三、企业办R&D机构情况	**Statistics on R&D Institutions**		
机构数 (个)	Number of R&D Institutions (unit)	323	378
机构人员数 (万人)	R&D Personnel (10 000 persons)	2.3	2.7
机构经费支出 (亿元)	Expenditure on R&D (100 million yuan)	33.3	35.3
四、新产品开发及生产情况	**Statistics on New Products Development and Production**		
新产品开发项目数 (个)	Number of New Products (unit)	2206	3119
新产品开发经费支出 (亿元)	Expenditure on New Products Development (100 million yuan)	69.0	89.5
新产品销售收入 (亿元)	Sales Revenue of New Products (100 million yuan)	1085.0	1543.5
#新产品出口	Export	160.7	195.5
五、专利情况 (件)	**Statistics on Patents (piece)**		
有效发明专利数	Number of Inventions in Force	5350	6567
六、技术获取和技术改造情况 (亿元)	**Statistics on Technology Acquisition and Technology Reconstruction (100 million yuan)**		
引进国外技术经费支出	Expenditure for Acquisition of Foreign Technology	4.7	3.7
引进技术消化吸收经费支出	Expenditure for Assimilation of Technology	0.6	0.4
购买国内技术经费支出	Expenditure for Purchase of Domestic Technology	1.5	1.6
技术改造经费支出	Expenditure for Technical Renovation	45.5	52.7

16-31 按登记注册类型分规模以上工业企业研究与试验发展(R&D)活动及专利情况(2017年)

STATISTICS ON R&D ACTIVITIES AND PATENTS OF INDUSTRIAL ENTERPRISES ABOVE DESIGNATED SIZE BY REGISTRATION STATUS(2017)

登记注册类型	Status of Registration	R&D人员全时当量(人年) Full-time Equivalent of R&D Personnel (man-year)	R&D经费(万元) Expenditure on R&D (10 000 yuan)	有效发明专利数(件) Number of Inventions in Force (piece)
合　计	**Total**	**31757**	**1122323**	**6567**
#大中型工业企业	Large and Medium-sized Industrial Enterprises	29109	1034604	4965
内资企业	**Domestic Funded Enterprises**	**27717**	**1054083**	**6352**
国有企业	State-owned Enterprises	460	15533	657
集体企业	Collective-owned Enterprises	102	216	2
股份合作企业	Cooperative Enterprises	5	45	7
联营企业	Joint Ownership Enterprises			
国有联营企业	State Joint Ownership Enterprises			
有限责任公司	Limited Liability Corporations	21315	828126	3736
国有独资公司	State Sole Funded Corporations	8560	431052	1873
股份有限公司	Share-holding Corporations Ltd.	2558	80973	493
私营企业	Private Enterprises	3277	129190	1457
其他企业	Other Enterprises			
港、澳、台商投资企业	**Enterprises with Funds from Hong Kong, Macao and Taiwan**	**2173**	**22818**	**62**
合资经营企业	Joint-venture Enterprises	46	657	12
合作经营企业	Cooperative Enterprises			
独资经营企业	Enterprises with Sole Fund	1931	19692	8
投资股份有限公司	Share-holding Corporations Ltd.	196	2470	42
外商投资企业	**Foreign Funded Enterprises**	**1867**	**45422**	**153**
中外合资经营企业	Joint-venture Enterprises	128	6289	143
中外合作经营企业	Cooperation Enterprises			
外资企业	Enterprises with Sole Fund	1692	38389	9
外商投资股份有限公司	Share-holding Corporations Ltd.	46	745	1

16-32 按行业分规模以上工业企业研究与试验发展(R&D)活动及专利情况(2017年)

STATISTICS ON R&D ACTIVITIES AND PATENTS OF INDUSTRIAL ENTERPRISES ABOVE DESIGNATED SIZE BY INDUSTRIAL SECTOR(2017)

行业	Sector	R&D人员全时当量(人年) Full-time Equivalent of R&D Personnel (man-year)	R&D经费(万元) Expenditure on R&D (10 000 yuan)	有效发明专利数(件) Number of Inventions in Force (piece)
总计	**Total**	**31757**	**1122323**	**6567**
煤炭开采和洗选业	Mining and Washing of Coal	11379	343241	382
石油和天然气开采业	Extraction of Petroleum and Natural Gas	51	3560	38
黑色金属矿采选业	Mining and Processing of Ferrous Metal Ores	9	329	
有色金属矿采选业	Mining and Processing of Non-ferrous Metal Ores			
非金属矿采选业	Mining and Processing of Non-metal Ores	4	190	
农副食品加工业	Processing of Food from Agricultural Products	103	2984	21
食品制造业	Manufacture of Foods	94	2417	20
酒、饮料和精制茶制造业	Manufacture of Liquor, Beverages and Refined Tea	35	2487	75
烟草制品业	Manufacture of Tobacco	23	486	
纺织业	Manufacture of Textile	260	1642	8
纺织服装、服饰业	Manufacture of Textile, Wearing Apparel and Accessorics	2	456	74
皮革、毛皮、羽毛及其制品和制鞋业	Manufacture of Leather, Fur, Feather and Related Products and Footwear			
木材加工和木、竹、藤、棕、草制品业	Processing of Timber, Manufacture of Wood, Bamboo, Rattan, Palm and Straw Products			
家具制造业	Manufacture of Furniture			
造纸及纸制品业	Manufacture of Paper and Paper Products	18	8480	
印刷和记录媒介复制业	Printing and Reproduction of Recording Media	34	702	1
文教、工美、体育和娱乐用品制造业	Manufacture of Articles for Culture, Education, Arts and Crafts, Sport and Entertainment Activities	91	1290	5
石油加工、炼焦及核燃料加工业	Processing of Petroleum, Coking and Processing of Nuclear Fuel	100	8703	68

16-32 续表 continued

行　业	Sector	R&D人员全时当量(人年) Full-time Equivalent of R&D Personnel (man-year)	R&D经费(万元) Expenditure on R&D (10 000 yuan)	有效发明专利数(件) Number of Inventions in Force (piece)
化学原料及化学制品制造业	Manufacture of Raw Chemical Materials and Chemical Products	1752	63779	377
医药制造业	Manufacture of Medicines	1400	38062	314
化学纤维制造业	Manufacture of Chemical Fibre			
橡胶和塑料制品业	Manufacture of Rubber and Plastics Products	211	3556	48
非金属矿物制品业	Manufacture of Non-metallic Mineral Products	849	31043	260
黑色金属冶炼和压延加工业	Smelting and Pressing of Ferrous Metals	3643	259139	883
有色金属冶炼和压延加工业	Smelting and Pressing of Non-ferrous Metals	708	32153	168
金属制品业	Manufacture of Metal Products	1336	56991	759
通用设备制造业	Manufacture of General Purpose Machinery	512	17548	332
专用设备制造业	Manufacture of Special Purpose Machinery	1908	74375	1054
汽车制造业	Manufacture of Automobiles	868	30012	122
铁路、船舶、航空航天和其他运输设备制造业	Manufacture of Railway, Ship, Aerospace and Other Transport Equipments	670	16276	156
电气机械和器材制造业	Manufacture of Electrical Machinery and Apparatus	1392	49287	282
计算机、通信和其他电子设备制造业	Manufacture of Computers, Communication and Other Electronic Equipment	3889	65622	264
仪器仪表制造业	Instruments and Meters	137	3776	259
其他制造业	Other Manufacturing			
废弃资源综合利用	Utilization of Waste Resources			
金属制品、机械和设备修理业	Repair Service of Metal Products, Machinery and Equipment	2	165	2
电力、热力生产和供应业	Production and Supply of Electric Power and Heat Power	239	2649	594
燃气生产和供应业	Production and Supply of Gas	41	927	1
水的生产和供应业	Production and Supply of Water			

16-33 按登记注册类型分规模以上工业企业新产品开发及生产情况(2017年)

NEW PRODUCTS DEVELOPMENT AND PRODUCTION OF INDUSTRIAL ENTERPRISES ABOVE DESIGNATED SIZE BY REGISTRATION STATUS(2017)

登记注册类型	Status of Registration	新产品开发项目数(项) New Products (unit)	新产品开发经费支出(万元) Expenditure on New Products Development (10 000 yuan)	新产品销售收入(万元) Sales Revenue of New Products (10 000 yuan)	#出口 Exports
合　计	**Total**	**3119**	**895493**	**15434765**	**1954765**
#大中型工业企业	Large and Medium-sized Industrial Enterprises	2083	766093	14497672	1909985
内资企业	**Domestic Funded Enterprises**	**2977**	**853899**	**13639613**	**1935960**
国有企业	State-owned Enterprises	85	17582	74950	
集体企业	Collective-owned Enterprises	3	338	2690	1725
股份合作企业	Cooperative Enterprises	3	171	1969	
联营企业	Joint Ownership Enterprises				
国有联营企业	State Joint Ownership Enterprises				
有限责任公司	Limited Liability Corporations	1657	614565	11405791	1807062
国有独资公司	State Sole Funded Corporations	568	252852	6016761	1415925
股份有限公司	Share-holding Corporations Ltd.	308	57700	697280	9742
私营企业	Private Enterprises	921	163544	1456933	117431
其他企业	Other Enterprises				
港、澳、台商投资企业	**Enterprises with Funds from Hong Kong, Macao and Taiwan**	**79**	**24140**	**390211**	**9584**
合资经营企业	Joint-venture Enterprises	13	1040	8837	2043
合作经营企业	Cooperative Enterprises				
独资经营企业	Enterprises with Sole Fund	45	19613	272659	
投资股份有限公司	Share-holding Corporations Ltd.	21	3486	108715	7542
外商投资企业	**Foreign Funded Enterprises**	**63**	**17454**	**1404941**	**9220**
中外合资经营企业	Joint-venture Enterprises	39	15269	640551	7640
中外合作经营企业	Cooperation Enterprises				
外资企业	Enterprises with Sole Fund	18	1817	760715	1580
外商投资股份有限公司	Share-holding Corporations Ltd.	6	368	3675	

16-34 按行业分规模以上工业企业新产品开发及生产情况(2017年)
NEW PRODUCTS DEVELOPMENT AND PRODUCTION OF INDUSTRIAL ENTERPRISES ABOVE DESIGNATED SIZE BY INDUSTRIAL SECTOR(2017)

行业	Sector	新产品开发项目数(项) New Products (unit)	新产品开发经费支出(万元) Expenditure on New Products Development (10 000yuan)	新产品销售收入(万元) Sales Revenue of New Products (10 000yuan)	#出口 Exports
总计	**Total**	**3119**	**895493**	**15434765**	**1954765**
煤炭开采和洗选业	Mining and Washing of Coal	324	218194	2721126	210570
石油和天然气开采业	Extraction of Petroleum and Natural Gas	5	1087	52729	
黑色金属矿采选业	Mining and Processing of Ferrous Metal Ores				
有色金属矿采选业	Mining and Processing of Non-Ferrous Metal Ores	1	632		
非金属矿采选业	Mining and Processing of Non-metal Ores				
农副食品加工业	Processing of Food from Agricultural Products	31	6015	38893	
食品制造业	Manufacture of Foods	43	3750	44337	170
酒、饮料和精制茶制造业	Manufacture of Liquor, Beverages and Refined Tea	21	6114	43300	
烟草制品业	Manufacture of Tobacco	2	880	9713	
纺织业	Manufacture of Textile	9	2245	45940	43366
纺织服装、服饰业	Manufacture of Textile, Wearing Apparel and Accessories	9	1290	12959	
皮革、毛皮、羽毛及其制品和制鞋业	Manufacture of Leather, Fur, Feather and Related Products and Footwear				
木材加工和木、竹、藤、棕、草制品业	Processing of Timber, Manufacture of Wood, Bamboo, Rattan, Palm and Straw Products	1	355		

16-34 续表1 continued

行业	Sector	新产品开发项目数(项) New Products (unit)	新产品开发经费支出(万元) Expenditure on New Products Development (10 000yuan)	新产品销售收入(万元) Sales Revenue of New Products (10 000yuan)	#出口 Exports
家具制造业	Manufacture of Furniture				
造纸和纸制品业	Manufacture of Paper and Paper Products	1	6863	3506	
印刷和记录媒介复制业	Printing and Reproduction of Recording Media	9	725	3511	
文教、工美、体育和娱乐用品制造业	Manufacture of Articles for Culture, Education, Arts and Crafts, Sport and Entertainment Activities	13	1402	21612	381
石油加工、炼焦及核燃料加工业	Processing of Petroleum, Coking and Processing of Nuclear Fuel	13	3623	7364	2933
化学原料及化学制品制造业	Manufacture of Raw Chemical Materials and Chemical Products	227	56727	556692	8782
医药制造业	Manufacture of Medicines	352	43877	458295	55548
化学纤维制造业	Manufacture of Chemical Fibres				
橡胶和塑料制品业	Manufacture of Rubber and Plastics Products	44	4638	67087	19353
非金属矿物制品业	Manufacture of Non-metallic Mineral Products	158	36779	419236	49053
黑色金属冶炼和压延加工业	Smelting and Pressing of Ferrous Metals	131	114470	5192095	1335151
有色金属冶炼和压延加工业	Smelting and Pressing of Non-ferrous Metals	82	34135	534465	
金属制品业	Manufacture of Metal Products	290	64529	594601	20982
通用设备制造业	Manufacture of General Purpose Machinery	148	22887	248179	1249

16-34 续表2 continued

行　业	Sector	新产品开发项目数(项) New Products (unit)	新产品开发经费支出(万元) Expenditure on New Products Development (10 000yuan)	新产品销售收入(万元) Sales Revenue of New Products (10 000yuan)	#出 口 Exports
专用设备制造业	Manufacture of Special Purpose Machinery	475	81748	826179	153647
汽车制造业	Manufacture of Automobiles	116	44364	977587	21661
铁路、船舶、航空航天和其他运输设备制造业	Manufacture of Railway, Ship, Aerospace and Other Transport Equipments	88	21066	510194	22658
电气机械和器材制造业	Manufacture of Electrical Machinery and Apparatus	205	64483	820517	4666
计算机、通信和其他电子设备制造业	Manufacture of Computers, Communication and Other Electronic Equipment	154	31664	1157931	4595
仪器仪表制造业	Manufacture of Measuring Instruments and Machinery	76	15104	57034	
其他制造业	Other Manufacture				
废弃资源综合利用	Utilization of Waste Resources				
金属制品、机械和设备修理业	Repair Service of Metal Products, Machinery and Equipment	2	90	180	
电力、热力生产和供应业	Production and Supply of Electric Power and Heat Power	86	4902	9503	
燃气生产和供应业	Production and Supply of Gas	3	858		
水的生产和供应业	Production and Supply of Water				

主要统计指标解释

普通高等学校 指按照国家规定的审批程序批准举办，通过全国统一招生考试招收高级中等学校毕业生和具有同等学历者，实施高等教育，培养高等专门人材的学校。包括大学、专门学院、专科学院和短期职业大学。

成人高等学校 指按照国家规定的审批程序批准举办，招收在职高中毕业或同等学历者，利用多种形式对成人实施高等教育，培训相当普通高等学校专科或本科毕业水平的专门人才的学校。包括广播电视大学、职工高等学校、农民高等学校、干部管理学院、教育学院、独立函授学院以及普通高等学校举办的函授、夜大等。

小学学龄儿童入学率 指调查范围内已入小学学习的学龄儿童数占全部小学学龄儿童总数（包括弱智儿童在内，但不包括盲聋哑儿童）的比重。计算公式是：

$$小学学龄儿童入学率=\frac{已入学的小学学龄儿童数}{校内外小学学龄儿童总数}\times 100\%$$

科学家和工程师 指大学毕业及以上文化程度和其他具有高、中级职称的从事科技活动人员。

工程技术人员 指在国民经济各行业从事工程技术工作的自然科学技术的专业人员。包括：高级工程师、工程师、助理工程师、技术员和未评定职称的技术人员。

农业技术人员 指在国民经济各行业从事农业技术工作的自然科学技术的专业人员。包括：高级农艺师、农艺师、助理农艺师、技术员和未评定职称的技术人员。

卫生技术人员 指在国民经济各行业从事卫生医务工作的自然科学技术的专业人员。包括：正副主任医师、主治医师、医师、医（护）士和未评定职称的技术人员。

科学研究人员 指在国民经济各行业从事科学技术活动的自然科学技术的专业人员。包括：正副研究员、助理研究员、实习研究员、技术员和未评定职称的技术人员。

科技活动 指在所有科学技术领域内，即自然科学、工程科学和技术、医学科学、农业科学、社会科学及人文科学中，与科技知识的产生、发展、传播、应用密切相关的全部的、有组织的、系统的活动。包括三类活动：(1)研究与实验发展活动；(2)研究与实验发展成果应用；(3)科技服务活动。

科技服务 指同研究与实验发展活动、研究与实验发展成果应用活动有关的和有助于科技知识的产生、传播和应用的活动。目前我们所统计的科技服务是指调查范围内，除为研究与实验发展活动直接（完全或主要是为某项研究与实验发展而开展的辅助性活动）以外的科技服务，如情报、文献、咨询等。

科学论文 指以书面发表的，最原始的研究与开发成果报道。科学论文应该是：(1)首次或最初发表的研究与开发成果；(2)作者的实验应该能被同行重复并验证；(3)发表后科技界能引用。

科技著作 指经过正式出版部门编印出版的论述科学技术问题的理论性文集或专著。如果著作系与本机构外的同行数人合著，则只统计以本机构科技人员为主的著作。

国外发表 包括在各种国际性学术会议、讨论会、讲座上发表的论文以及编入国际会议文集的论文和我国学术刊物上发表的论文。

R&D 项目 指在当年立项并开展研究工作、以前年份立项仍继续进行研究的研发项目或课题，包括当年完成和年内研究工作已告失败的研发项目或课题。

R&D 人员全时当量 是国际上通用的、用于比较科技人力投入的指标。指 R&D 全时人员（全年从事 R&D 活动累积工作时间占全部工作时间的 90%及以上人员）工作量与非全时人员按实际工作时间折算的工作量之和。例如：有两个 R&D 全时人员和三个 R&D 非全时人员(工作时间分别为 0.2 年、0.3 年和 0.7 年)，则 R&D 人员全时当量为 1+1+0.2+0.3+0.7=3.2 人年。

Explanatory Notes on Main Statistical Indicators

Regular Institutions of Higher Education refer to educational establishments set up according to the government evaluation and approval procedures, enrolling graduates from senior secondary schools and providing higher education courses and training for senior professionals. They include full-time universities, colleges, institutions of higher professional education, institutions of higher vocational education and others.

Institutions of Higher Education for Adults refer to educational establishments, set up in line with relevant rules approved by the government, enrolling staff and workers with senior secondary school or equivalent education, and providing higher education courses in many forms of correspondence, spare time, or full time for adults. Professionals thus trained receive a qualification equivalent to graduates studying regular courses at regular universities, colleges and professional colleges. Institutions of higher learning for adults include schools of higher education for staff and workers, schools of higher education for peasants, colleges for management cadres, pedagogical colleges, independent correspondence colleges, Radio and TV universities and other educational establishments.

Enrollment Rate of Primary School-age Children refers to the proportion of school age children enrolled at schools to the total number of school age children both in and outside schools (including retarded children, but excluding blind, deaf and mute children). The formula is:

$$\text{Enrollment Rate of Primary School-age Children}=\frac{\text{Total Primary School - age Children at School}}{\text{Total Primary School - age Children}}\times 100\%$$

Scientists and Engineers refer to persons engaged in S&T activities either having obtained titles of senior and middle level professional positions, or those without such positions but have completed university or higher education.

Engineering Personnel refer to the persons who are engaged in engineering science and technology in different sectors of the national economy, including senior engineers, engineers, assistant engineers, technicians and technical personal without professional titles.

Agricultural Personnel refer to the persons who are working on the science of agriculture in different sectors of the national economy, including senior agronomists, agronomists, assistant agronomists, technicians and technical personnel without professional titles.

Public Health Personnel refer to those personnel engaged in medical and health work in different sectors of the national economy, including director doctors and their deputies, doctors in charge, doctors, paramedics, nurses and technical personnel without professional title.

Scientific Research Personnel refers to the persons who are engaged in scientific and technical activities in different sectors of the national economy, including research fellows and their deputies, assistant research fellows, research trainees, technicians and technical personnel without professional titles.

Scientific and Technological Activities refer to organized activities which are closely related with the creation, development, dissemination and application of the scientific and technical knowledge in the fields of natural sciences, agricultural science, medical science, engineering and technological science, humanities and social sciences. It includes three kind of activities: (1) developing activities of research and experiment; (2) the application of developing results of research and experiment; (3) service activities in science and technology.

Science and Technology Services refer to activities related to activities of research and experiment, to applied activities of developing results of research and experiment, and benefiting the production, spread and application of knowledge of science and technology. Nowadays the services in science and technology we have summed up refer to services in science and technology with in the investigation with the exception of developing activities of research and experiment, such as information, literary data, consultation, etc.

Scientific Paper refer to the most original report on research and developing results published in written form. Scientific papers should be: (1) research and developed results published for the first time or at the first; (2) the author's experiments should be repeated and proved by their fellow craftsmen; (3) these papers should be quoted by the public of science and technology after they are published.

Science and Technology Works refer to theoretical writers' works or personal works demonstrating the question of science and technology edited and published by formal publishing section. If the works are written together by several fellow craftsmen beyond this institution then you should just compile the statistics of works written by the scientific research personnel of this institution.

Published Abroad including the papers published in all kinds of international academic meetings, conferences and lectures and papers compiled into writer's works at the international conference and those published in the academic periodicals abroad.

R&D Projects refers to the R&D projects or subjects set up and implemented at the reference year, and the R&D projects or subjects set up in former years and under implementation, including those finished and failed at the reference year.

Full-time Equivalent of R&D Personnel is an international indicator to compare R&D manpower input. It refers to the sum of the workload of full-time persons, whose work time on R&D isn't less than 90% on the whole work time, and the converted workload of part-time persons according to the actual working time. For instance, if there are 2 full-time persons and 3 part-time persons whose working time are respectively 0.2 year, 0.3 year, and 0.7 year, the full-time equivalent are 1+1+0.2+0.3+0.7=3.2 person-years.

17

文化、体育、卫生、环保

CULTURE, SPORTS, PUBLIC HEALTH AND ENVIRONMENTAL PROTECTION

资料整理人员

刘铁生　吴丹宁　王俊鹏　吕　洁

文化、体育、卫生、环保
CULTURE, SPORTS, PUBLIC HEALTH AND ENVIRONMENTAL PROTECTION

电视台数	Number of TV Stations	2	个	(unit)
文化馆数	Number of Cultural Centers	130	个	(unit)
公共图书馆数	Number of Public Libraries	128	个	(unit)
医院数	Number of Hospitals	1368	个	(unit)

卫生技术人员构成 (%)
Composition of Medical Technical Personnels (%)

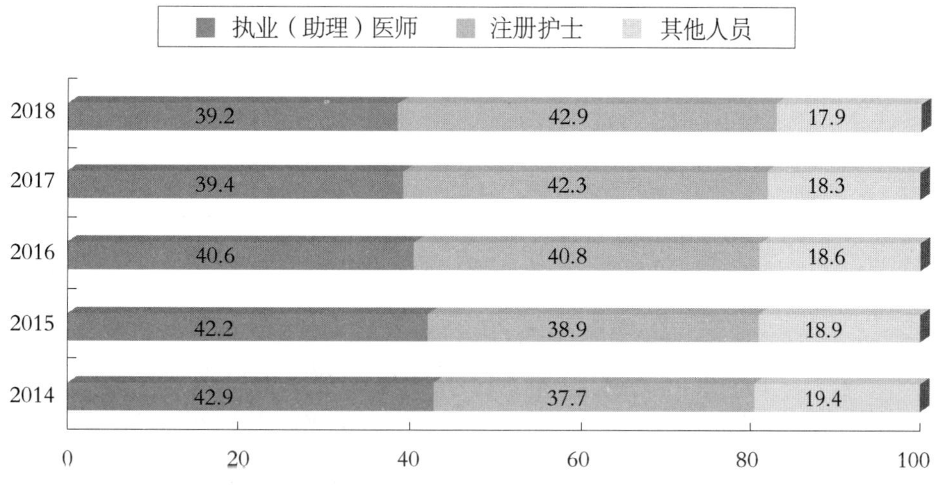

报纸总印数（万份）
Total Printed Copies of Newspapers (10 000 copies)

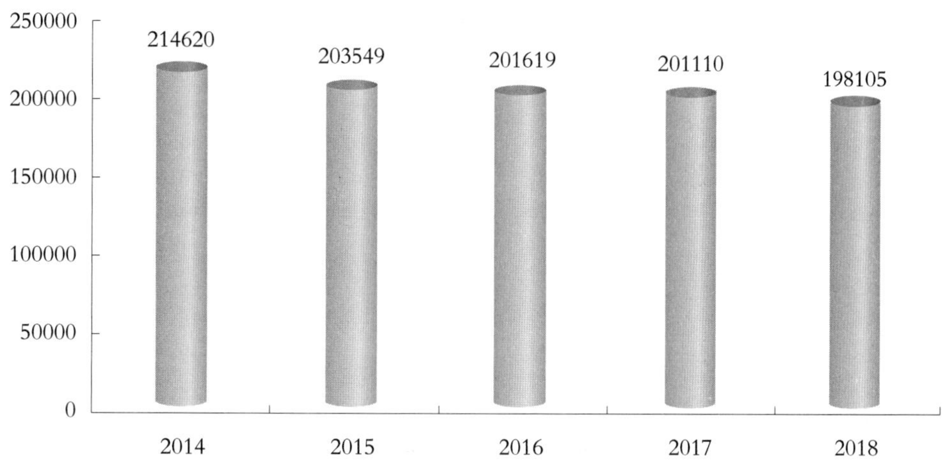

17-1 主要年份广播、电视台(站)数
NUMBER OF RADIO AND TELEVISION STATIONS IN MAJOR YEARS

单位：个 (unit)

年 份 Year	无 线 Radio Broadcast		电视广播 Telecast		人口覆盖率(%) Population Coverage Rate (%)	
	广播电台 Broadcasting Stations	中短波发射台和转播台 Transmission and Relaying Stations of Medium and Short Wave	电视台 Television Stations	100W以上(含100W)调频、电视发射台 Transmission Stations above 100W (100W included)	广 播 Radio	电 视 TV
1980	1	10	1	11	44.5	46.6
1985	3	12	6	16	43.0	60.0
1990	14	20	25	36	51.0	78.0
1995	53	21	31	46	68.0	84.1
2000	8	17	12	53	90.0	95.2
2005	10	15	12	309	91.8	95.8
2010	7	15	8	151	93.3	97.5
2011	4	15	6	148	93.6	97.7
2012	2	15	4	148	95.4	98.1
2013	1	15	3	145	96.8	98.5
2014	1	15	2	178	98.0	99.0
2015		13	2	192	98.5	99.3
2016		13	2	190	98.6	99.4
2017		15	2	174	98.8	99.6
2018		15	2	170	98.8	99.6

注：2006年以前电视台和转播台为1000瓦以上口径。
Note: Coverage of TV transmission stations and relaying stations before 2006 is above 1000w.

17-2 文化艺术机构和人员数(2018年)
INSTITUTIONS AND PERSONNELS OF CULTURE AND ART(2018)

类 别	Type	机构数(个) Institutions (unit)	文化部门 State-owned Units	其他部门 Non-state-owned Units	从业人员(人) Persons (person)	文化部门 State-owned Units	其他部门 Non-state-owned Units
总 计	**Total**	**7254**	**2327**	**4927**	**61510**	**23107**	**38403**
艺术业	Art Performance Troupes	795	151	644	23758	7647	16111
艺术表演场馆	Art Performance Places	125	83	42	1683	1190	493
图书馆业	Libraries	128	127	1	1652	1615	37
群众文化服务业	Mass Culture Services	1539	1539		4454	4454	
艺术展览机构	Art Exibition Institutions	42	40	2	316	249	67
艺术教育业	Art Education	19	19		1464	1464	
文化市场经营机构	Business Institutions of Culture Market	4209		4209	21154		21154
文艺科研	Art Research	35	35		1415	1415	
文化行政主管部门	Administrative Department for Culture	130	130		1974	1974	
其 他	Others	232	203	29	3640	3099	541

注：文化市场经营机构不含非公有制艺术表演团体。
Note: Business institutions of culture market don't include non-public ownership art troupes.

17-3 主要年份广播剧、电视剧、电影故事片制作情况

PRODUCTION OF RADIO PLAYS, TELEVISION PLAYS AND FEATURE FILMS IN MAJOR YEARS

年 份 Year	广 播 剧 Radio Plays		电 视 剧 TV Plays		电影故事片 (部) Feature Films (unit)
	部 Unit	时 长 Hour	部 Unit	集 数 Part	
1985	13	50	18	39	2
1987	12	16	13	46	1
1988	9	37	14	111	2
1989	6	9	24	102	1
1990	5	14	28	122	
1995			12	80	1
2000	5	8	3	42	
2005	7	353	19	371	18
2010	25	1133	2	32	6
2011			2	67	8
2012			1	50	18
2013			7	199	12
2014		4819	8	211	11
2015		5593	7	221	15
2016		6624	9	314	26
2017		9047	13	206	24
2018		11198	5	145	

注：2014年起，广播剧类广播节目统计口径由集数改为时长。
Note:The coverage of radio plays has changed into length of play from the part of play since 2014.

17-4 主要年份国有文化艺术、文物单位数

INSTITUTION NUMBER OF STATE-OWNED CULTURE, ART AND CULTURAL RELICS IN MAJOR YEARS

单位：个 (unit)

年 份 Year	国有艺术表演团体 State-owned Art Troupes	文化馆 Cultural Centers	公共图书馆 Public Libraries	博物馆 Museums
1978	147	124	61	15
1980	162	126	72	19
1985	175	129	103	56
1990	169	130	111	67
1995	162	130	119	67
2000	159	130	121	76
2005	156	131	122	86
2010	167	131	126	89
2011	162	131	126	89
2012	163	131	126	92
2013	155	131	127	98
2014	163	131	126	99
2015	157	131	126	131
2016	150	131	127	140
2017	149	131	128	140
2018	152	130	128	152

注：2015年起，博物馆包含民办博物馆、行业博物馆。
Note: Museums include non-state-owned museums and industrial museums from 2015.

17-5 国有艺术表演团体演出情况(2018年)
PERFORMANCE OF STATE-OWNED ART TROUPES(2018)

单位：千场 (1 000 shows)

类　别	Type	国内演出场　次 Number of Performances in Domestic	#到农村演出场次 Shows in Rural Areas	国内演出观众人次(千人次) Number of Spectators (1 000 person-times)
总　计	**Total**	**31.41**	**26.11**	**28370**
按登记注册类型分	**By Types of Registration Status**			
国有经营剧团	Troupes Sponsored by State-owned Units	17.64	13.61	15924
集体经营剧团	Troupes Sponsored by Collective-owned Units	10.82	10.21	9558
其　他	Others	2.94	2.29	2888
按剧种分	**By Art Types**			
话剧、儿童剧、滑稽剧类	Drama, Children Play and Comedy Troupes	0.19	0.05	170
其中：儿童剧	Children Play Troupes	0.01		28
歌舞、音乐类	Song and Dance Troupes	2.57	1.12	2209
京剧、昆曲类	Beijing Opera and Kunqu Opera Troupes	0.29	0.03	150
其中：京剧	Beijing Opera Troupes	0.29	0.03	150
地方戏曲类	Local Opera Troupes	26.79	24.23	25053
杂技、魔术、马戏类	Acrobatics, Magic and Circus Troupes	0.07	0.05	36
曲艺类	Ballad Troupes	0.28	0.20	253
综艺性艺术表演团体	Comprehensive Art Performance Troupes	1.22	0.43	500

17-6 国有艺术表演团体收入和支出(2018年)
REVENUE AND EXPENDITURE OF STATE-OWNED ART TROUPES(2018)

单位：千元 (1 000 yuan)

类　别	Type	剧　团(个) Number of Art Troupes (unit)	#国家经费#补贴剧团 Government Subsidies	总收入 Total Revenue	#演出收入 Revenue from Performances	总支出 Total Expenditures
总　计	**Total**	**152**	**132**	**617910**	**180971**	**710140**
按登记注册类型分	**By Types of Registration Status**					
国有经营剧团	Troupes Sponsored by State-owned Units	87	78	524439	133322	586220
集体经营剧团	Troupes Sponsored by Collective-owned Units	53	43	68761	28669	78848
其　他	Others	12	11	24710	18980	45072
按剧种分	**By Art Types**					
话剧、儿童剧、滑稽剧类	Drama, Children Play and Comedy Troupes	3	3	20737	10386	28502
其中：儿童剧	Children Play Troupes	1	1	2348	6	2501
歌舞、音乐类	Song and Dance Troupes	22	18	117043	39376	148900
京剧、昆曲类	Beijing Opera and Kunqu Opera Troupes	1	1	5195	2837	13094
其中：京剧	Beijing Opera Troupes	1	1	5195	2837	13094
地方戏曲类	Local Opera Troupes	117	102	431797	113993	463340
杂技、魔术、马戏类	Acrobatics, Magic and Circus Troupes	1	1	6226	2730	6562
曲艺类	Ballad Troupes	2	2	4567	3884	6274
综艺性艺术表演团体	Comprehensive Art Performance Troupes	6	5	32345	7765	43468

17-7 文化馆(站)业务活动及经费
ACTIVITIES AND FUNDS OF MASS ART CENTERS AND CULTURAL CENTERS

项　目	Item	2017	2018
单位数 (个)	Number of Units (unit)	1540	1539
举办展览 (个)	Number of Exhibitions (unit)	3605	3772
举办培训班 (次)	Training Courses (time)	13243	14829
组织文艺活动次数 (次)	Art Performances (time)	23888	25036
总支出 (千元)	Total Expenditures (1 000 yuan)	395303	357492
#商品和服务支出	Expenditures on Goods and Services	42127	50380

17-8 公共图书馆业务活动及经费(2018年)
ACTIVITIES AND FUNDS OF PUBLIC LIBRARIES(2018)

项　目	Item	总　计 Total	省级公共图书馆 Public Libraries at Provincial Level	地市级公共图书馆 Public Libraries at Prefecture Level	县级公共图书馆 Public Libraries at County Level
总藏量(千册)	Total Collections (1 000 volumes)	18599	3078	4635	10885
书架单层总长度(千米)	Total Length of Bookshelves (1 000 m)	257	37	84	136
有效借书证数(千个)	Number of Valid Library Cards (1 000 unit)	1337	308	743	287
总流通人次(千人次)	Total Number of Circulation Books (1 000 person-times)	16204	1209	7203	7792
#书刊文献外借人次	Borrowing from Libraries	5066	627	1635	2804
为读者服务举办各种活动次数(次)	Number of Service Activities Provided for Readers (time)	4246	263	1582	2401
参加人数(千人次)	Number of Readers Involved (1 000 person-times)	3914	188	2521	1206
电子阅览室终端数(个)	Number of Terminal in Electrical Reading Room (unit)	4816	267	1046	3503
总支出 (千元)	Total Expenditures (1 000 yuan)	381562	73261	141349	166952
#新增藏量及数字资源购置费	Purchase Expenses of New Collections and Digital Resources	36615	5857	16481	14277
本年新增藏量(含电子图书) (千册)	New Collections (including Electronic Books) of The Year (1 000 volumes)	1791	67	997	727
实际使用公用房屋建筑面积(千平方米)	Actual Usage Floor Space of Public Buildings (1 000 sq.m)	520	80	148	292
#书　库	Stock Rooms	91	13	20	58
阅览室座席(千个)	Seating Capacity of Reading Rooms (1 000 seats)	37	3	11	23

17-9 出版发行、文物、图书馆、群众文化事业机构和人员数(2018年)

INSTITUTIONS AND PERSONNELS OF PUBLISHING, CULTURAL RELICS, LIBRARY AND MASS CULTURE(2018)

项 目	Item	机构数 (个) Number of Institutions (unit)	人数 (人) Number of Personnels (person)
出版发行业	Publishing Undertakings		
#出版社	Publishing Houses	7	649
国有书店	State-owned Book Stores	530	4027
文物业	Cultural Relics Undertakings	400	8875
博物馆	Museums	152	4506
文物机构	Cultural Relics Institutions	248	4369
图书馆业	Public Libraries Undertakings	128	1652
群众文化服务业	Mass Cultural Service	1539	4454
文化馆	Cultural Centers	130	1768
文化站	Cultural Stations	1409	2686
#乡镇文化站	Cultural Stations of Townships and Towns	1196	2186

17-10 博物馆、文物机构业务活动及经费(2018年)

ACTIVITIES AND FUNDS OF MUSEUMS AND CULTURAL RELICS INSTITUTIONS(2018)

项 目	Item	总计 Total	文物保护管理机构 Protection and Management Institutions	其他文物机构 Other Institutions	博物馆 Museums	文物商店 Cultural Relics Shop	文物科研机构 Research Instituton of Relics
藏 品(件)	Number of Collections (piece)	1799227	118942	83124	1382097	130596	84468
#一级品	Grade One	3914	341	221	3051		301
业务活动	Operation Activities						
陈列、展览(个)	Number of Displays and Exhibitions (unit)	530	12		518		
参观人数(千人次)	Number of Visitors (1 000 person-times)	31965	6635		25330		
本年收入合计(万元)	Total Revenue (1 000 yuan)	306213	44489	104549	120505	637	36033
本年支出合计(万元)	Total Expenditures (1 000 yuan)	259736	46621	97220	78038	593	37264
#经营支出	Expenditures on Goods and Services	2776	226	413	1444		693
项目支出	Project Expenses	174929	29074	65389	47825		32641

17-11 主要年份图书、期刊和报纸总印数

TOTAL PRINTED COPIES OF BOOKS, MAGAZINES AND NEWSPAPERS IN MAJOR YEARS

年份 Year	图书 Books		期刊 Magazines		报纸 Newspapers	
	种数(种) Number of Kinds (kind)	总印数(万册) Total Printed Copies (10 000 copies)	种数(种) Number of Kinds (kind)	总印数(万份) Total Printed Copies (10 000 copies)	种数(种) Number of Kinds (kind)	总印数(万份) Total Printed Copies (10 000 copies)
1978	290	6422	16	598	14	17869
1980	361	9055	33	1905	10	17590
1985	550	9991	110	7981	72	55174
1990	989	12166	129	2815	39	54361
1991	1381	14079	130	3086	42	46872
1992	1782	14163	139	3589	49	70047
1993	2261	13058	151	4001	55	73240
1994	2108	12300	158	3948	56	62568
1995	1728	13919	164	3586	59	59254
1996	1783	14654	160	3119	59	58363
1997	1741	15109	158	3199	59	66262
1998	1639	14016	157	2792	56	71954
1999	2214	15487	152	2816	57	69108
2000	1894	10105	165	2659	59	62815
2001	2177	11800	187	3030	66	101712
2002	2505	13264	195	4290	65	140950
2003	2004	11098	198	4208	67	160553
2004	1950	11398	202	4641	60	195992
2005	1683	10081	200	5914	60	329713
2006	1813	9337	199	4441	60	206067
2007	1979	11764	199	5434	60	210541
2008	2586	10535	199	3950	77	163296
2009	2629	11187	200	3402	77	183273
2010	3032	13183	200	4000	77	206698
2011	3401	13887	200	3428	77	202664
2012	4002	14789	198	3733	77	208938
2013	4025	13452	198	3384	77	219694
2014	3458	12866	200	2930	60	214620
2015	3832	12439	200	2573	60	203549
2016	3513	9860	201	2421	60	201619
2017	3517	10899	201	2217	60	201110
2018	3304	10174	201	2259	60	198105

注：本表2008年至2013年报纸相关数据包含高校校报。

Note: Newspaper data from 2008 to 2013 include college newspaper.

17-12 体育局系统从业人员数(2018年)

EMPLOYEES OF SPORTS BUREAU(2018)

单位：人 (person)

类 别	Type	合 计 Total	行政机关职工合计 Staff and Workers of Administrative Agencies	运动项目管理部门 Administrative Departments of Sports Programmes	职业运动技术学院 Professional Sports Technique College	体育运动学 校 Physical Education and Sports Schools
总 计	**Total**	**1610**	**53**	**971**	**194**	
公务员	Civil Servants	45	45			
教练员	Coaches	152		122	29	
运动员	Athletes	614		614		
科研人员	Scientific and Technical Personnel	23				
医务人员	Medical Personnel	23		2	4	
文化教师	Teachers	123			111	
管理人员	Administrative Personnel	459		178	41	
工勤人员	Logistics Personnel	72	8	29	7	
其他人员	Others	99		26	2	

类 别	Type	业余体校 Sparetime Sports Schools	体 育 场 馆 Stadiums and Gymnasiums	训 练 基 地 Training Bases	科研所 Scientific Research Institutes	其 他 Others
总 计	**Total**		**100**		**29**	**263**
公务员	Civil Servants					
教练员	Coaches					1
运动员	Athletes					
科研人员	Scientific and Technical Personnel				23	
医务人员	Medical Personnel					17
文化教师	Teachers					12
管理人员	Administrative Personnel		73		4	163
工勤人员	Logistics Personnel		12			16
其他人员	Others		15		2	54

17-13 体育场地情况(2017年)

STATISTICS ON SPORTS GROUND(2017)

单位：个 (unit)

项　目	Item	总　计 Total	体　育 系　统 Sports System	教　育 系　统 Educat -ion System	高等院校 Regular Institutions of Higher Education	中专中技 Specialized Secondary and Skilled Worker Schools	中小学 Regular Secondary and Primary Schools	其　他 Others	其　他 系　统 Other System
总　计	**Total**	**26522**	**902**	**7618**	**724**	**327**	**6390**	**177**	**18002**
体育场	Sports Field	106	35	59	14	2	39	4	12
体育馆	Sports Gym	98	44	23	10	1	10	2	31
游泳馆	Natatorium	127	20	14	7		6	1	93
室内游泳池	Indoor Swimming Pool								
室外游泳池	Outdoor Swimming Pool	29	5						24
室内跳水池	Indoor Diving Pool								
室外跳水池	Outdoor Diving Pool								
有固定看台灯光球场	Illuminated Fields with Fixed Seat								
综合房馆	General Gym	329	28	39	12	1	22	4	262
田径房馆	Track and Field Gym	1	1						
篮球房馆	Basketball Gym	96	9	44	10	4	27	3	43
排球房馆	Valleyball Gym	4		4			4		
手球房馆	Handball Gym	2	1						1
体操房馆	Gymnastics Gym	9	2	4	2		2		3
羽毛球房馆	Badminton Gym	115	9	27	8		17	2	79
乒乓球房馆	Table Tennis Gym	717	29	147	12	7	112	16	541
武术房馆	Wushu Gym	25	4	11	2		5	4	10
摔跤柔道房馆	Wrestling and Judo Gym	44	15	3		1	1	1	26
举重房馆	Weightlifting Gym	6	4	2		1		1	
健身房馆	Body Buildings Gym	208	13	39	12	2	22	3	156
棋牌房馆	Chess and Card Gym	229	2	10	7		3		217
其他训练房馆	Other Training Gym								
保龄球房馆	Bowling Gym	3	1						2
台球房馆	Billiards Gym	295	22	6	4		2		267
田径场	Track and Field	357	12	317	40	20	248	9	28
小运动场	Small Sports Field	1743	8	1658	12	44	1577	25	77
手球场	Handball Field	3	3						
足球场	Football Field	67	6	54	7	3	43	1	7
室内网球场馆	Indoor Tennis Gym	11	7						4
室外网球场馆	Outdoor Tennis Gym	351	78	94	57	4	29	4	179
室内射击场	Indoor Shooting Range	7	4	2	1	1			1

注：2016年数据为第六次全国体育场地普查数据，普查时点为2013年12月31日，下表同。

Note: Data of 2016 are from the Sixth National Sport-site Investigation, with the census time on December 31, 2013. The same applies to the following tables.

17-13 续表 continued

单位：个 (unit)

项　目	Item	总　计 Total	体　育 系　统 Sports System	教　育 系　统 Educat -ion System	高等院校 Regular Institutions of Higher Education	中专中技 Specialized Secondary and Skilled Worker Schools	中小学 Regular Secondary and Primary Schools	其　他 Others	其　他 系　统 Other System
室外射击场	Outdoor Shooting Range	2	2						
卡丁车场	Small Car Race Field	3							3
自行车赛车场	Cycling Field	1							1
天然游泳场	Natural Swimming Pool	1							1
航空运动机场	Flying Sports Airport	2	2						
室内轮滑场	Indoor Wheel Slide Field	3							3
室外轮滑场	Outdoor Wheel Slide Field	3							3
攀岩场	Climbing Cliff Field	8	3						5
地掷球场	Baseball Ground Ball Field	20	7						13
篮球场	Basketball Field	20619	451	4790	442	226	4029	93	15378
排球场	Valleyball Field	276	5	250	54	8	188		21
门球场	Croquet Field	602	70	21	11	2	4	4	511

17-14　主要年份体育场地数

STADIUMS AND GYMNASIUMS IN MAJOR YEARS

单位：个 (unit)

年　份 Year	体育场 Stadiums	体育馆 Gymnasiums	有看台的灯光球场 Illuminated Fields with Fixed Seating	运动场 Playgrounds	航空机场 Aviation Airporter	射击场 Shooting Range	游泳池 Swimming Pools
1978	16	3	100	61	3	7	30
1980	17	3	127	68	3	7	31
1985	20	2	169	85	3	12	46
1990	29	7	216	140	3	14	72
1995	38	7	239	131	3	15	75
2000	38	7	239	131	3	15	75
2005	104	34	201	189	3	13	142
2010	104	34	201	189	3	13	142
2011	104	34	201	189	3	13	142
2012	104	34	201	189	3	13	142
2013	104	34	201	189	3	13	142
2014	99	87	356	1743	2	9	151
2015	104	90	368	1826	2	9	153
2016	104	90	368	1826	3	9	153
2017	106	98	372	1949	3	9	163

17-15 分项目等级运动员发展人数(2018年)

CERTIFIED ATHLETES BY TYPE OF SPORTS(2018)

单位：人 (person)

运动项目	Item	人数合计 Number of Persons	国际级运动健将 Master of Sports in International Level	#女 Female	一级 First Grade	#女 Female	二级 Second Grade	#女 Female
总　计	**Total**	**1602**			**404**	**181**	**1198**	**367**
田　径	Track and Field	307			13	5	294	61
游　泳	Swimming	110			5	1	105	49
水　球	Water Polo	7			7	7		
跳　水	Diving	6			6	2		
体　操	Gymnastics	12			9	7	3	2
艺术体操	Artistic Gymnastics	1			1	1		
蹦　床	Trampoline	29			15	8	14	5
举　重	Weightlifting	32			8	3	24	3
拳　击	Boxing	28			10	3	18	3
国际式摔跤	International Wrestling	114			33	7	81	19
中国式摔跤	Chinese-style Wrestling	29			11	6	18	7
柔　道	Judo	51			16	7	35	15
跆拳道	Kickboxing	83			40	20	43	21
自行车	Cycle Racing	31			19	4	12	8
击　剑	Fencing	10			4	2	6	3
射　击	Shooting	36			14	5	22	8
射　箭	Sport Archery	21			11	5	10	4
足　球	Football							
篮　球	Basketball	175			23	11	152	44
排　球	Volleyball	93			39	20	54	22
乒乓球	Table Tennis	119			46	23	73	20
羽毛球	Badminton	3					3	1
网　球	Tennis	50			4	4	46	23
手　球	Handball	18			8	1	10	2
曲棍球	Field Hockey							
棒　球	Baseball							
健美操	Bodybuilding Gymnastics	27			21	15	6	3
街　舞	Hip Hop							
软式网球	Soft Tennis							
武　术	Wushu	190			22	8	168	44
蹼　泳	Fin Swimming							
摩托艇	Motorboat							
围　棋	Weiqi	1			1			
国际象棋	International Chess	1					1	
中国象棋	Chinese Chess	3			3	3		
橄榄球	Rugby Football	15			15	3		
航空模型	Model Airplane							

17-16 分项目等级裁判员发展人数(2018年)
CERTIFIED REFEREES BY TYPE OF SPORTS(2018)

单位：人 (person)

运动项目	Item	人数合计 Number of Persons	一级 First Grade	#女 Female	二级 Second Grade	#女 Female
总　计	**Total**	**2465**			**2465**	**740**
田　径	Track and Field	784			784	267
游　泳	Swimming	17			17	7
跳　水	Diving					
水　球	Water Polo					
花样游泳	Synchronised Swimming					
体　操	Gymnastics	10			10	2
艺术体操	Artistic Gymnastics					
蹦　床	Trampoline	2			2	2
举　重	Weightlifting	7			7	2
拳　击	Boxing	15			15	1
国际式摔跤	International Wrestling	2			2	
中国式摔跤	Chinese-style Wrestling					
柔　道	Judo	70			70	22
跆拳道	Kickboxing	15			15	6
自行车	Cycle Racing	40			40	8
击　剑	Fencing	3			3	2
马　术	Equestrian					
足　球	Football	244			244	34
篮　球	Basketball	393			393	62
排　球	Volleyball	149			149	54
乒乓球	Table Tennis	285			285	135
羽毛球	Badminton	170			170	48
网　球	Tennis	63			63	9
健美操	Bodybuilding Gymnastics	56			56	42
街　舞	Hip Hop					
软式网球	Soft Tennis					
武　术	Wushu	69			69	10
滑　水	Aquaplane					
潜　水	Dive					
蹼　泳	Fin Swimming					
摩托艇	Motorboat					
围　棋	Weiqi	1			1	
国际象棋	International Chess	2			2	1
中国象棋	Chinese Chess	11			11	3
桥　牌	Bridge					
台　球	Billiard					
门　球	Croquet	31			31	8
龙　舟	Dragon boat					
钓　鱼	Angling					
风　筝	Kite Flying					
体育舞蹈	Physical Dancing	26			26	15

17-17 主要年份运动员打破纪录情况
RECORDS BROKEN BY ATHLETES IN MAJOR YEARS

年 份 Year	打破世界纪录 World Records Chalked Up			打破全国纪录 National Records Chalked Up			打破省纪录 Provincial Records Chalked Up		
	项数(项) Number of Events (item)	次数(次) Number of Times (time)	人数(人) Number of Persons (person)	项数(项) Number of Events (item)	次数(次) Number of Times (time)	人数(人) Number of Persons (person)	项数(项) Number of Events (item)	次数(次) Number of Times (time)	人数(人) Number of Persons (person)
1978				15	21	10	118	260	95
1980				11	31	4	123	233	132
1985				2	2	2	48	64	35
1990	1	1	1	7	10	7	106	152	62
1995				2	2	5	60	89	84
2000				3	4	6	70	78	57
2005				2	2	2	17	17	25
2010				2	2	2	5	8	8
2011							3	3	3
2012				1	1	1	11	11	3
2013							13	13	18
2014							4	5	4
2015							12	18	12
2016							8	8	7
2017							15	15	18
2018							14	14	22

17-18 体育彩票、福利彩票发行情况
ISSUE OF SPORTS LOTTERY AND WELFARE LOTTERY

单位：万元 (10 000 yuan)

项 目	Item	2017	2018
体育电脑彩票销售点 (个)	Computer Sale Place of Sports Lottery Ticket (unit)	3104	3155
体育彩票销售收入	Sale Revenue of Sports Lottery Ticket	349260	428358
#用于兑奖金额	Value of Exchanging Awards	238596	282971
福利彩票销售点(个)	Sale Place of Welfare Lottery Ticket (unit)	4325	4186
福利彩票销售收入	Sale Revenue of Welfare Lottery Ticket	439587	407158

17-19 主要年份卫生机构数

HEALTH CARE INSTITUTIONS IN MAJOR YEARS

单位：个 (unit)

年 份 Year	总 计 Total	#医 院 Hospitals	#门诊部(所) Outpatient Departments	#疾病预防控制中心 Centers for Disease Control and Prevention	#妇幼保健院(所、站) Maternity and Child Care Centers	#医学科学研究机构 Research Institutes of Medical Science
1978	4995	2302	2345	136	128	3
1980	5190	2346	2432	137	129	12
1985	5834	2468	2910	135	123	19
1990	6108	2573	3020	141	123	23
1995	5922	2590	2790	153	131	22
2000	3273	716	92	148	136	23
2005	3009	885	52	157	131	10
2010	11889	1201	106	147	133	6
2011	12004	1216	291	147	132	7
2012	11907	1215	317	135	132	7
2013	12040	1219	297	134	132	7
2014	12528	1234	284	134	133	7
2015	12903	1274	312	134	132	7
2016	13178	1393	355	136	134	7
2017	13549	1388	391	135	135	7
2018	13740	1368	406	135	134	6

注：2011年起，卫生机构数不包括村卫生室数，后同。
Note: Rural clinics aren't included in health care institutions from 2011. The same applies to the following.

17-20 主要年份卫生机构床位数

NUMBER OF BEDS IN HEALTH CARE INSTITUTIONS IN MAJOR YEARS

单位：张 (unit)

年 份 Year	总 计 Total	医 院 Hospitals	其他卫生机构 Other Institutions	平均每千人口拥有医院床位数 Number of Hospital Beds Per 1000 Population
1978	65426	63293	2133	2.69
1980	71702	69141	2561	2.89
1985	87768	82076	5692	3.34
1990	105324	98142	7182	3.45
1995	110422	101936	8486	3.37
2000	111880	77300	34580	2.38
2005	107968	81150	26818	2.42
2010	155973	108333	47640	3.09
2011	158459	111335	47124	3.11
2012	165294	119856	45438	3.32
2013	172620	128294	44326	3.54
2014	177442	133957	43485	3.67
2015	183209	140257	42952	3.83
2016	189778	147096	42682	4.00
2017	197527	154184	43343	4.16
2018	208298	163584	44714	4.40

17-21 主要年份卫生技术人员数

NUMBER OF MEDICAL TECHNICAL PERSONNELS IN MAJOR YEARS

单位：人 (person)

年 份 Year	卫生技术人员 Medical Technical Personnels	#执业(助理)医师 Licensed Assistant Doctors	#注册护士 Registered Nurses	平均每千人口拥有卫生技术人员数 Number of Medical Technical Personnel Per 1000 Population
1978	76475	35157	10775	3.16
1980	87815	40479	11561	3.54
1985	109596	48557	16488	4.17
1990	128465	60185	27956	4.52
1995	142239	68658	34907	5.68
2000	136224	64900	37057	4.19
2005	130955	58617	38117	3.90
2010	190917	85376	62251	5.45
2011	189283	82547	64793	5.27
2012	199601	87319	70337	5.54
2013	203385	88182	74849	5.62
2014	209491	89852	79055	5.63
2015	213995	90216	83344	5.84
2016	225770	91748	92139	6.13
2017	227939	89824	96317	6.16
2018	240655	94314	103335	6.47

17-22 卫生机构分类人员数

NUMBER OF PERSONNELS IN HEALTH CARE INSTITUTIONS BY CATEGORY

单位：人 (person)

人员分类	Type of Personnel	2010	2015	2018
一、各类人员总计	**Total Personnel**	**227897**	**256317**	**289449**
卫生技术人员	Medical Technical Personnel	190925	213995	240655
其他技术人员	Other Technical Personnel	10473	11249	13488
管理人员	Managerial Personnel	11300	11630	14102
工勤人员	Logistics Workers	15199	19443	21204
二、卫生技术人员	**Medical Technical Personnel**	**190925**	**213995**	**240655**
执业(助理)医师	Licensed Assistant Doctors	85376	90216	94314
#执业医师	Licensed Doctors	69976	77314	83613
注册护士	Registered Nurses	62251	83344	103335
药师(士)	Pharmacists	10187	9840	10706
技师(士)	Technicians	10108	11126	12556
其 他	Others	23003	19469	19744

17-23 卫生机构、床位、人员数(2018年)

INSTITUTIONS, BEDS AND PERSONNELS IN HEALTH CARE INSTITUTIONS(2018)

类 别	Type	机构数(个) Institutions (unit)	床位数(张) Beds (unit)	人员合计(人) Personnel (person)	#卫生技术人员 Medical Technical Personnel
总 计	**Total**	**13740**	**208298**	**289493**	**240655**
一、医院合计	**Total Number of Hospitals**	**1368**	**163584**	**197690**	**164041**
综合医院	General Hospitals	654	109641	137795	115405
中医医院	Hospitals of Chinese Medicine	213	18114	20588	17176
中西医结合医院	Hospitals for Chinese and Western Medicine	29	2930	2900	2503
民族医院	Nationality Hospitals				
专科医院	Special Hospitals	469	32659	36278	28881
口腔医院	Stomatological Hospitals	48	495	1957	1542
眼科医院	Ophthalmology Hospitals	35	1865	2540	1871
耳鼻喉科医院	Otolaryngology Hospitals	6	233	288	221
肿瘤医院	Tumor Hospitals	4	2752	3692	3165
心血管病医院	Cardiovascular Hospitals	13	2240	2014	1740
血液病医院	Hematological Hospitals	2	110	86	81
妇产(科)医院	Maternity Hospitals	36	1666	2313	1822
儿童医院	Children Hospitals	5	1981	4218	3558
精神病医院	Mental Hospitals	32	5576	3411	2498
传染病院	Hospitals for Infections Diseases	6	1585	2081	1651
皮肤病医院	Dermatology Hospitals	8	195	207	153
结核病医院	Tuberculosis Hospitals	4	816	926	754
职业病医院	Occupational Disease Hospital	3	595	842	684
骨科医院	Orthopaedics Hospitals	57	2909	2351	1914
康复医院	Recovered Hospitals	23	1353	1031	739
整形外科医院	Plastics Hospitals	1	20	24	20
美容医院	Cosmetic Hospitals	7	115	277	182
其他专科医院	Other Specialized Hospitals	179	8153	8020	6286
护理院	Nursing Hospitals	3	240	129	76
二、社区卫生服务中心(站)	**Community Medical Service Centers and Stations**	**965**	**4286**	**13254**	**11540**
#社区卫生服务中心	Community Medical Service Centers	227	3314	6949	5962
三、卫生院合计	**Total Number of Health Centers**	**1609**	**34365**	**28446**	**22935**
街道卫生院	Urban Health Centers	296	3347	2621	2135
乡镇卫生院	Township Health Centers	1313	31018	25825	20800
中心卫生院	Central Health Centers	420	13322	10347	8452
乡卫生院	Other Township Health Centers	893	17696	15478	12348
四、门诊部合计	**Total Number of Clinics**	**406**	**267**	**4509**	**3935**
综合门诊部	General Clinics	104	124	1502	1310
中医门诊部	Chinese Medicine Clinics	45	34	397	295
中西医结合门诊部	Chinese and Western Medicine Clinics	13		106	104
专科门诊部	Special Clinics	244	109	2504	2226

注：卫生机构床位数为实有数。

Note: The number of beds in health care institutions is an actual data.

17-23 续表 continued

类 别	Type	机构数(个) Institutions (unit)	床位数(张) Beds (unit)	人员合计(人) Personnel (person)	#卫生技术人员 Medical Technical Personnel
五、诊所、卫生所、医务室	**Clinics, Health Centers and Infirmaries**	**8880**		**19191**	**18449**
#诊 所	Clinics	8138		16699	16161
卫生所、医务室	Health Centres and Infirmaries	740		2487	2283
六、采供血机构	**Selection and Supplyment Blood Institutions**	**22**		**1276**	**976**
七、妇幼保健院 (所、站)	**Maternity and Child Care Centers**	**134**	**4930**	**12814**	**10015**
1.省 属	Belong to Province	1	1199	2819	2374
省辖市(地区)属	Belong to City(prefecture) of Province	11	1319	3253	2585
地辖市属	Belong to City of Prefecture	33	544	1935	1438
县 属	Belong to County	84	1794	4596	3460
其 他	Others	5	74	211	158
2.妇幼保健院	Maternity and Child Care Hospitals	93	4710	11428	9035
妇幼保健所	Maternity and Child Care Institutes	6		141	109
妇幼保健站	Maternity and Child Care Stations	34	220	1233	859
生殖保健中心	Reproduction Care Centers	1		12	12
八、疾病预防控制中心(防疫站)	**Diseases Prevention and Control Center**	**135**		**4875**	**3384**
1.省 属	Belong to Province	1		218	171
省辖市(地区)属	Belong to City (prefecture) of Province	10		822	572
地辖市属	Belong to City of Prefecture	35		1207	864
县 属	Belong to County	77		2117	1391
其 他	Others	12		511	386
2.疾病预防控制中心	Diseases Prevention and Control Centers				
卫生防疫站	Sanitation and Antiepidemic Stations				
预防保健中心	Prevention and Care Centers				
九、卫生监督所	**Sanitation Supervision Stations**	**128**		**4333**	**3564**
省 属	Belong to Province	1		140	119
省辖市(地区)属	Belong to City (prefecture) of Province	12		528	377
地辖市属	Belong to City of Prefecture	30		1019	833
县 属	Belong to County	85		2646	2235
其 他	Others				
十、医学科学研究机构	**Research Institutes of Medical Sciences**	**6**		**180**	**144**
十一、医学在职培训机构	**Medical In-service Training Institutes**	**3**		**16**	**12**
十二、健康教育所 (站、中心)	**Care Education Institutes**	**12**		**129**	**68**
十三、其他卫生机构	**Other Medical Institues**	**72**	**866**	**2780**	**1592**

17-24 医疗机构医疗服务量情况(2018年)
SERVICES QUANTITY IN HEALTH CARE INSTITUTIONS(2018)

类 别	Item	总诊疗人次 (万人次) Total Diagnosis and Treatment (10 000 person-times)	出院人数 (万人) Discharged Patients (10 000 persons)
总 计	**Total**	**7474.11**	**504.01**
#医 院	Hospital	4288.51	404.80
#综合医院	General Hospitals	3019.36	317.87
中医医院	Hospitals of Chinese Medicine	500.83	44.81
专科医院	Special Hospitals	768.25	42.11
卫生院	Commune Hospitals	309.00	58.08
#乡镇卫生院	Town and Township Hospitals	279.33	43.57
门诊部	Clinics	156.68	
妇幼保健院 (所、站)	Maternity and Child Care Centers	382.07	18.14
专科疾病防治院 (所、站)	Special Disease Prevention Institutions	3.92	

17-25 公证工作和调解
STATISTICS ON NOTARIZATION AND MEDIATION

项 目		Item	2017	2018
公证工作		**Notarization**		
公证处	(个)	Number of Notarization Offices(unit)	115	115
公证员(含公证员助理)	(人)	Notaries (Assistant Notaries) (person)	758	907
办理国内公证	(件)	Handle Civil Affair Notarization (case)	203074	215086
办理涉外及涉港澳台公证	(件)	Handle Foreign Nationals Notarization (case)	34751	45039
调解工作		**Mediation**		
专职人民调解员	(人)	Full-time People's Mediators (person)	17169	11835
人民调解委员会	(个)	Number of People Mediation Committees (unit)	32043	32244
调解人员	(人)	Number of Mediators (person)	104576	100356
调解各类纠纷	(件)	Mediation Various Quarrels (case)	164875	160004
防止民间纠纷引起自杀	(人)	Prevent Civil Quarrel Causing Committing Suicide (person)	31	
防止民间纠纷转化为刑事案件	(件)	Prevent Civil Quarrel Turning to Criminal Case (case)	236	40

17-26 律师工作
STATISTICS ON LAWYERS

项　目	Item	2017	2018
律师事务所　(个)	Number of Law Offices (unit)	705	758
律师工作人员(注册) (人)	Number of Lawyers (person)	9090	8937
#专职律师	Full-time Lawyers	7720	7525
兼职律师	Part-time Lawyers	382	403
聘请常年法律顾问的单位(个)	Number of Units with Permanent Legal Advisors (unit)	5262	8165
民事诉讼代理　(件)	Agent of Civil Cases (case)	57008	54826
行政诉讼代理　(件)	Agent of Administrative Action (case)	2326	3263
刑事辨护及代理　(件)	Agent and Defender of Criminal Cases (case)	11124	11124
非诉讼法律事务　(件)	Agent of Non-Litigious Legal Affairs (case)	12053	7476
解答法律咨询　(人次)	Advisory Services (person-time)	90649	38616
代写法律事务文书(件)	Legal Documents Written on Behalf of Clients (case)	25467	10859

17-27 主要年份婚姻登记数
MARRIAGE REGISTRATION IN MAJOR YEARS

单位：对　　(couple)

年份 Year	登记结婚数 Permitting Marriage Registration	#恢复结婚 Resuming Marriage	初婚数(人) First Marriage (person)	再婚数(人) Remarriage (person)	男 Male	女 Female	登记离婚数 Permitting Divorce Registration
1985	236206	1787	453433	18979	9400	9579	7615
1990	220581	1115	422721	18441	8770	9671	7471
1995	179300	1090	343561	15039	7566	7473	7100
2000	164639	981	313195	16083	8407	7676	7612
2005	189741	1222	354147	25563	12163	13400	17398
2010	360581	4481	675719	45443	24033	21410	26473
2011	339607	3330	633629	45585	21910	23675	31260
2012	362827	4102	677046	48608	22845	25763	35585
2013	384006	4725	710324	57688	26399	31289	41939
2014	350711	5216	637477	63945	29134	34811	47894
2015	346789	8992	623132	70446	31818	38628	54166
2016	300121	6943	530845	69397	31423	37974	58962
2017	287723	8884	502961	72485	32439	40046	65091
2018	278154	9410	475647	81403	45090	36313	70873

17-28 妇联组织情况
WOMEN'S FEDERATION ORGANIZATION

单位：个 (unit)

项　目	Item	2017	2018
地市妇联数	Number of Women's Federation of Prefecture and City	11	11
县(市)妇联数	Number of Women's Federation of County and City	119	118
乡妇联数	Number of Women's Federation of Township	1208	1206
街妇联数	Number of Women's Federation for Subdistrict Office	232	230
基层妇代会数	Number of Women's Federation of Basic Level	30064	29221
城市 (社区妇联)	Urban Areas (Women's Federation of Community)	2465	2502
农村妇联数	Rural Areas	27599	26719
非公有经济组织中妇女组织	Women's Federation in Non-Public Ownership Economic Organization	4605	5496
直属机关妇工委	Women's Council in Department Directly under Governments	2951	3183
高等院校妇女组织	Women's Orgaization in University	34	36
省级所属	Provincial Level	17	19
市级所属	City Level	17	17
民办高校	University Run by Private Insititutions		
民主党派妇委会数	Number of Women's Federation in Democratic Party	12	18

17-29 全省工业企业“三废”排放与治理情况
DISCHARGE AND TREATMENT OF WASTE WATER, WASTE GAS AND SOLID WASTES BY INDUSTRIAL ENTERPRISES

项　目	Item	2016	2017
废　水	**Waste Water**		
废水排放总量 (万吨)	Total Volume of Waste Water (10 000 tons)	28513.4	24041.0
化学需氧量排放量(吨)	Volume of COD (ton)	22816.4	12047.0
氨氮排放量(吨)	Volume of Ammonia Nitrogen (ton)	2327.5	1126.7
废　气	**Waste Gas**		
废气排放量 (亿标立方米)	Total Volume of Waste Gas Emission (100 million cu.m)	30344.8	36320.0
二氧化硫排放量 (吨)	Volume of Sulphur Dioxide Emission (ton)	385721.0	252236.4
氮氧化物排放量 (吨)	Volume of Nitrogen Dioxide Emission (ton)	383046.8	299943.8
固体废物	**Solid Wastes**		
固体废物产生量 (万吨)	Volume of Solid Wastes Produced (10 000 tons)	28881.6	34233.4
固体废物综合利用量 (万吨)	Volume of Solid Wastes Utilized (10 000 tons)	13972.3	12227.9
固体废物综合利用率 (%)	Percentage of Solid Wastes Utilized (%)	48.3	35.5
固体废物处置量 (万吨)	Volume of Solid Wastes Treated (10 000 tons)	11850.2	16718.0
固体废物贮存量 (万吨)	Volume of Solid Wastes Accumulated (10 000 tons)	3105.7	5878.3
污染治理	**Pollution Treatment**		
当年污染治理施工项目总数 (个)	Number of Projects for Pollution Treatment in the Year (unit)	330	505
污染治理项目本年完成投资额 (万元)	Investment of the Project for Pollution Treatment in the Year (10 000 yuan)	300741.8	515240.9
治理废水	Treatment of Waste Water	18504.5	18862.1
治理废气	Treatment of Waste Gas	228806.9	430967.3
治理固体废物	Treatment of Solid Wastes	2817.1	1298.3
治理噪声	Noise Abatement	52.5	1227.6
治理其他	Others	50560.9	62885.6

注：本表2017年为初步统计数据。
Notes: Data of 2017 are preliminary statistics.

主要统计指标解释

艺术表演团体　指从事戏曲、音乐、舞蹈、杂技等专业艺术表演，有独立帐户，实行单独核算的团体。不包括半工半艺、半农半艺的业余团体。

文化馆　指专门从事群众文化活动的群众文化场馆。不包括临时抽调人员组成、没有编制的农村和街道文化工作队、服务站等。

文化市场经营机构　指经文化市场行政部门审批或已申报登记并领取相关许可证的、从事文化经营和文化服务活动的机构。

图书馆　指各类图书馆的管理与服务（对文献和信息的搜集、整理、存储、利用和管理，向社会公众开放并提供科学、文化等各种知识普及教育）。包括公共图书馆和各类机构内部举办的或单独举办的图书馆的管理与服务。不包括部队系统以及文化馆（文化中心、群众艺术馆）、文化站内设的图书室。

文化艺术研究机构　指有明确的研究方向和任务，有一定水平的学术带头人和一定数量、质量的研究人员，有开展工作的基本条件，主要进行文化艺术研究（含科技）的机构。

博物馆　指为了研究、教育、欣赏的目的，收藏、保护、展示人类活动和自然环境的见证物，向公众开放，非营利性、永久性社会服务机构，包括以博物馆（院）、纪念馆（舍）、美术（艺术）馆、科技馆、陈列馆等专有名称开展活动的单位。

艺术表演观众人数　指售票、包场演出或民族地区免费演出艺术表演观众人次数。不包括彩排审查和内部观摩演出的观看人次数。

等级运动员人数　指经考核正式批准授予等级运动员称号的人数。运动员等级分为国际级运动健将、运动健将、一级运动员、二级运动员、三级运动员、少年级运动员。

等级裁判员人数　指经考核正式批准授予等级裁判员称号的人数。裁判员等级分为国际裁判、国家级裁判、一级裁判、二级裁判、三级裁判。

体育场　指有400米跑道（中心含足球场），有固定道牙，路道6条以上，并有固定看台的田径场。以看台容纳观众人数分：甲级25000人以上，乙级15000–25000人，丙级5000–15000人，丁级5000人以下。

体育馆　指有固定看台可供篮球、排球、羽毛球、乒乓球、体操等项目训练比赛活动用的室内场地。以看台容纳观众人数分：甲级6000人以上，乙级4000–6000人，丙级2000–4000人，丁级2000以下。

工业废水排放量　指经过企业厂区所有排放口排到企业外部的工业废水量。包括生产废水、外排的直接冷却水、超标排放的矿井地下水和与工业废水混排的厂区生活污水，不包括独立外排的间接冷却水(清浊不分流的间接冷却水应计算在内)。

工业废气排放量　指企业厂区内燃料燃烧和生产工艺过程中产生的各种排入空气中含有污染物的气体总量，按标准状态［273K，101325Pa］计算。

工业二氧化硫排放量　指企业在燃料燃烧和生产工艺过程中排入大气的二氧化硫总质量。工业中二氧化硫主要来源于化石燃料（煤、石油等）的燃烧，还包括硫矿石的冶炼或含硫酸、磷肥等生产的工业废气排放。

工业固体废物产生量　指企业在生产过程中产生的固体状、半固体状和高浓度液体状废弃物的总量、包括危险废物、冶炼废渣、粉煤灰、炉渣、煤矸石、尾矿、放射性废物和其他废物等；不包括矿山开采的剥离废石和掘进废石(煤矸石和呈酸性或碱性的废石除外)。酸性或碱性废石指采掘的废石其流经水、雨淋水的PH值小于4或PH值大于10.5者。

工业固体废物贮存量　指以综合利用或处置为目的，将固体废物暂时贮存或堆存在专设的贮存设施或专设的集中堆存场所内的数量。专设的固体废物贮存场所或贮存设施必须有防扩散、防流失、防渗漏、防止污染大气、水体的措施。

工业固体废物处置量　指将固体废物焚烧或者最终置于符合环境保护规定要求的场所，并不再回取的工业固体废物量(包括当年处置往年的工业固体废物累计贮存量)。处置方法有填埋(其中危险废物应安全填埋)、焚烧、专业贮存场(库)封场处理、 深层灌注、回填矿井等。

Explanatory Notes on Main Statistical Indicators

Art Performance Troupes refer to the troupes which are engaged in drama, music, dance, acrobatics or other art performance, have independent accounts with banks and have self-supporting accounting system. Amateur troupes which are engaged partly in industrial or agricultural activities and partly in art performance are not included.

Culture Centers refer to mass cultural centers which specialize in mass cultural activities. They do not include rural and street cultural teams or service stations that comprise of temporary transferred staff or personnel who do not have a personnel quota.

Business Institutions of Cultural Market refer to the institutions dealing in culture and cultural services, which registered and permitted with the relative certificate by cultural market administration.

Libraries refer to management and services of all kinds of libraries, that is, collect, collate, store and manage literature and information, supply various popular knowledge and education of science and culture openly. They include management and service that are carried out internally and singly by public libraries and all kinds of agencies, but don't include library rooms of army and culture centers or stations.

Culture and Art Research Institutions refer to institutions that mainly do research on culture and art. These institutions own academic leaders to a certain degree and research personnel to a certain quantity and quality, have the basic condition to carry out work under definite research direction and task.

Museums refer to social service agencies which collect, protect, exhibit the evidence of human's activities and natural environment in an open, non-profit and permanent way. They include museum, memorial hall, art gallery, science museum, exhibition hall and so on.

Number of Spectators at Art Performance refers to the number of attendants at commercial shows completely booked shows or free shows given in minority national areas and does not include the number of spectators at rehearsals for examination and internal shows for study.

Number of Athletes in Grades refers to the number of athletes who have been given titles through examination. The titles of athletes include international masters of sports, masters of sports, first grade athletes, second grade athletes, third grade athletes and young athletes.

Number of Referees in Grades refers to the number of referees who have been given titles after examination. They are classified into international referees, national referees, first grade referees, second grade referees and third grade referees.

Stadiums refer to athletic field which have 400-meter track around football field, fixed kerbs, road way above six and fixed stands. Stadiums are classified into the following types according to seating capacity: Class A seating 25000 people, Class B 15000 to 25000 people, Class C 5000 to 15000 people and Class D fewer than 5000 people.

Gymnasiums refer to indoor sports grounds with fixed seats for the training or competition of basketball, volleyball, badminton, table tennis, gymnastics and other sports events. Gymnasiums are classified into the following types according to seating capacity: Class A seating over 6000 people, Class B 4000 to 6000 people, Class C 2000 to 4000 people and class D fewer than 2000 people.

Volume of Industrial Waste Water Discharged refers to the volume of industrial waste water discharged through all outlets to the outside of industrial enterprises including waste water produced, direct-cooling water, underground water from mines that does not meet the standard and the domestic sewage mixed up with industrial waste water, excluding indirect-cooling water discharged separately.

Volume of Industrial Waste Gas Emission refers to total emission volume of polluted gas enterprises discharge into atmosphere from fuels burning and production process in the factory. It is measured by standard atmospheric pressure of [273K, 101325Pa].

Volume of Industrial Sulphur Dioxide Emission refers to dioxide emission volume enterprises discharge into atmosphere from fuels burning and production process. Industrial sulphur dioxide is mainly from burning of fossil fuels (coal, petroleum and etc). It is also from the emission of industrial waste gas which is produced during the process of smelting sulphur ores, sulphur acid or phosphate fertilizer.

Volume of Industrial Solid Wastes Produced refers to the total volume of solid semi-solid or high concentration liquid residue produced by industrial enterprises in their production process including dangerous wastes residues, melting waste slag, coal ash, gangue chemical residues, tailings, radioactive residues and other residues, but excluding stripped or dug stones in mining except gangue and acid or alkali stones which are stones washed or soaked by water with PH value smaller than 4 or larger than 10.5.

Volume of Industrial Solid Wastes Accumulated refers to the volume of industrial solid wastes temporarily stored up or piled with special facilities or piled in the special sites for the purpose of utilization or treatment in future. The special facilities or special sites for storing up solid wastes should have the measures against spreading or being washed away to other places, permeating the soil causing air pollution or water contamination.

Volume of Industrial Solid Wastes Treated refers to solid wastes disposed of in a non—recoverable place that meet the requirement of environmental protection such as burying (dangerous wastes should be buried safely), burning, piling in designated sites, pouring water into the deep strata, filling of old mines, etc, (including treatment of solid wastes piled up in the previous years).

18

城市概况

GENERAL SURVEY OF CITIES

资料整理人员

马金兰　白鹏洲　李悦榕　杨　敏　田　丹

18-1 地级城市主要经济指标(2018年)
MAJOR ECONOMIC INDICATORS OF CITIES AT PREFECTURE LEVEL(2018)

指 标	Item	太原市区 Taiyuan Urban District	大同市区 Datong Urban District	阳泉市区 Yangquan Urban District
总户数 (万户)	Number of Households (10 000 households)	89.42	69.19	25.87
常住人口 (万人)	Resident Population(10 000 persons)	361.68	200.40	74.44
出生人数 (人)	Birth Population (person)	38059	15819	7113
死亡人数 (人)	Death Population (person)	7906	7793	3698
城镇从业人员期末人数(人)	Number of Urban Employees at the End of Period (person)	979821	334117	180753
土地面积 (平方公里)	Area of Land (sq.km)	1500	2080	654
地区生产总值 (万元)	Gross Domestic Product (10 000 yuan)	36060931	6373785	5055506
第一产业	Primary Industry	156355	133716	18440
第二产业	Secondary Industry	12857494	3258495	2204017
第三产业	Tertiary Industry	23047082	2981574	2833049
工业经济指标	Industrial Indicators			
工业企业数 (个)	Number of Enterprises (unit)	309	146	60
内资企业	Domestic Capital	294	139	55
港澳台商投资企业	Hong kong, Macao and Taiwan Capital	3	2	2
外商投资企业	Foreign Capital	12	5	3
流动资产合计 (万元)	Total Circulating Funds(10 000 yuan)	22194444	11597800	7888137
固定资产合计 (万元)	Total Fixed Assets (10 000 yuan)		6115900	2395773
主营业务收入 (万元)	Revenue of Major Business (10 000 yuan)	26390263	17872400	3191604
主营业务税金及附加 (万元)	Tax and Extra Charges of Major Business (10 000 yuan)	516324	295900	128518
本年应交增值税 (万元)	Value Added Tax Payable (10 000 yuan)	771559	519200	237832
利润总额 (万元)	Total Profits (10 000 yuan)	428751	504300	145138
固定电话年末用户数 (万户)	Number of Telephone Subscribers at the Year End (10 000 subscribers)	79.23	30.46	10.90
移动电话年末用户数 (万户)	Number of Mobile Phone Subscribers at the Year End (10 000 subscribers)	737.32	417.02	159.00
互联网宽带接入用户数 (万户)	Internet Subscriber (10 000 subscriber)	197.08	78.27	46.30

注：总户数和总人口相关指标为公安年报数；固定电话年末用户数、移动电话年末用户数、互联网宽带接入用户数、全社会用电量、工业用电、城乡居民生活用电、普通本专科在校学生数为全市口径。

Note: Number of households and population are from public security department.The coverage of subscribers numbers of telephone,mobile phone and internet, total electricity consumption, industry electricity consumption, resident living electricity consumption and student enrollments in institutions of higher education are all citywide.

18-1 续表1 continued

指 标	Item	太原市区 Taiyuan Urban District	大同市区 Datong Urban District	阳泉市区 Yangquan Urban District
全社会用电量 (万千瓦小时)	Total Electricity Consumption (10 000 kwh)	2915041	1149191	832467
#工业用电	Industry	1860678	736182	643639
城乡居民生活用电	Resident Living	403060	167429	66949
固定资产投资 (不含农户)(万元)	Investment in Fixed Assets (Excluding Rural Household) (10 000 yuan)	11086414	3482687	1150374
#房地产开发投资	Investment in Real Estate	5101923	1488293	189251
#住 宅	Residential Buildings	3842129	1162319	142703
商品房销售面积 (万平方米)	Floor Space of Commercial Houses Sold (10 000 sq.m)	767.96	246.52	38.09
商品房销售额 (万元)	Sales of Commercial Houses (10 000 yuan)	8861378	1298114	162754
社会消费品零售总额 (万元)	Total Retail Sales of Consumer Goods (10 000 yuan)	15554015	5453279	2530321
一般公共预算收入 (万元)	Public Finance Revenue (10 000 yuan)	1219493	1013748	444157
一般公共预算支出 (万元)	Public Finance Expenditure (10 000 yuan)	1723040	1943080	789668
在校学生数	Student Enrollment			
普通本专科在校学生数 (人)	Institutions of Higher Education (person)	444121	27512	16632
中等职业教育在校学生数 (人)	Vocational Secondary Schools (person)	104051		4408
普通中学在校学生数 (万人)	Regular Secondary Schools (10 000 persons)	16.58		3.38
普通小学在校学生数 (万人)	Primary Schools (10 000 persons)	25.88		3.80
医院数 (个)	Number of Hospitals (unit)	123		41
医院床位数 (张)	Number of Beds in Hospitals (bed)	34466		5364
执业(助理)医师数 (人)	Number of Medical Practitioners or Assistant Medical Practitioners (person)	20747		2935
在岗职工平均人数 (万人)	Average Number of Fully Employed Staff and Workers (10 000 persons)	93.64	32.30	16.37
在岗职工工资总额 (万元)	Total Wages of Full Employed Staff and Workers (10 000 yuan)	7714140	2068372	1072727
住户存款余额 (万元)	Balance of Residents Savings Deposits (10 000 yuan)	43505493	16007158	5795619

18-1 续表2 continued

指 标	Item	长治市区 Changzhi Urban District	晋城市区 Jincheng Urban District	朔州市区 Shuozhou Urban District
总户数 (万户)	Number of Households (10 000 households)	22.84	13.95	26.57
常住人口 (万人)	Resident Population(10 000 persons)	81.18	50.08	73.83
出生人数 (人)	Birth Population (person)	9549	6251	9848
死亡人数 (人)	Death Population (person)	2140	964	5530
城镇从业人员期末人数(人)	Number of Urban Employees at the End of Period (person)	142325	161907	103303
土地面积 (平方公里)	Area of Land (sq.km)	344	143	4094
地区生产总值 (万元)	Gross Domestic Product (10 000 yuan)	4292234	3254906	5213202
第一产业	Primary Industry	34344	6579	148937
第二产业	Secondary Industry	1612998	1025297	1899248
第三产业	Tertiary Industry	2644892	2223030	3165017
工业经济指标	Industrial Indicators			
工业企业数 (个)	Number of Enterprises (unit)	74	41	
内资企业	Domestic Capital	70	35	
港澳台商投资企业	Hong kong, Macao and Taiwan Capital	2	3	
外商投资企业	Foreign Capital	2	3	
流动资产合计 (万元)	Total Circulating Funds(10 000 yuan)	2227625	2442674	
固定资产合计 (万元)	Total Fixed Assets (10 000 yuan)	3745420		
主营业务收入 (万元)	Revenue of Major Business (10 000 yuan)	3327951	1999026	
主营业务税金及附加 (万元)	Tax and Extra Charges of Major Business (10 000 yuan)	46659	11218	
本年应交增值税 (万元)	Value Added Tax Payable (10 000 yuan)	132958	69897	
利润总额 (万元)	Total Profits (10 000 yuan)	245119	163558	
固定电话年末用户数 (万户)	Number of Telephone Subscribers at the Year End (10 000 subscribers)	18.12	12.65	8.79
移动电话年末用户数 (万户)	Number of Mobile Phone Subscribers at the Year End (10 000 subscribers)	340.98	267.96	216.94
互联网宽带接入用户数 (万户)	Internet Subscriber (10 000 subscriber)	89.92	55.17	37.42

18-1 续表3 continued

指 标	Item	长治市区 Changzhi Urban District	晋城市区 Jincheng Urban District	朔州市区 Shuozhou Urban District
全社会用电量 (万千瓦小时)	Total Electricity Consumption (10 000 kwh)	1672048	1999300	846686
#工业用电	Industry	1337568	1756500	673519
城乡居民生活用电	Resident Living	154871	93000	48515
固定资产投资(不含农户)(万元)	Investment in Fixed Assets (Excluding Rural Household) (10 000 yuan)	1651266	1424093	1113546
#房地产开发投资	Investment in Real Estate	529495	558940	137396
#住 宅	Residential Buildings	352393	437763	107530
商品房销售面积 (万平方米)	Floor Space of Commercial Houses Sold (10 000 sq.m)	141.38	51.55	74.80
商品房销售额 (万元)	Sales of Commercial Houses (10 000 yuan)	703736	281962	230314
社会消费品零售总额 (万元)	Total Retail Sales of Consumer Goods (10 000 yuan)	4372076	2406229	1362496
一般公共预算收入 (万元)	Public Finance Revenue (10 000 yuan)	564579	521122	570202
一般公共预算支出 (万元)	Public Finance Expenditure (10 000 yuan)	1001193	855481	892578
在校学生数	Student Enrollment			
普通本专科在校学生数 (人)	Institutions of Higher Education (person)	35424	5165	10614
中等职业教育在校学生数 (人)	Vocational Secondary Schools (person)	20756	15604	5070
普通中学在校学生数 (万人)	Regular Secondary Schools (10 000 persons)	5.90	2.24	3.69
普通小学在校学生数 (万人)	Primary Schools (10 000 persons)	5.87	3.57	4.83
医院数 (个)	Number of Hospitals (unit)	37	40	41
医院床位数 (张)	Number of Beds in Hospitals (bed)	7911	4706	3342
执业(助理)医师数 (人)	Number of Medical Practitioners or Assistant Medical Practitioners (person)	4491	2603	1781
在岗职工平均人数 (万人)	Average Number of Fully Employed Staff and Workers (10 000 persons)	13.26	15.11	9.05
在岗职工工资总额 (万元)	Total Wages of Full Employed Staff and Workers (10 000 yuan)	783353	1070994	645171
住户存款余额 (万元)	Balance of Residents Savings Deposits (10 000 yuan)	7892343	7087002	5853262

18-1 续表4 continued

指 标	Item	晋中市区 Jinzhong Urban District	运城市区 Yuncheng Urban District	忻州市区 Xinzhou Urban District
总户数 (万户)	Number of Households (10 000 households)	22.41	23.66	23.24
常住人口 (万人)	Resident Population(10 000 persons)	66.88	71.03	56.70
出生人数 (人)	Birth Population (person)	8038	8654	5778
死亡人数 (人)	Death Population (person)	1935	2074	2161
城镇从业人员期末人数(人)	Number of Urban Employees at the End of Period (person)	110042	112636	71875
土地面积 (平方公里)	Area of Land (sq.km)	1311	1205	1987
地区生产总值 (万元)	Gross Domestic Product (10 000 yuan)	2997849	2768379	1668726
第一产业	Primary Industry	218540	174350	104747
第二产业	Secondary Industry	963540	784792	512797
第三产业	Tertiary Industry	1815769	1809237	1051182
工业经济指标	Industrial Indicators			
工业企业数 (个)	Number of Enterprises (unit)	146	57	35
内资企业	Domestic Capital	136	56	34
港澳台商投资企业	Hong kong, Macao and Taiwan Capital	3	1	
外商投资企业	Foreign Capital	7		1
流动资产合计 (万元)	Total Circulating Funds(10 000 yuan)	2010875	660001	651088
固定资产合计 (万元)	Total Fixed Assets (10 000 yuan)	2555068	701566	
主营业务收入 (万元)	Revenue of Major Business (10 000 yuan)	3224899	819994	774207
主营业务税金及附加 (万元)	Tax and Extra Charges of Major Business (10 000 yuan)	23792	4886	1665
本年应交增值税 (万元)	Value Added Tax Payable (10 000 yuan)	91008	16370	26066
利润总额 (万元)	Total Profits (10 000 yuan)	240884	-13915	67288
固定电话年末用户数 (万户)	Number of Telephone Subscribers at the Year End (10 000 subscribers)	25.76	28.70	10.62
移动电话年末用户数 (万户)	Number of Mobile Phone Subscribers at the Year End (10 000 subscribers)	380.47	474.80	178.47
互联网宽带接入用户数 (万户)	Internet Subscriber (10 000 subscriber)	76.78	24.68	64.30

18-1 续表5 continued

指 标	Item	晋中市区 Jinzhong Urban District	运城市区 Yuncheng Urban District	忻州市区 Xinzhou Urban District
全社会用电量 (万千瓦小时)	Total Electricity Consumption (10 000 kwh)	1917153	3111527	1459742
#工业用电	Industry	1454139	2407536	725067
城乡居民生活用电	Resident Living	185332	320514	124741
固定资产投资 (不含农户)(万元)	Investment in Fixed Assets (Excluding Rural Household) (10 000 yuan)		921786	491665
#房地产开发投资	Investment in Real Estate	949476	385339	151751
#住 宅	Residential Buildings	722887	272288	90497
商品房销售面积 (万平方米)	Floor Space of Commercial Houses Sold (10 000 sq.m)	117.20	67.49	42.31
商品房销售额 (万元)	Sales of Commercial Houses (10 000 yuan)	838201	301882	181460
社会消费品零售总额 (万元)	Total Retail Sales of Consumer Goods (10 000 yuan)	2069134	2017158	1179134
一般公共预算收入 (万元)	Public Finance Revenue (10 000 yuan)	129062	197217	48857
一般公共预算支出 (万元)	Public Finance Expenditure (10 000 yuan)	336451	611978	199148
在校学生数	Student Enrollment			
普通本专科在校学生数 (人)	Institutions of Higher Education (person)	192443	53351	22525
中等职业教育在校学生数 (人)	Vocational Secondary Schools (person)	10718	23814	5147
普通中学在校学生数 (万人)	Regular Secondary Schools (10 000 persons)	2.98	6.15	3.25
普通小学在校学生数 (万人)	Primary Schools (10 000 persons)	4.78	6.58	1.97
医院数 (个)	Number of Hospitals (unit)	33	106	37
医院床位数 (张)	Number of Beds in Hospitals (bed)	4458	8451	3615
执业(助理)医师数 (人)	Number of Medical Practitioners or Assistant Medical Practitioners (person)	2497	4117	1332
在岗职工平均人数 (万人)	Average Number of Fully Employed Staff and Workers (10 000 persons)	8.81	7.72	6.90
在岗职工工资总额 (万元)	Total Wages of Full Employed Staff and Workers (10 000 yuan)	648298	534828	354227
住户存款余额 (万元)	Balance of Residents Savings Deposits (10 000 yuan)	6214306	4579830	3937195

18-1 续表6 continued

指　标	Item	临汾市区 Linfen Urban District	吕梁市区 Lvliang Urban District
总户数（万户）	Number of Households (10 000 households)	26.85	11.04
常住人口（万人）	Resident Population(10 000 persons)	98.88	33.85
出生人数（人）	Birth Population (person)	10281	4002
死亡人数（人）	Death Population (person)	2900	1107
城镇从业人员期末人数(人)	Number of Urban Employees at the End of Period (person)	88441	59609
土地面积（平方公里）	Area of Land (sq.km)	1316	1339
地区生产总值（万元）	Gross Domestic Product (10 000 yuan)	3089959	1004485
第一产业	Primary Industry	76216	18897
第二产业	Secondary Industry	680331	328981
第三产业	Tertiary Industry	2333412	656607
工业经济指标	Industrial Indicators		
工业企业数（个）	Number of Enterprises (unit)	58	25
内资企业	Domestic Capital	55	25
港澳台商投资企业	Hong kong, Macao and Taiwan Capital	2	
外商投资企业	Foreign Capital	1	
流动资产合计 (万元)	Total Circulating Funds(10 000 yuan)	949357	1972610
固定资产合计 (万元)	Total Fixed Assets (10 000 yuan)	1988673	1784516
主营业务收入 (万元)	Revenue of Major Business (10 000 yuan)	1328065	849692
主营业务税金及附加 (万元)	Tax and Extra Charges of Major Business (10 000 yuan)	41637	43724
本年应交增值税（万元）	Value Added Tax Payable (10 000 yuan)	33562	60799
利润总额（万元）	Total Profits (10 000 yuan)	-23025	98434
固定电话年末用户数 (万户)	Number of Telephone Subscribers at the Year End (10 000 subscribers)	24.60	16.64
移动电话年末用户数 (万户)	Number of Mobile Phone Subscribers at the Year End (10 000 subscribers)	446.40	341.38
互联网宽带接入用户数 (万户)	Internet Subscriber (10 000 subscriber)	100.60	75.65

18-1 续表7 continued

指 标	Item	临汾市区 Linfen Urban District	吕梁市区 lvliang Urban District
全社会用电量 (万千瓦小时)	Total Electricity Consumption (10 000 kwh)	1952304	1968428
#工业用电	Industry	1366086	1555305
城乡居民生活用电	Resident Living	240596	176125
固定资产投资 (不含农户)(万元)	Investment in Fixed Assets (Excluding Rural Household) (10 000 yuan)	1088205	599843
#房地产开发投资	Investment in Real Estate	663789	108901
#住 宅	Residential Buildings	423399	89880
商品房销售面积 (万平方米)	Floor Space of Commercial Houses Sold (10 000 sq.m)	112.70	12.27
商品房销售额 (万元)	Sales of Commercial Houses (10 000 yuan)	592964	61777
社会消费品零售总额 (万元)	Total Retail Sales of Consumer Goods (10 000 yuan)	2635539	768024
一般公共预算收入 (万元)	Public Finance Revenue (10 000 yuan)	171287	124802
一般公共预算支出 (万元)	Public Finance Expenditure (10 000 yuan)	438960	217890
在校学生数	Student Enrollment		
普通本专科在校学生数 (人)	Institutions of Higher Education (person)	42607	19195
中等职业教育在校学生数 (人)	Vocational Secondary Schools (person)	11574	7254
普通中学在校学生数 (万人)	Regular Secondary Schools (10 000 persons)	6.46	3.26
普通小学在校学生数 (万人)	Primary Schools (10 000 persons)	6.32	4.59
医院数 (个)	Number of Hospitals (unit)	61	22
医院床位数 (张)	Number of Beds in Hospitals (bed)	7680	1826
执业(助理)医师数 (人)	Number of Medical Practitioners or Assistant Medical Practitioners (person)	4114	1281
在岗职工平均人数 (万人)	Average Number of Fully Employed Staff and Workers (10 000 persons)	8.02	4.99
在岗职工工资总额 (万元)	Total Wages of Full Employed Staff and Workers (10 000 yuan)	576571	308011
住户存款余额 (万元)	Balance of Residents Savings Deposits (10 000 yuan)	6266767	2643107

18-2 地级城市公用事业及设施水平(2018年)
LEVEL OF PUBLIC FACILITIES IN CITIES AT PREFECTURE LEVEL(2018)

指 标	Item	太原市区 Taiyuan Urban District	大同市区 Datong Urban District
年末供水综合生产能力 (万立方米/日)	Daily Production Capacity of Tap Water at the Year End (10 000 cu.m/day)		
#居民家庭用水量	Residential Use		
年末排水管道长度(公里)	Lenth of Drainage Pipelines at the Year End (km)	1431	
年末实有城市道路面积 (万平方米)	Actual Area of City Roads at the Year End (10 000 sq.m)	6172	
供气总量 (人工、天然气)(万立方米)	Coal Gas Supply (Munufactured and Natural Gas) (10 000 cu.m)	115641	
#居民家庭用气量	Residential Use	36352	
液化石油气供气总量 (吨)	Natural Gas Supply (ton)	42230	
#居民家庭用量	Residential Use	5670	
年末实有公共汽(电)车营运车辆数 (辆)	Number of Public Transportation Vehicles at the Year End (unit)	2521	1116
年末实有出租汽车运营车数 (辆)	Number of Taxis at the Year End (unit)	8292	4705
公共汽(电)车客运总量 (万人次)	Number of Passengers Carried by Public Transportation Vehicles (10 000 person-times)	36775	22000
绿地面积 (公顷)	Green Area (ha)	13398	
#公园绿地面积	Green Area of Parks	4493	
建成区绿化覆盖面积 (公顷)	Green Coverage of Completed Areas (ha)	15187	

18-2 续表1

指　标	Item	阳泉市区 Yangquan Urban District
年末供水综合生产能力	Daily Production Capacity of Tap Water at the	35.22
(万立方米/日)	Year End (10 000 cu.m/day)	
#居民家庭用水量	Residential Use	1639
年末排水管道长度(公里)	Lenth of Drainage Pipelines at the Year End (km)	219
年末实有城市道路面积 (万平方米)	Actual Area of City Roads at the Year End (10 000 sq.m)	843
供气总量 (人工、天然气)(万立方米)	Coal Gas Supply (Munufactured and Natural Gas) (10 000 cu.m)	153434
#居民家庭用气量	Residential Use	9689
液化石油气供气总量 (吨)	Natural Gas Supply (ton)	740
#居民家庭用量	Residential Use	110
年末实有公共汽(电)车	Number of Public Transportation Vehicles at the	1034
营运车辆数 (辆)	Year End (unit)	
年末实有出租汽车运营车数 (辆)	Number of Taxis at the Year End (unit)	1885
公共汽(电)车客运总量 (万人次)	Number of Passengers Carried by Public	16402
	Transportation Vehicles (10 000 person-times)	
绿地面积 (公顷)	Green Area (ha)	2281
#公园绿地面积	Green Area of Parks	625
建成区绿化覆盖面积 (公顷)	Green Coverage of Completed Areas (ha)	2357

continued

长治市区 Changzhi Urban District	晋城市区 Jincheng Urban District	朔州市区 Shuozhou Urban District	晋中市区 Jinzhong Urban District	运城市区 Yuncheng Urban District	忻州市区 Xinzhou Urban District
17.28	13.00	4.20	14.72	16.00	13.80
3663	1629	893	1991	2045	785
555	376	555	1037	423	723
804	616	785	1451		772
12987	12536	5397	11296	10721	30375
7180	4367	1941	4828	4704	3612
4195	3709	1180	1450		2931
4085	1188	665	640		2891
528	534	270	592	642	230
1901	1453	1274	1330	4659	712
10900	5300	2100	4633	7400	2109
2940		2508		623	1240
815	604	515	917	623	437
2805	2016	2056	3125	2456	1390

18-2 续表2 continued

指 标	Item	临汾市区 Linfen Urban District	吕梁市区 Lvliang Urban District
年末供水综合生产能力	Daily Production Capacity of Tap Water at the	8.90	8.50
(万立方米/日)	Year End (10 000 cu.m/day)		
#居民家庭用水量	Residential Use	1733	848
年末排水管道长度(公里)	Lenth of Drainage Pipelines at the Year End (km)	245	352
年末实有城市道路面积 (万平方米)	Actual Area of City Roads at the Year End (10 000 sq.m)	723	433
供气总量 (人工、天然气)	Coal Gas Supply (Munufactured and Natural Gas)	10423	1480
(万立方米)	(10 000 cu.m)		
#居民家庭用气量	Residential Use	1990	980
液化石油气供气总量 (吨)	Natural Gas Supply (ton)	1978	
#居民家庭用量	Residential Use	510	
年末实有公共汽(电)车	Number of Public Transportation Vehicles at the	425	268
营运车辆数 (辆)	Year End (unit)		
年末实有出租汽车运营车数 (辆)	Number of Taxis at the Year End (unit)	1862	453
公共汽(电)车客运总量 (万人次)	Number of Passengers Carried by Public	5580	
	Transportation Vehicles (10 000 person-times)		
绿地面积 (公顷)	Green Area (ha)		1237
#公园绿地面积	Green Area of Parks	661	442
建成区绿化覆盖面积 (公顷)	Green Coverage of Completed Areas (ha)	2089	1352

主要统计指标解释

城乡居民生活用电 指全社会用电总量中的居民生活用电部分。

供水总量 指报告期内供水企业（单位）供出的全部水量，包括有效供水量和漏损水量。有效供水量指水厂将水供出厂外后，各类用户实际使用到的水量，包括售水量和免费供水量。

年末实有公共汽（电）车营运车辆数 指年末实际运营的公共汽车、公共电车的数量。

全年公共汽（电）车客运总量 指一年内公共汽车、公共电车总共搭载的人次。

居民家庭用水量 指城市范围内所有居民家庭的日常生活用水。包括城市居民、农民家庭、公共供水站用水。

Explanatory Notes on Main Statistical Indicators

Consumption of Electricity for Residential Use refers to lighting consumption being used in residential sector of total electricity consumption.

Total Volume of Water Supply refers to total water volume supplied by waterworks (units) during the reference period. It includes both the effective water supply and loss during water supply. The effective water supply refers to actual water volume used by different users after waterworks (units) supply process, including water sale volume and free water supply volume.

Number of Public Buses (Trolley Buses) Under Operation at Year-end refers to the actual number of operational public buses and trolley buses.

Number of Passengers Carried by Bus (Trolley Bus) in the Year refers to the total person-times of passengers carried by buses and trolley buses in the year.

Water Consumption for Residential Use refers to water consumption of total households for daily life in city, including water consumption of urban households, rural households and public water supply stations.

19

地市篇

CITIES AT PREFECTURE LEVEL

19-1 国民经济核算主要指标(2018年)

MAJOR INDICATORS OF NATIONAL ECONOMIC ACCOUNTING(2018)

单位：万元 (10 000 yuan)

市 名 City	地区生产总 值 Gross Domestic Product	第一产业 Primary Industry	第二产业 Secondary Industry	#工 业 Industry	第三产业 Tertiary Industry	#交通运输、仓储和邮政业 Transportation, Storage and Post	#批发和零售业 Wholesale and Retail Trade	人均地区生产总值(元) Per Capita GDP(yuan)
全 省 Total	**168181100**	**7406400**	**70891900**	**59525800**	**89882800**	**11130900**	**11472800**	**45328**
太原市 Taiyuan	38844778	410524	14391278	9613324	24042976	1915698	3734897	88272
大同市 Datong	12719598	646554	4644815	3712483	7428229	1494371	884981	36877
阳泉市 Yangquan	7336944	106225	3450806	2884064	3779913	467091	537886	51976
长治市 Changzhi	16456336	639491	8916908	8256392	6899937	908902	990055	47540
晋城市 Jincheng	13518530	491669	7178647	6626935	5848214	1009009	681974	57819
朔州市 Shuozhou	10656332	578525	4075530	3736500	6002277	1138150	930003	59914
晋中市 Jinzhong	14476039	1139383	6880391	5968225	6456265	1289047	931403	42910
运城市 Yuncheng	15096407	2257096	5560409	4377220	7278902	1111097	1090779	28229
忻州市 Xinzhou	9891298	696309	4770584	4202448	4424405	551420	404433	31209
临汾市 Linfen	14400430	938003	6608346	5682244	6854081	977290	875018	32066
吕梁市 Lvliang	14203195	594864	8719623	8400670	4888708	787233	567825	36585

19-2 国民经济核算主要指标指数(2018年)

INDICES OF MAJOR INDICATORS OF NATIONAL ECONOMIC ACCOUNTING(2018)

上年=100 (last year=100)

市 名 City	地区生产总 值 Gross Domestic Product	第一产业 Primary Industry	第二产业 Secondary Industry	#工 业 Industry	第三产业 Tertiay Industry	#交通运输、仓储和邮政业 Transportation, Storage and Post	#批发和零售业 Wholesale and Retail Trade
全 省 Total	**106.7**	**102.1**	**104.5**	**104.2**	**108.8**	**105.5**	**104.6**
太原市 Taiyuan	109.2	100.7	110.3	110.7	108.8	110.0	105.2
大同市 Datong	106.8	103.6	105.3	105.5	108.2	104.4	103.9
阳泉市 Yangquan	106.7	103.0	105.8	105.1	107.7	103.7	104.7
长治市 Changzhi	107.4	98.7	107.8	108.0	108.0	105.1	103.9
晋城市 Jincheng	107.4	100.3	107.2	107.0	108.5	105.9	103.2
朔州市 Shuozhou	102.7	103.3	96.5	95.7	108.1	109.3	109.2
晋中市 Jinzhong	107.1	97.7	107.6	107.9	108.5	109.7	104.0
运城市 Yuncheng	107.0	102.4	107.0	107.1	108.5	102.5	104.2
忻州市 Xinzhou	105.0	102.9	102.7	102.0	107.6	106.7	106.5
临汾市 Linfen	102.8	96.5	97.8	97.2	108.8	100.0	106.6
吕梁市 Lvliang	105.2	101.6	101.7	101.3	111.0	108.6	104.3

19-3 基本单位数(2017年)
NUMBER OF BASIC UNITS (2017)

单位：个 (unit)

市 名 City	法人单位数 Corporation Units			产业活动单位数 Active Units	
	合 计 Total	单产业法人 Single Industry	多产业法人 Multi-industry	合 计 Total	#多产业法人所属产业活动单位 Units Belong to Multi-industry Corporation
全 省 Total	**600802**	**571983**	**28819**	**713486**	**141503**
太原市 Taiyuan	160364	156021	4343	176482	20461
大同市 Datong	36554	34919	1635	44063	9144
阳泉市 Yangquan	19693	18275	1418	24632	6357
长治市 Changzhi	52330	48764	3566	64106	15342
晋城市 Jincheng	38992	35906	3086	47850	11944
朔州市 Shuozhou	29844	28921	923	34712	5791
晋中市 Jinzhong	54345	52023	2322	66171	14148
运城市 Yuncheng	61389	58360	3029	75640	17280
忻州市 Xinzhou	44518	42387	2131	53039	10652
临汾市 Linfen	57250	52653	4597	72477	19824
吕梁市 Lvliang	45523	43754	1769	54314	10560

19-4 按登记注册类型分基本单位数(2017年)
NUMBER OF BASIC UNITS BY REGISTRATION STATUS(2017)

单位：个 (unit)

市 名 City	法人单位数 Corporation Units				产业活动单位数 Active Units			
	合 计 Total	内资单位 Civil Funded	港澳台商投资单位 Funded by Hong Kong, Macao and Taiwan	外商投资单 位 Foreign Funded	合 计 Total	内资单位 Civil Funded	港澳台商投资单位 Funded by Hong Kong, Macao and Taiwan	外商投资单 位 Foreign Funded
全 省 Total	**600802**	**600036**	**289**	**477**	**713486**	**710491**	**1358**	**1637**
太原市 Taiyuan	160364	160108	90	166	176482	175712	312	458
大同市 Datong	36554	36498	19	37	44063	43864	88	111
阳泉市 Yangquan	19693	19666	11	16	24632	24515	61	56
长治市 Changzhi	52330	52266	22	42	64106	63929	62	115
晋城市 Jincheng	38992	38948	12	32	47850	47695	51	104
朔州市 Shuozhou	29844	29823	9	12	34712	34634	24	54
晋中市 Jinzhong	54345	54254	42	49	66171	65884	129	158
运城市 Yuncheng	61389	61320	23	46	75640	75251	221	168
忻州市 Xinzhou	44518	44486	13	19	53039	52870	84	85
临汾市 Linfen	57250	57203	25	22	72477	72063	221	193
吕梁市 Lvliang	45523	45464	23	36	54314	54074	105	135

19-5 按产业分基本单位数及从业人数(2017年)

NUMBER OF BASIC UNITS AND EMPLOYEES BY INDUSTRY(2017)

市名 City	法人单位 Corporation Units							
	单位数(个) Number of Units (unit)	第一产业 Primary Industry	第二产业 Secondary Industry	第三产业 Tertiary Industry	从业人数(人) Employees (person)	第一产业 Primary Industry	第二产业 Secondary Industry	第三产业 Tertiary Industry
全省 Total	**600802**	**99121**	**77335**	**424346**	**10137211**	**986728**	**3918141**	**5232342**
太原市 Taiyuan	160364	5209	18387	136768	2340640	37576	859139	1443925
大同市 Datong	36554	7327	4227	25000	856556	57511	346518	452527
阳泉市 Yangquan	19693	2847	3106	13740	460308	28804	246018	185486
长治市 Changzhi	52330	11856	5824	34650	886820	110576	367457	408787
晋城市 Jincheng	38992	6203	4568	28221	726237	60582	321655	344000
朔州市 Shuozhou	29844	7260	3079	19505	479330	58711	160162	260457
晋中市 Jinzhong	54345	10574	8938	34833	940284	107285	395001	437998
运城市 Yuncheng	61389	13174	10029	38186	1082609	188354	413766	480489
忻州市 Xinzhou	44518	11759	5480	27279	614953	87827	181917	345209
临汾市 Linfen	57250	12046	7206	37998	883538	118683	291355	473500
吕梁市 Lvliang	45523	10866	6491	28166	865936	130819	335153	399964

市名 City	产业活动单位 Active Units							
	单位数(个) Number of Units (unit)	第一产业 Primary Industry	第二产业 Secondary Industry	第三产业 Tertiary Industry	从业人数(人) Employees (person)	第一产业 Primary Industry	第二产业 Secondary Industry	第三产业 Tertiary Industry
全省 Total	**713486**	**99478**	**84090**	**529918**	**11415677**	**991881**	**4307293**	**6116503**
太原市 Taiyuan	176482	5240	20029	151213	2801574	37751	1026902	1736921
大同市 Datong	44063	7338	4606	32119	986775	57562	392033	537180
阳泉市 Yangquan	24632	2868	3490	18274	549010	29226	294228	225556
长治市 Changzhi	64106	11893	6423	45790	974481	111969	394049	468463
晋城市 Jincheng	47850	6238	5046	36566	780053	61372	318971	399710
朔州市 Shuozhou	34712	7284	3341	24087	506425	59295	163358	283772
晋中市 Jinzhong	66171	10626	9700	45845	1034891	107692	415430	511769
运城市 Yuncheng	75640	13220	10611	51809	1171291	188711	440374	542206
忻州市 Xinzhou	53039	11780	5895	35364	677545	87982	200577	388986
临汾市 Linfen	72477	12108	8028	52341	1000952	119470	309773	571709
吕梁市 Lvliang	54314	10883	6921	36510	932680	130851	351598	450231

19-6 按行业分法人单位数(2017年)
NUMBER OF CORPORATION UNITS BY SECTOR(2017)

单位：个 (unit)

市 名 City	合 计 Total	农、林、牧、渔业 Farming, Forestry, Animal Husbandry and Fishery	采矿业 Ming	制造业 Manufacturing	电力、热力、燃气及水生产和供应业 Production and Supply of Electricity, Heat, Gas and Water
全 省 Total	**600802**	**106983**	**7499**	**37197**	**4955**
太原市 Taiyuan	160364	5517	551	5923	440
大同市 Datong	36554	7676	509	2033	596
阳泉市 Yangquan	19693	2965	281	1767	286
长治市 Changzhi	52330	12681	619	2701	390
晋城市 Jincheng	38992	6829	433	2145	391
朔州市 Shuozhou	29844	7882	345	1439	267
晋中市 Jinzhong	54345	11429	870	4888	414
运城市 Yuncheng	61389	14324	483	6543	394
忻州市 Xinzhou	44518	12762	1127	2860	524
临汾市 Linfen	57250	13198	1075	3017	876
吕梁市 Lvliang	45523	11720	1206	3881	377

市 名 City	建筑业 Construction	批发和零售业 Wholesale and Retail Trade	交通运输、仓储和邮政业 Transport, Storage and Post	住宿和餐饮业 Hotels and Catering Services	信息传输、软件和信息技术服务业 Information Trans-mission, Software and Information Technology Services
全 省 Total	**28426**	**178727**	**14827**	**9121**	**18806**
太原市 Taiyuan	11607	66440	2580	3726	10084
大同市 Datong	1201	10285	968	607	527
阳泉市 Yangquan	818	6008	488	230	441
长治市 Changzhi	2183	14308	1004	645	739
晋城市 Jincheng	1673	12303	740	485	978
朔州市 Shuozhou	1074	8239	877	355	454
晋中市 Jinzhong	2816	12950	1653	749	1481
运城市 Yuncheng	2674	15343	1998	822	1421
忻州市 Xinzhou	1008	8321	1305	398	583
临汾市 Linfen	2295	14502	1516	704	1183
吕梁市 Lvliang	1077	10028	1698	400	915

19-6 续表 continued

单位：个 (unit)

市 名 City	金融业 Financial Industry	房地产业 Real Estate	租赁和商务服务业 Lease and Business Affairs Services	科学研究和技术服务业 Scientific Reseach, and Technical Services	水利、环境和公共设施管理业 Water, Environmental Protection and Public Facility Management
全 省 Total	**3221**	**15980**	**49596**	**18000**	**5238**
太原市 Taiyuan	987	5528	23155	7629	1073
大同市 Datong	215	890	2204	815	345
阳泉市 Yangquan	134	499	1262	597	183
长治市 Changzhi	199	1373	2770	1284	483
晋城市 Jincheng	187	869	2974	843	487
朔州市 Shuozhou	181	663	1490	610	210
晋中市 Jinzhong	322	1287	3424	1713	512
运城市 Yuncheng	244	1558	3660	1448	501
忻州市 Xinzhou	259	788	2231	831	448
临汾市 Linfen	219	1431	3994	1435	500
吕梁市 Lvliang	274	1094	2432	795	496

市 名 City	居民服务、修理和其他服务业 Resident Services, Repair and Other Services	教 育 Education	卫生和社会工作 Health Care and Social Work	文化、体育和娱乐业 Culture, Sports and Recreation	公共管理、社会保障和社会组织 Public Management, Social Security and Social Organization
全 省 Total	**11101**	**12875**	**7050**	**12183**	**59017**
太原市 Taiyuan	3933	2258	1184	2831	4918
大同市 Datong	586	1046	597	670	4784
阳泉市 Yangquan	352	399	270	444	2269
长治市 Changzhi	796	1165	729	1203	7058
晋城市 Jincheng	946	867	398	951	4493
朔州市 Shuozhou	440	612	376	512	3818
晋中市 Jinzhong	1015	1332	673	1376	5441
运城市 Yuncheng	871	1339	801	1403	5562
忻州市 Xinzhou	522	1006	594	773	8178
临汾市 Linfen	960	1620	867	1218	6640
吕梁市 Lvliang	680	1231	561	802	5856

19-7 总户数、常住人口数(2018年)

NUMBER OF HOUSEHOLDS AND RESIDENT POPULATION(2018)

单位：人 (person)

市名 City		总户数(户) Number of Households (household)	常住人口 Resident Population	按性别分 by Sex		按城镇乡村分 by Residence	
				男性 Male	女性 Famle	城镇人口 Urban	乡村人口 Rural
全省	**Total**	**13048698**	**37183434**	**18966741**	**18216693**	**21718823**	**15464611**
太原市	Taiyuan	1215303	4421458	2226681	2194777	3752724	668734
大同市	Datong	1280899	3455996	1757201	1698795	2210709	1245287
阳泉市	Yangquan	532988	1414360	718570	695790	968638	445722
长治市	Changzhi	1188814	3468210	1767292	1700918	1871585	1596625
晋城市	Jincheng	832668	2343106	1175667	1167439	1403152	939954
朔州市	Shuozhou	672475	1781219	924929	856290	1002969	778250
晋中市	Jinzhong	1299596	3381576	1752951	1628625	1872495	1509081
运城市	Yuncheng	1696917	5359652	2713803	2645849	2690300	2669352
忻州市	Xinzhou	1324560	3171991	1640852	1531139	1616250	1555741
临汾市	Linfen	1527569	4500264	2280650	2219614	2364433	2135831
吕梁市	Lvliang	1476909	3885602	2008145	1877457	1965568	1920034

注：本表总户数为公安年报数。

Note: Number of households in the table are obtained from public security department.

19-8 城镇人口增加来源(2018年)

INCREASE SOURCES OF URBAN POPULATION(2018)

单位：人 (person)

市名 City		合计 Total	出生 Birth	城镇人口迁入 Immigration of Urban Population	农业转移人口落户城镇 Immigration of Rural Population with Urban Residency	退出现役 Out of Commission	港澳台人员和华侨回内地(回国)定居及外国人、无国籍人入籍 Immigration of Hong Kong, Macao, Taiwan Population, Overseas Chinese,Aliens and Stateless Persons	其他 Others
全省	**Total**	**612807**	**174075**	**79793**	**339550**	**4898**	**8**	**14483**
太原市	Taiyuan	111520	37961	50511	19003	1293	7	2745
大同市	Datong	55947	16021	5059	31947	1571		1349
阳泉市	Yangquan	11971	7372	1973	2104	123		399
长治市	Changzhi	43777	16928	2088	23622	291		848
晋城市	Jincheng	40721	13115	1904	25053	196		453
朔州市	Shuozhou	31968	7355	2147	21743	118		605
晋中市	Jinzhong	45189	15951	4748	22855	489	1	1145
运城市	Yuncheng	85436	16052	3269	64486	378		1251
忻州市	Xinzhou	39019	10838	2797	23800	130		1454
临汾市	Linfen	78505	15900	3095	56956	205		2349
吕梁市	Lvliang	68754	16582	2202	47981	104		1885

注：本表为公安年报数。

Note: Data of the table are obtained from public security department.

19-9 城镇非私营单位就业人员和工资(2018年)

NUMBER AND WAGE OF EMPLOYEES IN URBAN NON-PRIVATE UNITS(2018)

市 名 City	就业人员 (人) Number of Employees (person)	工资总额 (万元) Total Wage (10 000 yuan)	平均工资 (元) Average Wage (yuan)	#在岗职工 Fully Employed
全 省 Total	**4258247**	**28034091**	**65917**	**67669**
太原市 Taiyuan	1040361	8228510	78904	80827
大同市 Datong	394612	2476745	62328	63582
阳泉市 Yangquan	242041	1456219	60720	61813
长治市 Changzhi	431024	2573884	59891	61575
晋城市 Jincheng	353285	2287459	64826	66368
朔州市 Shuozhou	184929	1169486	63173	64854
晋中市 Jinzhong	349470	2215549	63586	65640
运城市 Yuncheng	345590	2029272	59472	61243
忻州市 Xinzhou	234135	1302000	55676	57132
临汾市 Linfen	340526	2078675	61028	62471
吕梁市 Lvliang	342274	2216291	64988	67813

19-10 城镇非私营国有单位就业人员和工资(2018年)

NUMBER AND WAGE OF EMPLOYEES IN STAE-OWNED UNITS(2018)

市 名 City	就业人员 (人) Number of Employees (person)	工资总额 (万元) Total Wage (10 000 yuan)	平均工资 (元) Average Wage (yuan)	#在岗职工 Fully Employed
全 省 Total	**1765594**	**11710484**	**66146**	**68127**
太原市 Taiyuan	316999	2831299	89320	91554
大同市 Datong	136802	897671	64033	65502
阳泉市 Yangquan	82254	556726	67417	69762
长治市 Changzhi	171416	965405	56265	58420
晋城市 Jincheng	100087	656974	65105	67084
朔州市 Shuozhou	87754	497242	56387	57353
晋中市 Jinzhong	153489	989823	64488	65580
运城市 Yuncheng	186269	1179113	63097	64592
忻州市 Xinzhou	156296	861664	55151	56933
临汾市 Linfen	194235	1155630	59627	60708
吕梁市 Lvliang	179993	1118936	62319	66561

19-11 城镇非私营集体单位就业人员和工资(2018年)
NUMBER AND WAGE OF EMPLOYEES IN COLLECTIVE-OWNED UNITS(2018)

市名 City	就业人员(人) Number of Employees (person)	工资总额(万元) Total Wage (10 000 yuan)	平均工资(元) Average Wage (yuan)	#在岗职工 Fully Employed
全省 Total	**132194**	**677157**	**51594**	**53787**
太原市 Taiyuan	29123	136873	46508	48339
大同市 Datong	21774	83143	38471	39597
阳泉市 Yangquan	7507	37776	49896	50517
长治市 Changzhi	7978	48395	62180	65372
晋城市 Jincheng	10508	58979	56700	58036
朔州市 Shuozhou	6223	41851	67840	67946
晋中市 Jinzhong	10724	57770	55897	63749
运城市 Yuncheng	5677	26647	49751	51238
忻州市 Xinzhou	12042	47626	40965	42834
临汾市 Linfen	7634	41432	54862	56890
吕梁市 Lvliang	13004	96667	72075	74820

19-12 城镇非私营其他单位就业人员和工资(2018年)
NUMBER AND WAGE OF EMPLOYEES IN OTHER-OWNED UNITS(2018)

市名 City	就业人员(人) Number of Employees (person)	工资总额(万元) Total Wage (10 000 yuan)	平均工资(元) Average Wage (yuan)	#在岗职工 Fully Employed
全省 Total	**2360459**	**15646450**	**66544**	**68082**
太原市 Taiyuan	694239	5260338	75532	77200
大同市 Datong	236036	1495932	63502	64594
阳泉市 Yangquan	152280	861716	57573	58126
长治市 Changzhi	251630	1560084	62304	63602
晋城市 Jincheng	242690	1571507	65059	66433
朔州市 Shuozhou	90952	630393	69448	72549
晋中市 Jinzhong	185257	1167957	63267	65789
运城市 Yuncheng	153644	823511	55275	57098
忻州市 Xinzhou	65797	392710	59511	59954
临汾市 Linfen	138657	881613	63313	65263
吕梁市 Lvliang	149277	1000689	67583	68600

19-13 城镇非私营企业单位就业人员和工资(2018年)
NUMBER AND WAGE OF EMPLOYEES IN URBAN NON-PRIVATE ENTERPRISES(2018)

市名 City		就业人员(人) Number of Employees (person)	工资总额(万元) Total Wage (10 000 yuan)	平均工资(元) Average Wage (yuan)	#在岗职工 Fully Employed
全省	**Total**	**2734032**	**18120078**	**66388**	**67971**
太原市	Taiyuan	784638	6004292	76181	77925
大同市	Datong	273261	1679386	60928	62216
阳泉市	Yangquan	182337	1056943	58726	59301
长治市	Changzhi	280887	1754336	62658	63898
晋城市	Jincheng	270841	1752018	64948	66498
朔州市	Shuozhou	108517	744352	68399	70916
晋中市	Jinzhong	206286	1321510	64319	66794
运城市	Yuncheng	174928	969734	56884	58795
忻州市	Xinzhou	106590	583013	55284	56127
临汾市	Linfen	164580	1045047	63278	65251
吕梁市	Lvliang	181167	1209448	66989	68230

19-14 原保险保费收入(2018年)
PREMIUM OF PRIMARY INSURANCE(2018)

单位：万元 (10 000 yuan)

市名 City		合计 Total	财产险 Property Insurance	意外险 Accident Insurance	健康险 Health Insurace	寿险 Life Insurance
全省	**Total**	**8248756**	**2129401**	**164989**	**1082502**	**4871863**
本级	Provincial	2051	6	21	175	1849
太原市	Taiyuan	2230864	656744	64621	246512	1262987
大同市	Datong	650521	177857	10531	81713	380419
阳泉市	Yangquan	308763	80492	5519	38367	184386
长治市	Changzhi	661346	167640	9716	84199	399791
晋城市	Jincheng	485778	130220	7264	73973	274321
朔州市	Shuozhou	242965	89176	4962	29606	119220
晋中市	Jinzhong	719203	170102	10919	81128	457053
运城市	Yuncheng	1059353	226842	20811	181856	629844
忻州市	Xinzhou	464826	117296	7915	47893	291722
临汾市	Linfen	877658	186728	13076	137387	540466
吕梁市	Lvliang	545428	126298	9633	79692	329804

19-15 财政收支情况(2018年)
FINANCIAL REVENUE AND EXPENDITURE(2018)

单位: 万元 (10 000 yuan)

市名 City		一般公共预算收入 General Public Budget Revenue	#增值税 Value-added Taxes	#营业税 Operation Taxes	#企业所得税 Enterprises Income Taxes
地区合计	**Total**	**15307483**	**4773181**	**16222**	**1508916**
太原市	Taiyuan	3732275	1070427	6261	395638
大同市	Datong	1196911	336056	1497	166064
阳泉市	Yangquan	576166	179148	465	47803
长治市	Changzhi	1506696	502311	318	186160
晋城市	Jincheng	1253028	380504	632	127785
朔州市	Shuozhou	904030	310857	47	42143
晋中市	Jinzhong	1508110	427194	652	119145
运城市	Yuncheng	807408	266413	978	60858
忻州市	Xinzhou	814638	258778	629	65527
临汾市	Linfen	1260193	380260	4601	117379
吕梁市	Lvliang	1748028	661233	142	180414

市名 City		一般公共预算支出 General Public Budget Expenditure	#一般公共服务 Public Services	#教育 Education	#社会保障和就业 Social Security and Employment
地区合计	**Total**	**34952807**	**3113149**	**5636804**	**4728083**
太原市	Taiyuan	5424589	492748	808097	723921
大同市	Datong	3339906	274580	518619	445425
阳泉市	Yangquan	1239346	116935	200048	216960
长治市	Changzhi	3237265	294376	541830	433889
晋城市	Jincheng	2284586	205794	354831	268850
朔州市	Shuozhou	1738833	169506	268857	238069
晋中市	Jinzhong	3226368	241515	530385	373666
运城市	Yuncheng	3378723	315973	617829	543036
忻州市	Xinzhou	3137790	299081	514854	480713
临汾市	Linfen	3859235	327116	549494	546741
吕梁市	Lvliang	4086166	375525	731960	456813

19-16 金融机构本外币各项存款和贷款余额(2018年)

BALANCE OF DEPOSITS AND LOANS IN FINANCIAL INSTITUTIONS(2018)

单位：亿元 (100 million yuan)

市名 City		各项存款 Balance of Deposits	#非金融企业存款 Non-financial Enterprises Deposits	#广义政府存款 Broad Government Deposits
全省	**Total**	**35339.99**	**9037.15**	**5540.56**
太原市	Taiyuan	12317.27	4537.70	2679.54
大同市	Datong	2887.75	590.57	261.82
阳泉市	Yangquan	1578.52	483.78	163.37
长治市	Changzhi	2682.97	667.85	286.48
晋城市	Jincheng	2318.92	617.48	450.54
朔州市	Shuozhou	1531.47	243.26	205.42
晋中市	Jinzhong	2815.50	555.01	301.85
运城市	Yuncheng	2283.60	280.51	302.54
忻州市	Xinzhou	2137.27	246.62	283.09
临汾市	Linfen	2501.61	415.27	322.72
吕梁市	Lvliang	2285.12	399.13	283.20
市名 City		**各项贷款 Balance of Loans**	**#非金融企业及机关团体贷款 Loans to Non-financial Enterprises, Government Departments and Orgnizations**	**#票据融资 Bill Finance**
全省	**Total**	**25256.43**	**20340.09**	**1731.32**
太原市	Taiyuan	12684.21	10755.40	642.39
大同市	Datong	1379.72	1096.65	173.27
阳泉市	Yangquan	1033.27	935.12	26.80
长治市	Changzhi	1550.04	1276.79	123.16
晋城市	Jincheng	1379.24	1111.52	98.84
朔州市	Shuozhou	737.58	530.04	78.10
晋中市	Jinzhong	1845.72	1408.04	112.79
运城市	Yuncheng	1158.74	708.13	52.68
忻州市	Xinzhou	918.87	655.57	24.66
临汾市	Linfen	1426.10	1005.41	177.07
吕梁市	Lvliang	1142.95	857.42	221.56

19-17 万元地区生产总值能耗降低率
DECREASE RATE OF ENERGY CONSUMPTION PER 10 000 YUAN OF GDP

单位：% (%)

市 名 City		2015	2016	2017	2018
全 省	**Total**	**-5.31**	**-4.22**	**-3.37**	**-3.23**
太原市	Taiyuan	-6.02	-5.42	-3.96	-3.64
大同市	Datong	-5.48	-3.54	-2.27	-0.01
阳泉市	Yangquan	-2.51	-3.23	-3.21	-3.32
长治市	Changzhi	-3.50	-3.61	-3.93	-3.90
晋城市	Jincheng	-3.20	-1.45	-3.21	-3.63
朔州市	Shuozhou	-5.35	-5.52	-4.60	-3.71
晋中市	Jinzhong	-3.72	-3.35	0.23	-3.32
运城市	Yuncheng	-4.29	-3.22	1.71	2.49
忻州市	Xinzhou	-4.51	-4.33	-3.81	-3.40
临汾市	Linfen	-5.32	-5.34	-4.86	2.38
吕梁市	Lvliang	-3.33	-3.21	-3.20	5.47

注：本表正数表示上升，负数表示下降。
Note: The positive numbers means the energy consumption per 10 000 yuan of GDP is going up, while the negative ones means going down.

19-18 固定资产投资建设项目情况(2018年)
CONSTRUCTION PROJECTS OF INVESTMENT IN FIXED ASSETS(2018)

市 名 City		施工项目(个) Projects Under Construction(unit)	#本年新开工 Newly Started This Year	本年投产项目 (个) Number of Projects Completed and Put into Use This Year(unit)
全 省	**Total**	**9561**	**6281**	**4226**
太原市	Taiyuan	819	349	199
大同市	Datong	837	616	480
阳泉市	Yangquan	409	282	140
长治市	Changzhi	1100	740	551
晋城市	Jincheng	872	633	407
朔州市	Shuozhou	484	297	189
晋中市	Jinzhong	1105	766	477
运城市	Yuncheng	1288	898	706
忻州市	Xinzhou	1034	577	419
临汾市	Linfen	809	597	383
吕梁市	Lvliang	796	524	274

19-19 固定资产投资主要指标增长速度(2018年)

GROWTH RATE OF MAJOR INDICATORS OF INVESTMENT IN FIXED ASSETS(2018)

单位：% (%)

市 名	City	本年完成投资 Investment Completed This Year	建筑安装工程 Construction and Installation	设备工器具购置 Purchase of Equipment and Instruments	其 他 Others
全 省	**Total**	**5.7**	**1.7**	**13.4**	**20.4**
太原市	Taiyuan	26.2	23.8	53.0	25.1
大同市	Datong	12.3	-0.3	62.7	57.4
阳泉市	Yangquan	-12.5	-6.0	-36.4	48.9
长治市	Changzhi	10.7	7.8	38.0	-5.1
晋城市	Jincheng	10.0	4.3	8.8	55.4
朔州市	Shuozhou	15.8	3.0	29.6	89.6
晋中市	Jinzhong	9.6	9.7	8.9	9.8
运城市	Yuncheng	-12.9	-13.6	-11.4	-10.6
忻州市	Xinzhou	9.6	4.8	34.6	13.0
临汾市	Linfen	-30.2	-29.5	-35.2	-27.4
吕梁市	Lvliang	10.3	-0.2	46.5	33.5

市 名	City	新 建 New Construction	扩 建 Expansion	改建和技术改造 Reconstruction and Technical Reformation	其 他 Others
全 省	**Total**	**7.9**	**-19.0**	**-7.7**	**-4.3**
太原市	Taiyuan	57.5	74.3	-38.0	165.5
大同市	Datong	13.1	-51.5	-1.5	-4.4
阳泉市	Yangquan	-19.2	-17.6	37.5	155.0
长治市	Changzhi	25.0	-25.0	-13.9	-22.7
晋城市	Jincheng	-3.8	66.2	283.1	-10.3
朔州市	Shuozhou	9.9	106.4	1.9	-12.2
晋中市	Jinzhong	18.8	-39.7	-32.1	-17.9
运城市	Yuncheng	-28.3	15.1	46.6	154.3
忻州市	Xinzhou	10.8	-18.5	71.4	-19.6
临汾市	Linfen	-23.0	-71.9	-39.6	-45.4
吕梁市	Lvliang	15.3	3.7	12.0	-50.2

注：本表新建项目投资中不含房地产投资。
Note: New construction investment in this table does not include real estate investment.

19-20 固定资产投资房屋面积(2018年)
FLOOR SPACE OF BUILDINGS UNDER INVESTMENT IN FIXED ASSETS(2018)

单位：平方米 (sq.m)

市 名	City	本年施工房屋面积 Floor Space of Buildings under Construction	#住宅 Residential Buildings	本年竣工房屋面积 Floor Space of Buildings Completed	#住宅 Residential Buildings
全 省	**Total**	**198901369**	**133157224**	**20294242**	**13384909**
太原市	Taiyuan	64703454	44578685	4064832	2986015
大同市	Datong	14968704	8732552	1391112	518529
阳泉市	Yangquan	5107298	3995819	753656	610277
长治市	Changzhi	21313007	13954596	3929996	2787574
晋城市	Jincheng	11135659	7560893	2248915	1709196
朔州市	Shuozhou	4444274	3023149	340007	232208
晋中市	Jinzhong	16956539	11750314	829725	536163
运城市	Yuncheng	22117851	13541820	3158806	1518947
忻州市	Xinzhou	11599893	6838558	1549881	1013028
临汾市	Linfen	17186922	12245807	1317827	988087
吕梁市	Lvliang	9367768	6935031	709485	484885

19-21 进出口贸易总额
TOTAL VALUE OF IMPORTS AND EXPORTS

单位：万元 (10 000 yuan)

市 名	City	2017			2018		
		进出口总额 Total	出口总额 Exports	进口总额 Imports	进出口总额 Total	出口总额 Exports	进口总额 Imports
全 省	**Total**	**11618521**	**6903055**	**4715466**	**13698749**	**8104138**	**5594611**
太原市	Taiyuan	9152540	5721581	3430960	10862892	6632484	4230408
大同市	Datong	246386	182182	64204	375600	218851	156749
阳泉市	Yangquan	83321	58182	25139	70677	41452	29225
长治市	Changzhi	52369	25850	26519	74336	29875	44461
晋城市	Jincheng	468340	125912	342429	460464	126125	334339
朔州市	Shuozhou	53704	27027	26677	55807	31108	24699
晋中市	Jinzhong	176086	138847	37239	220473	190400	30074
运城市	Yuncheng	908190	256001	652189	770601	272897	497703
忻州市	Xinzhou	139486	134810	4676	172572	158055	14517
临汾市	Linfen	166698	110676	56022	197916	157588	40328
吕梁市	Lvliang	171400	121989	49411	437412	245303	192108

19-22 利用外商直接投资额
UTILIZATION OF FOREIGN DIRECT INVESTMENT

单位：万美元 (USD 10 000)

市 名 City		2017		2018	
		合同金额 Contract Value	实际使用金额 Actual Value	合同金额 Contract Value	实际使用金额 Actual Value
全 省	**Total**	**223636**	**169049**	**411258**	**236171**
太原市	Taiyuan	124312	10713	42951	863
大同市	Datong	4711	17013	47907	18194
阳泉市	Yangquan	2161	11501	79	437
长治市	Changzhi	7493	38470	214297	39656
晋城市	Jincheng	-1784	20048	36	28442
朔州市	Shuozhou	10996	2356	85	
晋中市	Jinzhong	4662	38595	12094	34882
运城市	Yuncheng	25834	6985	960	1688
忻州市	Xinzhou	1826	4344	1966	4685
临汾市	Linfen	10618	17809	7658	18708
吕梁市	Lvliang	32807	1215	83225	88616

19-23 乡村基本情况(2018年)
BASIC CONDITIONS OF RURAL AREAS (2018)

单位：个 (unit)

市 名 City		乡(镇)政府 Number of Township and Town Governments	#镇政府 Number of Town Governments	村民委员会 Number of Villager's Committees
全 省	**Total**	**1196**	**564**	**27504**
太原市	Taiyuan	52	21	883
大同市	Datong	99	33	1969
阳泉市	Yangquan	32	20	946
长治市	Changzhi	132	68	3442
晋城市	Jincheng	74	48	2170
朔州市	Shuozhou	69	19	1591
晋中市	Jinzhong	118	59	2728
运城市	Yuncheng	136	81	3164
忻州市	Xinzhou	185	59	4648
临汾市	Linfen	151	75	2877
吕梁市	Lvliang	148	81	3086

19-24 农林牧渔业总产值(2018年)

GROSS OUTPUT VALUE OF FARMING, FORESTRY, ANIMAL HUSBANDRY AND FISHERY(2018)

按当年价格计算 (at current price)

市 名 City		农林牧渔业总产值(万元) Total (10 000 yuan)	农 业 Farming	林 业 Forestry	牧 业 Animal Husbandry	渔 业 Fishery	农林牧渔专业及辅助性活动 Specializing and Supportive Activities for Agriculture, Forestry, Animal Husbandry and Fishery
全 省	**Total**	**14606448**	**8949469**	**998981**	**3615290**	**68808**	**973900**
太原市	Taiyuan	795895	472363	85809	194261	3097	40365
大同市	Datong	1216938	493104	42727	643539	758	36810
阳泉市	Yangquan	209648	104562	15863	82345	1535	5343
长治市	Changzhi	1176597	695924	47486	380481	4875	47831
晋城市	Jinchen	901738	406009	35388	431304	5337	23700
朔州市	Shuozhou	1239431	576117	90361	532148	1245	39560
晋中市	Jinzhong	2006334	1222005	95777	642527	4672	41352
运城市	Yuncheng	4572067	3423522	64560	761735	27251	295000
忻州市	Xinzhou	1327617	647782	91587	546548	3701	38000
临汾市	Linfen	1795013	1236494	89021	412688	13100	43710
吕梁市	Lvliang	1126218	435522	130823	537380	1693	20800

19-25 农林牧渔业中间消耗(2018年)

INTERMEDIATE CONSUMPTION OF FARMING, FORESTRY, ANIMAL HUSBANDRY AND FISHERY(2018)

按当年价格计算 (at current price)

市 名 City		农林牧渔业中间消耗(万元) Total (10 000 yuan)	农 业 Farming	林 业 Forestry	牧 业 Animal Husbandry	渔 业 Fishery	农林牧渔专业及辅助性活动 Specializing and Supportive Activities for Agriculture, Forestry, Animal Husbandry and Fishery
全 省	**Total**	**6725273**	**3848617**	**539095**	**1805953**	**31376**	**500233**
太原市	Taiyuan	375579	186609	42983	122599	1443	21945
大同市	Datong	552395	226577	22265	284362	370	18821
阳泉市	Yangquan	100757	49573	8721	38869	816	2779
长治市	Changzhi	513527	266773	23429	197576	2496	23253
晋城市	Jinchen	397554	161757	17760	204506	2346	11185
朔州市	Shuozhou	640981	288211	50071	282434	631	19635
晋中市	Jinzhong	846575	403955	58815	360808	2020	20976
运城市	Yuncheng	2158754	1557169	38518	406440	15628	141000
忻州市	Xinzhou	614634	314649	48746	232151	1590	17500
临汾市	Linfen	835244	568586	44303	193858	6054	22443
吕梁市	Lvliang	521308	186197	59398	264798	781	10134

19-26 主要农作物播种面积(2018年)

SOWN AREAS OF MAJOR FARM CROPS(2018)

单位：公顷 (ha)

市名 City		农作物总播种面积 Total Sown Area	粮食 Grain	#小麦 Wheat	#玉米 Corn	油料 Oil-bearing Crops	蔬菜 Vegetables
全省	**Total**	**3555165**	**3137060**	**560267**	**1747667**	**111862**	**176944**
太原市	Taiyuan	82525	65960	66	33188	1764	11087
大同市	Datong	321707	266533		144435	14783	19534
阳泉市	Yangquan	56136	54083		46018	113	1355
长治市	Changzhi	258430	235734	4709	199252	2955	13632
晋城市	Jincheng	169402	156691	41067	85905	2766	5518
朔州市	Shuozhou	329340	260683	364	157598	33924	13344
晋中市	Jinzhong	283234	249228	6101	208243	1594	24204
运城市	Yuncheng	655035	556911	275966	250527	17587	46121
忻州市	Xinzhou	446039	402146	451	216683	16723	16078
临汾市	Linfen	533872	498703	198871	254747	7638	17040
吕梁市	Lvliang	360814	331756	2063	171990	12014	9032

19-27 主要农作物产量(2018年)

OUTPUT OF MAJOR FARM CROPS(2018)

单位：吨 (ton)

市名 City		粮食 Grain	#小麦 Wheat	#玉米 Corn	油料 Oil-bearing Crops	蔬菜 Vegetables	#设施蔬菜 Greenhouse Vegetables
全省	**Total**	**13803952**	**2285888**	**9816207**	**154676**	**8218711**	**2329128**
太原市	Taiyuan	292283	406	183449	3404	615322	195060
大同市	Datong	1232912		963160	16685	610034	199618
阳泉市	Yangquan	272782		253519	117	59036	11225
长治市	Changzhi	1502416	23666	1383286	4914	693215	203530
晋城市	Jincheng	807998	164262	577794	4436	291446	85077
朔州市	Shuozhou	1414449	183	1188951	31746	608161	56642
晋中市	Jinzhong	1797276	27355	1657469	2710	1763855	435494
运城市	Yuncheng	2865618	1405935	1370297	39520	2093700	810375
忻州市	Xinzhou	1941104	2626	1421868	24084	404590	30833
临汾市	Linfen	2568384	891962	1553473	14383	874010	275958
吕梁市	Lvliang	1227308	7215	932706	12679	205342	25317

19-28 水果、林业及渔业生产情况(2018年)
PRODUCTION OF FRUITS, FORESTRY AND FISHERY(2018)

市名 City		全年水果产量(吨) Annual Output of Fruits (ton)	#苹果 Apples	年末果园面积(公顷) Area of Orchards (ha)	当年造林面积(公顷) Afforestation Area (ha)	水产品总产量(吨) Total Aquatic Products (ton)	水产养殖面积(公顷) Aquaculture Area (ha)
全省	**Total**	**6975610**	**3764993**	**363273**	**340148**	**47773**	**11305**
太原市	Taiyuan	68730	7810	7617	17278	2603	1049
大同市	Datong	41857	1784	6779	13047	842	1034
阳泉市	Yangquan	10458	6710	1624	4248	728	55
长治市	Changzhi	14996	6861	3425	11010	3750	1643
晋城市	Jincheng	36218	14261	3275	1626	1446	306
朔州市	Shuozhou	754	278	1497	6791	634	299
晋中市	Jinzhong	220153	95704	24130	24065	3829	1170
运城市	Yuncheng	5748865	3173056	191446	11887	22656	1679
忻州市	Xinzhou	98273	11929	16921	40889	2606	784
临汾市	Linfen	583230	443017	51769	34073	6336	744
吕梁市	Lvliang	152078	3583	54791	107540	868	980

注：本表造林面积不包括省属九大林局数据；渔业数据不包括省属水库的数据。

Note: Coverage of afforestation area in this table doesn't include nine provincal forestry administration data. Fishery data doesn't include data of provincial reservoirs.

19-29 畜牧业生产情况(2018年)
NUMBER OF LIVESTOCK AND LIVESTOCK PRODUCTS(2018)

市名 City		大牲畜年末存栏(头) Large Animals (head)	#牛 Cattle	猪年末存栏(头) Hogs (head)	羊年末存栏(只) Sheep and Goats (head)	家禽年末存栏(只) Poultry (heads)
全省	**Total**	**1184632**	**1019662**	**5494818**	**8756321**	**102024889**
太原市	Taiyuan	38003	35527	165293	420116	3284945
大同市	Datong	237914	180134	602575	1959422	4897335
阳泉市	Yangquan	8973	6596	130269	85203	2391246
长治市	Changzhi	56913	49943	563125	754708	14172593
晋城市	Jincheng	8593	8258	981266	356285	9525999
朔州市	Shuozhou	162798	140688	340554	1596273	2609353
晋中市	Jinzhong	133779	125758	883574	1158408	19704090
运城市	Yuncheng	50227	49135	1714960	848440	29640474
忻州市	Xinzhou	210613	163780	464457	2368463	6213454
临汾市	Linfen	83931	81090	872161	917452	12957207
吕梁市	Lvliang	239505	225370	700229	858627	17238485

19-29 续表 continued

市 名	City	肉类总产量(吨) Output of Meat (ton)	#猪 肉 Pork	#牛 肉 Beef	#羊 肉 Mutton	#禽 肉 Poultry
全 省	**Total**	**930908**	**624620**	**64991**	**81299**	**151419**
太原市	Taiyuan	45388	27876	2243	7991	7164
大同市	Datong	148330	93045	13174	32839	6761
阳泉市	Yangquan	19749	15029	427	1251	2999
长治市	Changzhi	132892	79789	4575	8253	39562
晋城市	Jincheng	165557	134408	844	5557	24608
朔州市	Shuozhou	94972	28868	10173	52932	2450
晋中市	Jinzhong	236287	123668	22886	21280	67887
运城市	Yuncheng	219302	159130	3607	11093	44744
忻州市	Xinzhou	131765	65135	9746	47965	6928
临汾市	Linfen	154456	109205	6526	9163	28724
吕梁市	Lvliang	205901	77796	19799	11561	96363

市 名	City	禽蛋产量(吨) Poultry Eggs (ton)	奶类产量(吨) Milk (ton)	#牛 奶 Milk	山羊毛产量(吨) Output of Wool (ton)	#山羊绒 Cashmere
全 省	**Total**	**1027842**	**816896**	**810563**	**2644**	**1215**
太原市	Taiyuan	33991	94542	94297	105	55
大同市	Datong	73456	278712	277884	509	274
阳泉市	Yangquan	43576	4676	4676	11	1
长治市	Changzhi	139757	13125	13004	112	30
晋城市	Jincheng	85685	304	304	80	22
朔州市	Shuozhou	28490	409980	409980	65	50
晋中市	Jinzhong	169032	164253	163505	171	47
运城市	Yuncheng	314158	40295	40295	35	8
忻州市	Xinzhou	89651	63723	63721	911	521
临汾市	Linfen	130678	43099	38709	194	51
吕梁市	Lvliang	91665	26972	26972	452	157

19-30 农业生产条件(2018年)
CONDITIONS OF AGRICULTURAL PRODUCTION(2018)

市名 City		农业机械总动力(万千瓦) Total Power of Agricultural Machinery (kw)	大中型农用拖拉机(台) Large and Medium Tractors for Agriculture (unit)	小型农用拖拉机(台) Mini-tractors for Agriculture (unit)	联合收割机(台) Combine Harvesters (unit)
全　省	**Total**	**14410870**	**98691**	**280730**	**61186**
太原市	Taiyuan	462068	2557	5373	1638
大同市	Datong	1013230	7866	14525	3330
阳泉市	Yangquan	340799	1509	7881	652
长治市	Changzhi	1151280	9317	22436	5268
晋城市	Jincheng	598604	4118	34642	2348
朔州市	Shuozhou	1310656	8313	12230	4576
晋中市	Jinzhong	1672993	9892	47688	6460
运城市	Yuncheng	2970225	17900	61505	16394
忻州市	Xinzhou	1603828	14518	30144	5872
临汾市	Linfen	2081439	15995	35873	11700
吕梁市	Lvliang	1205748	6706	8433	2948

市名 City		年末有效灌溉面积(公顷) Effective Irrigated Area at Year-end (ha)	灌溉机电井数量(眼) Electromechanical Well for Irrigation (unit)	农村用电量(万千瓦小时) Electricity Consumption in Rural Areas (10 000 kwh)	农用化肥施用量(折纯量,吨) Agricultural Consumption of Chemical Fertilizers (ton)
全　省	**Total**	**1518680**	**94729**	**1014160**	**1096108**
太原市	Taiyuan	47220	2719	56423	25527
大同市	Datong	150330	9018	41465	78168
阳泉市	Yangquan	8970	134	56166	15082
长治市	Changzhi	96980	9395	87178	111613
晋城市	Jincheng	48510	571	76427	60797
朔州市	Shuozhou	154640	8526	28098	73848
晋中市	Jinzhong	169410	10451	129119	98312
运城市	Yuncheng	437930	26054	270083	270708
忻州市	Xinzhou	145310	8113	63919	127623
临汾市	Linfen	151750	13616	105494	163082
吕梁市	Lvliang	107630	6132	99787	71347

19-31 规模以上主要工业产品产量(2018年)

OUTPUT OF MAJOR INDUSTRIAL PRODUCTS OF ENTERPRISES ABOVE DESIGNATED SIZE(2018)

市 名 City	原 煤 (万吨) Coal (10 000 tons)	发电量 (亿千瓦小时) Electricity (100 million kwh)	生 铁 (万吨) Pig Iron (10 000 tons)	粗 钢 (万吨) Crude Steel (10 000 tons)	钢 材 (万吨) Steel Products (10 000 tons)	焦 炭 (万吨) Coke (10 000 tons)
全 省 Total	**89340.0**	**3041.7**	**4761.3**	**5386.2**	**4903.3**	**9256.2**
太原市 Taiyuan	3345.8	271.0	816.2	1250.1	1185.3	1150.5
大同市 Datong	11167.2	457.6	61.9	68.9		
阳泉市 Yangquan	5373.3	131.5				85.3
长治市 Changzhi	11282.6	321.9	461.5	571.7	480.1	1463.6
晋城市 Jincheng	9981.6	251.6	402.7	349.7	345.1	57.5
朔州市 Shuozhou	14934.3	378.1				
晋中市 Jinzhong	8840.8	221.7	233.5	244.7	185.3	1188.8
运城市 Yuncheng	978.6	189.5	1184.0	1306.4	1197.6	1199.8
忻州市 Xinzhou	6240.9	373.7	63.9	71.6	69.7	238.5
临汾市 Linfen	6006.1	236.5	1091.7	1150.1	1118.9	1616.7
吕梁市 Lvliang	11188.8	208.6	445.8	373.0	321.3	2255.6

市 名 City	水 泥 (万吨) Cement (10 000 tons)	平板玻璃 (万重量箱) Plate Glass (10 000-weightcases)	硫 酸 (万吨) Sulfuric Acid (10 000 tons)	化学肥料 (万吨) Chemical Fertilizer (10 000 tons)	工业锅炉 (蒸发量吨) Industrial Boiler (Evaporate Capacity tons)	变压器 (万千伏安) Transformer (10 000 kva)
全 省 Total	**4127.3**	**2121.7**	**49.9**	**360.4**	**4064**	**1506.7**
太原市 Taiyuan	593.6					
大同市 Datong	492.2					507.9
阳泉市 Yangquan	276.4				36	45.1
长治市 Changzhi	486.0	944.6		30.7	50	
晋城市 Jincheng	228.5			218.4		
朔州市 Shuozhou	261.1					
晋中市 Jinzhong	279.0			22.6	641	
运城市 Yuncheng	374.8		40.2	78.4		861.7
忻州市 Xinzhou	302.2				3338	92.0
临汾市 Linfen	315.1		9.7	0.9		
吕梁市 Lvliang	518.4	1177.1		9.5		

19-31 续表 continued

市 名 City	泵(台) Pump (unit)	纱(吨) Yarn (ton)	布(万米) Cloth (10 000 m)	白 酒 (千升) Alcoholic Drink (kiloliter)	啤 酒 (千升) Beer (kiloliter)	机制纸及纸板 (吨) Machine-made Paper and Paperboard (ton)
全 省 Total	**159170**	**21591.2**	**2398.5**	**167227.1**	**175157.6**	**460732**
太原市 Taiyuan		3753.6		11148.8	123114.6	22373
大同市 Datong				1157.0		
阳泉市 Yangquan						
长治市 Changzhi				1184.0		23779
晋城市 Jincheng		4824.0	998.0			
朔州市 Shuozhou				3339.0	35371.0	
晋中市 Jinzhong	6578			9036.2	16672.0	410478
运城市 Yuncheng	152592	11602.0	478.0			3962
忻州市 Xinzhou						140
临汾市 Linfen		1411.6	922.5			
吕梁市 Lvliang				141362.1		

市 名 City	煤层气 (亿立方米) Coalbed Methane (100 million cu.m)	手 机 (万台) Mobile Phones (10 000 units)	化学药品原药(吨) Chemical Medicine (ton)	食 醋 (吨) Vinegar (ton)	太阳能电池 (千瓦) Solar Cell (kw)	新能源汽车 (辆) New Energy Motor Vehicles (set)
全 省 Total	**51.2**	**1979.4**	**27830.0**	**518232.0**	**3493379**	**43778**
太原市 Taiyuan	0.6	1979.4	580.0	416333.2		345
大同市 Datong			25847.7			
阳泉市 Yangquan	11.9					
长治市 Changzhi			0.2	4471.0	1499678	3542
晋城市 Jincheng	38.0			17509.0	46235	
朔州市 Shuozhou			998.0			
晋中市 Jinzhong	0.5			58598.8	517019	39891
运城市 Yuncheng			404.1			
忻州市 Xinzhou					67582	
临汾市 Linfen						
吕梁市 Lvliang	0.1			21320.0	1362865	

19-32 工业企业主要指标(2018年)
MAIN INDICATORS OF INDUSTRIAL ENTERPRISES(2018)

单位：亿元 (100 million yuan)

市名 City		单位数(个) Number of Enterprises (unit)	#亏损企业 Loss-making Enterprises	资产总计 Total Assets	流动资产合计 Total Circulating Funds
全 省	**Total**	**3875**	**1165**	**37707.0**	**15233.9**
省直报	Direct Report	2		930.2	59.3
太原市	Taiyuan	378	103	5524.7	2469.4
大同市	Datong	233	59	3414.8	1299.9
阳泉市	Yangquan	144	61	2163.3	825.9
长治市	Changzhi	372	109	4084.1	1872.6
晋城市	Jincheng	264	87	3970.3	1626.5
朔州市	Shuozhou	241	64	2468.3	732.0
晋中市	Jinzhong	570	207	3168.2	1145.0
运城市	Yuncheng	483	128	2469.6	1260.7
忻州市	Xinzhou	351	83	1834.2	672.0
临汾市	Linfen	384	131	2878.9	1116.2
吕梁市	Lvliang	453	133	4800.3	2154.4

市名 City		负债合计 Total Liabilities	所有者权益合计 Total Creditors' Equity	主营业务收入 Revenue of Major Business	主营业务成本 Costs of Major Business
全 省	**Total**	**27194.0**	**10513.0**	**19252.1**	**15243.4**
省直报	Direct Report	623.1	307.1	978.4	945.0
太原市	Taiyuan	4038.2	1486.5	3075.8	2603.8
大同市	Datong	2588.4	826.4	1860.0	1489.0
阳泉市	Yangquan	1580.4	582.9	498.6	382.5
长治市	Changzhi	2783.7	1300.4	1848.5	1348.7
晋城市	Jincheng	2511.1	1459.2	1546.0	1119.9
朔州市	Shuozhou	1669.5	798.8	893.1	590.6
晋中市	Jinzhong	2583.4	584.8	1943.1	1611.2
运城市	Yuncheng	1703.1	766.5	1878.5	1576.6
忻州市	Xinzhou	1312.8	521.4	701.5	523.3
临汾市	Linfen	2211.6	667.3	1618.3	1293.9
吕梁市	Lvliang	3589.0	1211.3	2410.3	1758.8

19-32 续表 continued

单位：亿元 (100 million yuan)

市 名 City		主营业务税金及附加 Tax and Extra Charges of Major Business	销售费用 Costs of Sales	管理费用 Costs of Administration	财务费用 Costs of Finance	利润总额 Total Profits
全 省	**Total**	**464.2**	**620.8**	**1044.6**	**690.7**	**1355.9**
省直报	Direct Report	3.3		6.3	11.7	14.1
太原市	Taiyuan	55.6	70.0	185.9	98.8	94.1
大同市	Datong	29.8	110.2	101.4	68.8	69.5
阳泉市	Yangquan	16.5	7.3	46.0	48.1	-8.1
长治市	Changzhi	66.7	39.5	120.1	58.6	216.5
晋城市	Jincheng	53.6	26.7	125.6	83.4	195.2
朔州市	Shuozhou	35.9	100.4	53.1	38.9	83.2
晋中市	Jinzhong	41.5	69.7	88.0	67.4	84.7
运城市	Yuncheng	15.3	43.9	74.3	40.7	135.1
忻州市	Xinzhou	21.8	16.6	40.3	32.9	71.2
临汾市	Linfen	38.2	36.3	78.7	54.6	147.6
吕梁市	Lvliang	86.1	100.1	124.9	86.8	253.0

市 名 City		亏损企业亏损总额 Total Loss of Loss-making Enterprises	应交增值税 Value Added Taxes Payable	平均用工人数（万人） Average Employees (10 000 persons)	资产负债率(%) Ratio of Debts to Assets (%)	主营业务收入利润率(%) Ratio of Profits to Renenue of Major Business (%)
全 省	**Total**	**327.6**	**837.2**	**187.1**	**72.1**	**7.04**
省直报	Direct Report		29.4	3.4	67.0	1.44
太原市	Taiyuan	68.5	89.2	30.6	73.1	3.06
大同市	Datong	10.1	57.2	18.3	75.8	3.74
阳泉市	Yangquan	30.3	30.3	11.7	73.1	-1.62
长治市	Changzhi	41.3	104.7	22.9	68.2	11.71
晋城市	Jincheng	29.1	89.9	19.9	63.2	12.63
朔州市	Shuozhou	20.5	53.5	8.2	67.6	9.32
晋中市	Jinzhong	47.2	83.1	17.9	81.5	4.36
运城市	Yuncheng	20.6	49.9	14.4	69.0	7.19
忻州市	Xinzhou	7.7	40.3	6.7	71.6	10.15
临汾市	Linfen	32.5	73.9	14.6	76.8	9.12
吕梁市	Lvliang	19.7	135.8	18.6	74.8	10.50

19-33 国有控股工业企业主要指标(2018年)

MAIN INDICATORS OF STATE-HOLDING INDUSTRIAL ENTERPRISES(2018)

单位：亿元 (100 million yuan)

市名 City	单位数(个) Number of Enterprises (unit)	#亏损企业 Loss-making Enterprises	资产总计 Total Assets	流动资产合计 Total Circulating Funds
全省 Total	**878**	**279**	**24544.9**	**8290.0**
省直报 Direct Report	2		930.2	59.3
太原市 Taiyuan	100	37	4004.9	1394.4
大同市 Datong	64	8	2931.7	1077.6
阳泉市 Yangquan	51	24	1963.6	728.8
长治市 Changzhi	101	32	2504.0	1175.7
晋城市 Jincheng	121	35	3193.0	1194.7
朔州市 Shuozhou	63	20	1844.9	460.7
晋中市 Jinzhong	97	41	1322.4	290.1
运城市 Yuncheng	50	19	889.1	370.0
忻州市 Xinzhou	73	10	1372.0	434.9
临汾市 Linfen	97	35	1763.5	542.9
吕梁市 Lvliang	59	18	1825.7	560.9

市名 City	负债合计 Total Liabilities	所有者权益合计 Total Creditors' Equity	主营业务收入 Revenue of Major Business	主营业务成本 Costs of Major Business
全省 Total	**17826.9**	**6718.0**	**9845.4**	**7484.7**
省直报 Direct Report	623.1	307.1	978.4	945.0
太原市 Taiyuan	2989.8	1015.1	1623.0	1298.3
大同市 Datong	2257.0	674.7	1669.2	1362.9
阳泉市 Yangquan	1418.7	544.9	396.4	300.7
长治市 Changzhi	1738.3	765.7	955.6	651.0
晋城市 Jincheng	2108.2	1084.8	1032.1	710.7
朔州市 Shuozhou	1224.5	620.4	572.6	345.6
晋中市 Jinzhong	1117.6	204.8	522.1	407.5
运城市 Yuncheng	724.5	164.6	463.7	383.5
忻州市 Xinzhou	1011.6	360.4	371.7	248.4
临汾市 Linfen	1386.9	376.6	523.3	373.8
吕梁市 Lvliang	1226.7	599.0	737.4	457.2

19-33 续表 continued

单位：亿元 (100 million yuan)

市 名 City		主营业务税金及附加 Tax and Extra Charges of Major Business	销售费用 Costs of Sales	管理费用 Costs of Administration	财务费用 Costs of Finance	利润总额 Total Profits
全 省	**Total**	**341.7**	**349.5**	**655.5**	**496.1**	**612.0**
省直报	Direct Report	3.3		6.3	11.7	14.1
太原市	Taiyuan	47.9	47.3	135.6	86.5	18.2
大同市	Datong	27.7	83.4	85.4	63.2	50.3
阳泉市	Yangquan	14.2	3.4	39.4	42.2	-10.5
长治市	Changzhi	49.2	13.8	70.6	35.8	133.4
晋城市	Jincheng	45.2	18.5	100.8	73.9	132.9
朔州市	Shuozhou	29.1	94.8	40.2	30.2	39.4
晋中市	Jinzhong	21.1	13.4	36.5	31.9	11.4
运城市	Yuncheng	8.2	6.7	22.5	19.8	28.0
忻州市	Xinzhou	19.0	4.2	26.7	27.3	46.3
临汾市	Linfen	26.6	10.6	43.5	36.7	61.0
吕梁市	Lvliang	50.0	53.5	48.0	36.9	87.4

市 名 City		亏损企业亏损总额 Total Loss of Loss-making Enterprises	应交增值税 Value Added Taxes Payable	平均用工人数(万人) Average Employees (10 000 persons)	资产负债率(%) Ratio of Debts to Assets (%)	主营业务收入利润率(%) Ratio of Profits to Renenue of Major Business (%)
全 省	**Total**	**240.5**	**518.4**	**108.4**	**72.6**	**6.22**
省直报	Direct Report		29.4	3.4	67.0	1.44
太原市	Taiyuan	59.2	65.0	18.1	74.7	1.12
大同市	Datong	3.9	49.5	15.5	77.0	3.01
阳泉市	Yangquan	27.3	27.1	10.1	72.2	-2.65
长治市	Changzhi	30.5	72.3	13.5	69.4	13.96
晋城市	Jincheng	27.0	68.7	12.2	66.0	12.88
朔州市	Shuozhou	15.8	37.2	4.6	66.4	6.88
晋中市	Jinzhong	25.5	30.5	7.5	84.5	2.18
运城市	Yuncheng	15.4	17.6	4.7	81.5	6.04
忻州市	Xinzhou	4.3	29.8	3.5	73.7	12.46
临汾市	Linfen	24.5	34.9	8.3	78.6	11.66
吕梁市	Lvliang	7.1	56.3	7.0	67.2	11.85

19-34 外商投资和港澳台投资工业企业主要指标(2018年)

MAIN INDICATORS OF INDUSTRIAL ENTERPRISES WITH HONG KONG, MACAO, TAIWAN AND FOREIGN FUNDS(2018)

单位：亿元 (100 million yuan)

市 名 City		单位数(个) Number of Enterprises (unit)	#亏损企业 Loss-making Enterprises	资产总计 Total Assets	流动资产合计 Total Circulating Funds
全 省	**Total**	**143**	**34**	**2521.3**	**1371.4**
太原市	Taiyuan	20	3	719.4	616.8
大同市	Datong	16	3	115.8	44.8
阳泉市	Yangquan	7	3	52.0	17.7
长治市	Changzhi	12	1	340.7	87.2
晋城市	Jincheng	15	2	440.5	244.8
朔州市	Shuozhou	6	2	132.2	32.1
晋中市	Jinzhong	24	8	146.7	46.5
运城市	Yuncheng	13	5	19.7	8.8
忻州市	Xinzhou	3		9.6	3.0
临汾市	Linfen	13	5	78.5	20.8
吕梁市	Lvliang	14	2	466.1	249.0

市 名 City		负债合计 Total Liabilities	所有者权益合计 Total Creditors' Equity	主营业务收入 Revenue of Major Business	主营业务成本 Costs of Major Business
全 省	**Total**	**1652.2**	**869.1**	**1616.5**	**1377.3**
太原市	Taiyuan	513.1	206.3	800.1	755.5
大同市	Datong	73.1	42.7	35.6	23.8
阳泉市	Yangquan	44.0	8.0	18.9	16.5
长治市	Changzhi	216.0	124.7	102.5	59.6
晋城市	Jincheng	190.9	249.6	242.5	185.1
朔州市	Shuozhou	107.9	24.3	34.9	29.5
晋中市	Jinzhong	121.2	25.5	77.4	61.8
运城市	Yuncheng	8.5	11.2	15.7	13.1
忻州市	Xinzhou	4.8	4.8	3.4	2.3
临汾市	Linfen	59.2	19.3	38.1	34.6
吕梁市	Lvliang	313.5	152.6	247.3	195.5

19-34 续表 continued

单位：亿元 (100 million yuan)

市　名 City		主营业务税金及附加 Tax and Extra Charges of Major Business	销售费用 Costs of Sales	管理费用 Costs of Administration	财务费用 Costs of Finance	利润总额 Total Profits
全　省	**Total**	**23.8**	**21.2**	**57.7**	**27.9**	**138.9**
太原市	Taiyuan	3.3	4.5	15.1	3.8	27.5
大同市	Datong	0.3	0.8	2.4	1.8	7.7
阳泉市	Yangquan	0.9	0.9	1.0	1.2	-0.6
长治市	Changzhi	5.8	2.6	4.5	4.5	27.6
晋城市	Jincheng	5.1	0.6	10.9	3.3	45.1
朔州市	Shuozhou	0.5	0.1	0.3	3.5	0.8
晋中市	Jinzhong	2.0	5.0	5.2	3.3	0.3
运城市	Yuncheng	0.1	0.5	1.1	0.2	0.8
忻州市	Xinzhou		0.1	0.1	0.2	0.8
临汾市	Linfen	0.4	0.9	1.9	1.7	0.5
吕梁市	Lvliang	5.4	5.4	15.1	4.3	28.5

市　名 City		亏损企业亏损总额 Total Loss of Loss-making Enterprises	应交增值税 Value Added Taxes Payable	平均用工人数(万人) Average Employees (10 000 persons)	资产负债率(%) Ratio of Debts to Assets (%)	主营业务收入利润率(%) Ratio of Profits to Renenue of Major Business (%)
全　省	**Total**	**9.5**	**45.9**	**14.5**	**65.5**	**8.59**
太原市	Taiyuan	0.2	8.9	6.2	71.3	3.44
大同市	Datong	0.9	1.7	0.3	63.1	21.63
阳泉市	Yangquan	1.2	0.6	0.2	84.6	-3.17
长治市	Changzhi	0.2	8.4	0.7	63.4	26.93
晋城市	Jincheng	0.8	7.9	3.8	43.3	18.60
朔州市	Shuozhou	1.0	1.9	0.3	81.6	2.29
晋中市	Jinzhong	3.5	4.6	0.9	82.6	0.39
运城市	Yuncheng	0.3	0.4	0.2	43.1	5.10
忻州市	Xinzhou				50.0	23.53
临汾市	Linfen	1.1	1.3	0.3	75.4	1.31
吕梁市	Lvliang	0.5	10.3	1.4	67.3	11.52

19-35 大中型工业企业主要指标(2018年)

MAIN INDICATORS OF LARGE AND MEDIUM-SIZED INDUSTRIAL ENTERPRISES(2018)

单位：亿元 (100 million yuan)

市 名 City		单位数(个) Number of Enterprises (unit)	#亏损企业 Loss-making Enterprises	资产总计 Total Assets	流动资产合计 Total Circulating Funds
全 省	**Total**	**1086**	**297**	**30988.5**	**12448.4**
省直报	Direct Report	2		930.2	59.3
太原市	Taiyuan	88	26	4766.2	2102.8
大同市	Datong	55	9	2885.6	1109.4
阳泉市	Yangquan	39	15	1874.9	722.8
长治市	Changzhi	134	35	3329.8	1583.2
晋城市	Jincheng	128	34	3555.4	1519.7
朔州市	Shuozhou	70	23	1786.8	506.5
晋中市	Jinzhong	155	56	2284.0	718.7
运城市	Yuncheng	100	27	1922.8	987.2
忻州市	Xinzhou	54	6	1152.4	433.6
临汾市	Linfen	117	33	2423.6	937.2
吕梁市	Lvliang	144	33	4076.6	1768.1

市 名 City		负债合计 Total Liabilities	所有者权益合计 Total Creditors' Equity	主营业务收入 Revenue of Major Business	主营业务成本 Costs of Major Business
全 省	**Total**	**22144.5**	**8844.0**	**15500.2**	**12049.0**
省直报	Direct Report	623.1	307.1	978.4	945.0
太原市	Taiyuan	3521.0	1245.2	2660.0	2239.3
大同市	Datong	2216.3	669.3	1730.5	1396.2
阳泉市	Yangquan	1326.7	548.2	386.5	286.6
长治市	Changzhi	2224.8	1105.0	1411.5	971.4
晋城市	Jincheng	2190.3	1365.1	1350.5	955.3
朔州市	Shuozhou	1164.6	622.2	600.7	368.6
晋中市	Jinzhong	1862.6	421.4	1219.5	967.5
运城市	Yuncheng	1361.3	561.5	1469.0	1217.0
忻州市	Xinzhou	826.1	326.3	419.9	298.8
临汾市	Linfen	1805.5	618.1	1314.1	1026.4
吕梁市	Lvliang	3022.2	1054.4	1959.5	1376.9

19-35 续表 continued

单位：亿元 (100 million yuan)

市 名 City		主营业务税金及附加 Tax and Extra Charges of Major Business	销售费用 Costs of Sales	管理费用 Costs of Administration	财务费用 Costs of Finance	利润总额 Total Profits
全 省	**Total**	**423.7**	**511.3**	**886.3**	**571.0**	**1199.2**
省直报	Direct Report	3.3		6.3	11.7	14.1
太原市	Taiyuan	52.8	57.5	162.0	90.0	80.5
大同市	Datong	28.7	105.4	93.3	60.1	51.4
阳泉市	Yangquan	14.4	3.7	38.0	40.1	-2.2
长治市	Changzhi	63.0	27.9	103.4	43.6	202.8
晋城市	Jincheng	51.9	22.9	114.2	75.0	186.7
朔州市	Shuozhou	33.0	97.5	43.0	25.4	40.2
晋中市	Jinzhong	35.3	42.5	61.3	49.2	82.8
运城市	Yuncheng	12.5	33.5	59.6	30.7	120.0
忻州市	Xinzhou	14.6	9.1	26.5	21.6	51.8
临汾市	Linfen	35.0	27.1	68.2	47.0	141.1
吕梁市	Lvliang	79.3	84.2	110.5	76.5	229.9

市 名 City		亏损企业亏损总额 Total Loss of Loss-making Enterprises	应交增值税 Value Added Taxes Payable	平均用工人数(万人) Average Employees (10 000 persons)	资产负债率(%) Ratio of Debts to Assets (%)	主营业务收入利润率(%) Ratio of Profits to Renenue of Major Business (%)
全 省	**Total**	**239.2**	**745.9**	**158.4**	**71.5**	**7.7**
省直报	Direct Report		29.4	3.4	67.0	1.4
太原市	Taiyuan	62.7	83.7	27.5	73.9	3.0
大同市	Datong	6.1	56.7	16.8	76.8	3.0
阳泉市	Yangquan	20.2	27.9	10.0	70.8	-0.6
长治市	Changzhi	28.9	98.5	19.7	66.8	14.4
晋城市	Jincheng	24.7	87.4	17.8	61.6	13.8
朔州市	Shuozhou	10.7	40.0	6.4	65.2	6.7
晋中市	Jinzhong	30.0	66.0	13.4	81.5	6.8
运城市	Yuncheng	11.8	41.9	10.9	70.8	8.2
忻州市	Xinzhou	2.7	28.7	4.4	71.7	12.3
临汾市	Linfen	27.7	65.1	12.4	74.5	10.7
吕梁市	Lvliang	13.6	120.6	15.8	74.1	11.7

19-36 建筑业企业总产值和竣工产值(2018年)

GROSS OUTPUT VALUE AND COMPLETED VALUE OF CONSTRUCTION ENTERPRISES(2018)

单位：万元 (10 000 yuan)

市 名 City	总产值 Gross Output Value	#建筑工程 Construction	#安装工程 Installation	竣工产值 Completed Value
全 省 Total	**40714639**	**35475834**	**4216135**	**17703131**
太原市 Taiyuan	27507126	23925897	2997052	8369707
大同市 Datong	1845091	1494547	239430	1048744
阳泉市 Yangquan	955567	807412	137823	3604522
长治市 Changzhi	2184030	1959346	201083	1099538
晋城市 Jincheng	755281	679246	66275	567382
朔州市 Shuozhou	623604	440904	133761	305582
晋中市 Jinzhong	2738319	2592801	129524	566180
运城市 Yuncheng	1464330	1287608	112629	783425
忻州市 Xinzhou	946383	752848	100747	535054
临汾市 Linfen	969786	906695	53777	370212
吕梁市 Lvliang	725122	628530	44033	452786

19-37 按主要用途分的房屋建筑竣工面积(2018年)

FLOOR SPACE OF BUILDINGS COMPLETED BY MAJOR USE(2018)

单位：平方米 (sq.m)

市 名 City	总 计 Total	#住宅房屋 Residential Buildings	#商业及服务用房屋 Commercial and Service Buildings	#办公用房 Oiffice Buildings	#科研、教育、医疗用房屋 Scientific Research, Education and Healthcare Buildings
全 省 Total	**36925458**	**25694969**	**2224361**	**1632632**	**1724514**
太原市 Taiyuan	19235132	12914200	1596820	879631	1291359
大同市 Datong	3188422	2874561	58934	26210	32384
阳泉市 Yangquan	630449	503816	42340	7299	6808
长治市 Changzhi	2956818	2190249	55963	302932	22767
晋城市 Jincheng	1197886	944059	20145	9995	14255
朔州市 Shuozhou	356528	287526	75	363	25486
晋中市 Jinzhong	1548628	930254	39712	33397	66330
运城市 Yuncheng	2870985	2210510	164050	96359	145139
忻州市 Xinzhou	2329536	1855658	191535	90136	32189
临汾市 Linfen	704703	371761	15103	150624	37968
吕梁市 Lvliang	1906371	612375	39684	35686	49829

19-38 按主要用途分的房屋建筑竣工价值(2018年)

VALUE OF BUILDINGS COMPLETED BY MAJOR USE(2018)

单位：万元 (10 000 yuan)

市 名 City	总 计 Total	#住宅房屋 Residential Buildings	#商业及服务用房屋 Commercial and Service Buildings	#办公用房 Oiffice Buildings	#科研、教育、医疗用房屋 Scientific Research, Education and Healthcare Buildings
全 省 Total	**6720620**	**4501414**	**440404**	**395181**	**405171**
太原市 Taiyuan	4022931	2437030	343818	275547	330684
大同市 Datong	577458	531226	8429	4631	7829
阳泉市 Yangquan	115952	89583	7758	116	684
长治市 Changzhi	441227	336005	7293	57521	4352
晋城市 Jincheng	186110	150055	4596	1294	2191
朔州市 Shuozhou	53246	41052	2	85	5734
晋中市 Jinzhong	240534	163557	7587	8307	8904
运城市 Yuncheng	474846	367623	32401	13873	29250
忻州市 Xinzhou	301182	242426	21152	11735	5573
临汾市 Linfen	88774	54071	1266	17321	3888
吕梁市 Lvliang	218361	88786	6101	4752	6083

19-39 建筑业企业房屋建筑施工面积和竣工面积(2018年)

FLOOR SPACE OF BUILDINGS CONSTRUCTED AND COMPLETED BY CONSTRUCTION ENTERPRISES(2018)

单位：平方米 (sq.m)

市 名 City	房屋建筑施工面积 Floor Space of Buildings Under Construction	#本年新开工面积 Floor Space Started This Year	房屋建筑竣工面积 Floor Space of Buildings Completed
全 省 Total	**166518099**	**56612836**	**36925458**
太原市 Taiyuan	110666532	33949077	19235132
大同市 Datong	7784160	4179265	3188422
阳泉市 Yangquan	2568137	530525	630449
长治市 Changzhi	15026283	3918565	2956818
晋城市 Jincheng	3851769	1015876	1197886
朔州市 Shuozhou	1142832	465807	356528
晋中市 Jinzhong	8920103	3116468	1548628
运城市 Yuncheng	7515452	3878396	2870985
忻州市 Xinzhou	3597316	2122272	2329536
临汾市 Linfen	2104484	1400514	704703
吕梁市 Lvliang	3341031	2036071	1906371

19-40 建筑业企业机械设备情况(2018年)

MACHINARY AND EQUIPMENT OF CONSTRUCTION ENTERPRISES(2018)

市 名 City		自有机械设备年末总台数(台) Number of Machinery and Equipment Owned (unit)	自有机械设备年末总功率(千瓦) Total Power of Machinery and Equipment Owned (kw)	自有机械设备净值(万元) Net Value of Machinery and Equipment Owned (10 000 yuan)
全 省	**Total**	**210382**	**7333466**	**1479180**
太原市	Taiyuan	91656	4802392	860897
大同市	Datong	9343	172865	46984
阳泉市	Yangquan	7232	195474	18316
长治市	Changzhi	7608	201537	46721
晋城市	Jincheng	8543	176808	41761
朔州市	Shuozhou	6415	207684	52211
晋中市	Jinzhong	25569	482793	120448
运城市	Yuncheng	14629	280169	93209
忻州市	Xinzhou	14527	210339	58536
临汾市	Linfen	12463	257504	73171
吕梁市	Lvliang	12397	345901	66925

19-41 建筑业企业劳动生产率(2018年)

LABOR PRODUCTIVITY OF CONSTRUCTION ENTERPRISES(2018)

单位：元/人 (yuan/person)

市 名 City		企业个数(个) Number of Enterprises (unit)	从事建筑业活动的平均人数(人) Average Number of Employees Engaged in Construction Activities (person)	按总产值计算的劳动生产率 Labor Productivity in Terms of Total Output Value	人均竣工产值 Per Capita Output Value of Completed
全 省	**Total**	**2666**	**1094359**	**372041**	**161767**
太原市	Taiyuan	1139	676190	406796	123777
大同市	Datong	194	65594	281290	159884
阳泉市	Yangquan	90	30108	317380	1197197
长治市	Changzhi	208	61409	355653	179052
晋城市	Jincheng	117	26936	280398	210641
朔州市	Shuozhou	133	26134	238618	116929
晋中市	Jinzhong	192	59818	457775	94650
运城市	Yuncheng	193	59486	246164	131699
忻州市	Xinzhou	130	34107	277475	156875
临汾市	Linfen	159	32019	302878	115623
吕梁市	Lvliang	111	22558	321448	200721

19-42 建筑业企业负债及所有者权益(2018年)

LIABILITIES AND CREDITORS' EQUITY OF CONSTRUCTION ENTERPRISES(2018)

单位：万元 (10 000 yuan)

市名 City	负债合计 Total Liabilities	#流动负债 Liquid Liabilities	#非流动负债合计 Illiquid Liabilities	所有者权益合计 Total Creditors' Equity
全省 Total	**45422702**	**42024660**	**3047996**	**14050775**
太原市 Taiyuan	32591890	29756184	2683449	9006860
大同市 Datong	1598134	1529624	44062	548386
阳泉市 Yangquan	2360748	2300366	48599	331465
长治市 Changzhi	1804453	1736679	48623	863562
晋城市 Jincheng	1081819	1022173	50022	410732
朔州市 Shuozhou	703286	611329	81732	262590
晋中市 Jinzhong	2190928	2152800	21233	831118
运城市 Yuncheng	941558	850936	50147	544142
忻州市 Xinzhou	605331	579809	11134	322719
临汾市 Linfen	697071	686640	1642	508627
吕梁市 Lvliang	847486	798121	7353	420575

19-43 建筑业企业收入及成本情况(2018年)

REVENUE AND COST OF CONSTRUCTION ENTERPRISES(2018)

单位：万元 (10 000 yuan)

市名 City	营业收入 Revenue of Business	#主营业务收入 Revenue of Major Business	主营业务成本 Cost of Major Business
全省 Total	**41347676**	**40660453**	**37462739**
太原市 Taiyuan	28277257	27925673	25856146
大同市 Datong	1867341	1843100	1686444
阳泉市 Yangquan	922846	886747	812556
长治市 Changzhi	2081799	2044196	1839260
晋城市 Jincheng	718841	702187	627766
朔州市 Shuozhou	619867	591850	534345
晋中市 Jinzhong	2556389	2523532	2344992
运城市 Yuncheng	1339937	1318532	1207199
忻州市 Xinzhou	973453	923977	849661
临汾市 Linfen	974894	919783	816630
吕梁市 Lvliang	1015052	980876	887740

19-44 建筑业企业资产(2018年)

ASSETS OF CONSTRUCTION ENTERPRISES(2018)

单位：万元 (10 000 yuan)

市 名 City	资产总计 Total Assets	#流动资产合计 Total Circulating Assets	#固定资产净值 Total Fixed Assets
全 省 Total	**59473477**	**47384451**	**3282467**
太原市 Taiyuan	41598750	32264038	2053751
大同市 Datong	2146520	1896632	97538
阳泉市 Yangquan	2692213	2240839	81334
长治市 Changzhi	2668015	2282525	149823
晋城市 Jincheng	1492550	1267058	86252
朔州市 Shuozhou	965876	797167	102025
晋中市 Jinzhong	3022046	2607798	212500
运城市 Yuncheng	1485699	1217209	143947
忻州市 Xinzhou	928049	789152	101351
临汾市 Linfen	1205697	994175	125433
吕梁市 Lvliang	1268061	1027857	128513

市 名 City	固定资产原价 Original Value of Fixed Assets	本年折旧 Depreciation This Year	实收资本 Capitals Hold
全 省 Total	**6711034**	**561487**	**9575115**
太原市 Taiyuan	4423338	444564	5781816
大同市 Datong	197442	8284	446199
阳泉市 Yangquan	194412	9454	384127
长治市 Changzhi	248480	18365	601274
晋城市 Jincheng	166858	7593	273841
朔州市 Shuozhou	177807	8002	245733
晋中市 Jinzhong	429223	21788	549969
运城市 Yuncheng	257879	12035	381633
忻州市 Xinzhou	173109	9777	256572
临汾市 Linfen	236598	12363	372146
吕梁市 Lvliang	205888	9260	281804

19-45 建筑业企业费用情况(2018年)

EXPENSES OF CONSTRUCTION ENTERPRISES(2018)

单位：万元 (10 000 yuan)

市 名 City	销售费用 Sales Expenses	管理费用 Administrative Expenses	财务费用 Financial Expenses
全 省 Total	**75318**	**1764889**	**269435**
太原市 Taiyuan	33204	1172017	185202
大同市 Datong	10919	98386	5676
阳泉市 Yangquan	633	36569	23685
长治市 Changzhi	3434	90720	15447
晋城市 Jincheng	3466	46348	4795
朔州市 Shuozhou	5463	41888	1521
晋中市 Jinzhong	2600	99182	16739
运城市 Yuncheng	6338	61402	5701
忻州市 Xinzhou	4786	31860	2676
临汾市 Linfen	3039	59239	2400
吕梁市 Lvliang	1437	27280	5594

19-46 建筑业企业薪酬及利润情况(2018年)

REMUNERTION AND PROFITS OF CONSTRUCTION ENTERPRISES(2018)

单位：万元 (10 000 yuan)

市 名 City	应付职工薪酬 Remuneration Payable	营业利润 Business Profits	其他业务利润 Profits of Other Business
全 省 Total	**2990895**	**976468**	**49464**
太原市 Taiyuan	1684296	612791	30988
大同市 Datong	253203	25218	4743
阳泉市 Yangquan	76560	10447	982
长治市 Changzhi	141334	77536	1459
晋城市 Jincheng	107493	31491	3870
朔州市 Shuozhou	96236	17526	1053
晋中市 Jinzhong	155795	62771	1384
运城市 Yuncheng	197692	30902	929
忻州市 Xinzhou	96991	25802	80
临汾市 Linfen	98026	36002	3778
吕梁市 Lvliang	83268	45984	198

19-47 建筑业企业利润及税金情况(2018年)
PROFITS AND TAXES OF CONSTRUCTION ENTERPRISES(2018)

单位：万元 (10 000 yuan)

市 名 City	利润总额 Total Profits	主营业务税金及附加 Taxes and Extra Charges of Major Business	应交增值税 Value-added Taxes Payable
全 省 Total	**961049**	**197611**	**836151**
太原市 Taiyuan	597173	99256	484412
大同市 Datong	23994	16815	53609
阳泉市 Yangquan	10573	5438	37973
长治市 Changzhi	80013	13526	44220
晋城市 Jincheng	30283	5024	14800
朔州市 Shuozhou	16941	6993	24860
晋中市 Jinzhong	64102	7749	42771
运城市 Yuncheng	30967	9499	41877
忻州市 Xinzhou	24713	11695	37134
临汾市 Linfen	36077	7881	26905
吕梁市 Lvliang	46210	13735	27590

19-48 房地产开发投资(2018年)
INVESTMENT IN REAL ESTATE DEVELOPMENT(2018)

单位：万元 (10 000 yuan)

市 名 City	本年完成投资 Investment Completed This Yesr	#住 宅 Residential Buildings	建筑工程 Construction Projects	安装工程 Installation Projects	设备工器具购置 Purchase of Equipment and Instruments	其他费用 Others Expenses
全 省 Total	**13765808**	**10337564**	**7902902**	**1710969**	**155969**	**3995968**
太原市 Taiyuan	5317602	3992414	2486217	426953	18453	2385979
大同市 Datong	1554488	1203553	910268	276842	29783	337595
阳泉市 Yangquan	311506	244211	235410	35744	2955	37397
长治市 Changzhi	1032736	740622	743720	124655	31153	133208
晋城市 Jincheng	725877	561281	440320	124660	8157	152740
朔州市 Shuozhou	274264	231288	209393	24600	7081	33190
晋中市 Jinzhong	1608919	1153108	858042	212173	9799	528905
运城市 Yuncheng	1039382	822822	772803	155183	9433	101963
忻州市 Xinzhou	309215	211724	232304	52758	3668	20485
临汾市 Linfen	1148168	818234	726769	217189	26403	177807
吕梁市 Lvliang	443651	358307	287656	60212	9084	86699

19-49 房地产开发房屋销售额(2018年)

SALES OF BUILDINGS IN REAL ESTATE DEVELOPMENT(2018)

单位：万元 (10 000 yuan)

市 名 City		商品房销售额 Sales of Commercial Buildings	住 宅 Residential Buildings	#90平方米及以下住房 90 sq.m and Below	#144平方米以上住房 Above 144 sq.m
全 省	**Total**	**16106793**	**14733766**	**1553426**	**4426678**
太原市	Taiyuan	9302496	8380015	821068	3273424
大同市	Datong	1305084	1227052	126374	315664
阳泉市	Yangquan	214346	200411	15823	26587
长治市	Changzhi	1039575	947089	151646	114580
晋城市	Jincheng	459036	410779	33517	59027
朔州市	Shuozhou	249841	231371	89015	28132
晋中市	Jinzhong	1167588	1128744	106265	261387
运城市	Yuncheng	990762	911279	52907	124826
忻州市	Xinzhou	327723	307314	39844	34649
临汾市	Linfen	839188	793258	84744	146973
吕梁市	Lvliang	211154	196454	32223	41429

市 名 City		#别墅、高档公寓 Villas and High-grade Apartment Buildings	办公楼 Office Buildings	商业营业用房 Buildings for Business Operation	其 他 Other Buildings
全 省	**Total**	**664837**	**321479**	**825956**	**225592**
太原市	Taiyuan	626625	274923	494641	152917
大同市	Datong	23796	1877	76155	
阳泉市	Yangquan			13892	43
长治市	Changzhi		20108	59189	13189
晋城市	Jincheng	998		32362	15895
朔州市	Shuozhou			9736	8734
晋中市	Jinzhong		398	32680	5766
运城市	Yuncheng	5628	10645	57642	11196
忻州市	Xinzhou	4736	512	18759	1138
临汾市	Linfen	3054	13016	18961	13953
吕梁市	Lvliang			11939	2761

19-50 房地产开发房屋销售面积(2018年)

FLOOR SPACE OF BUILDINGS SOLD IN REAL ESTATE DEVELOPMENT(2018)

单位：平方米 (sq.m)

市 名 City		商品房销售面积 Floor Space of Commercial Buildings Sold	住宅 Residential Buildings	#90平方米及以下住房 90 sq.m and Below	#144平方米以上住房 Above 144 sq.m
全 省	**Total**	**23610186**	**22158597**	**2955074**	**4459588**
太原市	Taiyuan	8425348	7743283	937514	2426303
大同市	Datong	2482734	2393538	337418	459478
阳泉市	Yangquan	530956	511656	48795	51510
长治市	Changzhi	2309250	2137676	460308	185974
晋城市	Jincheng	884841	807807	62526	102495
朔州市	Shuozhou	814373	740256	292084	79106
晋中市	Jinzhong	1972424	1926905	171343	385955
运城市	Yuncheng	2864201	2708486	198860	305889
忻州市	Xinzhou	938035	901552	155093	81559
临汾市	Linfen	1847172	1772577	193600	290569
吕梁市	Lvliang	540852	514861	97533	90750

市 名 City		#别墅、高档公寓 Villas and High-grade Apartment Buildings	办公楼 Office Buildings	商业营业用房 Buildings for Business Operation	其 他 Other Buildings
全 省	**Total**	**532736**	**326075**	**706497**	**419017**
太原市	Taiyuan	490489	245590	266520	169955
大同市	Datong	15016	7110	82086	
阳泉市	Yangquan			18935	365
长治市	Changzhi		27154	68878	75542
晋城市	Jincheng	1358		41591	35443
朔州市	Shuozhou			40535	33582
晋中市	Jinzhong		1001	29473	15045
运城市	Yuncheng	11394	25043	91119	39553
忻州市	Xinzhou	11111	2275	32895	1313
临汾市	Linfen	3368	17902	18844	37849
吕梁市	Lvliang			15621	10370

19-51 房地产开发施工、竣工面积及价值(2018年)

FLOOR SPACE AND VALUE OF BUILDINGS UNDER CONSTRUCTION AND COMPLETED IN REAL ESTATE DEVELOPMENT(2018)

单位：平方米 (sq.m)

市名 City	房屋施工面积 Floor Space of Buildings Under Construction	#住宅 Residential Buildings	房屋竣工面积 Floor Space of Buildings Completed	#住宅 Residential Buildings	房屋竣工价值(万元) Value of Buildings Completed (10 000 yuan)	#住宅 Residential Buildings
全　省 Total	**169471135**	**123145485**	**14079469**	**10945022**	**3726053**	**2905706**
太原市 Taiyuan	61857336	44418268	3836122	2943975	1247182	975758
大同市 Datong	13918641	8696287	784949	516189	272741	162581
阳泉市 Yangquan	4623331	3771177	625962	592087	153063	145194
长治市 Changzhi	12445459	8906718	1889035	1429555	406193	305442
晋城市 Jincheng	8643873	6209609	2040280	1571679	507052	403297
朔州市 Shuozhou	3406739	2917297	279889	226138	72008	60679
晋中市 Jinzhong	16054037	11515353	767072	533699	181159	126130
运城市 Yuncheng	16774679	13110723	1834373	1483166	431649	348545
忻州市 Xinzhou	7680562	5623110	632667	573013	126540	112179
临汾市 Linfen	15636091	11586166	1001676	799695	255508	212405
吕梁市 Lvliang	8430387	6390777	387444	275826	72958	53496

19-52 社会消费品零售总额(2018年)

TOTAL RETAIL SALES OF CONSUMER GOODS(2018)

单位：万元 (10 000 yuan)

市名 City	社会消费品零售总额 Total Retail Sales of Consumer Goods	城镇 Town	乡村 Village
全　省 Total	**73385359**	**59566815**	**13818544**
太原市 Taiyuan	18119042	17378980	740063
大同市 Datong	7000265	5571070	1429195
阳泉市 Yangquan	3467222	3107784	359438
长治市 Changzhi	6646313	5388980	1257333
晋城市 Jincheng	4528481	3839071	689411
朔州市 Shuozhou	3380521	2411302	969219
晋中市 Jinzhong	6562701	4707551	1855150
运城市 Yuncheng	7922875	5679528	2243347
忻州市 Xinzhou	3901533	2712116	1189418
临汾市 Linfen	6870592	4909619	1960973
吕梁市 Lvliang	4985814	3860815	1124999

19-53 旅游事业发展情况(2018年)
DEVELOPMENT OF TOURISM(2018)

市 名 City		接待入境过夜游客人数(人次) Inbound Overnight Tourists (person-time)	旅游外汇收入(万美元) Foreign Exchange Earnings from Tourism (USD 10 000)	接待国内游客人数(万人次) Domestic Tourists (10 000 person-times)	国内旅游收入(亿元) Revenue from Domestic Tourism (100 million yuan)
全 省	**Total**	**713466**	**37798**	**70378**	**6699**
太原市	Taiyuan	167175	10703	8102	985
大同市	Datong	80851	4889	6911	617
阳泉市	Yangquan	6056	133	4252	359
长治市	Changzhi	27333	1671	6019	576
晋城市	Jincheng	16214	826	6080	557
朔州市	Shuozhou	7551	245	2913	261
晋中市	Jinzhong	262055	14185	9789	1004
运城市	Yuncheng	35494	1042	8356	705
忻州市	Xinzhou	62171	2110	5231	502
临汾市	Linfen	42320	1758	6876	633
吕梁市	Lvliang	6246	238	5848	499

19-54 公路通车里程(2018年)
LENGTH OF HIGHWAYS(2018)

单位：公里 (km)

市 名 City		公路通车里程 Length of Highways	在通车里程中 In Length of Highways					
			国道 State Class	省道 Province Class	县公路 County Class	乡公路 Township Class	专用公路 Special Purpose	村道 Village Class
全 省	**Total**	**143326**	**11343**	**6794**	**19887**	**48561**	**445**	**56296**
太原市	Taiyuan	7517	625	253	1008	1712	100	3819
大同市	Datong	12715	750	773	2047	5363		3781
阳泉市	Yangquan	5706	418	303	775	879	4	3327
长治市	Changzhi	11980	992	692	1654	3756	47	4839
晋城市	Jincheng	9506	504	580	1159	3633	28	3601
朔州市	Shuozhou	10212	794	407	1359	3912	18	3722
晋中市	Jinzhong	16037	1279	681	2204	6578	50	5245
运城市	Yuncheng	15802	1248	695	2611	6164	62	5022
忻州市	Xinzhou	17570	1795	852	2124	6578	108	6113
临汾市	Linfen	18934	1653	718	2421	5518	28	8596
吕梁市	Lvliang	17347	1285	839	2525	4468		8231

19-55 公路等级里程(2018年)
LENGTH OF HIGHWAYS BY CLASS(2018)

单位：公里 (km)

市名 City		等级里程 Expressway and Class I to IV Expressways	高速 Express -way	一级 First Class	二级 Second Class
全省	**Total**	**141012**	**5605**	**2731**	**15736**
太原市	Taiyuan	7399	287	233	949
大同市	Datong	12686	560	132	1218
阳泉市	Yangquan	5706	282	136	451
长治市	Changzhi	11777	382	138	1362
晋城市	Jincheng	9321	389	159	710
朔州市	Shuozhou	10122	389	218	1047
晋中市	Jinzhong	15999	625	539	2223
运城市	Yuncheng	15779	603	341	1942
忻州市	Xinzhou	17101	891	46	1792
临汾市	Linfen	18577	663	431	1922
吕梁市	Lvliang	16545	534	359	2120

市名 City		三级 Third Class	四级 Fourth Class	等外里程 Highway Below class IV	等级里程占总里程的百分比 Percentage to Total Length of Highways(%)
全省	**Total**	**19422**	**97518**	**2314**	**98.4**
太原市	Taiyuan	1278	4652	118	98.4
大同市	Datong	2287	8489	29	99.8
阳泉市	Yangquan	563	4274		100.0
长治市	Changzhi	1641	8254	203	98.3
晋城市	Jincheng	1557	6506	185	98.1
朔州市	Shuozhou	1500	6968	90	99.1
晋中市	Jinzhong	1512	11100	39	99.8
运城市	Yuncheng	2000	10894	22	99.9
忻州市	Xinzhou	1794	12579	469	97.3
临汾市	Linfen	3169	12391	357	98.1
吕梁市	Lvliang	2122	11410	803	95.4

19-56 公路路面里程(2018年)
LENGTH OF PAVED HIGHWAYS(2018)

单位：公里 (km)

市名 City		有铺装路面里程 Length of Paved Highways	占总里程(%) Percentage to Total Length of Highways	简易铺装路面里程 Length of Simply Paved Highways	占总里程(%) Percentage to Total Length of Highways	未铺装路面里程 Length of Non-paved Highways
全 省	**Total**	**112694**	**78.6**	**15734**	**11.0**	**14899**
太原市	Taiyuan	6008	79.9	704	9.4	804
大同市	Datong	11226	88.3	261	2.0	1228
阳泉市	Yangquan	5353	93.8	146	2.6	206
长治市	Changzhi	10040	83.8	1517	12.7	423
晋城市	Jincheng	8784	92.4	465	4.9	257
朔州市	Shuozhou	7582	74.2	841	8.2	1789
晋中市	Jinzhong	11179	69.7	1639	10.2	3219
运城市	Yuncheng	11754	74.4	3967	25.1	81
忻州市	Xinzhou	14312	81.5	1135	6.5	2123
临汾市	Linfen	13342	70.5	2987	15.8	2604
吕梁市	Lvliang	13114	75.6	2071	11.9	2163

19-57 公路绿化里程(2018年)
LENGTH OF AFFOREST HIGHWAYS(2018)

单位：公里 (km)

市名 City		绿化里程 Length of Afforest Highways	占总里程(%) Percentage	在绿化里程中 In Length of Afforest Highways: 国道 State Class	省道 Province Class	县公路 County Class	乡公路 Township Class	专用公路 Special Purpose	村道 Village Class
全 省	**Total**	**61217**	**42.71**	**8338**	**4844**	**13680**	**20546**	**258**	**13551**
太原市	Taiyuan	2214	29.45	413	170	661	613	88	269
大同市	Datong	4450	35.00	495	602	1312	1592		449
阳泉市	Yangquan	1746	30.60	313	178	525	257	4	470
长治市	Changzhi	6225	51.96	729	539	1077	1913	46	1921
晋城市	Jincheng	2881	30.31	346	432	529	870	18	686
朔州市	Shuozhou	4254	41.66	627	303	930	1637	9	748
晋中市	Jinzhong	8117	50.61	1041	521	1928	2997	22	1608
运城市	Yuncheng	14597	92.37	1048	581	2356	5864	18	4730
忻州市	Xinzhou	4788	27.25	1351	521	1251	1525	37	103
临汾市	Linfen	7754	40.95	1177	517	2029	2570	17	1445
吕梁市	Lvliang	4191	24.16	798	480	1083	708		1122

19-58 镇(乡)村通公路、通油路情况(2018年)
TRAFFIC CONNECTION OF TOWNS, TOWNSHIPS AND VILLAGES(2018)

单位：个 (unit)

市名 City	行政村 Administration Villages			
	总数 Total	通公路 Connect with Highways	#通油路 Connect with Asphalt Highways	不通公路 Non-connect with Highways
全省 Total	**26757**	**26753**	**26721**	**4**
太原市 Taiyuan	858	858	858	
大同市 Datong	1963	1963	1961	
阳泉市 Yangquan	960	960	960	
长治市 Changzhi	3394	3394	3394	
晋城市 Jincheng	2057	2056	2056	1
朔州市 Shuozhou	1591	1591	1591	
晋中市 Jinzhong	2664	2664	2664	
运城市 Yuncheng	3010	3010	3010	
忻州市 Xinzhou	4293	4290	4260	3
临汾市 Linfen	2857	2857	2857	
吕梁市 Lvliang	3110	3110	3110	

市名 City	乡、镇总数 Number of Townships and Towns	#通油路数 Connect With Asphalt Highways	镇通油路数 Number of Towns	乡通油路数 Number of Townships
全省 Total	**1196**	**1196**	**564**	**632**
太原市 Taiyuan	52	52	21	31
大同市 Datong	99	99	33	66
阳泉市 Yangquan	32	32	20	12
长治市 Changzhi	132	132	68	64
晋城市 Jincheng	74	74	48	26
朔州市 Shuozhou	69	69	19	50
晋中市 Jinzhong	118	118	59	59
运城市 Yuncheng	136	136	81	55
忻州市 Xinzhou	185	185	59	126
临汾市 Linfen	151	151	75	76
吕梁市 Lvliang	148	148	81	67

19-59 邮政电信业务基本情况(2018年)

BASIC CONDITIONS OF POST AND TELECOMMUNICATION SERVICES (2018)

单位：万元 (10 000 yuan)

市名 City		邮政行业业务总量 Business Volume of Post Services	电信业务总量 Business Volume of Telecommunication Services	电话用户数(户) Number of Telephone Subscribers (subscriber)	固定 Fixed Telephone	移动 Mobile Telephone
全省	**Total**	**940644**	**13729272**	**42381257**	**2765886**	**39615371**
太原市	Taiyuan	368988	3316168	8912391	944791	7967600
大同市	Datong	67829	1261263	3610405	172452	3437953
阳泉市	Yangquan	23522	450493	1780047	100658	1679389
长治市	Changzhi	60499	1034881	3658141	225253	3432888
晋城市	Jincheng	31696	750947	2735239	174782	2560457
朔州市	Shuozhou	23122	642403	1834953	97102	1737851
晋中市	Jinzhong	56264	1190828	3900112	271316	3628796
运城市	Yuncheng	115413	1437820	5033977	286340	4747637
忻州市	Xinzhou	60429	1012218	3101715	129489	2972226
临汾市	Linfen	73767	1401767	4234319	197553	4036766
吕梁市	Lvliang	59114	1218931	3579958	166150	3413808

19-60 普通小学基本情况(2018年)

BASIC STATISTICS ON REGULAR PRIMARY SCHOOLS(2018)

单位：人 (person)

市名 City		学校数(所) Number of Schools (unit)	毕业生数 Number of Graduates	招生数 Number of New Students Enrolment	在校学生数 Number of Students Enrolment	专任教师数 Number of Full-time Teachers
全省	**Total**	**5445**	**401470**	**400913**	**2284991**	**168018**
太原市	Taiyuan	441	45506	57891	310437	19014
大同市	Datong	357	32993	31566	195376	16729
阳泉市	Yangquan	261	14592	12960	79058	5259
长治市	Changzhi	507	38054	36100	205644	14132
晋城市	Jincheng	448	22190	18789	110238	8631
朔州市	Shuozhou	169	23926	21462	131911	8609
晋中市	Jinzhong	658	41261	38979	233990	14979
运城市	Yuncheng	814	51400	56367	296293	24778
忻州市	Xinzhou	433	34051	31263	180732	15123
临汾市	Linfen	788	50648	47950	269486	21741
吕梁市	Lvliang	569	46849	47586	271826	19023

19-61 普通中学基本情况(2018年)
BASIC STATISTICS ON REGULAR SECONDARY SCHOOLS(2018)

单位：人 (person)

市名 City	学校数(所) Number of Schools (unit)			毕业生数 Number of Graduates		
	合计 Total	初中 Junior	高中 Senior	合计 Total	初中 Junior	高中 Senior
全省 Total	**2299**	**1787**	**512**	**586050**	**338439**	**247611**
太原市 Taiyuan	227	137	90	62812	35568	27244
大同市 Datong	201	156	45	49264	29266	19998
阳泉市 Yangquan	82	66	16	20879	12147	8732
长治市 Changzhi	204	152	52	55078	30716	24362
晋城市 Jincheng	157	123	34	40260	22307	17953
朔州市 Shuozhou	86	60	26	40168	23742	16426
晋中市 Jinzhong	234	195	39	51220	32418	18802
运城市 Yuncheng	318	246	72	83754	47823	35931
忻州市 Xinzhou	235	199	36	45952	26252	19700
临汾市 Linfen	269	208	61	71356	40813	30543
吕梁市 Lvliang	286	245	41	65307	37387	27920

市名 City	招生数 New Students Enrolment			在校学生数 Number of Students Enrolment		
	合计 Total	初中 Junior	高中 Senior	合计 Total	初中 Junior	高中 Senior
全省 Total	**600486**	**393473**	**207013**	**1816924**	**1137656**	**679268**
太原市 Taiyuan	64637	41229	23408	199250	122367	76883
大同市 Datong	50198	31815	18383	148127	88627	59500
阳泉市 Yangquan	21840	14523	7317	66379	42546	23833
长治市 Changzhi	55933	37377	18556	171560	108249	63311
晋城市 Jincheng	35470	21711	13759	112590	67201	45389
朔州市 Shuozhou	41884	27283	14601	124992	78073	46919
晋中市 Jinzhong	61003	42169	18834	175046	117874	57172
运城市 Yuncheng	81344	52612	28732	252492	156053	96439
忻州市 Xinzhou	48210	31767	16443	145497	90678	54819
临汾市 Linfen	72290	47998	24292	218566	138012	80554
吕梁市 Lvliang	67677	44989	22688	202425	127976	74449

19-61 续表 continued

单位：人 (person)

市 名 City	专任教师数 Number of Full-time Teachers		
	合 计 Total	初 中 Junior	高 中 Senior
全 省 Total	**172249**	**108356**	**63893**
太原市 Taiyuan	19689	11878	7811
大同市 Datong	15277	9894	5383
阳泉市 Yangquan	5700	3753	1947
长治市 Changzhi	15128	9352	5776
晋城市 Jincheng	10875	6660	4215
朔州市 Shuozhou	10425	6020	4405
晋中市 Jinzhong	15809	10564	5245
运城市 Yuncheng	25472	15848	9624
忻州市 Xinzhou	14104	8978	5126
临汾市 Linfen	20942	13376	7566
吕梁市 Lvliang	18828	12033	6795

19-62 村卫生室情况(2018年)

MAIN INDICATORS OF RURAL CLINICS (2018)

单位：人 (person)

市 名 City	机构数(个) Institutions (unit)	执业(助理)医师 Licensed (Assistant) Doctors	注册护士 Registered Nurses	乡村医生 Rural Doctors	卫生员 Health Workers
全 省 Total	**28338**	**4903**	**496**	**33148**	**2492**
太原市 Taiyuan	957	447	21	1248	48
大同市 Datong	1827	335	23	2211	106
阳泉市 Yangquan	923	178	17	1235	114
长治市 Changzhi	3775	514	33	3693	366
晋城市 Jincheng	2251	293	22	2481	124
朔州市 Shuozhou	1663	126	16	1657	186
晋中市 Jinzhong	2812	433	97	3888	132
运城市 Yuncheng	3532	850	80	4181	549
忻州市 Xinzhou	3562	287	40	4601	157
临汾市 Linfen	3520	966	61	3866	275
吕梁市 Lvliang	3516	474	86	4087	435

19-63 卫生机构数(2018年)
HEALTH CARE INSTITUTIONS(2018)

单位：个 (unit)

市 名 City	总 计 Total	#医 院 Hospitals	#疾病预防控制中心 Diseases Prevention and Control Centre	#妇幼保健院(所、站) Maternity and Child Care Centres
全 省 Total	**13740**	**1368**	**135**	**134**
太原市 Taiyuan	2748	163	14	10
大同市 Datong	1410	122	13	14
阳泉市 Yangquan	664	49	6	7
长治市 Changzhi	929	103	14	15
晋城市 Jincheng	904	85	7	7
朔州市 Shuozhou	567	69	7	7
晋中市 Jinzhong	955	111	12	12
运城市 Yuncheng	1906	267	14	15
忻州市 Xinzhou	1099	110	15	15
临汾市 Linfen	1384	186	19	18
吕梁市 Lvliang	1174	103	14	14

19-64 卫生机构床位数和人员情况(2018年)
BEDS AND PERSONNELS IN HEALTH CARE INSTITUTIONS(2018)

单位：人 (person)

市 名 City	卫生机构床位数(张) Beds (unit)	卫生技术人员 Medical Technical Personnels	#执业(助理)医师 Licensed (Assistant) Doctors	#注册护士 Registered Nurses
全 省 Total	**208298**	**240655**	**94314**	**103335**
太原市 Taiyuan	39917	60801	22571	29468
大同市 Datong	21108	21991	9176	9185
阳泉市 Yangquan	7473	10247	3881	4658
长治市 Changzhi	18441	21002	8060	9062
晋城市 Jincheng	12816	13576	5582	5319
朔州市 Shuozhou	8757	7279	3003	2665
晋中市 Jinzhong	17129	18789	6994	8190
运城市 Yuncheng	33424	29979	11636	12338
忻州市 Xinzhou	13323	14143	5780	5181
临汾市 Linfen	22168	26393	10636	10970
吕梁市 Lvliang	13742	16453	6995	6299

19-65 主要城市空气质量情况 (2018年)
AIR QUALITY IN MAJOR CITIES(2018)

市 名 City		空气质量达标天数(天) Days Reach the Standard of Air Quality (day)	细颗粒物($PM_{2.5}$)年平均浓度 ($\mu g/m^3$) Annual Average Concentration of $PM_{2.5}$	可吸入颗粒物(PM_{10})年平均浓度 ($\mu g/m^3$) Annual Average Concentration of PM_{10}	二氧化硫年平均浓度 ($\mu g/m^3$) Annual Average Concentration of SO_2
全 省	**Total**	**207**	**55**	**107**	**33**
太原市	Taiyuan	170	59	135	29
大同市	Datong	288	36	82	31
阳泉市	Yangquan	203	59	108	32
长治市	Changzhi	213	54	98	22
晋城市	Jincheng	161	60	118	25
朔州市	Shuozhou	242	44	109	35
晋中市	Jinzhong	210	55	110	37
运城市	Yuncheng	176	60	108	30
忻州市	Xinzhou	227	53	96	34
临汾市	Linfen	138	69	117	46
吕梁市	Lvliang	252	52	95	40

市 名 City		二氧化氮年平均浓度 ($\mu g/m^3$) Annual Average Concentration of NO_2	一氧化碳日均值第95百分位浓度 (mg/m^3) Daily Average 95th Percentile Concentration of CO	臭氧(O_3)日最大8小时第90百分位浓度 ($\mu g/m^3$) Daily Maximum 8 Hours Average 90th Percentile Concentration of O_3
全 省	**Total**	**40**	**2.5**	**182**
太原市	Taiyuan	52	1.9	191
大同市	Datong	29	3.1	153
阳泉市	Yangquan	45	2.2	184
长治市	Changzhi	31	2.4	189
晋城市	Jincheng	40	2.9	214
朔州市	Shuozhou	33	1.6	160
晋中市	Jinzhong	45	2.1	179
运城市	Yuncheng	31	3.3	189
忻州市	Xinzhou	44	2.0	166
临汾市	Linfen	40	3.6	217
吕梁市	Lvliang	45	2.4	163

19-66 城镇居民家庭生活基本情况(2018年)
BASIC LIVING CONDITIONS OF URBAN HOUSEHOLDS(2018)

单位：元 (yuan)

市 名 City	城镇居民人均可支配收入 Per Capita Disposable Income of Urban Households	工资性收入 Wages and Salaries	经营净收入 Net Business Income	财产净收入 Net Property Income	转移净收入 Net Transfer Income
全 省 Total	**31035**	**18572**	**2574**	**2286**	**7602**
太原市 Taiyuan	33672	19531	3056	3620	7465
大同市 Datong	29911	16989	4538	1611	6773
阳泉市 Yangquan	31474	20194	3009	1426	6845
长治市 Changzhi	32024	19477	2776	2414	7357
晋城市 Jincheng	32162	22509	2611	2413	4629
朔州市 Shuozhou	32849	20074	4876	2033	5867
晋中市 Jinzhong	32947	19035	5108	2537	6267
运城市 Yuncheng	29104	18378	2633	1350	6743
忻州市 Xinzhou	28341	19435	2959	1692	4255
临汾市 Linfen	30692	19384	4839	1572	4897
吕梁市 Lvliang	27323	18635	3096	1588	4004

市 名 City	城镇居民人均生活消费支出 Per Capita Living Expenditure of Urban Households	#食品烟酒 Food, Tobacco and Liquor	#衣 着 Clothing	#居 住 Residence	#教育文化娱乐 Education, Culture and Recreation
全 省 Total	**19790**	**4703**	**1821**	**4247**	**2638**
太原市 Taiyuan	19912	4229	1617	5008	2791
大同市 Datong	13936	4022	1561	2593	1697
阳泉市 Yangquan	17178	4863	1529	2218	2003
长治市 Changzhi	18288	4582	1871	1770	2282
晋城市 Jincheng	20139	4164	2103	4774	2427
朔州市 Shuozhou	17036	4069	1757	3484	2868
晋中市 Jinzhong	16121	4401	2088	2449	2407
运城市 Yuncheng	13641	3309	1381	2877	1724
忻州市 Xinzhou	14595	3552	1545	3125	2231
临汾市 Linfen	15759	3858	1705	3019	2055
吕梁市 Lvliang	15921	3447	1595	3533	2198

19-67 农村居民家庭生活基本情况(2018年)
BASIC LIVING CONDITIONS OF RURAL HOUSEHOLDS(2018)

单位：元 (yuan)

市 名 City	农村居民人均可支配收入 Per Capita Disposable Income of Rural Households	工资性收入 Wages and Salaries	经营净收入 Net Business Income	财产净收入 Net Property Income	转移净收入 Net Transfer Income
全 省 Total	**11750**	**5736**	**3075**	**193**	**2746**
太原市 Taiyuan	16860	9626	3497	605	3132
大同市 Datong	9710	4668	2941	128	1973
阳泉市 Yangquan	14078	8987	2909	148	2034
长治市 Changzhi	13818	6001	5090	228	2498
晋城市 Jincheng	13566	8655	2483	273	2155
朔州市 Shuozhou	13423	5497	4682	116	3129
晋中市 Jinzhong	13394	7378	3853	531	1632
运城市 Yuncheng	10916	4990	3831	413	1682
忻州市 Xinzhou	8302	3649	2810	481	1362
临汾市 Linfen	11630	5207	4410	140	1873
吕梁市 Lvliang	9034	5159	2215	178	1482

市 名 City	农村居民人均生活消费支出 Per Capita Living Expenditure of Rural Households	#食品烟酒 Food, Tobacco and Liquor	#衣 着 Clothing	#居 住 Residence	#教育文化娱乐 Education, Culture and Recreation
全 省 Total	**9172**	**2540**	**626**	**2076**	**1150**
太原市 Taiyuan	12365	3105	962	3091	1387
大同市 Datong	7623	2468	545	1572	855
阳泉市 Yangquan	10553	3466	791	1805	1473
长治市 Changzhi	10398	3615	793	1439	1131
晋城市 Jincheng	10318	2264	789	2663	1227
朔州市 Shuozhou	7923	2517	470	1584	1069
晋中市 Jinzhong	8893	2573	764	1605	830
运城市 Yuncheng	8710	2295	636	1794	978
忻州市 Xinzhou	7291	2578	487	1409	735
临汾市 Linfen	8863	2385	809	1785	940
吕梁市 Lvliang	7046	1969	585	1659	711

19-68 全体居民人均可支配收入

单位：元

年 份 Year	太原市 Taiyuan	大同市 Datong	阳泉市 Yangquan	长治市 Changzhi	晋城市 Jincheng
1978		148	186	99	130
1979		170		112	147
1980		186	234	120	153
1981		205		113	161
1982	415	295		150	197
1983		355		214	262
1984		463		321	316
1985		501	578	376	384
1986		512	676	366	417
1987		572	759	406	460
1988		637	825	484	558
1989		741	1042	560	617
1990	1402	844	1279	613	680
1991		854	1456	670	675
1992		941	1683	740	801
1993		1053	2000	906	1011
1994		1522	2507	1136	1211
1995		1909	3011	1575	1785
1996		2455	3370	1925	2228
1997		2862	3573	2284	2686
1998		2887	3388	2480	2854
1999		2398	3580	2533	2895
2000	5372	2803	3395	2859	3365
2001	5760	2838	3741	3198	3511
2002	6491	3694	4360	3753	3959
2003	7239	4030	4860	4208	4489
2004	8192	4390	5743	4829	5106
2005	9158	5093	6822	5481	5652
2006	10139	5811	7736	6092	6372
2007	11827	6828	9021	7284	7623
2008	13134	8061	10335	8334	8718
2009	13493	8586	11254	9043	9502
2010	14909	9772	12560	10066	11185
2011	17489	11741	15042	12064	13272
2012	19671	13621	16498	13846	15157
2013	21801	14844	17911	15072	16515
2014	23579	16122	19419	16501	17905
2015	25408	17472	20793	17889	19352
2016	27169	18594	21951	19117	20578
2017	28935	19895	23422	20551	22039
2018	31031	21590	25134	22307	23855

PER CAPTIA DISPOSABLE INCOME OF THE PROVINCIAL HOUSEHOLDS

(yuan)

朔州市 Shuozhou	晋中市 Jinzhong	运城市 Yuncheng	忻州市 Xinzhou	临汾市 Linfen	吕梁市 Lvliang
			86	100	
			112		
			105	113	97
			106		101
			163		146
			262		233
		355	354		286
		334	351	510	332
		351	326	555	325
		358	345	596	331
		398	433	658	415
556		452	476	739	437
632	699	513	512	825	498
830		540	506	945	467
893		612	632	1068	550
1022		793	785	1266	670
1441		954	1022	1654	859
1682	1577	1282	1261	2171	1027
2117		1793	1395	2576	1280
2512		2083	1763	2769	1542
2741		2242	1891	2926	1607
2407		2246	1560	3170	1214
3207	2775	2345	1881	2744	1735
2773	2991	2669	1898	2989	1908
3726	3445	3225	2429	3337	2472
4151	3851	3624	2797	3720	2774
4613	4425	4057	3155	4324	3229
5334	5185	4611	3540	5035	3942
5982	5907	5154	4056	5661	4710
7239	6985	6080	4847	6456	5537
8551	8312	6931	5690	7240	6621
9803	9307	7494	6210	7977	7216
11469	10486	8231	7451	9237	7715
13075	12462	9874	8904	10941	9205
14866	14399	11425	10377	12624	10744
16204	15727	12470	11272	13779	11557
17599	17213	13697	12325	15052	12623
18975	18631	14922	13415	16347	13591
20113	19783	16001	14371	17438	14429
21581	21128	17153	15506	18764	15554
23204	22908	18707	16896	20192	16883

19-69 城镇居民人均可支配收入

单位：元

年 份 Year	太原市 Taiyuan	大同市 Datong	阳泉市 Yangquan	长治市 Changzhi	晋城市 Jincheng
1978	313	277	251	348	300
1979	362	301	278	351	303
1980	385	346	308	375	308
1981	418	372	341	386	315
1982	454	401	377	379	321
1983	479	435	418	407	330
1984	601	515	463	486	468
1985	646	624	575	665	508
1986	804	799	711	775	573
1987	933	875	828	828	712
1988	1104	930	902	1040	835
1989	1417	1233	1201	1161	1061
1990	1573	1396	1527	1276	1141
1991	1819	1476	1767	1506	1254
1992	2188	1506	2038	1588	1479
1993	2723	1691	2423	1895	1752
1994	3209	2519	2972	2365	2426
1995	3939	3238	3503	3017	3091
1996	4109	3845	3833	3478	3369
1997	5086	4438	3954	4192	4150
1998	5371	4160	3634	4107	4151
1999	5587	4241	3944	4142	4341
2000	5954	4499	4349	4484	4769
2001	6406	4896	4954	5110	5265
2002	7241	5903	6055	5984	5951
2003	8082	6443	6814	6796	6852
2004	9111	6896	8252	7763	7804
2005	10166	7975	9319	8649	8543
2006	11350	9054	10538	9563	9661
2007	13234	10574	12212	11602	11758
2008	14608	12526	13981	13254	13336
2009	14917	13171	15027	14280	14220
2010	16433	14419	16551	15675	16187
2011	19186	16937	19622	18429	18775
2012	21507	19361	21071	20639	21024
2013	23873	21316	23115	22682	23126
2014	25768	23043	24825	24565	24907
2015	27727	24771	26414	26407	26651
2016	29632	26273	27801	28094	28223
2017	31469	27981	29581	30060	30142
2018	33672	29911	31474	32024	32162

PER CAPTIA DISPOSABLE INCOME OF URBAN HOUSEHOLDS

(yuan)

朔州市 Shuozhou	晋中市 Jinzhong	运城市 Yuncheng	忻州市 Xinzhou	临汾市 Linfen	吕梁市 Lvliang
			286	260	
			318		
			345	377	243
			340		250
			373		297
			376		330
		467	436		390
		605	560	636	448
		727	634	745	477
		804	676	787	538
		946	877	836	651
1272	1016	1170	908	932	757
1364	1093	1259	974	1020	855
1489	1313	1387	1095	1208	951
1762	1357	1596	1278	1364	1144
2236	1668	2265	1541	1610	1336
3032	2099	2305	2193	2153	1804
3606	2550	2753	2407	2780	2038
3977	3015	3277	2462	3178	2225
4412	3116	3903	3067	3277	2587
4395	3288	4016	3160	3423	2706
4611	3405	4256	3498	3810	2993
4977	3961	4453	3696	4227	3774
5112	4491	5035	4075	4802	4682
6139	5309	6105	4821	5304	5706
6835	6046	6921	5469	6017	6394
7483	6930	7608	6131	7131	7153
8417	8015	8569	6724	8213	8095
9386	9164	9470	7746	9312	9186
11155	10832	11271	9022	10576	10679
13178	12996	12616	10572	11919	12697
14514	14578	13266	11459	13102	13707
16349	16319	14032	13958	14880	13901
18891	18947	16279	16041	17442	15857
21734	21464	18452	18213	19783	18203
23886	23589	20408	20016	21820	20005
25725	25652	22226	21735	23610	21485
27500	27525	24049	23452	25498	22903
28989	29149	25636	24987	27085	24180
30989	30927	27302	26536	28873	25704
32849	32947	29104	28341	30692	27323

19-70 城镇居民人均消费支出

单位：元

年 份 Year	太原市 Taiyuan	大同市 Datong	阳泉市 Yangquan	长治市 Changzhi	晋城市 Jincheng
1978	306	275	256	283	230
1979	340	300	277	295	236
1980	374	323	300	325	257
1981	389	383	325	337	299
1982	403	388	352	346	305
1983	418	414	384	366	315
1984	501	461	406	404	369
1985	585	567	540	533	451
1986	723	705	658	629	547
1987	846	752	739	655	671
1988	1070	958	910	868	838
1989	1261	1008	1166	1024	976
1990	1357	1101	1176	1040	1002
1991	1601	1149	1354	1147	1097
1992	1884	1304	1581	1253	1299
1993	2314	1489	1849	1555	1444
1994	2762	2129	2485	1854	1938
1995	3409	2874	2949	2397	2394
1996	3490	3335	2993	3033	2685
1997	4257	3526	3171	3570	2853
1998	4440	3382	3144	3125	2510
1999	4625	3443	3290	2901	2900
2000	5222	3444	3751	3373	3269
2001	5016	3589	3586	3698	3530
2002	5770	4076	3821	4217	4215
2003	6096	4269	4228	4624	4748
2004	6747	4489	5117	5110	5631
2005	7351	5078	6212	5530	5807
2006	8554	5375	6454	6467	6509
2007	10136	5881	7775	7816	7513
2008	9936	6567	8768	8140	9058
2009	10692	6631	8802	8649	9286
2010	10976	6964	10256	8980	10363
2011	11887	8410	11988	10438	12530
2012	12672	9234	12503	11753	14338
2013	13584	9803	12584	12483	14057
2014	14430	10494	12941	13319	14315
2015	15455	11342	13795	14411	16472
2016	16775	11785	15077	15724	17355
2017	18234	12776	13789	16997	18158
2018	19912	13936	17178	18288	20139

PER CAPTIA CONSUMPTION EXPENDITURE OF URBAN HOUSEHOLDS

(yuan)

朔州市 Shuozhou	晋中市 Jinzhong	运城市 Yuncheng	忻州市 Xinzhou	临汾市 Linfen	吕梁市 Lvliang
			245	236	
			293		178
			327	350	211
			343		231
			360		251
			376		291
		421	380		351
		608	530	598	438
		664	679	692	459
		814	659	732	468
		931	833	786	566
1009	796	1103	858	780	659
1173	841	1183	933	795	739
1102	1140	1173	1065	946	828
1299	1056	1278	1155	975	996
1687	1313	1347	1242	1147	1163
2083	1587	1811	1957	1492	1570
2747	1938	2165	2339	1940	1980
3370	2488	2925	2300	2344	2733
3507	2454	3212	2419	2527	2758
3396	2459	2792	2204	2492	2546
3639	2739	3342	2732	2653	2798
4121	3239	3028	2912	3027	3140
3663	3417	3308	2960	3263	3373
4346	3879	4171	3768	3959	4048
4473	4216	4489	3976	4197	4232
4875	4566	4498	4120	4748	4971
5417	5273	4743	4373	5257	6154
5998	5766	5386	4646	5897	6691
7562	6682	5639	5795	6625	6786
9178	7676	7334	7040	7498	8221
9372	8868	6803	8306	7922	8057
9480	9235	6263	8860	8824	8088
10808	10241	7743	9020	11133	9195
12381	10962	8034	9202	11436	9360
13347	11826	8822	9893	10506	10307
13633	12689	9863	10317	10523	12246
14096	13459	11228	11175	12502	12825
14364	14038	11405	12160	13388	13710
13172	15052	12327	13169	14665	14651
14800	16121	13641	14595	15759	15921

19-71 农村居民人均可支配收入

单位：元

年 份 Year	太原市 Taiyuan	大同市 Datong	阳泉市 Yangquan	长治市 Changzhi	晋城市 Jincheng
1978	116	95	132	62	114
1979	147	114	168	74	132
1980	156	112	171	78	138
1981	155	126	191	65	145
1982	259	245	227	109	183
1983	312	316	328	178	254
1984	458	435	478	290	298
1985	526	434	584	318	369
1986	556	351	599	279	397
1987	590	399	605	314	425
1988	660	464	642	361	519
1989	715	444	660	425	553
1990	763	515	684	463	611
1991	776	482	702	479	587
1992	864	598	810	544	695
1993	970	653	941	668	890
1994	1166	886	1224	831	1001
1995	1444	1039	1639	1211	1552
1996	2017	1512	2055	1518	2009
1997	2407	1766	2466	1770	2393
1998	2684	1982	2661	2032	2584
1999	2586	1068	2599	2084	2581
2000	2650	1495	2596	2209	2636
2001	2748	1255	2723	2436	2603
2002	3091	1856	2877	2662	2719
2003	3374	1986	3112	2902	2958
2004	3898	2216	3437	3284	3299
2005	4434	2412	3748	3599	3619
2006	4958	2684	4140	3922	3971
2007	5612	3062	4724	4452	4476
2008	6420	3389	5427	4991	4905
2009	6904	3629	5801	5396	5313
2010	7703	4112	6572	6032	5970
2011	8995	4996	7691	7177	7129
2012	10201	5710	8699	8218	8134
2013	11425	6441	9760	9229	9135
2014	12616	7137	10742	10311	10087
2015	13626	7708	11494	11095	10914
2016	14591	8217	12172	11863	11635
2017	15595	8862	12963	12705	12511
2018	16860	9710	14078	13818	13566

PER CAPTIA DISPOSABLE INCOME OF RURAL HOUSEHOLDS

(yuan)

朔州市 Shuozhou	晋中市 Jinzhong	运城市 Yuncheng	忻州市 Xinzhou	临汾市 Linfen	吕梁市 Lvliang
77	98	101	66	76	83
99	125	119	89	95	86
102	108	117	78	63	82
116	119	128	79	104	85
277	181	239	138	170	130
349	274	265	248	210	222
472	315	343	344	334	274
373	355	303	324	335	318
332	385	306	283	283	305
383	425	303	296	313	303
441	517	329	364	384	383
445	550	360	407	440	392
521	606	417	439	501	448
728	590	428	412	507	398
750	654	480	525	573	465
807	761	586	651	689	572
1098	1016	753	793	809	715
1229	1317	1054	1027	1130	869
1660	1703	1556	1170	1528	1128
2027	2032	1783	1480	1872	1368
2308	2161	1939	1608	2040	1418
1809	2104	1889	1108	2016	894
2229	2208	1966	1210	2201	1152
1490	2276	2011	1098	2328	1122
2317	2437	2168	1416	2476	1377
2535	2626	2334	1625	2681	1499
2813	2968	2604	1789	2995	1776
3103	3339	2827	1939	3351	2006
3427	3678	3075	2104	3628	2483
4185	4246	3420	2539	4103	2804
4780	4826	3839	2859	4439	3233
5181	5252	4156	3061	4802	3464
5974	5879	4741	3487	5351	3937
7108	6996	5690	4185	6158	4801
8097	8032	6458	4834	6983	5429
9149	9100	7285	5491	7862	6140
10137	10100	8125	6104	8755	6754
10816	10877	8718	6550	9376	7193
11478	11525	9365	7025	10005	7644
12305	12297	9992	7588	10742	8232
13423	13394	10916	8302	11630	9034

19–72 农村居民人均消费支出

单位：元

年 份 Year	太原市 Taiyuan	大同市 Datong	阳泉市 Yangquan	长治市 Changzhi	晋城市 Jincheng
1978		90	99		101
1979		98	124		113
1980		99	125		146
1981		108	138		146
1982		196	163		138
1983		287	239		180
1984		328	349		185
1985		319	418		291
1986		287	437		320
1987		299	436		357
1988		344	462		442
1989		338	475		443
1990		367	486		463
1991		389	498		507
1992		458	567		512
1993		564	871		579
1994		643	1055		623
1995		670	1085		1072
1996		821	1393		1096
1997		843	1438		1418
1998		863	1552		1316
1999	1657	945	1255		1252
2000	1657	917	1534		1364
2001	1639	887	1639		1547
2002	2092	898	1928	1441	1672
2003	2278	1052	2129	1494	1893
2004	2621	1124	2636	1791	2101
2005	2847	1411	2684	2176	2375
2006	3140	1476	3494	2607	2588
2007	3601	1758	3753	3124	2982
2008	4137	2058	3933	3756	3383
2009	4288	2085	3894	4077	3651
2010	4578	2721	4047	4670	3853
2011	6944	4118	4998	5636	5289
2012	7730	4640	5342	6651	6044
2013	8743	4993	6294	7323	7609
2014	9444	5454	7468	7996	7973
2015	10124	5961	7994	8524	8194
2016	10929	6292	8968	9025	9297
2017	11546	6814	9541	9611	9278
2018	12365	7623	10553	10398	10318

PER CAPTIA CONSUMPTION EXPENDITURE OF RURAL HOUSEHOLDS

(yuan)

朔州市 Shuozhou	晋中市 Jinzhong	运城市 Yuncheng	忻州市 Xinzhou	临汾市 Linfen	吕梁市 Lvliang
			57		70
			75		72
			69		65
			69		62
			117		68
	192		206		179
	228		292		180
	252		263		240
	283		235	256	269
	328		242	271	281
	375		287	330	326
399	428		346	354	337
459	496		364	390	381
412	507		321	403	318
444	518		404	403	405
471	692		533	511	928
527	792		642	561	981
690	1109		863	613	852
905	1191	1200	995	972	1079
819	1226	1150	1199	990	979
713	1145	1136	1243	904	943
851	1321	1136	946	965	884
807	1252	1171	1010	1051	1013
858	1306	1288	911	1119	1122
963	1535	1378	955	1204	1048
1556	1659	1416	1098	1339	1276
1683	1986	1587	1190	1668	1571
1743	2173	1855	1887	1859	1914
1904	2399	2260	2023	2107	2327
2327	2642	2531	2543	2551	2547
2974	2890	2846	2894	2894	3053
2827	3074	2904	3079	3118	3271
3369	3801	3010	3450	3422	3510
4922	5352	4141	4160	4281	4120
5544	5971	4671	4850	4483	4530
6941	6330	5569	5949	5113	5021
6431	6851	6126	6412	6009	5403
6837	7334	6838	6500	6623	5572
7698	7737	7513	6650	7664	5940
7759	8097	7730	6883	8157	6369
7923	8893	8710	7291	8863	7046

20

县（市、区）篇

COUNTIES, CITIES AND DISTRICTS AT COUNTY LEVEL

20-1 常住人口数(2018年)
RESIDENT POPULATION(2018)

单位：人 (person)

县(市、区)	Region	总户数(户) Number of Households (household)	常住人口 Resident Population	按性别分 by Sex		按城镇、乡村分 by Residence	
				男 Male	女 Female	城镇人口 Urban	乡村人口 Rural
太原市	**Taiyuan**						
小店区	Xiaodian	195908	854330	429923	424407	782566	71764
迎泽区	Yingze	160020	620957	302272	318685	603508	17449
杏花岭区	Xinghualing	186304	673998	333956	340042	649195	24803
尖草坪区	Jiancaoping	112606	437193	222462	214731	410655	26538
万柏林区	Wanbailin	171943	796629	404780	391849	777510	19119
晋源区	Jinyuan	67408	233683	117481	116202	155297	78386
清徐县	Qingxu	124670	356318	181189	175129	125089	231229
阳曲县	Yangqu	63820	123851	64592	59259	45529	78322
娄烦县	Loufan	53137	109136	57427	51709	44113	65023
古交市	Gujiao	79487	215363	112599	102764	159262	56101
大同市	**Datong**						
新荣区	Xinrong	54868	128353	67098	61255	48695	79658
平城区	Pingcheng	306389	938794	466891	471903	857979	80815
云冈区	Yungang	246201	743024	375441	367583	635865	107159
云州区	Yunzhou	84439	193792	100240	93552	83329	110463
阳高县	Yanggao	109411	267316	136858	130458	116360	150956
天镇县	Tianzhen	100705	229812	117001	112811	92734	137078
广灵县	Guangling	78041	191341	100477	90864	62042	129299
灵丘县	Lingqiu	102860	244109	128241	115868	82481	161628
浑源县	Hunyuan	137038	356654	182671	173983	149971	206683
左云县	Zuoyun	60947	162801	82283	80518	81253	81548
阳泉市	**Yangquan**						
城　区	Chengqu	74956	199779	98725	101054	199779	
矿　区	Kuangqu	89050	252353	126860	125493	252353	
郊　区	Jiaoqu	94689	292260	152034	140226	218756	73504
平定县	Pingding	142249	345723	177168	168555	155310	190413
盂　县	Yuxian	132044	324245	163783	160462	142440	181805
长治市	**Changzhi**						
潞州区	Luzhou	228131	811829	409660	402169	728669	83160
上党区	Shangdang	121025	356075	176876	179199	149078	206997
屯留区	Tunliu	102365	273729	140919	132810	117431	156298
潞城区	Lucheng	76679	236589	119494	117095	141760	94829
襄垣县	Xiangyuan	89612	279500	142539	136961	142244	137256
平顺县	Pingshun	56919	151792	77736	74056	52645	99147
黎城县	Licheng	65900	162782	83587	79195	73184	89598
壶关县	Huguan	111979	300326	149890	150436	106490	193836
长子县	Zhangzi	129502	366459	185827	180632	131487	234972
武乡县	Wuxiang	75765	185762	97702	88060	72111	113651
沁　县	Qinxian	67091	178873	94837	84036	78929	99944
沁源县	Qinyuan	63846	164494	88225	76269	77557	86937

注：本表总户数为公安年报数。
Note: Number of households are obtained from public security department.

20-1 续表1 continued

单位：人 (person)

县(市、区)	Region	总户数(户) Number of Households (household)	常住人口 Resident Population	按性别分 by Sex		按城镇、乡村分 by Residence	
				男 Male	女 Female	城镇人口 Urban	乡村人口 Rural
晋城市	**Jincheng**						
城　区	Chengqu	139546	500845	252325	248520	500845	
沁水县	Qinshui	80575	217643	111349	106294	97209	120434
阳城县	Yangcheng	167384	394501	196609	197892	191755	202746
陵川县	Lingchuan	91443	237099	120616	116483	102991	134108
泽州县	Zezhou	191929	495993	248799	247194	243550	252443
高平市	Gaoping	161791	497025	245969	251056	266802	230223
朔州市	**Shuozhou**						
朔城区	Shuocheng	180251	526904	268717	258187	346798	180106
平鲁区	Pinglu	85479	211410	112034	99376	115515	95895
山阴县	Shanyin	103234	247756	129417	118339	135732	112024
应　县	Yingxian	131119	339890	176486	163404	136948	202942
右玉县	Youyu	50260	116300	62420	53880	63782	52518
怀仁市	Huairen	122132	338959	175855	163104	204194	134765
晋中市	**Jinzhong**						
榆次区	Yuci	224073	668836	335035	333801	526058	142778
榆社县	Yushe	57001	140353	75755	64598	59024	81329
左权县	Zuoquan	67219	167353	87047	80306	77306	90047
和顺县	Heshun	56040	147743	76362	71381	70957	76786
昔阳县	Xiyang	102183	231783	121236	110547	91413	140370
寿阳县	Shouyang	86003	214745	115377	99368	90782	123963
太谷县	Taigu	116596	313303	166520	146783	156702	156601
祁　县	Qixian	108934	275524	143997	131527	117305	158219
平遥县	Pingyao	210145	523979	271334	252645	246348	277631
灵石县	Lingshi	103488	274147	141932	132215	153261	120886
介休市	Jiexiu	167914	423810	218356	205454	283339	140471
运城市	**Yuncheng**						
盐湖区	Yanhu	236491	710322	355208	355114	518002	192320
临猗县	Linyi	171616	595476	299004	296472	264797	330679
万荣县	Wanrong	137210	458711	231632	227079	155670	303041
闻喜县	Wenxi	130818	422160	216346	205814	218373	203787
稷山县	Jishan	117360	363265	184586	178679	153710	209555
新绛县	Xinjiang	101969	347891	175564	172327	159157	188734
绛　县	Jiangxian	85952	293098	146832	146266	164013	129085
垣曲县	Yuanqu	87674	241148	123797	117351	126902	114246
夏　县	Xiaxian	111048	367724	185704	182020	132471	235253
平陆县	Pinglu	97272	269188	137604	131584	98385	170803
芮城县	Ruicheng	149731	412587	206469	206118	212387	200200
永济市	Yongji	141890	464224	236601	227623	249876	214348
河津市	Hejin	127886	413858	214456	199402	236557	177301
忻州市	**Xinzhou**						
忻府区	Xinfu	232363	567072	284853	282219	370963	196109
定襄县	Dingxiang	102158	225356	114324	111032	98648	126708
五台县	Wutai	139831	307190	159163	148027	126192	180998
代　县	Daixian	94212	221010	114714	106296	102699	118311

20-1 续表2 continued

单位：人 (person)

县(市、区)	Region	总户数(户) Number of Households (household)	常住人口 Resident Population	按性别分 by Sex		按城镇、乡村分 by Residence	
				男 Male	女 Female	城镇人口 Urban	乡村人口 Rural
繁峙县	Fanshi	116624	277056	144612	132444	129910	147146
宁武县	Ningwu	68679	166083	88988	77095	85186	80897
静乐县	Jingle	60285	161922	85989	75933	70270	91652
神池县	Shenchi	45819	109235	57304	51931	47286	61949
五寨县	Wuzhai	52309	111381	58430	52951	55122	56259
岢岚县	Kelan	38276	87056	45871	41185	43961	43095
河曲县	Hequ	64735	149938	78253	71685	77638	72300
保德县	Baode	65106	165875	87721	78154	74641	91234
偏关县	Pianguan	46144	115868	60048	55820	57008	58860
原平市	Yuanping	198019	506949	260582	246367	276726	230223
临汾市	**Linfen**						
尧都区	Yaodu	268543	988804	491671	497133	708637	280167
曲沃县	Quwo	65757	248020	124654	123366	106526	141494
翼城县	Yicheng	98760	323389	161701	161688	133680	189709
襄汾县	Xiangfen	182502	461495	231102	230393	199690	261805
洪洞县	Hongtong	275756	764551	388120	376431	341399	423152
古　县	Guxian	34698	96083	50493	45590	42415	53668
安泽县	Anze	34247	85582	44666	40916	37474	48108
浮山县	Fushan	49321	131379	66093	65286	54838	76541
吉　县	Jixian	40667	110480	57051	53429	43441	67039
乡宁县	Xiangning	81790	243166	127372	115794	98169	144997
大宁县	Daning	25838	67182	35288	31894	31340	35842
隰　县	Xixian	41079	107956	56012	51944	49951	58005
永和县	Yonghe	25155	66183	34665	31518	29235	36948
蒲　县	Puxian	37440	111858	58487	53371	54304	57554
汾西县	Fenxi	56289	150389	78107	72282	70203	80186
侯马市	Houma	80974	249574	126276	123298	168964	80610
霍州市	Huozhou	128753	294173	148892	145281	194167	100006
吕梁市	**Lvliang**						
离石区	Lishi	110383	338491	171755	166736	279020	59471
文水县	Wenshui	168354	439513	223313	216200	178576	260937
交城县	Jiaocheng	86864	239093	122712	116381	129614	109479
兴　县	Xingxian	103161	291228	151524	139704	126860	164368
临　县	Linxian	247153	600267	311483	288784	219340	380927
柳林县	Liulin	127681	332369	176722	155647	148703	183666
石楼县	Shilou	45458	116391	61484	54907	54751	61640
岚　县	Lanxian	68764	181155	93969	87186	71122	110033
方山县	Fangshan	63005	148749	78518	70231	58683	90066
中阳县	Zhongyang	58010	147048	77976	69072	92656	54392
交口县	Jiaokou	45941	124526	64956	59570	55528	68998
孝义市	Xiaoyi	185384	490624	252988	237636	338091	152533
汾阳市	Fenyang	166751	436148	220745	215403	212624	223524

20-2 城镇非私营单位就业人员和工资(2018年)

NUMBER AND WAGE OF EMPLOYEES IN URBAN NON-PRIVATE UNITS(2018)

县(市、区)	Region	就业人员 (人) Employees (person)	工资总额 (万元) Total Wage (10 000 yuan)	平均工资 (元) Average Wage (yuan)	#在岗职工 Fully Employed
太 原 市	**Taiyuan**				
小店区	Xiaodian	163901	1238264	75710	81306
迎泽区	Yingze	149570	1234007	83695	87397
杏花岭区	Xinhualing	252517	2496653	99455	100187
尖草坪区	Jiancaoping	69033	517335	74660	76154
万柏林区	Wanbailin	181690	1409017	76450	76927
晋源区	Jinyuan	16182	106483	65804	69711
清徐县	Qingxu	27161	131458	48233	48978
阳曲县	Yanqu	9371	51584	55652	55750
娄烦县	Loufan	5665	31499	55049	60039
古交市	Gujiao	18343	118247	64602	65314
综合示范区	Comprehensive Reform Demonstration Area	146928	893962	59403	59655
大 同 市	**Datong**				
新荣区	Xinrong	10355	55476	53620	55039
平城区	Pingcheng	115726	736056	63302	64755
云冈区	Yungang	190699	1222235	63728	64991
云州区	Yunzhou	8669	51758	59301	60120
阳高县	Yanggao	9226	62609	67394	67413
天镇县	Tianzhen	6280	27193	42716	42716
广灵县	Guangling	7843	48634	62851	68113
灵丘县	Lingqiu	11267	63901	57667	59862
浑源县	Hunyuan	10685	82035	66760	66793
左云县	Zuoyun	15194	87883	57898	58186
开发区	Development Zone	8668	38966	47009	47204
阳 泉 市	**Yangquan**				
城　区	Chengqu	50810	325191	63544	65546
矿　区	Kuangqu	96130	583475	61840	62037
郊　区	Jiaoqu	33813	221439	66841	68603
平定县	Pingding	25461	142642	55719	59075
盂　县	Yuxian	35827	183472	51585	51772
长 治 市	**Changzhi**				
城　区	Chengqu	112108	611786	55040	56912
郊　区	Jiaoqu	30217	199063	65414	66679
长治县	Changzhixian	41680	263996	63551	65975
襄垣县	Xiangyuan	69549	475854	68243	68778
屯留县	Tunliu	27688	169257	61068	62469
平顺县	Pingshun	9163	44341	48370	58231
黎城县	Licheng	7927	41019	52041	52208
壶关县	Huguan	16427	85591	53265	53195
长子县	Zhangzi	31362	234565	74905	75464
武乡县	Wuxiang	16168	93174	56220	58518
沁　县	Qinxian	6692	38496	57320	60297
沁源县	Qinyuan	31015	159380	52589	55296
潞城市	Lucheng	28485	147568	51631	52082
高新区	High-tech Zone	2543	9796	37925	37786

20-2 续表1

县(市、区)	Region	就业人员(人) Employees (person)	工资总额(万元) Total Wage (10 000 yuan)	平均工资(元) Average Wage (yuan)	#在岗职工 Fully Employed
晋 城 市	**Jincheng**				
城　区	Chengqu	61240	398903	63880	64627
沁水县	Qingshui	34308	246102	71295	73261
阳城县	Yangcheng	46576	275867	59572	60650
陵川县	Lingchuan	13552	78544	58602	60604
泽州县	Zezhou	40692	251133	61903	62119
高平市	Gaoping	56250	324789	58215	61016
市直管	City-administered	65613	537645	81555	85263
开发区	Development Zone	35054	174475	51465	51506
朔 州 市	**Shuozhou**				
朔城区	Shuocheng	56700	355677	62697	64506
平鲁区	Pinglu	33138	241995	73858	73867
山阴县	Shanyin	19997	130452	65233	67547
应　县	Yingxian	13644	67320	48967	50187
右玉县	Yuoyu	9302	63053	68092	68918
怀仁市	Huairen	38636	215454	55316	57552
开发区	Development Zone	13512	95534	69860	71490
晋 中 市	**Jinzhong**				
榆次区	Yuci	110042	732580	66477	71086
榆社县	Yushe	12100	73540	62022	63592
左权县	Zuoquan	12863	74866	58389	58707
和顺县	Heshun	19073	112696	58763	58796
昔阳县	Xiyang	21341	139924	66177	66763
寿阳县	Shouyang	30304	224669	74418	74883
太谷县	Taigu	21348	133207	61468	62074
祁　县	Qixian	16619	90109	55613	55992
平遥县	Pingyao	25071	143095	57224	59970
灵石县	Lingshi	26282	157258	59428	60843
介休市	Jiexiu	54427	333607	62125	63811
运 城 市	**Yuncheng**				
盐湖区	Yanhu	112636	666341	59912	63669
临猗县	Linyi	15304	91049	59154	59156
万荣县	Wanrong	12715	74863	57138	58027
闻喜县	Wenxi	25858	186332	72636	72704
稷山县	Jishan	12268	65643	54507	55657
新绛县	Xinjiang	11089	66545	60015	60206
绛　县	Jiangxian	14199	82103	57451	57757
垣曲县	Yuanqu	24204	143188	57798	58216
夏　县	Xiaxian	11423	62376	54448	54637
平陆县	Pinglu	11679	64539	54542	57321
芮城县	Ruicheng	17155	107412	62514	63059
永济市	Yongji	26333	158675	61777	62735
河津市	Hejin	50727	260207	54784	56609

20-2 续表2

县(市、区)	Region	就业人员(人) Employees (person)	工资总额(万元) Total Wage (10 000 yuan)	平均工资(元) Average Wage (yuan)	#在岗职工 Fully Employed
忻 州 市	**Xinzhou**				
忻府区	Xinfu	71875	364430	50405	51368
定襄县	Dingxiang	8803	40137	46044	48525
五台县	Wutai	12177	65272	53971	53978
代　县	Daixian	7643	44899	54621	55275
繁峙县	Fanshi	17526	74015	45830	50022
宁武县	Ningwu	20500	123232	59737	59673
静乐县	Jingle	11554	64155	55632	60422
神池县	Shenchi	6093	35095	57694	59534
五寨县	Wuzhai	5866	34696	59218	60319
岢岚县	Kelan	4927	24146	49519	49519
河曲县	Hequ	12326	101682	82207	82812
保德县	Baode	13457	93628	69262	69150
偏关县	Pianguan	6620	46786	70556	71596
原平市	Yuanping	31803	175512	55153	56579
五台山风景名胜区	Wutai Mount Scenic Area	2965	14316	46924	52600
临 汾 市	**Linfen**				
尧都区	Yaodu	88441	600601	67400	69971
曲沃县	Quwo	11822	68102	58316	60516
翼城县	Yicheng	16871	90967	53375	54208
襄汾县	Xiangfen	15634	98662	63801	65003
洪洞县	Hongtong	46730	256912	55172	55297
古　县	Guxian	9398	58325	61563	63097
安泽县	Anze	9126	53757	60421	63289
浮山县	Fushan	8998	52460	61235	64983
吉　县	Jixian	8081	46729	57790	58940
乡宁县	Xiangning	23539	150318	64083	64092
大宁县	Daning	4829	27425	57027	58678
隰　县	Xixian	8124	43481	53468	58415
永和县	Yonghe	4406	25813	58507	61644
蒲　县	Puxian	15666	94729	60615	60636
汾西县	Fenxi	6280	32024	51395	51406
侯马市	Houma	27758	149696	54246	56179
霍州市	Huozhou	34823	228676	64490	64909
吕 梁 市	**Lvliang**				
离石区	Lishi	59609	338151	56955	61549
文水县	Wenshui	25044	141893	55211	57159
交城县	Jiaocheng	19661	137117	69007	69251
兴　县	Xingxian	21294	164318	78049	81961
临　县	Linxian	23270	168452	72543	74960
柳林县	Liulin	44468	320231	70786	72963
石楼县	Shilou	6216	34544	55581	60632
岚　县	Lanxian	12272	75698	64058	64194
方山县	Fangshan	12175	82413	66478	67782
中阳县	Zhongyang	15375	99664	64092	64168
交口县	Jiaokou	10259	56800	55906	56172
孝义市	Xiaoyi	56183	366114	64802	67502
汾阳市	Fenyang	36448	230898	68029	73295

20-3 地区生产总值(2018年)
GROSS DOMESTIC PRODUCT(2018)

单位：万元 (10 000 yuan)

县(市、区)	Region	地区生产总值 Gross Domestic Product	第一产业 Primary Industry	第二产业 Secondary Industry	第三产业 Tertiary Industry	人均地区生产总值(元) Per Capita GDP (yuan)
太原市	**Taiyuan**					
小店区	Xiaodian	9188828	82611	4576179	4530038	108267
迎泽区	Yingze	7750362	1929	984328	6764105	125409
杏花岭区	Xinghualing	6728367	5177	1366222	5356968	100203
尖草坪区	Jiancaoping	3275627	34675	2054174	1186778	75205
万柏林区	Wanbailin	4504581	2859	2443604	2058118	56899
晋源区	Jinyuan	733574	44562	265963	423049	31513
清徐县	Qingxu	1736571	139005	1028774	568792	48849
阳曲县	Yangqu	478909	65771	276555	136583	38768
娄烦县	Loufan	224124	23971	91525	108628	20582
古交市	Gujiao	366075	25422	157986	182667	17072
大同市	**Datong**					
城　区	Chengqu	1967423		702292	1265131	26142
矿　区	Kuangqu	286613		60614	225999	5531
南郊区	Nanjiao	3765247	87916	2310408	1366923	89182
新荣区	Xinrong	354502	45800	185181	123521	31567
阳高县	Yanggao	375922	116530	84531	174861	13302
天镇县	Tianzhen	273769	71943	83752	118074	12739
广灵县	Guangling	276321	59617	86164	130540	14475
灵丘县	Lingqiu	390529	41762	144739	204028	16033
浑源县	Hunyuan	412236	113631	103922	194683	11576
左云县	Zuoyun	530293	26078	229836	274379	32645
大同县	Datongxian	346750	79011	102371	165368	17920
阳泉市	**Yangquan**					
城　区	Chengqu	2150019	2112	313158	1834749	100261
矿　区	Kuangqu	1300115	883	944776	354456	51633
郊　区	Jiaoqu	1107323	15446	570839	521038	45235
平定县	Pingding	1052088	47400	563936	440752	30462
盂　县	Yuxian	1229350	40385	682853	506112	38002
长治市	**Changzhi**					
城　区	Chengqu	2489638	6137	483085	2000416	48101
郊　区	Jiaoqu	1802596	28207	1129913	644476	61744
长治县	Changzhixian	2052085	66942	1332027	653116	57764
襄垣县	Xiangyuan	2284977	66892	1659129	558956	81801
屯留县	Tunliu	1280059	67325	919305	293429	46824
平顺县	Pingshun	216056	27243	59052	129761	14241
黎城县	Licheng	298340	24198	83825	190317	18338
壶关县	Huguan	517493	56044	183449	278000	17262
长子县	Zhangzi	1637400	132451	1102103	402846	44794
武乡县	Wuxiang	573281	36174	255303	281804	30887
沁　县	Qinxian	290417	53882	62154	174381	16279
沁源县	Qinyuan	1229745	27224	857832	344689	74913
潞城市	Lucheng	1202397	45804	794863	361730	50908
晋城市	**Jincheng**					
城　区	Chengqu	3254906	6579	1025297	2223030	65285
沁水县	Qinshui	2287385	80014	1628121	579250	105348

20-3 续表1 continued

单位：万元 (10 000 yuan)

县(市、区)	Region	地区生产总值 Gross Domestic Product	第一产业 Primary Industry	第二产业 Secondary Industry	第三产业 Tertiary Industry	人均地区生产总值(元) Per Capita GDP (yuan)
阳城县	Yangcheng	2375027	85755	1457347	831925	60262
陵川县	Lingchuan	415258	53134	98859	263265	17536
泽州县	Zezhou	2795329	125800	1776411	893119	56433
高平市	Gaoping	2400480	140388	1421584	838508	48386
朔州市	**Shuozhou**					
朔城区	Shuocheng	3260685	110194	658935	2491556	62033
平鲁区	Pinglu	1920726	38743	1208522	673461	91071
山阴县	Shanyin	1796939	105485	641388	1050066	72561
应　县	Yingxian	751921	152238	134500	465183	22131
右玉县	Youyu	725803	61063	337819	326921	62522
怀仁市	Huairen	2323830	109798	1128651	1085381	68637
晋中市	**Jinzhong**					
榆次区	Yuci	2997849	218540	963539	1815770	45026
榆社县	Yushe	343706	47657	135470	160579	24536
左权县	Zuoquan	586136	41025	288049	257062	35098
和顺县	Heshun	588972	37355	310945	240672	39864
昔阳县	Xiyang	846213	54731	496074	295408	36509
寿阳县	Shouyang	1283759	132442	714322	436995	59788
太谷县	Taigu	963912	210887	243906	509119	30865
祁　县	Qixian	826900	185477	192811	448612	30057
平遥县	Pingyao	1186933	118563	394282	674088	22720
灵石县	Lingshi	2474250	39567	1610125	824558	90532
介休市	Jiexiu	2323238	53142	1484647	785449	54869
运城市	**Yuncheng**					
盐湖区	Yanhu	2768379	174350	784792	1809237	39091
临猗县	Linyi	1433982	439428	323148	671406	24109
万荣县	Wanrong	730958	187862	203710	339386	15972
闻喜县	Wenxi	1185403	119930	583778	481695	28163
稷山县	Jishan	929329	147214	354436	427679	25648
新绛县	Xinjiang	981234	182214	461701	337319	28247
绛　县	Jiangxian	623453	102689	223340	297424	21296
垣曲县	Yuanqu	634457	60873	299746	273838	26356
夏　县	Xiaxian	561997	218500	113653	229844	15320
平陆县	Pinglu	488031	107443	180843	199745	18164
芮城县	Ruicheng	918524	252319	263841	402364	22313
永济市	Yongji	1437432	235047	624950	577435	31035
河津市	Hejin	2371171	85807	1492197	793167	57444
忻州市	**Xinzhou**					
忻府区	Xinfu	1668726	104747	512797	1051182	29484
定襄县	Dingxiang	517402	49133	272819	195450	22967
五台县	Wutai	552711	55478	181495	315738	18004
代　县	Daixian	755899	30258	477799	247842	34204

20-3 续表2 continued

单位：万元 (10 000 yuan)

县(市、区)	Region	地区生产总值 Gross Domestic Product	第一产业 Primary Industry	第二产业 Secondary Industry	第三产业 Tertiary Industry	人均地区生产总值(元) Per Capita GDP (yuan)
繁峙县	Fanshi	696611	55991	368532	272088	25169
宁武县	Ningwu	623609	25379	385945	212285	37569
静乐县	Jingle	336475	39531	154072	142872	20802
神池县	Shenchi	253687	103331	31480	118876	23228
五寨县	Wuzhai	249906	48782	30346	170778	22443
岢岚县	Kelan	301315	45055	62898	193362	34613
河曲县	Hequ	1071447	39955	741702	289790	71534
保德县	Baode	957962	39212	706318	212432	57752
偏关县	Pianguan	323123	35780	153148	134195	27889
原平市	Yuanping	1581665	138142	795567	647956	31231
临汾市	**Linfen**					
尧都区	Yaodu	3089959	76216	680331	2333412	31350
曲沃县	Quwo	1016810	138996	534697	343117	41088
翼城县	Yicheng	755173	85267	230692	439214	23382
襄汾县	Xiangfen	1322140	136153	603987	582000	28667
洪洞县	Hongtong	1686057	95673	832293	758091	22103
古　县	Guxian	479621	22885	326990	129747	50039
安泽县	Anze	631739	42468	466941	122330	73965
浮山县	Fushan	461072	46432	274541	140099	35131
吉　县	Jixian	213671	57614	85378	70679	19365
乡宁县	Xiangning	1334566	38524	999941	296101	54997
大宁县	Daning	67308	15911	9143	42254	10042
隰　县	Xixian	167672	39203	24753	103716	15568
永和县	Yonghe	91150	23345	16227	51579	13809
蒲　县	Puxian	967786	21346	803701	142739	86669
汾西县	Fenxi	242173	32978	64578	144617	16116
侯马市	Houma	1151168	34268	251386	865513	46192
霍州市	Huozhou	832392	36665	507913	287814	28371
吕梁市	**Lvliang**					
离石区	Lishi	1004485	18897	328981	656607	29799
文水县	Wenshui	697278	125299	361859	210120	15884
交城县	Jiaocheng	906357	32488	622853	251016	37942
兴　县	Xingxian	980478	46629	756508	177341	33659
临　县	Linxian	692866	85843	303719	303304	11521
柳林县	Liulin	2065080	25118	1490134	549828	62152
石楼县	Shilou	106999	28629	1400	76970	9195
岚　县	Lanxian	423766	28892	273726	121148	23407
方山县	Fangshan	393161	22456	257126	113579	26453
中阳县	Zhongyang	842509	14247	634994	193268	57315
交口县	Jiaokou	663376	22630	545264	95482	53231
孝义市	Xiaoyi	3769021	76352	2226404	1466265	77035
汾阳市	Fenyang	1597801	65608	915721	616472	36694

20-4 城乡居民收入(2018年)
INCOME OF URBAN AND RURAL HOUSEHOLDS(2018)

单位：元 (yuan)

县(市、区)	Region	居民人均可支配收入 Per Capita Disposable Income of Households	城镇居民人均可支配收入 Per Capita Disposable Income of Urban Households	农村居民人均可支配收入 Per Capita Disposible Income of Rural Households
太原市	**Taiyuan**			
小店区	Xiaodian		34889	
迎泽区	Yingze		34633	
杏花岭区	Xinghualing		34583	
尖草坪区	Jiancaoping		33746	
万柏林区	Wanbailin		33585	
晋源区	Jinyuan		34015	
清徐县	Qingxu	22166	32407	19143
阳曲县	Yangqu	14500	24698	9509
娄烦县	Loufan	13021	21232	7541
古交市	Gujiao	27164	31178	15963
大同市	**Datong**			
城　区	Chengqu	33525	33525	
矿　区	Kuangqu	31981	31981	
南郊区	Nanjiao	19647	26750	15493
新荣区	Xinrong	13569	25104	9510
阳高县	Yanggao	12831	22176	7981
天镇县	Tianzhen	12438	22388	7691
广灵县	Guangling	10718	22377	8071
灵丘县	Lingqiu	12508	27275	7969
浑源县	Hunyuan	13154	23255	8048
左云县	Zuoyun	19010	27542	12425
大同县	Datongxian	13315	20788	9693
阳泉市	**Yangquan**			
城　区	Chengqu	32681	32681	
矿　区	Kuangqu	32245	32245	
郊　区	Jiaoqu	23408	26785	14864
平定县	Pingding	19274	28949	13483
盂　县	Yuxian	20338	31256	14050
长治市	**Changzhi**			
城　区	Chengqu	34212	34212	
郊　区	Jiaoqu	31880	39348	18559
长治县	Changzhixian	22117	32241	17426
襄垣县	Xiangyuan	24543	36141	15852
屯留县	Tunliu	20107	27524	16109
平顺县	Pingshun	10366	23296	6848
黎城县	Licheng	12628	19160	8960
壶关县	Huguan	10344	23453	6535
长子县	Zhangzi	18714	30042	14530
武乡县	Wuxiang	12006	24019	7430
沁　县	Qinxian	11334	20097	6801
沁源县	Qinyuan	22750	34718	15085
潞城市	Lucheng	22318	29521	14280

20-4 续表1 continued

单位：元 (yuan)

县(市、区)	Region	居民人均可支配收入 Per Capita Disposable Income of Households	城镇居民人均可支配收入 Per Capita Disposable Income of Urban Households	农村居民人均可支配收入 Per Capita Disposible Income of Rural Households
晋 城 市	**Jincheng**			
城 区	Chengqu	34350	34350	
沁水县	Qinshui	18359	28590	11964
阳城县	Yangcheng	20349	29629	13326
陵川县	Lingchuan	13173	19639	9379
泽州县	Zezhou	22875	33393	15211
高平市	Gaoping	23259	32202	14177
朔 州 市	**Shuozhou**			
朔城区	Shuocheng	26694	34085	15102
平鲁区	Pinglu	17945	25319	10397
山阴县	Shanyin	25415	34365	16622
应 县	Yingxian	15782	25003	10862
右玉县	Youyu	16169	24285	7870
怀仁市	Huairen	26769	35078	16454
晋 中 市	**Jinzhong**			
榆次区	Yuci	30978	35313	18086
榆社县	Yushe	11427	22686	5901
左权县	Zuoquan	14356	27145	6056
和顺县	Heshun	14779	25267	7197
昔阳县	Xiyang	14460	25770	9704
寿阳县	Shouyang	20740	34582	13648
太谷县	Taigu	24182	31061	19143
祁 县	Qixian	22365	32278	17118
平遥县	Pingyao	19326	30442	12472
灵石县	Lingshi	26896	37665	17400
介休市	Jiexiu	26982	34927	14249
运 城 市	**Yuncheng**			
盐湖区	Yanhu	25522	31375	12357
临猗县	Linyi	19005	28780	13170
万荣县	Wanrong	13781	25666	9956
闻喜县	Wenxi	18723	29586	10210
稷山县	Jishan	16648	27030	11227
新绛县	Xinjiang	18463	28724	11952
绛 县	Jiangxian	17989	26116	9745
垣曲县	Yuanqu	16286	26738	7576
夏 县	Xiaxian	13028	26195	8132
平陆县	Pinglu	12296	24476	7776
芮城县	Ruicheng	19191	29246	11310
永济市	Yongji	21036	29793	13500
河津市	Hejin	21481	29034	13857
忻 州 市	**Xinzhou**			
忻府区	Xinfu	21575	30189	10543
定襄县	Dingxiang	19001	30382	13090
五台县	Wutai	12838	26643	6787
代 县	Daixian	14327	26762	6024

20-4 续表2 continued

单位：元 (yuan)

县(市、区)	Region	居民人均可支配收入 Per Capita Disposable Income of Households	城镇居民人均可支配收入 Per Capita Disposable Income of Urban Households	农村居民人均可支配收入 Per Capita Disposible Income of Rural Households
繁峙县	Fanshi	17026	29932	8320
宁武县	Ningwu	14625	24813	5940
静乐县	Jingle	12676	23633	7160
神池县	Shenchi	13310	23709	8195
五寨县	Wuzhai	14742	24209	7853
岢岚县	Kelan	16301	27358	7370
河曲县	Hequ	16623	27765	7387
保德县	Baode	15397	29222	7700
偏关县	Pianguan	13957	22540	7144
原平市	Yuanping	20241	30998	11017
临 汾 市	**Linfen**			
尧都区	Yaodu	27599	34642	14875
曲沃县	Quwo	21176	32489	15137
翼城县	Yicheng	17712	30313	11707
襄汾县	Xiangfen	19469	30812	13392
洪洞县	Hongtong	17943	28379	11939
古　县	Guxian	18228	31898	10651
安泽县	Anze	16613	29252	9846
浮山县	Fushan	16446	30083	9375
吉　县	Jixian	10214	21134	5602
乡宁县	Xiangning	16356	30082	10341
大宁县	Daning	10356	19719	3782
隰　县	Xixian	13345	23666	6439
永和县	Yonghe	10787	22588	4098
蒲　县	Puxian	16915	27714	9222
汾西县	Fenxi	13182	27125	4267
侯马市	Houma	23572	29014	15044
霍州市	Huozhou	23583	30421	13785
吕 梁 市	**Lvliang**			
离石区	Lishi	26092	29633	6480
文水县	Wenshui	13986	22233	10361
交城县	Jiaocheng	16504	22507	10371
兴　县	Xingxian	10662	21558	5039
临　县	Linxian	8896	18443	5602
柳林县	Liulin	19185	31777	12172
石楼县	Shilou	8271	14623	3768
岚　县	Lanxian	10039	20501	5581
方山县	Fangshan	9903	21426	4903
中阳县	Zhongyang	17003	22961	7308
交口县	Jiaokou	13040	20825	8180
孝义市	Xiaoyi	27776	34400	17084
汾阳市	Fenyang	18111	24259	14193

20-5 财政收支情况(2018年)

FINANCIAL REVENUE AND EXPENDITURE(2018)

单位：万元　　　　(10 000 yuan)

县(市、区)	Region	一般公共预算收入 General Public Budget Revenue	#增值税 Value-added Taxes	#营业税 Operation Taxes	#企业所得税 Enterprises Income Taxes	一般公共预算支出 General Public Budget Expenditure
太原市	**Taiyuan**					
小店区	Xiaodian	303548	116758	-137	12423	407680
迎泽区	Yingze	200976	70592	1311	8651	255465
杏花岭区	Xinghualing	186670	73103	37	7440	261602
尖草坪区	Jiancaoping	156103	59182	462	6104	222453
万柏林区	Wanbailin	241702	78386	1752	12069	337940
晋源区	Jinyuan	151495	43352	-220	7706	253342
清徐县	Qingxu	130044	55556		10903	241183
阳曲县	Yangqu	60019	9599	171	3403	160817
娄烦县	Loufan	37885	11973		562	185634
古交市	Gujiao	93226	28569	29	2984	176208
综改示范区	Comprehensive Reform Demonstration Zone	334396	124949	1751	22358	424472
大同市	**Datong**					
新荣区	Xinrong	23224	11332		3950	127814
平城区	Pingcheng	49335	15208	18	3283	168423
云冈区	Yungang	106225	29104	261	9754	287137
云州区	Yunzhou	23289	6393		582	182859
阳高县	Yanggao	13381	4665	65	645	237818
天镇县	Tianzhen	14251	3709		1147	253274
广灵县	Guangling	14900	3621		1745	207625
灵丘县	Lingqiu	14787	4943		958	223669
浑源县	Hunyuan	24849	2797		716	278006
左云县	Zuoyun	100995	31811		11685	196434
开发区	Development Zone	50559	19491	12	2901	68566
阳泉市	**Yangquan**					
城　区	Chengqu	27711	10010	14	2544	78627
矿　区	Kuangqu	29323	9704	212	4523	87509
郊　区	Jiaoqu	39388	13050	5	1643	153668
平定县	Pingding	50847	12799	1	1483	238032
盂　县	Yuxian	81162	24467	52	4491	211646
开发区	Development Zone	27674	9330	4	2479	42206
长治市	**Changzhi**					
城　区	Chengqu	50606	8010	6	2483	124010
郊　区	Jiaoqu	58983	9596	-2	2194	127520
长治县	Changzhi	189450	63586	31	26100	319733
襄垣县	Xiangyuan	182506	51263		18601	230886
屯留县	Tunliu	98755	32879		15303	172045
平顺县	Pingshun	10578	1780		649	168487
黎城县	Licheng	17724	5681	9	941	118438
壶关县	Huguan	19302	4225	56	1610	206096
长子县	Zhangzi	133238	48876		23932	271249
武乡县	Wuxiang	44218	11326	5	2718	199286
沁　县	Qinxian	10405	1528		1040	158717
沁源县	Qinyuan	121245	36613		20001	179995
潞城市	Lucheng	67980	20516	3	5911	143064
高新区	High-tech Zone	46716	14819	33	3837	68076

20-5 续表1 continued

单位：万元 (10 000 yuan)

县(市、区)	Region	一般公共预算收入 General Public Budget Revenue	#增值税 Value-added Taxes	#营业税 Operation Taxes	#企业所得税 Enterprises Income Taxes	一般公共预算支出 General Public Budget Expenditure
晋城市	**Jincheng**					
城　区	Chengqu	82898	13288	94	5719	211171
沁水县	Qinshui	165070	62575	9	20896	241373
阳城县	Yangcheng	166270	50193	51	18294	296806
陵川县	Lingchuan	16573	4564		1150	197143
泽州县	Zezhou	192135	59545	18	12315	351605
高平市	Gaoping	191858	52827		11444	342178
开发区	Development Zone	33819	5602	20	4182	68424
朔州市	**Shuozhou**					
朔城区	Shuocheng	68185	18417	2	1072	213720
平鲁区	Pinglu	114639	31407		4458	220823
山阴县	Shanyin	154616	44706		14877	266777
应　县	Yingxian	16516	3427		514	172100
右玉县	Youyu	42576	14727		2506	155509
怀仁市	Huairen	120120	50258	39	7091	251869
开发区	Development Zone	56097	22560	3	3466	43020
晋中市	**Jinzhong**					
榆次区	Yuci	129062	39952	5	12341	336451
榆社县	Yushe	30169	6533		1564	172223
左权县	Zuoquan	46932	7113	-2	1939	192788
和顺县	Heshun	56598	11495		3089	152631
昔阳县	Xiyang	63578	19230	-1	3005	191299
寿阳县	Shouyang	114046	41681	1	12158	199461
太谷县	Taigu	58403	15504		2476	210666
祁　县	Qixian	40233	10279		2242	177317
平遥县	Pingyao	66536	20115	21	3683	306794
灵石县	Lingshi	181572	60279	4	13750	297282
介休市	Jiexiu	200019	80659	653	13778	265526
示范区	Demonstration Zone	78878	21412	-26	11621	100253
运城市	**Yuncheng**					
盐湖区	Yanhu	98287	22150	178	3515	283516
临猗县	Linyi	21007	6447	71	1733	235223
万荣县	Wanrong	16555	5928		834	210725
闻喜县	Wenxi	53260	19095	197	5229	217196
稷山县	Jishan	24096	5406	1	2757	166666
新绛县	Xinjiang	48404	19854	55	8056	169828
绛　县	Jiangxian	13257	3917	6	1107	153822
垣曲县	Yuanqu	27590	11500	22	770	202730
夏　县	Xiaxian	12777	2643		476	167349
平陆县	Pinglu	30907	8001	12	2433	190984
芮城县	Ruicheng	34577	11612		1384	210701
永济市	Yongji	45663	11981	99	1987	226999
河津市	Hejin	157018	64572	47	14083	265415
开发区	Development Zone	26793	3900		1197	65591
忻州市	**Xinzhou**					
忻府区	Xinfu	48857	14166	225	3675	199148

20-5 续表2 continued

单位：万元 (10 000 yuan)

县(市、区)	Region	一般公共预算收入 General Public Budget Revenue	#增值税 Value-added Taxes	#营业税 Operation Taxes	#企 业所得税 Enterprises Income Taxes	一般公共预算支出 General Public Budget Expenditure
定襄县	Dingxiang	21065	9021		869	142345
五台县	Wutai	58406	10796	22	2689	276482
代　县	Daixian	31416	8849		388	159706
繁峙县	Fanshi	26436	7401		2090	228139
宁武县	Ningwu	71438	21517	9	5793	196388
静乐县	Jingle	32740	3965	-1	708	191570
神池县	Shenchi	15155	3364		1492	136376
五寨县	Wuzhai	26638	13238		886	140166
岢岚县	Kelan	14906	6591	38	1225	150283
河曲县	Hequ	59486	25604	24	6841	161625
保德县	Baode	62811	26065		7149	192526
偏关县	Pianguan	13444	3068		807	154879
原平市	Yuanping	96854	34698	62	4241	266362
开发区	Development Zone	16015	5195		743	13144
临汾市	**Linfen**					
尧都区	Yaodu	171287	35586	2388	12720	438960
曲沃县	Quwo	39073	17388	11	1802	141487
翼城县	Yicheng	31143	8568		1631	202999
襄汾县	Xiangfen	67085	25088	3	5931	262507
洪洞县	Hongtong	96250	24350	153	3683	341195
古　县	Guxian	43205	15619	1	4287	129576
安泽县	Anze	60181	23455		6023	119062
浮山县	Fushan	8560	1850		79	120766
吉　县	Jixian	12563	3523		1526	135921
乡宁县	Xiangning	172810	50960		27195	269319
大宁县	Daning	3772	1009		137	139604
隰　县	Xixian	8794	2370	13	831	162508
永和县	Yonghe	11399	2818		1490	146083
蒲　县	Puxian	96863	32400	57	13511	145977
汾西县	Fenxi	7846	1110		189	141631
侯马市	Houma	48833	16526		3496	175482
霍州市	Huozhou	59325	17440	100	990	170192
临汾开发区	Development Zone	22082	4399	-14	1570	22186
侯马开发区	Houma Development Zone	8700	2082	11	381	11623
吕梁市	**Lvliang**					
离石区	Lishi	124802	48036	7	7326	217909
文水县	Wenshui	31182	12658		1552	197468
交城县	Jiaocheng	75417	22305	2	4710	195985
兴　县	Xingxian	151389	56956	28	27113	430361
临　县	Linxian	68917	23866		3853	505998
柳林县	Liulin	304957	126905	49	41755	428772
石楼县	Shilou	5044	887		181	181179
岚　县	Lanxian	53648	14751	22	4117	177138
方山县	Fangshan	49175	20619		2288	171489
中阳县	Zhongyang	104479	41364		6455	176591
交口县	Jiaokou	83860	22529		9956	146768
孝义市	Xiaoyi	282882	107300	4	20897	385798
汾阳市	Fenyang	133080	44357		16029	242190

20-6 固定资产投资增长速度
GROWTH RATE OF INVESTMENT IN FIXED ASSETS

单位：% (%)

县(市、区)	Region	2016	2017	2018
太 原 市	**Taiyuan**			
小店区	Xiaodian	4.4	-15.0	51.3
迎泽区	Yingze	14.3	0.4	7.2
杏花岭区	Xinghualing	-18.6	-3.8	25.7
尖草坪区	Jiancaoping	-5.4	21.1	47.7
万柏林区	Wanbailin	-19.3	20.2	18.8
晋源区	Jinyuan	-13.3	7.8	63.5
清徐县	Qingxu	-18.5	-34.6	48.2
阳曲县	Yangqu	-12.5	51.4	31.5
娄烦县	Loufan	12.8	-25.9	23.5
古交市	Gujiao	-14.7	14.8	-15.3
大 同 市	**Datong**			
城　区	Chengqu	12.7	7.8	31.8
矿　区	Kuangqu	12.5	7.3	-12.2
南郊区	Nanjiao	8.7	6.4	15.1
新荣区	Xinrong	11.8	6.1	13.9
阳高县	Yanggao	13.4	7.0	17.7
天镇县	Tianzhen	11.9	6.8	-27.4
广灵县	Guangling	12.6	6.5	16.2
灵丘县	Lingqiu	-12.9	6.7	13.9
浑源县	Hunyuan	12.9	6.0	23.5
左云县	Zuoyun	-26.3	6.6	16.0
大同县	Datongxian	-29.2	7.6	122.0
阳 泉 市	**Yangquan**			
城　区	Chengqu	-9.2	7.0	1.7
矿　区	Kuangqu	-13.9	7.2	2.4
郊　区	Jiaoqu	-15.4	6.2	3.4
平定县	Pingding	4.8	6.6	-9.7
盂　县	Yuxian	6.2	6.3	-39.8
长 治 市	**Changzhi**			
城　区	Chengqu	14.8	0.3	12.0
郊　区	Jiaoqu	14.6	7.5	13.2
长治县	Changzhixian	2.1	0.6	-7.8
襄垣县	Xiangyuan	2.7	7.4	10.7
屯留县	Tunliu	-44.9	10.8	18.3
平顺县	Pingshun	12.7	7.3	10.3
黎城县	Licheng	9.0	8.9	10.7
壶关县	Huguan	16.2	10.4	19.1
长子县	Zhangzi	16.5	6.5	11.0
武乡县	Wuxiang	12.7	6.1	10.4
沁　县	Qinxian	13.7	6.3	10.5
沁源县	Qinyuan	1.3	7.8	11.2
潞城市	Lucheng	12.9	9.2	11.2

注：各县(市、区)投资不含跨省、市项目投资和农村农户投资。
Note：Investment in city and county doesn't include investment across provinces and cities, aparting from investment of rural pesant household.

20-6 续表1 continued

单位：%　　(%)

县(市、区)	Region	2016	2017	2018
晋城市	**Jincheng**			
城　区	Chengqu	-6.1	6.1	10.3
沁水县	Qinshui	6.2	6.0	10.3
阳城县	Yangcheng	3.0	6.4	10.4
陵川县	Lingchuan	6.7	6.6	13.1
泽州县	Zezhou	7.5	6.3	10.6
高平市	Gaoping	0.8	6.5	10.0
朔州市	**Shuozhou**			
朔城区	Shuocheng	-34.5	3.1	29.2
平鲁区	Pinglu	-22.7	2.5	11.2
山阴县	Shanyin	-39.8	1.2	22.1
应　县	Yingxian	-29.2	1.5	24.8
右玉县	Youyu	-47.4	10.2	30.2
怀仁市	Huairen	-27.8	14.6	0.9
晋中市	**Jinzhong**			
榆次区	Yuci	2.5	19.1	47.6
榆社县	Yushe	5.4	109.9	20.5
左权县	Zuoquan	12.8	18.9	1.7
和顺县	Heshun	5.1	20.3	13.4
昔阳县	Xiyang	1.3	-11.6	10.1
寿阳县	Shouyang	11.8	9.5	-50.4
太谷县	Taigu	5.3	43.9	13.7
祁　县	Qixian	10.0	22.9	-20.4
平遥县	Pingyao	8.7	-15.9	10.9
灵石县	Lingshi	6.7	-19.8	5.1
介休市	Jiexiu	5.6	-20.9	-14.2
运城市	**Yuncheng**			
盐湖区	Yanhu	-31.1	15.0	1.0
临猗县	Linyi	16.0	6.1	-36.9
万荣县	Wanrong	15.3	8.1	-21.8
闻喜县	Wenxi	15.0	1.2	-6.7
稷山县	Jishan	15.0	24.0	-18.3
新绛县	Xinjiang	-24.2	6.0	2.7
绛　县	Jiangxian	-9.7	1.1	-28.1
垣曲县	Yuanqu	15.3	25.9	-16.3
夏　县	Xiaxian	15.2	12.3	-8.2
平陆县	Pinglu	15.6	9.2	-8.9
芮城县	Ruicheng	-16.3	42.4	-51.8
永济市	Yongji	10.7	6.4	0.4
河津市	Hejin	0.7	1.4	3.1
忻州市	**Xinzhou**			
忻府区	Xinfu	31.0	7.5	10.7
定襄县	Dingxiang	11.3	7.8	9.0
五台县	Wutai	7.2	22.4	9.3
代　县	Daixian	5.5	7.7	9.9

20-6 续表2 continued

单位：%　　(%)

县(市、区)	Region	2016	2017	2018
繁峙县	Fanshi	5.8	7.5	9.0
宁武县	Ningwu	6.4	7.2	9.0
静乐县	Jingle	9.9	7.4	9.0
神池县	Shenchi	-39.2	9.2	9.2
五寨县	Wuzhai	12.4	6.6	9.0
岢岚县	Kelan	10.4	7.6	9.5
河曲县	Hequ	7.6	6.9	9.5
保德县	Baode	3.4	6.5	9.6
偏关县	Pianguan	9.8	-52.1	45.3
原平市	Yuanping	6.9	6.8	9.0
临 汾 市	**Linfen**			
尧都区	Yaodu	-1.0	40.2	-17.4
曲沃县	Quwo	-9.5	30.8	-21.0
翼城县	Yicheng	6.8	-27.5	-42.6
襄汾县	Xiangfen	-5.9	4.1	-27.3
洪洞县	Hongtong	2.6	3.9	-46.2
古　县	Guxian	-6.7	-16.8	-44.1
安泽县	Anze	-11.8	6.2	-52.2
浮山县	Fushan	-0.1	-12.3	-64.4
吉　县	Jixian	4.5	8.4	-40.9
乡宁县	Xiangning	17.6	19.0	-30.4
大宁县	Daning	51.9	66.8	26.4
隰　县	Xixian	-15.1	-14.5	2.1
永和县	Yonghe	33.2	65.7	31.6
蒲　县	Puxian	15.9	-34.3	-9.5
汾西县	Fenxi	28.0	24.8	-60.9
侯马市	Houma	15.7	25.7	-21.2
霍州市	Huozhou	-15.3	-26.4	-44.1
吕 梁 市	**Lvliang**			
离石区	Lishi	0.1	30.7	7.7
文水县	Wenshui	-5.7	6.8	9.4
交城县	Jiaocheng	-0.8	45.4	-4.5
兴　县	Xingxian	-20.4	30.0	5.7
临　县	Linxian	-9.3	8.7	18.9
柳林县	Liulin	-9.4	-29.6	-11.4
石楼县	Shilou	21.9	55.2	30.1
岚　县	Lanxian	0.1	5.4	5.9
方山县	Fangshan	6.2	22.2	20.9
中阳县	Zhongyang	-3.6	3.1	-4.4
交口县	Jiaokou	11.4	-32.6	10.2
孝义市	Xiaoyi	0.8	17.6	-8.6
汾阳市	Fenyang	4.5	-38.0	93.9

20-7 乡村基本情况(2018年)
BASIC CONDITIONS OF RURAL AREAS(2018)

单位：个 (unit)

县(市、区)	Region	乡(镇)政府 Number of Township and Town Governments	#镇政府 Number of Town Governments	村民委员会 Number of Villager Committees
太原市	**Taiyuan**			
小店区	Xiaodian	3	1	37
迎泽区	Yingze	1	1	18
杏花岭区	Xinghualing	2		32
尖草坪区	Jiancaoping	5	2	78
万柏林区	Wanbailin	1		42
晋源区	Jinyuan	3	3	76
清徐县	Qingxu	9	4	188
阳曲县	Yangqu	10	4	124
娄烦县	Loufan	8	3	142
古交市	Gujiao	10	3	146
大同市	**Datong**			
南郊区	Nanjiao	10	3	189
新荣区	Xinrong	7	1	140
阳高县	Yanggao	13	7	262
天镇县	Tianzhen	11	5	222
广灵县	Guangling	9	2	180
灵丘县	Lingqiu	12	3	255
浑源县	Hunyuan	18	6	315
左云县	Zuoyun	9	3	228
大同县	Datongxian	10	3	175
开发区	Development Zone			3
阳泉市	**Yangquan**			
城　区	Chengqu	1	1	14
矿　区	Kuangqu			18
郊　区	Jiaoqu	7	3	146
平定县	Pingding	10	8	314
盂　县	Yuxian	14	8	443
开发区	Development Zone			11
长治市	**Changzhi**			
城　区	Chengqu			28
郊　区	Jiaoqu	6	5	122
长治县	Changzhixian	11	6	254
襄垣县	Xiangyuan	11	8	323
屯留县	Tunliu	11	7	294
平顺县	Pingshun	12	5	262
黎城县	Licheng	9	5	242
壶关县	Huguan	12	5	390
长子县	Zhangzi	12	7	399
武乡县	Wuxiang	14	5	377
沁　县	Qinxian	13	6	306
沁源县	Qinyuan	14	5	254
潞城市	Lucheng	7	4	191

20-7 续表1 continued

单位：个 (unit)

县(市、区)	Region	乡(镇)政府 Number of Township and Town Governments	#镇政府 Number of Town Governments	村民委员会 Number of Villager Committees
晋城市	**Jincheng**			
城　区	Chengqu	1	1	66
沁水县	Qinshui	14	7	242
阳城县	Yangcheng	17	10	426
陵川县	Lingchuan	12	7	371
泽州县	Zezhou	17	14	631
高平市	Gaoping	13	9	434
朔州市	**Shuozhou**			
朔城区	Shuocheng	11	2	299
平鲁区	Pinglu	13	2	286
山阴县	Shanyin	13	4	257
应　县	Yingxian	12	3	298
右玉县	Youyu	10	4	288
怀仁市	Huairen	10	4	162
开发区	Development Zone			1
晋中市	**Jinzhong**			
榆次区	Yuci	10	6	289
榆社县	Yushe	9	4	271
左权县	Zuoquan	10	5	203
和顺县	Heshun	10	5	278
昔阳县	Xiyang	12	5	335
寿阳县	Shouyang	14	7	206
太谷县	Taigu	9	3	198
祁　县	Qixian	8	6	153
平遥县	Pingyao	14	5	273
灵石县	Lingshi	12	6	291
介休市	Jiexiu	10	7	231
运城市	**Yuncheng**			
盐湖区	Yanhu	13	7	314
临猗县	Linyi	14	9	375
万荣县	Wanrong	14	4	274
闻喜县	Wenxi	13	7	343
稷山县	Jishan	7	5	200
新绛县	Xinjiang	9	8	220
绛　县	Jiangxian	10	8	189
垣曲县	Yuanqu	11	5	179
夏　县	Xiaxian	11	6	257
平陆县	Pinglu	10	6	228
芮城县	Ruicheng	10	7	172
永济市	Yongji	7	7	265
河津市	Hejin	7	2	148

20-7 续表2 continued

单位：个 (unit)

县(市、区)	Region	乡(镇)政府 Number of Township and Town Governments	#镇政府 Number of Town Governments	村民委员会 Number of Villager Committees
忻州市	**Xinzhou**			
忻府区	Xinfu	17	6	374
定襄县	Dingxiang	9	3	155
五台县	Wutai	16	5	460
代　县	Daixian	11	6	377
繁峙县	Fanshi	13	3	287
宁武县	Ningwu	14	4	464
静乐县	Jingle	14	4	381
神池县	Shenchi	10	3	241
五寨县	Wuzhai	12	3	250
岢岚县	Kelan	12	2	202
河曲县	Hequ	13	4	314
保德县	Baode	13	4	331
偏关县	Pianguan	10	4	245
五台山风景名胜区	Wutai Mount Scenic Area	3	1	63
原平市	Yuanping	18	7	504
临汾市	**Linfen**			
尧都区	Yaodu	16	10	372
曲沃县	Quwo	7	5	149
翼城县	Yicheng	10	6	212
襄汾县	Xiangfen	13	7	348
洪洞县	Hongtong	16	9	434
古　县	Guxian	7	4	93
安泽县	Anze	7	4	102
浮山县	Fushan	9	2	185
吉　县	Jixian	8	3	77
乡宁县	Xiangning	10	5	175
大宁县	Daning	6	2	80
隰　县	Xixian	8	3	91
永和县	Yonghe	7	2	75
蒲　县	Puxian	9	4	88
汾西县	Fenxi	8	5	121
侯马市	Houma	3		76
霍州市	Huozhou	7	4	199
吕梁市	**Lvliang**			
离石区	Lishi	5	2	186
文水县	Wenshui	12	7	199
交城县	Jiaocheng	10	6	144
兴　县	Xingxian	17	7	376
临　县	Linxian	23	13	631
柳林县	Liulin	15	8	257
石楼县	Shilou	9	4	134
岚　县	Lanxian	12	4	167
方山县	Fangshan	7	5	169
中阳县	Zhongyang	7	5	87
交口县	Jiaokou	7	4	95
孝义市	Xiaoyi	12	7	379
汾阳市	Fenyang	12	9	262

20-8 农林牧渔业总产值(2018年)

GROSS OUTPUT VALUE OF FARMING, FORESTRY, ANIMAL HUSBANDRY AND FISHERY(2018)

按当年价格计算 (at current price)

县(市、区)	Region	农林牧渔业总产值(万元) Total (10 000 yuan)	农业 Farming	林业 Forestry	牧业 Animal Husbandry	渔业 Fishery	农林牧渔专业及辅助性活动 Specializing and Supportive Activities for Agriculture, Forestry, Animal Husbandry and Fishery
太原市	**Taiyuan**						
小店区	Xiaodian	143817	91540	10029	37924	24	4300
迎泽区	Yingze	6158	244	5055	824	35	
杏花岭区	Xinghualing	11003	1621	5914	3468		
尖草坪区	Jiancaoping	66947	39208	10546	16229	145	820
万柏林区	Wanbailin	8399	693	5402	1355		950
晋源区	Jinyuan	85451	63562	2751	17650	303	1185
清徐县	Qingxu	259189	193305	3488	51139	2257	9000
阳曲县	Yangqu	122226	61808	12881	44458	79	3000
娄烦县	Loufan	43571	21990	8670	10604	507	1800
古交市	Gujiao	49047	18237	9675	16365	170	4600
大同市	**Datong**						
南郊区	Nanjiao	137100	49958	1347	80135	10	5650
新荣区	Xinrong	88461	24191	5706	53064	1	5500
阳高县	Yanggao	247613	123168	2843	114940	62	6600
天镇县	Tianzhen	132338	53665	2064	76249		360
广灵县	Guangling	128074	65299	4099	52572	104	6000
灵丘县	Lingqiu	91953	30988	4163	54789	62	1950
浑源县	Hunyuan	180094	62546	7259	105940	49	4300
左云县	Zuoyun	52893	16747	5900	28647		1600
大同县	Datongxian	151614	64911	4718	76659	476	4850
阳泉市	**Yangquan**						
郊　区	Jiaoqu	30007	12583	3550	13084	20	770
平定县	Pingding	92161	41703	5681	42112	1285	1380
盂　县	Yuxian	81336	47043	6572	24510	230	2981
长治市	**Changzhi**						
城　区	Chengqu	8037	4576	1666	1495		300
郊　区	Jiaoqu	54049	29582	2104	19353	510	2500
长治县	Changzhixian	135935	56860	4270	71803	102	2900
襄垣县	Xiangyuan	126216	91427	3222	22559	458	8550
屯留县	Tunliu	127168	82174	3268	33522	605	7600
平顺县	Pingshun	58439	30173	8532	13268	216	6250
黎城县	Licheng	43457	21398	5631	14844	234	1350
壶关县	Huguan	95502	55036	3825	35710	127	805
长子县	Zhangzi	227012	162461	2480	58478	993	2600
武乡县	Wuxiang	76433	35154	2980	35459	484	2356
沁　县	Qinxian	97089	53616	4687	35090	1246	2450
沁源县	Qinyuan	51422	31073	4660	8637	152	6900
潞城市	Lucheng	75840	42841	4646	25443	270	2640

20-8 续表1 continued

按当年价格计算 (at current price)

县(市、区)	Region	农林牧渔业总产值(万元) Total (10 000 yuan)	农 业 Farming	林 业 Forestry	牧 业 Animal Husbandry	渔 业 Fishery	农林牧渔专业及辅助性活动 Specializing and Supportive Activities for Agriculture, Forestry, Animal Husbandry and Fishery
晋城市	**Jincheng**						
城 区	Chengqu	13200	5701	3520	2887	144	949
沁水县	Qinshui	144066	70114	7389	61567	2160	2836
阳城县	Yangcheng	156838	70069	6259	75311	207	4992
陵川县	Lingchuan	97936	50690	4407	39007	907	2925
泽州县	Zezhou	233603	92274	6966	126639	1613	6111
高平市	Gaoping	256095	117160	6848	125893	305	5888
朔州市	**Shuozhou**						
朔城区	Shuocheng	198687	114396	15554	54925	525	13288
平鲁区	Pinglu	84243	45712	9463	21773	45	7250
山阴县	Shanyin	218566	108749	6927	100584	17	2290
应 县	Yingxian	332673	197482	8151	117146	274	9620
右玉县	Youyu	132609	23789	45071	61117	224	2408
怀仁市	Huairen	265959	84639	5195	171579	162	4384
晋中市	**Jinzhong**						
榆次区	Yuci	351439	259816	7163	74609	671	9180
榆社县	Yushe	78292	45936	5732	22963	1205	2455
左权县	Zuoquan	76759	49643	5453	19539	513	1611
和顺县	Heshun	66262	40591	4685	19317	69	1600
昔阳县	Xiyang	99006	67432	4699	25631	144	1100
寿阳县	Shouyang	227328	189159	7322	26206	682	3960
太谷县	Taigu	388257	211293	28513	144450	401	3600
祁 县	Qixian	305898	173541	8062	117437	107	6750
平遥县	Pingyao	223688	116503	6089	96052	638	4406
灵石县	Lingshi	79258	32444	11291	34576	58	890
介休市	Jiexiu	110148	35649	6769	61747	183	5800
运城市	**Yuncheng**						
盐湖区	Yanhu	328734	260742	8161	39904	927	19000
临猗县	Linyi	900556	752621	4432	43344	158	100000
万荣县	Wanrong	399544	311702	3005	61655	3232	19950
闻喜县	Wenxi	269952	202166	8281	50470	85	8950
稷山县	Jishan	282381	140632	3077	126103	70	12500
新绛县	Xinjiang	387960	268746	2980	95374	161	20700
绛 县	Jiangxian	201579	138982	15588	34478	32	12500
垣曲县	Yuanqu	133446	89035	5276	29964	1272	7900
夏 县	Xiaxian	419741	345391	4758	37008	85	32500
平陆县	Pinglu	209240	160028	2184	32528		14500
芮城县	Ruicheng	485102	375066	3938	66947	1651	37500
永济市	Yongji	465065	357957	4713	57065	16503	28826
河津市	Hejin	169719	117474	2647	31580	180	17838

20-8 续表2 continued

按当年价格计算 (at current price)

县(市、区)	Region	农林牧渔业总产值(万元) Total (10 000 yuan)	农业 Farming	林业 Forestry	牧业 Animal Husbandry	渔业 Fishery	农林牧渔专业及辅助性活动 Specializing and Supportive Activities for Agriculture, Forestry, Animal Husbandry and Fishery
忻州市	**Xinzhou**						
忻府区	Xinfu	168863	106364	7897	47685	510	6406
定襄县	Dingxiang	82453	62734	3472	13690	458	2100
五台县	Wutai	102284	47105	7602	41977	1300	4300
代　县	Daixian	61579	28402	5790	23553	584	3250
繁峙县	Fanshi	107977	28594	12043	63473	430	3438
宁武县	Ningwu	45523	11118	4462	28735	109	1100
静乐县	Jingle	70155	28621	15590	24349	195	1400
神池县	Shenchi	173447	62472	4405	104250		2320
五寨县	Wuzhai	86822	57379	5742	20657	126	2918
岢岚县	Kelan	81665	34931	6601	37533		2600
河曲县	Hequ	67376	30228	7445	26631	473	2600
保德县	Baode	70714	40336	3091	25311	156	1820
偏关县	Pianguan	70051	27971	8534	30970	77	2500
原平市	Yuanping	254455	120271	3592	120123	870	9600
临汾市	**Linfen**						
尧都区	Yaodu	147743	95436	6346	39853	3276	2832
曲沃县	Quwo	251977	200188	3441	42767	3302	2280
翼城县	Yicheng	161040	88449	4080	64984	935	2592
襄汾县	Xiangfen	263502	191505	6042	57854	2421	5680
洪洞县	Hongtong	183174	114339	4817	59902	1226	2890
古　县	Guxian	43504	34066	3168	5518	13	740
安泽县	Anze	78013	60918	4322	9620	4	3150
浮山县	Fushan	82529	58592	4146	17812	9	1970
吉　县	Jixian	105074	83207	5283	10310	5	6268
乡宁县	Xiangning	75874	40266	7197	26847	4	1560
大宁县	Daning	31175	21502	4683	3182	3	1805
隰　县	Xixian	84282	59675	11947	9876	1	2783
永和县	Yonghe	48962	30255	8822	7932		1952
蒲　县	Puxian	47634	27104	6493	12095	16	1926
汾西县	Fenxi	65123	28781	3137	31945		1260
侯马市	Houma	64726	45139	4382	11997	908	2300
霍州市	Huozhou	67247	39064	4210	23217	83	672
吕梁市	**Lvliang**						
离石区	Lishi	34312	11650	7823	13812	24	1002
文水县	Wenshui	236554	77570	1343	153598	543	3500
交城县	Jiaocheng	64358	23161	3308	37008	162	720
兴　县	Xingxian	89609	32391	39428	16186	55	1550
临　县	Linxian	155378	74861	23906	53804	8	2800
柳林县	Liulin	47499	24678	3873	17463	84	1400
石楼县	Shilou	51693	30686	8478	12016	34	480
岚　县	Lanxian	53774	20351	18573	12463	287	2100
方山县	Fangshan	43991	19374	5468	18882	17	250
中阳县	Zhongyang	28148	9379	2280	16117	62	310
交口县	Jiaokou	44812	17480	3928	23204		200
孝义市	Xiaoyi	150940	35787	4966	97932	255	12000
汾阳市	Fenyang	122074	45373	6230	64746	225	5500

20-9 农林牧渔业中间消耗(2018年)

INTERMEDIATE CONSUMPTION OF FARMING, FORESTRY, ANIMAL HUSBANDRY AND FISHERY(2018)

按当年价格计算 (at current price)

县(市、区)	Region	农林牧渔业中间消耗(万元) Total (10 000 yuan)	农业 Farming	林业 Forestry	牧业 Animal Husbandry	渔业 Fishery	农林牧渔专业及辅助性活动 Specializing and Supportive Activities for Agriculture, Forestry, Animal Husbandry and Fishery
太原市	**Taiyuan**						
小店区	Xiaodian	65393	36428	5474	21377	13	2102
迎泽区	Yingze	3189	107	2559	505	18	
杏花岭区	Xinghualing	5815	642	2970	2203		
尖草坪区	Jiancaoping	31969	15801	5684	9990	79	415
万柏林区	Wanbailin	3996	216	2486	784		510
晋源区	Jinyuan	38340	25260	1279	11032	163	606
清徐县	Qingxu	118615	81256	1945	29230	1224	4960
阳曲县	Yangqu	55080	21436	6125	26022	43	1454
娄烦县	Loufan	21469	9000	4426	6839	271	934
古交市	Gujiao	25071	7629	4725	10122	93	2503
大同市	**Datong**						
南郊区	Nanjiao	46094	24800	672	18057	5	2560
新荣区	Xinrong	39806	8816	2667	25677	1	2645
阳高县	Yanggao	128483	67415	1436	55602	29	4000
天镇县	Tianzhen	60171	24055	1341	34638		137
广灵县	Guangling	65517	24826	2919	34629	83	3060
灵丘县	Lingqiu	49451	16103	3206	28884	49	1210
浑源县	Hunyuan	63362	23108	2093	36933	28	1200
左云县	Zuoyun	25946	7583	3593	14039		731
大同县	Datongxian	70030	28571	3283	35723	176	2278
阳泉市	**Yangquan**						
郊区	Jiaoqu	14210	6159	1756	5900	14	382
平定县	Pingding	44134	19767	2655	20347	677	688
盂县	Yuxian	39497	22102	4275	11396	125	1600
长治市	**Changzhi**						
城区	Chengqu	3644	1564	1151	762		167
郊区	Jiaoqu	22939	13007	1226	7124	295	1287
长治县	Changzhixian	65947	24283	2366	37978	40	1280
襄垣县	Xiangyuan	58577	38098	1901	13682	195	4700
屯留县	Tunliu	55779	32864	1754	17152	310	3700
平顺县	Pingshun	27802	12875	5303	7085	125	2415
黎城县	Licheng	16296	7105	1941	6480	115	655
壶关县	Huguan	39965	18122	2111	19291	73	368
长子县	Zhangzi	92362	59625	1362	29826	435	1115
武乡县	Wuxiang	37399	12994	1844	21136	265	1160
沁县	Qinxian	40374	16329	2326	19888	581	1250
沁源县	Qinyuan	21059	10461	1544	5487	86	3481
潞城市	Lucheng	31385	14140	1584	14209	134	1320

20-9 续表1 continued

按当年价格计算 (at current price)

县(市、区)	Region	农林牧渔业中间消耗(万元) Total (10 000 yuan)	农业 Farming	林业 Forestry	牧业 Animal Husbandry	渔业 Fishery	农林牧渔专业及辅助性活动 Specializing and Supportive Activities for Agriculture, Forestry, Animal Husbandry and Fishery
晋城市	**Jincheng**						
城区	Chengqu	6120	2344	1872	1389	68	447
沁水县	Qinshui	62517	27979	3405	28885	930	1318
阳城县	Yangcheng	68440	27834	3481	34686	91	2349
陵川县	Lingchuan	43258	20457	2301	18718	402	1381
泽州县	Zezhou	104579	36612	3404	60975	701	2887
高平市	Gaoping	112641	46531	3296	59854	155	2804
朔州市	**Shuozhou**						
朔城区	Shuocheng	84749	47409	8088	22583	261	6408
平鲁区	Pinglu	41082	23370	3716	11143	22	2832
山阴县	Shanyin	111730	56621	3287	50872	11	939
应县	Yingxian	175617	103536	4646	62515	119	4801
右玉县	Youyu	70257	11045	26651	31333	110	1118
怀仁市	Huairen	154144	46409	2598	102688	81	2367
晋中市	**Jinzhong**						
榆次区	Yuci	128640	80408	5125	37930	256	4920
榆社县	Yushe	29404	13607	3997	10243	333	1224
左权县	Zuoquan	35158	17554	4237	11987	345	1035
和顺县	Heshun	27917	13945	3363	9973	27	610
昔阳县	Xiyang	43810	24984	2541	15601	49	635
寿阳县	Shouyang	92478	70361	6334	13837	394	1552
太谷县	Taigu	175235	55411	13246	104948	166	1465
祁县	Qixian	117491	52846	5408	55367	51	3820
平遥县	Pingyao	103055	45341	4164	50919	295	2336
灵石县	Lingshi	39217	10460	7555	20763	24	415
介休市	Jiexiu	54170	19038	2844	29241	83	2964
运城市	**Yuncheng**						
盐湖区	Yanhu	144587	109915	4209	20868	538	9057
临猗县	Linyi	407830	334205	2719	23996	80	46830
万荣县	Wanrong	201225	156771	1705	31616	1743	9390
闻喜县	Wenxi	145495	108745	5260	26999	50	4440
稷山县	Jishan	128718	56209	1930	64391	39	6149
新绛县	Xinjiang	195368	133550	2099	49276	93	10350
绛县	Jiangxian	92433	58791	9838	17684	20	6100
垣曲县	Yuanqu	68213	44374	3176	16483	656	3524
夏县	Xiaxian	194911	156945	2767	19650	49	15500
平陆县	Pinglu	93803	67874	1334	18064		6531
芮城县	Ruicheng	212393	155001	2096	37413	936	16948
永济市	Yongji	216047	161277	2372	28568	9875	13954
河津市	Hejin	74859	47999	1522	16737	115	8486

20-9 续表2 continued

按当年价格计算 (at current price)

县(市、区)	Region	农林牧渔业中间消耗(万元) Total (10 000 yuan)	农业 Farming	林业 Forestry	牧业 Animal Husbandry	渔业 Fishery	农林牧渔专业及辅助性活动 Specializing and Supportive Activities for Agriculture, Forestry, Animal Husbandry and Fishery
忻州市	**Xinzhou**						
忻府区	Xinfu	60737	34367	4029	19335	207	2799
定襄县	Dingxiang	30592	21633	1855	5938	216	950
五台县	Wutai	46192	19680	3729	20336	563	1884
代　县	Daixian	28579	14888	2735	9141	216	1600
繁峙县	Fanshi	49422	12867	5781	29070	185	1520
宁武县	Ningwu	19863	4594	2179	12509	52	530
静乐县	Jingle	31603	10921	7459	12557	85	580
神池县	Shenchi	67742	22621	2023	42049		1050
五寨县	Wuzhai	37294	24320	2569	9044	53	1308
岢岚县	Kelan	34921	12604	2684	18484		1150
河曲县	Hequ	27073	11502	4570	9719	132	1150
保德县	Baode	28625	15128	1572	11064	66	795
偏关县	Pianguan	31965	13731	4135	13220	28	850
原平市	Yuanping	111020	51200	1889	53573	358	4000
临汾市	**Linfen**						
尧都区	Yaodu	70074	46318	3358	17424	1597	1378
曲沃县	Quwo	110825	87695	1574	18944	1451	1160
翼城县	Yicheng	74241	38806	1830	31907	468	1230
襄汾县	Xiangfen	121724	85644	3087	29109	1030	2854
洪洞县	Hongtong	86655	56707	2208	25772	535	1433
古　县	Guxian	20005	15700	1518	2433	6.3	347
安泽县	Anze	34221	26802	1859	3901	2	1657
浮山县	Fushan	36244	24500	1990	8694	5	1056
吉　县	Jixian	43907	34676	2270	4243	2	2715
乡宁县	Xiangning	38289	22310	3475	11763	2	739
大宁县	Daning	14556	10509	1845	1300	2	901
隰　县	Xixian	43124	31256	6178	4328	1	1362
永和县	Yonghe	25110	16016	4605	3540		949
蒲　县	Puxian	25664	15114	3552	6046	8	944
汾西县	Fenxi	31905	13620	1178	16480		626
侯马市	Houma	29323	19806	2101	5930	417	1069
霍州市	Huozhou	30229	16550	2319	11000	41	318
吕梁市	**Lvliang**						
离石区	Lishi	15031	4496	4066	6027	12	431
文水县	Wenshui	109681	28026	681	79014	266	1694
交城县	Jiaocheng	31491	9906	1839	19324	88	335
兴　县	Xingxian	42111	13669	19596	8154	26	667
临　县	Linxian	68093	28799	10858	27229	4	1203
柳林县	Liulin	21635	10306	2134	8554	41	601
石楼县	Shilou	22840	12106	4451	6047	15	221
岚　县	Lanxian	23951	6956	9752	6120	135	988
方山县	Fangshan	21523	8795	2907	9695	9	118
中阳县	Zhongyang	13773	4005	1118	8470	31	149
交口县	Jiaokou	22071	7789	2128	12066		88
孝义市	Xiaoyi	69807	12615	2407	48850	122	5812
汾阳市	Fenyang	53535	14955	3344	32662	99	2475

20-10 主要粮食作物播种面积(2018年)

单位：公顷

县(市、区)	Region	粮食 Grain		谷物 Cereal			
			#秋粮 Autumn Grain		#小麦 Wheat	#玉米 Corn	#谷子 Millet
太原市	**Taiyuan**						
小店区	Xiaodian	4204	4158	2958	47	363	
迎泽区	Yingze	121	121	79		24	18
杏花岭区	Xinghualing	454	454	301		76	72
尖草坪区	Jiancaoping	4127	4127	3725		3191	320
万柏林区	Wanbailin	289	289	167		80	57
晋源区	Jinyuan	1338	1338	1223		1006	
清徐县	Qingxu	17631	17612	17189	19	11815	18
阳曲县	Yangqu	22364	22364	20845		13816	5525
娄烦县	Loufan	8690	8690	4235		1440	1435
古交市	Gujiao	6742	6742	3210		1378	834
大同市	**Datong**						
南郊区	Nanjiao	13015	13015	12244		9123	498
新荣区	Xinrong	20322	20322	14801		4117	1221
阳高县	Yanggao	49701	49701	44436		31912	4089
天镇县	Tianzhen	37037	37037	27965		22984	2175
广灵县	Guangling	27338	27338	23735		15981	3408
灵丘县	Lingqiu	30953	30953	24956		18237	3643
浑源县	Hunyuan	34584	34584	27983		20561	2640
左云县	Zuoyun	21542	21542	15871		2549	1128
大同县	Datongxian	31802	31802	26502		18733	1913
开发区	Development Zone	240	240	238		238	
阳泉市	**Yangquan**						
城　区	Chengqu	298	298	259		259	
矿　区	Kuangqu	120	120	103		98	5
郊　区	Jiaoqu	4329	4329	4103		3824	278
平定县	Pingding	20146	20146	19174		17447	1602
盂　县	Yuxian	29177	28864	27101		24377	2252
开发区	Development Zone	14	14	14		13	1
长治市	**Changzhi**						
城　区	Chengqu	188	188	188		183	
郊　区	Jiaoqu	8065	8057	8004	8	7976	20
长治县	Changzhixian	16847	16672	16377	175	15583	478
襄垣县	Xiangyuan	27072	26892	26403	180	24148	1992
屯留县	Tunliu	32401	31777	32037	624	30845	484
平顺县	Pingshun	9590	8697	8526	893	6605	974
黎城县	Licheng	14384	13262	13275	1122	11548	503
壶关县	Huguan	15536	15535	14917	1	14399	413
长子县	Zhangzi	30394	29534	29326	860	28178	259
武乡县	Wuxiang	26798	26688	23847	110	16595	5916
沁　县	Qinxian	25040	25028	24235	13	21173	2289
沁源县	Qinyuan	13249	13249	9643		7824	1077
潞城市	Lucheng	16170	15446	15975	724	14194	549

SOWN AREAS OF MAJOR GRAIN CROPS(2018)

(ha)

#高 粱 Sorghum	#燕 麦 Oats	#荞 麦 Buckwheat	豆 类 Beans	#大 豆 Soybean	薯 类 Tubers	#马铃薯 Potato
2548			1247	1237		
9	1	21	18	13	24	22
15	2	111	95	67	57	46
71		9	289	228	113	77
1			60	17	63	54
79			87	87	28	17
5337			27	21	415	
564		268	955	729	565	536
214	250	897	1176	643	3278	3278
30	160	150	1600	1314	1932	1929
1012	105	685	508	247	264	264
1616	1782	2191	2315	1974	3206	3206
3707			3381	690	1884	1884
790	115		4278	927	4794	4794
118	523	849	1709	309	1894	1894
12	514	293	3147	2170	2850	2850
840	1648		3730	738	2871	2871
1040	5445	3655	3327	2086	2345	2345
2495			4548	887	752	752
			1		1	1
			7		32	1
			8	3	9	3
1			101	50	124	60
85			327	257	645	202
82		37	566	275	1511	1432
5						
			49	48	12	12
21			243	171	227	196
27			152	138	517	357
83			85	81	279	268
19			157	145	907	853
83			1013	1013	96	76
36			159	144	460	454
29			275	245	792	648
839	4		745	717	2206	2110
757			368	303	437	298
136	326	44	678	424	2929	2878
508			111	111	84	51

20-10 续表1

单位：公顷

县(市、区)	Region	粮食 Grain	#秋粮 Autumn Grain	谷物 Cereal	#小麦 Wheat	#玉米 Corn	#谷子 Millet
晋城市	**Jincheng**						
城区	Chengqu	1629	460	1470	1169	275	24
沁水县	Qinshui	23645	22012	22410	1633	19081	1426
阳城县	Yangcheng	29299	21873	28300	7426	17456	3344
陵川县	Lingchuan	19764	19716	18560	48	17098	1362
泽州县	Zezhou	50297	21356	36517	28941	5493	2052
高平市	Gaoping	32058	30208	29530	1850	26502	1150
朔州市	**Shuozhou**						
朔城区	Shuocheng	54118	53666	49720	13	41769	1120
平鲁区	Pinglu	37387	33501	19224		3584	960
山阴县	Shanyin	51574	50137	47396	28	35674	2709
应县	Yingxian	51969	51349	47316		40486	1944
右玉县	Youyu	22604	21049	14195	319	4329	392
怀仁市	Huairen	42295	42291	37561	3	31203	1122
开发区	Development Zone	736	736	720		553	
晋中市	**Jinzhong**						
榆次区	Yuci	28594	28411	27639	183	25305	1464
榆社县	Yushe	14363	14363	12757		9224	2548
左权县	Zuoquan	11306	11293	9890	13	7514	2022
和顺县	Heshun	11204	11204	9298		6864	934
昔阳县	Xiyang	22120	22120	21157		18671	2186
寿阳县	Shouyang	45557	45557	43871		41449	2148
太谷县	Taigu	23595	22926	22465	669	20259	1110
祁县	Qixian	23806	22687	22733	1119	21332	252
平遥县	Pingyao	35616	35430	34009	124	32471	849
灵石县	Lingshi	11689	10078	11124	1611	8388	640
介休市	Jiexiu	21379	18998	19688	2382	16766	317
运城市	**Yuncheng**						
盐湖区	Yanhu	37004	20166	32606	16839	15712	10
临猗县	Linyi	25050	14652	21872	10399	10839	10
万荣县	Wanrong	38991	27946	33709	11046	22538	93
闻喜县	Wenxi	65449	24596	63172	40853	21530	207
稷山县	Jishan	45242	21468	44936	23774	21094	29
新绛县	Xinjiang	47712	22906	47369	24806	22539	15
绛县	Jiangxian	39158	19492	38568	19665	18802	62
垣曲县	Yuanqu	22726	10372	21889	12354	8801	598
夏县	Xiaxian	47210	27130	46212	20080	25806	309
平陆县	Pinglu	29107	12525	27465	16582	10815	68
芮城县	Ruicheng	60853	28910	58322	31943	25778	400
永济市	Yongji	67943	35577	66450	32367	31751	290
河津市	Hejin	30465	15206	29816	15259	14522	35

continued

(ha)

#高 粱 Sorghum	#燕 麦 Oats	#荞 麦 Buckwheat	豆 类 Beans	#大 豆 Soybean	薯 类 Tubers	#马铃薯 Potato
			139	139	20	4
256			876	821	359	171
28			838	771	160	48
3			199	180	1005	963
31			13216	13210	565	60
27			1942	1933	586	14
3428	1532	21	2487	845	1911	1909
	10210	4021	8706	670	9458	9458
2724	2241	1909	3094	1185	1084	1084
1622			2499	660	2154	2147
288	6944	1516	2957	1674	5452	5452
2998	2	1	4552	572	182	182
					16	16
178	8	225	815	687	140	88
658		32	1105	963	501	303
73	60	73	621	613	795	758
261	64	562	807	681	1099	1099
59			624	578	339	260
49		122	187	91	1499	1498
391			658	644	472	227
29			604	586	469	99
542	12		783	676	824	392
249	20	48	310	215	256	130
199	5		1444	1417	248	104
46			3975	188	423	
146			1976	1172	1203	
32			4268	688	1014	
584			1810	354	467	57
			196	52	110	21
9			297	82	47	
39			256	181	334	30
135			323	281	515	71
17			569	114	429	15
			859	677	783	41
96			1919	472	611	2
1479			1174	1107	320	3
1			412	93	237	12

20-10 续表2

单位：公顷

县(市、区)	Region	粮食 Grain	#秋粮 Autumn Grain	谷物 Cereal	#小麦 Wheat	#玉米 Corn	#谷子 Millet
忻州市	**Xinzhou**						
忻府区	Xinfu	44874	44874	44262		40499	2200
定襄县	Dingxiang	23916	23900	23139	15	20174	1559
五台县	Wutai	25080	25080	21675		17008	3480
代县	Daixian	22951	22951	21958		18900	1940
繁峙县	Fanshi	33798	33798	29332		17991	4388
宁武县	Ningwu	10285	10285	5198		1453	365
静乐县	Jingle	21247	21247	10889		3033	2434
神池县	Shenchi	39648	39648	26896		13446	7701
五寨县	Wuzhai	34752	34752	30888		19075	9359
岢岚县	Kelan	21441	21441	11193		5007	3368
河曲县	Hequ	23893	23893	17517		8717	5241
保德县	Baode	21286	21286	12006		5277	4122
偏关县	Pianguan	24127	24127	16766		4341	8034
五台山风景名胜区	Wutai Mount Scenic Area	574	574	344		216	18
原平市	Yuanping	54275	53840	49777	435	41547	4281
临汾市	**Linfen**						
尧都区	Yaodu	45831	22201	45051	23630	21052	186
曲沃县	Quwo	31698	15872	31073	15826	15246	
翼城县	Yicheng	42660	20948	42357	21712	19783	862
襄汾县	Xiangfen	83334	39663	82118	43671	38255	177
洪洞县	Hongtong	78781	35518	77032	43263	33559	157
古县	Guxian	12729	11811	12272	918	10245	629
安泽县	Anze	22235	22235	21884		21335	472
浮山县	Fushan	23967	12231	23226	11736	10379	901
吉县	Jixian	6509	6495	5214	14	4355	750
乡宁县	Xiangning	22110	13994	18487	8116	8494	980
大宁县	Daning	10156	10144	8927	12	6547	1352
隰县	Xixian	20888	20888	18842		15347	2220
永和县	Yonghe	24331	24240	22247	91	15575	4111
蒲县	Puxian	14192	14191	12689		10401	839
汾西县	Fenxi	24757	13417	23327	11340	9777	827
侯马市	Houma	14878	7343	14878	7535	7343	
霍州市	Huozhou	19649	8641	18414	11008	7056	287
吕梁市	**Lvliang**						
离石区	Lishi	13265	13265	6334		4166	1528
文水县	Wenshui	30279	30112	29064	134	28498	184
交城县	Jiaocheng	7515	7450	6268	65	5772	254
兴县	Xingxian	40550	40550	24697		11639	10769
临县	Linxian	77711	77711	47423		33548	10551
柳林县	Liulin	19938	19924	11430	15	6112	3429
石楼县	Shilou	28153	27989	24219	165	15588	4947
岚县	Lanxian	26105	26105	15900		8577	3018
方山县	Fangshan	12457	12457	7323		5524	657
中阳县	Zhongyang	8028	8028	4976		3222	1215
交口县	Jiaokou	8695	8692	7164	3	5407	1129
孝义市	Xiaoyi	19034	17515	16029	1518	10612	1533
汾阳市	Fenyang	40027	39863	37999	163	33325	1983

continued

(ha)

#高 粱 Sorghum	#燕 麦 Oats	#荞 麦 Buckwheat	豆 类 Beans	#大 豆 Soybean	薯 类 Tubers	#马铃薯 Potato
1475			209	188	403	139
993	13	2	383	286	394	250
506	63	45	1046	858	2360	2303
287	33	139	498	96	496	464
1151	471	18	2639	2324	1827	1806
232	3123	27	3040	1267	2047	2047
478	2910	3	4976	2125	5382	5382
891	1046		7499	2386	5254	5254
2161	37		1127	770	2738	2738
847	1229	260	5287	575	4961	4951
401	97		2822	1683	3553	3513
325			4455	2343	4825	4626
190	768	338	2943	2396	4417	4417
			16	10	214	214
1822	696	5	2427	1083	2071	1869
175			411	359	369	117
			278	59	347	
			152	141	150	71
16			824	595	392	11
35			824	523	925	47
481			259	144	198	183
77			84	67	267	147
192			554	380	186	87
13		14	840	394	455	322
16		121	2392	1124	1230	1104
972			921	483	309	178
749		59	792	561	1254	1223
2034			1364	427	720	464
968	139	67	247	227	1256	1254
75		107	543	305	887	461
64			762	686	472	211
41	22		4970	3328	1961	1944
180			325	130	890	713
13	107		553	180	694	684
969	64	1	10276	6572	5577	5392
1300			16975	11985	13313	12470
895		13	6538	6310	1970	1701
2907	5	173	2208	1017	1726	1125
2769	458		2741	455	7465	7465
786			1773	765	3361	3345
40	36	118	1733	1446	1320	1251
68	68	98	783	595	748	654
1517	265	274	2165	1843	840	556
2240	6	4	1179	947	848	597

20-11 主要粮食作物产量(2018年)

单位：吨

县(市、区)	Region	粮食 Grain	#秋粮 Autumn Grain	谷物 Cereal	#小麦 Wheat	#玉米 Corn	#谷子 Millet
太原市	**Taiyuan**						
小店区	Xiaodian	26986	26699	23894	287	3035	1
迎泽区	Yingze	172	172	120		49	35
杏花岭区	Xinghualing	746	746	425		133	109
尖草坪区	Jiancaoping	14539	14539	13802		12541	762
万柏林区	Wanbailin	750	750	515		270	153
晋源区	Jinyuan	11024	11024	10502		8819	
清徐县	Qingxu	107785	107666	105235	119	71065	53
阳曲县	Yangqu	101371	101371	98532		80096	14610
娄烦县	Loufan	17943	17943	8628		4190	2651
古交市	Gujiao	10967	10967	6130		3252	1783
大同市	**Datong**						
南郊区	Nanjiao	67075	67075	65903		56479	1321
新荣区	Xinrong	56578	56578	46894		21967	3020
阳高县	Yanggao	294907	294907	284189		236267	12328
天镇县	Tianzhen	175478	175478	163554		149556	5251
广灵县	Guangling	183938	183938	175860		156770	10530
灵丘县	Lingqiu	102335	102335	91478		76623	9472
浑源县	Hunyuan	186326	186326	170583		155726	6280
左云县	Zuoyun	32810	32810	24320		8137	1613
大同县	Datongxian	131701	131701	124097		99875	5127
开发区	Development Zone	1764	1764	1760		1760	
阳泉市	**Yangquan**						
城　区	Chengqu	1273	1273	1209		1208	
矿　区	Kuangqu	429	429	394		378	16
郊　区	Jiaoqu	18032	18032	17659		16764	893
平定县	Pingding	96867	96867	94350		90266	3854
盂　县	Yuxian	156101	154940	151343		144828	5556
开发区	Development Zone	79	79	78		75	3
长治市	**Changzhi**						
城　区	Chengqu	1390	1390	1390		1357	
郊　区	Jiaoqu	51516	51474	51402	42	51280	80
长治县	Changzhixian	110163	109022	108866	1141	105416	1803
襄垣县	Xiangyuan	170554	169953	168219	601	161019	6292
屯留县	Tunliu	236441	232762	234678	3680	229352	1255
平顺县	Pingshun	50896	45814	47820	5082	39747	2754
黎城县	Licheng	68092	63438	66516	4654	60830	687
壶关县	Huguan	115752	115748	113706	4	112125	1301
长子县	Zhangzi	221444	215932	215146	5513	208907	584
武乡县	Wuxiang	106542	106209	102313	332	82562	15258
沁　县	Qinxian	179490	179448	176196	42	163394	7592
沁源县	Qinyuan	70984	70984	60721		56229	2758
潞城市	Lucheng	119152	116576	118502	2576	111071	1637

OUTPUT OF MAJOR GRAIN CROPS(2018)

(ton)

#高 粱 Sorghum	#燕 麦 Oats	#荞 麦 Buckwheat	豆 类 Beans	#大 豆 Soybean	薯 类 Tubers	#马铃薯 Potato
20572			3092	3074		
13	2	17	24	18	28	6
28	3	108	127	62	194	39
209		18	629	473	108	22
4		1	111	31	124	25
775			322	322	201	40
33998			45	34	2506	501
2128		607	1500	1060	1338	268
386	393	1008	1953	1078	7363	1473
105	180	110	1915	1355	2922	584
5236	147	798	836	435	336	67
6290	2554	2668	2614	2268	7070	1414
23528			4973	1435	5746	1149
3904	153		3774	954	8150	1630
412	779	960	2598	352	5480	1096
24	786	202	4654	2963	6203	1241
2974	1397		5340	971	10403	2081
2076	5204	4280	3441	2273	5049	1010
11675			5669	1084	1934	387
			1		3	1
1			19		45	9
			11	2	25	5
2			129	54	245	49
170			375	342	2142	428
354		42	690	326	4069	814
34						
			57	55	57	11
108			572	404	725	145
155			271	250	2064	413
390			87	80	1677	335
132			465	447	2611	522
321			1142	1141	434	87
153			380	336	1665	333
143			711	605	5587	1117
3174	6		936	900	3292	658
5161			963	822	2331	466
865	324	94	1294	821	8969	1794
3218			274	273	376	75

20-11 续表1

单位：吨

县(市、区)	Region	粮食 Grain	#秋粮 Autumn Grain	谷物 Cereal	#小麦 Wheat	#玉米 Corn	#谷子 Millet
晋城市	**Jincheng**						
城　区	Chengqu	6613	2260	6268	4353	1841	72
沁水县	Qinshui	133760	127879	131482	5881	120919	3566
阳城县	Yangcheng	142895	111422	140773	31474	99004	10123
陵川县	Lingchuan	96130	95874	92744	256	89690	2708
泽州县	Zezhou	188355	74908	165359	113447	43982	7715
高平市	Gaoping	240245	231393	234268	8852	222358	2831
朔州市	**Shuozhou**						
朔城区	Shuocheng	340375	339735	329358	73	298227	7217
平鲁区	Pinglu	80120	75658	38636		21573	1423
山阴县	Shanyin	298208	297173	293061	18	263415	8478
应　县	Yingxian	374781	370599	361003		338752	7255
右玉县	Youyu	43825	42947	29943	72	20783	411
怀仁市	Huairen	270526	270506	264452	20	240522	4002
开发区	Development Zone	6614	6614	6552		5678	
晋中市	**Jinzhong**						
榆次区	Yuci	195797	194631	193606	1167	186060	4540
榆社县	Yushe	78716	78716	73857		60741	8196
左权县	Zuoquan	60031	59974	55737	58	48378	6405
和顺县	Heshun	73808	73808	68421		61031	3219
昔阳县	Xiyang	153137	153137	150890		142298	7758
寿阳县	Shouyang	384293	384293	379192		369523	8652
太谷县	Taigu	208701	204666	203447	4035	193214	3542
祁　县	Qixian	223381	216782	220827	6599	213212	840
平遥县	Pingyao	241448	240517	236856	587	229829	3149
灵石县	Lingshi	59304	55500	57838	3804	50328	1728
介休市	Jiexiu	118660	107554	115684	11106	102855	671
运城市	**Yuncheng**						
盐湖区	Yanhu	154240	79730	149560	74511	74794	16
临猗县	Linyi	138751	85641	126888	53111	69896	35
万荣县	Wanrong	157865	107767	143654	50098	93375	136
闻喜县	Wenxi	338366	144602	331496	193764	135073	715
稷山县	Jishan	250022	121640	248960	128381	120512	58
新绛县	Xinjiang	248607	121410	247969	127197	120687	48
绛　县	Jiangxian	182649	106522	180096	76127	103647	128
垣曲县	Yuanqu	90051	40163	84476	49888	32895	1367
夏　县	Xiaxian	257633	139681	254490	117952	135692	805
平陆县	Pinglu	107703	33529	103691	74174	29430	86
芮城县	Ruicheng	338110	166194	333113	171916	158327	1599
永济市	Yongji	410881	211823	406049	199058	197147	653
河津市	Hejin	190740	100983	188690	89757	98823	108

continued

(ton)

#高粱 Sorghum	#燕麦 Oats	#荞麦 Buckwheat	豆类 Beans	#大豆 Soybean	薯类 Tubers	#马铃薯 Potato
			251	249	94	19
1094			1164	1079	1114	223
120			1265	1170	858	172
5			300	275	3086	617
215			20012	20000	2984	597
223			3227	3215	2749	550
16112	3014	36	4859	1321	6158	1232
	10210	1897	10672	2140	30811	6162
11764	2758	2758	3032	1314	2114	423
7739			3369	841	10409	2082
987	6028	1339	2526	1678	11356	2271
14905	3	2	5521	826	552	110
					63	13
1041	11	340	1700	1547	491	98
3832		83	2853	2513	2006	401
420	110	144	1349	1339	2946	589
2059	107	946	1784	1492	3604	721
170			1326	1240	921	184
298		292	602	357	4499	900
2582			1531	1513	3723	745
176			1406	1392	1147	229
3251	16		1677	1492	2915	583
1328	32	93	682	478	784	157
1020	6		2278	2248	699	140
239			2912	417	1769	354
542			3770	2441	8094	1619
44			5366	1028	8845	1769
1944			2168	606	4702	940
			283	89	779	156
37			451	146	188	38
194			590	455	1963	393
326			545	482	5030	1006
41			567	208	2575	515
			1429	1175	2584	517
593			2025	645	2971	594
6466			2752	2625	2080	416
1			611	194	1439	288

20-11 续表2

单位：吨

县(市、区)	Region	粮 食 Grain	#秋 粮 Autumn Grain	谷 物 Cereal	#小 麦 Wheat	#玉 米 Corn	#谷 子 Millet
忻 州 市	**Xinzhou**						
忻府区	Xinfu	332859	332859	330355		315164	6368
定襄县	Dingxiang	178280	178165	176133	115	164628	5181
五台县	Wutai	118922	118922	111307		95994	10443
代 县	Daixian	99998	99998	98214		90654	4748
繁峙县	Fanshi	95457	95457	89979		69174	10532
宁武县	Ningwu	21398	21398	12605		7111	920
静乐县	Jingle	57396	57396	32960		17762	6506
神池县	Shenchi	176006	176006	143249		85156	40441
五寨县	Wuzhai	224897	224897	213000		142896	54069
岢岚县	Kelan	75819	75819	53314		30336	15254
河曲县	Hequ	66916	66916	58775		37442	12379
保德县	Baode	55045	55045	35893		20061	9710
偏关县	Pianguan	68284	68284	53435		15641	29002
五台山风景名胜区	Wutai Mount Scenic Area	2096	2096	1568		1416	32
原平市	Yuanping	367732	365221	357911	2511	328434	13029
临 汾 市	**Linfen**						
尧都区	Yaodu	229604	122832	227294	106772	119257	465
曲沃县	Quwo	191327	104284	189065	87043	102022	
翼城县	Yicheng	201423	103681	200754	97742	100086	2926
襄汾县	Xiangfen	498593	281126	494865	217468	276821	470
洪洞县	Hongtong	384414	198221	378731	186193	191789	533
古 县	Guxian	72371	69326	71283	3046	64461	1811
安泽县	Anze	161123	161123	159420		157931	1083
浮山县	Fushan	106973	70306	105185	36668	64866	2506
吉 县	Jixian	33061	33019	30648	42	27526	2574
乡宁县	Xiangning	87715	53988	81830	33727	43823	2568
大宁县	Daning	48567	48515	46652	52	38444	3411
隰 县	Xixian	107060	107060	99932		86951	7649
永和县	Yonghe	93071	92963	90624	108	74871	10034
蒲 县	Puxian	88921	88920	84455	1	72332	3678
汾西县	Fenxi	84743	48371	82650	36373	43192	1347
侯马市	Houma	92455	44985	92455	47470	44985	
霍州市	Huozhou	86961	47702	84350	39260	44118	726
吕 梁 市	**Lvliang**						
离石区	Lishi	29747	29747	21142		17256	2873
文水县	Wenshui	257766	256712	252014	806	248911	522
交城县	Jiaocheng	46245	45809	42822	436	41256	727
兴 县	Xingxian	76122	76122	58564		32528	22612
临 县	Linxian	177498	177498	147680		121377	16295
柳林县	Liulin	53839	53822	41233	17	26002	9897
石楼县	Shilou	110837	110497	104958	340	77612	14486
岚 县	Lanxian	67385	67385	52091		36242	5159
方山县	Fangshan	52109	52109	41135		35071	1160
中阳县	Zhongyang	26334	26334	22382		18681	3088
交口县	Jiaokou	31567	31555	29755	13	26720	2169
孝义市	Xiaoyi	83201	78240	78491	4961	59578	3678
汾阳市	Fenyang	214657	214015	209883	642	191472	5041

continued

(ton)

#高 粱 Sorghum	#燕 麦 Oats	#荞 麦 Buckwheat	豆 类 Beans	#大 豆 Soybean	薯 类 Tubers	#马铃薯 Potato
8640			273	252	2231	446
4923	20	2	646	479	1501	300
2646	130	42	1620	1272	5995	1199
978	60	262	640	172	1144	229
5179	367	14	2573	2266	2906	581
1266	3262	46	3301	1386	5492	1098
1402	3280	2	6150	2607	18286	3657
4757	2068		14729	4971	18029	3606
15141	95		2520	1875	9377	1875
4419	2002	386	8995	1197	13510	2702
1639	199		2905	1851	5236	1047
1195			7840	3644	11312	2262
552	621	520	4391	3916	10458	2092
			32	11	496	99
10888	563	5	3148	1591	6673	1335
744			768	682	1542	308
			323	46	1938	388
			243	217	426	85
106			1640	1289	2089	418
191			1672	1296	4011	802
1965			512	242	576	115
407			259	198	1444	289
1127			650	432	1138	228
25		44	1607	842	806	161
39		318	3274	1900	2611	522
4663			1379	785	535	107
4432		53	1402	1166	5727	1145
5262			1181	474	1267	253
7483	313	140	523	497	3943	789
120		150	791	563	1303	261
247			1486	1388	1125	225
176	16		5259	3728	3346	669
1271			583	303	5170	1034
105	179		1088	303	2335	467
1613	143	1	10925	7869	6632	1326
7900			11908	8355	17910	3582
4066		28	9365	9132	3240	648
11534	8	271	3615	1816	2265	453
8892	446		3136	416	12158	2432
4372			2180	768	8794	1759
230	32	95	1505	1186	2448	490
293	64	76	854	730	959	192
9188	288	332	2990	2519	1720	344
12473	1	1	1535	1330	3240	648

20-12 棉花生产基本情况(2018年)
BASIC STATISTICS ON COTTON PRODUCTION(2018)

县(市、区)	Region	播种面积 (公顷) Sown Area (ha)	总产量 (吨) Total Output (ton)	每公顷产量 (公斤) Output per ha (kg)
太 原 市	**Taiyuan**			
清徐县	Qingxu	1	1	2400
长 治 市	**Changzhi**			
平顺县	Pingshun	14	31	2248
黎城县	Licheng	3	1	440
潞城市	Lucheng	3	3	765
晋 城 市	**Jincheng**			
沁水县	Qinshui	64	63	983
阳城县	Yangcheng	5	5	1019
泽州县	Zezhou	3	3	1111
晋 中 市	**Jinzhong**			
榆次区	Yuci	1	1	500
太谷县	Taigu	2	2	1095
平遥县	Pingyao	4	5	1343
运 城 市	**Yuncheng**			
盐湖区	Yanhu	519	691	1332
临猗县	Linyi	963	1780	1848
万荣县	Wanrong	405	365	901
闻喜县	Wenxi	6	8	1283
绛　县	Jiangxian			
垣曲县	Yuanqu	41	40	978
夏　县	Xiaxian	18	24	1335
平陆县	Pinglu	11	11	991
芮城县	Ruicheng	62	92	1487
永济市	Yongji	321	385	1198
临 汾 市	**Linfen**			
尧都区	Yaodu	5	5	980
洪洞县	Hongtong	5	4	804
浮山县	Fushan	6	11	1767
大宁县	Daning	23	21	906
永和县	Yonghe	30	20	653
汾西县	Fenxi	5	6	1200
霍州市	Huozhou	26	13	485
吕 梁 市	**Lvliang**			
柳林县	Liulin	31	20	623
石楼县	Shilou	3	1	233

20-13 油料生产基本情况(2018年)
BASIC STATISTICS ON OIL-BEARING CROPS(2018)

县(市、区)	Region	油料合计 Oil-bearing Crops		胡麻籽 Benne		葵花籽 Sunflower Seeds	
		播种面积(公顷) Sown Area (ha)	总产量(吨) Total Output (ton)	播种面积(公顷) Sown Area (ha)	总产量(吨) Total Output (ton)	播种面积(公顷) Sown Area (ha)	总产量(吨) Total Output (ton)
太原市	**Taiyuan**						
小店区	Xiaodian	271	1465			260	1448
迎泽区	Yingze		1				1
杏花岭区	Xinghualing	3	3			3	3
尖草坪区	Jiancaoping	40	54			40	54
万柏林区	Wanbailin						
晋源区	Jinyuan	505	471			413	405
清徐县	Qingxu	43	83			3	6
阳曲县	Yangqu	116	220	55	105	30	59
娄烦县	Loufan	402	612	279	365	45	108
古交市	Gujiao	384	495	101	123	225	297
大同市	**Datong**						
南郊区	Nanjiao	229	216	117	94	11	25
新荣区	Xinrong	2224	1798	2153	1710		
阳高县	Yanggao	2022	3165	13	3	1889	3031
天镇县	Tianzhen	1173	1492	19	13	807	1016
广灵县	Guangling	1318	1576	790	1049	351	352
灵丘县	Lingqiu	1900	2418	1101	1283	488	690
浑源县	Hunyuan	1297	1594	807	874	157	241
左云县	Zuoyun	4167	3791	1395	1191		
大同县	Datongxian	453	635			231	344
阳泉市	**Yangquan**						
矿　区	Kuangqu	1					
郊　区	Jiaoqu						
平定县	Pingding	60	89	2	2	35	52
盂　县	Yuxian	52	28			8	16
长治市	**Changzhi**						
城　区	Chebgqu	27	112			27	112
长治县	Changzhixian	358	572			354	567
襄垣县	Xiangyuan	959	1107			25	36
屯留县	Tunliu	99	266			99	266
平顺县	Pingshun	37	50			9	17
黎城县	Licheng	176	316			143	238
壶关县	Huguan	285	319			115	220
长子县	Zhangzi						
武乡县	Wuxiang	468	451			47	78
沁　县	Qinxian	1	3				
沁源县	Qinyuan	481	1578			178	340
潞城市	Lucheng	66	139			26	61

20-13 续表1 continued

县(市、区)	Region	油料合计 Oil-bearing Crops		胡麻籽 Benne		葵花籽 Sunflower Seeds	
		播种面积 (公顷) Sown Area (ha)	总产量 (吨) Total Output (ton)	播种面积 (公顷) Sown Area (ha)	总产量 (吨) Total Output (ton)	播种面积 (公顷) Sown Area (ha)	总产量 (吨) Total Output (ton)
晋城市	**Jincheng**						
城　区	Chengqu	40	85			2	6
沁水县	Qinshui	539	983			112	187
阳城县	Yangcheng	1323	2152			714	1435
陵川县	Lingchuan	399	589			10	21
泽州县	Zezhou	382	607			197	386
高平市	Gaoping	84	20			7	20
朔州市	**Shuozhou**						
朔城区	Shuocheng	1823	2670	1472	2094	329	503
平鲁区	Pinglu	9475	10400	9024	9760	281	480
山阴县	Shanyin	1826	2064	715	724	411	727
应　县	Yingxian	1334	3340	255	115	1065	3206
右玉县	Youyu	19424	13221	1846	1312	38	55
怀仁市	Huairen	44	51	17	19	4	6
晋中市	**Jinzhong**						
榆次区	Yuci	106	147			80	116
榆社县	Yushe	222	266	2	5		
左权县	Zuoquan	331	505			93	185
和顺县	Heshun	572	1179	196	313	8	12
昔阳县	Xiyang	60	84	3	7	52	70
寿阳县	Shouyang						
太谷县	Taigu						
祁　县	Qixian	11	20			5	10
平遥县	Pingyao	195	354			45	65
灵石县	Lingshi	84	135	5	5	50	87
介休市	Jiexiu	14	20	1	2		
运城市	**Yuncheng**						
盐湖区	Yanhu	2842	5306			1654	3598
临猗县	Linyi	2038	5679			1883	5313
万荣县	Wanrong	1567	3570			813	1600
闻喜县	Wenxi	1131	2338			725	1771
稷山县	Jishan	206	475			147	386
新绛县	Xinjiang	475	1045			379	873
绛　县	Jiangxian	384	828			290	708
垣曲县	Yuanqu	711	2090			181	611
夏　县	Xiaxian	1515	3312			796	2017
平陆县	Pinglu	2487	4376			854	1341
芮城县	Ruicheng	1849	3709			533	1347
永济市	Yongji	1829	4913			1235	3206
河津市	Hejin	555	1882			178	541

20-13 续表2 continued

县(市、区)	Region	油料合计 Oil-bearing Crops 播种面积(公顷) Sown Area (ha)	油料合计 总产量(吨) Total Output (ton)	胡麻籽 Benne 播种面积(公顷) Sown Area (ha)	胡麻籽 总产量(吨) Total Output (ton)	葵花籽 Sunflower Seeds 播种面积(公顷) Sown Area (ha)	葵花籽 总产量(吨) Total Output (ton)
忻州市	**Xinzhou**						
忻府区	Xinfu	137	606			22	40
定襄县	Dingxiang	355	919			323	839
五台县	Wutai	63	32	18	15		1
代　县	Daixian	125	190	47	39	41	78
繁峙县	Fanshi	1148	1167	841	873	119	179
宁武县	Ningwu	1493	1571	1463	1544	6	6
静乐县	Jingle	3385	4030	2746	3091	191	336
神池县	Shenchi	4037	6424	2774	4344	1264	2080
五寨县	Wuzhai	62	190	3	3	59	187
岢岚县	Kelan	1292	1514	1070	1335	88	93
河曲县	Hequ	1320	3051			53	92
保德县	Baode	570	894			291	452
偏关县	Pianguan	1860	2045	911	669	46	69
原平市	Yuanping	878	1450	598	617	247	723
临汾市	**Linfen**						
尧都区	Yaodu	322	647			236	483
曲沃县	Quwo	724	1578			567	1290
翼城县	Yicheng	422	1004			418	995
襄汾县	Xiangfen	926	2912			672	2123
洪洞县	Hongtong	150	354			87	226
古　县	Guxian	605	1017			171	422
安泽县	Anze	616	395			14	45
浮山县	Fushan	328	967	2	2	272	798
吉　县	Jixian	582	944			365	667
乡宁县	Xiangning	810	1463			584	996
大宁县	Daning	534	776	5	13	278	429
隰　县	Xixian	438	611	1	4	421	588
永和县	Yonghe	424	446			210	281
蒲　县	Puxian	448	785	178	385	256	384
汾西县	Fenxi	214	318			188	285
侯马市	Houma	24	48			24	48
霍州市	Huozhou	71	119			54	89
吕梁市	**Lvliang**						
离石区	Lishi	519	434	20	20	97	104
文水县	Wenshui	130	377			24	71
交城县	Jiaocheng	183	239	20	21	124	87
兴　县	Xingxian	4608	5207	252	267	933	1017
临　县	Linxian	2878	2513			1190	988
柳林县	Liulin	734	804			225	245
石楼县	Shilou	435	578	25	41	53	121
岚　县	Lanxian	953	818	629	467		
方山县	Fangshan	598	1022			25	39
中阳县	Zhongyang	144	103	101	63	10	14
交口县	Jiaokou	715	429	356	208	5	3
孝义市	Xiaoyi	94	68	62	30	2	6
汾阳市	Fenyang	25	87			1	1

20-14 药材、蔬菜、瓜果生产情况(2018年)

PRODUCTION OF MEDICINAL MATERIALS, VEGETABLES AND MELONS(2018)

县(市、区)	Region	药材类 Medicinal Materials		蔬 菜 Vegetables		瓜果类 Melons	
		播种面积(公顷) Sown Area (ha)	总产量(吨) Total Output (ton)	播种面积(公顷) Sown Area (ha)	总产量(吨) Total Output (ton)	播种面积(公顷) Sown Area (ha)	总产量(吨) Total Output (ton)
太原市	**Taiyuan**						
小店区	Xiaodian			1602	83850	2	20
迎泽区	Yingze			6	364		
杏花岭区	Xinghualing			48	1841		
尖草坪区	Jiancaoping	47		594	42704	16	564
万柏林区	Wanbailin	3	20	26	601		
晋源区	Jinyuan			967	70018	8	178
清徐县	Qingxu	25	263	5637	308550	40	717
阳曲县	Yangqu	526	2870	1584	66889	47	382
娄烦县	Loufan	853	1624	206	10891	24	1205
古交市	Gujiao	304	265	418	29614	9	138
大同市	**Datong**						
南郊区	Nanjiao	33	200	2280	118532	151	2979
新荣区	Xinrong	63	340	290	14824	71	3445
阳高县	Yanggao	537	1629	4719	236938	545	13487
天镇县	Tianzhen	1091	387	635	28722	254	2317
广灵县	Guangling	1134	272	1610	53589	42	2006
灵丘县	Lingqiu	319	145	290	11841	95	1377
浑源县	Hunyuan	8376	601	1011	50597	46	1362
左云县	Zuoyun	781	400	134	9493	11	330
大同县	Datongxian	453	76	8564	85498	753	21483
开发区	Development Zone			2			
阳泉市	**Yangquan**						
城　区	Chengqu			91	6543		
矿　区	Kuangqu			72	1933	2	4
郊　区	Jiaoqu	167	63	281	10160	2	13
平定县	Pingding	256	40	403	22037	4	11
盂　县	Yuxian	125	524	508	18359	10	266
开发区	Development Zone			1	4		
长治市	**Changzhi**						
城　区	Chengqu	9	29	223	10096		
郊　区	Jiaoqu	8	19	491	35140	14	60
长治县	Changzhixian	119	775	1779	113610		10
襄垣县	Xiangyuan	356	4797	902	54430	41	3494
屯留县	Tunliu	20	185	1917	91140	17	116
平顺县	Pingshun	1202	1807	496	14787	3	41
黎城县	Licheng	377	709	450	9171	22	865
壶关县	Huguan	261	589	956	64675	6	238
长子县	Zhangzi	1358	124	3937	220462	8	244
武乡县	Wuxiang	147	577	593	11912	123	3867
沁　县	Qinxian	181	204	598	18506	48	1261
沁源县	Qinyuan	1198	1353	645	17550	68	845
潞城市	Lucheng	128	468	647	31736	2	31

20-14 续表1 continued

县(市、区)	Region	药材类 Medicinal Materials		蔬 菜 Vegetables		瓜果类 Melons	
		播种面积(公顷) Sown Area (ha)	总产量(吨) Total Output (ton)	播种面积(公顷) Sown Area (ha)	总产量(吨) Total Output (ton)	播种面积(公顷) Sown Area (ha)	总产量(吨) Total Output (ton)
晋城市	**Jincheng**						
城　区	Chengqu	2	10	122	6166	3	118
沁水县	Qinshui	851	7455	927	46308	38	1638
阳城县	Yangcheng	456	1030	959	48367	7	253
陵川县	Lingchuan	1451	3777	808	34231	1	20
泽州县	Zezhou	1019	1469	1262	60053	10	188
高平市	Gaoping	472	215	1441	96320	5	70
朔州市	**Shuozhou**						
朔城区	Shuocheng	121	228	1984	99569	106	3694
平鲁区	Pinglu	420	680	9	418	1	24
山阴县	Shanyin	83	174	1471	62846	238	10959
应　县	Yingxian	48	689	7526	329956	1701	61680
右玉县	Youyu	97	250	75	3415	12	341
怀仁市	Huairen	17	65	2243	111951	1357	40053
开发区	Development Zone			35	6		
晋中市	**Jinzhong**						
榆次区	Yuci	1244	1186	5977	427760	114	4412
榆社县	Yushe	179	519	801	65527	23	1460
左权县	Zuoquan	1265	2282	593	25484	2	13
和顺县	Heshun	402	2037	504	24835		3
昔阳县	Xiyang	805	3400	672	38466		
寿阳县	Shouyang	258	1643	4640	432301	83	3593
太谷县	Taigu	85	154	4443	348625	378	23261
祁　县	Qixian	23	36	3009	258437	29	1588
平遥县	Pingyao	479	943	2247	97902	154	2198
灵石县	Lingshi	991	1336	786	23093	14	450
介休市	Jiexiu	321	175	532	21427	16	119
运城市	**Yuncheng**						
盐湖区	Yanhu	1977	2746	2150	68028	372	11710
临猗县	Linyi	183	1072	3505	113157	325	10611
万荣县	Wanrong	3652	20188	3154	120016	320	5282
闻喜县	Wenxi	5921	85131	4761	216256	736	24880
稷山县	Jishan	2504	6653	663	30737	3	79
新绛县	Xinjiang	1759	6821	9538	547346	14	505
绛　县	Jiangxian	2288	40243	768	34361	105	3410
垣曲县	Yuanqu	391	457	2074	65534	311	17362
夏　县	Xiaxian	3454	24561	9357	520762	689	31231
平陆县	Pinglu	555	1125	1642	72587	245	10165
芮城县	Ruicheng	1981	34507	3040	117145	612	28012
永济市	Yongji	427	2451	3001	76994	664	19876
河津市	Hejin	855	19107	2467	110780	144	8352

20–14 续表2 continued

县(市、区)	Region	药材类 Medicinal Materials		蔬菜 Vegetables		瓜果类 Melons	
		播种面积(公顷) Sown Area (ha)	总产量(吨) Total Output (ton)	播种面积(公顷) Sown Area (ha)	总产量(吨) Total Output (ton)	播种面积(公顷) Sown Area (ha)	总产量(吨) Total Output (ton)
忻州市	**Xinzhou**						
忻府区	Xinfu	105	29	6216	117199	751	18316
定襄县	Dingxiang	35	412	2984	74373	644	28684
五台县	Wutai	507	2639	309	15619		4
代县	Daixian	1256	82	217	4893	76	2032
繁峙县	Fanshi	103	168	863	36956	194	5612
宁武县	Ningwu	896	200	146	3375	2	30
静乐县	Jingle	382	66	355	9533	46	1857
神池县	Shenchi	44	139	1710	39157		
五寨县	Wuzhai	171	611	85	4356	10	424
岢岚县	Kelan	324	264	216	6347	1	75
河曲县	Hequ	7	30	553	20558	238	8365
保德县	Baode	5	10	553	6165	104	2040
偏关县	Pianguan	10	15	86	2391	33	765
原平市	Yuanping	590	1820	1786	63669	127	4440
临汾市	**Linfen**						
尧都区	Yaodu	345	3511	851	58287	120	4418
曲沃县	Quwo	752	13898	4875	341471	145	5921
翼城县	Yicheng	794	1099	497	28137	129	4680
襄汾县	Xiangfen	1873	21174	3520	185170	189	4553
洪洞县	Hongtong	533	2018	1536	60127	40	1444
古县	Guxian	650	4551	365	8976	64	1169
安泽县	Anze	1091	4257	804	32656	34	1416
浮山县	Fushan	310	8065	831	38313	338	11447
吉县	Jixian	3	26	799	20196	175	3001
乡宁县	Xiangning	78	66	679	4145	15	196
大宁县	Daning	7	34	125	2108	457	9468
隰县	Xixian	85	185	410	7860	216	4099
永和县	Yonghe	63	55	264	8344	64	1227
蒲县	Puxian	194	1618	224	10063	8	312
汾西县	Fenxi	64	229	337	7896	6	176
侯马市	Houma	139	1470	436	32916	73	2024
霍州市	Huozhou	11	50	488	27347	38	770
吕梁市	**Lvliang**						
离石区	Lishi	10	1	370	3351	52	481
文水县	Wenshui	148	117	1024	35558	51	1558
交城县	Jiaocheng	669	14	592	35068	4	74
兴县	Xingxian	1256	25	198	3189	67	996
临县	Linxian	474	9	2919	39649	64	2161
柳林县	Liulin	123		1122	18253	173	2797
石楼县	Shilou	125	97	592	6205	72	1211
岚县	Lanxian	103	28	175	3789	10	110
方山县	Fangshan	1792	208	428	14856	15	273
中阳县	Zhongyang	415	83	280	4398	1	17
交口县	Jiaokou	364	88	233	11642		7
孝义市	Xiaoyi	164	147	702	20798	7	147
汾阳市	Fenyang	117	165	396	8586	13	102

20-15 水果、林业及渔业生产情况(2018年)

PRODUCTION OF FRUITS, FORESTRY AND FISHERY(2018)

县(市、区)	Region	全年水果产量(吨) Annual Output of Fruits (ton)	#苹果 Apples	年末果园面积(公顷) Area of Orchards at Year-end (ha)	当年造林面积(公顷) Afforestation Area in the Year (ha)	水产品总产量(吨) Aquatic Products(ton)	水产养殖面积(公顷) Fishery-breeding Area (ha)
太原市	**Taiyuan**						
小店区	Xiaodian	555	50	267		15	6
迎泽区	Yingze	2		8		27	133
杏花岭区	Xinghualing	715	243	552			
尖草坪区	Jiancaoping	22317	4923	1308		115	20
万柏林区	Wanbailin	179	1	72		13	13
晋源区	Jinyuan	2515	574	455		231	30
清徐县	Qingxu	38599	886	2653	400	1486	231
阳曲县	Yangqu	2182	770	1569	3323	44	37
娄烦县	Loufan	1455	275	198	8577	402	33
古交市	Gujiao	210	88	535	4841	170	20
大同市	**Datong**						
南郊区	Nanjiao	5253	2	309	538		
新荣区	Xinrong	390	102	472	800	18	4
阳高县	Yanggao	19946	286	2767	1427	100	21
天镇县	Tianzhen	9910	217	662	1486		
广灵县	Guangling	655	1	115	2248	100	53
灵丘县	Lingqiu	1800	456	489	1813	110	31
浑源县	Hunyuan	1540	721	379	1967	2	15
左云县	Zuoyun	313		19	1017		
大同县	Datongxian	2050		1567	1714	512	910
阳泉市	**Yangquan**						
城　区	Chengqu	11	11	3			
矿　区	Kuangqu	21	2	98			
郊　区	Jiaoqu	6473	4676	1009	927	8	1
平定县	Pingding	1499	435	235	1867	530	9
盂　县	Yuxian	2454	1586	279	1454	190	45
长治市	**Changzhi**						
城　区	Chengqu	171	119	45			
郊　区	Jiaoqu	1795	1346	176		300	68
长治县	Changzhixian	182	117	726	14	68	7
襄垣县	Xiangyuan	2606	829	472		305	300
屯留县	Tunliu	278	162	27	667	550	281
平顺县	Pingshun	2361	1023	185	3953	166	9
黎城县	Licheng	1159	226	283	600	90	16
壶关县	Huguan	717	260	126	480	41	1
长子县	Zhangzi	2039	701	336	881	780	310
武乡县	Wuxiang	339	107	656	1457	370	278
沁　县	Qinxian	687	183	99	1610	890	355
沁源县	Qinyuan	98	33	20	927	40	2
潞城市	Lucheng	2564	1754	276	421	150	16

注：本表造林面积不包括省属九大林局、市直单位数据；渔业生产情况不包括省属渔业单位、市直单位数据。

Note: The coverage of afforestation area in this table doesn't include data of nine privincial forestry administration and municipal units. Fishery production indicators don't include privincal and municipal fishery units data.

20–15 续表1 continued

县(市、区)	Region	全年水果产量(吨) Annual Output of Fruits (ton)	#苹果 Apples	年末果园面积(公顷) Area of Orchards at Year–end (ha)	当年造林面积(公顷) Afforestation Area in the Year (ha)	水产品总产量(吨) Aquatic Products(ton)	水产养殖面积(公顷) Fishery–breeding Area (ha)
晋城市	**Jincheng**						
城区	Chengqu	604	160	45		20	3
沁水县	Qinshui	4017	3493	432	760	750	31
阳城县	Yangcheng	4058	296	232	267	39	42
陵川县	Lingchuan	1890	1517	275	233	231	30
泽州县	Zezhou	11223	4205	537	133	300	161
高平市	Gaoping	14427	4590	1755	233	106	39
朔州市	**Shuozhou**						
朔城区	Shuocheng			376	1493	134	25
平鲁区	Pinglu				1826	28	25
山阴县	Shanyin	229	64	121	133	9	5
应县	Yingxian	242	186	49	966	181	15
右玉县	Youyu			6	2146	35	24
怀仁市	Huairen	284	29	945	227	33	30
晋中市	**Jinzhong**						
榆次区	Yuci	54002	44872	6350	982	621	132
榆社县	Yushe	2461	59	419	4990	861	335
左权县	Zuoquan	548	78	54	4071	331	122
和顺县	Heshun	21		42	4267	66	61
昔阳县	Xiyang	4192	2915	400	3533	120	25
寿阳县	Shouyang	6090	859	867	1429	620	119
太谷县	Taigu	32886	8860	2961	1421	446	182
祁县	Qixian	72768	18602	6768	770	94	26
平遥县	Pingyao	43552	17320	5888	1100	480	145
灵石县	Lingshi	1227	804	178	1269	61	15
介休市	Jiexiu	2407	1336	204	233	129	8
运城市	**Yuncheng**						
盐湖区	Yanhu	625070	89761	21197	682	670	699
临猗县	Linyi	2383356	1683416	71888		97	87
万荣县	Wanrong	759508	588182	30713	267	2877	234
闻喜县	Wenxi	33004	12303	1605	3800	63	5
稷山县	Jishan	112466	19631	5037	559	58	5
新绛县	Xinjiang	66284	14275	3241	311	115	23
绛县	Jiangxian	53466	13934	4011	780	32	18
垣曲县	Yuanqu	34580	14220	691	3970	976	13
夏县	Xiaxian	254895	75700	8445		60	4
平陆县	Pinglu	318243	173471	9146	363		
芮城县	Ruicheng	508746	357037	15862	665	1248	43
永济市	Yongji	558782	124775	17782	267	16340	543
河津市	Hejin	40465	6351	1828	223	120	5

20-15 续表2 continued

县(市、区)	Region	全年水果产量(吨) Annual Output of Fruits (ton)	#苹果 Apples	年末果园面积(公顷) Area of Orchards at Year-end (ha)	当年造林面积(公顷) Afforestation Area in the Year (ha)	水产品总产量(吨) Aquatic Products(ton)	水产养殖面积(公顷) Fishery-breeding Area (ha)
忻州市	**Xinzhou**						
忻府区	Xinfu	7610	2343	1203	1013	425	114
定襄县	Dingxiang	7066	1442	562	693	340	63
五台县	Wutai	3444	94	445	1238	210	39
代县	Daixian	11180	1480	689	2767	389	75
繁峙县	Fanshi	833	71	1854	1494	210	172
宁武县	Ningwu	45		1	3455	68	25
静乐县	Jingle	56	21	26	9338	132	35
神池县	Shenchi				3517		
五寨县	Wuzhai				2520	120	60
岢岚县	Kelan	1769	307	108	4575	4	1
河曲县	Hequ	4050	282	1499	2986	25	3
保德县	Baode	26626	654	5901	1560	96	14
偏关县	Pianguan	751	88	691	4187	55	
原平市	Yuanping	34844	5148	3942	1546	532	183
临汾市	**Linfen**						
尧都区	Yaodu	47182	29335	2112	533	1255	149
曲沃县	Quwo	56852	25392	2619	67	1693	222
翼城县	Yicheng	70044	62514	4726	200	491	57
襄汾县	Xiangfen	75513	51756	3326	933	1221	145
洪洞县	Hongtong	4854	2674	249	900	980	89
古县	Guxian	725	255	53	493	16	5
安泽县	Anze	502	393	38	533	2	1
浮山县	Fushan	14678	11852	539	660		
吉县	Jixian	187120	186206	11223	2267		
乡宁县	Xiangning	23004	19557	2596	3146	2	8
大宁县	Daning	5454	3885	4982	2860	3	3
隰县	Xixian	64739	33918	8453	8574		
永和县	Yonghe	13391	3326	9159	8993		
蒲县	Puxian	532	346	612	2380	8	3
汾西县	Fenxi	4343	303	280	1400		
侯马市	Houma	4594	1801	202	67	605	56
霍州市	Huozhou	9702	9504	602	67	60	6
吕梁市	**Lvliang**						
离石区	Lishi	389	177	284	2747	15	52
文水县	Wenshui	64896	320	3939	480	388	63
交城县	Jiaocheng	6062	286	454	1332	90	98
兴县	Xingxian	12893	699	6098	29860	39	14
临县	Linxian	55621	389	23814	38393	5	95
柳林县	Liulin	2788	481	4907	5220	40	14
石楼县	Shilou	7559	365	14638	10634	21	20
岚县	Lanxian	17	7	15	8693	82	63
方山县	Fangshan	380	224	178	4847	12	453
中阳县	Zhongyang	55	33	37	733	38	40
交口县	Jiaokou	24	24	103	2334		
孝义市	Xiaoyi	673	86	136	1200	88	44
汾阳市	Fenyang	721	494	188	1067	50	24

20-16 畜牧业生产情况(2018年)

县(市、区)	Region	大牲畜年末存栏(头) Large Animals at Year-end (head)	#牛 Cattle and Buffaloes	猪年末存栏(头) Hogs at Year-end (head)	羊年末存栏(只) Sheep and Goats at Year-end (head)	家禽年末存栏(只) Poultry at Year-end (head)
太原市	**Taiyuan**					
小店区	Xiaodian	8503	8492	16574	17315	428150
迎泽区	Yingze	326	300		2633	31352
杏花岭区	Xinghualing	113	86	1864	3647	108950
尖草坪区	Jiancaoping	5516	5445		21809	125000
万柏林区	Wanbailin	113	113		506	19220
晋源区	Jinyuan	2485	2450	8735	9949	499862
清徐县	Qingxu	4814	4648	72940	94973	692808
阳曲县	Yangqu	9001	8409	33678	135002	745371
娄烦县	Loufan	3627	3204	11452	65882	110652
古交市	Gujiao	3505	2380	20050	68400	523580
大同市	**Datong**					
南郊区	Nanjiao	22905	22483	46436	68911	946925
新荣区	Xinrong	22033	19352	21710	123865	162450
阳高县	Yanggao	37172	27258	252739	303667	386692
天镇县	Tianzhen	40414	24130	66643	172735	281089
广灵县	Guangling	24326	15941	51980	235481	397737
灵丘县	Lingqiu	39723	29219	47088	487632	367521
浑源县	Hunyuan	29926	24966	61723	330015	344363
左云县	Zuoyun	7890	6762	17565	114593	79297
大同县	Datongxian	13302	9800	35831	121394	1921761
开发区	Development Zone	223	223	860	1129	9500
阳泉市	**Yangquan**					
城　区	Chengqu	50	48	307	1316	123000
矿　区	Kuangqu	84	72	1050	1350	6000
郊　区	Jiaoqu	780	708	29181	7271	427871
平定县	Pingding	2192	1041	44626	17746	1417677
盂　县	Yuxian	5855	4715	55105	57330	414818
长治市	**Changzhi**					
城　区	Chengqu	650	637	2206	740	29000
郊　区	Jiaoqu	1956	1907	23986	12692	513501
长治县	Changzhixian	1897	1789	106727	24541	2460127
襄垣县	Xiangyuan	3663	3205	39714	47973	563040
屯留县	Tunliu	4762	4308	47242	98744	931949
平顺县	Pingshun	3353	2428	32932	28314	215653
黎城县	Licheng	3107	2539	37726	39795	473171
壶关县	Huguan	629	452	84614	31366	1551039
长子县	Zhangzi	4678	4460	78600	75058	2701356
武乡县	Wuxiang	8959	7976	30668	129949	2577534
沁　县	Qinxian	14524	14006	18551	74064	1403254
沁源县	Qinyuan	5008	3977	6514	164448	299858
潞城市	Lucheng	3727	2259	53645	27024	453111

NUMBER OF LIVESTOCK AND LIVESTOCK PRODUCTS(2018)

肉类总产量 (吨) Output of Meat (ton)	#猪肉 Pork	#牛肉 Beef	#羊肉 Mutton	禽蛋产量 (吨) Poultry Eggs (ton)	奶类产量 (吨) Milk (ton)	#牛奶 Milk
4008	2235	296	219	4400	42760	42760
168	102	24	32	220		
1264	1029	4	113	447		
3068	2436	28	350	1472	17789	17783
422	380	12	8	230	124	124
3615	2214	122	161	6092	11981	11981
16676	11006	748	2521	4958	7493	7254
8496	4481	574	2723	10200	14116	14116
2636	1284	239	859	1026		
5036	2710	197	1005	4946	279	279
9160	6165	972	892	16328	89273	89240
8234	3324	1614	2574	2256	14120	14120
37733	31141	1334	3959	4320	55216	55216
16271	10346	1404	3566	4222	41176	41176
14515	7716	1246	4236	5305	15521	14735
11248	5906	1498	3009	6647	5980	5980
27173	18413	2219	5883	5200	25563	25560
7409	1902	830	4563	1107	3985	3985
16522	8092	2044	4148	28033	27586	27578
66	40	14	9	39	294	294
231	142		13	1715	45	45
211	103	2	20	266	70	70
3552	2864	70	108	6304	1662	1662
8577	6267	62	290	28560	2625	2625
7181	5653	294	819	6702	3	3
318	219	16	12	445	1171	1170
5264	4236	97	136	9148	4775	4667
24931	20481	120	457	40841	2936	2924
8294	4514	327	752	7022		
11210	7528	555	1749	10943	42	42
4676	3901	132	331	2803		
4641	3740	152	464	4471	412	412
14622	10034	28	324	10780	407	407
16162	11181	473	936	37021	338	338
20550	3392	385	1040	2113	410	410
11079	2332	2095	788	6705	55	55
2086	550	75	694	2207	113	113
9058	7680	120	569	5259	2466	2466

20–16 续表1

县(市、区)	Region	大牲畜年末存栏(头) Large Animals at Year-end (head)	#牛 Cattle and Buffaloes	猪年末存栏(头) Hogs at Year-end (head)	羊年末存栏(只) Sheep and Goats at Year-end (head)	家禽年末存栏(只) Poultry at Year-end (head)
晋城市	**Jincheng**					
城　区	Chengqu	500	500	7551	8025	80720
沁水县	Qinshui	2144	1992	55806	134376	2455666
阳城县	Yangcheng	1479	1421	135611	48723	2618617
陵川县	Lingchuan	911	888	133303	37808	1027830
泽州县	Zezhou	2764	2677	345022	88063	1838003
开发区	Development Zone					
高平市	Gaoping	795	780	364491	39290	1505163
朔州市	**Shuozhou**					
朔城区	Shuocheng	21543	14758	49176	174350	692170
平鲁区	Pinglu	11416	6681	20661	161306	47600
山阴县	Shanyin	49226	46873	28920	130797	454568
应　县	Yingxian	44520	42345	63598	254592	154970
右玉县	Youyu	18640	13450	17080	268266	84929
怀仁市	Huairen	15932	15060	160739	604487	1119116
开发区	Development Zone	1521	1521	380	2475	56000
晋中市	**Jinzhong**					
榆次区	Yuci	11879	11327	119438	131940	1720309
榆社县	Yushe	8665	7627	26191	160522	779768
左权县	Zuoquan	6765	6149	18603	127224	575164
和顺县	Heshun	26398	25788	12545	56640	420725
昔阳县	Xiyang	5771	4937	63947	66536	643285
寿阳县	Shouyang	2079	1868	36408	78939	819269
太谷县	Taigu	8373	7902	367943	160040	4660870
祁　县	Qixian	45686	45623	73789	89959	1756789
平遥县	Pingyao	14482	11525	102098	145100	5182825
灵石县	Lingshi	972	492	56908	69455	1066486
开发区	Development Zone					
介休市	Jiexiu	2709	2520	84647	72053	2078600
运城市	**Yuncheng**					
盐湖区	Yanhu	3766	3640	83495	108730	993780
临猗县	Linyi	1099	1075	118099	74614	1660340
万荣县	Wanrong	2219	2197	171816	59356	2482567
闻喜县	Wenxi	3248	3176	186893	85961	3402680
稷山县	Jishan	2383	2359	67183	55257	10002685
新绛县	Xinjiang	8756	8597	235361	49728	3981899
绛　县	Jiangxian	4821	4640	61312	69086	791010
垣曲县	Yuanqu	5560	5550	68420	100920	439855
夏　县	Xiaxian	2674	2628	140360	46033	2589990
平陆县	Pinglu	4683	4683	63688	60931	250680
芮城县	Ruicheng	2980	2952	220089	50686	1056454
永济市	Yongji	5037	5017	233178	49067	1033979
河津市	Hejin	3001	2621	65066	38071	954555

continued

肉类总产量 (吨) Output of Meat (ton)	#猪肉 Pork	#牛肉 Beef	#羊肉 Mutton	禽蛋产量 (吨) Poultry Eggs (ton)	奶类产量 (吨) Milk (ton)	#牛奶 Milk
851	645	51	91	842		
22701	5105	156	2246	3886		
19865	15313	209	683	31070	43	43
13774	11241	31	557	11420		
47452	43487	345	1469	21482	49	49
55696	53399	52	511	16984	212	212
7706	3828	743	2320	11427	47923	47923
6321	3103	510	2507	486	4974	4974
8282	3257	2547	2111	5658	177035	177035
15379	6423	2969	5671	2166	143197	143197
13654	3656	2471	7214	1210	5581	5581
43548	8571	932	33081	7097	20167	20167
83	30		28	446	11104	11104
28300	16420	608	1978	12917	44021	44021
7385	1929	396	1424	5864		
6825	2231	532	2407	6014	12	12
5446	1583	2816	437	5958		
9932	7235	312	782	3211	523	523
6029	3709	262	1320	9247	1677	1677
61522	42619	1423	3505	34749	14950	14950
37649	14539	14633	3620	25789	72246	72078
36336	13198	1693	3138	34564	20055	19506
17972	9681	60	1250	8007	479	479
16342	7975	151	1419	22713	10289	10258
9906	5831	150	1104	8543	5957	5957
15506	12209	80	756	9742	3342	3342
16486	13388	212	466	35815	390	390
30479	19717	414	1351	14675	499	499
15082	7640	93	580	141700	726	726
23333	17968	601	495	59900	7790	7790
10690	7248	412	1195	3964	459	459
11031	7806	248	1126	1894	61	61
13013	6162	324	466	10793	319	319
10864	8580	458	1303	3226	3827	3827
30808	26860	213	1154	6207	1169	1169
23627	19210	252	679	5292	13702	13702
8477	6511	150	419	12407	2055	2055

20-16 续表2

县(市、区)	Region	大牲畜年末存栏(头) Large Animals at Year-end (head)	#牛 Cattle and Buffaloes	猪年末存栏(头) Hogs at Year-end (head)	羊年末存栏(只) Sheep and Goats at Year-end (head)	家禽年末存栏(只) Poultry at Year-end (head)
忻州市	**Xinzhou**					
忻府区	Xinfu	12627	11493	43321	96984	395972
定襄县	Dingxiang	7333	6080	34845	61836	80427
五台县	Wutai	23077	22062	34111	105312	309278
代　县	Daixian	23504	21235	20311	124320	189273
繁峙县	Fanshi	36650	29513	87185	195761	928162
宁武县	Ningwu	16560	12381	37444	133494	34349
静乐县	Jingle	16455	8432	13884	145053	583858
神池县	Shenchi	11320	7662	19915	442879	98387
五寨县	Wuzhai	9216	6533	8327	156350	108080
岢岚县	Kelan	9433	7026	10907	244454	64596
河曲县	Hequ	10575	7546	16626	76323	474633
保德县	Baode	5000	2582	25617	111532	301186
偏关县	Pianguan	5372	3055	7673	174015	107978
五台山风景名胜区	Wutai Mount Scenic Area	5831	5317	1248	6337	
原平市	Yuanping	17660	12863	103043	293813	2532845
临汾市	**Linfen**					
尧都区	Yaodu	4731	4597	87245	80854	1835085
曲沃县	Quwo	3583	3333	78712	69716	1522992
翼城县	Yicheng	10156	10102	115794	72849	497590
襄汾县	Xiangfen	3872	3736	163528	85193	2559173
洪洞县	Hongtong	11169	11068	110572	94618	2116149
古　县	Guxian	2007	1768	16138	25147	107891
安泽县	Anze	3573	3528	9005	61608	324509
浮山县	Fushan	4811	4622	31667	67879	245915
吉　县	Jixian	2007	1910	25670	13839	124366
乡宁县	Xiangning	11432	11294	43865	88539	868280
大宁县	Daning	1440	1106	13169	11857	70893
隰　县	Xixian	2666	2126	42618	21966	291022
永和县	Yonghe	2845	2422	7537	79955	197033
蒲　县	Puxian	9800	9785	19671	2413	266822
汾西县	Fenxi	4435	4430	34246	71406	1046767
侯马市	Houma	1858	1858	18788	26505	181200
霍州市	Huozhou	3546	3405	53936	43108	701520
吕梁市	**Lvliang**					
离石区	Lishi	10189	9687	24993	61660	519606
文水县	Wenshui	113966	113905	67579	81527	3304917
交城县	Jiaocheng	26452	25470	47943	40648	963963
兴　县	Xingxian	5791	5435	46489	114082	424053
临　县	Linxian	5618	4907	109709	212327	1663810
柳林县	Liulin	2770	1593	44810	43900	340383
石楼县	Shilou	4669	4249	19177	38462	295788
岚　县	Lanxian	17943	10820	30512	60342	126375
方山县	Fangshan	22396	22044	19020	31219	936772
中阳县	Zhongyang	9655	9086	56947	26522	467692
交口县	Jiaokou	6850	5449	94803	49245	389916
孝义市	Xiaoyi	2711	2382	62811	33344	5505399
汾阳市	Fenyang	10495	10343	75436	65349	2299811

continued

肉类总产量(吨) Output of Meat (ton)	#猪肉 Pork	#牛肉 Beef	#羊肉 Mutton	禽蛋产量(吨) Poultry Eggs (ton)	奶类产量(吨) Milk (ton)	#牛奶 Milk
8699	6653	394	1045	7331	32732	32732
5324	4094	236	889	780	3258	3256
9946	5940	1626	1864	5005		
3815	1527	801	1359	1136	189	189
17198	11171	1043	4178	13651	9990	9990
6187	2265	616	2778	759	52	52
4405	1027	469	2578	2861	76	76
24814	6972	2264	14444	772	1139	1139
3945	1160	361	2217	1053	177	177
5415	1603	497	3083	996	368	368
3838	1846	133	1347	4873	9497	9497
4653	2473	120	1779	2242	231	231
5951	1154	186	4443	1713		
639	37	313	273			
26936	17212	685	5689	46479	6013	6013
12048	9297	222	611	18836	7503	7496
15114	9341	355	765	11532	4865	4845
28311	26289	526	823	5354	14154	14154
22657	19838	203	866	27713	1226	1226
15605	10983	1305	1262	27232	7601	4115
1675	1060	130	281	1357	123	
1890	792	326	258	3086		
5045	3304	698	657	4296	655	574
3734	2959	397	183	1990	58	58
6404	4005	457	675	9803	1072	1072
908	508	69	222	675	22	22
2793	2126	139	223	3889	277	276
2245	1264	118	694	1752	72	72
4144	2382	1013	44	1860	32	32
17594	3019	294	818	4008	100	84
4214	3638	116	233	3109	2488	2488
10073	8400	159	548	4185	2852	2196
3790	2576	221	476	3416	533	533
31784	8363	13566	1359	23685	3467	3467
11707	6279	1949	994	5595	1717	1717
4889	3135	344	997	3262	72	72
14388	9300	211	2519	14604	7576	7576
5566	4646	145	513	3625	1365	1365
3231	2215	235	621	1912	557	557
4090	2635	243	856	793	24	24
4765	1663	676	441	7686	310	310
5856	4487	355	202	3791	50	50
10909	8521	373	456	1424	41	41
82111	11809	250	703	7127	2322	2322
22817	12167	1231	1425	14745	8938	8938

20-17 农业生产条件(2018年)
CONDITIONS OF AGRICULTURAL PRODUCTION(2018)

县(市、区)	Region	农村用电量(万千瓦小时) Electricity Consumption in Rural Areas (10 000 kwh)	农用化肥施用量(折纯量,吨) Agricultural Consumption of Chemical Fertilizers (ton)	农用塑料薄膜使用量(吨) Agricultural Consumption of Plastic Films (ton)	农药使用量(吨) Agricultural Consumption of Farm Chemical (ton)
太 原 市	**Taiyuan**				
小店区	Xiaodian	5416	2675	146	51
迎泽区	Yingze	2072	2		
杏花岭区	Xinghualing	4556	26	2	7
尖草坪区	Jiancaoping	8070	872	379	74
万柏林区	Wanbailin	2551	40	1	1
晋源区	Jinyuan	5571	823	140	46
清徐县	Qingxu	19593	11752	1609	358
阳曲县	Yangqu	4491	7876	1347	73
娄烦县	Loufan	689	766	71	8
古交市	Gujiao	3415	695	150	23
大 同 市	**Datong**				
南郊区	Nanjiao	14375	3500	783	120
新荣区	Xinrong	1282	1244	191	10
阳高县	Yanggao	3902	14057	2073	152
天镇县	Tianzhen	2885	15078	919	76
广灵县	Guangling	3175	8415	453	69
灵丘县	Lingqiu	5298	12417	310	86
浑源县	Hunyuan	5761	13956	858	117
左云县	Zuoyun	1292	1693	77	13
大同县	Datongxian	3331	7809	1078	90
阳 泉 市	**Yangquan**				
郊　区	Jiaoqu	28779	626	76	30
平定县	Pingding	10445	3741	6	62
盂　县	Yuxian	9282	10657	203	105
长 治 市	**Changzhi**				
城　区	Chengqu	3407	255	70	5
郊　区	Jiaoqu	15612	5078	311	42
长治县	Changzhixian	12948	10261	61	69
襄垣县	Xiangyuan	8612	9841	257	80
屯留县	Tunliu	8082	22940	131	90
平顺县	Pingshun	2784	3260	178	105
黎城县	Licheng	4123	4777	38	78
壶关县	Huguan	6915	8821	398	136
长子县	Zhangzi	9080	20741	778	267
武乡县	Wuxiang	3402	6072	99	40
沁　县	Qinxian	2322	8115	203	30
沁源县	Qinyuan	3900	2509	183	32
潞城市	Lucheng	5992	8943	160	55

20-17 续表1 continued

县(市、区)	Region	农村用电量(万千瓦小时) Electricity Consumption in Rural Areas (10 000 kwh)	农用化肥施用量(折纯量, 吨) Agricultural Consumption of Chemical Fertilizers (ton)	农用塑料薄膜使用量(吨) Agricultural Consumption of Plastic Films (ton)	农药使用量(吨) Agricultural Consumption of Farm Chemical (ton)
晋城市	**Jincheng**				
城　区	Chengqu	3331	480	8	8
沁水县	Qinshui	4284	9168	90	106
阳城县	Yangcheng	26669	10533	14	109
陵川县	Lingchuan	8164	13268	224	186
泽州县	Zezhou	15717	10588	72	213
高平市	Gaoping	18261	16761	324	292
朔州市	**Shuozhou**				
朔城区	Shuocheng	4093	12517	1340	70
平鲁区	Pinglu	949	6020	285	210
山阴县	Shanyin	3700	14511	1010	103
应　县	Yingxian	10161	26878	1675	218
右玉县	Youyu	1996	1333	91	26
怀仁市	Huairen	7197	12397	899	68
晋中市	**Jinzhong**				
榆次区	Yuci	20729	13304	896	302
榆社县	Yushe	716	2508	145	41
左权县	Zuoquan	4866	2520	199	34
和顺县	Heshun	1899	1803	466	77
昔阳县	Xiyang	4019	4787	91	89
寿阳县	Shouyang	6561	19554	1475	370
太谷县	Taigu	15041	17059	2354	299
祁　县	Qixian	16978	15286	810	338
平遥县	Pingyao	14210	14282	375	297
灵石县	Lingshi	11426	1999	35	28
介休市	Jiexiu	32674	5211	59	89
运城市	**Yuncheng**				
盐湖区	Yanhu	29172	18821	501	991
临猗县	Linyi	35450	57032	2482	6271
万荣县	Wanrong	23196	14749	1965	1426
闻喜县	Wenxi	31392	24997	432	402
稷山县	Jishan	39526	15321	13	289
新绛县	Xinjiang	19179	23114	528	631
绛　县	Jiangxian	7761	25769	307	248
垣曲县	Yuanqu	3761	5384	297	202
夏　县	Xiaxian	17636	24993	2102	1098
平陆县	Pinglu	6209	11881	89	349
芮城县	Ruicheng	15876	20287	207	1397
永济市	Yongji	19249	16696	1558	1127
河津市	Hejin	21677	11665	128	319

20–17 续表2 continued

县(市、区)	Region	农村用电量(万千瓦小时) Electricity Consumption in Rural Areas (10 000 kwh)	农用化肥施用量(折纯量, 吨) Agricultural Consumption of Chemical Fertilizers (ton)	农用塑料薄膜使用量(吨) Agricultural Consumption of Plastic Films (ton)	农药使用量(吨) Agricultural Consumption of Farm Chemical (ton)
忻 州 市	**Xinzhou**				
忻府区	Xinfu	12431	19605	333	184
定襄县	Dingxiang	9824	10475	267	59
五台县	Wutai	4104	6682	608	87
代　县	Daixian	3773	4968	226	81
繁峙县	Fanshi	8826	8367	390	45
宁武县	Ningwu	1371	325	42	9
静乐县	Jingle	1287	4731	176	32
神池县	Shenchi	522	13918	1007	25
五寨县	Wuzhai	1103	14768	1111	71
岢岚县	Kelan	797	4289	493	14
河曲县	Hequ	1550	6307	241	75
保德县	Baode	6675	3735	92	19
偏关县	Pianguan	998	5714	295	18
原平市	Yuanping	9414	23611	220	238
临 汾 市	**Linfen**				
尧都区	Yaodu	18655	19940	649	969
曲沃县	Quwo	12275	13023	1487	366
翼城县	Yicheng	7043	11982	242	299
襄汾县	Xiangfen	27549	26599	465	602
洪洞县	Hongtong	15283	24851	185	684
古　县	Guxian	1215	5937	49	47
安泽县	Anze	679	6802	238	44
浮山县	Fushan	3391	5962	172	100
吉　县	Jixian	399	6605	396	254
乡宁县	Xiangning	4311	9135	114	191
大宁县	Daning	297	2806	126	36
隰　县	Xixian	739	6700	190	80
永和县	Yonghe	403	2845	19	42
蒲　县	Puxian	2322	4821	312	25
汾西县	Fenxi	1654	1340	64	35
侯马市	Houma	4896	9652	200	100
霍州市	Huozhou	4385	4084	52	102
吕 梁 市	**Lvliang**				
离石区	Lishi	9593	2897	36	6
文水县	Wenshui	20592	10332	79	266
交城县	Jiaocheng	9750	3048	31	60
兴　县	Xingxian	3126	3416	33	16
临　县	Linxian	5422	16990	94	99
柳林县	Liulin	4472	4207	40	17
石楼县	Shilou	1274	4901	36	34
岚　县	Lanxian	2580	4849	600	35
方山县	Fangshan	2418	3558	70	15
中阳县	Zhongyang	6547	1795	17	7
交口县	Jiaokou	7157	1125	173	1
孝义市	Xiaoyi	10167	4048	23	30
汾阳市	Fenyang	16691	10178	51	89

20-18 农业机械年末拥有量(2018年)
AGRICULTURAL MACHINERY AT YEAR-END(2018)

县(市、区)	Region	农业机械总动力(千瓦) Total Power of Agricultural Machinery (kw)	大中型农用拖拉机(台) Large and Medium Tractors for Agriculture (unit)	小型农用拖拉机(台) Mini-tractors for Agriculture (unit)	联合收割机(台) Combine Harvesters (ton)
太原市	**Taiyuan**				
小店区	Xiaodian	52407	179	363	316
迎泽区	Yingze	507	2	19	
杏花岭区	Xinghualing	5540	6	160	2
尖草坪区	Jiancaoping	8785	54	105	18
万柏林区	Wanbailin	800	7	16	2
晋源区	Jinyuan	40354	122	174	22
清徐县	Qingxu	156528	732	460	704
阳曲县	Yangqu	117411	1064	3235	546
娄烦县	Loufan	26454	312	366	4
古交市	Gujiao	53282	79	475	24
大同市	**Datong**				
新荣区	Xinrong	72717	347	2755	176
平城区	Pingcheng				
云冈区	Yungang	149082	1049	899	380
云州区	Yunzhou	142264	1072	2866	432
阳高县	Yanggao	210268	1752	1702	644
天镇县	Tianzhen	126762	935	1846	382
广灵县	Guangling	85518	945	536	508
灵丘县	Lingqiu	57237	532	109	154
浑源县	Hunyuan	91839	797	1008	530
左云县	Zuoyun	77543	437	2804	124
阳泉市	**Yangquan**				
郊　区	Jiaoqu	44394	132	368	76
平定县	Pingding	110511	334	1146	138
盂　县	Yuxian	185894	1043	6367	438
长治市	**Changzhi**				
潞州区	Luzhou	52691	290	230	206
上党区	Shangdang	54198	420	294	158
屯留区	Tunliu	107182	881	1370	540
潞城区	Lucheng	114074	1395	510	772
襄垣县	Xiangyuan	216351	1697	5391	1320
平顺县	Pingshun	47482	148	678	34
黎城县	Licheng	102736	576	6480	234
壶关县	Huguan	47476	451	445	232
长子县	Zhangzi	156254	859	1944	888
武乡县	Wuxiang	112100	917	3469	210
沁　县	Qinxian	104375	1241	1008	580
沁源县	Qinyuan	36361	442	617	94

20-18 续表1 continued

县(市、区)	Region	农业机械总动力 (千瓦) Total Power of Agricultural Machinery (kw)	大中型农用拖拉机 (台) Large and Medium Tractors for Agriculture (unit)	小型农用拖拉机 (台) Mini-tractors for Agriculture (unit)	联合收割机 (台) Combine Harvesters (ton)
晋 城 市	**Jincheng**				
城　区	Chengqu	14269	99	79	40
沁水县	Qinshui	104542	649	8186	284
阳城县	Yangcheng	168944	720	15348	456
陵川县	Lingchuan	48585	525	1976	282
泽州县	Zezhou	184078	1221	6843	922
高平市	Gaoping	78186	904	2210	364
朔 州 市	**Shuozhou**				
朔城区	Shuocheng	326485	1280	2680	962
平鲁区	Pinglu	117748	513	1220	200
山阴县	Shanyin	290125	2512	1825	1200
应　县	Yingxian	221637	1511	1950	820
右玉县	Youyu	127277	1139	3099	348
怀仁市	Huairen	227384	1358	1456	1046
晋 中 市	**Jinzhong**				
榆次区	Yuci	249988	1432	3779	744
榆社县	Yushe	89672	451	3379	134
左权县	Zuoquan	80606	225	7395	72
和顺县	Heshun	89040	296	6907	92
昔阳县	Xiyang	122930	685	6584	128
寿阳县	Shouyang	236213	2708	4652	2006
太谷县	Taigu	204301	947	6235	526
祁　县	Qixian	185522	972	3987	1136
平遥县	Pingyao	179238	892	3885	886
灵石县	Lingshi	94037	571	805	216
介休市	Jiexiu	141446	713	80	520
运 城 市	**Yuncheng**				
盐湖区	Yanhu	332945	1520	9059	1160
临猗县	Linyi	435614	1345	22022	1552
万荣县	Wanrong	213992	1416	2560	556
闻喜县	Wenxi	169669	1806	1182	1202
稷山县	Jishan	197794	1553	1407	1718
新绛县	Xinjiang	232605	1320	490	1710
绛　县	Jiangxian	102114	637	968	618
垣曲县	Yuanqu	78224	773	1482	506
夏　县	Xiaxian	215458	1657	3872	1348
平陆县	Pinglu	171973	891	8330	674
芮城县	Ruicheng	368093	1765	1089	2250
永济市	Yongji	350208	2485	8808	2242
河津市	Hejin	101536	732	236	858

20-18 续表2 continued

县(市、区)	Region	农业机械总动力(千瓦) Total Power of Agricultural Machinery (kw)	大中型农用拖拉机(台) Large and Medium Tractors for Agriculture (unit)	小型农用拖拉机(台) Mini-tractors for Agriculture (unit)	联合收割机(台) Combine Harvesters (ton)
忻州市	**Xinzhou**				
忻府区	Xinfu	222033	1833	1560	1256
定襄县	Dingxiang	108815	687	1412	876
五台县	Wutai	93490	1092	4319	162
代　县	Daixian	91506	408	2079	500
繁峙县	Fanshi	138077	729	2361	566
宁武县	Ningwu	23490	285	842	26
静乐县	Jingle	54071	542	1720	26
神池县	Shenchi	154948	1446	4351	358
五寨县	Wuzhai	190910	4206	2445	458
岢岚县	Kelan	112129	1171	450	170
河曲县	Hequ	61845	344	1633	48
保德县	Baode	77094	68	342	20
偏关县	Pianguan	46579	398	1966	22
原平市	Yuanping	228841	1309	4664	1384
临汾市	**Linfen**				
尧都区	Yaodu	208770	1009	1962	1502
曲沃县	Quwo	213325	779	905	1282
翼城县	Yicheng	223161	1454	3816	1788
襄汾县	Xiangfen	278473	2043	1487	2624
洪洞县	Hongtong	274378	2421	2353	2354
古　县	Guxian	66917	939	1338	284
安泽县	Anze	62561	586	3379	150
浮山县	Fushan	81816	911	1835	436
吉　县	Jixian	89106	436	5646	18
乡宁县	Xiangning	136994	1114	2534	166
大宁县	Daning	38325	322	1844	14
隰　县	Xixian	92876	769	4457	66
永和县	Yonghe	42356	407	845	52
蒲　县	Puxian	42497	657	1128	48
汾西县	Fenxi	59712	674	916	100
侯马市	Houma	86621	596	70	448
霍州市	Huozhou	83551	878	1358	368
吕梁市	**Lvliang**				
离石区	Lishi	38499	102	469	14
文水县	Wenshui	214767	811	1457	1070
交城县	Jiaocheng	77170	111	510	178
兴　县	Xingxian	78713	126	289	6
临　县	Linxian	164758	794	57	78
柳林县	Liulin	75089	183	512	46
石楼县	Shilou	56666	297	227	30
岚　县	Lanxian	80045	1022	1761	118
方山县	Fangshan	45497	229	934	26
中阳县	Zhongyang	52636	86	686	22
交口县	Jiaokou	61757	650	529	84
孝义市	Xiaoyi	58259	566	326	346
汾阳市	Fenyang	201892	1729	676	930

20-19 工业主要指标(2018年)

单位：万元

县(市、区)	Region	单位数(个) Number of Enterprises(unit)	资产总计 Total Assets
太 原 市	**Taiyuan**		
小店区	Xiaodian	34	897205
迎泽区	Yingze	7	2458931
杏花岭区	Xinhualing	21	970001
尖草坪区	Jiancaoping	55	14114230
万柏林区	Wanbailin	19	9971270
晋源区	Jingyuan	20	1549754
清徐县	Qingxu	57	5396388
阳曲县	Yangqu	27	800480
娄烦县	Loufan	8	167434
古交市	High-tech Zone	14	3098401
综合示范区	Comprehensive Reform Demonstration Area	116	15822804
大 同 市	**Datong**		
市　直	Direct Report	1	22118193
新荣区	Xinrong	15	519745
平城区	Pingcheng	24	1887027
云冈区	Yungang	49	2804904
云州区	Yunzhou	19	471787
阳高县	Yanggao	19	611080
天镇县	Tianzhen	12	435949
广灵县	Guangling	13	770545
灵丘县	Lingqiu	25	698249
浑源县	Hunyuan	13	532281
左云县	Zuoyun	18	1850394
开发区	Development Zone	25	1448131
阳 泉 市	**Yangquan**		
城　区	Chengqu	9	410703
矿　区	Kuangqu	5	13665409
郊　区	Jiaoqu	27	1709234
平定县	Pingding	58	3209256
盂　县	Yuxian	32	2280936
开发区	Development Zone	13	357809
长 治 市	**Changzhi**		
城　区	Chengqu	19	689647
郊　区	Jiaoqu	43	4824414
长治县	Changzhixian	62	6192589
襄垣县	Xiangyuan	46	9876531
屯留县	Tunliu	35	4000559
平顺县	Pingshun	14	316064
黎城县	Licheng	11	428133
壶关县	Huguan	13	784316
长子县	Zhangzi	32	3331490
武乡县	Wuxiang	16	1218974
沁　县	Qinxian	5	291071
沁源县	Qinyuan	26	3911092
潞城市	Lucheng	41	4634993
高新区	High-tech Zone	9	340816

MAJOR INDUSTRIAL INDICATORS(2018)

(10 000 yuan)

负债合计 Total Liabilities	主营业务收入 Revenue of Major Business	利润总额 Total Profits	应交增值税 Value Added Taxes Payable
665687	430286	12284	13360
1147372	739296	26890	44652
573285	379207	-3210	13054
7863225	8742398	553312	275823
9773687	3268302	-390879	266513
1562097	420420	-18678	17054
3881186	3214283	374628	102011
607802	922857	76144	13271
141027	147224	1738	10351
2828788	534852	-11639	20755
11337644	11958998	320162	114662
17232609	13459644	125230	340361
268714	269428	70916	14668
1262629	1542704	158835	79695
2212984	898590	85497	41473
318420	376679	12637	4620
494947	230376	10611	5615
246479	103396	27978	3273
536132	178552	45777	6352
548039	158464	6163	209
400462	120105	16757	3015
1456030	414038	83651	39661
906814	848359	50508	33471
166869	337124	69752	29787
9408950	2048987	-127497	161229
1143169	632967	66128	53403
2966489	1063267	-119198	16131
1923030	726644	33387	39118
195260	177354	-3378	2906
320429	344307	28895	8637
3892271	2911333	253475	115521
3641742	2086764	458940	200504
6450737	3495914	392682	245540
2847415	1627061	134741	91811
177677	163139	11345	2627
317678	450466	14272	13306
447419	804121	30975	7543
1749486	1594918	297095	158566
1169550	542103	6953	32816
317455	188697	10771	597
2743463	1382492	281532	107401
3396334	2728187	234185	58221
364969	165663	9328	3438

20-19 续表1

单位：万元

县(市、区)	Region	单位数(个) Number of Enterprises(unit)	资产总计 Total Assets
晋 城 市	**Jincheng**		
城　区	Chengqu	39	3901619
沁水县	Qinshui	44	18815453
阳城县	Yangcheng	60	4300473
陵川县	Lingchuan	11	262374
泽州县	Zezhou	52	7544672
高平市	Gaoping	58	4878471
朔 州 市	**Shuozhou**		
朔城区	Shuochengqu	30	9611395
平鲁区	Pinglu	27	3864898
山阴县	Shanyin	42	4284007
应　县	Yingxian	42	450225
右玉县	Youyu	17	2117352
怀仁市	Huairen	74	2591492
经济开发区	Economic Development Zone	9	1763520
晋 中 市	**Jinzhong**		
榆次区	Yuci	134	4509915
榆社县	Yushe	10	522751
左权县	Zuoquan	17	1694424
和顺县	Heshun	15	1399055
昔阳县	Xiyang	17	2619586
寿阳县	Shouyang	35	3221867
太谷县	Taigu	58	800104
祁　县	Qixian	39	512489
平遥县	Pingyao	52	2008213
灵石县	Lingshi	101	6123223
介休市	Jiexiu	92	8270791
运 城 市	**Yuncheng**		
盐湖区	Yanhu	85	4029384
临猗县	Linyi	50	1199080
万荣县	Wanrong	25	515757
闻喜县	Wenxi	28	2708188
稷山县	Jishan	22	1021996
新绛县	Xinjiang	31	1845602
绛　县	Jiangxian	38	911358
垣曲县	Yuanqu	13	2244280
夏　县	Xiaxian	21	420723
平陆县	Pinglu	20	738506
芮城县	Ruicheng	30	1058839
永济市	Yongji	48	2395537
河津市	Hejin	72	5606677

continued

(10 000 yuan)

负债合计 Total Liabilities	主营业务收入 Revenue of Major Business	利润总额 Total Profits	应交增值税 Value Added Taxes Payable
2179948	1994735	157522	32804
11904309	5035240	820493	269640
3006963	2119220	286280	144610
121509	98403	18537	7295
3759987	4364216	602607	307502
4138338	1848321	66742	137402
6238777	3056125	-17104	164398
2926323	912479	152321	60753
2885202	1635788	191375	68945
272307	323429	12233	4096
1304910	464049	58993	37025
1856655	1985688	364128	164410
1210382	553077	70294	35590
3216500	3158266	246817	91439
474519	465739	4486	10120
1497471	399104	-45960	17175
1289220	357204	-33502	34406
2339563	811555	49433	81733
2440068	1471928	139238	120508
470428	746731	62420	36235
363743	428807	11891	8329
1668510	1287564	10225	53123
4895870	4120420	177511	173083
7177630	6183315	224053	204594
2876693	2794411	49486	24612
837930	658332	28069	9814
207874	325411	9264	8715
1464393	2812797	287290	77687
615166	1162928	52435	23607
1270668	2053879	341234	72105
793391	621451	15428	7916
1601903	895489	3837	12754
237382	229764	15247	3656
472841	408339	37789	10318
826701	395768	-1719	14629
1783789	1286214	3369	22850
4042310	5139813	508861	210606

20-19 续表2

单位：万元

县(市、区)	Region	单位数(个) Number of Enterprises(unit)	资产总计 Total Assets
忻 州 市	**Xinzhou**		
忻府区	Xinfu	32	1444284
定襄县	Dingxiang	36	362902
五台县	Wutai	12	730359
代　县	Daixian	62	710692
繁峙县	Fanshi	57	932317
宁武县	Ningwu	22	2786259
静乐县	Jingle	11	622237
神池县	Shenchi	5	503488
五寨县	Wuzhai	9	81835
岢岚县	Kelan	14	439175
河曲县	Hequ	27	2572947
保德县	Baode	22	1959024
偏关县	Pianguan	5	589721
原平市	Yuanping	37	4606516
临 汾 市	**Linfen**		
尧都区	Yaodu	55	3696584
曲沃县	Quwo	24	2561846
翼城县	Yicheng	28	640950
襄汾县	Xiangfen	29	1843311
洪洞县	Hongtong	61	5343327
古　县	Guxian	26	1515609
安泽县	Anze	10	1113119
浮山县	Fushan	24	377354
吉　县	Jixian	4	156673
乡宁县	Xiangning	33	2968124
大宁县	Daning	2	25979
隰　县	Xixian	1	131669
永和县	Yonghe	1	70050
蒲　县	Puxian	34	2881248
汾西县	Fenxi	6	19140
侯马市	Houma	26	757921
霍州市	Huozhu	20	4686575
吕 梁 市	**Lvliang**		
离石区	Lishi	25	3757127
文水县	Wenshui	35	2135235
交城县	Jiaocheng	44	2862793
兴　县	Xingxian	17	4253064
临　县	Linxian	24	2420898
柳林县	Liulin	44	10465830
石楼县	Shilou	2	12459
岚　县	Lanxian	14	1980899
方山县	Fangshan	14	924875
中阳县	Zhongyang	30	2603822
交口县	Jiaokou	21	1706749
孝义市	Xiaoyi	152	11740456
汾阳市	Fenyang	31	3138406

continued

(10 000 yuan)

负债合计 Total Liabilities	主营业务收入 Revenue of Major Business	利润总额 Total Profits	应交增值税 Value Added Taxes Payable
1099809	744892	64054	26018
195054	416342	9762	7014
503114	248335	18286	17055
562124	334124	19587	9082
629624	669131	75167	22878
2284344	550673	60984	41864
609122	152424	9654	8063
342073	75901	35439	3900
40573	66060	1214	410
302047	264143	46805	11514
1763096	989321	150575	73823
1097890	973669	150545	87035
318911	170255	56559	18755
3380049	1359571	12899	75927
3401718	1265047	-18640	41846
1769935	2721777	243446	70986
616129	410516	41225	19135
1113402	2430488	180114	80827
4065766	2451249	170279	86765
1132732	952538	134163	49306
539369	966705	171051	78922
284430	266291	20464	4865
49973	86540	26905	11243
1711755	1237848	356688	115490
16948	12933	-582	-1076
111844	2335	-1702	69
71729	10182	-1608	
2310522	1410314	197375	110651
12797	69352	194	-680
715267	769392	15207	20098
4191306	1119607	-58960	50289
3291805	849692	98434	60799
1319082	1785863	62568	13508
2460120	2092289	131187	47935
2596621	1848934	437246	161608
1954581	675347	138844	61961
8502054	3980830	660676	332433
3037	9247	423	
924778	701193	31541	40268
521085	526246	55494	58114
1762973	1778361	333629	132694
1092811	1680409	159956	67309
9830370	6062369	188070	224892
1630543	2112083	231649	156893

20-20 社会消费品零售总额(2018年)
TOTAL RETAIL SALES OF CONSUMER GOODS(2018)

单位：万元 (10 000 yuan)

县(市、区)	Region	社会消费品零售总额 Total Retail Sales of Consumer Goods	城镇 Town	乡村 Village
太原市	**Taiyuan**			
小店区	Xiaodian	5240353	5234828	5525
迎泽区	Yingze	4094915	4094875	40
杏花岭区	Xinghualing	2414673	2414307	366
尖草坪区	Jiancaoping	1120684	909035	211650
万柏林区	Wanbailin	2184324	2181107	3217
晋源区	Jinyuan	499066	491322	7744
清徐县	Qingxu	678396	332886	345510
阳曲县	Yangquan	169572	118416	51155
娄烦县	Loufan	52320	35134	17186
古交市	Gujiao	573412	475743	97669
综改示范区	Comprehensive Reform Demonstration Zone	1091329	1091329	
大同市	**Datong**			
城　区	Chengqu	2744846	2744846	
矿　区	Kuangqu	1098127	1098127	
南郊区	Nanjiao	1216144	662578	553567
新荣区	Xinrong	116511	59447	57064
阳高县	Yanggao	134259	73371	60888
天镇县	Tianzhen	111712	67334	44379
广灵县	Guangling	114520	63870	50650
灵丘县	Lingqiu	354486	168204	186282
浑源县	Hunyuan	377702	202239	175464
左云县	Zuoyun	267088	148377	118711
大同县	Datongxian	187219	86711	100508
开发区	Development Zone	277652	195968	81684
阳泉市	**Yangquan**			
城　区	Chengqu	1885924	1876015	9909
矿　区	Kuangqu	284046	283391	655
郊　区	Jiaoqu	360350	227322	133028
平定县	Pingding	384806	262804	122003
盂　县	Yuxian	552095	458253	93843

20-20 续表1 continued

单位：万元 (10 000 yuan)

县(市、区)	Region	社会消费品零售总额 Total Retail Sales of Consumer Goods	城镇 Town	乡村 Village
长治市	**Changzhi**			
城　区	Chengqu	3799965	3799965	
郊　区	Jiaoqu	572111	489567	82544
长治县	Changzhixian	354279	148819	205460
襄垣县	Xiangyuan	313183	211703	101480
屯留县	Tunliu	186852	81646	105206
平顺县	Pingshun	102721	49751	52970
黎城县	Licheng	154167	77007	77160
壶关县	Huguan	218174	77535	140639
长子县	Zhangzi	209970	81088	128882
武乡县	Wuxiang	157881	83163	74718
沁　县	Qinxian	114902	42974	71928
沁源县	Qinyuan	279051	134703	144348
潞城市	Lucheng	183056	111058	71998
晋城市	**Jincheng**			
城　区	Chengqu	2406229	2406229	
沁水县	Qinshui	265077	157941	107136
阳城县	Yangcheng	505018	359390	145628
陵川县	Lingchuan	204697	135373	69325
泽州县	Zezhou	445040	275477	169563
高平市	Gaoping	702420	504661	197759
朔州市	**Shuozhou**			
朔城区	Shuocheng	985313	708080	277233
平鲁区	Pinglu	377183	251028	126156
山阴县	Shanyin	433584	263052	170532
应　县	Yingxian	344508	229583	114925
右玉县	Youyu	183371	134164	49207
怀仁市	Huairen	775850	544682	231167
开发区	Development Zone	280712	280712	
晋中市	**Jinzhong**			
榆次区	Yuci	2069134	1484229	584905
榆社县	Yushe	141170	101264	39906
左权县	Zuoquan	165707	118865	46842
和顺县	Heshun	167445	120112	47333
昔阳县	Xiyang	291422	209043	82379

20-20 续表2 continued

单位：万元 (10 000 yuan)

县(市、区)	Region	社会消费品零售总额 Total Retail Sales of Consumer Goods	城镇 Town	乡村 Village
寿阳县	Shouyang	303631	217801	85831
太谷县	Taigu	424294	304354	119940
祁县	Qixian	475185	340859	134326
平遥县	Pingyao	680065	487824	192241
灵石县	Lingshi	816079	585389	230690
介休市	Jiexiu	1028568	737811	290756
运城市	**Yuncheng**			
盐湖区	Yanhu	2591926	1926317	665610
临猗县	Linyi	710160	460136	250024
万荣县	Wanrong	358872	243045	115827
闻喜县	Wenxi	481498	344777	136721
稷山县	Jishan	327326	208861	118465
新降县	Xinjiang	483377	288322	195055
绛县	Jiangxian	265629	187400	78229
垣曲县	Yuanqu	268189	210922	57267
夏县	Xiaxian	282369	206244	76125
平陆县	Pinglu	314190	254238	59952
芮城县	Ruicheng	365538	268945	96593
永济市	Yongji	653248	501619	151629
河津市	Hejin	820553	578704	241849
忻州市	**Xinzhou**			
忻府区	Xinfu	1179134	880214	298920
定襄县	Dingxiang	249786	164359	85427
五台县	Wutai	198906	138067	60839
代县	Daixian	152125	82703	69422
繁峙县	Fanshi	212986	131265	81721
宁武县	Ningwu	132796	78454	54341
静乐县	Jingle	113481	71533	41948
神池县	Shenchi	106001	73023	32978
五寨县	Wuzhai	105894	73798	32096
岢岚县	Kelan	106391	70277	36113
河曲县	Hequ	181037	130504	50532
保德县	Baode	204136	141844	62292
偏关县	Pianguan	102081	71859	30221
五台山风景名胜区	Wutai Mount Scenic Area	85068	59197	25871
原平市	Yuanping	771713	545017	226696

20-20 续表3 continued

单位：万元 (10 000 yuan)

县(市、区)	Region	社会消费品零售总额 Total Retail Sales of Consumer Goods	城镇 Town	乡村 Village
临汾市	**Linfen**			
尧都区	Yaodu	2635539	1827100	808439
曲沃县	Quwo	259166	193956	65210
翼城县	Yicheng	467704	328782	138922
襄汾县	Xiangfen	504267	369381	134886
洪洞县	Hongdong	654178	435076	219102
古　县	Guxian	114750	80288	34461
安泽县	Anze	104302	78598	25704
浮山县	Fushan	98220	62044	36176
吉　县	Jixian	85487	58725	26762
乡宁县	Xiangning	235108	188641	46467
大宁县	Daning	36392	31316	5077
隰　县	Xixian	112102	93627	18476
永和县	Yonghe	52384	41961	10422
蒲　县	Puxian	90275	79036	11239
汾西县	Fenxi	135281	104370	30911
侯马市	Houma	940040	664257	275783
霍州市	Huozhou	345398	272460	72938
吕梁市	**Lvliang**			
离石区	Lishi	768024	628779	139245
文水县	Wenshui	234761	176071	58690
交城县	Jiaocheng	206733	155050	51683
兴　县	Xingxian	171749	123659	48090
临　县	Linxian	485790	354627	131163
柳林县	Liulin	436313	331598	104715
石楼县	Shilou	35118	25285	9833
岚　县	Lanxian	124376	93282	31094
方山县	Fangshan	104865	78649	26216
中阳县	Zhongyang	150780	113085	37695
交口县	Jiaokou	88435	66326	22109
孝义市	Xiaoyi	1479820	1183127	296694
汾阳市	Fenyang	699049	531277	167772

中国统计出版社有限公司最新图书简目

（仅供参考,以实际出版为准）

统计资料

中国统计年鉴　中国统计摘要　中国第三产业统计年鉴
中国第三次全国农业普查综合资料　国际统计年鉴　金砖国家联合统计手册
中国-东盟国家统计手册　中国农村统计年鉴　中国县域统计年鉴
中国农产品价格调查年鉴　中国城市统计年鉴　中国价格统计年鉴
中国贸易外经统计年鉴　中国零售和餐饮连锁企业统计年鉴　中国商品交易市场统计年鉴
大中型批发零售和住宿餐饮企业统计年鉴　中国住户调查年鉴　中国工业统计年鉴
中国环境统计年鉴　中国能源统计年鉴　中国建筑业统计年鉴
中国房地产统计年鉴　中国固定资产投资统计年鉴　中国对外直接投资统计公报
中国人口和就业统计年鉴　中国劳动统计年鉴　中国社会统计年鉴
中国科技统计年鉴　中国高技术产业统计年鉴　全国企业创新调查年鉴
中国文化及相关产业统计年鉴　2018年时间利用调查资料　中国妇女儿童状况统计资料
中国基本单位统计年鉴　中国教育统计年鉴　中国教育经费统计年鉴
中国民族统计年鉴　中国残疾人事业统计年鉴　长江经济带发展统计年鉴

省级综合统计年鉴系列

北京 天津 河北 山西 内蒙古 辽宁 吉林 黑龙江 上海 江苏 浙江 安徽 福建 江西 山东 河南 湖北 湖南
广东 广西 海南 重庆 四川 贵州 云南 西藏 陕西 甘肃 青海 宁夏 新疆 新疆生产建设兵团

市(县)级综合统计年鉴系列

滨海新区 石家庄 唐山 邯郸 保定 沧州 邢台 廊坊 承德 衡水 秦皇岛 张家口 太原 大同 阳泉 长治 晋城
朔州 晋中 运城 忻州 临汾 吕梁 呼和浩特 鄂尔多斯 包头 沈阳 大连 长春 延吉 四平 白山 通化 哈尔滨
齐齐哈尔 黑龙江垦区 上海浦东新区 南京 无锡 徐州 常州 苏州 南通 连云港 淮安 盐城 扬州 镇江 泰州
宿迁 江阴 丹阳 海门 张家港 杭州 宁波 温州 嘉兴 湖州 绍兴 金华 衢州 舟山 台州 丽水 合肥 安庆 福州
厦门 宁德 漳州 龙岩 莆田 泉州 三明 南平 南昌 九江 上饶 新余 抚州 赣州 景德镇 济南 青岛 枣庄
潍坊 聊城 郑州 洛阳 平顶山 三门峡 南阳 商丘 信阳 济源 汝州 武汉 十堰 荆州 宜昌 荆门 咸宁 黄冈
长沙 鹰潭 广州 深圳 惠州 东莞 汕尾 湛江 肇庆 南宁 柳州 桂林 贵港 梧州 来宾 河池 防城港 海口 三亚
儋州 成都 内江 贵阳 黔南 毕节 昆明 文山 德宏 西安 延安 安康 铜川 汉中 商洛 银川 兰州 庆阳 乌鲁木齐
昌吉 阿勒泰 兵团一师、二师、三师、四师、六师、七师、八师、十师、十三师、十四师

调查年鉴系列

天津 内蒙古 上海 河南 湖北 湖南 广东 广西 重庆 四川 云南 甘肃 宁夏 南宁 贵港 昆明

统计方法应用/实用手册

Python数据分析基础（第二版）　医用多元统计分析（第三版）　中华生物统计用表
中国国民经济核算体系（2016）基础知识　国民经济核算初级教程　医学统计学手册
全国统计专业技术资格考试系列考试用书：统计业务知识（第四版修订版）　统计业务知识学习指导与习题
全国统计专业技术资格考试系列考试用书：统计相关知识（第四版）　统计相关知识学习指导与习题

统计通俗读物/统计科普图书

领导干部统计知识问答　《防范和惩治统计造假、弄虚作假督察工作规定》辅导读本
统计新媒体运营指南　统计公文知识问答　理解国民账户　中国古代统计史简编

重点图书

辉煌70年　第三次全国农业普查农作物面积遥感测量图集　中国第四次经济普查年鉴
新编英汉汉英统计大词典　中国国民经济核算体系2016　国民经济行业分类注释
挑大学选专业2019—考研择校指南　挑大学选专业2019—高考志愿填报指南　中华医学统计百科全书

发行部电话：（010）63376907　63376908　63376909　同椇行书店电话：68783171　68783172
地址：北京市丰台区西三环南路甲6号　邮政编码：100073　网址：http://www.zgtjcbs.com